L'ETAT DES ETATS-UNIS

sous la direction de Annie Lennkh et Marie-France Toinet

LA DÉCOUVERTE

L'ETAT DES ETATS-UNIS

Michel Faure, *journaliste*, L'Express
Claude Fohlen, *Université Paris-I*
Lora Fountain, *agent littéraire, traductrice*
Michel Fouquin, *économiste, CEPII*
Cathy François, *géographe*
Thierry Garcin, *journaliste*, Radio-France
Ariane Génillard, *économiste*
Cynthia Ghorra-Gobin, *géographe-urbaniste, Université de Columbia*
Alexandra Giraud, *médecin, Hôpitaux de Paris*
François Godement, *historien, Inalco, IFRI*
Marie-Christine Granjon, *FNSP (CERI)*
Jacqueline Grapin, *journaliste économique*, Le Figaro, *Washington*
Serge Halimi, *science politique, Université de Californie, Santa Cruz*
Pierre Haski, *journaliste*, Libération
Pierre Hassner, *chercheur, FNSP (CERI)*
Jean Heffer, *historien, EHESS*
Stanley Hoffmann, *civilisation française, Université Harvard*
Patrick Juillard, *juriste, Université Paris-II*
Hervé Kempf, *journaliste*
Hubert Kempf, *économiste, Université Paris-I*
Ronald Koven, *journaliste,* Boston Globe, *Paris*
Jean-François Lacronique, *médecin, Université Paris-XII*
Gisèle Lalande, *journaliste,* Radio-Canada
Sylvie Le Bars, *études américaines, Université Rennes-II*
Monique Lecomte, *civilisation américaine, Université Lille-III*
Philippe Le Prestre, *science politique, Université du Québec, Montréal*
Jacques Lévesque, *science politique, Université du Québec, Montréal*
Claire-Emmanuelle Longuet, *administrateur au Sénat*

Dinah Louda, *politologue, journaliste*
Theodore J. Lowi, *politologue, président de l'Association américaine de science politique, Université de Cornell*
Carol Madison, *ancienne diplomate*
Claude Manzagol, *géographe, Université de Montréal*
Élise Marienstras, *historienne, Université Paris-VII*
Denis-Constant Martin, *chercheur, FNSP (CERI)*
Jean-Pierre Martin, *Université Marseille-I*
Georges Mathews, *économiste, démographe, Institut national de la recherche scientifique, Montréal*
Armand Mattelart, *sciences de l'information et de la communication, Université Rennes-II*
Timothy McDarrah, *journaliste,* New York Post
Pierre Mélandri, *histoire contemporaine, Université Paris-X*
Yves Mény, *science politique, IEP-Paris*
Marcelle Michel, *journaliste*, Libération
Philippe de Montebello, *directeur du Metropolitan Museum of Art, New York*
Nicole de Montricher, *chercheur, CNRS*
Aline Mosby, *journaliste*
Jocelyn de Noblet, *directeur du Centre de recherche sur la culture technique*
François Pham, *OCDE (Direction de la science, de la technologie et de l'industrie)*
Darryl Pinckney, *écrivain*
Jean Pisani-Ferry, *économiste*
Jacques Portes, *historien, civilisation américaine, Université Paris-VII*
Véronique Riches, *économiste, OFCE*
Isabelle Richet, *civilisation américaine, Université Paris-VII*
Marie-Jeanne Rossignol, *américaniste, groupe HEC*
Olivier Roy, *chercheur, CNRS*

Stéphane Rozès, *chargé d'études,*
SOFRES
Michèle Ruffat, *chercheur,*
Institut d'histoire du temps présent
Ghassan Salamé, *chercheur, CNRS*
Jean-Michel Saussois, *École supérieure de*
Commerce de Paris
Christian Sautter, *EHESS*
Nathalie Savary, *sociologue*
Pierre Sicard, *Université d'Amiens*
Philippe Sigogne, *économiste, OFCE*
Marie-Claude Smouts, *chercheur,*
CNRS-CERI
Guy Sorman
Jean-Sébastien Stehly, *journaliste*
Candice Stevens, *économiste, OCDE*
Thomas B. Stoddard, *avocat, directeur du*
Lambda Legal Defense and Education
Fund
Alan A. Stone, *Harvard Law School*
Ezra Suleiman, *science politique,*
Université de Princeton
John Taylor, *écrivain*
Philippe Thureau-Dangin
Roland Tissot, *littérature et civilisation*
américaines, Université Lyon-II
Alexis de Tocqueville, *magistrat,*
administrateur des prisons
Marileine Toinet, *urbaniste*
Marie-France Toinet, *chercheur,*
FNSP (CERI)
Vincent Tolédano, *journaliste*, Télérama
Hélène Trocmé, *historienne,*
Université Paris-I
Alfredo G.-A. Valladão, *journaliste,*
Libération
Jean-Pierre Vélis, *journaliste,*
consultant à l'UNESCO
Bernard Vincent, *histoire et civilisation*
américaines, Université d'Orléans
François Weil, historien, Fondation Thiers
Gunnar Westholm, *OCDE*
(Direction de la science, de la technolo-
gie et de l'industrie)

CEPII : Centre d'études prospectives et d'informations internationales ; CERI : Centre d'études et de recherche internationales ; CNRS : Centre national de la recherche scientifique ; EHESS : École des hautes études en sciences sociales ; FNSP : Fondation nationale des sciences politiques ; HEC : Hautes études commerciales ; IEP : Institut d'études politiques ; IFRI : Institut français des relations internationales ; Inalco : Institut national des langues et civilisations orientales ; OCDE : Organisation de la coopération et du développement économiques ; OFCE : Observatoire français de conjoncture économique.

Traduction : Catherine Glenn -Langa ; Fanchita Gonzalez Batlle ; Annie Lennkh ; Maryvonne Menget.

Cartographie : Claude Dubut, Martine Frouin, Anne Le Fur (AFDEC, 25, rue Jules-Guesde - 75014 Paris ; Tél. (1) 43 27 94 39) et Frédéric Salmon (Tél. (1) 43 25 93 92) pour les p. 33, 40-41, 89 et 98-99.

Fabrication : Monique Mory.

Illustrations : William Steig (extraits de *William Steig Drawings*, Farrar, Strauss & Giroux, New York, 1979). La plupart de ces dessins ont été publiés dans *The New Yorker*. Copyright © William Steig.

Maquette intérieure : création Dominique Gurdjian.
© Éditions La Découverte, Paris, 1990.
ISBN 2-7071-1973-3.

Les titres et les intertitres
sont de la responsabilité des éditeurs.

Présentation

*D*ieu merci, l'Amérique n'est plus
à la mode et l'on peut donc, enfin, en parler sérieusement ! C'est
peut-être ce que voulait suggérer un distingué professeur de l'université Yale lorsqu'il déclarait, en mai 1990, à un grand quotidien du soir qu'il était temps que les spécialistes français se
détournent de la science morte que serait devenue, selon lui, la
kremlinologie pour enfin s'intéresser à la seule chose digne, à
ses yeux, d'attention : l'américanologie.

A vrai dire, les Français n'ont pas attendu ces bons conseils
pour accorder aux États-Unis l'intérêt qu'ils méritent. La fascination que ce pays exerce sur nous s'inscrit dans une tradition
fort ancienne. L'abbé Prévost n'envoya-t-il pas, dès 1731, Manon
Lescaut expier sa faute dans les « campagnes stériles et inhabi-
tées » de Louisiane ? Depuis, il n'est pas d'homme (ou de femme)
de qualité qui n'ait fait son voyage initiatique chez les Hurons
et qui n'ait senti le besoin de consigner ses expériences dans un
livre.

Qu'ils séduisent ou exaspèrent, les États-Unis n'ont jamais
cessé de nous passionner, d'attiser notre curiosité. Mais comment les Américains pourraient-ils le savoir ? Depuis que Tocqueville s'est rendu célèbre de part et d'autre de l'Atlantique
avec De la démocratie en Amérique *(1835-1840), rares sont les
travaux scientifiques étrangers qui retiennent l'attention aux
États-Unis, faute d'être traduits en anglais. De là à dire qu'il
n'y a pas d'américanologie en France, il n'y a qu'un pas.

Aucun pays, sans doute, n'a fait naître autant de mythes dont
il est à la fois héros et victime, aux yeux de ses propres citoyens
comme à ceux de l'étranger. Aucun n'a suscité autant d'analyses,
d'essais, de controverses. Pays de liberté et de démocratie, où

chaque nouveau-né peut espérer devenir un jour président ; pays de ghettos et de miséreux où il ne fait pas bon naître bronzé ; pays qui a libéré l'Europe et massacré l'Indochine ; pays qui nous a donné le jazz et les bas nylon, de grands films et d'abominables séries télévisées, d'excellents polars et le (né)fast(e) food ; le meilleur et le pire ; pays dont on peut dire tout et son contraire ; à la fois modèle et repoussoir.

*L'*état des États-Unis *tente de reconstituer la mosaïque, d'ordonner les contradictions qu'incarne l'Amérique. Pour n'en négliger aucune des facettes, un comité de rédaction a été constitué en sorte que les diverses disciplines des sciences sociales y soient représentées. C'est le même souci qui a présidé au choix des auteurs. N'en déplaise au professeur de Yale, il existe en France et dans le monde francophone en général un nombre impressionnant de spécialistes rompus à cette discipline kaléidoscopique, donc complexe, qu'est l'américanologie. Et si nous avons aussi sollicité les compétences de personnalités hors de l'hexagone, ce n'est pas pour combler des lacunes mais bien pour éviter les pièges du francocentrisme, en multipliant les regards croisés qui permettent de mieux rendre compte de la diversité du monde américain.*

Les 130 auteurs qui ont collaboré à cet ouvrage ont accepté la règle du jeu, ingrate et difficile puisqu'il fallait prendre le temps de faire court : rédiger la synthèse, en quelques pages, des connaissances sur un sujet précis relevant de leur domaine de compétence ; proposer leur interprétation des faits et offrir au lecteur des pistes de réflexion. Ils nous livrent ainsi une somme d'articles (plus de 200) à la fois denses, concis et formulés dans un style accessible à tous.

Le genre encyclopédique est familier aux Français. Selon un sondage effectué en 1990 par la SOFRES, quatre sur cinq de nos concitoyens demeurent attachés à ce mode d'acquisition du savoir. L'état des États-Unis se veut en quelque sorte une encyclopédie de poche. En quelques centaines de pages, le lecteur trouvera, organisé méthodiquement en six grands chapitres, tout ce qu'il veut savoir (ou presque) sur les États-Unis à la fin d'un siècle dont plus d'un avait prédit qu'il serait celui de l'Amérique. On peut être imbattable sur le menu de Thanksgiving sans avoir la moindre notion du système fédéral. On peut connaître (ou croire connaître) la Constitution de 1787 mais ne rien savoir des sectes religieuses, se passionner pour l'architecture postmoderne mais se rendre compte que l'on ignore tout du système d'éducation, du Midwest ou du Dow Jones, avoir tout retenu sur les films de Woody Allen mais tout oublié du New Deal. Selon ses besoins, le lecteur pourra vérifier des faits et des chiffres, compléter ses connaissances, réviser ses propres interprétations, être surpris par l'inattendu, s'interroger sur l'incroyable. Il découvrira à la fois l'essentiel et l'accessoire, tous deux indispensables pour comprendre ce pays passionnant.

A la veille de l'an 2000, les États-Unis sont à un moment crucial de leur histoire. Ils ne pouvaient conserver la puissance et le rôle hégémonique qu'une guerre mondiale, ruineuse pour le reste du monde, leur avait donnés. Le déclin qui semble les atteindre est-il relatif ou absolu, définitif ou temporaire ? Cette question est à l'ordre du jour aux États-Unis mais elle concerne aussi, de façon vitale, le reste de la planète et notamment l'Europe, en pleine reconstruction, en plein renouveau. Nous espérons qu'en puisant dans ce livre, le lecteur trouvera des éléments de réponse et pourra se faire une opinion ; qu'il saisira ce qui fait la fécondité, la diversité, la richesse de cet immense pays, mais aussi la difficulté, pour l'être américain, de se réaliser pleinement ; qu'il percevra, au-delà des apparences, les signes d'un rapprochement entre les deux rives de l'Atlantique. Peut-être sera-t-il amené à constater qu'en dernière analyse il n'y a plus d'exceptionnalisme américain, pour autant qu'il ait jamais existé.

Annie Lennkh, Marie-France Toinet

Table des matières

VIE QUOTIDIENNE

CULTURE ET ARTS

14

ÉCONOMIE ET TRAVAIL

*Les notes et notules accompagnant les articles et ne comportant pas de signa-
ture ont été établies par Marie-France Toinet. Il en va de même pour certains
tableaux statistiques.*

CONTEXTES

TERRITOIRE

Pays et paysages : la diversité américaine

■ L'espace américain se présente comme un trapèze renversé dont les bases mesurent 2 600 et 4 500 km pour une superficie de 7 839 000 km². Trois grandes masses topographiques s'allongent dans une orientation grossièrement méridienne : les cordillères de l'Ouest, les Grandes Plaines et le système appalachien que flanque la plaine atlantique.

Les cordillères de l'Ouest

La plaque tectonique américaine est frangée par un énorme bourrelet montagneux de type alpin, large de 1 500 km². Il résulte d'épisodes géologiques inaugurés au secondaire («révolution laramienne»). Plissements et soulèvements ont été accompagnés ou suivis d'intrusions granitiques et d'épanchements volcaniques.

Les montagnes Rocheuses à l'est. Armées par le socle précambrien qui affleure en puissants massifs ou disparaît sous une couverture sédimentaire faiblement plissée, elles offrent des formes lourdes associées au matériel cristallin où les cassures, souvent méridiennes, imposent les directions d'ensemble.

Au sud, alternent chaînons (monts Sacramento) et dépressions (Rio Grande) ; entre 35° et 46° de latitude, les Rocheuses dominent les Hautes Plaines à l'est par le front soutenu du Sangre de Cristo et du Front Range culminant à 4 400 m, qui s'estompe dans le Wyoming et reprend de la vigueur au Montana, au-delà de la zone volcanique du parc Yellowstone.

Plateaux et bassins du centre. Au nord, de puissants épanchements volcaniques tabulaires sont entaillés en canyon, par la Columbia et la Smoke River ; au centre, la rivière Colorado a incisé le canyon le plus spectaculaire dans le plateau qui porte

son nom. A l'ouest, le Grand Bassin centré sur le Nevada est une combinaison de massifs et de bassins d'effondrement d'altitude variée (1 320 m au Grand Lac Salé, 80 m dans la Death Valley). L'aridité marque les formes, dans le désert Mohave et en Arizona où l'altitude faiblit, et où les crêtes calcaires surmontent de vastes glacis qui s'achèvent en *playas*.

Les chaînes pacifiques à l'ouest. Montagnes jeunes, issues de mouvements récents qu'attestent un volcanisme actif (mont Sainte-Hélène) et de fréquents tremblements de terre, vigoureusement travaillées par l'érosion, elles se disposent en deux axes nord-sud. L'axe oriental comprend la chaîne des Cascades, au nord, surmontée d'anciens volcans (mont Rainier, 4 390 m), humide et drapée de forêt ; au sud, le grand bloc de la sierra Nevada (mont Whitney, 4 420 m), qui domine le Grand Bassin, subit l'effet d'une aridité croissante vers le sud. Les chaînes côtières (Coast Range) soulevées au quaternaire sont d'altitude médiocre, mais l'érosion entaille vigoureusement grès et argiles. Une dépression discontinue s'insère entre les deux axes : Puget Sound, vallée de la Willamette et surtout la Grande Vallée californienne où courent le San Joaquin et le Sacramento.

Obstacle majeur à la circulation, les montagnes de l'Ouest sont un vaste château d'eau, un réservoir minier et un domaine touristique de premier ordre.

Les Grandes Plaines

Entre Rocheuses et Appalaches s'étend une vaste zone déprimée drainée par le Mississippi et ses affluents, large de 1 500 à 1 800 km. C'est un complexe de bassins de sédiments secondaires et tertiaires peu dérangés, où l'érosion a mis en valeur un

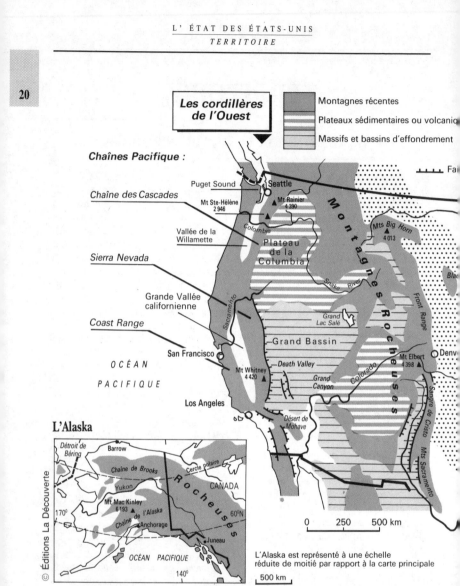

Les cordillères de l'Ouest

Montagnes récentes

Plateaux sédimentaires ou volcaniq

Massifs et bassins d'effondrement

Fai

Chaînes Pacifique :

Chaîne des Cascades

Sierra Nevada

Grande Vallée
californienne

Coast Range

Puget Sound — Seattle
Mt Ste-Hélène 2 946 — Mt Rainier 4 390
Vallée de la Willamette
Colombia
Plateau de la Columbia
Mts Big Horn 4 013
Montagnes Rocheuses
Snake River
Front Range
Blac
Grand Lac Salé
Grand Bassin
Sacramento
San Francisco
Mt Whitney 4 420
Death Valley
Mt Elbert 4 398 — Denv
Colorado
Grand Canyon
Sangre de Cristo
Mts Sacramento

OCÉAN
PACIFIQUE

Los Angeles

Désert de Mohave

L'Alaska

Détroit de Béring
Barrow
Chaîne de Brooks
Cercle polaire
Yukon
CANADA
Mt Mac Kinley 6 193
Chaîne de l'Alaska
Anchorage
Juneau
OCÉAN PACIFIQUE
170°
60°N
140°

© Éditions La Découverte

0   250   500 km

L'Alaska est représenté à une échelle
réduite de moitié par rapport à la carte principale

500 km

relief de cuestas qui s'accusent vers la périphérie et autour des saillies du socle
(monts Ozarks).

Sous le front vigoureux des Rocheuses,
les Hautes Plaines calcaires s'abaissent
graduellement de 1 200 m à 600 m jusqu'à
l'escarpement du Missouri. Au-delà d'une
série de cuestas faisant front vers l'est, on
atteint la plaine inondable du Mississippi
où le grand fleuve déroule paresseusement
ses méandres. Vers l'est, les séries sédi-

mentaires deviennent plus tourmentées à
mesure qu'on s'approche des Appalaches ;
les cuestas dominent de vastes dépressions
(Bassin du Blue Grass au Kentucky, Bassin de Nashville au Tennessee) tandis que
l'érosion karstique meule les calcaires
(Mammoth Cave du Kentucky).

Le nord des Grandes Plaines est marqué par la proximité du bouclier canadien
et par l'empreinte des glaciations quaternaires. Le bouclier apparaît même au sud-

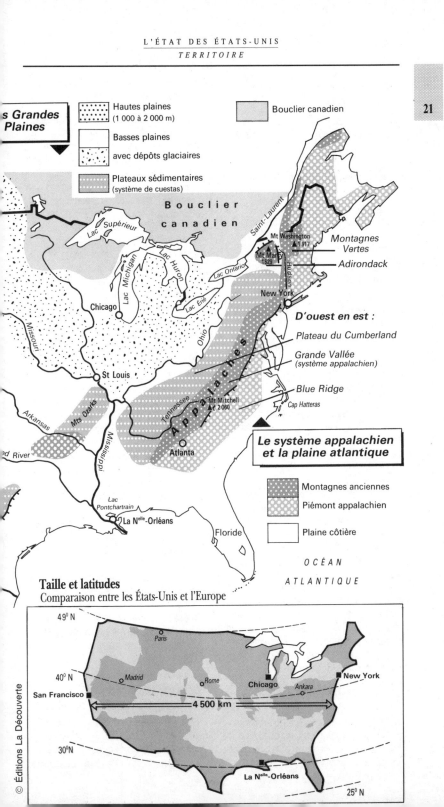

Hautes plaines
(1 000 à 2 000 m)

Basses plaines

avec dépôts glaciaires

Plateaux sédimentaires
(système de cuestas)

Bouclier canadien

s Grandes
Plaines

B o u c l i e r
c a n a d i e n

Lac Supérieur

Lac Michigan

Lac Huron

Lac Ontario

Lac Érié

Saint-Laurent

Mt Washington
▲ 1 917

Mt Marcy
1 629

Hudson

Montagnes
Vertes

Adirondack

New York

Chicago

Ohio

D'ouest en est :

Plateau du Cumberland

Grande Vallée
(système appalachien)

Blue Ridge

Cap Hatteras

Missouri

St Louis

Mts Ozarks

Arkansas

ed River

Tennessee

A p p a l a c h e s

Mt Mitchell
▲ 2 060

Atlanta

Mississippi

**Le système appalachien
et la plaine atlantique**

Montagnes anciennes

Piémont appalachien

Plaine côtière

Lac
Pontchartrain

La Nelle-Orléans

Floride

OCÉAN

ATLANTIQUE

Taille et latitudes
Comparaison entre les États-Unis et l'Europe

49° N

Paris

40° N

Madrid

Rome

Chicago

Ankara

New York

San Francisco

← 4 500 km →

30°N

La Nelle-Orléans

25° N

© Éditions La Découverte

22

Bibliographie

Baulig Henri, *Les États-Unis. Géographie Universelle*, tome XIII, Armand Colin, Paris, 1936.

Birot Pierre, *Les Régions naturelles du globe*, Masson, Paris, 1970.

Paterson John H., *North America. A Geography of the United States and Canada*, Oxford University Press, New York, 1987.

Soppelsa Jacques, *Les États-Unis*, PUF, Paris, 2ᵉ éd., 1976.

Strahler Arthur N., *Modern Physical Geography*, John Wiley and Sons, New York, 1987.

ouest du lac Supérieur ; à son contact, les couches sédimentaires donnent un relief de côte dont la longue cuesta calcaire de Niagara est l'exemple le plus spectaculaire. Les Grands Lacs occupent des fossés tectoniques ou des dépressions excavées en roches tendres. Ils sont drainés vers le Saint-Laurent depuis les épisodes glaciaires qui ont laissé une énorme auréole de dépôts argileux, de drumlins d'alignements morainiques, et de fertiles couches de loess comme en Iowa.

Au sud, les Grandes Plaines s'élargissent jusqu'au golfe du Mexique : c'est une immense demi-cuvette où se sont entassés des kilomètres de sédiments. Sur une plaine inondable de 90 000 km², le Mississippi apporte au golfe une masse énorme d'alluvions. Son grand delta palmé, domaine amphibie (lac Pontchartrain, bayous), saillit sur une côte plate à lagunes et cordons littoraux.

Les Grandes Plaines constituent un vaste domaine favorable à l'activité agricole. Le Mississippi, « le plus grand rassembleur des zones extratropicales », associé au système des Grands Lacs et du Saint-Laurent, forme un puissant réseau de navigation intérieure.

Le système appalachien

Une grande unité orogénique primaire (mouvements calédoniens et hercyniens) s'étend sur 3 500 km de Terre-Neuve à l'Alabama et resurgit à l'ouest du Mississippi (monts Ozarks). Ordonnée sud-ouest/nord-est, c'est une montagne moyenne, ensemble de plateaux et de dépressions arasées (surface de Harrisburg) que surmontent des crêtes résiduelles en roches dures. Au sud du parallèle de New York, les Appalaches classiques associent quatre bandes parallèles :

— le plateau de Cumberland à l'ouest renferme les puissantes séries houillères, de la Pennsylvanie à l'Alabama, et domine de 400 m (front des Alleghanys) la Grande Vallée ;

— avec la Grande Vallée commence la série de crêtes et de sillons parallèles qui caractérisent le relief appalachien. Les longues vallées que suivent les rivières (Tennessee, Shenandoah) et les cluses qui coupent les crêtes ont joué un rôle essentiel dans la colonisation et la guerre de Sécession ;

— l'axe des Blue Ridge, saillie de quartzites, culmine au-dessus de 2 000 m dans les Smoky Mountains et s'abaisse en Pennsylvanie ;

— à l'est, le piémont appalachien est une vieille surface d'érosion en roches cristallines surmontée d'inselbergs.

Au nord de la coupure structurale occupée par la vallée de l'Hudson, les Appalaches changent de caractère : disparition des crêtes et sillons, réapparition du socle précambrien en massif (Adirondaks) ou en écailles (montagnes Vertes), profonde empreinte glaciaire sur les sommets (mont Washington, 1 917 m), les vallées et la côte.

La plaine atlantique

Inexistante en Nouvelle-Angleterre, elle s'élargit jusqu'à 400 km au Texas. Les sédiments crétacés et tertiaires qui la constituent entrent en contact brutal avec les Appalaches : la Fall Line a localisé les

L'Amérique

♦ «... *Oui, mais le soleil va plus vite. Jailli de l'Atlantique, il prend le départ, à 5 h 26, à Portland, dans le Maine, aux confins du Canada ; à 5 h 30, il est à Boston, douze minutes plus tard, à New York. A 5 h 47, on le signale à Philadelphie, cité des quakers ; à 5 h 48, à Wilmington, capitale des Du Pont de Nemours ; à 5 h 54, à Washington, siège du gouvernement. A 6 h 06, c'est au tour de l'acier de Pittsburgh ; à 6 h 10, aux palmiers de Miami ; à 6 h 18, aux automobiles de Detroit. Sans une seconde de retard sur l'horaire, le soleil touche Atlanta, en Georgie, à 6 h 24 ; Cincinnati, en Ohio, à 6 h 25 ; Louisville, dans le Kentucky, à 6 h 29. Les hauts fourneaux de Gary l'aperçoivent à 6 h 35 et les abattoirs de Chicago, une minute plus tard. De soixante secondes en soixante secondes, les villes se succèdent : 6 h 46, Memphis, 6 h 47,* Saint Louis, 6 h 48, La Nouvelle-Orléans. Les usines de l'Est tournent déjà et les plantations du Sud bourdonnent. A présent surgissent les fermes et les troupeaux du Middle West : Des Moines à 7 h juste, 7 h 04, Kansas City, à 7 h 10, Omaha. Après les pistes des explorateurs français, des négociants néerlandais, des gouverneurs britanniques, les sentes des pionniers et trappeurs américains. Les cactus du désert, maintenant, et les Indiens (7 h 17 : Oklahoma City), les Mexicains (7 h 50 : Santa Fe), les mormons (8 h 13 : Salt Lake City). Un océan sourd à l'horizon ; Los Angeles au sud, Seattle au nord ; et, à 8 h 57, le soleil entre en gare de San Francisco.»*

Vladimir Pozner, Les États désunis, *10-18,* Paris, 1968.

chutes d'eau et les villes. Jusqu'au cap Hatteras, la côte porte la trace des épisodes quaternaires : terrasses, profondes vallées ennoyées favorables aux ports (Hudson, Chesapeake, Delaware). Au sud, la plaine plus large est frangée par une côte rectiligne à cordons et lagunes ; le grand pédoncule (560 km) de Floride s'en détache ; le soubassement calcaire, parsemé de lacs en dépressions karstiques, piqué de récifs coralliens, supporte de vastes marécages comme les Everglades (13 000 km²), et s'orne de longues plages sableuses.

Legs d'une longue histoire, l'espace américain recèle des paysages d'une grande variété et des ressources naturelles considérables. La disposition du relief pèse sur le jeu des masses d'air et la pluviométrie et a fortement influencé la marche du peuplement.

Claude Manzagol

Une carte climatique assez simple

■ Du fait de leur position — des Keys de Floride, proches du tropique du Cancer, jusqu'au 49e parallèle — et de leur étendue, les États-Unis présentent une grande variété de climats tempérés. La carte climatique est néanmoins assez simple, et cette simplicité se retrouve dans le dessin des zones de végétation. Les vigoureux contrastes saisonniers et les grandes irrégularités confèrent une touche de brutalité insolite aux latitudes moyennes. Cependant, le caractère continental n'est jamais excessif : en raison de la proximité relative des façades maritimes, les déserts vrais sont étroitement localisés.

24

Les tremblements de terre

♦ *L'Amérique entière regardait la finale du championnat de base-ball le 17 octobre 1989 quand les colonnes du stade de San Francisco se mirent à vaciller. Si le bilan a été moins catastrophique que celui du séisme qui détruisit la ville en 1906 (700 morts, 250 000 sans-abri), il a rappelé que la Californie vit sous une menace permanente : elle a connu 43 tremblements de terre majeurs depuis 1800.*

Un séisme se produit au long d'une fracture active de l'écorce ; la roche en tension accumule de l'énergie jusqu'à un seuil de rupture ; l'énergie libérée se propage en vagues à partir de l'épicentre. L'intensité du phénomène est mesurée sur l'échelle de Richter. La Californie occidentale est hachée par une série de fractures (Hayward, San Jacinto, Imperial...) dont la plus connue court sur 1 200 km : la faille de San Andreas, qui se transforme au contact de deux plaques tectoniques se déplaçant en sens contraire, la plaque pacifique migrant vers le nord-ouest et la plaque américaine
vers le sud-est. La secousse de 1906 (intensité de 8,3) a engendré un brutal déplacement de six mètres. Le séisme de 1987 à Los Angeles, sur la faille est-ouest Whittier, a témoigné en outre d'un glissement de la plaque pacifique sous la plaque américaine.

Les géophysiciens ont équipé la zone fracturée d'instruments mesurant la tension des roches jusqu'à 300 mètres de profondeur ; ils épient surtout les « silences sismiques » qui précèdent les ruptures ; s'ils ne peuvent prédire les séismes avec précision, ils énoncent de sombres probabilités pour des zones aussi peuplées que Berkeley-Oakland, la Silicon Valley et le bassin de Los Angeles. Aussi veille-t-on à équiper les constructions de dispositifs absorbant les secousses. Le tragique effondrement du pont étagé sur la baie de San Francisco, en 1989, a montré que bien des progrès restent à faire.

C. M.

Le jeu des masses d'air

Dans une circulation atmosphérique générale ouest-est, le bourrelet montagneux occidental infléchit le cours du *jet stream* et bloque les influences pacifiques, engendrant l'aridité sur une importante partie du territoire. La disposition générale du relief en bandes méridiennes favorise la descente des masses d'air polaire vers le sud en hiver et la montée de l'air tropical humide vers le nord en été. La rencontre d'air continental glacé coulant du Canada et d'air humide et chaud du golfe du Mexique fait que, sur l'essentiel du territoire, la moyenne de janvier est inférieure à 0 °C et la moyenne de juillet supérieure à 22 °C. En outre, le fort gradient thermique entre les deux masses d'air est responsable des dépressions particulièrement violentes circulant sur le front polaire : vagues de chaleur ou de

froid et tempêtes de neige réclament chaque année leur tribut de vies humaines. Les types de temps se succèdent à très court terme avec de forts contrastes. A l'exception de la bordure pacifique, le maximum de précipitations se situe aux alentours de l'été, donnant au climat sa tonalité continentale.

GRANDS TREMBLEMENTS DE TERRE AUX ÉTATS-UNIS			
Date	Épicentre	Nombre de morts	Dégâts (millions $)
16.12.1811	Missouri	—	
18.04.1906	San Francisco	700	2 000
01.04.1946	Alaska	173	90
27.03.1964	Alaska	131	1 020
09.02.1971	San Fernando, CA	58	900
17.10.1989	Loma Priela, CA	62	5 600

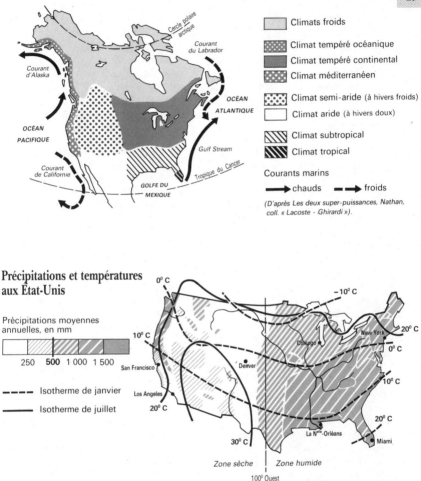

Les climats de l'Amérique du Nord

25

Climats froids

Climat tempéré océanique

Climat tempéré continental

Climat méditerranéen

Climat semi-aride (à hivers froids)

Climat aride (à hivers doux)

Climat subtropical

Climat tropical

Courants marins

→ chauds - -→ froids

(D'après Les deux super-puissances, Nathan, coll. « Lacoste - Ghirardi »).

Précipitations et températures aux État-Unis

Précipitations moyennes annuelles, en mm

250 500 1 000 1 500

- - - - Isotherme de janvier

——— Isotherme de juillet

Zone sèche | Zone humide

100° Ouest

Le quadrillage climatique

Les deux facteurs déterminants du quadrillage climatique aux États-Unis sont les températures d'hiver et le bilan des précipitations. Les zones de climat et de végétation s'ordonnent en grandes bandes méridiennes dont les caractères se nuancent sensiblement en fonction de la latitude : les grandes forêts de l'Est, la Prairie au Centre qui se dégrade en steppe de plus en plus maigre vers l'ouest, et la parure végétale retrouvée du versant pacifique.

Le Nord-Est. Relativement peu adouci en bordure de l'Atlantique (courant froid du Labrador), le climat du Nord-Est est fort contrasté, associant des hivers rudes à des étés chauds et humides. L'amplitude thermique est de 25 °C à New York (0° en janvier, 25° en juillet). Les précipitations sont abondantes (de 1 000 à 1 200 mm) sous forme d'orages d'été et des chutes de neige fournies en hiver. Si les Grands Lacs exercent une influence adoucissante, l'altitude des Appalaches apporte plus de fraîcheur et d'humidité. Le Nord-Est est le domaine de la forêt appalachienne à feuilles caduques où dominent le chêne et le hêtre, riche aussi en espèces comme le hickory, le tulipier, le magnolia, etc. Sur les flancs des Appalaches, une forêt mixte associe des feuillus comme l'érable aux conifères (tsugas, épicéas, sapins).

Le Sud-Est subtropical. Au sud du 38e parallèle l'action prépondérante des masses d'air chaud et humide du golfe du Mexique engendre des conditions subtropicales ; hivers doux, étés chauds et humides. La moyenne de janvier est de 3 °C à Washington, de 7 °C à Atlanta, de 12 °C à La Nouvelle-Orléans, tandis que les moyennes de juillet oscillent entre 26° et 28 °C. Les précipitations à maximum d'été sont nourries (1 500 mm à La Nouvelle-Orléans). En Floride, le climat est franchement tropical (19 °C en janvier et 28 °C en juillet à Miami). La longue saison végétative, la chaleur et l'humidité favorisent une somptueuse forêt de chênes de Virginie, de pins et de cyprès. Les incendies et une exploitation forcenée l'ont transformée : le pin du Sud, recherché pour ses fibres, occupe de très larges superficies et le Sud-Est fournit 60 % du bois de pulpe du pays. Riz et canne à sucre en Louisiane, agrumes en Floride, qui enrichissent la palette agricole, ne sont pas à l'abri des vagues de froid épisodiques, tandis que les États littoraux sont chaque année la proie de cyclones tropicaux (*hurricanes*).

Au centre, la Prairie. Dès le Mississippi, les arbres s'éclaircissent et laissent la place à une large bande de prairie qui s'étend du Canada au golfe du Mexique : ces horizons découverts ont longtemps angoissé les colons ; mais les sols noirs fertiles en ont fait une grande région agricole. Le passage de la forêt à la prairie résulte de l'affaiblissement des précipita-

tions et de la continentalisation du climat. A la prairie à herbes longues à l'est succède la Prairie vraie, puis viennent les herbes courtes sur sol châtain des Grandes Plaines. La latitude introduit des variantes dans le régime thermique ; au nord et au centre, les hivers sont nettement plus rudes (moyenne de janvier de −8 °C au Minnesota) qu'au sud (+3 °C à Oklahoma City), alors que les étés chauds et orageux sont moins contrastés (moyennes de juillet entre 20° et 27°).

L'Ouest aride. De Washington à l'Arizona, la situation d'abri derrière l'écran montagneux engendre la sécheresse. A l'ouest du 100e méridien, le niveau des précipitations tombe en dessous de 500 mm par an. Si certains secteurs septentrionaux sont moins défavorisés (425 mm à Spokane, Washington), la plus grande partie du territoire connaît une situation de semi-aridité. Les eaux courantes sont pratiquement inconnues au Nevada ; le sud de l'Arizona et les vallées intérieures de Californie reçoivent moins de 100 mm par an. Dès avant le front des Rocheuses, la prairie cède le pas à la steppe à armoise (*sagebrush*). Les sols clairs squelettiques font place aux affleurements de sol minéral. Le vent desséchant (*Chinook*) qui descend des Rocheuses renforce l'aridité. A l'ouest du Texas, la steppe parsemée d'arbustes et de buissons épineux (mesquite, créosote) assure la transition vers le semi-désert, peuplé de xérophytes (*ocottillos* aux surprenantes floraisons, arbres de Josué), de succulents et cactées diverses dominées par les grands candélabres des *saguaros*. L'humidité augmente avec l'altitude. Insuffisante pour la pousse de l'arbre sur le plateau de la Colombie, elle permet l'association pin pignon-genévrier sur le plateau du Colorado. Sur les pentes montagneuses, où la croissance des arbres est limitée par la sécheresse, vers le bas, et par le froid vers le haut, la forêt se compose d'espèces adaptées (pins *ponderosa*, *contorta* et *edulis*). Du nord au sud cependant, le régime thermique définit des variantes régionales marquées : les moyennes de janvier et juillet sont de − 3 °C et 21 °C à Salt Lake City mais de 11 °C et 33 °C à Phoenix. La douceur des hivers, la salubrité de l'air, la durée de l'ensoleillement (et les bienfaits du climatiseur) valent à l'Arizona, au Nevada et au Nouveau-Mexique un grand afflux de touristes et de retraités.

La façade pacifique. L'océan Pacifique confère à toute la frange occidentale des États-Unis un climat tempéré d'une grande douceur ; l'amplitude thermique excède rarement 10 °C. Sous l'influence des eaux pacifiques (dérive nord-pacifique chaude, courant froid de Californie), l'homogénéité thermique est remarquable : les moyennes de janvier sont significativement proches à Seattle (5 °C et 19 °C) et à San Diego (13 °C et 22 °C). Les étés sont tièdes et secs, les hivers doux et humides. Les différences permettent néanmoins de distinguer un climat tempéré océanique au nord de San Francisco et un climat méditerranéen en Californie centrale et méridionale.

Les versants montagneux reçoivent d'abondantes précipitations et la chaîne des Cascades se drape d'exubérantes forêts de conifères à croissance rapide où dominent le sapin Douglas, le mélèze occidental et l'épicéa de Sitka. Sur les Coast Ranges, plus sèches mais embrumées, se dressent les puissants séquoias qui dépassent cent mètres de hauteur. Proie favorite des bûcherons, ils sont maintenant protégés. Dans la sierra Nevada méridionale, les premières pentes sont couvertes de chênes qui cèdent le pas en altitude à des buissons rabougris, le *chaparral*. Mais dès les premières vallées intérieures, la forêt disparaît, et l'aridité impose sa loi.

Claude Manzagol

Les réseaux de transport, un maillage solide

■ Avec le développement du chemin de fer dans la seconde moitié du XIXᵉ siècle, l'appropriation du territoire des États-Unis par ses habitants s'est faite plus aisément et plus rapidement. Jusqu'à cette période, les canaux et les routes constituaient les moyens de communication les plus utilisés pour le transport de marchandises et de voyageurs. Le canal Érié, achevé en 1825, fut un grand succès pour la ville de New York. A la même époque, la Pennsylvania Main Line of Public Works construisit le canal de Philadelphie à Pittsburgh, Chicago fut reliée au Mississippi et l'État d'Ohio mit son réseau en place. Mais les canaux, adaptés au développement d'économies locales, furent sérieusement concurrencés par le rail lorsque l'économie prit une dimension nationale.

Le chemin de fer et la conquête des frontières

Le chemin de fer a ouvert une nouvelle ère dans le développement de la nation américaine. Il est directement responsable de la création de nombreuses villes et il a modifié radicalement la structure de la ville américaine. Sur la côte est, il a accéléré la croissance des villes existantes et les nouvelles voies se sont installées

Chemins de fer : 296 497 km².
Routes : 6 241 972 km².
Parc de voitures particulières (1986) : 135,7 millions.
Parc de camions, autocars (1986) : 40,8 millions.
Aéroports desservis par des vols réguliers : 824.
Marine marchande : 28,9 millions de tonneaux.
(Chiffres 1989).

28

parallèlement à la route ou aux canaux. New York n'a pas tardé à être reliée à Philadelphie, Baltimore et Washington et, un peu plus tard, à Boston.

L'extension du réseau ferré a été très rapide : en 1830 les États-Unis comptaient 1 600 kilomètres de voies, 14 000 en 1850 et 48 000 en 1860. Il ne s'est pas seulement agi d'une extension du réseau mais d'un changement dans le tracé de ce réseau. Désormais, les nouvelles lignes ne s'orientèrent plus sur un axe nord-sud mais vers l'ouest. Et les territoires de l'Ouest qui furent bientôt reliés aux villes et aux ports de la côte est ne tardèrent pas à enregistrer une importante croissance démographique. Chicago passa de 29 000 à 109 000 habitants dès qu'elle se trouva à l'intersection de quelque onze lignes de chemin de fer. Los Angeles, annexée à la Fédération en 1850, ne connut de véritable développement que lorsqu'elle fut reliée en 1876 par la Southern Pacific Railway au reste du territoire ; son véritable *boom* date de 1887 lorsqu'une société rivale, la Santa Fe, fit payer un dollar à ses passagers contre cent dollars sur la Southern Pacific. Le *Golden Age* de la construction du réseau de chemin de fer se situe entre 1865 et 1916 : on passa de 56 000 à 406 000 kilomètres. Bien des lignes s'appelaient *Pacific* ou *Western*, suggérant les *frontières* encore à conquérir.

Ces multiples sociétés ont bénéficié de l'aide du gouvernement fédéral sous forme de concessions de terres. En assurant la promotion de leur patrimoine foncier, elles ont largement contribué à la spéculation effrénée qui dévorait alors le pays. Il est donc difficile de dissocier l'appropriation du territoire américain et sa valorisation sans faire référence au chemin de fer.

La *Main Line* (ligne de chemin de fer rendue célèbre par plusieurs films), qui relie Philadelphie à Pittsburgh, vit fleurir au pourtour de ces villes de nouveaux quartiers résidentiels comme Swarthmore ou Chestnut Hill. De même, l'utilisation du chemin de fer pour les transports

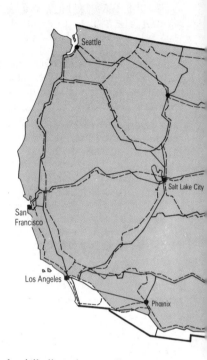

domicile-lieu de travail transforma l'arrière-pays de Chicago et de New York en lieu de résidence pour les classes aisées.

Diversification des moyens

Au début du XXᵉ siècle, le chemin de fer, qui jusqu'alors bénéficiait d'une situation de monopole pour le transport interurbain et urbain, a été sérieusement concurrencé par l'apparition du tramway électrique et, plus tard, par l'automobile. Les conditions financières des sociétés privées ne s'améliorèrent pas avec l'ingérence du pouvoir fédéral et la création de l'Interstate Commerce Commission (Commission du commerce interétatique - ICC) en 1903. En 1980, le réseau de chemin de fer, géré par treize sociétés, ne représentait plus que 300 000 kilomètres et n'assurait que 35 % du trafic de marchandises.

On a cependant enregistré une résurgence du chemin de fer depuis que le Congrès a voté le *Staggers Rail Act* de 1980 qui limite le rôle prépondérant de

LE MAILLAGE ROUTIER ET FERRÉ

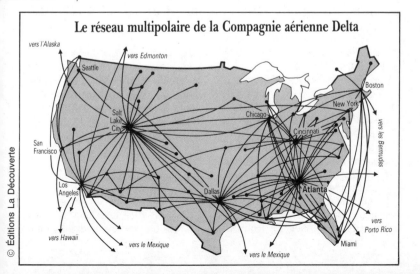

Réseau routier
---- Réseau ferré

500 km

Le réseau multipolaire de la Compagnie aérienne Delta

l'ICC. Pour assurer une meilleure rentabilité de leurs services, des sociétés ont fusionné (comme Union Pacific et Western Railroad, en Californie) pour ne plus être que six. Par ailleurs, elles ont limité le nombre de lignes en service et réduit leurs effectifs. Aussi, entre 1975 et 1982, ont-elles doublé leurs revenus.

TRANSPORTS (chiffre d'affaires en milliards de dollars)		
	1970	1987
Passagers		
Automobile	97,0	432,1
Avion	11,4	57,2
Route (cars, taxi...)	6,2	30,8
Rail	0,3	1,5
Total	**114,9**	**521,5**
Marchandises		
Camions	62,5	224,7
Rail	11,9	28,4
Voies navigables	5,1	19,1
Oléoduc	1,4	7,8
Avion	1,2	8,7
Total	**83,8**	**292,2**

Source : Statistical Abstract 1990.

Alors que les routes n'ont cessé de s'élargir et de se multiplier, un nouveau maillage d'autoroutes nationales a été mis en place au milieu du XXᵉ siècle, reliant les différentes régions entre elles. Amorcé par la législation fédérale de 1944, le réseau, qui a été entièrement construit à l'aide de fonds fédéraux provenant d'une taxe sur l'essence, couvre, en 1990, environ 68 000 kilomètres.

Depuis un quart de siècle, l'essentiel des relations interurbaines est assuré par un réseau complexe de lignes aériennes qui, sous l'effet de la déréglementation, a d'abord pratiqué des tarifs concurrentiels : des dizaines de nouvelles compagnies aériennes se sont créées au début des années quatre-vingt dont la durée de vie a été brève : 214 compagnies ont disparu entre 1979 et 1989 et, à cette date, il ne restait plus que 24 transporteurs. L'essor des transports aériens est responsable de la création de gigantesques aéroports et de la croissance de villes comme Atlanta (Georgie), en raison de leur situation au cœur d'un réseau en étoile (*hub*) : 60 % du trafic aérien d'Atlanta est constitué de voyageurs en transit.

Cynthia Ghorra-Gobin

Le domaine public fédéral : plus d'un tiers du territoire

■ La question foncière est au centre de la problématique américaine. Dès le départ, l'Amérique est apparue comme le lieu où pouvait se réaliser le souhait de tous ces Européens victimes ancestrales d'une distribution inégale de la terre. Le rêve américain fut d'abord celui de l'accès à une terre bien à soi, libre de toute sujétion, même si on oublia bien vite que ces terres avaient initialement des propriétaires : les Indiens.

Les grands débats politiques de la jeune République furent centrés sur la question agraire et la disposition des immenses espaces transappalachiens dont elle se rendit maîtresse par achats ou traités. Entre les appétits des spéculateurs et les tenants d'une démocratie agraire relativement égalitaire, force est de reconnaître que ce furent les premiers qui l'emportèrent même si diverses lois ont donné à l'État fédéral un certain pouvoir régulateur.

Intervention publique et spéculation privée

De grandes lois foncières votées par le Congrès ont organisé la disposition du domaine public : dès 1785, la *Land Survey Ordinance* (Ordonnance sur le cadastre) met en place la célèbre grille cadastrale qui marque encore aujourd'hui les paysages agraires au-delà de la Pennsylvanie. Elle découpe le territoire en carrés de six miles de côté, divisés en 36 sections de 256 hectares mises en vente à bas prix pour le plus grand profit de spéculateurs fonciers qui se chargent de les placer auprès des foules de colons avides de s'installer sur leur propre terre. En 1862, le président Abraham Lincoln, soucieux d'accélérer l'occupation de la Prairie au sud des Grands Lacs, fait voter par le Congrès le *Homestead Act* qui l'autorise à distribuer gratuitement des terres à ceux qui s'engagent à les défricher et à s'y installer pour au moins cinq années. Un peu plus tard, le *Morril Act* dispose d'une partie des terres publiques pour assurer le financement des écoles et des collèges. Enfin, et plus spectaculaire encore, le gouvernement subventionne en nature les compagnies de construction de chemin de fer dans l'Ouest en leur distribuant 63 millions d'hectares (la superficie de la France est de 55 millions d'hectares !). Elles reçoivent alors, sur une bande large de 20 à 50 kilomètres de part et d'autre de la ligne à construire, la moitié des terres publiques.

Cette politique foncière ne vaut cependant pas pour l'ensemble du territoire. Dans le Nord-Est, les structures initiales de l'occupation agraire rappelaient largement celles de la vieille Europe. Les défrichements y privilégièrent les secteurs de vallée les plus accessibles, dessinant un parcellaire en lames de parquet perpendiculaires aux rivières (c'est le « rang » des

---

PRINCIPAUX PARCS NATIONAUX
(Nombre de visiteurs [a])

— Great Smoky Mountains (Appalaches, Caroline du Nord) : 8,5 millions.
— Lac Mead (Arizona, Nevada) : 6,3 millions.
— Yosemite Valley (Sierra Nevada, Californie) : 2,7 millions.
— Grand Canyon (Arizona) : 2,2 millions.
— Yellowstone (Montagnes rocheuses, Wyoming) : 2,2 millions.

a. 1984.

Les parcs nationaux

♦ *Plus que leurs villes et leurs gratte-ciel, plus que leur genre de vie qui, comme leurs paysages urbains, se retrouve désormais partout sur la planète, c'est leur patrimoine naturel et historique jalousement préservé dans quelques centaines de parcs et monuments nationaux, qui constitue l'attraction touristique la plus remarquable des États-Unis.*

*Cette politique de préservation a été amorcée en 1872 avec la création du parc de Yellowstone dont les spectaculaires paysages furent les premiers à être préservés des appétits des éleveurs et des forestiers. Parmi ses premiers visiteurs, le futur président Theodore Roosevelt et Stephen Mather, dont les noms sont attachés aux grandes lois de 1906 et de 1916 qui mirent en place l'administration des parcs natio-*naux. Les tâches de celle-ci n'ont cessé de s'étendre depuis, puisqu'elle doit non seulement s'occuper des 48 parcs naturels, des lacs et des côtes (national seashores), mais aussi des sites historiques qui vont des lieux des grandes batailles de la guerre de Sécession à la Maison Blanche. Au total, on ne compte pas moins de 331 sites couvrant une superficie de 300 000 kilomètres carrés.

Le double souci de préserver et de présenter au plus grand nombre ce patrimoine a conduit le National Park System à mettre en place un personnel spécialisé et très motivé de fonctionnaires, les rangers, gardiens vigilants et pédagogues de la nature, qui accueillent les 65 millions de visiteurs qui fréquentent les parcs annuellement.

G. D.

S'approprier un continent

♦ Pour vendre les terres dont il disposait, l'État fédéral devait en rendre l'exploitation possible. Sa première priorité sera donc de reconnaître ses domaines : établir la topographie et le cadastre — et par là même confirmer la souveraineté des États-Unis sur ces territoires. Ainsi, pendant le premier quart du XIXᵉ siècle, l'État fédéral subventionne de nombreuses expéditions scientifiques et topographiques. Thomas Jefferson charge par exemple son secrétaire personnel, le capitaine Merrywether Lewis, qui sera accompagné par le lieutenant William Clark, de trouver un passage par voie d'eau vers le Pacifique : c'est la fameuse expédition Lewis-Clark qui, partie de St Louis en 1804, y revient deux ans plus tard après avoir atteint le Pacifique par l'intérieur des terres.

L'organisation de ces expéditions est systématique, avec un objectif précis : par les lois de 1824, le Congrès crée une commission des améliorations intérieures (Board of Internal Improvements) dont le but est la planification d'un système de transport national par terre et par eau, et autorise le gouvernement à recruter des ingénieurs civils et militaires pour mener les expéditions et dessiner les plans des routes et canaux « d'importance nationale ». Les nécessités militaires ne sont sans doute pas absentes des préoccupations des parlementaires. Mais ceux-ci veulent aussi « ouvrir de nouvelles régions à la colonisation et accroître les communications et le commerce ». Ces expéditions doivent assumer, outre des objectifs classiques comme la cartographie et la description des cours d'eau, la recherche des ressources naturelles et des voies de communication possibles et la mise en service de puits d'eau potable.

M.-F. T.

Canadiens d'aujourd'hui que l'on retrouve jusque dans la région de Saint Louis). Quant aux traditions agraires britanniques, elles se lisent encore dans le cadastre urbain des villes de la Nouvelle-Angleterre qui ont parfois conservé, comme à Boston, un vaste espace vert central rappelant les *commons*, les communaux réservés à la jouissance de toute la communauté.

Au Sud, en Virginie et au-delà, les concessions foncières accordées par la Couronne britannique à quelques lords aventureux expliquent une distribution particulièrement inégalitaire : d'un côté, les vastes plantations reproduisant, avec une main-d'œuvre servile noire, les systèmes aristocratiques les plus rétrogrades de l'Europe de l'époque ; de l'autre, la multitude de « petits Blancs » qui s'installaient au gré des espaces que les grands planteurs ne s'étaient pas appropriés. Quant aux territoires du Sud-Ouest sous juridiction espagnole, ils firent l'objet d'un découpage tout aussi seigneurial avec ses immenses domaines, les *ranchos*, dont les limites étaient si floues et les titres si mal enregistrés que leurs propriétaires furent pour la plupart spoliés lorsque les États-Unis annexèrent ces régions au milieu du XIXᵉ siècle.

Mais globalement, c'est l'accès relativement facile à la terre pour tous les hommes libres de l'Amérique qui fut l'élément clé de l'histoire de ce pays. Un accès d'autant plus facile que l'abon-

RÉPARTITION DE LA PROPRIÉTÉ FONCIÈRE [a]	
Propriétés privées	58,1 %
Terres indiennes	2,3 %
Propriétés publiques	39,6 %
dont	
— propriétés fédérales	32,7 %
— propriétés des États et des collectivités locales	6,9 %

Source : Statistical Abstract 1990.

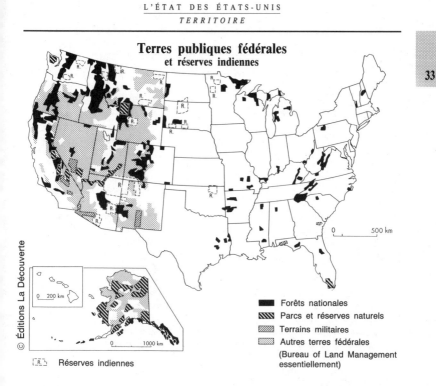

Terres publiques fédérales
et réserves indiennes

■ Forêts nationales
▨ Parcs et réserves naturels
▧ Terrains militaires
▦ Autres terres fédérales
(Bureau of Land Management
essentiellement)

⌐R.⌐ Réserves indiennes

© Éditions La Découverte

dance foncière n'exigeait pas, comme en Europe, de protéger les sols. Ceux-ci épuisés, on partait un peu plus loin vers l'ouest, profitant des possibilités apparemment infinies offertes par un gouvernement soucieux de voir occuper le plus rapidement possible des espaces contrôlés depuis peu. On sait les conséquences de ce laxisme : l'épuisement des sols, particulièrement dans les secteurs écologiquement fragiles (le *Dust Bowl* — le bol de poussière — des années trente est resté dans les mémoires), s'explique par cette facilité offerte à des hommes pour qui la terre n'apparaissait pas comme une valeur de patrimoine mais comme l'instrument d'une rapide fortune.

Une autre conséquence moins connue fut aussi la précoce concentration des terres dans l'Ouest. Les conditions naturelles, singulièrement l'aridité, le faible nombre des hommes aussi, rendaient impossible la reproduction du système relativement égalitaire de l'Est. Des barons fonciers purent ainsi, du Texas à la Californie, se tailler de véritables empires pastoraux en se faisant attribuer quelques parcelles bien situées près des points d'eau. Ce fut le cas du *King Ranch* qui aujourd'hui encore s'étend au Texas sur une surface équivalente à celle d'un département français.

Le contrôle fédéral

Le gouvernement laissa longtemps faire et il fallut attendre le grand mouvement antitrust de la fin du XIXᵉ siècle pour que l'État cherche à contenir ces excès. C'est ainsi qu'une loi, votée en 1902, limite à 160 acres (64 hectares) irrigués la superficie maximum qu'un individu peut cultiver s'il utilise de l'eau provenant des barrages construits par l'État fédéral. Mais elle n'a guère été appliquée et c'est justement dans les régions irriguées que l'on trouve aujourd'hui les plus grandes exploitations et les sociétés capitalistes agricoles les plus puissantes.

34

Investissements étrangers : croissance modérée

♦ *Les investissements étrangers sont au total très modestes puisqu'ils ne représentent même pas 0,5 % du territoire américain et moins de 1 % du patrimoine foncier privé. L'opinion s'est un moment émue de quelques achats réalisés par des groupes étrangers mais ces acquisitions prennent surtout la forme de prises de participation plus ou moins majoritaires dans des sociétés forestières.*

Si la moitié du patrimoine étranger aux États-Unis est en forêts, un quart correspond à des domaines pastoraux. Beaucoup sont les reliques des investissements des syndicats d'élevage britanniques au XIXe siècle qui furent à l'origine de la constitution d'immenses empires fonciers dans l'Ouest ; le XIT Ranch s'étendait au nord du Texas sur 1,2 million d'hectares avant son démantèlement au début du XXe siècle. Le dernier quart est en terres cultivées : quelques-uns de ces domaines sont anciens mais l'attention a été portée à la fin des

années quatre-vingt sur les achats réalisés par des groupes européens ou japonais. Le groupe italien Ferruzzi a acquis et défriché en Caroline du Nord plusieurs dizaines de milliers d'hectares qu'il cultive en maïs et en soja. Les maisons champenoises (Moët-Hennessy) ont été parmi les premiers à acquérir de nouveaux domaines viticoles en Californie pour bénéficier de l'engouement des consommateurs américains pour les vins de qualité. D'autres sociétés, comme Nestlé, ont suivi leur trace.

La colonie agricole japonaise en Californie s'est renforcée dans les années quatre-vingt ; les nouveaux venus ont très vite su dominer l'industrie de la fleur coupée. Leurs maisons de style oriental témoignent de leur réussite, appuyée sur le soutien des banques nippones en Californie, chevaux de Troie du Japon dans le premier État agricole américain.

G. D.

Tout ne tomba point cependant dans le giron des pionniers ou des spéculateurs. Peut-être tout simplement parce qu'il n'était pas utile d'être propriétaire pour user et abuser de ces immensités de l'Ouest qu'un État fédéral bien lointain ne pouvait facilement contrôler. Les forestiers y décimèrent les plus belles futaies primitives comme ils abattent aujourd'hui sans vergogne l'Amazonie. Les éleveurs s'approprièrent des parcours qu'ils exploi-

tèrent sans tenir compte de leur fragilité. Les mineurs laissèrent derrière eux des régions entières dévastées. Enfin, les États eux-mêmes lorgnaient avec intérêt sur ce domaine public qu'ils auraient voulu s'attribuer pour mieux le vendre à leur seul profit.

En fait, ce n'est qu'au tournant du XXe siècle que l'État fédéral a été assez fort pour imposer une protection et une utilisation plus rationnelle du domaine public qui s'étend encore sur 3,6 millions de kilomètres carrés, soit 40 % du territoire. Depuis 1976, une loi (*Federal Land Policy Management Act*) donne à Washington quasiment plein pouvoir de contrôle sur ces espaces qui appartiennent au patrimoine de la nation tout entière et qui doivent être préservés comme le sont déjà, depuis presque un siècle, les parcs nationaux.

TERRITOIRES FÉDÉRAUX	
Superficie (en milliers de km²)	Tutelle
774	Forest Service
1 612	Bureau of Land Management
275	National Park Service
174	Fish and Wildlife Service

(Soit au total 12,9 millions km² en 1986.)

Gérard Dorel

La double attraction des façades

■ La dynamique spatiale des États-Unis est généralement interprétée en termes de retournement : le délestage du Nord-Est au profit d'une *Sun Belt* florissante. Une lecture plus fine invite cependant à nuancer cette interprétation. Le rapport de la commission des affaires économiques du Congrès, *The Bicoastal Economy*, démontre que ce sont les régions côtières des États-Unis qui ont crû le plus vite dans les années quatre-vingt. En effet, 14 des 15 États qui affichent la meilleure performance sont en position littorale ou quasi littorale. L'Arizona est le seul État intérieur à se glisser dans ce groupe où figurent en bonne place le New Hampshire, le Massachusetts, le Vermont, le Maine, le New Jersey et le New York, qui sont pourtant partie intégrante de la *Manufacturing Belt*.

Les 15 États côtiers rassemblent 42 % de la population des États-Unis, mais ils ont enregistré 70 % de la croissance du revenu entre 1981 et 1985. En d'autres termes, le revenu *per capita* y a augmenté de 4 % par an, contre 1,2 % dans le reste du territoire. Dans le même temps, la création nette d'emplois aux États-Unis s'est élevée à 8 millions, dont 58 % dans les États côtiers ; la croissance du revenu a donc été supérieure à celle de l'emploi, et les salaires y ont évolué plus favorablement que dans les régions centrales. L'écart des revenus entre régions côtières et régions intérieures est passé de 8 % entre 1981 à 15 % en 1985. Comment rendre compte de cette évolution ?

L'hypothèse d'une maritimisation de l'économie américaine est tentante. Les États-Unis disposent d'amples façades maritimes, plus de 7 000 kilomètres de côtes généralement accueillantes aux activités économiques. La pêche y trouve des conditions favorables dans l'étendue du plateau continental et/ou la convergence des courants marins : saumons du Pacifique, crustacés de Nouvelle-Angleterre, crevettes du golfe du Mexique... Au troisième rang mondial pour les pêcheries, les États-Unis sont cependant de plus en plus fortement importateurs. Le gros du commerce international des États-Unis se fait par mer, et les ports américains ont une capacité globale de manipulation qui excède le milliard de tonnes de marchandises ; La Nouvelle-Orléans, Los Angeles-Long Beach figurent en bonne place dans le palmarès des ports mondiaux, et la concentration portuaire de la mégalopolis, de Boston à Hampton Roads, demeure la plus puissante du monde.

On ne saurait pour autant conclure à la maritimisation de l'économie : si les années cinquante à soixante-dix ont été marquées par la littoralisation de l'industrie lourde (pétrochimie, sidérurgie), cette phase est close. Le traitement des non-ferreux sur la côte du Golfe a connu de sévères difficultés depuis 1975. Célèbre symbole de la littoralisation passée, la grande aciérie de Sparrows Point, près de Baltimore, tourne au ralenti.

Affaiblissement relatif des régions centrales

La bonne performance des régions côtières est d'abord relative à l'affaiblissement des régions centrales dont la base agricole et industrielle s'est lézardée. La baisse dramatique des exportations agricoles (de 44 à 25 milliards de dollars entre 1981 et 1985) a affecté essentiellement les régions centrales : entre ces deux dates, les exportations ont chuté de 80 % pour le maïs, de 58 % pour le blé, de 33 % pour le soja. Le déclin des exportations industrielles, marqué surtout pour les biens de capital et d'équipement, traduit aussi la perte de vitalité des régions centrales qui ont en conséquence un solde

36

migratoire négatif et dont le vieillissement démographique s'accélère.

Les États côtiers ont mieux maintenu et développé leurs activités et leurs emplois grâce aux importations massives de capitaux. Ce sont d'abord les secteurs des services, les activités financières, le commerce d'importation, la publicité... qui en ont bénéficié. La solide armature métropolitaine à base tertiaire des régions côtières a réagi favorablement à la conjoncture et s'est montrée accueillante aux industries de haute technologie, favorisées en outre par les infrastructures de recherche-développement. Nulle surprise, dès lors, que les régions côtières aient bénéficié d'un triple apport de population : les retraités en quête de soleil de la Floride à la Californie, les jeunes à la recherche d'emplois, les nouveaux immigrants. La mégalopolis demeure un grand foyer d'accueil et de fixation, mais l'afflux de populations asiatiques et latino-américaines a largement bénéficié à la côte du Golfe et à la bordure pacifique.

Le dynamisme de l'économie et l'afflux de population sont toutefois générateurs de congestion et de coûts élevés : aussi n'est-il pas étonnant que s'amorce une redistribution au bénéfice des États intérieurs : de plus en plus de retraités délaissent la Californie pour le Nevada et l'Arizona ; les industries de pointe elles aussi se desserrent de Los Angeles et de la Silicon Valley vers l'Oregon, le Colorado, l'Arizona, le Nouveau-Mexique. Néanmoins, la dichotomie régions intérieures-régions côtières paraît constituer une dimension structurante de l'espace américain, dont le recensement de 1990 devait permettre de préciser la portée.

Claude Manzagol

Quatre niveaux d'organisation territoriale

■ Les États-Unis comptent quatre niveaux d'administration territoriale : l'État fédéral, les États membres, les comtés et l'échelon local. Les comtés — maillon le plus faible de la chaîne — et les États se caractérisent par la permanence de leur nombre et de leurs frontières : les dernières adhésions d'États, Hawaii et l'Alaska, remontent à 1959, et seuls Porto Rico et le District de Colombie (Washington) frappent encore à la porte en 1990. En revanche, contrairement aux évolutions en cours dans la plupart des démocraties occidentales, il continue de se créer des communes aux États-Unis. Pas autant que de « districts spécialisés » cependant, qui prolifèrent plus rapidement encore que les districts scolaires ne disparaissent. Les *towns* et *townships*, qui ont la particularité de pratiquer la démocratie directe, sont en légère régression mais ne se rencontrent qu'en Nouvelle-Angleterre et dans le Middle West.

Enchevêtrement des unités locales

Ces unités gouvernementales ont en commun la disparité de leurs superficies, de leurs populations, de leurs ressources, et, pour les collectivités infra-étatiques, de leur nombre selon les États. En outre, loin de se correspondre ou de s'emboîter les uns dans les autres, les territoires des municipalités, comtés et districts se superposent dans des configurations souvent inextricables à l'intérieur d'un même État. A cet enchevêtrement des juridictions s'ajoutent l'imbrication des compétences et les transferts de ressources. Faites tantôt de conflits, tantôt de coopération, les relations entre les unités gouvernementales sont ainsi devenues de plus en plus étroites.

Il reste que ni les comtés, ni les municipalités, *towns* et *townships*, ne couvrent l'ensemble du territoire américain. Les premiers parce que le Connecticut pas plus que le Rhode Island ne possèdent de comtés au sens propre du terme, et parce que certaines villes — comme Washington, Baltimore ou Saint Louis —, grâce à leur statut de municipalités indépendantes, échappent aux juridictions des comtés, même si elles en remplissent les fonctions. Ce statut ne doit pas être confondu avec celui qui résulte de la fusion (*consolidation*), par souci de rationalisation, d'une ville et d'un comté, qu'illustrent notamment New York, San Francisco, La Nouvelle-Orléans, Philadelphie et Boston. A l'inverse, il existe des zones non « incorporées » en municipalités, qui relèvent donc directement des comtés ou de l'État membre.

Disparité des statuts

Aux États-Unis, les collectivités infraétatiques sont certes tenues de respecter la Constitution et les lois de l'État fédéré, qui lui-même est soumis à celles de l'État fédéral, mais, en raison de la nature fédérale de l'État américain, États membres et collectivités locales disposent d'un pouvoir d'auto-organisation. Celui-ci est très

NOMBRE D'ENTITÉS GOUVERNEMENTALES		
Type	1942	1987
Gouvernement fédéral	1	1
Gouvernements étatiques	48	50
Gouvernements locaux	155 067	83 186
dont :		
Comtés	3 050	3 042
Munipalités	16 220	19 200
Townships et *Towns*	18 919	16 691
Districts scolaires	108 579	14 721
Districts spécialisés	8 299	29 532
Total	155 116	83 237

Source : Statistical Abstract, 1990.

grand en ce qui concerne les États, puisque seule leur forme républicaine est exigée par la Constitution fédérale. Or, les institutions des États ont tendu à s'uniformiser en s'inspirant du modèle fédéral : séparation des pouvoirs, bicaméralisme (sauf au Nebraska qui interdit également les partis aux élections de l'État), suprématie du gouverneur.

La plus grande diversité d'organisation des collectivités locales ne doit pas faire oublier que, leur existence n'étant pas reconnue par la Constitution fédérale, elles sont les « créatures » des États. Leur degré d'autonomie varie cependant selon les États et selon les régimes sous lesquels elles se placent. Une minorité croissante d'États accorde l'autonomie maximale (*Home Rule*) : 40 % des municipalités et des comtés en bénéficient, tandis que le droit commun de l'État, qui est plus contraignant, s'applique dans une même proportion de cas. Les autres régimes offrent généralement le choix entre plusieurs options institutionnelles.

Villes et comtés ont adopté des dispositifs institutionnels voisins, mais dans des proportions différentes. Ainsi, 40 % des comtés sont dirigés par une commission élue, où sont fusionnées les fonctions exécutives et législatives. Devenus conscients, longtemps après les municipalités, de la relative inefficacité et de la confusion des responsabilités propres à ce type d'institution, ils tendent à lui préférer la forme du *council-elected executive* (25 % des comtés) ou celle du *council-administrator* (35 %). La première correspond à celle du *council-manager* adoptée par les municipalités (44 %), où le conseil délègue les fonctions exécutives à un administrateur professionnel et apolitique. La seconde s'apparente au type *mayor-council* (51 %) dans la version où l'autorité du maire est renforcée par son élection directe par la population. Les administrations des villes comme des comtés se sont professionnalisées, bien que de nombreux postes administratifs soient pourvus par voie d'élection. Cependant, alors que les deux tiers des municipalités interdisent la participation des partis politiques aux élections locales, seulement 17 % des comtés adoptent cette règle pour leurs propres élections.

38

Par ailleurs, les scrutins uninominaux (dans 25 % des villes et 45 % des comtés), qui assurent une meilleure représentation des minorités, gagnent partout du terrain. Quant aux procédures de démocratie directe (référendums, initiatives populaires et révocations), elles sont plus fréquemment prévues et utilisées par les États et les municipalités, surtout dans l'Ouest, que par les comtés.

D'une nature différente en raison de leurs compétences spécialisées, les districts ont suivi des évolutions singulières. Les districts scolaires,

CODE ABRÉGÉ DES ÉTATS

WEST		NORTHEAST	
MOUTAIN		**MIDDLE ATLANTIC**	
MT	Montana	NY	New York
ID	Idaho	PA	Pennsylvania
WY	Wyoming	NJ	New Jersey
NV	Nevada		
UT	Utah	**NEW ENGLAND**	
CO	Colorado	ME	Maine
AZ	Arizona	NH	New Hampshire
NM	New Mexico	VT	Vermont
		MA	Massachusetts
		RH	Rhode Island
PACIFIC		CT	Connecticut
WA	Washington		
OR	Oregon	**SOUTH**	
CA	Californie	**SOUTH ATLANTIC**	
AK	Alaska	MD	Maryland
HI	Hawaii	DE	Delaware
		WV	West Virginia
		VA	Virginia
MIDDLE WEST		NC	North Carolina
WEST NORTH CENTRAL		SC	South Carolina
ND	North Dakota	GA	Georgia
SD	South Dakota	FL	Florida
MN	Minnesota		
IA	Iowa	**WEST SOUTH CENTRAL**	
NE	Nebraska	TX	Texas
KA	Kansas	OK	Oklahoma
MO	Missouri	AR	Arkansas
		LA	Louisiana
EAST NORTH CENTRAL			
WI	Wisconsin	**EAST SOUTH CENTRAL**	
MI	Michigan	KY	Kentucky
IL	Illinois	TN	Tennessee
IN	Indiana	MS	Mississippi
OH	Ohio	AL	Alabama

administrés par un *board of education* et un *superintendant*, le plus souvent élus, ont été regroupés, sous la pression des États, pour mieux s'adapter à l'évolution de leurs finances et des effectifs scolaires. Les États pensaient également faciliter les regroupements de communes en encourageant la création de districts spécialisés. Ceux-ci, habituellement à vocation unique (eau, lutte contre l'incendie, épuration), ont au contraire constitué une réponse intercommunale à la résistance des communes au changement et à leurs contraintes de gestion (en général plafonnement de l'endettement et du taux de taxation foncière). Plusieurs milliers de districts spécialisés dénués de tout personnel sont cependant purement fictifs. Créés par

(suite p. 42)

LES ÉTATS DES ÉTATS-UNIS

© Éditions La Découverte

Les découpages en États et en comtés obéissent plus à une logique de colonisation (settlement) que de peuplement, logique renforcée par le statut fédéral du pays.

En effet, aussitôt la phase de colonisation terminée, les limites administratives nouvellement créées ne bougèrent plus, quelles que soient les vagues de peuplement qui suivirent. Ainsi, aucun État n'a été créé après les États d'origine. Seuls l'Alaska et les îles Hawaii sont passés du statut de territoire à celui d'État. Ainsi encore, et excepté l'Alaska où régulièrement les comtés sont défaits et refaits, seulement quatre comtés ont vu le jour depuis 1926, date à laquelle la colonisation de la Floride s'achevait.

LE DÉCOUPAGE ADMINISTRATIF

41

0   500 km

Du même coup, l'histoire des États-Unis se lit aisément dans le maillage de ses comtés. Les foyers de peuplement comme l'Est atlantique mais aussi, plus récents, comme San Francisco et Denver se reconnaissent à un découpage plus étroit et irrégulier qu'alentour.

A cause de cette fixité du tissu administratif, certains comtés supportent maintenant plusieurs millions d'habitants alors que d'autres en conservent seulement quelques centaines. Corrélativement, la différence de population entre États va de 1 (Vermont, 562 000 hab.) à 52 (Californie, 29 136 000 hab.).

Frédéric Salmon

42

Bibliographie

Dye Thomas R., *Politics in States and Communities*, Prentice Hall, Englewood Cliffs (NJ.), 5ᵉ éd., 1985.

Lowi Theodore J., *At the Pleasure of the Mayor*, Free Press, New York, 1964.

Mény Yves, «Les districts spéciaux : quand Self-Government ne signifie plus démocratie locale», *in* **Toinet M.-F.** (sous la dir. de), *L'État en Amérique*, Presses de la FNSP, Paris, 1989.

Sbragia Alberta (sous la dir. de), *The Municipal Money Chase*, Westview Press, Boulder (CO), 1983.

(*suite de la page 38*)

l'État fédéré ou les collectivités locales, leur autonomie est très variable. Leurs conseils d'administration sont certes élus, mais ils ne mobilisent quelquefois guère plus de 5 % d'électeurs (le vote peut, il est vrai, être limité aux catégories de citoyens les plus concernés). Leur juridiction et leur mode de fonctionnement les soustraient en outre en partie au contrôle démocratique, si bien que leur essor pose un indéniable défi à la démocratie locale.

Patrick Chamorel

HISTOIRE

Repères chronologiques

● **LA DÉCOUVERTE DE L'AMÉRIQUE DU NORD**

− 50000 à − 11000. Peuplement du continent provenant d'Asie.
− 35000 à − 5000. Période paléo-indienne, chasse.
− 5000 à − 1000. Période archaïque, débuts de l'agriculture.
− 1000 à + 1500. Période formative (Mississipi, Sud-Ouest).
986-1008. Explorations des Vikings (Labrador, Terre-Neuve, etc.).
1492-1495. Le Génois Christophe Colomb découvre les Antilles.
1497-1498. Voyages de John Cabot, pour le roi d'Angleterre.
1507. Le géographe allemand Martin Waldseemüller appelle le nouveau monde *America*.
1534-1541. Le Français Jacques Cartier explore la vallée du Saint-Laurent.
1539-1542. Les Espagnols Hernando de Soto et Francisco de Coronado explorent le Sud-Ouest.
1565. Les Espagnols fondent la colonie Saint Augustine dans l'actuelle Floride.
1584-1587. Fondation puis abandon de Roanoke en «Virginie».

● **L'ÉPOQUE COLONIALE (1607-1774)**

1607. Fondation de Jamestown en Virginie.
1608. Fondation de Québec par Samuel de Champlain.
1619. Arrivée des premiers esclaves africains à Jamestown.
1620. Fondation de Plymouth par les pèlerins du *Mayflower*.
1630. Migration des puritains au Massachusetts. Boston est fondée.
1634. Fondation du Maryland par Lord Baltimore.
1636. Fondation du Rhode Island et du Connecticut.
1636. Création du collège Harvard près de Boston.
1663. Charte de fondation des Carolines.
1664. New Amsterdam, prise par les Anglais, devient New York.
1675-1676. Guerre contre les Indiens en Nouvelle-Angleterre.
1682. Fondation de la Pennsylvanie. Les Français s'installent en Louisiane.
1692. Procès en sorcellerie à Salem, Massachusetts.
1732. Fondation de la Georgie.
1735-1760. Grand Réveil religieux (Nouvelle-Angleterre et Virginie).

1756-1763. La guerre de Sept Ans entre Anglais et Français met fin à l'Amérique française.
1763. La colonisation est interdite à l'ouest des Appalaches.
1764. La loi sur le sucre marque le premier d'une série de conflits entre les colons et la couronne d'Angleterre.
1765. Droit de timbre : résistance des « Fils de la liberté ».
1767-1769. Droits Townshend taxant le commerce des colonies d'Amérique. Boycottage de produits anglais.
1770. Massacre de Boston (les soldats britanniques tuent 5 manifestants), abrogation des droits Townshend.
1773. Loi sur le thé favorisant la compagnie des Indes orientales qui peut vendre en Amérique. Réaction des Bostoniens : *Boston Tea Party*.
1774. Lois « intolérables » contre Boston. Premier congrès continental réunissant les délégués de toutes les colonies sauf la Georgie.

● **L'INDÉPENDANCE ET LA CRÉATION D'UNE NATION (1775-1815)**

1775 (avril). Premiers affrontements entre l'armée britannique et les milices du Massachusetts à Lexington et Concord.
1775 (juin). George Washington est nommé à la tête de l'armée continentale ; levée des troupes dans les colonies.
1776 (janv.). Thomas Paine publie *Le Sens commun*.
1776 (4 juil.). Le Congrès adopte la *Déclaration d'indépendance*.
1776-1777. Les États rédigent des constitutions.
1778. Traité d'alliance franco-américaine.
1780. Arrivée à Newport (RI) du corps expéditionnaire français qui vient aider les Américains dans la guerre contre l'Angleterre.
1781. Ratification des articles de Confédération.
1781 (oct.). Victoire franco-américaine de Yorktown (Virg.).
1783. Traité de Paris et indépendance des États-Unis.
1786-1787. Révolte de paysans endettés (Daniel Shays) dans le Massachusetts.
1784-1787. Ordonnances du Congrès sur l'arpentage et le gouvernement des terres de l'Ouest.
1787. Convention de Philadelphie qui élabore une nouvelle constitution, adoptée en juin 1788 après avoir été ratifiée par neuf États.
1789. George Washington, élu à l'unanimité des électeurs présidentiels, devient le premier président des États-Unis.

1791. Le *Bill of Rights* (Déclaration des droits) est ratifié.
1801. Élection de Thomas Jefferson.
1803. Achat de la Louisiane à la France (15 millions de dollars).
1807. Premier bateau à vapeur sur l'Hudson (Robert Fulton).
1807-1808. Embargo sur les marchandises anglaises et françaises.
1812 (juin). Déclaration de guerre à l'Angleterre.
1814. Incendie de Washington (DC) par les Anglais.
1814. Traité de Gand avec l'Angleterre (*statu quo* territorial).

● **DÉMOCRATISATION, EXPANSION, ESCLAVAGE ET GUERRE CIVILE (1815-1865)**

1815. Victoire du général Andrew Jackson à La Nouvelle-Orléans.
1816-1818. Expédition d'Andrew Jackson en Floride.
1819. L'Espagne cède la Floride aux États-Unis.
1820. Compromis du Missouri sur l'extension de l'esclavage.
1823. Le président James Monroe expose sa doctrine au Congrès.
1825. Ouverture du canal de l'Érié (liaison New York - Grands Lacs).
1828. Instauration de droits de douane (tarif des « abominations ») protégeant l'industrie.
1830. Loi sur la déportation des Indiens à l'ouest du Mississippi.
1830. Joseph Smith écrit *Le Livre de Mormon* et fonde l'Église des saints des derniers jours.
1831. Invention de la moissonneuse par Cyrus McCormick.
1831. Parution du journal abolitionniste *Le Libérateur*, de William Garrison.
1832. Nouveau tarif douanier aux dépens des sudistes (coton). Au nom du fédéralisme, la Caroline du Sud annule cette loi fédérale (crise de nullification).
1836. Le Texas (mexicain) devient une république indépendante.
1838. « Piste des larmes », exode forcé des Indiens Cherokee de Georgie.
1837-1843. Crise financière et dépression économique.
1842. Traité avec l'Angleterre sur la frontière canadienne.
1844. Première liaison télégraphique (Samuel Morse).
1845. Le Texas entre dans l'Union.
1846. Acquisition de l'Oregon. Guerre contre le Mexique.

44

1847. Prise de Mexico par les Américains.
1848. Traité de Guadalupe Hidalgo avec le Mexique qui cède tous ses territoires au nord du Rio Grande pour 15 millions de dollars.
1849. Ruée vers l'or en Californie.
1850. Compromis sur l'esclavage dans les nouveaux territoires (Californie, Utah, Nouveau-Mexique).
1852. Harriet Beecher Stowe publie *La Case de l'oncle Tom*.
1854. Nouveau compromis sur l'esclavage (Kansas et Nebraska).
1855-1859. Violences au Kansas à propos de l'esclavage.
1857. Arrêt *Dred Scott* de la Cour suprême, sur l'esclavage, rendant le compromis du Missouri inconstitutionnel.
1858. Débats sur l'esclavage entre Abraham Lincoln et Stephen Douglas.
1859. Raid de l'abolitionniste John Brown à l'arsenal de Harper's Ferry.
1860. Élection à la présidence de Abraham Lincoln, partisan du maintien de l'Union. Sécession de la Caroline du Sud.
1861. Formation de la Confédération des États du Sud ayant fait sécession. Attaque par le Sud de l'arsenal fédéral de Fort Sumter.
1862. Guerre navale. Loi sur le *Homestead* (premier cession gratuite de terres fédérales).
1863. Entrée en vigueur de la proclamation d'Émancipation (des esclaves). Bataille de Gettysburg (Pa).
1864-1865. Campagnes du général William T. Sherman : le Sud est dévasté.
1865 (9 avril). Capitulation des Sudistes à Appomatox (Va).
1865 (14 avril). Lincoln assassiné, Andrew Johnson lui succède.
1865 (déc.). 13e Amendement adopté : abolition de l'esclavage.

• LE TRIOMPHE DU CAPITALISME (1866-1896)

1866. Pouvoirs renforcés au bureau des Affranchis chargé de l'insertion des esclaves libérés.
1867. Lois de Reconstruction (occupation des États du Sud jusqu'à ce qu'ils ratifient les 14e et 15e Amendements accordant aux Noirs les droits civiques, etc.).
1868. Échec de la procédure d'*impeachment* contre le président Andrew Johnson.
1868. Adoption du 14e Amendement (égalité des droits).
1869. Inauguration du premier chemin de fer transcontinental. Création du syndicat des Chevaliers du travail.
1870. Adoption du 15e Amendement (droit de vote). Loi contre le Ku Klux Klan, fondé en 1870 pour lutter contre la « Reconstruction ».
1873. Loi sur la démonétisation de l'argent (seul l'or reste valable).
1874. Invention du fil de fer barbelé.
1876. Le téléphone est présenté à l'exposition de Philadelphie.
1876. Victoire des Sioux sur George Custer à Little Big Horn (Wyoming).
1877. Fin de la « Reconstruction » : les troupes fédérales quittent le Sud.
1878. Remonétisation de l'argent. Invention du phonographe.
1882. Création du premier trust, Standard Oil. L'immigration chinoise est interdite.
1885. Fin de la guerre contre les Apaches (Geronimo).
1886. Émeute de Haymarket à Chicago, pour la journée de 8 heures. Création de l'American Federation of Labor (AFL).
1887. Loi *Dawes* sur la distribution des terres indiennes.
1890 (juil.). Loi *Sherman* antitrust.
1890 (oct.). Tarif *McKinley* si élevé qu'il provoque un débat sur l'impôt progressif sur le revenu.
1890 (déc.). Ultime défaite des Indiens à Wounded Knee (Dakota du Sud).
1892. Grève aux aciéries de Homestead (Penn.). Création du parti populiste.
1893. Exposition colombienne de Chicago.
1894. Krach boursier et économique.
1894. Grève à Pullman City (Ill.). Marche des chômeurs de Jacob Coxey sur Washington.
1896. La Cour suprême légalise la ségrégation (*Plessy c. Ferguson*). Victoire du président W. McKinley sur le démocrate Bryan.

• L'ÉMERGENCE DE L'AMÉRIQUE MODERNE (1897-1929)

1898 (juil.). Guerre hispano-américaine. Annexion de Hawaii.
1899 (mars). Révolte aux Philippines (prises à l'Espagne en 1898).
1899 (sept.). Doctrine de la « Porte ouverte » pour la Chine (liberté du commerce).
1900. Adoption du monométallisme-or.
1901 (sept.). Assassinat du président William McKinley. Theodore Roosevelt lui succède.
1901 (mars). Amendement *Platt* (protectorat américain sur Cuba).
1904. Roosevelt expose le « corollaire » de la doctrine Monroe. Diplomatie du « gros bâton » (*big stick*).
1905. Fondation d'un syndicat révolutionnaire, International Workers of the World (IWW).

1907. Restriction de l'immigration japonaise.
1907. La flotte américaine fait le tour du monde.
1913. Création du Federal Reserve System (Fed). Adoption des 16e et 17e Amendements (impôt fédéral sur le revenu pour le premier ; élection des sénateurs au suffrage universel pour le second).
1914. Loi *Clayton* antitrust.
1914. Graves affrontements avec le Mexique.
1914. Inauguration du canal de Panama.
1915. Le *Lusitania* est coulé par les Allemands.
1915. Création de la Federal Trade Commission.
1916. Création du Service des parcs nationaux (département de l'Intérieur).
1917 (6 avril). Entrée en guerre des États-Unis, après qu'ils se sont déclarés neutres en 1914. Les troupes américaines arrivent en Europe de juin à octobre.
1918 (janv.). Programme de paix en « 14 points » de Woodrow Wilson.
1918 (nov.). Majorité républicaine au Congrès, contre le président Wilson.
1919. Adoption du 18e Amendement (prohibition de l'alcool). Grèves dans les mines, les transports, l'industrie de septembre 1919 à janvier 1920.
1920. Le Sénat refuse de ratifier le traité de Versailles (concluant la Première Guerre mondiale). Peur des « rouges ». Arrestation et emprisonnement des anarchistes Nicola Sacco et Bartolomeo Vanzetti (exécutés en 1927).
1920 (août). Adoption du 19e Amendement (vote des femmes).
1921. Première loi des quotas, limitant l'immigration. Une seconde suivra en 1924.
1921-1922. Conférence de Washington sur le désarmement naval.
1925. Procès du Singe. L'État du Tennessee interdit l'enseignement de l'évolutionnisme darwinien.
1927. Premier vol transatlantique en solo, par Charles Lindbergh.
1929 (oct.). Crise boursière. Début de la grande Dépression.

● **LA DÉPRESSION ET LA GUERRE (1930-1945)**

1930. 4 millions de chômeurs. Programme de grands travaux.
1931. Moratoire du président Herbert Hoover sur les dettes de guerre.
1932. Création de la Reconstruction Finance Corporation (organisme fédéral chargé de prêts aux banques et à l'industrie).
1932 (mai-juil.). Manifestation des anciens combattants à Washington.

45

LES PRÉSIDENTS DES ÉTATS-UNIS		
Président	Parti[a]	Année d'entrée en fonction
George Washington	F	1789
John Adams	F	1797
Thomas Jefferson	DR	1801
James Madison	DR	1809
James Monroe	DR	1817
John Quincy Adams	DR	1825
Andrew Jackson	D	1829
Martin Van Buren	D	1837
W. H. Harrison	W	1841
John Tyler	W	1841
James K. Polk	D	1845
Zachary Taylor	W	1849
Millard Fillmore	W	1850
Franklin Pierce	D	1853
James Buchanan	D	1857
Abraham Lincoln	R	1861
Andrew Johnson	R	1865
Ulysses S. Grant	R	1869
Rutherford B. Hayes	R	1877
James A. Garfield	R	1881
Chester A. Arthur	R	1881
Grover Cleveland	D	1885
Benjamin Harrison	R	1889
Grover Cleveland	D	1893
William McKinley	R	1897
Theodore Roosevelt	R	1901
William H. Taft	R	1909
Woodrow Wilson	D	1913
Warren G. Harding	R	1921
Calvin Coolidge	R	1923
Herbert Hoover	R	1929
Franklin D. Roosevelt	D	1933
Harry S. Truman	D	1945
Dwight D. Eisenhower	R	1953
John F. Kennedy	D	1961
Lyndon B. Johnson	D	1963
Richard Nixon	R	1969
Gerald R. Ford	R	1974
Jimmy Carter	D	1977
Ronald Reagan	R	1981
George Bush	R	1989

a. F : Fédéraliste ; DR : Démocrate-Républicain ; W : Whig ; D : Démocrate et R : Républicain.

1933 (mai). Loi sur l'agriculture, *Agricultural Adjustment Act (AAA)*. Création de la Tennessee Valley Authority.
1933 (juin). Loi sur le redressement industriel (*National Industrial Recovery Act - NIRA*).
1933 (déc.). Le 21e Amendement met fin à la prohibition de l'alcool.

46

Bibliographie

Trocmé Hélène, Montagutelli Malie, *Les Grandes Dates des États-Unis*, Larousse, Paris, 1989.

1934. Dévaluation du dollar. Loi sur la Bourse.
1935. La Cour suprême invalide l'*AAA* et le *NIRA*.
1935 (juil.). Loi *Wagner* (protection des syndicats) et *Social Security Act* (retraite).
1935-1937. Lois de neutralité : interdiction de ventes d'armes à toute nation en guerre. En 1939 une clause (*cash and carry*) sera ajoutée, qui autorisera les ventes si elles sont payées comptant.
1938. Deuxième loi sur l'agriculture. Récession économique.
1940. Loi sur le service militaire sélectif.
1941 (mars). Loi du prêt-bail permettant d'envoyer des armes aux alliés en guerre.
1941 (août). Charte de l'Atlantique (Roosevelt-Churchill) définiront les objectifs communs des deux gouvernements.
1941 (7 déc.). Attaque surprise des forces japonaises sur la base de Pearl Harbor (Hawaii). Entrée en guerre des États-Unis.
1942. Évacuation des Philippines. Bataille des îles Midway (juin). Défaite du Japon.
Août 1942 - févr. 1943. Contre-offensive dans le Pacifique.
1942 (nov.). Débarquement américain en Afrique du Nord.
1943 (juil.). Débarquement en Sicile, puis en Italie (sept.).
1944 (juin). Débarquement en Normandie.
1944 (juil.). Conférence de Bretton Woods : création des grandes institutions financières internationales (FMI et Banque mondiale).
1944 (août-oct.). Conférence de Dumbarton Oaks (E.-U., URSS, Royaume-Uni, Chine) : charte de l'ONU.
1945 (févr.). Conférence de Yalta.
1945 (avril-juin). Conférence de San Francisco : fondation de l'ONU.
1945 (8 mai). Capitulation sans condition de l'Allemagne. Fin de la guerre en Europe.
1945 (6 et 9 août). Bombes atomiques sur Hiroshima et Nagasaki.
1945 (2 sept.). Capitulation du Japon. Fin de la guerre mondiale.

• **PROSPÉRITÉ ET GUERRE FROIDE (1946-1963)**

1946 (juil.). Indépendance des Philippines.
1947 (mars). Doctrine de Truman : les États-Unis aideront les pays en lutte contre le communisme.
1947 (mars). Enquête sur la «loyauté» des fonctionnaires fédéraux.
1947 (juin). Plan Marshall d'aide à la reconstruction de l'Europe. Loi antisyndicale *Taft-Hartley*.
1947 (juil.). Création du Conseil national de sécurité.
Juin 1948-mai 1949. Blocus de Berlin : pont aérien.
1949. Signature du pacte de l'Atlantique Nord portant création de l'OTAN (E.-U., France, Canada, Royaume-Uni).
1950 (janv.). Discours du sénateur républicain Joseph McCarthy à Wheeling (Vir. occ.), qui accuse le département d'État d'employer des communistes.
1950 (juin). Début de la guerre de Corée.
1950 (sept.). Loi *McCarran* sur la sécurité intérieure (anticommuniste).
1951. Procès de condamnation des époux Julius et Ethel Rosenberg, accusés d'avoir livré la bombe atomique à l'URSS. Ils seront exécutés en 1953.
1952 (nov.). Premier test d'une bombe thermonucléaire.
1953 (juil.). Armistice en Corée.
1954 (mai). La Cour suprême condamne la ségrégation scolaire.
1954 (déc.). J. McCarthy est censuré par ses pairs du Sénat.
1955. Fusion des deux syndicats AFL et CIO.
1957. Doctrine d'Eisenhower : extension de l'aide américaine aux pays du Proche-Orient engagés dans la lutte anticommuniste.
1958 (janv.). Premier satellite américain dans l'espace, après le succès du *Spoutnik* soviétique (oct. 1957).
1959. Visites de Richard Nixon à Moscou et de Nikita Khrouchtchev à Washington.
1960 (mai). Un avion espion américain (U2), abattu au-dessus de l'URSS, entraîne l'échec de la conférence au sommet de Paris.
1961 (avril). Débarquement anticastriste manqué dans la baie des Cochons à Cuba.
1961 (août). Construction du Mur de Berlin.
1962 (oct.). Crise des missiles de Cuba.
1963 (août). Accord sur l'interdiction des essais nucléaires non souterrains. A Washington, marche pour les droits civiques.
1963 (1er nov.). Assassinat du président Ngo Dinh Diem à Saigon. En décembre, 16 300 soldats américains débarquent au Vietnam.

1963 (22 nov.). Le président John Kennedy est assassiné à Dallas (Texas). Lyndon B. Johnson lui succède.

• CRISES INTÉRIEURES ET «DÉCLIN» (1964-1979)

1964 (juil.). Lois sur les droits civiques et l'égalité des chances.
1964 (août). Résolution du golfe du Tonkin («carte blanche» au président Johnson au Vietnam).
1965 (fév.). Bombardements américains sur le Nord-Vietnam.
1965 (juil.). *Medicare* : programme d'assurance maladie publique pour les personnes âgées.
1965 (août). Loi sur l'égalité d'accès aux urnes pour tous. Émeute dans le quartier noir de Watts, à Los Angeles.
1966 (juin). Premiers bombardements sur Hanoï et Haïphong.
1967 (juil.). Émeutes raciales à Newark (NJ) et Detroit (Mich.).
1968 (janv.-fév.). Offensive du Têt au Sud-Vietnam.
1968 (4 avril). Assassinat du leader du mouvement pour les droits civiques, Martin Luther King, à Memphis (Tenn.).
1968 (mai). Ouverture à Paris des pourparlers de paix au Vietnam.
1968 (juin). Assassinat de Robert Kennedy, après sa victoire aux «primaires» démocrates en Californie.
1969 (mars-avril). Bombardements américains au Cambodge.
1969 (juil.). Succès de la mission *Apollo XI* : Neil Armstrong marche sur la Lune.
1970 (avril). Américains et Sud-Vietnamiens entrent au Cambodge.
1970 (mai). Manifestations pacifistes étudiantes sur les campus universitaires (Kent State, etc.).
1971 (juil.). 26e Amendement (droit de vote à 18 ans).
1971 (déc.). Dévaluation du dollar qui n'est plus lié à l'étalon or.
1972 (fév.-mai). Visite de R. Nixon à Pékin et à Moscou.
1972 (mai). Signature du traité *SALT I* (désarmement nucléaire).
1972 (mai). Bombardement de Hanoï.
1972 (juin). Arrestation des «plombiers» du Watergate (Washington) qui tentaient de s'emparer des documents concernant le Parti démocrate.
1973 (janv.). Accords de Paris : cessez-le-feu au Vietnam.

1973 (mai-août). Enquête du Sénat sur l'affaire du Watergate.
1973 (oct.). Démission du vice-président Spiro Agnew, pour corruption.
1974 (fév.). La commission judiciaire de la Chambre vote la procédure d'*impeachment* (destitution) contre R. Nixon.
1974 (août). Nixon démissionne. Gerald Ford lui succède.
1975 (avril). Chute de Saigon. Les Khmers rouges entrent à Phnom Penh.
1978 (avril). Ratification du traité sur le canal de Panama (contrôle de la zone transféré au Panama fin 1990).
1978 (sept.). Accords en vue d'un traité de paix israélo-égyptien signés à Camp David.
1979 (juil.). Mise au point du traité *SALT II* (armes stratégiques).
1979 (nov.). Prise d'otages américains à Téhéran pour protester contre l'asile accordé à l'ancien chah d'Iran.

• LES ANNÉES QUATRE-VINGT

1981 (janv.). Libération des otages de Téhéran, le jour de l'entrée en fonction de Ronald Reagan.
1981 (mars). Ronald Reagan blessé dans un attentat.
1982. Aide au Salvador. Intervention américaine au Liban.
1983 (oct.). Attentat à Beyrouth contre les *marines*, membres de la force multinationale d'interposition au Liban. 241 tués. Retrait des troupes en février 1984.
1983 (oct.). Invasion de la Grenade dont le régime révolutionnaire, selon Washington, est une menace pour la région.
1984 (avril). Le Congrès condamne le minage des ports du Nicaragua par les États-Unis.
1985. Loi *Gramm-Rudman* visant à limiter le déficit budgétaire.
1986 (janv.). Explosion de la navette spatiale *Challenger*.
1989 (nov.). Première révélations sur l'affaire de l'*Irangate*. La commission d'enquête se montrera sévère sur le rôle de Ronald Reagan.
1987 (19 oct.). «Lundi noir» à Wall Street. Le krach se répercute sur les grandes Bourses du monde.
1987 (8-10 déc.). Après les sommets de Genève (novembre 1985) et de Reykjavik (octobre 1986), signature à Washington du traité sur le démantèlement des armes nucléaires à portée intermédiaire (FNI), par R. Reagan et M. Gorbatchev. Ratification par le Sénat en mars 1988.

48

1989 (nov.). Élection du premier gouverneur noir en Virginie.
1989 (déc.). Rencontre G. Bush-M. Gorbatchev à Malte. Invasion américaine du Panama (opération *Juste cause*) pour capturer Manuel Antonio Noriega, l'homme fort du régime.

1990 (août). Déploiement militaire en Arabie saoudite pour riposter à l'invasion du Koweït par l'Irak.

Hélène Trocmé

A l'origine, les Indiens

■ On a diversement décrit les Indiens, premiers Américains, comme «les enfants de Babel, les suppôts de Satan, les descendants d'Israël, des Égyptiens, des Étrusques, des Huns, des Mandingues, des Tartares...» Or, leur histoire est à la fois plus simple et plus étonnante.

Les anthropologues ont montré que les Indiens sont d'origine asiatique. C'est au temps de la préhistoire qu'ils ont quitté la Sibérie par vagues successives et rejoint l'Alaska en franchissant le détroit de Béring, transformé alors en pont royal par les grands refroidissements du pleistocène. Les avis divergent en revanche sur les dates auxquelles ces migrations ont eu lieu. Elles se situeraient entre 40 000 et 12 000 ans avant l'ère chrétienne. Descendant le long du flanc ouest du continent américain par l'intérieur, ces premiers émigrants auraient lentement investi différentes régions, les uns en direction du sud, les autres en direction des plaines et des forêts orientales de l'Amérique du Nord. Là, ils se sont organisé une vie de grands chasseurs (chasse au mammouth et au mastodonte, environ entre 16 000 et 7000 av. J.-C.), tandis qu'à l'ouest des Rocheuses ils sont devenus cueilleurs et chasseurs de petit gibier. Enfin, dans le Sud-Ouest se sont instaurées des sociétés dites du désert (récolteurs de racines et de graines).

Ces cultures, qu'on nomme archaïques, se sont modifiées avec la fonte des calottes glaciaires, s'adaptant au nouvel environnement. Ainsi les Hohokam, dans l'Arizona d'aujourd'hui, furent-ils, il y a environ 2000 ans, de grands constructeurs de réseaux d'irrigation et de barrages et de fins astronomes, savoirs utilisés entre

autres pour la culture du maïs. Les Anasazi (Arizona, Nouveau-Mexique et Colorado actuels) habitaient les «châteaux du désert», nichés dans les falaises ou construits sur plusieurs étages. Agriculteurs chevronnés et astronomes habiles eux aussi, ils étaient, comme leurs prédécesseurs, amateurs de somptueux rites artistiques et funéraires (nombreux tumulus pyramidaux). La civilisation des Hohokam s'abîma vers le XIIe siècle, celle des Anasazi au XIVe siècle.

De brillantes civilisations

Dans l'est de l'Amérique du Nord fleurissaient à peu près à la même époque les non moins brillantes civilisations dites des Woodlands. La culture Adena d'abord (1000 av. J.-C. — 700 de notre ère) dans l'Ohio et le Kentucky actuels et sa voisine, la culture Hopewell (400 av. J.-C. — 300 de notre ère), dans l'Ohio du sud et l'Illinois, mais dont l'influence s'étendait bien au-delà (Minnesota, New York, Floride et Louisiane). Il s'agissait de sociétés regroupées en réseaux urbains solidement protégés et organisés, autour de hauts temples pyramidaux où brûlait la flamme éternelle du Soleil. Leurs successeurs, les Mississippiens, développèrent à partir du VIIIe siècle, de l'embouchure du Missouri à la Louisiane, au Tennessee et à l'Arkansas, des sociétés tout aussi riches, structurées et raffinées, aux constructions non moins monumentales. Ils furent les précurseurs des Cherokee, entre autres, qui cultivaient des champs de maïs ou de tabac, veillaient sur leurs vergers, entretenaient des silos où ils conservaient légumes, céréales et viande, chassaient,

Bibliographie

Cabeza de Vaca, *Naufrages*, intro. et trad. par Patrick Menget, Fayard, Paris, 1980.

Colomb Christophe, *La Découverte de l'Amérique*, Maspero, Paris, 1979.

Driver Harold E., *Indians of North America*, The University of Chicago Press, Chicago (IL), 1975.

Farb Peter, *Man's Rise to Civilization, The Cultural Ascent of the Indians of North America*, Dutton Obelisk, New York, 1978.

pêchaient, faisaient la guerre. De nombreuses cérémonies rythmaient une vie culturellement riche et relativement bien équilibrée, malgré le maigre usage des métaux, l'absence de la roue et des animaux de trait et une pratique limitée, mais systématique, des transcriptions (pictogrammes et pétroglyphes), de *wampum* et autres systèmes mnémotechniques.

A chaque époque et chaque région correspondait ainsi tout un monde : habitats, us et coutumes, langues (2 200 pour les Amériques) se sont succédé sans se ressembler et sans gommer ce fonds — spirituel, pratique, biologique — commun depuis les origines à tous les peuples indiens d'Amérique. Cette unité dans la diversité a toutefois été expliquée différemment par des chercheurs indiens des États-Unis qui, dans les années 1970-1980, ont affirmé que les premiers habitants du Nouveau Monde en sont originaires. Cette affirmation d'antériorité absolue renforcerait d'autant leur droit à la terre ancestrale.

Nelcya Delanoë

La période coloniale

■ Un double rêve, à la fois matériel et spirituel, est à l'origine de la colonisation des Amériques : l'or et l'évangélisation des « sauvages ». Embarqués dans cette aventure après les Espagnols et les Français, les Anglais sortirent vainqueurs de la compétition coloniale née de l'esprit conquérant de la Renaissance : la timidité colonisatrice de la France et la défaite de l'Armada espagnole (en 1588) ouvrirent à la Grande-Bretagne et à ses négociants et banquiers dynamiques les chemins du Nouveau Monde. À un océan de la mère-patrie se développa un empire que le temps et les hommes, la géographie et l'histoire allaient peu à peu couper de ses bases et promettre à un rêve nouveau : celui de l'indépendance et de la démocratie.

Un embryon d'empire

Outre sa rivalité avec l'Espagne, l'Angleterre avait de multiples raisons de vouloir coloniser l'Amérique du Nord : accroître sa puissance maritime grâce aux besoins grandissants du négoce et des pêcheries d'Amérique ; découvrir le mythique « passage du Nord-Ouest » qui ouvrirait aux navires anglais la route juteuse de l'Extrême-Orient ; résoudre en partie le problème du chômage en transférant outre-Atlantique toute une nuée d'oisifs indésirables ; enfin, disposer d'un lieu de refuge pour tous ceux qui refusaient de se conformer à l'Église anglicane.

Les colonies anglaises créées sur la façade atlantique du continent nord-américain furent de trois sortes. Il y eut tout d'abord les *charter colonies* : lancées par des hommes d'affaires et bénéficiant d'une « charte » royale, ces colonies à but lucratif ou, parfois, à vocation religieuse furent la première manifestation de ce goût de la « libre entreprise » si cher aux Américains et si essentiel à leur histoire.

50

Bibliographie

Andrews Charles M., *The Colonial Period of American History*, 4 vols., Yale University Press, New Haven (CT), 1934-1938.

Boorstin Daniel J., *Histoire des Américains. Tome 1 : L'Expérience coloniale*, Armand Colin, Paris, 1985.

Lemonnier Léon, *La Formation des États-Unis, 1493-1765*, Gallimard, Paris, 1948.

Certains de ces établissements firent faillite ou succombèrent aux représailles indiennes. Le roi dut alors se substituer aux compagnies et prendre entièrement en charge des colonies qui relevaient au départ de la seule entreprise privée : elles devinrent « colonies royales » ou « colonies de la Couronne ».

Enfin, les *proprietary colonies* étaient des concessions territoriales accordées par le roi à des *Lords* chargés de les mettre en valeur, de les peupler et d'y faire régner les lois et coutumes d'Angleterre. Ce mode de colonisation « par le haut » finit par prévaloir sur l'initiative privée le jour où la Couronne s'avisa que, loin d'être de simples comptoirs à la française, les colonies d'Amérique formaient déjà l'embryon d'un empire.

L'esprit du Mayflower

La première colonie anglaise permanente fut établie à Jamestown (Virginie) en 1607. La seconde vit le jour en 1620 à Plymouth (Nouvelle-Angleterre) ; ses fondateurs sont les « Pères Pèlerins », dissidents puritains ayant rompu avec l'Église anglicane et soucieux de rebâtir, dans un pays neuf et sur des bases assainies tout l'édifice de la chrétienté — mais intégralement fidèle au message évangélique.

Avant d'avoir atteint les côtes américaines, les Pèlerins signent un contrat (le *Mayflower Compact*) aux termes duquel ils s'engagent, par-delà leur fidélité au roi,

à n'obéir qu'aux lois locales qu'ils se seront données ; cette proclamation fondamentale, reprise ensuite par bien d'autres colonies, porte en elle, cent cinquante ans avant l'échéance, le triple germe de l'indépendance, de la Constitution fédérale et de la République américaine.

Poussées par le goût de l'aventure, l'ambition de faire fortune, la simple perspective d'avoir un emploi ou le désir de vivre leur foi librement, les vagues d'immigrants se succèdent et, dès 1700, douze des treize colonies qui plus tard formeront l'Union fédérale existent déjà. La vie s'y organise selon des principes inconnus en Europe. On trouve certes une classe supérieure (négociants, armateurs, ecclésiastiques dans le Nord, aristocratie terrienne dans le Sud) et l'on peut dire à cet égard que la société coloniale américaine n'est pas « démocratique ». Mais elle est en même temps marquée par une grande mobilité sociale et la reconnaissance du mérite personnel — à quoi s'ajoute, notamment sur la Frontière, un sens aigu de l'égalité dû à des conditions de vie très rudes qui tendent à placer tout le monde (y compris les femmes) sur le même pied. Au bas de l'échelle sociale se trouvent les serviteurs sous contrat (*indentured servants*) : pour payer leur traversée, ils se sont engagés à servir gratuitement un maître pendant plusieurs années, après quoi ils sont libres de vendre leur force de travail ou de s'installer à leur compte. Au XVIIᵉ siècle, l'immense majorité des colons étaient par conséquent des serviteurs sous contrat ou d'anciens serviteurs ou des enfants de serviteurs, bref des hommes qui devaient le plus clair de leur liberté à leur propre travail ou à celui de leurs parents.

La ligne Mason-Dixon

Mason et Dixon étaient deux arpenteurs anglais qui fixèrent, entre 1764 et 1767, la limite des propriétés de William Penn (Pennsylvanie) et de lord Baltimore (Maryland). Cette « ligne » sera plus tard la première frontière entre États libres et États esclavagistes.

Une prospérité relative mais réelle régnait dans l'ensemble de ces colonies qui, elles, n'offraient en spectacle ni le désœuvrement des déshérités ni l'oisiveté des nantis. Ces colonies étaient anglaises, mais elles n'étaient déjà plus l'Angleterre et, dans ses *Lettres d'un fermier américain*, J. Hector St. John de Crèvecœur, installé dans la province de New York depuis 1759, pouvait à juste titre évoquer (en passant un peu vite sur le sort des Indiens et des Noirs) «l'Américain, cet homme nouveau».

Les vertus (souvent puritaines) prônées par le christianisme local ne concernaient que l'univers des Blancs, et encore la tolérance mutuelle n'était-elle pas le point fort des multiples sectes venues d'Europe. Il fallut passablement d'exclusions, de procès en sorcellerie (comme à Salem en 1692) et quelques pendaisons de quakers pour que la sagesse finisse par l'emporter et pour que l'Amérique devienne, après la Suisse et la Hollande, un havre relatif de liberté religieuse.

Les chemins de l'indépendance

Au milieu du XVIIIe siècle, une longue guerre opposa, sur le territoire américain, l'Angleterre à la France. Vaincue, la France renonça, en 1763, à toutes ses possessions d'Amérique du Nord. L'attitude des colons vis-à-vis de la mère-patrie se mit alors à changer : la protection britannique ne leur apparut plus comme une nécessité absolue. De leur côté, et en sens inverse, les autorités britanniques estimèrent que le laisser-aller et les mauvaises habitudes d'autonomie dans les colonies devaient céder le pas à une discipline renforcée qui soit digne d'un «empire», et à un effort fiscal enfin partagé.

Le Parlement britannique entreprit alors de mettre les colonies au pas en renforçant l'application des lois existantes ; en imposant aux colons un nouveau train de lois fiscales (dont le *Stamp Act*, 1765) d'autant plus iniques que les colonies n'étaient pas représentées au Parlement ; en suspendant la colonisation des terres de l'Ouest ; et enfin en réduisant ou supprimant les pouvoirs des assemblées coloniales. La résistance s'organisa aussitôt au moyen de pétitions, de boycottages et de manifestations plus radicales comme l'Émeute du thé à Boston, en 1773, où les insurgés jetèrent par-dessus bord quelques cargaisons de thé de la Compagnie des Indes orientales. En recourant à la répression armée au lieu de reconnaître aux sujets lointains de Sa Majesté le droit de jouir des «libertés anglaises», Londres commit alors l'irréparable : les premiers coups de feu échangés à Lexington et à Concord (Massachusetts, 1775) marquèrent le début d'un dur et long conflit qui allait se solder, en 1783, par la défaite des Anglais, l'indépendance des colonies et l'instauration de la République des États-Unis d'Amérique.

Bernard Vincent

La fondation de la nation

■ Les treize colonies de la côte atlantique avaient déjà un commandant en chef et un embryon de gouvernement commun (le Congrès continental) lorsque ce dernier annonça solennellement, le 4 juillet 1776, la rupture définitive avec l'ancienne métropole. Alors, les combats qui opposaient depuis plus d'un an les colons «patriotes» aux armées royales devinrent une guerre d'indépendance. Deux ans plus tard, la France apporta officiellement son concours aux insurgés et contribua à assurer en 1781, grâce à la victoire de Yorktown, la venue au monde d'une nouvelle nation. Paru en janvier 1776, *Le Sens commun* de Thomas Paine galvanisait les miliciens et les soldats volontaires. Les anciens «frères» britanniques étaient

52

devenus des ennemis, la monarchie était conspuée, l'indépendance de l'Amérique présentée comme une nécessité inéluctable.

La République, une idée neuve

Pourtant, la république et surtout l'indépendance nationale étaient des idées neuves. Parmi les dirigeants des anciennes colonies, bien qu'acquis aux idées des Lumières, peu étaient des républicains radicaux. Les plus conservateurs préférèrent rester loyaux à la Couronne. D'autres ne se résolurent à l'indépendance que lorsque tout compromis se révéla impossible et que la fuite des autorités britanniques eut laissé un vide politique qui menaçait de tourner à l'« anarchie », comme on appelait alors la démocratie. Et si certains voyageurs avaient pu voir, dans les colonies du milieu du XVIIIᵉ siècle, des velléités d'indépendance, aucun des signataires de la Déclaration de 1776 n'avait jusqu'alors mesuré les conséquences de la création d'une nation en territoire colonial. La nation naissait sans nom qui lui soit propre, sans culture et sans passé qui unifiât ses membres, sur un territoire dont les limites, qui allaient être fixées au traité de Paris de 1783, resteraient néanmoins incertaines et dont la propriété était disputée aux Indiens autochtones. Seule l'expérience coloniale liait les anciens colons, une expérience qui en faisait des déracinés, des créoles, des novateurs aussi, et des hommes libres.

C'est cette liberté qui fut en premier désignée comme le trait dominant et le seul ciment des membres de la nation. Une liberté qui n'était pas donnée à tous, puisque 20 % des habitants, par ailleurs d'origine africaine, étaient la propriété de colons, et qu'un nombre indéterminé d'autochtones disposait d'une liberté qui n'était reconnue par les nouveaux Américains qu'au titre de la « sauvagerie ».

La Constitution en débat

A défaut de se fonder sur une identité ancienne, la nation américaine se consti-

L'achat de la Louisiane

♦ *Le 2 mai 1803, quand il vend la Louisiane aux États-Unis pour une somme infime (60 millions de francs), Napoléon perd tout espoir de reconquérir l'empire colonial français en Amérique mais il permet à la jeune république américaine de doubler l'étendue de son territoire. Grâce à cet immense domaine, aux populations diverses (Français, Espagnols, Indiens), à la géographie mal connue et aux frontières imprécises (incluent-elles le Texas ?), les Américains peuvent concrétiser leurs rêves d'expansion continentale. Ils organisent immédiatement des voyages d'exploration dont la double visée, scientifique et économique, est évidente.*

Par cette acquisition, Thomas Jefferson viole sa propre vision de la Constitution de 1787 : il n'est en effet pas explicitement prévu que l'État fédéral puisse ainsi agran- *dir à son profit le territoire national et que le président puisse promettre l'incorporation dans l'Union d'une communauté résidant hors des limites originelles. Mais il ne s'en soucie guère, pas plus que du mécontentement des Louisianais qu'on s'est bien gardé de consulter.*

D'ailleurs, pour la passation de pouvoir, Jefferson envoie à La Nouvelle-Orléans des troupes et un gouverneur non francophone : qu'importe le consent of the governed, *si ces nouveaux habitants ne sont pas encore de vrais Américains ? La Louisiane attendra 1812 pour devenir un État. T. Jefferson, ami de la France, déclare : « Nos nouveaux citoyens sont encore incapables, autant que des enfants, de s'auto-gouverner. »*

Marie-Jeanne Rossignol

Thomas Jefferson
(1743-1826)

♦ *Fils d'un planteur aisé, avocat — qui ne plaida jamais —, Jefferson est avant tout l'auteur de la* Déclaration d'indépendance *(1776). Il est aussi l'archétype de l'«honnête homme» américain du XVIIIᵉ siècle : lettré (il parlait grec, latin, français, italien et espagnol), philosophe, inventeur, architecte (il construisit sa maison de Monticello et fit les plans de l'université de Virginie), voyageur; tolérant, rationaliste, démocrate... un peu esclavagiste aussi. Successeur de Benjamin Franklin comme ambassadeur à Paris (1785-1789), il est choisi par George Washington comme ministre des Affaires étrangères et s'oppose violemment à Hamilton qui souhaite réserver le pouvoir — centralisé — à la riche aristocratie marchande. Battu comme président, il devient le vice-président de John Adams et s'oppose vainement aux lois restreignant, par peur de la révolution française, les libertés politiques et les droits des étrangers (*Alien and Sedition Acts *de 1798). Il devient le troisième président des États-Unis (1801-1809). Il achète la Louisiane à la France, amorce la colonisation de l'Ouest, maintient la neutralité américaine entre Napoléon et l'Angleterre. Il se retire jusqu'à sa mort à Monticello.*

M.-F. T.

tua donc par un système d'inclusion et d'exclusion qui permit de lui donner une première forme. On s'ingénia surtout à en agencer le fonctionnement politique. La première mouture d'une constitution commune aux nouveaux États — les Articles de la Confédération —, rédigée dès 1777, fut ratifiée quatre ans plus tard lorsque les États eurent accepté de céder au Congrès continental les terres qui les bordaient à l'ouest et qui allaient ainsi devenir «domaine public». Les premiers traits de la nation américaine se dessinèrent dans la foulée : un État souverain sur les terres de l'Ouest et détenant les pouvoirs de diplomatie et de défense communes, ainsi que les relations avec les étrangers — tribus indiennes comprises. Mais un État sans force et sans moyens, sans pouvoir exécutif et dont le pouvoir législatif était miné par l'autonomie restée intacte des États de la Confédération.

Un groupe d'hommes qui, autour de George Washington, d'Alexander Hamilton et de Robert Morris, souhaitaient renforcer l'État-nation, promouvoir une puissante dynamique économique, assurer le prestige de la jeune nation dans les cours d'Europe et maintenir l'ordre public face aux révoltes des moins nantis, s'employa à faire adopter une nouvelle constitution. D'âpres débats opposèrent les fédéralistes centralisateurs aux antifédéralistes libéraux. La Constitution fut finalement adoptée après maints compromis aux termes desquels les Sudistes esclavagistes, comme les États peu peuplés reçurent une représentation accrue au Congrès ; elle fut ratifiée en 1788 par des conventions élues dans chaque État avec la promesse qu'une Déclaration des droits (les dix premiers amendements) serait votée, garantissant aux individus les libertés pour lesquelles ils s'étaient battus. Simultanément fut adoptée l'Ordonnance du Nord-Ouest grâce à laquelle la République pourrait s'étendre à l'infini sans que ses structures soient modifiées.

«L'empire de la liberté»

Dans cette création inédite d'une nation, on peut dire que le libéralisme, dans ses connotations économiques et politiques, autant que comme philosophie volontariste du progrès, est le mot clé qui

Bibliographie

Kaspi André, *L'Indépendance américaine (1763-1789)*, Gallimard, Paris, 1976.

Marienstras Elise, *Nous le peuple. Les origines du nationalisme américain*, Gallimard, Paris, 1988.

guida l'histoire nationale dans le demi-siècle qui suivit. Au nom de la liberté des États, l'État fédéral se garda, jusqu'en 1868, de se prononcer sur la citoyenneté des habitants des États-Unis autrement que par la naturalisation des étrangers. Au

Antifédéralistes

Par abus de langage, ce terme qualifie ceux qui s'opposaient à la Constitution de 1787 parce qu'elle était trop centralisatrice et qu'ils préféraient que le pouvoir politique restât dans les États. Voir Alphens T. Mason, The States Rights Debates : Antifederalism and the Constitution, Prentice-Hall, Englewood Cliffs, 1964.

nom du droit de propriété, l'esclavage, qui disparut peu à peu des États du Nord et du Centre, fut protégé par la législation fédérale, et même par la Constitution, là où l'on souhaitait le conserver. Seule l'importation des esclaves fut interdite par le Congrès en 1808. En 1803, en achetant à Napoléon l'immense Louisiane au-delà du Mississippi, Thomas Jefferson, le troisième président des États-Unis, promit d'y étendre « l'empire de la liberté ». Il laissa les Indiens « libres » d'en partir à la poursuite d'un gibier raréfié ou de s'y muer en petits cultivateurs, et de céder leurs terres superflues.

Nullification

Avant la guerre de Sécession, de nombreux hommes politiques sudistes (dont John Calhoun, seul vice-président des États-Unis contraint de démissionner pour ses opinions politiques) défendirent l'idée qu'un État restait pleinement souverain et pouvait par conséquent annuler de plein droit, en ce qui le concernait, une loi fédérale régulièrement adoptée par le Congrès. La guerre résolut définitivement la controverse : les États ne sont pas pleinement souverains.

C'est encore la liberté du propriétaire qu'avancèrent les tribunaux pour condamner les grévistes au début de la révolution industrielle. Et si la république de petits fermiers indépendants rêvée par Jefferson s'évanouit devant le progrès du capitalisme industriel, la liberté du commerce, l'indépendance et la puissance nationales, la « mission universelle » des Américains servirent de justification à leur deuxième guerre contre les Anglais (1812-1815), puis

George Washington (1732-1799)

♦ *Planteur, ingénieur-arpenteur, officier, homme politique. Lors de la guerre d'Indépendance, il est nommé commandant en chef. Ses troupes sont peu nombreuses, peu disciplinées et mal équipées et il n'est lui-même qu'un assez médiocre stratège. Mais à force de volonté et de courage, il surmonte les revers, exploite les succès et réussit l'exploit (avec l'aide de l'armée française de Rochambeau) d'obtenir la capitulation de l'Anglais Cornwallis à Yorktown (octobre 1781). Il souhaite se retirer, mais se voit contraint par les difficultés de la jeune République d'accepter la présidence qu'il occupera de 1789 à 1797. Si ses choix politiques, son mépris des partis et son goût de l'ordre furent souvent critiqués par les jeffersoniens, il n'en demeure pas moins que son prestige aida fort la nouvelle nation dans ses relations extérieures, et que, à l'intérieur, il fut un grand homme d'État, qui favorisa la mise en place d'un État central puissant et le développement économique du pays.*

à la guerre contre le Mexique grâce à laquelle le territoire des États-Unis s'accrut en 1848 de tout le sud-ouest du continent. La « Destinée manifeste » des États-Unis fut le leitmotiv du nationalisme au XIXe siècle. Ce thème donnait corps à l'idéologie nationale qui avait été esquissée au moment de l'Indépendance et à partir de laquelle une « religion civile » a constitué le substitut nécessaire à une culture nationale balbutiante.

Le nationalisme ne suffisait pas, pourtant, à souder le peuple dans une appartenance commune. L'hétérogénéité des populations et la diversité régionale, déjà remarquables lors de la fondation des États-Unis, allaient s'accroître à mesure que l'industrialisation, la ruée vers les mines d'or, le défrichement des grasses prairies de l'Ouest, la construction des routes, des canaux, des chemins de fer attiraient des immigrants de tous horizons. Une inégalité économique criante, le maintien de l'ulcère esclavagiste et l'incompatibilité entre les modes de production du Nord, du Sud et de l'Ouest divisaient le pays. Ils mettaient en péril l'avenir de la démocratie, une idée qui avait acquis sa respectabilité depuis l'époque d'Andrew Jackson (1829-1837), donnant à tous les hommes blancs l'accès aux urnes, mais n'apportant qu'un palliatif politique à une société profondément écartelée.

Élise Marienstras

La guerre de Sécession a scellé l'union nationale

■ Les États-Unis ont affirmé leur unité nationale par une guerre civile qui a duré quatre ans (1861-1865), causé près de 620 000 morts et encore plus de blessés — pour une population qui atteignait environ 35 millions d'habitants. Non seulement les États-Unis n'ont pas sombré, mais ils sont sortis régénérés du plus sanglant conflit de leur histoire.

La guerre n'était sans doute pas évitable, mais son ampleur était imprévisible. Les Pères fondateurs, rédacteurs de la Constitution de 1787, avaient voulu construire une nation, mais sans oser affronter le problème de l'esclavage, qui contribuait à la profonde disparité entre le Nord et le Sud. Au fil des années, les profits engendrés par la production du coton avaient façonné la société et l'économie des États du Sud, à tel point que ceux-ci prétendaient avoir des droits supérieurs à ceux de l'État fédéral et ne reconnaissaient pas le caractère perpétuel de l'Union. Le Nord recevait des immigrants et commençait à s'industrialiser.

La question de l'esclavage

Deux systèmes entraient en compétition, l'un fondé sur le travail servile, l'autre sur la liberté de la main-d'œuvre comme de la terre. Chacun voulait s'imposer dans les territoires de l'Ouest qui promettaient une expansion presque sans limite. Les Sudistes y mettaient d'autant plus d'énergie que leur population croissait moins vite et que les plantations exigeaient toujours plus de terre. Pourtant, en 1820, puis en 1845 et en 1854 encore, un pouvoir fédéral contrôlé par des démocrates sudistes avait trouvé des compromis de plus en plus difficiles qui répartissaient les nouveaux États entre les deux « sections » du pays. Mais la montée, au Nord, d'un anti-esclavagisme virulent et le besoin grandissant de terres, en raison de l'essor de la population, rendaient inacceptable cette situation. Le sort du Kansas, où s'affrontèrent les deux groupes en 1854, puis l'arrêt de la Cour suprême *Dred Scott c. Sanford* de 1857 qui légitimait l'esclavage, enflammèrent

56

Utilisation des terres fédérales par l'État

L'État s'est dessaisi de 4 497 000 km²
dont il était propriétaire :

(milliers km²)

— Réclamations par des personnes privées sur des titres de propriété privée accordés avant l'acquisition américaine (19 États) 138
— Dons en terres aux États[a] (dont 380 000 km² pour construction de systèmes scolaires, 263 000 km² pour assèchement des marais et 189 000 km² pour la construction de routes, canaux, chemins de fer...) 1 328
— Ventes (jusqu'en 1894) 1 086
— Dons à des personnes privées (*Homestead Acts*) 1 166
— Dons aux anciens combattants (Guerres d'indépendance, de 1812 et civile) 247
— Dons aux compagnies de chemins de fer 532
Total **4 497**

(*Calculs réalisés à partir de* The Federal Lands Revisited *et de* History of Public Land Law, op. cit.*)*

a. *Les Carolines du Nord et du Sud, le Connecticut, le Delaware, le Kentucky, le Maine, le Maryland, le Massachusetts, le New Hampshire, le New Jersey, le New York, la Pennsylvanie, le Rhode Island, le Tennessee, le Texas, le Vermont, la Virginie et la Virginie de l'Ouest n'ont eu que 21 000 km².*

l'opinion. A l'indignation du Nord, répondit le durcissement d'un Sud de plus en plus campé sur ses privilèges et sur ce qu'il croyait être ses droits.

Dans ce climat chargé, l'élection à la présidence, en novembre 1860, du républicain Abraham Lincoln (1809-1865) — le Parti républicain fut fondé en 1856 — prouvait que le temps des atermoiements était terminé. Lincoln n'était pas le radical décrit par les Sudistes, mais il était opposé moralement à l'esclavage et déterminé à mettre un terme à son extension. Le Sud, ne pouvant l'admettre, n'hésitait pas à se lancer dans la guerre et attaquait Fort Sumter le 12 avril 1861. Lincoln allait mettre toute son énergie dans la lutte qui s'engageait pour maintenir l'Union et réduire une rébellion dont il refusait le principe et les conséquences. Il s'agissait bien d'une guerre civile, le Sud se constituant en Confédération autonome, tout en calquant ses institutions sur celle de l'Union ; seuls les Européens y ont vu une nation en formation et ont privilégié la sécession.

Abraham Lincoln, croisé de la liberté

Cette guerre terrible voyait s'affronter des Américains sans tradition militaire. Tout compromis était impensable. Le camp de l'Union, fort de près de 20 millions d'habitants, semblait surpuissant grâce à l'industrie et aux chemins de fer ; la Confédération était rurale et ne pouvait compter que sur ses 6 millions de citoyens, et ses 3,5 millions d'esclaves. Pourtant, une meilleure organisation militaire et une plus grande cohésion du Sud lui permirent de prendre l'avantage ; le général Robert Lee (1807-1870) dominait ses rivaux de l'Union. Toutefois, les troupes de la Confédération ne faisaient que se défendre sans parvenir ni à prendre Washington, ni à éviter l'encerclement par l'Ouest et le blocus de leurs côtes. La bataille de Gettysburg (3-4 juillet 1863) marqua le tournant d'une guerre qui s'acheva par la capitulation de Lee à Appomatox, le 9 avril 1865 ; le Sud était occupé, ruiné et vaincu.

Les difficultés de la guerre et la pression des républicains ont amené Lincoln à donner son vrai sens au conflit ; d'abord lutte pour le maintien de l'Union, il l'a transformé en croisade pour la liberté : depuis le 1er janvier 1863, l'émancipation des esclaves était proclamée. L'effet d'une telle décision, longtemps attendue mais

Abraham Lincoln (1809-1865)

♦ *L'un des rares (avec Richard Nixon et Ronald Reagan) présidents des États-Unis qui puisse incarner le mythe de l'ascension sociale; qui, venu de rien, autodidacte, devient le personnage le plus important de la nation et qui, né dans une cabane de rondins, accède à la Maison Blanche. Épicier, employé des postes, s'étant formé seul, il s'établit comme avocat dans l'Illinois. Il est déjà pris par le virus de la politique puisqu'il se fait élire à l'assemblée de l'État (1834) puis au Congrès. En 1858, devenu progressivement anti-esclavagiste, il se présente au Sénat contre un candidat fort connu, Stephen Douglas. Il est battu, mais non sans qu'une suite de débats, que l'on cite toujours dans l'art oratoire américain, ne l'ait rendu célèbre.*

En 1860, il se présente à la présidence des États-Unis et est élu, à la majorité relative, grâce aux divisions démocrates. Il avait alors nettement modéré son anti-esclavagisme mais son nom est un symbole : avant même qu'il soit entré en fonction, plusieurs États sudistes font sécession. La guerre commence en avril 1861, avec l'attaque sudiste contre Fort Sumter : il en assumera, pour l'essentiel, le commandement en chef. Mais il ne conçoit alors qu'une élimination progressive de l'esclavage : «Mon but essentiel, déclare-t-il encore en août 1862, est de sauver l'Union et non de sauver ou de détruire l'institution de l'esclavage.» Ce n'est qu'en janvier 1863 qu'il déclare l'émancipation, mais il proclamera toujours son désir de paix et souhaitait permettre au Sud de se reconstruire le plus vite possible après la fin de la guerre. Celle-ci est à peine terminée qu'il est assassiné par un jeune comédien favorable au Sud, en avril 1865.

M.-F. T.

peu souhaitée par la majorité silencieuse du Nord, fut considérable dans le monde entier. Les États-Unis prirent alors leur visage véritablement démocratique, débarrassé d'une tache honteuse. Pourtant, l'assassinat de Lincoln, le 15 avril 1865, privait le pays d'un grand homme dont il avait bien besoin au moment d'inventer la paix.

La guerre de Sécession a révélé les potentialités des États-Unis. Le gouvernement et l'économie se sont mis au service de la guerre avec une énergie étonnante, mais l'exercice d'un pouvoir sans faiblesse n'a pas engendré le césarisme et la violence de la guerre, loin d'être glorifiée, a conduit, par la suite, les généraux à ménager tout spécialement leurs hommes.

Une réconciliation difficile

La victoire de l'Union réglait simultanément deux questions de fond : la première était l'abolition de l'esclavage, confirmée et assurée par les 13e, 14e et 15e amendements à la Constitution (1868 à 1870). La seconde consistait en l'affirmation d'une incontestable unité nationale ; jamais plus un État ne pourrait se séparer de l'Union. Pourtant, bien du chemin restait à parcourir pour donner une réalité à de tels principes. Lincoln avait prêché la réconciliation, mais les frustrations des Sudistes jointes aux sentiments de vengeance, parfois mesquins, des républicains radicaux du Nord conduisirent à une phase difficile, ce que l'on a appelé la Reconstruction du Sud : les institutions furent démocratisées, mais les planteurs conservèrent l'essentiel du pouvoir, les Noirs libérés ne purent exercer leurs droits de citoyens que protégés par les troupes fédérales. Quand le Nord estima avoir accompli sa tâche, en 1877, il laissa le Sud régler à sa façon l'équilibre racial, ce fut le temps de la ségrégation. Sur ce plan, l'unité nationale fut certes réalisée, mais réduite seulement aux acquêts, sans grandeur.

58

Bibliographie

Foner Eric, *Reconstruction : America's Unfinished Revolution 1863-1877*, Harper and Row, New York, 1988.

McPherson James M., *Battle Cry of Freedom : the Civil War Era*, OVP, New York, 1988.

Oates Stephen B., *Lincoln*, Fayard, Paris, 1984 (trad. de l'américain).

Sewell Richard A., *A House Divided, 1848-1865*, Johns Hopkins University Press, Baltimore (MD), 1988.

En revanche, la guerre accentua considérablement l'unité économique du pays, dont le Sud bénéficia en s'industrialisant, à partir des années 1880.

Ce bilan en demi-teinte n'enlève rien à l'importance de la guerre ; elle va permettre aux républicains du Nord d'affirmer partout la puissance de l'Union, d'agiter la bannière étoilée en toutes occasions. Mais, dans le même temps, la cicatrice laissée par ce conflit majeur sera longue à se refermer ; le Sud restera méfiant, replié sur les souvenirs amers, et les anciens combattants de l'Union pèseront lourd et longtemps sur le budget de l'État. Pourtant, le tissu national américain sortira renforcé de cette épreuve ; jamais plus il ne se déchirera sur une telle profondeur.

Jacques Portes

L'émergence d'une grande puissance

■ Durant le demi-siècle qui sépara la guerre de Sécession de la Première Guerre mondiale, les transformations que connurent les États-Unis furent spectaculaires. Observateur avisé, l'écrivain Henry Adams (arrière-petit-fils du deuxième président et petit-fils du sixième président des États-Unis) constatait en 1904 l'ampleur de la mutation : « Une prospérité inimaginable par le passé, une puissance naguère hors de portée de l'homme, une vitesse autrefois réservée à un météore ont créé un monde irritable, nerveux, querelleur, déraisonnable et anxieux. »

De fait, l'Amérique du début du XXe siècle n'avait plus grand-chose à voir avec celle de 1865. L'ensemble du territoire avait été conquis sur la nature et surtout sur les Indiens. Les tribus avaient été progressivement refoulées, et souvent exterminées. Certes, en 1876, les Sioux avaient écrasé les troupes de George Custer à la bataille de Little Big Horn. Mais la résistance indienne allait céder devant l'essor des chemins de fer. L'année 1890 vit à la fois le dernier massacre de Sioux par l'armée, à Wounded Knee, et la proclamation par un fonctionnaire fédéral de la « fin », à vrai dire plus symbolique que réelle, de la « Frontière ». Les États-Unis étaient devenus une nation continentale.

Un développement prodigieux

La conquête de l'espace s'accompagna d'un formidable développement économique. A l'orée du XXe siècle, le pays était devenu la première puissance économique du monde. Le chemin de fer a joué dans cet essor un rôle capital. Les États-Unis, qui ne comptaient que 50 000 kilomètres de voies ferrées à la veille de la guerre de Sécession, pouvaient s'enorgueillir en 1900 d'un réseau six fois plus important. La construction et la gestion d'un tel domaine constituèrent à elles seules un facteur de croissance important. Lorsque se rejoignirent en 1869, à Promontary Point (Utah), les locomotives de l'Union Pacific et de la Central Pacific, achevant la première liaison transcontinentale, l'effort de création d'un marché national par le dévelop-

Woodrow Wilson
(1856-1924)

♦ *Avocat, professeur d'économie politique en particulier à Princeton, il devient gouverneur du New Jersey et se fait connaître nationalement par le succès de sa politique réformiste : il est élu président (démocrate) des États-Unis contre Theodore Roosevelt, responsable d'une scission qui lui sera aussi fatale qu'aux républicains. Le nouveau président procède à de nombreuses réformes qui entraînent en particulier un renforcement des pouvoirs fédéraux. Mais les nuages s'amoncellent et la guerre éclate en 1914. Wilson réussit à maintenir la neutralité américaine et se fait réélire en 1916 avec le slogan : « Il nous a épargné la guerre. » Cependant, les menées allemandes poussent les États-Unis à l'engagement, en avril 1917 : ils contribueront de façon importante au succès allié, envoyant des millions d'hommes en Europe. Mais Wilson veut qu'une pareille boucherie ne se reproduise plus et propose les fameux « quatorze points » pour promouvoir la paix et la démocratie : s'il ne réussit pas à convaincre les Alliés d'épargner l'Allemagne, il obtient la création de la Société des nations... qui ne sera pas ratifiée par le Sénat. C'est alors un infirme, paralysé en 1919, qui a cependant la consolation d'obtenir en 1920 le prix Nobel de la Paix.*

M.-F. T.

pement des communications, symbolisé dès 1825 par l'ouverture du canal de l'Érié, trouvait son aboutissement. C'était la fin de l'Amérique des communautés plus ou moins insulaires.

La croissance industrielle amena la création de firmes d'une taille inconcevable avant la guerre de Sécession. Les compagnies ferroviaires offrirent le premier exemple de ces grandes entreprises, dans leur structure comme dans leurs stratégies. Le gigantisme gagna bientôt de nombreux secteurs de la production ou de la distribution, tels les grands magasins (Macy's à New York). Sous la houlette de capitalistes tels qu'Andrew Carnegie dans la sidérurgie, John Pierpont Morgan dans la finance ou John D. Rockefeller dans le pétrole, fusions et intégration se multiplièrent, et le capitalisme américain entra ainsi de plain-pied dans la modernité.

Parallèlement, l'Amérique s'urbanisa. Les décennies de l'après-Guerre civile, malgré la conquête du territoire, furent une période de déclin pour les fermiers américains, qui virent leur poids dans la société et l'économie du pays s'amenuiser au fur et à mesure que grandirent les industries. Les prix agricoles baissèrent et la colère des laissés-pour-compte de la modernisation monta. L'explosion se produisit dans les années 1890 avec le mouvement populiste qui reprit à son compte les revendications d'organisations agrariennes telles que la Grange des années 1870 et l'Alliance des fermiers des années 1880. L'échec de William Jennings Bryan aux élections présidentielles de 1896, qui, soutenu par les démocrates et les populistes, appela à « ne pas crucifier l'humanité sur une croix d'or », sonna le glas de la revendication agrarienne, et marqua le triomphe de l'Amérique industrielle.

La capacité réformatrice

La croissance des métropoles s'accompagna de la montée de problèmes sociaux. Chicago, qui ne comptait que 350 habitants en 1830 en avait plus d'un million en 1890. Les millions d'immigrants qui gagnaient l'Amérique (plus de 10 millions entre 1870 et 1900) se concentraient dans les villes, où ils vivaient dans des immeubles de rapport, les tristement célèbres *tenements*, souvent insalubres. Confron-

60

Bibliographie

Chandler Alfred, *La Main visible des managers. Une analyse historique*, Économica, Paris, 1989.

Portes Jacques, *L'Age doré 1865-1896*, Presses universitaires de Nancy, 1988.

Wiebe Robert, *The Search for Order, 1877-1920*, Hill & Wang, New York, 1967.

trées à cette croissance sans précédent, les municipalités réagirent d'abord mollement. Au début du XXᵉ siècle, toutefois, sous l'impulsion de réformateurs progressistes soucieux de désamorcer la question sociale, la ville devint un vaste champ d'expériences et de réformes. En outre, l'espace urbain se transforma à mesure qu'apparurent les gratte-ciel et que se développa une politique urbaine cohérente. Au recensement de 1920, pour la première fois, on constata qu'une majorité d'Américains habitait la ville.

Ces transformations économiques et sociales ne laissèrent pas intact le système politique. Jusque dans les années 1890, la vie politique fut marquée par l'équilibre entre républicains et démocrates. Mais l'émergence du populisme rompit l'équilibre et souligna la nécessité de réformes. Les présidents successifs (les républicains William McKinley, 1896-1901 ; Theodore Roosevelt, 1901-1908 ; William Taft, 1908-1912 ; et le démocrate Woodrow Wilson, 1912-1920) s'y employèrent, consacrant notamment la croissance du rôle de l'État dans la vie publique. L'interventionnisme prit des formes nouvelles. Mais la vie politique fut également marquée par l'instauration de la ségrégation légale dans le Sud, avec le triomphe de la doctrine des « races séparées mais égales » (décision *Plessy c. Fergusson* de la Cour suprême en 1896), et par l'exclusion des Noirs du vote. Là, depuis la Proclamation de 1863 par laquelle Lincoln abolissait l'esclavage, le pays avait fait marche arrière.

La puissance impériale

Les Américains envahirent la scène internationale à partir de 1898. Le conflit hispano-américain, mené simultanément à Cuba et aux Philippines, s'acheva par la victoire des États-Unis. Leur décision de garder les Philippines, Cuba, Porto Rico, puis Hawaii, en fit une puissance coloniale. Le président Theodore Roosevelt joua d'ailleurs dans l'ensemble des affaires internationales un rôle éminent. Son activisme s'exprima, de manière plus traditionnelle, dans l'intervention américaine à Panama (1903) et au Vénézuela (1905). L'intervention américaine dans la Première Guerre mondiale, en 1917, démontrait que les États-Unis ne pouvaient plus échapper désormais, malgré les hésitations et les remords des années vingt et trente, à leur destin mondial.

L'ampleur des changements survenus entre 1865 et 1917 avait de quoi émouvoir Henry Adams : les États-Unis étaient devenus plus riches, plus grands et plus puissants que jamais. Les réformateurs et les progressistes avaient su répondre en partie aux défis économiques, politiques et sociaux posés par la modernisation, en s'appuyant sur leur conviction de l'utilité d'une intervention publique dans la société. Sans doute n'avaient-ils pas réussi à instaurer la société harmonieuse dont ils rêvaient. Mais à défaut d'avoir créé un monde parfait, ils léguaient à leurs successeurs l'Amérique du XXᵉ siècle — un nouveau Nouveau Monde.

François Weil

Le New Deal, deux révolutions en une

■ Bien qu'il représente un tournant fondamental de l'histoire des États-Unis, le *New Deal* n'a pas d'histoire ; il n'y en eut aucun signe avant-coureur, rien qui lui ressemblât de près ou de loin : pas de mouvement social qui puisse expliquer l'adoption d'un tel projet et susciter un pareil soutien populaire ; aucun parti dont le programme eût quelque point commun avec ce que serait le New Deal. En soi, la « révolution Roosevelt » n'est pas difficile à expliquer ; mais que rien de tel n'ait vu le jour plus tôt, qu'il n'y ait pas eu jusqu'alors de démocratie sociale en Amérique, voilà qui est moins simple à comprendre.

La meilleure explication de l'avènement du New Deal se trouve dans la Constitution et la structure fédérale qu'elle établit. La Constitution déléguait très peu de pouvoir à l'État fédéral. Certes, la cession des terres publiques, les travaux d'intérêt public, les recettes de douane sur les produits importés, la sauvegarde du système monétaire, la protection des brevets et droits d'auteur lui revenaient. Mais le gouvernement fédéral était une république commerçante qui ne concevait de meilleure incitation à l'action que le patronage étatique et n'exerçait pratiquement aucune contrainte directe sur les citoyens.

Tous les autres pouvoirs revenaient aux États fédérés. Les lois fondamentales pour les individus et les collectivités locales étaient faites et imposées par les législatures et les tribunaux des États. Il n'est donc pas étonnant que les centaines de mouvements sociaux et de groupes organisés qui se constituèrent à la fin de la guerre de Sécession (1861-1865) pour répondre aux changements économiques révolutionnaires de l'époque se soient tournés non pas vers Washington mais vers les États.

Nationalisation du politique

Le changement de cap de la politique américaine vers l'échelon national n'intervient qu'après 1886, quand la Cour suprême rendit son jugement dans l'un des cas les plus marquants de toute l'histoire de la législation américaine : *Wabash, St Louis, and Pacific Railway c. Illinois.* La Cour suprême, à cette occasion, invalida une décision de l'État d'Illinois et lui interdit de fixer un plafond aux tarifs de transport des marchandises pratiqués par les compagnies ferroviaires lors de la traversée de cet État (mesure destinée à protéger les agriculteurs), au motif que le commerce interétatique était du ressort exclusif de l'État fédéral. Ce jugement fit apparaître une sorte de *no man's land* économique où les États n'avaient pas le droit d'imposer une réglementation alors même que l'État fédéral, qui en avait seul le pouvoir, ne souhaitait pas réglementer. Les groupes d'intérêt se détournèrent presque aussitôt des États pour s'adresser à Washington. Agricoles ou patronales, la plupart des associations nationales furent ainsi créées après 1886. Quant au premier syndicat, mené par Samuel Gompers, il n'eut aucune importance avant 1886. La Cour suprême venait, de fait, de nationaliser, au sens authentique du terme, la politique américaine.

L'État fédéral n'en restait pas moins réticent à s'occuper d'une économie en pleine révolution. Après l'arrêt *Wabash*, le Congrès adopta cependant deux lois importantes : l'*Interstate Commerce Act* de 1887 et le *Sherman Antitrust Act* de 1890. Il y eut encore deux ou trois exceptions en 1914 à l'époque de Woodrow Wilson (la création du Federal Reserve Board, pour réglementer les banques nationales, et la Federal Trade Commission, pour réglementer la concurrence commerciale interétatique), mais en défi-

Bibliographie

Fohlen Claude, *L'Amérique de Roosevelt*, Imprimerie nationale, Paris, 1982.

Heffer Jean, *La Grande Dépression*, Gallimard, «Archives», Paris, 1976.

Kaspi André, *Franklin Roosevelt*, Fayard, Paris, 1988.

Schlesinger Arthur M. Jr., *L'Ère de Roosevelt*, 3 vol., Denoël, Paris, 1971 (trad. de l'américain).

nitive, il s'agissait d'efforts bien modestes eu égard à l'importance croissante de l'économie. De plus, l'échelon national restait à peu près absent des controverses locales d'autant plus cruciales qu'une bonne part de l'activité économique se déployait localement : le doute persistait sur la capacité de la Cour suprême à s'engager dans une confrontation nationale de grande ampleur à propos d'une économie en pleine mutation.

Même si la crise de 1929 fut la cause ultime qui déclencha une révolution au sein du gouvernement fédéral, il n'empêche que Franklin D. Roosevelt, en 1932, se présenta aux élections en tant que conservateur. Il accusait le président Hoover de prodigalité et promettait que le New Deal comporterait un budget en équilibre. A ce stade-là, le New Deal n'était encore qu'un artifice rhétorique de campagne électorale que la presse reprit et rendit populaire. Le New Deal n'était donc pas un projet élaboré, ni la réaction consciente et structurée de chefs de parti à une situation d'urgence nationale. Les décisions politiques qui constituèrent le New Deal et provoquèrent une véritable révolution constitutionnelle et gouvernementale étaient en fait l'émanation de groupes d'intérêts multiples (économiques et sociaux) qui avaient infiltré le Parti démocrate et trouvèrent là l'occasion de rédiger ou, à tout le moins, d'inspirer leur propre législation.

Durant cette période, la croissance budgétaire s'explique à la fois par l'extension des domaines d'action de l'État fédéral (par rapport au XIXᵉ siècle) et par l'addition, dans le giron étatique, de secteurs d'activités qui étaient restés jusque-là du ressort de la société civile. Si, pour faire face à la dépression, Roosevelt avait simplement jugulé la crise en élargissant la portée des politiques traditionnelles, sa réussite aurait déjà été remarquable. Mais il n'aurait pas la place de choix qu'il occupe dans l'histoire des États-Unis. La révolution Roosevelt tient à ce que le président mit en place des politiques redistributives et régulatrices, fort rares jusqu'aux années trente et encore entachées d'un doute constitutionnel. Ces programmes instauraient une relation totalement nouvelle entre l'État fédéral et les citoyens. Le temps où les États géraient seuls des politiques essentielles était révolu.

D'un point de vue constitutionnel, la révolution Roosevelt représentait en fait deux révolutions en une, dans la mesure où politique de redistribution sociale et politique de réglementation devaient être validées séparément par la Cour suprême. Au début des années trente, la Cour les avait toutes deux déclarées inconstitutionnelles en invalidant les lois les plus importantes du New Deal. Mais devant la victoire écrasante de Roosevelt aux élections de 1937, les neuf membres de la Cour suprême estimèrent, semble-t-il, qu'ils n'avaient plus aucune raison de résister. Les pouvoirs nationaux de réglementation économique et l'État-Providence devinrent constitutionnels, mettant fin au fédéralisme dans sa capacité à restreindre les prérogatives du pouvoir fédéral. C'est là véritablement que réside l'essence de la révolution Roosevelt.

Ménager la chèvre et le chou

Pourtant, même si l'on reconnut dès 1937 l'importance de cette révolution, l'économie politique du New Deal n'en ménageait pas moins, en réalité, la chèvre et le chou et reflétait les coalitions qui

Franklin D. Roosevelt (1882-1945)

♦ *Issu d'une grande famille d'origine hollandaise, cousin du président Theodore Roosevelt, diplômé de Harvard, Franklin Delano Roosevelt ne pouvait qu'entrer en politique, ce qu'il fit. Sa carrière naissante semble devoir être interrompue par la poliomyélite en 1921 mais il réussit à dominer la paralysie et devient gouverneur de l'État de New York en 1929. C'est le tremplin idéal pour la présidence, qu'il conquiert en 1932, en pleine dépression. Il sera le plus grand président qu'aient connu les États-Unis.*

Pragmatiste capable de s'entourer de gens remarquables et de tirer rapidement les leçons de l'expérience, il transformera profondément le système économique, le tissu social et les méthodes politiques américains : pendant les célèbres « cent jours » (mars-juin 1933), il réussit à faire adopter par le Congrès une étonnante série de lois qui n'épargnent rien — ni les finances, ni l'agriculture, ni l'industrie. Il ne sera pas aisé de sortir de la crise — c'est seulement

avec la guerre que les États-Unis recouvreront une économie de plein emploi fonctionnant à pleine capacité — mais FDR, comme on l'appelle, saura insuffler à ses compatriotes une énergie, une vitalité, un enthousiasme dont il débordait et dont la dépression les avait vidés.

Peu à peu, les problèmes de politique étrangère vont prendre le devant de la scène et Roosevelt va devoir biaiser avec l'isolationnisme de ses concitoyens pour aider les démocraties de plus en plus menacées par l'expansionnisme nazi ou japonais. Il faudra l'attaque par les Japonais de Pearl Harbor (7 décembre 1941) pour que les États-Unis entrent en guerre. La machine de guerre américaine, lorsqu'elle sera enfin lancée à plein régime, fera la preuve de sa redoutable efficacité. Mais Roosevelt ne verra pas la fin de la guerre : il meurt d'une crise cardiaque le 12 avril 1945.

M.-F. T.

formaient la base du Parti démocrate sous Roosevelt. Avec le recul du temps on y pourrait déceler les prémices d'une social-démocratie. Mais les apparences sont une chose et la réalité une autre. La sécurité sociale, par exemple, relevait clairement d'une politique social-démocrate. Les dispositions, dans ce domaine, stipulaient que les personnes désirant bénéficier des avantages prévus devaient répondre aux conditions d'éligibilité de l'État fédéral et que, si les fonds étaient distribués par les États, ils étaient gérés par l'échelon fédéral.

Les plus importants programmes de réglementation étaient nettement «corporatistes». Ils autorisaient les intérêts concernés à s'auto-organiser sous l'égide de l'État. Le *National Labor Relations Act* (ou *Wagner Act*) était, lui, clairement « syndicaliste » et concernait plus le syndicat que les syndiqués. Le *National Indus-*

trial Recovery Act et son importante agence, la National Recovery Administration, se voulaient ouvertement corporatistes. La réglementation concernant l'utilisation des terres pour soutenir les prix agricoles était aussi corporatiste, tout comme l'assouplissement des lois antitrust dans plusieurs secteurs de l'économie.

Mais ces politiques de réglementation étaient, dans le même temps, éminemment progressistes. Les dirigeants du New Deal se montrèrent remarquablement tolérants de la puissance (*bigness*) tant des grandes entreprises que de celle des entités publiques. Mais ils étaient intensément attachés à des réformes qui contraindraient ces puissantes organisations à se montrer plus responsables et plus solidaires. Ce progressisme se manifesta dans de nombreux secteurs comme les procédures administratives et budgétaires, les réformes de l'administration, la planification administrative et la participation des intéressés aux décisions administratives.

Plus tard, on attribua au New Deal une cohérence idéologique et intellectuelle qu'il n'eut jamais vraiment. Cette impression tenait en partie à la querelle de la constitutionnalité : en approuvant l'ampleur, le caractère coercitif et la portée locale des programmes rooseveltiens, la Cour suprême créa l'idée que le New Deal était un bloc. Peut-être ce sentiment de rationalité tient-il aussi à la montée, un demi-siècle plus tard, d'une opposition carrément conservatrice. Si l'Amérique en arrive un jour à définir les années quatre-vingt comme celles de la « révolution Reagan », ce sera parce que Ronald Reagan — et George Bush — auront réussi à coller au New Deal une étiquette de cohérence et de progressisme (*liberalism*) ; et surtout parce qu'ils seront parvenus à faire passer ce progressisme pour du socialisme importé de l'étranger, une affirmation encore plus grotesque que celle présentant le New Deal comme cohérent. Ainsi, cinquante ans plus tard, on en est encore à se demander ce qu'était le New Deal. Et la réponse ne peut être trouvée que dans le processus politique lui-même.

Theodore J. Lowi

Le reaganisme,
révolution conservatrice ou « remake » ?

■ « L'État ne résout pas les problèmes, il est le problème. » La formule simple, simpliste, de Ronald Reagan, accueillie au départ dans l'incrédulité générale, a, qu'on s'en réjouisse ou non, transformé les débats économiques et sociaux aux États-Unis et ailleurs.

Quand Ronald Reagan est entré à la Maison Blanche en 1981, la hausse des prix aux États-Unis atteignait 12 % et le chômage rejoignait progressivement les chiffres effroyables de la dépression de 1929. La crise économique paraissait alors si profonde que l'idée même du capitalisme semblait atteinte, l'économie de marché épuisée. Ne fallait-il pas en revenir aux remèdes préconisés par John M. Keynes avec une intervention massive de l'État, comparable au *New Deal* de Roosevelt ? R. Reagan, contre l'opinion dominante du temps, choisit de se rallier aux vues très minoritaires d'un groupe d'économistes qui se réclamaient de la « théorie de l'offre ». Leur idée était simple : il fallait réveiller l'esprit d'entreprise, en diminuant les impôts sur le revenu pour redonner aux entrepreneurs le goût de travailler, en ouvrant les frontières du pays, en supprimant les réglementations qui empêchent la concurrence, et en stabilisant la monnaie. Les économistes, en particulier Milton Friedman, Arthur Laffer et Martin Anderson, estimaient aussi qu'il fallait réduire les protections sociales excessives. Selon eux, les pauvres et les minorités sont démoralisés par les oboles que l'État leur octroie et perdent toute motivation pour retrouver un travail.

La croissance, malgré les déficits

Parmi ces recettes énergiques, seule la baisse de l'impôt sur le revenu a été véritablement appliquée. Depuis lors, l'économie américaine a connu une phase ininterrompue d'expansion sans précédent et dix-huit millions d'emplois nouveaux ont été créés entre 1982 et 1989. Doit-on en conclure que le reaganisme est la cause directe de ces bons résultats ? Il est impossible d'apporter une réponse scientifique à cette énigme économique. Par ailleurs, le débat autour du reaganisme s'est déplacé et a choisi pour cible le déficit du

Du Watergate à l'Irangate

♦ *En juin 1972, des hommes envoyés par les républicains tentent de cambrioler les locaux du Parti démocrate, installés dans l'immeuble du Watergate à Washington. En août 1974, le président Nixon, sous la menace d'une procédure législative d'empêchement (*impeachment*), est le premier président des États-Unis à devoir démissionner. Si le scandale se limitait à ce cambriolage médiocre, on ne comprendrait pas les raisons de la démission. Mais le Watergate n'est que la partie visible de l'iceberg. Richard Nixon avait tenté de pervertir l'ensemble du processus politique, en monnayant (pour sa réélection) des décisions favorables à certains intérêts particuliers, en pratiquant le secret de façon maladive pour éviter le contrôle public, en monopolisant le pouvoir parce qu'il s'estimait seul légitime, en écrasant par tous les moyens toute opposition à ses décisions et en s'opposant au cours de la justice. La situation était devenue impossible : le judiciaire, le législatif et, dans une bien moindre mesure, la presse ont rétabli, provisoirement, l'équilibre constitutionnel.*

L'Irangate a été le pendant du Watergate dans le domaine de la politique étrangère. Les présidents ne réussissent pas à admettre le principe de la séparation des pouvoirs ; ils se refusent à tout contrôle parlementaire et, a priori, à toute contrainte législative. En novembre 1986, on a commencé à apprendre que le président Reagan (qui a autorisé les grandes lignes de cette politique) était prêt à échanger les otages américains détenus au Proche-Orient contre la vente d'armes à l'Iran alors en guerre contre l'Irak, le produit de ces ventes étant destiné à armer la Contra *nicaraguayenne contre la volonté expresse du Congrès. Plus prudent que son prédécesseur, Ronald Reagan n'a pas été pris la main dans le sac et n'a donc pas eu à payer le prix d'une vision très personnelle de la Constitution des États-Unis ; une demi-douzaine de ses comparses (dont John Poindexter et Oliver North) ont été condamnés — mais nul n'a fait un jour de prison pour cause d'Irangate.*

Marie-France Toinet

budget et du commerce extérieur. Ces déficits sont-ils réellement graves, menacent-ils à terme la croissance américaine ou l'ordre mondial ? En économie, la prévision est aussi aléatoire qu'en météorologie. Nous constatons, en tout cas, que les déficits de 1981 à 1990 n'ont pas empêché la croissance et sont plus un sujet de débat idéologique qu'une préoccupation économique réelle. Comme l'observe M. Friedman, le déficit est surtout moral : il démontre que l'État dépense trop et donc se mêle trop de la vie privée des Américains. Mais rien dans ces fameux déficits ne permet de prédire un déclin nécessaire des États-Unis.

Le rôle personnel de R. Reagan, pendant ces huit années, reste mystérieux et les témoignages sont contradictoires. Ce n'est évidemment pas lui qui a créé le mouvement conservateur ; les idées dont il s'est fait le porte-parole l'avaient précédé et certainement lui survivront. Mais il a incarné avec un talent exceptionnel cette révolution conservatrice. Il n'a pas été que le «grand communicateur». R. Reagan a pris lui-même, parfois contre ses conseillers, les décisions — rares mais essentielles — qui ont fait rupture. Ainsi, en 1982, il décida seul de casser la grève illégale des aiguilleurs du ciel ; il a affaibli pour longtemps le pouvoir des syndicats. C'est lui aussi qui a fait baisser l'impôt sur le revenu, et s'est opposé imperturbablement à tout relèvement. Enfin, c'est bien R. Reagan qui a lancé l'Initiative de défense stratégique — la «guerre des étoiles». Peut-être R. Reagan n'a-t-il pas fait grand-chose d'autre. Il lui a été beaucoup reproché de somnoler pen-

66

Bibliographie

Bernheim Nicole, *Les Années Reagan*, Stock, Paris, 1984.

Mélandri Pierre, *Reagan*, Robert Laffont, Paris, 1988.

Sorman Guy, *La Révolution conservatrice américaine*, Fayard, Paris, 1983.

Wills Garry, *Reagan's America*, Penguin Books, New York, 1988.

dant les Conseils des ministres, de ne pas suivre l'exécution des décisions et d'avoir si peu contrôlé son entourage que le colonel Oliver North a pu, de la Maison Blanche, livrer des armes à l'Iran pour financer la guérilla du Nicaragua. Le président dormait-il ou faisait-il semblant de ne pas savoir ? Mystère. Il a également été souvent accusé de s'être entouré de conseillers douteux : plusieurs ont eu maille à partir avec la justice pour avoir abusé de leur position. En fait, ce procès ne concerne pas que l'entourage de R. Reagan, mais la classe politique américaine tout entière : à Washington, le service de l'État n'attire pas les meilleurs.

La bonne conscience retrouvée

Les apologistes du reaganisme ont qualifié cette période de «révolution conservatrice». A-t-elle eu lieu ou non ? Le retour de la morale n'a pas été aussi extrême que l'on pouvait le prévoir au début du mandat de R. Reagan. Les campagnes de la Nouvelle droite et des Églises évangélistes contre l'avortement et pour les prières à l'école ont échoué. Probablement, le président lui-même n'y attachait pas trop d'importance. Ajoutons que les évangélistes ont été quelque peu déconsidérés par les frasques des plus célèbres d'entre eux.

Il est clair en revanche que, sous Reagan, les Américains se sont guéris du syndrome vietnamien. Ils ont, dans l'ensemble, cessé de douter d'eux-mêmes, ils ont refait leur unité autour de leurs traditions et de leurs valeurs morales. R. Reagan a ainsi réhabilité l'image classique de l'Amérique comme terre promise. Terre promise pour ses concitoyens, mais aussi pour les immigrés qui ont continué à y affluer au rythme moyen d'un million par an, légaux et illégaux.

La révolution conservatrice reaganienne est-elle originale ou s'agit-il d'un *remake* que les Américains s'offrent périodiquement, comparable en cela à la présidence de Warren Harding et Calvin Coolidge dans les années vingt, ou Dwight Eisenhower dans les années cinquante ? Par rapport à ces précédents historiques, le reaganisme a innové par son allégresse, sa foi infinie dans la technique, son agressivité intellectuelle et le ralliement d'une nombreuse jeunesse. Le mouvement «néo-conservateur» a été à cet égard typique des années quatre-vingt, une tentative originale pour allier le retour aux sources et le progrès matériel, la morale traditionnelle et l'informatique. Le discours «libéral» (progressiste) n'a évidemment pas disparu pour autant, mais il s'est réfugié pour l'essentiel dans les universités, les médias et les milieux de la production cinématographique. L'Amérique sous Reagan est passée à droite, mais Hollywood et le *New York Times* sont restés à gauche.

Guy Sorman

Grandeur et décadence, le débat sur le déclin

■ L'ascension et le déclin des grandes puissances, pour reprendre le titre du livre de l'historien anglais Paul Kennedy, qui a relancé le débat sur le déclin américain, est un fait historique banal. La dynamique de la Seconde Guerre mondiale a provoqué l'émergence de deux nouvelles superpuissances, les États-Unis et l'URSS, annoncée un siècle auparavant par Alexis de Tocqueville : pendant quelques décennies, le monde fut bipolaire. La montée de nouveaux joueurs autonomes disposant de ressources militaires ou économiques considérables (la Chine, le Japon et la Communauté économique européenne) allait modifier cet équilibre bicéphale et provoquer un débat sur le rôle que devaient assumer à l'avenir l'URSS et les États-Unis.

Surextension impériale

L'idée du déclin américain n'est pas nouvelle : elle a pris naissance dans le bourbier vietnamien (années soixante) et constitua la toile de fond des années Carter (1976-1980). Ce dernier devint la principale victime de l'imbroglio lié à la prise d'otages américains en Iran (novembre 1979) qui devait porter au pouvoir Ronald Reagan et ses idées de grandeur retrouvée. Mais l'escalade des dépenses militaires conjuguée à des réductions d'impôts significatives devait accoucher, au cours des années quatre-vingt, d'un double déficit, celui de l'État central et celui du commerce extérieur. Sept années de croissance économique (1983-1989) n'ont pas suffi à les ramener à des dimensions acceptables. Ces déficits minent la compétitivité de l'économie américaine et commandent à terme un repli militaire. Qu'en est-il alors de la grandeur retrouvée chère à Reagan ?

S'il est vrai, comme le prétend Paul Kennedy, que la puissance économique relative détermine au bout du compte la puissance militaire relative, les États-Unis sont confrontés à un problème structurel. Car ils ont conservé pendant trente ans l'ensemble planétaire d'obligations militaires qui était le leur en 1960 alors que leur poids économique relatif (40 % du PNB mondial en 1945, environ 25 % en 1985) n'a cessé de décliner. Ils sont en situation de « surextension impériale » et la tâche essentielle de la diplomatie américaine devrait consister à gérer en douceur un repli graduel planifié avant que le cours des événements n'impose une retraite brutale.

Ce type de discours ne plaît ni aux nationalistes ni aux conservateurs américains qui souhaitent maintenir le rang de leur pays dans le monde et s'empressent d'énumérer les atouts dont il continue de disposer. La reprise économique durable, après la dure récession de 1981-1982, a notamment réduit le taux de chômage jusqu'à 5 %, ce qu'on n'avait pas vu depuis 1973 et qui dépasse de loin les performances européennes : elle atteste le dynamisme et l'efficacité du système capitaliste américain. Ensuite, l'Amérique continue d'être la Terre promise pour tous les peuples du tiers monde, et reste la seule grande puissance à accepter une importante immigration, source de renouveau continuel. Sa croissance démographique est assurée pour longtemps, ce qui n'est pas le cas des autres grandes puissances, notamment le Japon. Les difficultés économiques de la fin des années quatre-vingt n'ont diminué en rien ces atouts. Il est vrai que les États-Unis sont devenus le premier débiteur du monde. Mais les grands pays exportateurs (Japon, RFA, Corée du Sud, Taïwan...) ont besoin du marché américain et, si la dette américaine devenait critique, une simple augmentation de la taxe sur l'essence, par exemple, suffirait à inverser la tendance. Et puis le déclin ne

Bibliographie

Dertouzos Michael, Lester Richard, Solow Robert, *Made in America : Regaining the Productive Edge*, MIT Press, Cambridge (MA), 1989.

IFRI, *Ramses 90, Système économique et stratégies*, Dunod, Paris, 1989.

Kennedy Paul, *Naissance et Déclin des grandes puissances*, Payot, Paris, 1989.

peut être que relatif. Aucune autre grande puissance ne peut rattraper les États-Unis. Enfin, face à un empire soviétique qui prend eau de toutes parts, au début des années quatre-vingt-dix, quelle puissance peut sauvegarder la paix et les intérêts supérieurs de l'Occident ? Alors vive l'Amérique !

Au fond de tout dialogue de sourds, il y a le sectarisme, qui empêche souvent de poser les bonnes questions. Ceux qui agitent le drapeau américain semblent avoir les yeux uniquement fixés sur la médaille d'or, plutôt que sur le nombre et le type de concurrents. Le fait que le PNB américain puisse être encore en 2010 le plus élevé de la planète n'interdit pas une contraction graduelle de la sphère d'influence américaine. Le pouvoir consiste en la capacité d'imposer plutôt que d'être astreint à la négociation. Or les États-Unis sont engagés sur la seconde voie.

Triple dépendance

Il y a déjà eu recul notamment au Vietnam et en Iran, et Reagan n'a pu y remédier. En 1989-1990, les bouleversements en Europe de l'Est ont transformé les relations au sein de l'OTAN (Organisation du traité de l'Atlantique nord) : les États-Unis ne font plus figure que de *primus inter pares*. Et chaque concession soviétique ne se transforme pas automatiquement en avantage américain. Au début de 1990, l'influence américaine sur la RFA était au plus bas. Enfin, il faut compter avec la montée des moyennes puissances, tels l'Inde et le Brésil, qui ne peuvent agrandir leur zone d'influence qu'aux dépens des États-Unis. Ceux-ci peuvent envahir le Panama. Mais le Brésil ?

La bonne tenue relative de l'économie américaine ne doit pas faire oublier qu'il n'existe plus de chasses gardées. Même le commerce extérieur des produits de haute technologie est à peine équilibré : l'avance technologique américaine se réduit constamment. Parallèlement, les ressources pétrolières s'épuisent alors que la société américaine dévore l'énergie. Ainsi se profile pour cette superpuissance une triple dépendance, énergétique, financière et technologique. Si l'avenir est d'abord à la compétition économique, rien n'autorise alors à penser que le XXIe siècle sera, à l'instar de celui qui se termine, celui des États-Unis d'Amérique.

Georges Mathews

CIVILISATION
LES MYTHES FONDATEURS

Qu'est-ce qu'un Américain ?

■ Au moment même où l'Union soviétique abandonne l'idée de former un homme nouveau, l'Amérique se pose aussi la question. « Quel est donc l'Américain, ce nouvel homme ? » se demandait déjà au XVIIIe siècle un Français d'Amérique, Michel de Crèvecœur (écrivant sous le pseudonyme de Hector St John, pour faire plus anglo-saxon). Il croyait alors pouvoir y répondre. Aujourd'hui, l'Américain traverse une crise d'identité. S'il n'est plus le WASP (*White Anglo-Saxon Protestant*) imbu des valeurs puritaines, il a au moins longtemps eu la certitude d'être un Blanc avec des racines européennes identifiables qui se faisaient sentir comme des jambes amputées. Or, en avril 1990, *Time Magazine* représentait en couverture un drapeau américain dont les rayures blanches étaient remplacées par du noir, du brun et du jaune. Et de s'interroger : « A quoi ressembleront les États-Unis quand les Blancs ne formeront plus la majorité ? »

Car l'Amérique est plus que jamais une terre d'immigration. On estime qu'au moins 1,5 million d'immigrés y arrivent chaque année, de façon légale ou clandestine, originaires pour la plupart d'Amérique latine ou d'Asie. Après chaque grande convulsion révolutionnaire dans le monde, les principales villes américaines s'enrichissent de nouveaux restaurants dits « ethniques ».

Identification à la communauté ethnique

Le fameux *melting pot*, le creuset américain, ne fonctionne plus comme mécanisme d'assimilation. Au lieu de s'amalgamer, les éléments mêmes que l'on croyait tout à fait assimilés se séparent, et l'Amérique ressemble de plus en plus à une mosaïque de communautés distinctes. Jusque dans la première moitié du XXe siècle, l'objectif des immigrés était de devenir américain le plus vite possible, de vivre l'*American Dream* et d'oublier le Vieux Monde, ressenti comme moralement corrompu, pour une vie meilleure... Désormais, le pays est en passe de devenir une fédération, non seulement au sens institutionnel et juridique du terme, mais aussi au sens communautaire. L'Américain est aussi un Vietnamien, un Indien (d'Inde) ou un Mexicain. Quant à sa religion, la trinité traditionnelle protestants-catholiques-juifs est rejointe par une nouvelle triade musulmans-bouddhistes-hindous. On parle sérieusement de la tiers-mondisation des États-Unis.

Pourtant, dans cette Amérique où les communautés renforcent souvent leur identité aux dépens de l'identité américaine, la tiers-mondisation ne mène pas forcément au métissage. C'est plutôt le modèle brésilien qui s'applique : l'élite se mélange un peu, mais la masse des pauvres Noirs reste, laissée pour compte, dans ses *favelas*. Le président Bush a prétendu qu'un jour viendra où tout naturellement un Noir deviendra président des États-Unis. C'était politiquement habile, peut-être même vrai. Mais cela n'engageait à rien. Chaque nouveau groupe qui arrive aux États-Unis commence au bas de l'échelle sociale — là où se trouvent les Noirs. Et chacun finit par les dépasser, les laissant avec leur amertume et leur appa-

70

Bibliographie

Bloom Allan, *L'Ame désarmée*, Julliard, Paris, 1987 (trad. de l'américain).

Cleason Philip, « American Identity and Americanization », *in* **Thernstrom S.** (sous la dir. de), *Harvard Encyclopedia of American Ethnic Groups*, Harvard University Press, Cambridge (MA), 1980.

Hofstadter Richard, *Anti-intellectualism in American Life*, Vintage Books, New York, 1963.

rente incapacité à reconstituer un tissu social systématiquement déchiré par les esclavagistes. Les exceptions, comme celle du général Colin Powell, chef d'état-major des armées, ne servent qu'à souligner la situation désespérée des ghettos noirs dans cette Amérique à deux vitesses où ils stagnent, dans le chômage, le désert culturel et la drogue.

Certes, les Noirs ont eu, comme les autres communautés américaines, leurs dirigeants légendaires, comme Martin Luther King. Le fait que des Noirs aient été élus à des postes de gouverneur (Douglas Wilder dans l'ancien État sudiste de Virginie) ou de maires de presque toutes les grandes métropoles apparaît d'ailleurs comme l'aboutissement normal d'une évolution elle aussi normale. Et l'on ne demande plus aux Noirs qui entrent dans *l'establishment* politique d'être des parangons de vertu. On leur pardonne leurs déboires avec la justice, l'alcool, la drogue et des entourages corrompus.

Americano-pessimisme

La guerre froide s'est terminée au bon moment. Après la défaite du Vietnam, doublée d'autres humiliations en Iran et au Liban, les Américains ne conçoivent manifestement plus qu'ils ont pour mission divine et planétaire de promouvoir la démocratie. D'où la popularité, surprenante dans un pays réputé « battant », de livres comme celui de Paul Kennedy sur le déclin séculaire et inévitable de l'Amérique, ou celui d'Allan Bloom sur son affaiblissement intellectuel. Où est donc passée la confiance en soi, voire l'auto-satisfaction qui ont longtemps caractérisé les Américains ?

Une des grandes ironies des années Reagan est sans doute la façon dont le président — pur produit des mythes hollywoodiens, dont celui de la centralité du fermier dans l'ordre moral, base même du Western — a donné le coup de grâce à la ferme individuelle dans l'agriculture, alors que ces fermiers étaient encore imbus des grandes valeurs américaines : le travail et le sacrifice sont payants, non seulement dans l'au-delà, mais ici-bas. Si le travail bien fait n'est plus récompensé, si le Western se termine mal pour la famille assiégée, où va-t-on ? Le mythe américain ne se porte pas mieux dans le domaine industriel. Akio Morita, fondateur de Sony, le géant japonais de l'électronique, a visé juste en rappelant aux Américains une vérité première : le but essentiel de l'économie est de produire des choses, non pas du papier fiduciaire.

En matière politique, les Américains ont appris, avec le *Watergate* et l'*Irangate*, que le mensonge n'était pas l'apanage des seuls gouvernements étrangers. Ils se soucient d'ailleurs de moins en moins de la grande politique. Les commentateurs américains ne manquent pas de faire le lien entre l'indifférence devant des événements comme la chute du Mur de Berlin et les changements spectaculaires à l'Est, et l'abstentionnisme grandissant aux élections. Les citoyens ne s'intéressent apparemment qu'aux affaires strictement locales. « Nous n'avons pas gagné la guerre froide » lit-on dans le *Washington Post*, « ce sont nos adversaires qui l'ont perdue. Nous ne savons plus pourquoi nous luttions... nous n'avons plus de sens de l'orientation... nous ne savons plus quoi faire... » Dans une Amérique qui doute, atteinte par le relativisme moral, où le hamburger/hot-dog est chaudement concurrencé par le pâté impérial/

sandwich-falafels, quel est donc cet ex-nouvel homme ? S'il n'a plus les certitudes protestantes des pères fondateurs, ni le même fonds de références culturelles occidentales héritées du judéo-christianisme et des Lumières, que reste-t-il de l'identité nationale, des valeurs communes et des mythes unificateurs ?

Des valeurs qui persistent

Le nouveau cynisme — faiblesse dont les Américains étaient volontiers portés à croire qu'elle était le propre des Européens — n'a pourtant pas tout balayé. Les fameux *yuppies* se sont bel et bien rendus coupables de pratiques illégales et des péchés économiques décriés par Morita. Mais les « nouveaux » Américains du tiers monde n'ont pas oublié que la base de l'économie, c'est de produire des biens et des services. Pour eux, le mythe du pauvre garçon qui fait fortune grâce à son travail a encore un sens ; pour eux, comme pour la plupart des Américains, d'ailleurs, l'argent n'a pas d'odeur, et reste le critère principal de la réussite sociale. Résultat : l'Amérique reste allergique à la notion de classes. L'initiative individuelle face à la collectivité, qu'elle s'exerce en bien ou en mal, reste toujours l'idée centrale.

Les Pères fondateurs étaient convaincus que l'État est en soi répressif. Leur maxime, le meilleur des gouvernements est celui qui gouverne le moins, ne pouvait que trouver un écho favorable auprès des Irlandais catholiques opposés au Royaume-Uni protestant, ou des juifs fuyant les brimades de la grande Russie orthodoxe et tsariste. Une bonne partie des transfuges du tiers monde en demeure convaincue. L'origine même des États-Unis se trouve dans une société civile qui précède l'État. Celui-ci n'est qu'une contrainte librement consentie qui peut toujours être récusée. La *Déclaration d'indépendance* insiste sur l'antériorité du droit naturel sur le droit d'État. Pourquoi s'étonner, alors, si les Américains considèrent que les *lobbies*, représentant des intérêts restreints, ont toute légitimité pour

concurrencer l'intérêt général ? Les Américains ont inventé une multitude d'entreprises d'entraide privée. Le protestantisme prône non seulement le profit, mais aussi le volontariat, une forme de responsabilisation qui mène tout droit au civisme. Pour ne citer qu'un exemple, la plupart des feux sont encore éteints par des brigades de pompiers volontaires.

Le pragmatisme règne, comme l'hostilité aux idéologies. Même la violence au cinéma et à la télévision est en partie une autoprotection face à la violence très réelle de la vie quotidienne des grandes villes. Ainsi s'explique aussi la très grande tolérance, vis-à-vis de la précarité de l'emploi, de la situation familiale, du lieu de résidence, mais aussi dans d'autres domaines : peu d'Européens comprennent l'attitude de l'American Civil Liberties Union (ACLU), le pendant de la Ligue des droits de l'homme française. Face à des expressions d'antisémitisme, de racisme et de néo-nazisme, la Ligue réclamera des lois répressives, alors que l'ACLU défendra le droit de chacun à s'exprimer, à condition de ne pas passer à l'acte. De même, en l'absence de ce que l'on appelle un « danger clair et immédiat », la justice répugnera à sévir contre un adepte de Faurisson ou contre un nazillon.

On peut y voir une des conséquences du pluralisme religieux, qui ressort de la structure même des mouvements protestants. Là où l'offre est multiple, la liberté du marché des idées s'impose. Pour un Américain, l'affaire du foulard islamique qui, en France, a défrayé la chronique à l'automne 1989, est incompréhensible, car la séparation de l'Église et de l'État aux États-Unis est sans rapport avec la notion de laïcité ; elle résulte de la nécessité d'être tolérant face à la multiplicité des cultes.

La fragmentation de la société suscite la création de toutes sortes de sous-cultures, ce qui permet aux valeurs anciennes de s'exprimer et d'échapper au conformisme ambiant. La diversité est source de démocratie : chaque Américain est plus ou moins libre de créer sa propre

72

Amérique, assez différente de celle du voisin. Nécessité faisant vertu, la démocratie américaine reste unique en son genre. Malgré l'apparence de conformisme, d'absence de débats d'idées, la multiplicité américaine est telle que le vrai d'aujourd'hui peut être le faux de demain. L'Amérique est sujette à des modes, à des sursauts déconcertants pour ses partenaires, certes. Elle ne se fige pas. Sans mission universelle, elle devient un pays normal. Mais normal avec sa différence, fondée sur ses différences.

Ce nouvel homme, alors ? Il a sans doute pris un coup de vieux. Il a fini par comprendre que ses forces ont des limites. Mais toujours bon pied, bon œil...

Ronald Koven, Dinah Louda

L'exceptionnalisme

■ Politologues et sociologues américains ont noté que les déterminants et les formes du développement économique et social ne sont pas les mêmes aux États-Unis et dans les divers pays d'Europe occidentale. Leur pays ferait exception, à la fois pour des raisons psychosociologiques — l'individualisme n'ayant pas les mêmes qualités dans l'Ancien et le Nouveau Monde — et politiques, les cadres juridiques de la vie sociale étant différents des deux côtés de l'océan.

De telles allégations ne sont pas sans arrière-pensée. L'exception américaine se veut utopie, organisation sociale libérée des précédents européens. Elle se veut aussi exemplaire, phare sur lequel les responsables des autres pays devraient se guider pour accélérer la modernisation de leur société.

S'accomplir soi-même

L'Amérique offre sa chance à chacun. Pour la mériter, l'individu doit être prêt à aller au-delà de son horizon géographique ou psychique. D'où l'importance du mythe de la Frontière. Celui-ci n'est pas seulement spatial. Quand l'anthropologue Margaret Mead disait de ses concitoyens qu'« ils étaient des immigrants dans le temps », elle faisait allusion au mythe du progrès et des lendemains meilleurs dans la vie sociale. Contrairement aux Européens, les Américains se réjouissent que

« pierre qui roule n'amasse pas mousse ». La Frontière dispense de bagages symboliques encombrants. En accepter l'esprit, c'est accepter de naître « moderne » et de voir dans le caractère inéluctable du progrès une source primaire de légitimité.

La solidarité entre générations est rejetée, de manière implicite ou explicite, puisqu'elle va à l'encontre de l'expérimentation individuelle et personnelle. L'expression populaire « il s'est fait tout seul » salue l'éternel recommencement des générations successives.

L'égalité des chances que la société offre à chacun suppose que l'idéologie du *melting pot* se traduise en termes individuels. Chacun doit oublier sa culture d'origine. Les divers pays — européens, asiatiques, sud-américains — n'ayant jamais « exporté » leurs enfants en même temps, chaque groupe de nouveaux venus a commencé et doit toujours commencer au bas de l'échelle. Pour réussir, il faut accepter d'effacer en soi les traces du passé. On monte dans l'échelle sociale au fur et à mesure que l'on devient américain.

Tous ces idéaux reposent donc sur une conception activiste de la personne et l'exceptionnalisme américain est ainsi largement fondé sur le besoin de s'accomplir. Certains analystes ont estimé, dans les années cinquante, que ce besoin serait susceptible d'être stimulé et c'est sans doute dans cet esprit qu'universités et organismes de coopération internationale

Bibliographie

Lipset Seymour Martin, *The First New Nation*, Heinemann, Londres, 1964.

Sombard Werner, *Why Is there No Socialism in the United States?*, Sharpe, New York, 1976.

Turner Francis J., *The Frontier in American History*, Holt, New York, 1920.

Vanneman Reeve, Weber Cannon Lynn, *The American Perception of Class*, Temple University Press, Philadelphie (PA), 1987.

ont offert des séminaires de dynamique de groupe aux pays du tiers monde en vue d'accélérer la mobilisation de leur capital humain.

Toujours selon les spécialistes américains, une forme décentralisée de gouvernement s'impose pour que les motivations individuelles s'adaptent au style exceptionnel et exemplaire de la croissance américaine. La décentralisation géographique permet d'identifier expérimentalement la solution aux problèmes de société la mieux adaptée aux contingences changeantes de chaque milieu. Avant tout, elle oblige les gouvernants à être attentifs aux désirs et aux craintes de leurs mandants.

La loi d'airain du «laisser-faire»

Le succès d'une telle décentralisation implique que l'accent soit mis sur le pouvoir des associations volontaires au niveau local, parce qu'elles symbolisent la prééminence attribuée aux intérêts particuliers dans le processus de développement social. Leur efficacité requiert une forme de gouvernement qui encourage les libertés formelles, notamment la liberté d'association et celle de la presse. Le développement social et économique serait en effet lié à une politique de « laisser-faire » qui accepte le verdict des lois du marché dans *tous* les domaines de la vie sociale. Le succès américain viendrait de la libre mobilisation de ses citoyens au sein d'associations donnant le meilleur d'elles-mêmes du fait du libéralisme des autorités publiques.

La décentralisation américaine implique en outre une nette séparation des pouvoirs exécutif, législatif, et judiciaire, qui peuvent se contrôler mutuellement. Elle empêche les abus imputables à une croissance pathologique des bureaucraties gouvernementales. De fait, l'Amérique s'enorgueillit d'avoir su limiter la taille des services publics, au niveau des États comme au niveau de la Fédération. Elle est fière aussi d'avoir su faire adopter ou imposer le même modèle politico-juridique aux pays vaincus de la Seconde Guerre mondiale comme à certains États clients du tiers monde. Et, à la fin des années quatre-vingt, la privatisation restait un des mots d'ordre du messianisme américain pour exorciser les obstacles que d'autres pays ont rencontrés dans leur quête de croissance harmonieuse.

Refus de l'extrémisme

Finalement, l'exceptionnalisme viendrait aussi de l'histoire des États-Unis et serait plus particulièrement lié à l'absence de structures féodales (les premiers colons anglais cherchèrent à les éliminer au cours des premières années de la République). Comme les entreprises n'ont jamais eu entière liberté de maximiser outrageusement leurs profits (cf. les lois antitrust), les partis politiques ou les syndicats par trop marqués à gauche n'ont pas trouvé le terrain nécessaire à leur développement. Somme toute, l'exceptionnalisme américain viendrait de la capacité de ses citoyens à éviter la polarisation des classes sociales. Le rejet des extrêmes aurait limité la formation de dépendances individuelles excessives et évité le blocage des bénéfices tirés du développement économique dans des activités non productives. L'autosuffisance serait ainsi la dernière des notions clés de l'exceptionnalisme.

Espérer l'américanisation du monde reviendrait donc à souhaiter la mise en place de structures économiques et politiques favorisant le privé au détriment du public, la modération politique au détriment des extrêmes, afin de mieux mobiliser les intérêts particuliers et de les adapter à un monde toujours en mouvement.

Rémi Clignet

L'empreinte religieuse

■ Les Américains, quelle que soit leur appartenance confessionnelle, manifestent un sentiment religieux qui imprègne toute leur histoire. Les premiers colons croyaient que le Nouveau Monde était un continent vierge et immaculé, la Terre promise de la Bible et qu'il leur appartenait d'y réaliser le royaume de Dieu. C'est la raison pour laquelle les Indiens, considérés comme des infidèles, en furent brutalement exclus et voués pendant trois siècles à l'extinction.

De tous les colons, les plus pénétrés de cette mission sont les puritains. Faute d'avoir pu implanter le royaume de Dieu aux Pays-Bas, ces non-conformistes, anglais d'origine, traversent en 1620 l'Atlantique sur le *Mayflower* et établissent à Plymouth le berceau du royaume de Dieu. A la différence des autres émigrants, ils ont signé un texte, le *Compact*, en vertu duquel ils s'engagent à créer un gouvernement indépendant, qui ne relève que de Dieu. C'est la première manifestation d'un sentiment religieux qui ne cesse d'animer les sectes (*denominations*) variées qu'englobe le puritanisme : baptistes de Roger Williams dans le Rhode Island, antinomiens d'Anne Hutchinson dans le Connecticut, chacune crée sa propre colonie, avec ses lois et son gouvernement. Le royaume de Dieu est loin d'être pacifique, comme l'attestent le procès et l'exécution des sorcières de Salem (1692-1693).

Certes, en dehors de la Nouvelle-Angleterre, l'empreinte religieuse est moins marquée : les planteurs du Sud dans leur majorité demeurent fidèles à l'anglicanisme ; dans le centre, l'expérience la plus originale est celle de Pennsylvanie où s'installe la *Société des Amis* (les quakers) animée par William Penn, dont l'esprit d'ouverture et la tolérance s'opposent au fanatisme des puritains.

Ce qui rend l'expérience américaine unique, c'est la diversité des pratiques religieuses, au moment où dans l'Ancien Monde, les sujets étaient obligés d'adhérer à la religion de leur prince. Dans les colonies américaines domine le protestantisme, avec toutes ses *denominations* qui vont des congrégationnistes (puritains) aux épiscopaliens (anglicans), en passant par les presbytériens (calvinistes écossais), les mennonites (protestants allemands), les huguenots, les quakers, plus tard les méthodistes et bien d'autres sectes, en attendant les mormons. Ils cohabitent avec des catholiques qui s'établissent dès 1632 dans le Maryland et à New York, et des juifs séfarades installés en Pennsylvanie et dans le Rhode Island. Tous pratiquent ouvertement leur culte, même si certaines colonies leur dénient les droits politiques.

Liberté de conscience

Dans cette mosaïque où la piété se donne libre cours, l'exaltation du sentiment religieux se caractérise par des implosions qui scandent régulièrement l'histoire américaine et se répercutent sur la vie publique. Au milieu du XVIIIe siècle, le Grand Réveil (*Great Awakening*) est caractérisé par le prosélytisme itinérant de pasteurs (Theodore Frelinghuysen, George Whitefield, les Tennent, Jonathan Edwards) rassemblant des foules passionnées par l'enseignement qu'elles reçoivent et désireuses de retrouver une foi hier encore chancelante. Cette ferveur débouche sur la scission des *denominations* alors existantes et la création de séminaires ou collèges, tel celui de Princeton, où la théologie « nouveau style » supplante la tradition de Harvard ou Yale. Il est probable que le Grand Réveil, dans son insistance sur le choix individuel, a préparé la voie à la liberté d'esprit qui, peu après, a mené à la révolution et à l'indépendance des États-Unis.

Le procès du Singe

♦ *En 1925, le procès du Singe mit en cause un professeur de biologie du secondaire accusé d'avoir violé les lois du Tennessee en enseignant la théorie de l'évolution de Darwin. A l'époque du procès, le fondamentalisme protestant, qui dominait certains États au point d'en faire de véritables théocraties, dénonçait le darwinisme avec ferveur. Au Tennessee, au Mississippi et dans l'Arkansas, on fit voter des lois interdisant à quiconque d'exposer, dans une école publique ou une université d'État, « toute théorie niant la création divine de l'homme, ainsi qu'elle est enseignée dans la Bible, ou encore d'affirmer que l'homme descend d'animaux d'un ordre inférieur ».*

Afin de mettre à l'épreuve la constitutionnalité de cette législation, l'Association américaine pour les droits civiques (American Civil Liberties Union) — une des plus éminentes associations juridiques libérales d'intérêt public, et aussi une des plus anciennes — persuada un jeune professeur du nom de John Thomas Scopes d'attaquer en justice l'État du Tennessee.

Le procès fit sensation et, pendant onze jours, le fameux orateur William Jennings Bryan s'opposa à Clarence Darrow, un spécialiste réputé du droit criminel. Tous les débats tournèrent autour d'une seule question : « L'enseignement de Scopes avait-il porté sur la théorie de l'évolution ? »

On ne s'interrogea ni sur la validité scientifique d'un tel enseignement ni sur la validité constitutionnelle de l'interdiction qui s'y rattachait. En fait, ainsi qu'il le confessa plus tard, Scopes n'avait jamais trouvé le temps d'enseigner le darwinisme, tout occupé qu'il était à entraîner l'équipe de football. Il fut cependant reconnu coupable et condamné sans preuves véritables ; on l'acquitta sur un vice de procédure.

Périodiquement, des États (notamment dans le Sud) tentent à nouveau d'imposer dans les cours de biologie l'enseignement parallèle du créationnisme et de l'évolutionnisme.

M.-F. T.

Ce qui caractérise cette révolution, c'est la symbiose entre l'exaltation de la liberté et le sentiment religieux. Les séances de la Convention de Philadelphie, en 1787, s'ouvrent sur des prières, Dieu est constamment présent dans ses délibérations, même s'il n'y est pas fait référence dans le texte de la Constitution. Cette absence est compensée par le premier amendement : « Le Congrès ne pourra faire aucune loi ayant pour objet l'établissement d'une religion ou interdisant son libre exercice. » Pas de religion d'État, et pleine liberté de conscience : les États-Unis sont alors le seul État où le sentiment religieux s'exprime en toute liberté.

La grande ferveur du XIXᵉ siècle

Au XIXᵉ siècle, le sentiment religieux est vivifié par les luttes autour de l'esclavage. Dès 1830, se manifeste un réveil, un de ces *revivals* périodiques, né dans le Middle West et qui se cristallise autour de l'abolitionnisme, auquel la prédication de pasteurs comme Charles et James Finney, Theodore Weld, fait une large place. La cause des esclaves prend une dimension religieuse, tout en divisant les Églises en particulier les baptistes, méthodistes et presbytériens. L'abolition de l'esclavage, en 1863, conduit à la création d'Églises noires séparées dans le Sud, où les Noirs affranchis, protestants à 90 %, entendent perpétuer leurs propres pratiques religieuses, *gospels* et *blues*, qui les rattachent à leurs origines africaines.

Dans une Amérique où les immigrants arrivent en flots de plus en plus serrés, la fréquentation d'un lieu de culte constitue, en dehors de la famille, le seul point d'ancrage et les Églises s'acharnent à

76

Bibliographie

Ahlstrom Sydney E., *A Religious History of the American People*, Yale University Press, New Haven (CT) et Londres, 1972.

Bertrand Claude-Jean, *Les Églises aux États-Unis*, PUF, «Que sais-je?», Paris, 1975.

Golding Gordon, *Le Procès du singe, la Bible contre Darwin*, Complexe, Bruxelles, 1982.

rameuter leurs fidèles en exaltant leurs sentiments religieux. Le catholicisme gagne du terrain avec les Irlandais, les Polonais, les Italiens qui submergent l'ancien épiscopat français. Le judaïsme est renforcé par l'afflux d'Allemands, au milieu du XIXᵉ siècle, et surtout de Russes chassés par les pogroms au début du XXᵉ. Son unité se brise en trois branches — orthodoxes, conservateurs et libéraux — qui transcendent la vieille opposition entre séfarades et ashkénazes. Une fois encore, ce sont les protestants qui subissent le choc majeur, avec l'apparition de nouvelles *denominations* : mormons en 1831, adventistes, issus du mouvement millénariste de William Miller (1845), adventistes du septième jour (1846), l'Église scientiste (1879), l'Armée du Salut (1880). Mais, au début du XXᵉ siècle, la ferveur religieuse n'est pas sans créer des cas de conscience chez les fidèles : comment concilier la Bible avec le rationalisme scientifique, en particulier l'évolutionnisme de Darwin? Les fondamentalistes s'insurgent contre la doctrine qui fait descendre l'homme du singe et lui refuse sa part de divin, l'accusant de pervertir la jeunesse. Tel est l'objet du procès passionné qui les oppose, en 1925, dans le Tennessee, à l'instituteur John Scopes, qui a enfreint la loi de l'État en enseignant la doctrine de l'évolution. Scopes condamné, l'enseignement de la Bible sort confirmé et renforcé.

L'esprit missionnaire

Ainsi s'expliquent en grande partie les adhésions massives, spectaculaires et bruyantes à toutes les manifestations d'évangélisme populaire en plein matéria-

lisme du XXᵉ siècle. Comment ne pas demeurer perplexe devant la ferveur suscitée chez des dizaines de milliers d'auditeurs par l'apparition d'un Billy Graham dans les années cinquante, ou le succès d'un autre révérend, Jerry Falwell, qui, au cœur de l'Amérique reaganienne, ressuscite les *revivals* des siècles précédents, ou encore devant l'ascension météoritique du télévangéliste Jim Bakker et de sa femme Tammy et leur chute brutale dans le scandale? L'exploitation, à des fins financières, du sentiment religieux par d'authentiques prêcheurs populistes et par des escrocs masqués en hommes de Dieu est inséparable du capitalisme américain.

L'emprise du religieux dans la vie quotidienne explique l'importance prise dans les débats publics par la question des prières dans les écoles publiques et celle de l'avortement, à la suite de deux arrêts de la Cour suprême, l'un interdisant la prière (1962), l'autre autorisant l'avortement (1973). Depuis les années soixante-dix en effet, conservateurs et fondamentalistes, avec la complicité du gouvernement républicain, n'ont cessé de réclamer bruyamment le retour de Dieu dans l'école, et le respect absolu de la vie de l'embryon. Avec des succès très partiels. Un fond de ferveur religieuse reste présent dans la vie publique américaine. Forts d'avoir évangélisé le Nouveau Monde, même s'ils sont très loin d'y avoir réalisé le royaume de Dieu, les Américains ont toujours considéré l'Ancien comme le repaire des vices et de l'incrédulité. Ils se sont sentis appelés à y prêcher la bonne parole, en y envoyant à leur tour des missionnaires chargés de moraliser les pays d'où étaient partis les pèlerins, au même titre d'ailleurs que les populations d'Asie ou d'Afrique, où ils ont joué, en plus, de leur passé anticolonial. Le même prosélytisme anime les hommes d'État qui, de Woodrow Wilson à Ronald Reagan, en passant par Harry Truman et Jimmy Carter, se sont faits les défenseurs de grandes causes morales, dénonçant, sous des formes changeantes, l'«empire du mal».

Claude Fohlen

Optimisme et réussite individuelle

■ La croyance optimiste dans la réussite individuelle, qui a survécu aux bouleversements et aux crises des deux siècles passés, apparaît à la fois comme une cause et une conséquence de la création de la nation américaine. Aux origines, on trouve en effet une poignée d'individus soutenus par une foi inébranlable dans la mission qu'ils se sont fixé : l'établissement du royaume de Dieu sur terre. Selon le contrat qu'ils ont passé avec le Seigneur, ces puritains voient dans la réussite matérielle le signe de la grâce divine. La soif d'acquisition matérielle et les qualités requises pour la satisfaire — le goût du travail et la frugalité — dans lesquelles Max Weber voyait la manifestation de l'éthique protestante et de l'esprit du capitalisme apparaissent ainsi à la fois comme la justification de l'entreprise et le moyen de la réussir.

Le signe de la grâce divine

Pour les puritains, qui vivaient leur foi dans un rapport individuel avec Dieu, la réussite du groupe dépendait de la réussite de chacun de ses membres. Cet individualisme fut renforcé par l'idéologie démocratique et égalitaire de la période révolutionnaire. Alexis de Tocqueville notait à l'issue de son voyage dans la première nation née de la décolonisation : « L'aristocratie avait fait de tous les citoyens une longue chaîne qui remontait du paysan au roi ; la démocratie brise la chaîne et met chaque anneau à part. » L'égalitarisme, lui, créait moins d'individus suffisamment riches et puissants pour dominer leurs semblables, mais un grand nombre d'individus capables de se suffire à eux-mêmes : « Ceux-là ne doivent rien à personne, ils n'attendent pour ainsi dire rien de personne ; ils s'habituent à se considérer isolément, ils se figurent volontiers que leur destinée tout entière est entre leurs mains. »

Le fermier et l'entrepreneur indépen-

dants du XIXᵉ siècle sont les prototypes de ces individus « autosuffisants » qui s'attaquent seuls, avec optimisme, à la Frontière ou à la création de nouvelles industries. Dans leur univers, les circonstances extérieures ne semblent exister que pour être mieux dominées par l'individu entreprenant. Si les impératifs religieux des puritains ne sont plus la motivation première de la réussite, leurs impératifs moraux en demeurent la condition : l'ardeur au travail, la vertu, la philan-

---

Le fossé s'est-il comblé ?

♦ « *Le (premier) juge (noir) à la Cour suprême, Thurgood Marshall, nommé en 1967, a averti les Noirs américains en termes extrêmement durs de ne pas accepter le « mythe » de l'amélioration de leur sort en termes économiques et sociaux. « Méfiez-vous de ce que disent les gens : "Vous avez réussi. Détendez-vous, vous n'avez plus besoin d'aide."»... D'autres dirigeants noirs — y compris des membres du Congrès — ont souligné récemment que les conquêtes noires étaient plus illusoires que réelles. Mais le discours de Marshall porte plus parce que ses mots sont sans ambiguïté et plus clairs qu'il n'est d'usage pour un juge à la Cour suprême... « Aujourd'hui, nous avons atteint le point où les gens disent : "Vous avez beaucoup obtenu." Mais d'autres aussi ont beaucoup obtenu, a dit Marshall. Le fossé s'est-il comblé ? Non. Il se creuse. Les gens disent que cela va mieux pour nous. Mieux que quoi ?... Lorsque je dis aux gens : "Cela va s'améliorer", ils me répondent : "Vous me l'avez dit à moi, et à mon père avant moi. Direz-vous la même chose à mes enfants ?"»... Marshall a conclu : "Écoutez-moi : rien n'a été résolu."»*

S. Auerbach, « *Blacks Told Their Lot is Not Improving* », Washington Post, 19.11.1978.

78

Bibliographie

Gans Herbert, Glazer Nathan, Gusfield Joseph, *On the Making of Americans : Essays in Honor of David Riesman*, University of Pennsylvania Press, Philadelphie (PA), 1979.

Hofstadter Richard, *Social Darwinism in American Thought*, Beacon Press, Boston (MA), 1955.

Weiss Richard, *The American Myth of Success*, Basic Books, New York, 1960.

thropie... L'échec, lui, reste le pire des péchés et non la manifestation d'une quelconque injustice sociale.

Comment cette croyance dans la réussite individuelle a-t-elle résisté à la concentration monopoliste de la fin du XIXᵉ siècle ? En déclarant : « L'heure des coalitions est venue, l'individualisme est mort pour toujours », John D. Rockefeller était-il conscient de balayer une des valeurs essentielles qui avaient soutenu l'esprit des pionniers et nourri l'espoir de millions d'immigrants ? D'autres que lui ont alors bien compris qu'il était essentiel, pour la cohésion même de la société américaine, de réconcilier l'idée de la réussite individuelle avec la réalité des monopoles et de la concurrence exacerbée. Un sérieux réajustement idéologique s'imposait et le « darwinisme social », popularisé par Herbert Spencer, vint apporter une justification apparemment naturelle à l'élimination des « moins aptes » par la concurrence. La réussite individuelle s'inscrivait désormais dans le cadre d'une lutte acharnée pour l'existence et l'ordre naturel des choses remplaçait le plan divin des puritains.

Le self-made man, un mythe toujours vivant

Des récits des *self-made men* — plus nombreux dans les livres d'histoire que dans l'histoire américaine — aux romans d'Horatio Alger, dont les héros rencontrent la fortune grâce à leur seule vertu, tout un arsenal littéraire et idéologique a pourtant été nécessaire pour maintenir en vie un optimisme que la réalité bafouait chaque jour pour des millions d'individus. Certes, de nombreux écrivains se sont inscrits en faux contre cet optimisme inébranlable. Dans *La Jungle*, Upton Sinclair décrit des individus broyés par l'industrialisation ; Martin Eden, le héros de Jack London, meurt d'avoir trop voulu réussir et, plus près de nous, dans *La Mort d'un commis voyageur*, Arthur Miller présente le rêve illusoire de Willy Loman qui, pour réussir en affaires, a totalement raté sa vie. Mais la volonté de croire au mythe reste la plus forte jusqu'à nos jours, comme en témoigne la vogue des livres prônant le *positive thinking*, version américaine de la méthode Coué, ou les manuels de *self-help* qui sont autant de « Succès, mode d'emploi ».

Même si, depuis la grande Dépression, on reconnaît plus volontiers que les causes du succès ou de l'échec résident dans des circonstances échappant en grande partie au contrôle de l'individu et si, au cours des années soixante, les Américains semblaient prêts à se tourner vers l'action collective pour améliorer leur sort, les années quatre-vingt ont montré qu'ils préféraient continuer à croire que l'individu était le premier responsable de son destin. Mélange d'éthique protestante, de libéralisme économique classique et de darwinisme social, l'individualisme reaganien a puisé sans compter dans les sédiments idéologiques passés pour justifier son exaltation des riches et sa condamnation méprisante des pauvres, pour remettre la réussite individuelle au goût du jour et l'optimisme au poste de commande. Sa popularité illustre bien la force du mythe, même si les héros reaganiens, les *yuppies* avides de Wall Street, sont aux puritains de Nouvelle-Angleterre ce que Mr. Hyde était au Docteur Jekyll.

Isabelle Richet

Au cœur de la démocratie américaine : le droit

■ Historiquement, les colonies américaines ont affirmé leur indépendance à l'égard de la métropole britannique sur le terrain du droit : «pas d'imposition sans représentation». Les États-Unis sont ensuite nés grâce à l'invention d'un équilibre subtil entre la souveraineté des États fédérés et les pouvoirs du gouvernement fédéral, inscrit dans cette charte juridique suprême qu'est la Constitution. Enfin, les colons, qui avaient fui les monarchies absolutistes et les persécutions religieuses du Vieux Continent, ont eu à cœur d'établir une République fondée sur la tolérance, dans laquelle la puissance publique serait limitée et contrôlée, et les droits et libertés naturels de l'homme, effectivement garantis.

Le droit comme contrepoint majoritaire

Il en est résulté une conception de la démocratie très différente de celle qui s'est généralisée en Europe dans le sillage de la Révolution française : pour les Américains, la démocratie ne saurait se réduire à la loi de la majorité, qu'elle s'exprime

La chasse aux sorcières

♦ *Le 21 mars 1947, par le décret présidentiel n° 9835, le président Harry Truman établit un programme de vérification de la loyauté des fonctionnaires fédéraux. C'est le début d'une répression politique de grande ampleur. Les démocrates ont voulu cette croisade pour montrer leur volonté de s'opposer nettement au communisme soviétique et à son avatar national, cherchant ainsi à couper l'herbe sous le pied à l'opposition républicaine en s'emparant de son thème favori, l'anticommunisme : ils ne sont pas des victimes innocentes mais des apprentis sorciers qui tombent dans le piège qu'ils ont eux-mêmes façonné.*

1950, la guerre froide bat son plein et une peur, encore diffuse, d'une subversion communiste généralisée s'empare des Américains. Dans ce climat, un obscur sénateur du Wisconsin, politicien roublard et menteur, se fait le champion d'un anticommunisme démagogique et parvient à provoquer un large mouvement d'opinion qui portera son nom : le maccarthysme. Car, si Joseph McCarthy n'a pas «inventé» la chasse aux sorcières, c'est, à coup sûr, lui qui l'a exacerbée.

Paradoxalement, le parti communiste à ce moment ne compte qu'un nombre insi- *gnifiant de membres. Mais à l'époque, on parle de l'influence exercée par le parti et ses sympathisants. Dès lors, n'importe qui peut être suspecté : le libéral devient un progressiste et le progressiste un communiste, donc un espion à la solde de Moscou.*

De 1950 à 1954, le climat d'inquisition se développe. Le mouvement s'accélère, se gonfle : de commissions en sous-commissions les enquêtes prolifèrent, la suspicion se généralise. En quelques mois, l'épidémie atteint un nombre incalculable de citoyens. D'interminables listes noires circulent. Ceux qui y figurent seront lourdement touchés : emplois perdus, carrières brisées, vies gâchées, honneur bafoué... Tous les secteurs sont touchés : la commission de l'énergie atomique mais aussi l'enseignement ; la radio et la télévision mais aussi le cinéma ; les syndicats mais aussi les milieux intellectuels. Il fallut que McCarthy s'attaque à l'armée pour que ses excès deviennent apparents : le Sénat finira par voter contre lui, en 1954, une motion de blâme qui marque la fin du «maccarthysme», à tout le moins dans ses aspects les plus virulents.

M.-F. T.

Bibliographie

Cohen-Tanugi Laurent, *Le Droit sans l'État*, PUF, Paris, 1985.

Marienstras Élise, *Les Mythes fondateurs de la nation américaine*, Maspero, Paris, 1976.

Emerson Thomas I., **Dorsen Norman**, **Haber David**, *Political and Civil Rights in the United States*, 2 vol., Little Brown, Boston, 3e éd., 1967.

par la voix des représentants du peuple élus au suffrage universel, ou même directement par référendum. Les Américains ne croient pas à la volonté générale, dont la loi souveraine est censée être l'expression ; ils s'en méfient non seulement parce qu'il s'agit d'une abstraction, mais surtout parce qu'elle porte en germe la tyrannie des majorités politiques, propre à légitimer toutes les atteintes aux droits des minorités et aux libertés individuelles. Le régime représentatif reste certes la norme de la démocratie, aux États-Unis comme ailleurs ; mais le principe majoritaire se voit tempéré, d'une part, par l'affirmation de principes fondamentaux ayant valeur juridique suprême et, d'autre part, par une panoplie de dispositifs institutionnels — les fameux *checks and balances* — destinés à faire interagir les pouvoirs exécutif, législatif et judiciaire, tant au niveau fédéral qu'étatique et d'un niveau vers l'autre, afin que partout le pouvoir arrête le pouvoir. Les États-Unis ont été la première démocratie constitutionnelle fondée sur la *rule of law* et restent, aujourd'hui encore, le modèle le plus achevé de l'État de droit. Le « peuple » conservant par ailleurs un certain nombre de droits, la démocratie se définit comme l'affirmation contradictoire d'une pluralité de pouvoirs, d'intérêts, d'hommes et d'idées concurrents, sous l'arbitrage du droit.

Parmi ces dispositifs, le rôle de superviseur des pouvoirs politiques dévolu au pouvoir judiciaire par le contrôle de constitutionnalité des lois (*judicial review*) est des plus importants. Si la Constitution ne fait pas explicitement mention de ce mécanisme, que s'est attribué unilatéralement la Cour suprême en 1803, dans l'arrêt fameux *Marbury c. Madison*, l'idée qu'un tel contrôle fût la province propre du judiciaire se trouvait présente à l'esprit des Pères fondateurs. C'est pourquoi ils s'avisèrent dès 1791 de compléter la Constitution par un *Bill of Rights*, dans la tradition anglaise, destiné à servir de référence au pouvoir judiciaire. Ces dix premiers amendements à la Constitution fédérale, qui énumèrent (de manière non limitative) les droits constitutionnels de chaque Américain, non en tant que citoyen mais en tant qu'homme, sont la charte fondamentale de la démocratie américaine. Ils constituent la finalité, et la limite de tout gouvernement légitime. Enseignés dès les bancs de l'école, ils forment la base de la culture politique américaine.

Les droits garantis par le *Bill of Rights* sont essentiellement des droits politiques et judiciaires — libertés publiques, garanties procédurales en matière pénale et civile et autres principes destinés à protéger le citoyen contre le gouvernement. Comme l'indique déjà la *Déclaration d'indépendance* de 1776, ces droits fondamentaux sont directement issus de la loi naturelle et de Dieu ; l'égalité, la liberté de conscience et le droit à la sûreté y ont rang cardinal. Les droits économiques et sociaux, caractéristiques de l'État-Providence, n'ont pas rang constitutionnel, car ils ne constituent ni des droits inhérents à la nature humaine, ni des libertés à protéger contre la puissance publique.

D'où le reproche fréquemment adressé au système américain par ses détracteurs de laisser les inégalités économiques et sociales vider les droits de l'homme de leur substance. Les droits constitutionnels sont toutefois loin de ne constituer que des « libertés formelles » au sens où l'entendait Marx. La richesse de la pensée juridique et l'efficacité des institutions judiciaires américaines ont permis d'utiliser les principes généraux du *Bill of Rights*, constamment réactualisés, au service du développement démocratique.

Des droits qui s'imposent à tous

Le tournant décisif en matière de protection des libertés est lié à l'«incorporation» du *Bill of Rights* dans les dispositions du 14e Amendement, à partir d'une décision de la Cour suprême de 1925. A l'origine, le *Bill of Rights* ne protégeait l'individu que contre les empiétements du pouvoir fédéral, et non des États. En 1868, au lendemain de la guerre de Sécession, le 14e Amendement fut adopté : il imposa certaines obligations aux États, notamment la clause de *due process of law* (procédure légale régulière) et le principe d'égalité devant la loi (*equal protection of the law*). Mais il resta lettre morte pendant un demi-siècle encore. Ce n'est que dans *Gitlow c. New York* (1925) que la Cour suprême se résolut à déclarer que le 14e Amendement s'appliquait bien aux États, leur interdisant d'abord d'attenter à la liberté d'expression. Dès lors, c'est sur le terrain du droit (notamment la clause d'*equal protection*) et par la mise en œuvre du contrôle de constitutionnalité des lois, que furent menées et gagnées par des politiques volontaristes (*affirmative action*) les batailles contre la ségrégation raciale, pour la liberté de l'avortement, pour l'exercice effectif du droit de vote, contre la discrimination fondée sur la race, le sexe ou la religion.

Généralement mal comprise en Europe — au nom du «gouvernement des juges» —, l'intervention de la Cour suprême dans ces domaines éminemment politiques résulte souvent de la carence du pouvoir politique fédéral, elle-même intrinsèquement liée au compromis fédéraliste. Les grands problèmes de société (l'avortement, la peine de mort, etc.) relevant de la souveraineté des États, les institutions fédérales n'ont pas compétence pour intervenir, sauf en cas de violation des droits garantis par la Constitution fédérale. Les juges fédéraux interviennent donc en général pour invalider des législations d'État jugées attentatoires aux libertés. Mais, comme c'est souvent le cas aux États-Unis, le dispositif est réversible. Depuis 1988, alors que la Cour suprême fédérale devient majoritairement conservatrice, ce sont les Cours suprêmes des États les plus libéraux qui défendent les libertés sur la base des *Bill of Rights* d'État.

La tension permanente entre protection des libertés par des juges non élus et respect de la volonté politique majoritaire, entre souverainetés étatiques et pouvoir fédéral, est constitutive de la démocratie américaine et n'a pas fini de soulever des controverses. Elle est aussi probablement l'avenir de l'Europe.

Laurent Cohen-Tanugi

Peut-on parler américain ?

■ Si l'on réfléchit à ce qu'est la «langue américaine», on en vient à s'interroger sur son statut linguistique par rapport à l'anglais britannique — est-ce une variété de cet anglais, de cette «langue mère», ou est-ce une langue à part entière ? — et sur son statut de «langue nationale officielle», celle des États-Unis.

Le premier volet du problème a fait couler beaucoup d'encre, depuis presque trois siècles. Le débat fut lancé en 1735, lorsqu'un journaliste anglais, Francis Moore, séjournant à Savannah (Géorgie), releva, à l'adresse de ses lecteurs londoniens, que les colons employaient, «dans leur anglais barbare» le terme de *bluff* pour désigner une rive abrupte (en l'occurrence celle du fleuve qui marquait les limi-

82

tes de la ville). Ce terme, qui provient peut-être du néerlandais, est l'un des nombreux exemples de l'innovation lexicale dont firent preuve les premiers anglophones débarqués sur le sol américain et confrontés à une réalité étrangère, nouvelle par de multiples aspects (géographiques, botaniques, humains, etc.).

Les emprunts aux autres langues

Le vocabulaire anglais des colonies américaines emprunta de nombreux termes aux langues amérindiennes, mais aussi aux autres langues européennes. Il se dota ainsi rapidement de mots originaux. Mais l'isolement des utilisateurs de ce dialecte de plus en plus « américain » figeait les modes de prononciation — à défaut d'un contact permanent avec d'autres usages propre à stimuler l'évolution de la langue — tout en conservant le lexique du XVIIᵉ siècle, celui des premiers arrivants.

Le débat prit une ampleur nouvelle lorsque parut, en 1928, le *Dictionnaire américain de la langue anglaise* de Noah Webster, lequel allait jusqu'à proposer de nouvelles orthographes pour de nombreux vocables. Vint ensuite Henry Mencken, rigoureux et polémiste à la fois, qui dans *La Langue américaine* (1919) tenta de démontrer, en s'appuyant sur des milliers d'exemples, que les deux langues divergeaient progressivement et que le prétendu « dialecte américain » méritait désormais le titre de langue à part entière.

L'évolution depuis la Seconde Guerre mondiale a définitivement invalidé le point de vue de Mencken. Les moyens modernes de communication aidant, la différence entre les deux langues — pour autant qu'elle ait vraiment existé — n'est pas telle aujourd'hui qu'Anglais et Américains ne puissent communiquer et se comprendre (exception faite des argots).

Seize États ont des lois qui déclarent l'anglais langue officielle. Hawaii a deux langues officielles : l'anglais et le hawaiien.

Elles se distinguent cependant sur un point important, qui recouvre la différence plus fondamentale entre le mythe américain, démocratique de conception, et la tradition britannique, d'essence aristocratique. Aux yeux d'un Anglais cultivé, la langue anglaise doit répondre à des canons d'élégance et de beauté (où la prononciation joue un rôle crucial) et tout locuteur contrevenant à ces règles héritées de la tradition trahit aussitôt son appartenance à telle ou telle couche sociale. Un Américain, en revanche, a une conception beaucou plus démocratique de l'usage de sa langue et recherche plutôt le consensus linguistique sous la forme d'un anglais de bon aloi, qui respecte simplement les règles minimales de la « bonne grammaire ». C'est pourquoi, aux États-Unis, les divers accents régionaux, tout comme ceux des immigrés, ont sans doute moins d'importance qu'en Angleterre, et sont moins perçus comme une gêne dans le processus d'ascension sociale.

Il semble cependant que, pour les nouvelles communautés d'immigrés, la maîtrise de la langue ne soit plus un moyen — parmi d'autres — de s'intégrer socialement. Bon nombre d'Hispaniques notamment se voient refuser l'accès à la culture américaine ; d'autres veulent sauvegarder à tout prix leur culture latino-américaine.

L'anglais, langue officielle ?

Beaucoup d'Américains voient dans l'indépendance culturelle et linguistique des Hispaniques — que l'on retrouve parfois dans d'autres minorités — une « menace » pesant sur la suprématie de l'anglais dans le pays. Dès 1983, un puissant groupe de pression, *US English*, s'est constitué pour combler un vide constitutionnel, demandant aux Californiens de se prononcer sur ce que devait être « la langue officielle » de leur État. Un référendum eut lieu en 1986 : 73 % des électeurs approuvèrent l'amendement à la Constitution selon lequel l'anglais devenait la langue officielle de la Californie. En 1989, quinze autres États avaient adopté des dispositions légales du même type. En février 1990, un juge fédéral a déclaré inconstitutionnel l'amendement à la Constitution de l'Arizona et le gouverneur de cet État a décidé de ne pas faire appel : la décision ne fait donc pas jurisprudence dans les autres États.

Les adeptes de cette cause, qui n'est pas nouvelle aux États-Unis puisqu'elle comptait des adeptes avant la Guerre civile (1861-1865) dans les rangs du *Know Nothing Party* puis ultérieurement au *Ku Klux Klan*, ont ainsi marqué un premier point, décisif. En effet, l'éducation relevant d'instances locales, c'est le principe même du bilinguisme dans l'enseignement qui est atteint, puisque le nouvel amendement à la Constitution (d'un État) peut être interprété dans le sens d'une interdiction de l'enseignement bilingue. Tous les excès sont dès lors permis : certains directeurs d'école n'autorisent plus leurs élèves à parler leur langue maternelle dans la cour de l'école ; des responsables d'entreprise exigent de leurs employés qu'ils parlent anglais sur leur lieu de travail ; des bibliothèques municipales se sont vu interdire l'achat de livres en langues étrangères ; et plusieurs restaurants, qui proposaient des cartes et des menus bilingues, ont été boycottés par des militants de *US English*...

John Taylor

PEUPLEMENT ET POPULATIONS

Le peuplement des États-Unis, une histoire marquée par le pragmatisme

■ « Qu'est-ce qu'un Américain ? » demandait Crèvecœur dans les années 1780. Interrogation à laquelle font écho, dans les années 1850, les mots du poète Walt Whitman, que reprit à son compte John F. Kennedy plus d'un siècle plus tard : « Nous sommes une nation de nations. » La diversité des groupes d'arrivants semble en effet le trait principal de l'histoire de l'immigration américaine.

En 1790, lorsque le premier recensement fédéral vient décrire la population de la jeune république, les États-Unis comptent 4 millions d'habitants, dont 95 % sont des ruraux. Les « Américains » sont alors d'origine anglaise à 60,9 %, irlandaise à 9,7 %, allemande à 8,7 %, écossaise à 8,3 % — le reliquat provenant de France, de Suède, des Pays-Bas et d'ailleurs —, sans parler des Afro-Américains. Le peuplement s'étire sur une

---

L'Europe déverse ses déchets

« *Donnez-moi vos masses épuisées, misérables, recroquevillées, et qui pourtant rêvent de respirer en liberté, ces misérables débris de vos rivages grouillants.* »
(Vers d'Emma Lazarus inscrits sur la statue de la Liberté.)

L'Europe a « saisi la possibilité de déverser sur l'Amérique insouciante, riche et hospitalière, les déchets (sweepings) de ses prisons et de ses asiles ». Madison Grant (raciste issu d'une grande famille coloniale), The Passing of the Great Race, 1916.

84

bande de terre qui va du Maine à la Georgie, avec des incursions au-delà des Appalaches, dans les futurs États du Kentucky (1792) et du Tennessee (1796).

Des milliers d'immigrants européens

Un siècle plus tard, en 1890, la population américaine est passée à 63 millions d'habitants, qui occupent l'ensemble du continent. Les 13 États originels sont devenus 45 et l'administration peut déclarer la «Frontière», cette ligne extrême de colonisation, symboliquement close. Cette croissance a été rendue possible par l'installation aux États-Unis de millions de migrants européens, dont l'administration a effectué le comptage à partir de 1820 (voir tableau).

Pour l'essentiel, ces immigrants européens, auxquels il faut ajouter les arrivants d'Asie (Chine en particulier) et d'Amérique (Canadiens anglophones et francophones), étaient mus par le désir d'améliorer leurs conditions de vie. Rares étaient ceux qui, tels les puritains du XVIIᵉ siècle, gagnaient encore les États-Unis pour des raisons religieuses. Guère plus nombreux, malgré une visibilité plus grande qu'illustrent entre autres les émigrants socialistes allemands de 1848 ou les exilés français de la Commune de 1871, étaient les migrants politiques. Il convient toutefois d'atténuer ce constat en notant qu'aux yeux de nombreux arrivants, les vers d'Emma Lazarus gravés sur la statue de la Liberté constituaient la promesse d'une vie meilleure, matériellement, mais aussi spirituel-

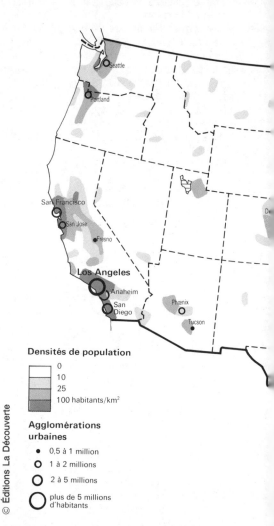

Densités de population

- 0
- 10
- 25
- 100 habitants/km²

© Éditions La Découverte

Agglomérations urbaines

- • 0,5 à 1 million
- ○ 1 à 2 millions
- ○ 2 à 5 millions
- ○ plus de 5 millions d'habitants

lement et politiquement. Pour la très grande majorité des immigrants, les États-Unis offraient cette possibilité, et comme l'attestent les lettres d'Amérique adressées aux compatriotes restés au pays, l'idée, fortement exagérée, d'une société fluide était très présente.

Vagues successives

Pendant la plus grande partie du XIXᵉ siècle, la majorité des immigrants

Densités et point d'équilibre de la population

Déplacement du point d'équilibre*
de la population de 1790 à 1980

fut originaire d'Europe du Nord et de l'Ouest. Allemands et Scandinaves cédèrent le pas dans les années 1840-1850 aux Irlandais chassés de leur pays par la grande famine de la pomme de terre. A la fin du siècle, c'est l'Europe centrale, orientale et méridionale qui devint le grand réservoir de la migration. Certains Américains xénophobes — on les appelle « nativistes » — en profitèrent, à l'époque, pour distinguer entre une « ancienne »

* Le « point d'équilibre de la population » représente le centre de gravité des États-Unis si l'on suppose le pays comme une surface parfaitement plane et chaque habitant pesant d'un même « poids ». La tendance vers l'Ouest, et plus récemment vers le Sud reflète les déplacements spectaculaires de la population observés à chacun des recensements fédéraux.

IMMIGRATION (1820-1988)		
Période	*Nombre* [a]	*Taux* [b]
1820-1987	**54,367**	**3,3**
1820-1830	0,152	1,2
1831-1840	0,599	3,9
1841-1850	1,713	8,4
1851-1860	2,598	9,3
1861-1870	2,315	6,4
1871-1880	2,812	6,2
1881-1890	5,247	9,2
1891-1900	3,688	5,3
1901-1910	8,795	10,4
1911-1920	5,736	5,7
1921-1930	4,107	3,5
1931-1940	0,528	0,4
1941-1950	1,035	0,7
1951-1960	2,515	1,5
1961-1970	3,322	1,7
1971-1980	4,493	2,1
1981-1988	4,711	2,5

a. En millions.
b. Par rapport à la population résidente.
Source : Statistical Abstract 1990.

Origines nationales des Américains
(1980, en millions)

Européens *207,1*
— *Anglais* *49,6*
— *Allemands* *49,2*
— *Irlandais* *40,2*
— *Français* *12,9*
— *Italiens* *12,2*
— *Écossais* *10,0*
— *Polonais* *8,2*
Autres *46,9*
— *Afro-Américains* *21,2*
— *Mexicains* *7,7*
— *Porto-Ricains* *1,4*
— *Cubains* *0,6*
— *Autres Hispaniques* *2,7*
— *Chinois* *0,9*
— *Japonais* *0,8*
— *Vietnamiens* *0,2*
— *Arabes* *0,8*
— *Amérindiens* *6,7*
— *Canadiens* *1,2*
Source : *Recensement de 1980 in* Statistical Abstract, *1990.*

immigration parée de toutes les vertus et une « nouvelle » immigration chargée de tous les vices. La distinction était spécieuse et négligeait le fait que les Irlandais, en leur temps, avaient fait l'objet des mêmes critiques qui accueillirent dans les derniè-res décennies du siècle Italiens ou Polo-nais. Elle faisait fi, surtout, des raisons identiques qui avaient poussé ces millions d'Européens chassés par les transforma-tions socio-économiques de leur pays natal à se laisser attirer par l'aimant américain, en 1910 comme en 1840.

Nationalisme et ethnicité

Lorsque se refermèrent les portes des États-Unis au cours des années vingt par la mise en place de sévères quotas d'entrée, le peuplement avait en substance la forme qu'on lui connaît aujourd'hui, à l'exception de deux caractères devenus essentiels en cette fin de siècle : l'arrivée depuis les années soixante de centaines de milliers d'immigrants originaires d'Asie du Sud-Est (Vietnam, Cambodge), et d'Amérique latine.

Deux siècles d'immigration vont ainsi dans le sens des paroles déjà citées de Walt Whitman. Mais cette diversité ne fut jamais incompatible avec un sentiment puissant de nationalisme. Selon les pério-des et les circonstances historiques, le sen-timent national réduisit au silence les aspirations identitaires de chaque groupe ou, au contraire, leur laissa l'espace et la liberté de s'exprimer. Ce mouvement dia-lectique a permis au creuset américain — le fameux *melting pot* — de fonction-ner avec souplesse et efficacité. Ainsi, mal-gré des tensions momentanées, par exemple dans les années vingt de ce siè-cle, la conception américaine s'accom-mode — et se nourrit même — d'un compromis entre l'identité du groupe d'origine et l'identité américaine. Avec le temps, l'identité « ethnique » est devenue affaire de situations particulières. A l'observateur de la culture et de la société américaines de choisir s'il veut mettre

Bibliographie

Bodnar John, *The Transplanted. A History of Immigrants in Urban America*, Indiana University Press, Bloomington (IN), 1985.

Brun Jeannine, *America! America! Trois siècles d'émigration aux États-Unis (1620-1920)*, Gallimard, Paris, 1980.

Maldwyn Allen Jones, *American Immigration*, University of Chicago Press, Chicago (IL), 1960.

Weil François, *Les Franco-Américains*, Belin, Paris, 1989.

l'accent sur l'identité nationale (comme dans les années cinquante) ou sur l'aspect ethnique (comme dans les années soixante). Mais ces deux identités ne sont nullement incompatibles : peut-être est-ce là l'un des résultats les plus importants de l'histoire du peuplement des États-Unis.

Les immigrants ont fourni aux États-Unis un apport démographique et économique exceptionnel. Peuplant la Frontière, s'installant dans les villes, fournissant une main-d'œuvre industrielle essentielle, les immigrants arrivèrent aux États-Unis porteurs de leur culture d'origine et dotés d'un grand pragmatisme. Loin d'être une épopée ou une saga, l'histoire du peuplement du pays fut marquée d'abord par ce réalisme au quotidien.

François Weil

La conquête de la Frontière

■ Les États-Unis sont issus de l'occupation, par vagues successives, d'un territoire très faiblement peuplé et de sa colonisation par une avancée progressive de l'est vers l'ouest, selon le processus dit de la Frontière.

Une première vague, aux XVIIe et XVIIIe siècles, a entraîné la formation, sur l'étroite bande comprise entre l'Atlantique et les Appalaches, des treize colonies originelles, devenues en 1776 les treize États fondateurs. Dès 1763, les colons

DOMAINE PUBLIC FÉDÉRAL (Acquisitions 1781-1867)		
Territoires	Surface (millions km²)	Coût (millions $)
1781-1802. Cessions par les treize États	0,959	
1803. Achat de la Louisiane à la France	2,146	15
1819. Cession de la Floride par l'Espagne	0,187	5
1819. Bassin de la Red River	0,119	
1846. Compromis de l'Oregon avec la Grande-Bretagne	0,743	
1848. Conquêtes sur Mexique (dont Californie)	1,372	15
1850. Rétrocession du Texas	0,320	15
1853. Achat Gadsden au Mexique	0,076	10
1867. Achat de l'Alaska à la Russie	1,520	7,2
Total 1781-1867	7,442	

(*En 1990, le territoire des États-Unis est de 9,4 millions km².*)
Source : Statistical Abstract, 1989, et History of Public Land Law, op. cit.

Comment se procurer la terre

♦ *Des deux côtés de l'Atlantique, on considère souvent que « l'exceptionnalisme » américain provient de « cette masse inépuisable de biens qui semble attendre un maître ». C'est oublier un peu vite qu'il y a des occupants lorsque les Européens arrivent. Mais de quoi les Indiens se plaindraient-ils ? Après tout, ils n'ont pas de titres de propriété en bonne et due forme, ils ne cultivent pas la terre, de toute façon ils en ont trop — et en plus, on la leur paie. Comme l'écrit Alexis de Tocqueville : « [Les Américains] ne se permettent point d'occuper les terres [des Indiens] sans les avoir dûment acquises au moyen d'un contrat [... Ils sont parvenus] à exterminer la race indienne et à l'empêcher de partager leurs droits avec une merveilleuse facilité, tranquillement, légalement, philanthropiquement, sans répandre de sang, sans violer un seul des grands principes de la morale aux yeux du monde. On ne saurait détruire les hommes en respectant mieux les lois de l'humanité. »*

Quoi qu'ils fassent, les Indiens sont perdants. Vint un jour (à partir de 1800), par exemple, où les Cherokees décidèrent de se « civiliser » : ils allèrent à l'école, devinrent

bilingues, inventèrent un alphabet, fondèrent un journal (dont parle Tocqueville), se dotèrent d'institutions modelées sur celles des États-Unis... et cultivèrent la terre : ils refusèrent dorénavant de céder un arpent de terre, malgré les pressions de plus en plus fortes de la Georgie et de l'Union. Même en invoquant les traités (Traité de 1791 : « Les États-Unis garantissent solennellement à la nation des Cherokees toutes les terres qu'elle n'a point précédemment cédées), les Cherokees ne peuvent qu'avoir tort : ils violent le traité en cultivant — au lieu de chasser — « et font ainsi du tort à la Georgie », affirme le gouverneur Troup à la législature de Georgie. Ainsi est-il légitime de déposséder les Indiens avant qu'ils ne deviennent insupportablement blancs : au mépris de tous les engagements antérieurs, le Congrès vote en 1830, à la demande du président Andrew Jackson, le Indian Removal Act. *Les Cherokees sont contraints de s'exiler au-delà du Mississippi dans des conditions inhumaines.*

M.-F. T.

émettent des prétentions sur les terres situées à l'ouest, mais se heurtent au refus des Britanniques, dont le retrait, en 1783, déclenche l'expansion territoriale. L'ordonnance du Nord-Ouest, en 1787, prévoit une extension en deux étapes : Territoire quand la population mâle libre atteint 5 000 habitants, État au-delà de 60 000, avec admission dans la Fédération à égalité avec les autres États. Le premier à profiter de cette procédure est le Vermont en 1791, suivi du Kentucky (1792) et du Tennessee (1796).

En 1803, la cession par la France de la Louisiane marque une étape décisive dans l'extension territoriale : la superficie des États-Unis fait plus que doubler, du golfe du Mexique aux abords de la Columbia,

ORIGINES DE LA POPULATION BLANCHE (1790)	
Anglais ...... 60,9 %	Allemands ..... 8,7 %
Écossais .... 8,3 %	Hollandais .... 3,4 %
Irlandais ...... 3,7 %	Français .... 1,7 %
Irlando-Écossais 6,0 %	Suédois .... 0,7 %
Total **78,9 %**	**14,5 %**
	Divers 6,6 %

Source : US Bureau of the Census.

dans le Nord-Ouest, selon des limites très indécises en raison de l'absence de relevés cartographiques. Commence alors la marche vers l'Ouest avec l'avancée de la Frontière, préparée par plusieurs expéditions dont celle de Lewis et Clark

La formation du territoire

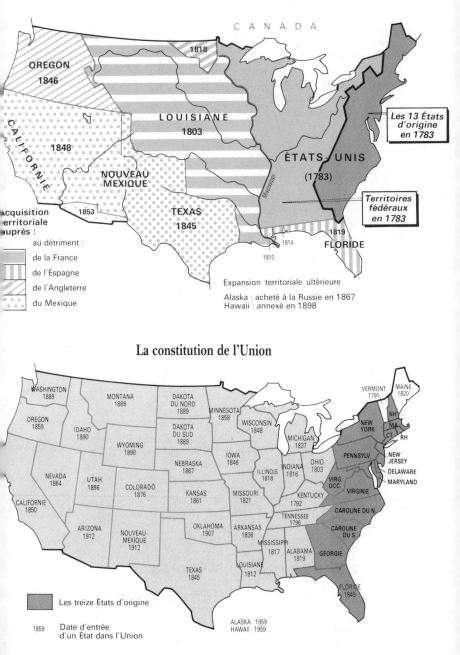

CANADA

OREGON
1846

1818

CALIFORNIE

1848

LOUISIANE
1803

NOUVEAU
MEXIQUE

ÉTATS-UNIS
(1783)

Mississipi

Les 13 États
d'origine
en 1783

1853

TEXAS
1845

Territoires
fédéraux
en 1783

1814

1819
FLORIDE

1810

Acquisition
territoriale
auprès :

au détriment :

de la France

de l'Espagne

de l'Angleterre

du Mexique

Expansion territoriale ultérieure

Alaska : acheté à la Russie en 1867
Hawaii : annexé en 1898

La constitution de l'Union

WASHINGTON
1889

MONTANA
1889

DAKOTA
DU NORD
1889

MINNESOTA
1858

WISCONSIN
1848

VERMONT
1791

MAINE
1820

OREGON
1859

IDAHO
1890

DAKOTA
DU SUD
1889

MICHIGAN
1837

NH

NEW
YORK

MA
CT   RH

WYOMING
1890

IOWA
1846

PENNSYLV.

NEW
JERSEY

NEVADA
1864

UTAH
1896

NEBRASKA
1867

ILLINOIS
1818

INDIANA
1816

OHIO
1803

DELAWARE

MARYLAND

COLORADO
1876

KANSAS
1861

MISSOURI
1821

VIRG.
OCC.

VIRGINIE

CALIFORNIE
1850

KENTUCKY
1792

ARIZONA
1912

NOUVEAU-
MEXIQUE
1912

OKLAHOMA
1907

ARKANSAS
1836

TENNESSEE
1796

CAROLINE DU N.

CAROLINE
DU S.

MISSISSIPPI
1817

ALABAMA
1819

GEORGIE

TEXAS
1845

LOUISIANE
1812

FLORIDE
1845

Les treize États d'origine

1859   Date d'entrée
d'un État dans l'Union

ALASKA : 1959
HAWAII : 1959

Bibliographie

Morris Richard B (sous la dir. de), *Encyclopedia of American History, Bicentennial Edition*, Harper & Row, New York, 1976.

Turner Frederick J., *La Frontière dans l'histoire des États-Unis*, PUF, Paris, 1963 (trad. de l'américain).

(1803-1806), qui ouvrent la route de la rivière Platte et la future piste de l'Oregon. Après l'élimination des Français, ce sont les Espagnols et leurs successeurs, les Mexicains, qui barrent la voie à l'expansion territoriale. A leur tour ils sont éliminés, soit par la force, soit plutôt par des achats de terres. En 1818, ils cèdent la Floride ; en 1836, le Texas se proclame république indépendante, puis demande son annexion à l'Union en 1845. La guerre contre le Mexique est couronnée par le traité de Guadalupe Hidalgo (1848) qui porte les États-Unis jusqu'au Pacifique. La même année, à la nouvelle de la découverte de l'or, des dizaines de milliers d'aventuriers se ruent vers la Californie qui entre dans l'Union en 1850. La configuration définitive de la façade pacifique résulte du partage, en 1846, de l'Oregon avec le Royaume-Uni, le long du 39e parallèle, et de l'achat au Mexique, en 1853, d'une bande de terre, dite Gadsden, au sud-ouest. Les seules additions ultérieures sont extérieures : achat de l'Alaska à la Russie en 1867 pour 7 200 000 dollars et occupation des îles Hawaii en 1898.

La double poussée

Restait à organiser l'espace continental. Ce fut le résultat d'un double mouvement de la Frontière, celui, déjà en cours, de l'est vers l'ouest, et celui, inverse, de l'ouest vers l'est, à la suite de la découverte de métaux précieux dans le Nevada, le Colorado et le Dakota. Dans un premier temps, ce sont les mineurs qui ouvrent la voie, suivis par les éleveurs — les cow-boys —, relayés à leur tour par des agriculteurs dès que le fil de fer barbelé les garantit des déprédations des troupeaux. Ce qui symbolise le mieux cette double poussée, c'est la construction des chemins de fer transcontinentaux. Le premier, l'*Union and Central Pacific*, décidé en 1862, construit simultanément à partir de la Californie et du Nebraska, voit ses deux tronçons se rejoindre le 10 mai 1869 au nord du lac Salé dans le futur Utah. Quatre autres transcontinentaux sont ouverts 1869 et la fin du siècle, deux au nord (*Northern Pacific*, *Great Northern*), deux au sud (*Atchison Topeka Santa Fe*, *Southern Pacific*).

La construction des chemins de fer s'est faite dans un désert humain qui s'est peuplé très lentement. Même si, en 1890, le commissaire au recensement relève qu'on « peut à peine parler d'une frontière », un grand vide subsiste encore. L'Utah n'est admis qu'en 1896, l'Oklahoma, ex-territoire indien, en 1907, suivi en 1912 par le Nouveau-Mexique et l'Arizona, derniers des quarante-huit États continentaux, en attendant, en 1959, l'Alaska et Hawaii.

Claude Fohlen

Génocide indien ?

■ En décembre 1948, l'Assemblée générale des Nations unies approuvait la Convention pour la prévention et la répression du crime de génocide : «crime du droit des gens... commis dans l'intention de détruire, en tout ou en partie, un groupe national, ethnique, racial ou religieux comme tel» (art. I et art. III). C'est seulement quarante ans plus tard (le 25 novembre 1988) que le Congrès américain a ratifié ce document. Une telle résistance a été justifiée par divers arguments dans des débats où la cause des Indiens était singulièrement absente. C'est qu'il convenait de ne pas parler de corde dans la maison d'un pendu.

Les chiffres, pour autant qu'ils existent et qu'ils soient fiables, peuvent fournir des éléments de réflexion. Mais les estimations sont divergentes : selon les divers analystes, la population aborigène des États-Unis varie, avant 1492, entre 3 et 10 millions. Le recensement de 1896-1897 ne dénombrait plus que 254 300 Indiens aux États-Unis contre 1 420 400 presque cent ans plus tard (1986) : on parle même depuis les années soixante d'une renaissance indienne.

La destruction massive, sinon totale, des populations indiennes est donc incontestable lors de la colonisation. Y ont contribué plusieurs séries de facteurs, tous déclenchés par les conquérants quels qu'ils fussent. Les épidémies ont frappé d'abord, véritables fléaux qui ont non seulement décimé des populations mais des sociétés entières qui voyaient leur organisation socio-culturelle attaquée par des puissances «maléfiques» incontrôlables. Les guerres ensuite, guerres modernes de style européen, avec destruction complète des villages, des récoltes et des survivants, ont fait chanceler un ordre ancestral et répandu des tactiques et des stratégies meurtrières. Les sociétés indiennes se sont par ailleurs trouvées précipitées dans une

économie de marché où elles ont dû jouer la rivalité et l'expansion marchandes, bouleversant la chaîne écologique qui préservait leur mode de vie (destruction du castor pour l'exportation de la fourrure ; empiétements sur les territoires voisins, déstabilisations régionales).

Un pillage organisé

Enfin, une fois le nouvel État-nation proclamé, les États-Unis ont mis au point un système institutionnel contraignant : traités léonins et jamais respectés, comme, dès 1778, le premier traité américano-indien, avec les Delaware (le problème n'est toujours pas réglé en 1990 et continue à être l'objet de nombreux procès devant les tribunaux) ; embrigadement culturel violent (les missionnaires imposaient la coupe des cheveux, le costume européen et interdisaient la langue, la religion, les coutumes autochtones) ; système des comptoirs, avec monopole étatique de vente et d'achat aux Indiens et endettement organisé ; système des réserves (zones de surveillance et d'enfermement) et des internats éloignés (surveiller et punir les enfants) ; déportations, par les plus grands froids et sans soutien logistique (1838, la Piste des larmes, 1 500 morts, un par kilomètre parcouru) ; distribution des terres tribales aux compagnies de chemin de fer ; destruction de la base vivrière (extermination du bison à la mitrailleuse) ; assassinats politiques (Sitting Bull, 1890) ; massacres de populations civiles (Wounded Knee, 29 décembre 1890) ; morcellement obligatoire de vastes terres communes en lopins individuels (1887). Les causes de tant de violence sont multiples, mais le résultat net en a été l'acquisition légale, et légitimée, des terres indiennes par le gouvernement fédéral. Terre d'émigration, les États-Unis pou-

Bibliographie

Delanoë Nelcya, *L'Entaille rouge, terres indiennes et démocratie américaine, 1776-1980*, Maspero, Paris, 1982.

Deloria Vine, *Behind the Trail of Broken Treaties : An Indian Declaration of Independence*, Delacorte Press, New York, 1974.

Jaulin Robert, *Le Livre blanc de l'ethnocide en Amérique*, Fayard, Paris, 1972.

Rostkowski Joëlle, *Le Renouveau indien aux États-Unis*, L'Harmattan, Paris, 1986.

vaient ainsi s'ouvrir aux nouveaux venus, s'agrandir et prospérer.

Pourtant, les Indiens ont toujours résisté à l'agression, pacifiquement ou en guerroyant. Dès le XVIᵉ siècle, ils se sont à la fois adaptés et maintenus hors d'atteinte, jouant la règle de tous les jeux pour survivre à tant de dangers divers. Aujourd'hui, les Indiens continuent de se battre, essentiellement devant les tribunaux auxquels ils demandent de dire le droit à partir d'un vaste corpus de lois, de traités et de décisions de la Cour suprême qui, depuis deux cents ans, sont chargés de les protéger... Ils gagnent souvent, des dommages et intérêts, des restitutions de terres, de biens et de droits (droit de pêche par exemple). Ils se battent aussi sur le terrain culturel, comme poètes, romanciers, peintres, réalisateurs de films, ou en devenant avocats, députés, délégués aux Nations unies, où ils participent à l'élaboration de la *Charte des droits des peuples autochtones* qu'ils espèrent avoir terminée pour 1992, date du cinquième centenaire de l'arrivée de Christophe Colomb... « aux Indes » !

Nelcya Delanoë

Une population jeune et en expansion

■ En 1940, la population américaine comptait 132 millions de personnes. Avant la fin de 1990, le cap des 250 millions aura été franchi. Il s'agit pour ce demi-siècle de l'augmentation la plus importante, en nombres absolus, de toute l'histoire américaine. Le spectaculaire *baby boom* d'après-guerre explique en bonne partie cet essor, mais l'apport de l'immigration demeure significatif.

La fécondité américaine, 2,2 enfants par femme au début de la Seconde Guerre mondiale, s'est envolée en 1945 pour atteindre un sommet de 3,7 en 1957, bien au-delà des données européennes de l'époque. Après 1957, la dénatalité s'est installée : le plancher (1,8) a été atteint en 1976, et s'est maintenu depuis. Les États-Unis n'ont donc pas connu l'extrême sous-fécondité de plusieurs pays européens, mais la surfécondité de la population non blanche (23 % du total) n'en constitue pas la cause essentielle. Fait remarquable, la fécondité s'est maintenue en l'absence de toute politique familiale, à l'exception d'une fiscalité plutôt favorable aux familles et à l'acquisition d'un logement.

Le *baby boom* a marqué les esprits tout autant que la vie économique et sociale. Conjugué à l'expansion économique, il a engendré, dès les années cinquante, la banlieue et donc un nouveau mode de vie, créé un puissant marché de *teen-agers* et engorgé les campus universitaires au milieu des années soixante. Vers 1968, il a provoqué par ricochet une idéologie contraire, celle du *Zero Population Growth* (croissance démographique zéro), qui a rapidement mais temporairement pénétré les élites dirigeantes, mais non l'ensemble de la population. Il explique l'important excédent des naissances sur les

NAISSANCES ET DÉCÈS
(projection 1985-2080)

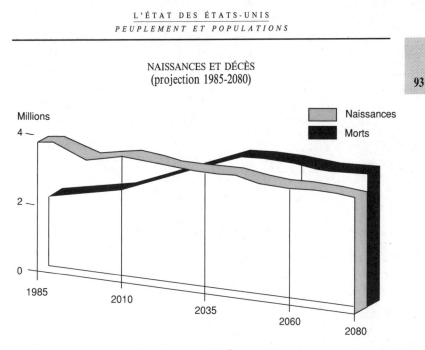

PYRAMIDE DES ÂGES
(Comparaison 1985-2025)

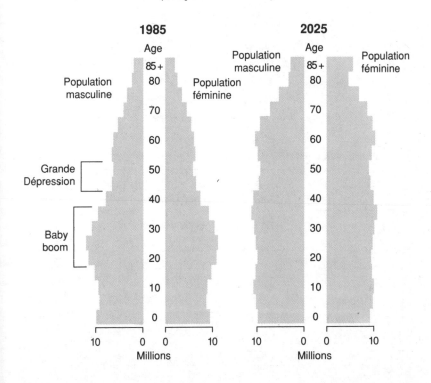

PYRAMIDE DES ÂGES (1981)

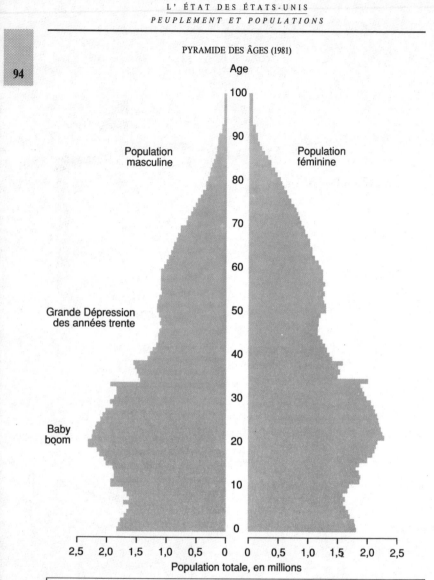

INDICATEURS DÉMOGRAPHIQUES (en millions)				
	Naissances	Décès	Mariages	Divorces
1950	3,6	1,5	1,7	0,4
1960	4,3	1,7	1,5	0,4
1970	3,7	1,9	2,2	0,7
1980	3,6	2,0	2,4	1,2
1987 [a]	3,8	2,1	2,4	1,2

Source : Statistical Abstract 1990.

Bibliographie

Bouvier Léon, Gardner Robert, « Immigration of the US : The Unfinished Story », *Population Bulletin*, vol. 41, n° 4, Washington (DC), nov. 1986.

Mathews Georges, *Le Choc démographique*, Le Boréal, Montréal, 1984.

« US Population : Where We Are ; Where We're Going », *Population Bulletin*, vol. 37, n° 2, Washington (DC), juin 1982.

décès que l'on constate au début des années quatre-vingt-dix, puisque les enfants du *baby boom* ont alors entre 25 et 42 ans. On en parlera donc encore longtemps.

En matière de mortalité, les États-Unis font moins bonne figure. Une espérance de vie de 74,8 ans à la naissance (1986) les situe loin derrière le Japon et les pays scandinaves. Pire encore, l'espérance de vie des Noirs (69,4 ans) a décliné en 1985 et 1986, phénomène inédit pour un pays occidental, depuis la fin de la Seconde Guerre mondiale.

Apport significatif de l'immigration

La fin de la guerre a signifié une lente mais constante reprise de l'immigration légale, aidée en cela par la nouvelle loi de l'immigration de 1965, qui a aboli la discrimination à l'égard des Asiatiques. Ceux-ci ont donc pris le relais des Européens, dont l'immigration a décliné régulièrement depuis la fin des années soixante. Les Latino-Américains occupent la deuxième place. Comme la loi de 1965 favorise d'abord la réunification des familles, celles-ci étant définies de manière fort libérale, les flux du début des années quatre-vingt-dix sont porteurs des flux futurs.

Le thème démographique majeur des années quatre-vingt a été sans conteste l'immigration illégale. Ce phénomène n'est pas nouveau mais il a sans cesse pris de l'ampleur jusqu'à la nouvelle loi de 1986 visant à y mettre fin (au début de 1990, le succès de cette loi ne semblait pas assuré). Il s'agit avant tout des Latino-Américains, qui forment un réservoir inépuisable de main-d'œuvre docile et bon marché. Leur nombre total est difficile à préciser, mais les spécialistes estiment que l'apport annuel permanent se situait au bas mot à 300 000 par an avant 1986. Si l'on y ajoute une immigration légale nette de 500 000 personnes et un excédent des naissances sur les décès de 1 700 000, la population américaine croissait, à la fin 1989, à un rythme voisin de 1 % par an. Démographiquement, l'Amérique est encore le Nouveau Monde.

Recensement

Le 21ᵉ recensement décennal (constitutionnellement obligatoire) a eu lieu en 1990. Environ 300 000 recenseurs et statisticiens ont compté (de février à octobre) quelque 250 millions de résidents. En 1980, le Bureau du recensement avait reconnu avoir « oublié » 3,2 millions d'habitants ; en 1990, on a même tenté, en une seule nuit de mars, de compter les sans-abri.

La mobilité géographique demeure également d'actualité. Le point d'équilibre de la population n'a cessé de se déplacer vers l'ouest depuis 1790, traversant le Mississippi vers 1980. Depuis les années soixante, le mouvement vers « la ceinture du soleil » l'a en fait entraîné dans la direction sud-ouest, alors que les États du Nord-Est et du Midwest, l'ancien cœur industriel de l'Amérique, stagnent démographiquement.

Où va la démographie américaine ? La population, encore jeune, avec seulement 12 % de personnes âgées de plus de 65 ans en 1986, vieillira mais sans atteindre les taux de vieillissement promis aux populations du Vieux Continent ou du Japon. Dans ce pays encore peu peuplé si l'on prend en compte ses espaces habitables, aimant irrésistible pour les masses du tiers monde et qui se plaît à se définir comme une nation d'immigrants, la stagnation démographique n'est pas pour demain. Aujourd'hui, comme hier, l'expansion est à l'ordre du jour.

Georges Mathews

L'Amérique, creuset ou kaléidoscope?

■ Pendant la Première Guerre mondiale, la remise des prix aux étudiants des cours d'anglais de l'entreprise Ford à Detroit donnait lieu à une cérémonie rituelle appelée *melting pot* (le creuset) à laquelle assistaient quelques milliers de spectateurs. Devant une toile de fond représentant un bateau amarré à Ellis Island trônait, orné d'une banderole à la gloire de Ford et du *melting pot*, un énorme creuset auquel on accédait à partir d'une passerelle. Chaque élève quittait alors le navire pour pénétrer dans le chaudron. Tout le monde pouvait lire la fierté rayonnant sur les visages de ces deux cent trente ex-étrangers qui se pressaient en agitant des petits drapeaux, symboles du processus de fusion qui transforme des immigrants mal dégrossis en fidèles Américains, rapporte un observateur.

Le dialogue qui suivait était toujours le même : « Voilà une cargaison de deux cent trente immigrés! », lançait une voix, « Envoie-les, on verra ce que le creuset peut faire pour eux. » Six appariteurs munis de longues louches agitaient alors le brouet. « Surtout, remuez bien », recommandait leur chef. Du creuset émer-

geaient alors un drapeau, puis le premier des « produits finis », agitant son chapeau, suivi des autres. « Les haillons qu'ils portaient au sortir du bateau avaient été remplacés par de beaux habits. Ils avaient l'air américain... "Êtes-vous des Polonais-Américains?" leur demandait-on. "Non. Des Américains", car on leur avait appris chez Ford que le trait d'union est un signe négatif... »

Cette symbolique du *melting pot*, telle qu'on la trouve encore de nos jours sous des formes moins imagées, invite à une interrogation sur l'origine de ce mythe, sur ses variantes, sur sa rentabilité, sur ses excès et, par conséquent, sur les réactions qu'il suscite à différentes périodes de l'histoire américaine pour se demander s'il est encore utile.

Le mythe de l'homme nouveau

Depuis le début du XXe siècle, *The Melting Pot* d'Israel Zangwill, pièce jouée pour la première fois à Washington en 1908 et peu représentée depuis, a fait couler beaucoup d'encre. Elle célèbre l'asile offert aux réfugiés, démontre le bien-fondé des mariages exogamiques, passe sous silence, comme chez Ford, la richesse apportée à l'Amérique par la diversité des immigrants et s'en tient au processus de transformation et aux produits « finis ».

Si le terme de *melting pot* est neuf aux États-Unis à cette époque, les idées le sont moins. J. Hector St. John Crèvecœur qui

ORIGINES DES IMMIGRANTS (en % des immigrants)		
Région d'origine	1955-1964	1988
Europe	50,2	10,1
Asie + îles du Pacifique	8,1	41,7
Amérique latine (y compris Caraïbe)	14,7	28,7
Amérique du Nord (y compris Mexique)	26,4	16,6
Afrique	0,7	2,9
Total	100,1	100,0

242 000 personnes ont été naturalisées en 1988, dont la moitié d'origine asiatique.
National Journal, 20.01.1990.

Dans les années quatre-vingt, 600 000 immigrants légaux sont entrés chaque année aux États-Unis. Selon les termes du Immigration Reform and Control Act de 1986, 2,5 millions d'immigrants illégaux ont régularisé leur situation (un peu moins de la moitié). Tous immigrants compris, la décennie quatre-vingt a vu un record d'immigration.
Wall Street Journal, *10.04.1990.*

L'immigration française

♦ *Qu'y a-t-il de commun entre le général Grouchy et le pirate Jean Lafitte, le chimiste Du Pont de Nemours et le naturaliste Jean-Jacques Audubon, le peintre Marcel Duchamp et l'écrivain Marguerite Yourcenar, le musicien Sydney Béchet et l'acteur Maurice Chevalier ? Ce sont des Français ou des francophones qui ont choisi de vivre aux États-Unis. La liste des «célébrités» serait longue, qui témoigne de l'importance des échanges entre les deux pays : même la fameuse* Internationale *d'Eugène Pottier fut d'abord éditée à New York.*

En Amérique du Nord, les Français ont même précédé les Anglais. Le Canada a été leur base de départ pour le commerce de la fourrure ; de là sont partis missionnaires, découvreurs et coureurs de bois. Cavelier de la Salle, par l'exploration du Mississippi, agrandit l'empire jusqu'au golfe du Mexique, couvrant la plus grande étendue du futur territoire des États-Unis. Mais la guerre de Sept Ans et le traité de Paris (1763) mirent un terme à près d'un siècle d'empire. *Les Acadiens furent déportés vers d'autres colonies : ce fut le «grand dérangement» ; ils formèrent, en Louisiane, la population* cajun *qui, loin d'être assimilée par les Anglo-Saxons, absorba elle-même d'autres ethnies.*

Avec un flux moyen très faible mais qui dure depuis l'ère coloniale, l'émigration française a englobé toutes les classes sociales. Religieuse (huguenots), politique (royalistes, républicains, socialistes, résistants de la Seconde Guerre mondiale), régionale (Basques, Aveyronnais, Bretons) ou coloniale (Antillais, Français d'Algérie...), elle a touché aussi les Québécois au milieu du XIX⁰ siècle.

Canadiens et Français ont enrichi les États-Unis, notamment dans les sciences de la nature (cartographie, botanique), la médecine (gynécologie notamment) et les arts (architecture et peinture).

Ronald Creagh

fit publier à Londres en 1782 les *Lettres d'un fermier américain* a sans doute été le premier à élaborer cette notion. A travers une histoire familiale, il parle sans le nommer du creuset américain où «les individus de toutes les nations se fondent en une nouvelle race d'hommes», du «métissage hétérogène qui donne naissance à un Homme nouveau, de la race que l'on appelle Américain». A la suite de Crèvecœur, d'autres essais sur la régénération des immigrants enrichirent le mythe du Nouveau Monde, de la terre nourricière, de la Cérès de l'Age d'or qui mène à la statue de la Liberté. Parmi ces images, courantes au XVIIIᵉ siècle, une allégorie plus spécifiquement américaine s'introduisit, celle de Pocahontas, princesse indienne et mère féconde, Amérique dont la descendance «choisie et préférée» forme une nouvelle race, purifiée de ses origines européennes, régénérée.

Ces notions d'élection et de résurrection, en raison des circonstances historiques de la colonisation américaine, ont des connotations religieuses et la grâce dont la divine Providence a touché l'Homme nouveau a été une constante depuis les premiers écrits des puritains jusqu'à nos contemporains. Quand il accepta l'investiture du Parti républicain en 1980, Ronald Reagan s'écria : «Pouvons-nous douter que seule une divine Providence a fait de cette terre, cette île de liberté, un refuge pour tous ces peuples qui dans le monde entier aspirent à être libres, juifs et chrétiens souffrant de persécution derrière le rideau de fer, *boat people* du Sud-Est asiatique, de Cuba et de Haïti...?» Mais pendant longtemps, l'admission au sein du peuple élu est passée par une sélection féroce dont les critères n'excluaient ni le racisme, ni l'intolérance religieuse, ni les arrière-pensées économiques.

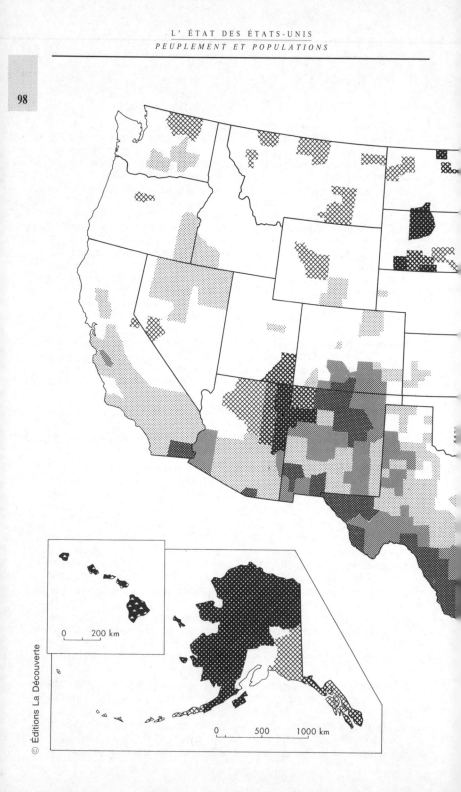

LES MINORITÉS ETHNIQUES

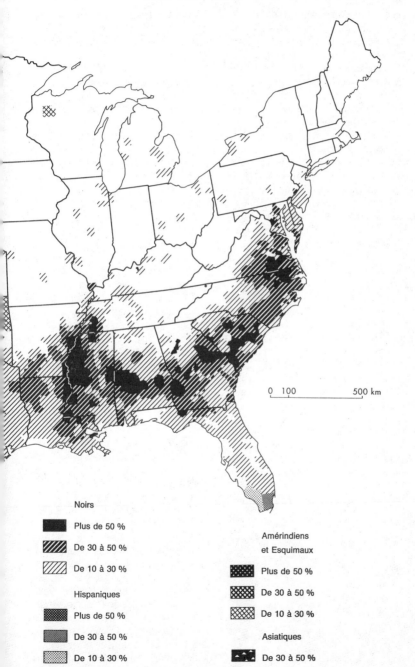

Noirs

Plus de 50 %

De 30 à 50 %

De 10 à 30 %

Hispaniques

Plus de 50 %

De 30 à 50 %

De 10 à 30 %

Amérindiens
et Esquimaux

Plus de 50 %

De 30 à 50 %

De 10 à 30 %

Asiatiques

De 30 à 50 %

0   100   500 km

Le pacte idéologique

La notion d'une singularisation par la Providence d'hommes qui se sentent investis d'un rôle messianique distingue les États-Unis et la forme particulière de nationalisme qui en découle. Au départ, comme en France, l'unité politique et non l'hérédité biologique a été constitutive de la nation. Mais alors que la nation française combine l'opacité d'une continuité pluricentenaire avec la transparence d'une rupture révolutionnaire, la nation américaine est, elle, un artefact, une création constituée en l'absence de toute matrice organique, historique et culturelle, par la seule adhésion volontaire d'individus aspirant à la liberté et à la souveraineté populaire. D'où cette idée d'hommes nouveaux : avant même la formation de la nation, les futurs citoyens adhèrent à l'idéologie d'un pacte fondateur qui va les lier, effacer leurs origines diverses, opérer une fusion (*melting*). L'épreuve n'est pas, comme en France, de renoncer à son patois mais, selon la loi de naturalisation de 1802, de répudier son titre, son ordre ou son appartenance aristocratique pour participer à la communauté politique. Aussi le double citoyen d'un État et des États-Unis peut-il garder une double identité, ethnique et américaine. Mais la capacité à aller et venir dans son ethnicité, selon les circonstances et les choix de l'individu, n'existe que si n'est pas mise en doute l'allégeance à la culture civique américaine, unificatrice, fondée sur des mythes, des institutions, des héros et des aspirations partagées.

Pourtant, lors de la remise des prix chez Ford, on ne fêtait pas les Américains à trait d'union mais leur mise au pas. Parallèlement à la rhétorique célébrant la terre d'asile, les pires excès de l'intolérance se développèrent à l'égard des immigrants, trop nombreux, trop différents, «inassimilables». Dès les débuts de la jeune République, les *Anglos* voulurent imposer leur suprématie. L'un des Pères fondateurs, John Jay, «oubliait» même les origines des États-Unis lorsqu'il évoquait «un seul peuple uni, peuple issu des mêmes ancêtres, parlant la même langue, professant la même foi, attaché aux mêmes principes de gouvernement, uniforme de mœurs et de coutumes». Tandis que Thomas Jefferson puis Abraham Lincoln défendaient la liberté de religion et de mœurs, la présence étrangère fut combattue dès 1845 par des groupes nativistes, inquiets de la concurrence économique et des effets du «mélange de races sur la virilité et le progrès social du pays...» Une conception étroite, blanche, anglo-saxonne, protestante (WASP : White, Anglo-Saxon, Protestant), eugénique s'impose, qui aboutit à la restriction de l'immigration et à la politique des quotas.

Les WASPs et les autres

L'immigration de masse posait la redéfinition de la communauté politique, de ses limites, donc de l'altérité acceptable et acceptée. Jusqu'alors, le Congrès s'était contenté d'énumérer les critères qui rendaient certains individus «indésirables». Dès la fin du XIXe siècle se mit en place un filtrage plus structuré. Devaient être refoulées les «races» qui ne ressemblaient pas à la «famille». Les manuels scolaires chargés de socialiser les enfants d'immigrants expliquaient ce qu'est un Américain : le fondement de l'américanité était désormais de tradition anglaise. Adieu, Crèvecœur ! Le manuel de David Saville Muzzey, qui fut en usage de 1911 à 1976, montre clairement la coupure

COMPOSITION RACIALE DE LA POPULATION (en %)			
Année	Blancs	Noirs	Autres [a]
1950	89,4	9,9	0,7
1960	88,6	10,5	0,9
1970	87,6	11,1	1,3
1980	85,9	11,8	2,3
1990 [b]	84,1	12,4	3,5

a. Indiens, Asiatiques, etc. ; b. Projection.
Source : Statistical Abstract, 1989.

entre « nous », les WASPs, et « ces immigrants » que nous avons dû américaniser pour en faire des citoyens de peur qu'ils ne deviennent un « élément non digéré et non digérable dans notre corps politique et une menace constante pour nos institutions libres ».

L'antisémitisme ordinaire

« *Les choses ont-elles réellement changé depuis mon enfance, à Amsterdam, New York ? A l'époque, au moins, il n'y avait pas d'hypocrisie : je ne pouvais pas livrer les journaux parce que j'étais juif et aucun Juif ne pouvait travailler dans la plus grande usine de la ville... J'avais environ onze ans quand une bande de gosses m'attaqua et me battit jusqu'au sang en me hurlant : « Tu as tué Jésus-Christ. » Quand ma mère me demanda ce qui s'était passé, je sanglotai : « Ils disent que j'ai tué Jésus-Christ et je ne sais même pas qui c'est... » A l'Université je fus invité à un dîner de fraternité. Je mis mon seul costume et une cravate et j'attendis qu'on vînt me chercher. J'attendis, et j'attends encore. Ils avaient fait une erreur : mon nom était alors Demsky et ils avaient cru que j'étais polonais. Quand ils découvrirent que j'étais juif, ils ne furent plus intéressés. Personne ne vint me chercher. Ils me laissèrent tout simplement attendre... Naturellement, les membres des fraternités niaient qu'il y eût une quelconque discrimination à l'Université... Maintenant, ils sont adultes. Et où passent-ils leurs week-ends ? Dans des clubs qui excluent les Noirs, les Juifs et les Chicanos.* »
Kirk Douglas, « *"Polite" Discrimination* », in Washington Post, 3.01.1977.

Parfois, en matière d'instruction, la Cour suprême est intervenue en faveur des libertés. En 1919, le juge McReynolds dit qu'il comprenait le désir des parlements de l'Iowa, du Nebraska et de l'Ohio d'encourager la formation d'un peuple homogène partageant les mêmes valeurs. La Cour suprême, expliquait-il, sait bien que certaines communautés utilisent des mots étrangers, suivent des dirigeants étrangers, évoluent dans un milieu étranger et donc, que leurs enfants auront du mal à devenir les meilleurs citoyens. Mais interdire dans les écoles publiques l'enseignement des langues d'origine, de l'histoire de chaque communauté et de ses héros est incompatible avec les droits fondamentaux américains. Dans ce pays, insistait à nouveau la Cour en 1925 et 1926, les parents ont le droit de choisir les enseignants qui donneront à leurs enfants l'instruction la plus appropriée, même si cela encourage la persistance des langues et des coutumes d'origine, car ces droits fondamentaux protégés par la Constitution « appartiennent autant à ceux qui parlent d'autres langues qu'à ceux qui sont nés dans la langue anglaise ». La liberté accordée à tous les Américains empêche l'État d'intervenir pour « uniformiser ses enfants... L'enfant n'est pas la créature de l'État ».

En protégeant les cultures d'origine, la Cour suprême allait à l'encontre de l'esprit du temps, celui de l'assimilation. Contrairement à la légende, l'américanisation — et non la « Waspification » — des immigrants européens devait prendre environ cinquante ans et elle allait être accélérée par la fermeture des frontières et par l'engagement dans le second conflit mondial. La situation d'infériorité dans laquelle ils étaient tenus devait, par contrecoup, fortifier leur ethnocentrisme. Fragmentés jusqu'alors, ils allaient jouer un rôle politique croissant. « Ce n'est pas par fusion que s'est créée la nation américaine, mais par juxtaposition de strates successives de minoritaires, cantonnées par la société dominante dans les classes qui servent ses intérêts propres... Face aux faits, l'idéologie du *melting pot*... apparaît aujourd'hui comme une supercherie », s'indigne Rachel Ertel dans *En marge*.

Le melting pot, une supercherie ?

Au début des années soixante, Nathan Glazer et Daniel P. Moynihan contestaient, eux aussi, cette notion : « Ce qui caractérise *le melting pot*, c'est qu'il n'a pas eu lieu... »

La révolte des exclus remettait en cause la fiction selon laquelle l'Amérique avait assimilé ses diverses composantes et elle soulevait avec une acuité particulière la question de la race, ce fardeau de l'homme blanc qui, depuis la *Déclaration d'indé-*

Bibliographie

Body-Gendrot Sophie, *Les Noirs américains aujourd'hui*, Armand Colin, Paris, 1984.

Creagh Ronald, *Nos Cousins d'Amérique, Histoire des Français aux États-Unis*, Payot, Paris, 1988.

Ertel Rachel, Fabre Geneviève, Marienstras Élise, *En marge : les minorités aux États-Unis*, Maspero, Paris, 1971.

Fuchs Lawrence, *The American Kaleidoscope : Pluralism and the Civic Culture*, Wesleyan University Press, Middletown (CT), 1990.

Glazer Nathan, Moynihan Daniel Patrick, *Beyond the Melting Pot*, MIT Press, Cambridge (MA), 2e éd., 1979.

Louder Dean, Waddel Eric (sous la dir. de), *Du continent perdu à l'archipel retrouvé : Le Québec et l'Amérique française*, Presses de l'université de Laval, Québec, 1983.

Sollors Werner, *Beyond Ethnicity. Consent and Dissent in American Culture*, Oxford University Press, New York, 1986.

Weil François, *Les Franco-Américains*, Belin, Paris, 1989.

pendance, n'avait jamais cessé de hanter l'Amérique. Dès la construction de la nation, les Amérindiens et les Afro-Américains avaient été hors jeu. Les auteurs de la *Déclaration* voyaient dans les Indiens « d'impitoyables sauvages » et la « Destinée manifeste » des conquérants justifiait leur exclusion sinon leur extinction. Parallèlement, des distinctions légitimées par les institutions enfermaient les Noirs dans un système de caste.

Trois cents ans plus tard, Malcom X résumait la manière dont les Afro-Américains percevaient « les autres » : « A peine sortis du bateau... tout ce qui vient d'Europe, tous ces machins aux yeux bleus, ils sont déjà américains. Ce n'est pas d'être né ici qui vous rend américain, on n'a pas besoin de lois sur les droits civiques pour faire d'un Polak un Américain... » Des citoyennetés de première, seconde ou troisième classe singularisaient, en effet, les minorités raciales. Les Chinois, les Japonais, les Portoricains, les Mexicains ont tous souffert de pratiques discriminatoires intenses et stigmatisantes mais sans la persistance historique qui condamne encore une partie des Noirs à être des *outcasts*. Si dans certains pays, la France par exemple, l'idéologie raciale classe les populations selon leur résistance à l'assimilation culturelle, la pensée eugénique américaine fonde, elle, sa stratification sur le sang et le taux de mariages inter-raciaux reste obstinément limité à 0,7 °/∞.

On l'aura compris, la société américaine demeure fondamentalement fragmentée et la culture civique qui, indéniablement, cimente la nation ne masque pas de grandes cassures raciales. Aussi peut-on s'étonner : près de deux cents ans ont passé depuis la célébration par Crèvecœur du creuset et, pourtant, ses détracteurs continuent à l'entretenir par le déni même qu'ils en font. Tout se passe comme si chacun, avec ses raisons propres, avait besoin de la référence au *melting pot* : les Américains intégrés, pour entretenir l'histoire de leur nation et nourrir leur mythologie ; les minorités encore marginalisées, des Juifs de la fin du XIXe siècle aux *Chicanos* d'aujourd'hui, afin de justifier leur souhait de profiter des bienfaits d'une civilisation qui a réussi sans contraindre ses bénéficiaires à renoncer à leur culture. Mais ce mythe est ambigu et personne n'est dupe : n'accéderont au pot commun que ceux qui auront fait allégeance à la culture américaine et auront oublié, à l'exception de leurs manifestations symboliques, leur langue maternelle, leur organisation sociale et leurs croyances d'origine.

Sophie Body-Gendrot

VIE QUOTIDIENNE

I made it the way your mother makes it
(Je l'ai préparé comme ta mère le fait)

HABITAT ET CADRE DE VIE

Le cocon des petites villes

■ Il faut avoir vécu dans une petite ville pour comprendre vraiment les Américains. La petite ville, c'est ce qui reste de l'Amérique des pionniers, de l'époque où la connaissance que le citoyen moyen avait du monde extérieur se bornait à ce qui se passait dans un rayon d'une centaine de kilomètres, la distance qu'on pouvait parcourir à cheval en deux jours.

La petite ville, c'est ce qu'on voit encore dans tant de *Westerns*. Il n'y a plus de *saloons* avec leurs filles de petite vertu et ses mauvais garçons à la gâchette rapide, mais il y a toujours le maire, le shérif, le juge, le pasteur ou (et) le curé, le directeur d'école, les bonnes et les mauvaises réputations.

Quand on habite une petite ville, on doit être un bon citoyen. Un bon citoyen est bon père, bon époux, fréquente régulièrement l'église ou le temple, paie scrupuleusement ses impôts, vote non moins scrupuleusement pour choisir les édiles locaux au cours de nombreux scrutins : car il élit non seulement le maire et le conseil municipal, mais aussi le shérif, le juge, le responsable des finances publiques, le conseil d'administration de l'école, le président des parents d'élèves, et quelques autres. Il participe aussi à de fréquents référendums sur l'opportunité de construire une piscine municipale, une bretelle supplémentaire à l'autoroute proche, un terrain d'aviation, de fermer une école peu fréquentée, etc.

La démocratie à la suisse

Cette sorte de démocratie directe à la suisse donne aux Américains la confortable assurance de diriger de près les affaires de leur communauté. Elle a l'inconvénient de les enfermer dans leur petite patrie et de les détourner de ce qui se passe dans le reste du monde. C'est sans doute aussi l'une des raisons pour lesquelles les Américains participent si peu à leurs scrutins nationaux, et même de moins en moins : depuis le début des années soixante-dix à peine plus de la moitié des électeurs se sont rendus aux urnes pour les élections présidentielles et législatives.

La presse écrite et les stations de radio et de télévision par câble profitent, avec l'aide des annonceurs publicitaires locaux, de ces consultations répétées. Tout candidat à un poste électif, aussi modeste soit-il, est immédiatement transformé en vedette du petit écran. La terre peut trembler au Chili, un homme politique de premier plan se faire assassiner en Europe, ces nouvelles feront, au mieux, l'objet de quelques lignes dans les pages intérieures des gazettes du pays.

La technologie a pourtant modifié les vues que l'habitant de la petite ville de l'Arkansas ou de l'Iowa peut avoir des affaires du reste du monde, à condition, bien sûr, qu'elles l'intéressent : depuis la fin des années soixante-dix, les émissions des grandes chaînes nationales de télévision — *CBS*, *NBC* et *ABC* —, et notamment leurs bulletins d'informations, sont reçues à travers tout le pays. Depuis le milieu des années quatre-vingt, le *New York Times, USA Today*, et le *Wall Street Journal*, les seuls vrais quotidiens nationaux, sont en vente en même temps de Washington à Los Angeles.

Le bon citoyen de la petite ville se doit de vivre dans une maison de verre ; ses actes, ceux de sa petite famille doivent pouvoir être scrutés à livre ouvert par ses voisins. Des doutes sur sa moralité, ses convictions religieuses ou son patriotisme auraient des effets déplorables sur sa vie professionnelle, surtout s'il est commerçant, avocat ou médecin. La bataille sur l'avortement, qui resurgit périodiquement aux États-Unis, a incité nombre de médecins de petites localités à renoncer à cette pratique après qu'ils eurent reçu des lettres et des coups de téléphone de menaces contre eux, leur famille, et leur clientèle.

« *To belong* »

Le bon citoyen et sa famille, sont d'autant plus appréciés qu'ils sont « actifs dans la vie de la communauté ». Le choix est vaste : on peut être membre du corps des sapeurs-pompiers, donner des cours de cuisine aux femmes mexicaines immigrées, subventionner l'élection de « Miss Quelque chose », ou se déguiser en femme de pionnier pour prendre part au défilé folklorique qui marque, chaque année, la fondation de la petite ville. Il est bien vu d'appartenir à tel ou tel club, et d'y prendre la parole en assaisonnant son discours de bons mots et de considérations rassurantes sur la santé économique et morale de la communauté. L'épouse du bon citoyen est membre d'un club féminin, sa fille fait partie des *majorettes* de l'école et son fils joue au base-ball ou au football dans l'équipe du lycée.

Toutes ces activités ont un but bien précis : prouver à ses concitoyens qu'on adhère à leur philosophie et à leur éthique, qu'on ne les méprise pas. *To belong*, appartenir à, faire partie de, est le grand credo de la petite ville. Malheur à qui s'y refuse : il est immédiatement soupçonné de cacher des choses honteuses, des turpitudes morales ou politiques. Dans les années cinquante, l'époque noire de la chasse aux « communistes » lancée par le sénateur Joseph McCarthy, beaucoup de citoyens de petite ville qui refusaient cette hystérie ont été accusés d'avoir un comportement « non américain ». Ce qui équivalait à la trahison.

Mais pour qui redoute l'isolement, ne craint pas le conformisme et apprécie avant tout les relations humaines, la petite ville peut offrir un cocon confortable et chaleureux. Elle forme aussi des citoyens qui ont le sens des responsabilités et ne craignent pas de s'exprimer publiquement. C'est ainsi que périodiquement, dans l'histoire américaine, surgissent des mouvements d'opinion qui remettent en selle une démocratie qu'on avait crue gravement menacée.

Nicole Berhneim

Des Moines, le pouls de l'Amérique

■ Avec sa population de 200 000 habitants, son statut de capitale d'un État moyen, l'Iowa, et qui, qui plus est, se trouve au Middle West, cette région du centre des États-Unis que le romancier William Gass appelle à juste titre « le cœur du cœur du pays », Des Moines semble bien être le prototype de la ville moyenne. C'est au confluent de la Des Moines River et de la Racoon River, deux affluents du Mississippi, qu'en 1843 des pionniers paysans construisirent cette cité. La classe moyenne qui la caractérise aujourd'hui en est directement issue. Bref, il n'est pas de meilleur endroit pour prendre le pouls de l'Amérique profonde. Ni pour lancer une campagne présidentielle.

C'est en Iowa que, depuis 1912, débute le long processus de sélection du candidat unique que chaque parti enverra ensuite défendre ses couleurs au plus haut niveau. Depuis 1972, le coup d'envoi est donné à la télévision avec des débats entre les candidats.

Bibliographie

Des Moines : The New Style American City, Publications of the Greater Des Moines Chamber of Commerce Federation, Des Moines (IO), 1989.

Taylor John, *Tower Park*, Éditions de l'Aube, La Tour d'Aigues, 1988.

Les *Iowa Caucuses* (réunions de parti) ont ainsi revêtu une importance nationale. Les candidats à l'investiture, pour chaque parti, viennent faire campagne à Des Moines plusieurs mois à l'avance, consacrant leurs week-ends à serrer des mains dans les centres commerciaux ou lors de manifestations sportives. En 1988, l'un des candidats à l'investiture du Parti démocrate, le révérend Jesse Jackson, entra dans la légende locale en bénissant un couple de jeunes mariés, alors que sa tournée l'avait conduit dans l'hôtel où se déroulait la réception... Il est en effet important de gagner la confiance des électeurs de Des Moines et de l'Iowa en général ; les sondages réalisés lors des débats télévisés, et les *caucuses* peuvent influer lourdement sur l'avenir présidentiel des candidats et sur le déroulement ultérieur de la campagne.

Une ville moyenne typique ?

Cette position clé que détient l'électorat de l'Iowa conforte la population dans son sentiment que les qualificatifs de « moyen », voire de « plouc » qui lui sont souvent appliqués ne sont nullement justifiés. Et puis, l'Iowa n'est-il pas le pays où l'on trouve « les filles les plus belles des États-Unis », comme l'affirme Jack Kerouac dans son roman *Sur la route* ? Une plaisanterie insidieuse joue sur la confusion que suscitent les noms tout en voyelles de ces États, si peu importants aux yeux des autres, que sont l'Iowa, l'Idaho et l'Ohio ; mais n'allez pas raconter cette blague en Iowa ! Et ne prononcez pas « Des Moines » de façon barbare ! On ne dit pas « Desse Moïnsse », mais « De Moïn ». Les recherches étymologi-

ques sur le nom de la ville passionnent les habitants : il n'a sans doute rien à voir avec un quelconque moine ni avec telle ou telle caractéristique du fleuve qui la traverse ; il proviendrait plutôt d'une tribu amérindienne, les « Moingona ». Les habitants de l'Iowa prétendent que « Iowa » veut dire « belle terre ». Si belle soit-elle, le *Webster's Dictionary* n'en suggère pas moins que ce nom proviendrait de la langue « dakota » et signifierait « les endormis »...

Une ville endormie ? Selon les statistiques de 1989, la productivité y est supérieure d'un tiers à la moyenne nationale, le pouvoir d'achat, 5 % plus élevé, et le taux de chômage remarquablement bas (3,8 % en 1989 contre 5,4 % nationalement). L'Iowa, et la ville de Des Moines en particulier s'enorgueillissent en outre du taux d'analphabétisme le plus bas des États-Unis (environ 1 % de la population) et de la réussite de leur système scolaire. La richesse de la ville provient d'une part de l'industrie agro-alimentaire et, d'autre part, des compagnies d'assurances. Des Moines est en effet la cinquième capitale mondiale de l'assurance : pas moins de cinquante-huit compagnies privées y ont leur siège.

Loin d'être endormie, Des Moines est devenue la ville pilote aux États-Unis en matière d'urbanisme des villes moyennes. Si, en 1974, un premier gratte-ciel de trente-six étages avait déjà modifié la physionomie du centre-ville — un second de quarante-quatre étages a été terminé en 1990 —, les trois kilomètres et demi de passerelles climatisées (*skywalks*) qui relient (depuis 1981) les principaux bâtiments, grands magasins, centres de congrès, hôtels, bureaux et parkings en étages, répondent déjà aux canons de la ville de demain, avec des déplacements moins polluants et plus confortables pour les 40 000 employés de bureau qui ne souffrent plus des rigueurs d'un climat continental. Des Moines est-elle vraiment une ville moyenne ?

John Taylor

Le rêve de la banlieue

■ En Amérique, la ville idéale est une banlieue. New York n'est aimée que des seuls New-Yorkais, et encore ! Interrogez partout ailleurs un citoyen américain — qu'il soit du New Jersey ou du Middle West — et vous aurez dans sa description apocalyptique de la ville une vision de l'enfer sur terre. Chicago, c'est pareil. Il y fait froid et, dans l'imaginaire américain, c'est un lieu où de pauvres Noirs chanteurs de blues mangent des saucisses polonaises tandis que des mafieux italiens règlent de vieux comptes avec l'Histoire. Passées les frontières du Massachusetts, chacun se moque des intellectuels et des aristocrates de Boston, et méprise ses policiers irlandais. San Francisco est trop charmante pour n'être pas maudite et tout le monde approuve l'instauration d'un couvre-feu pour les *teenagers* de Detroit, tant on imagine les mauvaises rencontres que l'on pourrait y faire nuitamment. Seule Los Angeles suscite quelque indulgence, mais c'est parce que la ville, là-bas, est une vaste banlieue.

Le rêve américain n'est qu'une vision banlieusarde du paysage. Des noms bucoliques, *Oak Creek, Pleasant Valley, Mountain View*, des maisons de bois le long de rues ombragées, des pelouses bien tondues, des piscines bleues et des voitures de pompier bien astiquées, le fumet, l'été, de *barbecues* dans les jardins et des voisins aimables. Une église, bien sûr, dans le quartier, et un supermaché, un bureau de poste, quelques restaurants *fast food* et un *shopping mall* pas trop loin, qui ressemblerait très vaguement à l'idée que l'on peut se faire d'une cité quand on n'en a pas vu une depuis bien longtemps. La galerie marchande a une place, des manèges pour les enfants, des bancs pour les vieillards, des vitrines, des cafés, le tout sous la lumière électrique et dans l'air conditionné.

Les charmes du voisinage

La ville, dans ce rêve, est un cauchemar. Le *downtown* (le centre), ce sont des bureaux le jour et des ghettos la nuit. La banlieue, par contraste, ce sont des lieux de voisinage, des *neighborhoods*, mot essentiel du vocabulaire américain, avec celui de *community*, la communauté, l'environnement social. Les voisins, par nécessité, par fatalité, sont des amis. Les collègues de travail eux, sont des partenaires éventuels et des concurrents potentiels. Les voisins, jamais. Ils vont à la même église, les enfants vont dans les mêmes écoles, leur prospérité est liée à la vôtre, puisque, après tout, vous êtes tous propriétaires et endettés. Votre fortune est évaluée à l'aune de votre voisinage. Vous êtes tous solidaires. Lisez les *comics*, les bandes dessinées des journaux américains : *Blondie, Dennis* ou même *Doonsbury* témoignent de l'intensité de ces relations de voisinage.

Ce rêve suburbain de l'Amérique explique bien des aspects de l'âme du pays : l'isolationnisme diplomatique, le conservatisme politique, l'esprit religieux, le civisme, le conformisme social et son image inverse, la violence et le désespoir des délinquants et des laissés-pour-compte, ces êtres sans voisinage. Il touche au racisme, puisque « l'autre » menace la cohésion de la communauté, mais il suppose aussi des valeurs positives comme la solidarité et l'optimisme tranquille de ceux qui savent que leurs valeurs essentielles sont bien partagées. La banlieue suggère enfin un esthétisme bien particulier, d'un genre net et méticuleux, observé avec l'attention maniaque que portent tous les petits propriétaires à leur propriété commune, la banlieue. Les bons *neighborhoods* sont ceux où rien ne dépasse. Le paysage est sans accroc, tous les adolescents ont un prénom, les chiens des colliers et des démonstrations d'affection débordante.

Tout se fait en voiture

La banlieue, c'est aussi la voiture. La voiture américaine traditionnelle reste toujours, quels que soient les chiffres de vente des marques japonaises, ces paquebots gigantesques et très lents qui flottent en douceur le long d'avenues infinies. Car les *suburbs* supposent la distance. La ville est loin, tout au bout de la *highway*, et c'est très bien ainsi. Le pays est grand, l'espace n'est pas compté. Chaque quartier, dès lors, a son boulevard interminable qui relie les banlieues entre elles et sur lequel s'alignent des commerces qui ressemblent à des îles posées sur l'océan des parkings. L'Amérique est un pays où l'on ne marche pas, puisqu'on ne marche que dans les villes et que l'on fait comme si les villes n'existaient pas. La promenade, la drague, l'errance, les courses, tout se fait en voiture. Le *cruising*, cette parade amoureuse qui est à la Californie du Sud ce que le *paseo* est à l'Andalousie, est une croisière banlieusarde de conducteurs adolescents qui vont à la recherche de l'âme sœur sur les immenses espaces qui séparent les parkings et qu'on appelle boulevards. En banlieue, on se déplace sans bouger, on voyage assis. Le *jogging*, dans cette affaire, apparaît comme une tentative désespérée de compenser l'immobilisme qu'impose aux corps la banlieue. On court faute de marcher. Et le sport, avec lequel on ne plaisante pas, est, sur la *highway* de la vie suburbaine, la dernière sortie avant la mort, ou avant l'obésité.

Michel Faure

Terminus New York

■ « Bon Dieu, s'exclamait Henry Miller, il faut que les gens soient timbrés pour passer toute leur vie ici ! » Des timbrés, il s'en trouve aujourd'hui quelque sept millions : New-Yorkais d'origine et d'adoption, vainqueurs ou paumés, séduits ou piégés. Quintessence du rêve américain, symbole de la réussite, New York ne cesse de fasciner. Et le bien-vivre qui rutile dans quelques quartiers de Manhattan ajoute encore à la fascination. Pour un nombre impressionnant de New-Yorkais néanmoins, la douceur de vivre ne fait guère partie du vocabulaire quotidien. Un habitant sur quatre vit en dessous du seuil de pauvreté ; les femmes (mères célibataires ou abandonnées) et surtout les enfants sont les plus durement affectés : un enfant sur deux est un pauvre. Un autre quart de la population subsiste chichement et le pouvoir d'achat de la classe moyenne a sensiblement décliné depuis 1973, en raison principalement du coût accru du logement. Les jeunes couples aisés, dont le confort dépend d'un double salaire, renoncent souvent au « luxe » d'avoir un enfant. Entre très riches et très pauvres, l'écart est devenu abîme.

Cher Manhattan...

La crise du logement est inséparable depuis toujours de l'histoire de New York mais, avec moins de 2 % d'appartements vacants en 1990, elle atteint un point critique. Le *boom* de la construction durant les années quatre-vingt ne l'a guère allégée, si ce n'est en faveur d'une poignée de privilégiés. D'abord concentrés dans le périmètre chic de Manhattan, où les tours de luxe et de simili-luxe se bousculent, dévorant ciel et lumière, la fièvre immobilière s'étend à des quartiers moins prestigieux, traditionnellement habités par les classes moyennes. Que s'y implante un immeuble dit de standing et le processus de *gentrification*, synonyme d'embourgeoisement, s'enclenche. Victimes de l'envol des prix, les petits artisans disparaissent au profit d'éphémères boutiques de fringues, restaurants et galeries d'art ; les artistes fauchés perdent leurs ateliers ; les vieux s'exilent en banlieue et les jeunes impécunieux migrent vers d'autres quartiers, lesquels à leur tour... La hantise des habitants de Queens et de Brooklyn, encore indemnes, c'est d'être un jour « manhattanisés ».

L'habitat social est loin d'être une priorité municipale ou fédérale. Les scandales pour corruption ou clientélisme abondent autour de projets financés par l'administration. L'imbrication du public et du privé donne parfois de curieux résultats : celui de Battery Park City par exemple. Ce projet généreusement subventionné devait à l'origine procurer des logements à prix modérés. Or, les 6 000 résidents de cet ensemble, superbement situé sur l'Hudson, sont en majorité des employés du tout proche Wall Street, au salaire équivalent à celui du maire de New York. En contrepoint, au moins, 80 000 sans-logis hantent chaque jour les quais du métro et les halls des gares, dorment recroquevillés sous les porches et sur les bancs, ou ne trouvent un abri précaire que dans les refuges municipaux, insuffisants en nombre et redoutés pour leur insécurité.

Une réglementation sur l'augmentation des loyers met à l'abri de la spéculation sauvage environ 700 000 appartements à New York et garantit un toit à un prix abordable à bon nombre de New-Yorkais. Revers de la médaille : les bénéficiaires de ces appartements s'y cramponnent même si l'espace ne correspond plus à leurs besoins : à Manhattan, la moitié d'entre eux sont occupés par une seule personne. En revanche, on s'entasse dans les HLM où des ensembles prévus pour 100 000 locataires abritent un nombre double de personnes. Dans les quartiers déshérités — le Bronx, Harlem, Bedford Stuyve-

sant —, aux cicatrices laissées par des années d'incendies, de négligence et de vandalisme s'ajoutent les ravages de la drogue et du chômage.

Le piéton new-yorkais

Rien de surprenant à l'histoire d'amour née entre New York et son marathon : s'il est une chose que le New-Yorkais connaît bien, c'est le pavé de sa ville. Il doit souvent compter davantage sur ses jambes que sur les transports publics. Le métro s'est certes amélioré dans les années quatre-vingt : plus fréquent, moins bruyant et, à la grande satisfaction des grincheux, débarrassé de ses graffiti. Reste que s'il est aisé de parcourir l'île dans le sens longitudinal, le parcours transversal dépend d'autobus aux horaires capricieux. Coût élevé du trajet, pannes, incendies, inondations, insécurité réelle ou fantasmée font de l'usager rebuté un piéton par nécessité. Si le New-Yorkais ne rechigne pas à la marche, celle-ci n'est pas sans embûches vu l'état des trottoirs et le délabrement de l'infrastructure de la ville : une canalisation éclatée, et tout un pâté de maisons est transformé en lac de boue.

Bruyante, colorée, sale, défoncée, électrique, bon enfant et dangereuse, indifférente et chaleureuse, lieu des tensions et des aventures, la rue new-yorkaise, c'est New York. Bazar à l'orientale, annexe du tiers monde, tout s'y brade et s'y marchande. Le New-Yorkais, ce perpétuel affamé, y mange à toute heure aux étals des marchands ambulants, et téléphone sans répit dans les cabines assiégées en permanence. La rue est le centre de toutes les célébrations : parades ethniques, festivals, kermesses de quartiers, feux d'artifice, concerts, foires à la brocante s'y succèdent l'année durant et les chalands se précipitent au spectacle par centaines de milliers. Le rap est y né, les bateleurs y survivent, les pickpockets y font fortune ; la nuit il est prudent de ne s'aventurer qu'en terrain connu et d'éviter absolument les territoires des revendeurs de drogue.

Balayée par les vents aigres de l'hiver,

Bibliographie

Blacque-Belair Patrice, Blacque-Belair Leïla, *New York*, Seuil, « Petite Planète », Paris, 1977.

suintante de chaleur humide en été, elle étincelle sous la lumière d'automne et à la première percée du printemps. Des sou-

rires complices s'échangent dans la rue. « I love New York »... Dans la bouche d'un New-Yorkais, cette devise internationalement adoptée et adaptée ne manque pas d'ambivalence. Dos Passos l'avait déjà dit : « Ce qu'il y a de terrible quand on ne peut plus supporter New York, c'est qu'on ne sait plus où aller. »

Patrice et Leïla Blacque-Belair

Us et abus du zonage

■ Le zonage (*zoning*) est utilisé par la municipalité, le comté ou l'État pour déterminer l'utilisation et l'usage du sol. Il fut introduit aux États-Unis au début du XXᵉ siècle dans le but de maintenir une certaine cohérence et d'éviter des dysfonctions importantes, à un moment où le principe de la régulation de la croissance des villes faisait l'objet de revendications de la part des réformateurs et des futurs professionnels de l'aménagement urbain.

Les premières législations en faveur du zonage sont apparues à Washington, Los Angeles et Boston dès 1904. New York fut cependant la première ville à adopter un plan d'occupation des sols pour l'ensemble de son territoire en 1916 : son expérience servit très vite de modèle aux autres villes américaines. Ce n'est qu'en 1926 que la Cour suprême affirma la constitutionnalité du zonage : ses adversaires estimaient qu'il violait le 14ᵉ Amendement concernant les droits de propriété. Désormais le permis de construire était accordé sur la base d'un plan de zonage dont l'objectif était de maintenir l'ordre et l'hygiène dans l'évolution des villes en séparant les activités (résidentielles, commerciales et industrielles), en contrôlant les densités de population et en anticipant sur les besoins en matière de voirie et d'infrastructures.

Pendant longtemps, le pouvoir de décider de l'usage des sols a relevé des collectivités locales. Dans les années

soixante-dix, à la suite des mouvements de protestation en faveur de l'environnement, les États sont progressivement intervenus. Ainsi, en Californie, les citoyens ont décidé, à l'occasion d'un référendum d'initiative populaire, de laisser l'État intervenir directement dans le processus de décision pour l'octroi du permis de construire. Et le *California Coastal Act* de 1976 a autorisé l'État à décider de l'usage des sols le long de la côte.

Un outil de ségrégation

Depuis le milieu des années soixante-dix, les plans de zonage ont été l'objet des critiques des professionnels de l'aménagement les plus progressistes qui lui reprochent de servir aux municipalités les plus riches pour renforcer la ségrégation et l'exclusion. Par exemple, à Mount Laurel, riche banlieue résidentielle de Philadelphie, la municipalité s'est opposée à la construction de logements sociaux : le projet n'était pas conforme aux coefficients d'occupation du sol du plan de zonage qui ne prévoyait que des maisons individuelles et non des immeubles... Histoire apparemment banale que l'on retrouve dans de nombreuses communes de banlieue. Mais la Cour suprême du New Jersey a invalidé, en 1975, ce plan de zonage parce que Mount Laurel n'offrait pas un pourcentage raisonnable (*fair share*) de logements sociaux par rap-

Bibliographie

Jackson Richard H., *Land Use in America*, Wiley & Sons, New York, 1981.

port aux besoins de la métropole de Philadelphie. Cette décision sert de jurisprudence dans le traitement d'affaires similaires bien que la question du *fair share* demeure vague et puisse être différemment interprétée.

Le zonage est également un instrument auquel ont recours les habitants désireux de limiter la croissance démographique, voire économique, de maintenir la qualité de vie et préserver l'environnement. C'est ainsi que les habitants du comté de Santa Clara, dans la célèbre Silicon Valley en Californie, ont décidé de classer d'importantes réserves foncières de leur territoire comme espaces verts et de limiter la construction de bâtiments résidentiels afin de maintenir ce paysage de maisons et de jardins. Cette mesure était-

elle réellement justifiée? Ou n'était-ce qu'un moyen d'empêcher l'implantation de la population ouvrière (également sollicitée par le développement des industries de haute technologie) et de la condamner ainsi à s'installer beaucoup plus loin, hors du comté?

Dans les années quatre-vingt, on a créé le transfert de coefficient d'occupation des sols (*Transferable Floor Area Ratio*). Ce mécanisme foncier et financier a par exemple servi à Los Angeles pour réhabiliter la bibliothèque publique. Des promoteurs immobiliers ont acheté à la ville le coefficient d'occupation du sol de la parcelle de la bibliothèque existante et l'ont transféré sur des parcelles voisines, avec permission de construire des bâtiments plus élevés que la norme. Le montant qu'ils ont payé pour acheter ces droits de construction a permis à la municipalité de régler une partie des travaux de réhabilitation de la bibliothèque.

Cynthia Ghorra-Gobin

La violence nourrit l'insécurité

■ La criminalité est, avec la drogue, le plus grand souci des Américains. Au visiteur d'occasion, cette préoccupation apparaît d'abord comme une paranoïa. Mais il lui suffit de se promener la nuit dans n'importe quelle ville pour se convaincre : la peur raréfie les passants et poisse l'atmosphère. Très vite, il apprend qu'il est imprudent de se trouver seul dans la rue, même dans les beaux quartiers; qu'il ne faut pas transporter d'argent liquide, sauf quelques dollars qui permettront de répondre à une demande pressante appuyée d'un couteau ou d'un revolver, ne pas porter de bijoux apparents en or, vrai ou faux, et, plus généralement, se méfier de tout passant. Selon le département de la Justice, 90 % des hommes et 74 % des femmes vivant

aux États-Unis seront, à un moment ou à un autre de leur vie, attaqués, volés, voire violés.

Tout immeuble un peu respectable est doté de gardiens qui officient jour et nuit, ce qui n'exclut pas l'interphone, les patrouilles de sécurité dans les couloirs, celles de maîtres-chiens dans les garages, et des portes d'appartements barricadées d'une chaîne et de trois ou quatre verrous. Dans les banlieues, les maisons individuelles sont de plus en plus souvent reliées directement au commissariat de police à l'aide de systèmes d'alarme parfois trop sophistiqués pour ne pas être fragiles. Dans les années cinquante, il aurait paru incongru et incivil à l'égard de ses voisins de seulement fermer sa porte à clé.

Bibliographie

Church George J., «The Other Arms Race», *Time Magazine*, 6 fév. 1989.

Report of the Nation on Crime and Justice, Bureau of Justice Statistics, Washington (DC), 2ᵉ éd., mars 1988.

Ville et violence dans le monde anglophone, Actes du colloque des 20-21 janv. 1989, université Blaise-Pascal, Clermont-Ferrand, 1989.

Hystérie meurtrière

Aujourd'hui, les crimes de sang font, presque quotidiennement, la «une» des journaux. Mais ils témoignent fréquemment d'une hystérie meurtrière qu'on voit rarement ailleurs : des familles entières sont retrouvées massacrées avec un grand luxe de raffinement ; un étudiant, perché sur le campanile de l'université d'Austin, au Texas, fusille plusieurs dizaines de ses camarades ; un homme d'origine mexicaine fait un «carton» dans une cafétéria, tuant une douzaine de personnes. Un matin de printemps 1989, une jeune New-Yorkaise, brillante analyste financière à Wall Street, est retrouvée dans le coma à Central Park. Elle avait été attaquée la veille, à dix heures du soir, frappée et violée par une bande de jeunes garçons noirs venus de Harlem tout proche, alors qu'elle faisait du jogging. L'affaire souleva une émotion considérable par ses implications raciales et sociales. La communauté noire expliqua que la présence d'une femme blanche, belle, jeune et riche, courant pour son plaisir, la nuit, aux abords de Harlem, était une véritable provocation.

En 1988, selon les statistiques du FBI, 94 % des Noirs assassinés ont été tués par des meurtriers noirs, 86 % des Blancs assassinés l'ont été par des Blancs et 84 % des hommes assassinés l'ont été par des hommes. Mais 90 % des femmes victimes d'un meurtre ont été assassinées par... des hommes. Le taux de récidive est supérieur à 70 % et les frais d'incarcération s'élèvent à près de 30 000 dollars par an et par détenu.

Le trafic de drogue oppose de plus en plus souvent des bandes rivales de jeunes *dealers*. La capitale fédérale, Washington, détient ainsi, avec Los Angeles, le record national de la criminalité. Age du délinquant type au moment de son arrestation : dix-huit ans. Le phénomène des bandes de jeunes en quête d'un mauvais coup tend à se répandre dans les classes moyennes et même nanties.

Nombre de meurtres par an
(Taux par 100 000 habitants, 1966-1970)
Mexique : 13,2; États-Unis : 6,6; Inde : 2,7; Japon : 2,2; France : 0,6.
Évolution aux États-Unis : 1963 : 4,6; 1973 : 9,4; 1983 : 8,3; 1987 : 8,3.
New York Review of Books, 12.02.1987 et Statistical Abstract.

La société américaine a toujours été violente : de la conquête de l'Ouest au grand banditisme des temps de la prohibition et aux exploits des mafias diverses, son histoire est émaillée de règlements de comptes spectaculaires. Les disparités économiques et sociales qui marquent la fin du XXᵉ siècle n'ont fait qu'aggraver cette tendance.

Mais la délinquance serait sans doute plus aisée à combattre s'il n'était pas aussi facile de se procurer des armes, si une carte d'identité nationale était obligatoire pour chaque citoyen, et si le système judiciaire ne fournissait par tant d'occasions d'échapper à la loi. Chaque État a sa propre législation pénale, et seuls les quelques délits répertoriés comme «crimes fédéraux», tels que le trafic de drogue, le kidnapping ou — depuis le meurtre de John Kennedy — l'assassinat du président, autorisent l'entrée en scène du FBI (le Bureau fédéral d'investigations) et de ses fichiers. Les autres cas restent du ressort des polices locales — celle de la ville, du comté, de l'État — qui ont souvent des difficultés à coordonner leurs actions, quand elles n'entrent pas franchement en compétition. De très nombreux délinquants échappent aux autorités en changeant d'État et de nom : deux formalités qui n'offrent pas de difficultés majeures.

Nicole Bernheim

A superpuissance, surperpollution

■ Le 2 janvier 1989, l'hebdomadaire *Time* frappait le monde occidental en déclarant la Terre « planète de l'année ». S'il enregistrait avec brio un phénomène mondial — l'émergence d'une profonde inquiétude écologiste —, il répondait surtout à une lame de fond de l'opinion américaine. Après l'ère des hippies écolos du début des années soixante-dix, la crise économique et le conservatisme de l'équipe reaganienne avaient relégué aux oubliettes les avertissements du Club de Rome.

Mais avec la prospérité, les Américains ont redécouvert le prix de la croissance : Los Angeles asphyxiée par la pollution automobile, les plages de New York fermées à la baignade en raison des déchets toxiques renvoyés par la mer, des enfants morts de cancer dans la San Joaquin Valley (Californie) inondée de pesticides, une sécheresse dont certains analystes ont estimé qu'elle annonçait l'effet de serre, etc. Au point qu'une bonne partie du succès de George Bush aux élections présidentielles de 1988 peut être attribuée à ce qu'il a adopté une thématique ignorée de Ronald Reagan, promettant de faire des États-Unis « le leader mondial dans la lutte pour résoudre les problèmes environnementaux ».

Au vrai, l'Amérique a du pain sur la planche : pour conquérir le Nouveau Monde, les pionniers et leurs descendants n'ont pas hésité à brutaliser une des plus belles natures de la planète — pendant que Walt Whitman ou Jack London chantaient la virginité de ses espaces infinis. La puissance même de la nature américaine a laissé penser aux pionniers que, quoi qu'ils puissent faire, elle avalerait tous leurs affronts.

Le retour de l'écologie

Les États-Unis ne partent pas de zéro : en 1970, au cœur de la première vague écologiste, le Congrès créait l'Environmental Protection Agency (EPA), et adoptait une série de lois réglementant la pollution de l'air, de l'eau, des déchets ou des sites contaminés par l'industrie : *Clean Air Act* (1970), *Clean Water Act* (1972), *Resource Conservation and Recovery Act* (1976), *Superfund* (1980). Un outillage efficace : c'est ainsi que les rejets de polluants plombés des voitures américaines ont été divisés par dix entre 1970 et 1990, que, sauf exception comme New York ou Boston, la majorité des grandes villes ont un système de traitement des eaux usées convenable, et que le lac Érié, déclaré mort dans les années soixante, a retrouvé une faune vigoureuse.

---

*Principales lois fédérales
en faveur de l'environnement*

1899 : Refuse Act : *restreint la mise au rebut de produits dangereux.*
1948 : Water Pollution Control Act : *prévoit des crédits fédéraux pour aider les États à purifier l'eau. Amplifié à plusieurs reprises par la suite (1970, 1972, 1974, 1977).*
1955 : Air Pollution Control Act : *semblable au précédent, pour l'air. Amplifié en 1970 et 1977.*
1970 : National Environment Protection Act : *crée un organisme fédéral (Environmental Protection Agency) chargé de la protection de l'environnement.*
1976 : Toxic Substances Act : *interdiction du PCB et tests obligatoires pour les produits toxiques.*
Aucune loi sur l'environnement n'a été promulguée sous la présidence Reagan (1980-1988).

Mais plusieurs facteurs ont handicapé ces efforts. Puisque l'industrie nourrit la pollution la plus apparente, l'EPA se devait de la contenir. Sa politique a été peu appréciée de l'équipe reaganienne qui s'est employée par divers moyens à la rendre inopérante. L'habileté procédurière des industriels a fait le reste : une méthode efficace pour bloquer les décisions de

114

Bibliographie

Bernon Michel, *L'Amérique malade de ses déchets*, Économica, Paris, 1990.

l'EPA consistait à les attaquer sous prétexte que leurs bases scientifiques n'étaient pas certaines. Résultats garantis : repousser de plusieurs années telle ou telle décision, mais aussi nourrir une littérature scientifique prolifique — sans parler des *lobbyists* et autres experts : on estime ainsi que leur travail a absorbé 80 % des 8,5 milliards de dollars prévus par le *Superfund* pour nettoyer les décharges industrielles sauvages. Le Congrès a su résister cependant aux attaques les plus brutales de Reagan, réussissant à sauvegarder la structure de protection de l'environnement.

C'est qu'il est temps d'agir : les pénuries d'eau potable, jusque-là réservées aux États secs du Sud-Ouest, affectent la région atlantique : en mars 1989, le Massachusetts est devenu le premier État à imposer des chasses d'eau ne consommant que 6 litres d'eau par séance au lieu de 26 pour les modèles courants ! La pollution atmosphérique provoque des brouillards dans les grandes villes comme Los Angeles ou Denver : 2,5 milliards de tonnes de substances polluantes sont rejetées chaque année par les cheminées de l'industrie. Les pesticides deviennent une des grandes phobies américaines : sur 360 matières permettant de les fabriquer, l'EPA en a déclaré 70 comme cancérogènes, en octobre 1988. Un quart des 6 000 décharges municipales contaminent les nappes phréatiques, et bien que les citoyens américains produisent chaque année 160 millions de tonnes de déchets ménagers, l'opinion s'oppose systématiquement à toute nouvelle décharge ou incinérateur, conduisant le système à l'engorgement. La marée noire de l'*Exxon Valdez*, qui a souillé la côte sud de l'Alaska en mars 1989, a témoigné que l'industrie ne maîtrise pas totalement ses procédés.

Des infrastructures en ruine

L'un des problèmes les plus controversés du tournant de la décennie concerne les usines de production d'armes atomiques. Gérées en secret par le ministère de l'Énergie depuis 1945, de graves manquements au règles de sécurité ont conduit à une contamination des sites par les produits radioactifs — sans parler de l'accumulation de plutonium et autres déchets. Le ministère de l'Énergie évalue à 100 milliards de dollars le budget nécessaire pour nettoyer ces régions. Non moins préoccupant est l'état délabré des infrastructures : autoroutes, ponts, réseaux de distribution d'eau. Alors que le nombre de *miles* parcourus croît de 6 % par an, l'ensemble des infrastructures routières est qualifié de ruine par le banquier Felix Rohatyn, qui estime qu'il faudrait y injecter au moins 250 milliards de dollars dans les années quatre-vingt-dix.

George Bush s'est engagé dans le délicat exercice consistant à nettoyer le pays sans casser l'économie : en juin 1989, il a lancé un *cleanup package*, visant la pollution atmosphérique, notamment en réduisant de moitié d'ici à l'an 2000 les émissions d'acide sulfurique et en produisant à cette date un million d'automobiles fonctionnant au méthanol (essence d'origine végétale). Un acte qui montre clairement que, sur ce plan-là du moins, la page Reagan est tournée. Il reste que la meilleure façon de réduire les dégâts écologiques consiste à diminuer le formidable torrent de consommation que génère la société américaine.

Les États-Unis jouent un rôle prioritaire dans le maintien de l'équilibre écologique mondial, et par leur puissance intrinsèque de dégradation, et par la force de leur modèle culturel.

Hervé Kempf

Les bien-logés et les sans-logis

■ La maison individuelle, habitation type des petites agglomérations et des banlieues des grandes villes qui s'étendent parfois sur plusieurs dizaines de kilomètres, est une partie du rêve américain quasiment garanti par la Constitution.

L'achat à crédit d'une maison constitue le premier pas d'un Américain dans le monde des adultes, et marque son engagement dans la vie professionnelle, avec tous ses aléas. Les traites de sa maison seront les plus lourdes de son budget, même s'il en signe bien d'autres : pour la voiture, pour l'ameublement, pour les équipements électro-ménagers, etc. S'il change d'emploi et doit déménager, sa première préoccupation sera de bien revendre la maison qu'il n'a généralement pas fini de payer, pour se loger près de son nouveau lieu de travail. Le problème sera moindre si sa vie professionnelle ne subit pas d'à-coups et si les taux d'intérêt restent dans des limites raisonnables. Le nombre des mises en chantier et des reventes de maisons dont les propriétaires ne peuvent plus payer les traites constituent des indications précieuses de la santé de l'économie américaine.

Trente ans de durée moyenne

La plupart de ces maisons sont construites en bois et offrent un grand confort, mais elles ne sont pas conçues pour durer plus d'une trentaine d'années. Elles brûlent aussi facilement, car l'isolation de leur système électrique est souvent rudimentaire. Conséquence : la maison américaine n'est pas un bien assez durable pour qu'on puisse la léguer à ses enfants, malgré son prix élevé : 200 000 dollars, en moyenne, à la fin des années quatre-vingt.

Les plus riches se font construire des maisons « fantaisie », très grandes, parfois en pierre, dont le style s'inspire — très librement — de l'Europe, avec une piscine et un vaste garage. Coût : de un à trois millions de dollars. Le quartier, la dimension de la maison et du jardin, le nombre de voitures qui occupent le garage sont les signes indiscutables de votre statut social et professionnel. Malheur au cadre supérieur qui perd du jour au lendemain son emploi : il ne lui reste plus qu'à déménager !

La mobilité proverbiale des Américains a inspiré les constructeurs de caravanes en tout genre : pour les touristes, cela va du *camping-car* avec couchage incorporé, aux roulottes les plus longues et les plus luxueuses. Pour les travailleurs de chantiers itinérants, et pour tous ceux qui ne peuvent pas s'offrir une vraie maison, des roulottes au confort minimum à poser directement sur le sol. Ces vilains parallélépipèdes jaunes ou verdâtres, constitués en véritables villages, défigurent de nombreux sites superbes de l'Ouest américain.

Dans les grandes villes, le prix des appartements, loués ou achetés, s'est accru d'une façon spectaculaire pendant les années quatre-vingt. Depuis que la criminalité est devenue une préoccupation majeure des citadins, les immeubles disposent d'un service de sécurité important : à l'entrée, gardiens avec interphone et sas pour filtrer les visiteurs ; patrouilles dans les couloirs et dans le garage. Les immeubles de luxe se donnent des airs d'hôtels à cinq étoiles, avec portiers galonnés, halls d'entrée décorés de marbres, de bois précieux, de lustres de cristal, de chutes d'eau. Un gymnase, avec salle de musculation, piscine et bain bouillonnant, est souvent à la disposition des résidents moyennant une cotisation en rapport avec leurs revenus élevés.

Dans les quartiers modestes, le nombre des sans-logis ne cesse de croître. D'autant que le propriétaire peut jeter sur le trottoir le locataire en retard de paiement, et sa famille avec lui. S'il veut se débarras-

116

Bibliographie

Hayden Dolores, *Redesigning the American Dream : The Future of Housing, Work and Family Life*, Norton, New York, 1984.

Mitchell J.Paul (sous la dir. de), *Federal Housing Policy and Programs*, Center for Urban Policy Research, New Brunswick (NJ), 1985.

ser de ses locataires pour revendre son immeuble à un promoteur, il peut, sans

grand risque, refuser de faire des réparations, supprimer le chauffage, voire suspendre la distribution d'eau. Dans les ghettos noirs, certains propriétaires n'hésitent pas à engager des hommes de main pour mettre le feu à des immeubles dont les habitants insolvables refusent de quitter les lieux. Mis à la rue, ceux-ci sont généralement pris en charge par des associations privées aux moyens limités car les autorités municipales ne se soucient guère de l'hébergement des sans-logis.

Nicole Bernheim

CONSOMMATION

La voiture et le logement, deux dépenses prioritaires

■ Les ménages américains connaissent depuis longtemps le niveau de vie le plus élevé du monde, comme l'atteste le critère pertinent en ce domaine, la comparaison des parités de pouvoir d'achat dans les différents pays plutôt que la simple conversion, à l'aide des taux de change du moment, des revenus nationaux dans une monnaie commune : en effet, la fluctuation du taux de change a peu à voir avec l'évolution des niveaux de vie. En 1985, le revenu réel moyen des ménages américains dépassait de 10 % celui des Canadiens, deuxièmes au classement mondial. Cet avantage se reflète dans l'équipement des foyers, qu'il s'agisse du logement lui-même ou des divers équipements ménagers.

Depuis la fin des années soixante, l'écart entre les Américains et les autres Occidentaux s'est néanmoins rétréci, notamment en raison de la croissance moins rapide du revenu des ménages amé-

LOGEMENT ET ÉQUIPEMENT DES MÉNAGES (en %)		
Logement/équipement	**1960**	**1984-87**
Propriétaires	62	65 [b]
Locataires	38	35 [b]
Maison individuelle	76	62 [a]
Au moins une voiture	75	87 [a]
Plus d'une voiture	16	52 [a]
Téléphone	41	93 [b]
Climatiseur	13	59 [a]

Équipement	**1960**	**1984-87**
Télé-couleur	6 [c]	90 [b]
Télédistribution (câble)	—	49 [b]
Lave-vaisselle	5	38 [a]
Magnétoscope	—	49 [b]
Four micro-ondes	—	34 [a]
Machine à laver	75	73 [a]
Sécheuse	17	62 [a]
Réfrigérateur	86	100 [a]

Source : *Statistical Abstract*, 1974 et 1987.
a. 1984 ; b. 1987 ; c. 1965.

Le seuil de pauvreté

♦ *Un foyer est classé au-dessus ou en dessous du seuil de pauvreté en fonction d'un indice défini par l'administration de la Social Security en 1964 et révisé en 1969 et en 1980. Cet indice n'est fondé que sur les revenus monétaires ; il ne reflète pas le fait que beaucoup de personnes à bas revenu perçoivent des prestations en nature (non-cash benefits) comme les bons de nourriture, les soins médicaux et le logement social. Cet indice est fondé sur un budget dit d'« économie alimentaire » mis au point par le ministère de l'Agriculture en 1961, dont le niveau est révisé chaque année pour tenir compte de l'inflation.*

En 1988, pour une famille de quatre personnes, le seuil de pauvreté était fixé à 12 092 dollars par an. Pour une personne seule, ce niveau était de 6 024 dollars.

En 1964, le président Johnson proclama la guerre contre la pauvreté et les moyens financiers de cette guerre connurent une croissance spectaculaire au cours de la décennie suivante. Par la suite, une conjoncture économique moins favorable devait ralentir considérablement leur taux de croissance et les années Reagan ont même vu l'atrophie de certains programmes sociaux. Il n'est donc pas surprenant que la proportion des Américains vivant sous le seuil de pauvreté soit passée de 22 % en 1960 à 11 % en 1973 pour ensuite se stabiliser jusqu'au début de la récession de 1980-1982, remonter à 15 % et redescendre à 13,1 % en 1988. Notons qu'il s'agit d'un seuil de pauvreté absolu, qui ne suit pas la progression du revenu médian.

Derrière cette évolution globale se profilent des catégories socio-démographiques au parcours contrasté. Près de 80 % des fonds destinés à la politique sociale servent à la retraite et à la couverture-santé des personnes âgées, et le taux de pauvreté au sein de ce groupe a connu la chute de loin la plus importante : il est le seul en fait à ne pas s'être immobilisé en 1973, à tel point qu'il était en 1987 inférieur au taux global de pauvreté. En revanche, les Noirs et les familles monoparentales dirigées par une femme affichaient en 1987 des taux de pauvreté particulièrement élevés (33 % et 38 %). L'écart moyen relatif entre Blancs et Noirs n'a pas bougé depuis la fin des années cinquante.

La majorité des pauvres (7,5 millions de Blancs et 4,3 millions de Noirs en 1989) vivent à l'extérieur des ghettos urbains, même si ceux-ci se sont paupérisés au cours des années quatre-vingt.

Georges Mathews

ricains. En fait, ce dernier stagne depuis 1973. Étant donné l'importance des biens durables dans les dépenses de consommation, une telle stagnation ne signifie pas l'arrêt de la progression du niveau de vie (on n'achète pas un réfrigérateur tous les ans), mais plutôt une progression ralentie.

La richesse américaine est particulièrement visible lorsqu'on prend en compte le logement et l'automobile, qui constituent d'ailleurs les deux postes les plus importants (respectivement 23 et 18 %) du budget des ménages, selon l'enquête de 1985 qui évaluait à 25 100 dollars le revenu moyen des ménages avant impôts. Ces pourcentages apparemment élevés ne traduisent pas des coûts prohibitifs mais une consommation plus forte de produits nettement moins coûteux qu'en Europe : la richesse américaine en espace et en ressources énergétiques permet cette surconsommation, qui ne résulte cependant pas, pour l'essentiel, d'une meilleure performance économique. Vivre en banlieue ou dans une petite ville signifie une grande maison individuelle entourée d'un vaste jardin, et deux voitures plutôt qu'une : la perte de compétitivité de l'industrie automobile américaine ne modifie pas la surabondance de ressources naturelles.

118

Vivre à crédit, de l'euphorie à la prudence

◆ Le portefeuille de l'Américain moyen se déplie comme un accordéon de petites cartes multicolores de monnaie plastique. Ces cartes de crédit, il en existe de toutes sortes, émises par des grandes institutions financières, des chaînes de grands magasins et la station-service du coin. L'Américain consomme à crédit, comme le fait d'ailleurs son gouvernement fédéral, lequel vit bien largement au-dessus de ses moyens, puisqu'il dépense environ 150 milliards de dollars par an qu'il n'a pas gagnés.

Cette boulimie de consommation à crédit a fait tourner la machine économique américaine tout au long des années quatre-vingt... et creusé le déficit commercial des États-Unis (113 milliards de dollars en 1989). Grâce à elle, les Américains ont pu acquérir, depuis 1982, quelque 70 millions d'automobiles, 7 millions de maisons neuves et pour 38 milliards de dollars d'équipements divers, souvent japonais, comme les magnétoscopes ou les auto-radios en quadriphonie. Pendant cette période d'euphorie et d'optimisme national, l'épargne a été réduite à sa plus simple expression : environ 3 % du revenu disponible, contre une moyenne de 7 à 8 % au cours des trois décennies d'après-guerre.

Il semble cependant que les Américains soient devenus, sinon pessimistes, du moins plus prudents. On prévoyait, pour 1990, une augmentation de la consommation de 2 % seulement, contre 2,8 % en 1989 ; et, alors que les ménages n'épargnaient, en 1987, que 3 cents sur chaque dollar gagné, ce taux est remonté à 5 % en 1989. L'accalmie de la consommation et le retour à l'épargne s'expliquent par au moins trois raisons :

— Les ménages si dépensiers de la décennie quatre-vingt sont désormais bien équipés, et ils n'ont plus d'investissements lourds à faire. Les baby-boomers ont acheté leur stéréo, leurs deux voitures, leurs meubles et surtout leur maison, laquelle a d'ailleurs constitué une épargne appréciable puisque la valeur moyenne d'une habitation dans la région du Nord-Est a doublé depuis 1985.

— Après l'optimisme des années Reagan, voici venue l'heure de la morosité, des doutes nés du krach boursier d'octobre 1987, des conflits commerciaux avec le Japon et des incertitudes sur l'emploi et les taux d'intérêt. La tendance n'est plus à chanter les louanges de la reprise, mais plutôt à analyser les chances d'un soft landing, d'un atterrissage en douceur de l'économie gonflée comme une baudruche sous la pression des déficits.

— Les enfants du baby boom d'après-guerre prennent de l'âge. Les statistiques enseignent que les gens les moins dépensiers et les plus épargnants ont généralement entre 45 et 64 ans. Or ce groupe d'âge, en diminution à compter de 1970, a recommencé à augmenter. Il passera de 29 à 35 % de la population au cours de la décennie quatre-vingt-dix. L'une de ses motivations d'épargne sera le financement des études de ses enfants. Lesquels, n'en doutons pas, découvriront bien vite à leur tour les charmes de la vie à crédit.

Michel Faure

Santé et retraite : 17 % du revenu des ménages

L'alimentation accapare seulement 14 % du revenu : la viande rouge y était bien en évidence, elle tend à être remplacée dorénavant (cholestérol oblige) par le poisson et le poulet. Les repas pris à l'exté-rieur représentent 35 % des dépenses de nourriture. Les dépenses vestimentaires et de loisirs (incluant l'achat de l'équipement) comptent chacune pour 5 %. La lecture fait figure de parent pauvre, puisqu'elle atteint à peine 0,6 % du revenu, même en incluant journaux et magazines. Les biens ménagers comptent

Bibliographie

Parités de pouvoir d'achat et dépenses réelles 1985, OCDE, Paris, 1987.

US Department of Commerce, Bureau of Census, *Statistical Abstract of the United States 1989*, Washington (DC), 1990.

pour 3,5 %, les boissons alcoolisées et le tabac pour 2 % et l'assurance-vie pour 1 %.

L'État-Providence n'a pas la même ampleur aux États-Unis que dans les autres pays développés : santé et retraite prennent donc une grande importance dans les budgets des ménages. Les prélèvements sur les salaires au titre de la retraite (Social Security) garantissent un coussin minimal au moment de la retraite, mais les ménages remplissent des bas de laine supplémentaires (retraite complémentaire d'entreprise ou épargne individuelle). Globalement, les ménages affectent 7 % de leur revenu à la retraite. L'État prend à sa charge une partie des besoins sanitaires des plus pauvres et des personnes âgées. Pour les autres, il n'y a pas de régime public, et chacun doit prévoir sa propre assurance-santé ou prendre le risque de s'appauvrir en cas de coup dur. Les dépenses médicales des ménages représentent en moyenne 10 % de leur revenu. Mais elles pèsent évidemment beaucoup plus lourdement sur le revenu des petits salariés que sur celui des plus fortunés, puisqu'elles sont relativement incompressibles d'une strate de revenu à l'autre, contrairement aux autres dépenses.

L'essor de la consommation lié à la reprise économique, après 1982, a impliqué un recours croissant au crédit qui équivalait, fin 1986, à près de 24 % du revenu disponible des ménages (à l'exclusion du crédit hypothécaire). Mais la soif de consommation n'en a pas atténué les inégalités au cours des années quatre-vingt, comme l'indiquent les données sur la pauvreté aux États-Unis.

Georges Mathews

Fast food et gourmet food

■ D'un bout à l'autre de la planète, l'alimentation américaine évoque des hamburgers ruisselants de ketchup, des mets aseptisés et monotones et des enfants guettés par l'obésité qui dévalisent nuit et jour de gigantesques réfrigérateurs. Ces images négatives occultent le fait qu'il existe une véritable cuisine américaine, forgée à la fois par le milieu naturel, l'éthique puritaine, l'apport des différentes minorités et les modes.

Les premiers colons venus d'Europe ne tardèrent pas à imiter les Indiens, grands cultivateurs de maïs : le *corn on the cob* est devenu l'un des symboles de la cuisine américaine, et le menu de la fête de *Thanksgiving* commémore chaque mois de novembre les offrandes alimentaires des Indiens aux nouveaux venus : dinde, airelles, maïs et citrouille. L'équipement rudimentaire des habitations incitait à adopter les modes de cuisson en plein air pratiqués sur place (boucanage, grillades, etc.). Les fruits de mer et les poissons abondaient en Nouvelle-Angleterre : ils allaient, par exemple, entrer dans la composition du *clam-chowder*, spécialité de Boston. En avançant vers l'Ouest, les colons découvrirent le bison, puis le bœuf (le *T-bone steak* rappelle l'époque héroïque des cow-boys), et les fruits et les légumes se substituèrent aux sacro-saintes céréales.

Outre la variété des produits, c'est l'apport des minorités qui a donné à la cuisine américaine sa véritable identité. Que sont les *barbecued spareribs* sinon un plat servi d'abord par les immigrés chinois ?

120

Bibliographie

Davreu Françoise, « La cuisine américaine », *Revue française d'études américaines*, n° 27-28, Nancy, févr. 1986.

Davreu Françoise, « Le Fast Food », *in Universalia 1988*, Encyclopaedia Universalis, Paris, 1988.

Root Waverly, Rochement R. de, *Eating in America : A History*, Ecco Press, New York, 1976.

Le *chile con carne* et les *tacos* ont franchi le Rio Grande en même temps que des milliers de clandestins et sont devenus des plats texans, tandis que le chocolat, également mexicain, se voyait promis à un bel avenir. La pizza, en traversant l'Atlantique, a adopté des dimensions à la mesure du Nouveau Continent. Les *gombos* de la société créole de La Nouvelle-Orléans sont restés un des plus intéressants exemples de cuisine régionale, sans oublier les produits *cacher* introduits par les communautés juives d'Europe centrale (pastrami, etc.) ni la cuisine *Dutch* de Pennsylvanie, où l'on découvre avec étonnement le safran comme ingrédient de base.

La terre promise

L'éthique puritaine, traditionnellement méfiante vis-à-vis des plaisirs de la « chère », propices aux tentations de la « chair », ne pouvait qu'encourager le développement du *fast-food*. L'idéologie du *time is money* a entraîné la création, d'un bout à l'autre du continent, de « chaînes » de restaurants identiques jusque dans les moindres détails, et la distribution de « produits » calibrés et bon marché, où la différence ethnique elle-même est récupérée et uniformisée. Dans les familles, elle s'est traduite par le *TV dinner*, le plateau-repas absorbé en même temps que l'émission préférée. C'est la même éthique qui préside aux divertissements collectifs, les pique-niques ou barbecues, destinés à célébrer l'esprit communautaire, en même temps que le culte de la nature, loin des miasmes et des dangers de la ville, ou qui incite à regrouper deux repas en un, dans un contexte familial ou social, sous la forme du *brunch*.

La recherche de l'abondance alimentaire est à l'image de cette terre promise que représentait l'Amérique pour les premiers immigrants : on ne peut qu'être frappé par le gigantisme des portions, le calibre des fruits et des légumes, la démesure des assiettes et l'abus des termes *jumbo, maxi* et *king* comme étalon de leur contenu. Les aliments traditionnels, céréales, pâtisseries et laitages, continuent à occuper une place prépondérante, sous la forme de pains, *pies*, *cheesecakes*, etc.

Les Américains sont en effet célèbres pour leur goût des mets sucrés (*sweettooth*). A la fois nostalgie de la mère, compensation de privations, expression de tendresse (*honey*), le sucre était considéré, jusqu'à l'apparition de l'obsession diététique, comme un aliment susceptible de former des hommes robustes et de libérer cette « énergie » dont la nation américaine faisait une valeur fondamentale. C'était une source de plaisir qui n'enfreignait pas les codes moraux. Présent en quantités impressionnantes dans les glaces et les sodas, il apparaît aussi sans vergogne dans les aliments salés (*cole-slaw*, jambon à la virginienne, pain au maïs, condiments, etc.).

Aujourd'hui, les modes diététiques tiraillent le consommateur entre la tentation de l'excès (aliments « enrichis ») et les délices de l'ascèse (*diet-food*, régimes « health », végétariens...). Les anciennes idoles deviennent des tabous par peur du cancer ou de l'infarctus. Alors que prolifèrent les produits hybrides (croissants à la tomate, *Ginseng Up* (sic)), on se détourne de la médiocrité du *Kentucky Fried Chicken* et du *junk-food* au profit des aliments « gourmet », supposés authentiques et bien préparés. Le temps n'est plus où le président Nixon proclamait dans ses campagnes électorales, pour montrer à quel point il était près du peuple, que son plat préféré était le fromage blanc additionné de ketchup. La *gourmania*, signe de distinction sociale, tout comme la minceur, incite à souligner tout événement culturel par une cérémonie culinaire et à faire un pont d'or aux grands prêtres de cette nouvelle religion : les chefs. A l'heure de la satiété, l'Amérique se lance à corps perdu dans la célébration de la gastronomie, sans s'apercevoir qu'elle fait de la création un produit qui nourrit davantage l'œil que le ventre.

Françoise Davreu

Une garde-robe sans grande fantaisie

■ Contrairement à ce que les étrangers croient, les Américains font preuve de peu de fantaisie dans leur habillement. Ils ont, en gros, trois vestiaires : le premier pour les loisirs, le second pour les festivités, le troisième — le plus dispendieux — pour la vie professionnelle.

Les modélistes américains ne se donnent guère de peine pour innover dans les tenues de loisir et le vestiaire de base a peu varié depuis trois générations : jeans, tee-shirts et *sneakers*, ces chaussures à tout faire en plein air, cousins germains des bons vieux «Tennis», en constituent l'essentiel. On les porte volontiers usés, et pas très nets. Pour l'hiver, on y ajoute les bottes *western* et les grosses vestes de laine à carreaux des bûcherons de l'Ouest.

Les étés étouffants autorisent plus de fantaisie. Les Américains ayant été convaincus par les psychologues en tout genre de ne souffrir aucune inhibition, les plus obèses s'habillent comme leurs enfants et n'hésitent pas à arborer des «bermudas» à carreaux aux couleurs flamboyantes et des chemises aux imprimés débridés.

Pour les citadins stressés, la mode du week-end doit être l'exacte antithèse de celle de la semaine : d'où la floraison de jeans élimés jusqu'à la corde et de *sneakers* boueux, que les élégants agrémentent d'un chandail de cachemire ou d'une veste de tweed du bon faiseur.

La vie d'entreprise américaine est une jungle féroce dans laquelle le vêtement signale rang et ambitions. Quiconque veut progresser doit observer un code vestimentaire rigoureux. Surtout les femmes. Les magazines, et même les quotidiens les plus sérieux, publient régulièrement des conseils sur la façon de s'habiller au bureau.

Jeans et visons

La stratégie vestimentaire de la femme cadre s'apparente à la quadrature du cercle. Il ne lui est pas interdit d'être à la fois belle, intelligente et ambitieuse, mais elle doit gérer son capital avec la prudence d'un Sioux. Elle doit se faire prendre au sérieux sans jamais cesser d'être «féminine» et attirer l'attention de ses supérieurs et de ses clients sur ses capacités professionnelles autant que sur son physique. Les sondages indiquent que la femme cadre soucieuse de son avenir récuse la provocante mini-jupe qui détourne l'attention de l'interlocuteur. Meilleurs investissements pour les jeunes femmes ambitieuses : des tailleurs de bonne coupe — les robes «font trop secrétaire» — agrémentés de chemisiers imprimés, ornés d'un nœud ou d'un jabot. Meilleures chaussures : l'escarpin vernis, fonctionnel, mais qui fait de jolies jambes. A partir d'un certain niveau de responsabilité et de salaire, le manteau de vison — noir et très long — est quasi obligatoire. Vison de premier choix, aussi, pour l'épouse de cadre supérieur. Pour celle du président de société, la zibeline est désormais plus indiquée.

Les Américains restent pourtant des gens pratiques : la férocité du climat et les aléas de la vie quotidienne autorisent les combinaisons les plus surprenantes : un jour de grève des transports à New York, personne ne s'étonne de voir les femmes les plus élégantes arpenter la Cinquième avenue en vison et *sneakers*.

C'est quand l'Américain — et surtout sa compagne — s'habille pour sortir le soir qu'il se distingue le plus. Influencées par le cinéma, les femmes arborent avec intrépidité paillettes, soies changeantes, nœuds géants, décolletés vertigineux : tous les styles et toutes les époques y passent. Dans cette débauche de luxe vrai ou faux, la première dame du pays joue un rôle essentiel : quand Nancy Reagan a relancé les fourreaux pailletés chers au Hollywood de ses trente ans, ceux-ci ont fait une rentrée fracassante dans tous les grands magasins. Le collier de chien en fausses perles de Barbara Bush a été adopté en un clin d'œil par une proportion importante des Américaines ayant l'âge et la silhouette de la nouvelle présidente.

Un modèle «populaire» — c'est-à-dire porté par quelque célébrité du moment — peut être reproduit en quelques semaines par les fabriquants de prêt-à-porter à des prix allant du simple au décuple. La «tombée» du vêtement, et sa durée ne seront évidemment pas les mêmes, mais cela donne l'illusion à Madame Tout-le-monde de pouvoir s'habiller comme sa présentatrice de télévision préférée, Madonna ou la femme du président. C'est aussi cela, la démocratie à l'américaine...

Nicole Bernheim

La drogue, fléau national

■ Le trafic et la consommation de drogue sont devenus les préoccupations «numéro un» des Américains. Leur entrée massive dans la vie nationale paraît avoir coïncidé avec le retour des anciens combattants du Vietnam qui avaient découvert là-bas les «paradis artificiels», et les substantiels profits qu'on pouvait en tirer. En 1972, le président Nixon déclarait la première «guerre contre la drogue». Une bataille que tous ses successeurs à la Maison Blanche allaient promettre de gagner.

Non seulement la guerre n'a pas été gagnée, mais la situation n'a cessé de se dégrader. Les gentils *hippies* fumeurs de «joints» des années soixante-dix ont fait place à une population de consommateurs de stupéfiants en tous genres : héroïne, cocaïne, hallucinogènes (LSD, poudre d'ange), mélanges pharmaceutiques divers.

A la fin des années quatre-vingt, la mode des drogues «douces» avait paru passer, notamment chez les jeunes, mais, dans le même temps, le nombre des utilisateurs quotidiens de cocaïne et d'héroïne avait augmenté de 20 % ; celui des morts s'était multiplié par trois. Principal facteur de la criminalité, elle aussi en expansion, la drogue a accru le nombre des morts du SIDA, dont plus de la moitié sont victimes de seringues souillées.

L'arrivée du «crack» a considérablement aggravé la situation : mélange de cocaïne, de bicarbonate de soude et d'eau, la dose, qui se fume dans de petites pipes, ne coûte que quatre ou cinq dollars. Ses effets sont aussi rapides que violents, et il «accroche» presque immédiatement. Le «crack» s'est répandu dans tout le pays à la vitesse de l'éclair et ravage les quartiers pauvres, surtout noirs. Principales victimes : les jeunes, les enfants, mais aussi les mères et leurs bébés. Dans les hôpitaux de Harlem, on a dû créer des sections spéciales pour les enfants de mères droguées qui sont en « manque » dès leur

Bibliographie

Bernheim Nicole, *Voyage en Amérique noire*, Stock, Paris, 1986.

«How to Beat Them», *The Economist*, Londres, 12 août 1989.

naissance. Certains ne vivent que peu de temps, beaucoup d'autres sont atteints de déficiences physiques et mentales irréversibles.

Le «crack» est devenu un véritable mode de vie dans les quartiers pauvres où il est une source d'énormes profits — jusqu'à 3 000 dollars par semaine — pour des jeunes sans formation scolaire ou professionnelle. Leurs meilleurs clients viennent des beaux quartiers blancs. Des directeurs d'écoles en sont réduits à interdire à leurs élèves d'arborer en classe les signes distinctifs des «caïds» de la drogue : bijoux en or, manteaux de fourrure, voitures de sport étrangères...

La guerre contre le Cartel

Déclarant, à son tour, «la guerre contre la drogue», le président Bush a lancé, à l'automne 1989, une grande offensive diplomatique et militaire contre le cartel de Medellin, en Colombie, principal fournisseur de la cocaïne utilisée par les Américains. Malgré les moyens financiers — et médiatiques — considérables engagés dans l'opération, ses résultats ont été rien moins que probants. Une nouvelle fois, les autorités américaines se sont retrouvées devant une réalité que même William Bennett, le très conservateur responsable de la lutte anti-drogue à Washington, a fini par admettre : l'offre restera impossible à juguler tant que la demande sera aussi considérable. D'autant qu'on a annoncé déjà l'arrivée sur le marché de nouveaux produits, comme le «crank», qui ne doivent rien aux importations étrangères puisqu'ils se fabriquent à domicile, à partir de produits pharmaceutiques de synthèse.

Il reste à déterminer pourquoi les Américains sont devenus si dépendants de la drogue. La situation catastrophique des ghettos noirs de plus en plus abandonnés à leur misère y est sans doute pour beaucoup ; de même que, pour les mieux lotis, les tensions d'une vie quotidienne placée sous le signe de la compétition et des inquiétudes financières. Mais la lutte entre les trafiquants et les autorités serait sans doute moins inégale si la corruption, à tous les niveaux, ne freinait pas si souvent l'application de la loi. Les journaux américains dénoncent périodiquement la façon — lucrative — dont certains officiels savent fermer les yeux, tandis que des hommes d'affaires se font prendre à améliorer leurs bilans en servant d'intermédiaires entre gros et petits *dealers*. Au début de 1990, on parlait de plus en plus de «légaliser» la vente des drogues dures : la solution du désespoir.

D'après les estimations officielles, il y aurait 14,5 millions d'utilisateurs de drogues illégales (dont 750 000 héroïnomanes) aux États-Unis, qui dépenseraient environ 100 milliards de dollars par an pour satisfaire leur dépendance.
Source : Time, *19.02.1990.*

Nicole Bernheim

124

Armes à feu en vente libre

■ L'un des sujets de controverses les plus aigus aux États-Unis est le port d'arme. Le 2e amendement à la Constitution garantissant «le droit de posséder et de porter une arme», soixante-dix millions d'Américains sont les heureux possesseurs de carabines, fusils plus ou moins automatiques, revolvers, pistolets, voire mitraillettes. La plupart déclarent s'en servir pour la chasse, et pour «protéger leur famille». Nancy Reagan s'était taillé un joli succès lorsqu'elle avait révélé qu'elle gardait toujours un petit revolver dans la table de nuit de sa chambre à la Maison Blanche.

Chaque jour, 10 enfants américains de moins de dix-huit ans meurent des suites de l'utilisation d'une arme à feu (suicide, homicide ou accident); en 1987, un enfant sur dix décédés avant l'âge de vingt ans a été tué par un fusil (gun).
D'après : International Herald Tribune, *23.02.1990.*

Cette artillerie est responsable de 30 000 morts par an et joue un rôle catastrophique dans les batailles entre bandes de jeunes. Beaucoup de ces morts sont aussi accidentelles, avec des enfants ou des adolescents pour principales victimes : 25 % des détenteurs d'armes à feu avouent les garder toujours chargées, et 53 % ne jamais les mettre sous clé.

A peu près n'importe qui peut acheter librement à peu près n'importe quelle arme. Quelques États et quelques villes demandent un petit délai pour vérifier l'identité et le casier judiciaire du client. A New York, ce délai (le plus long du pays) est de trente jours. En Virginie et dans l'Oregon, vous payez et vous emportez. Parfois, il faut simplement faire la preuve qu'on réside dans l'État, mais un ami ou un homme de paille peut faire la commission.

Cinquante dollars suffisent pour se pro-

curer un pistolet ou un revolver arrivé en pièces détachées d'Amérique latine. Ce sont les fameux *Saturday night specials*, qui font le bonheur des jeunes et sont responsables d'une grande partie des morts du samedi soir. Pour 370 dollars, on peut acquérir un AK-47, copie chinoise de la Kalachnikov soviétique ; pour 750 dollars, un AR-15, copie «civile» du M-16 utilisé par l'armée américaine au Vietnam, et pour 700 dollars, une UZI, la petite mitraillette israélienne qu'affectionnent aussi les agents des services secrets américains. Mais il arrive aux armuriers, comme à tous les commerçants, de faire des soldes.

Les pressions de la National Rifle Association

Le mythe du porteur de fusil viril, fier descendant des pionniers de la conquête de l'Ouest, a la vie dure : c'est dans le Middle West, et surtout le Sud qu'il est le plus vivace. Dans les fermes, les petites maisons campagnardes, la carabine de chasse trône sur la cheminée, surmontée de têtes de daims ou de sangliers empaillés. Les routes du dimanche sont encombrées de voitures et de camionnettes familiales qui sont autant d'arsenaux. Certains de ces fiers-à-bras ne sont pas que d'innocents chasseurs : diverses organisations paramilitaires sont formidablement équipées pour «se défendre» contre les «communistes», les Noirs, les juifs, les catholiques, et tous ceux que leurs militants — pas très nombreux, mais très bruyants — considèrent comme «non américains».

D'après un sondage Gallup d'octobre 1988, 84 % des Américains sont favorables à la généralisation du port d'arme à tous les États.
Public Opinion, *mai-juin 1989.*

Bibliographie

Lacayo Richard, «Underfire», *Time Magazine*, New York, 29 janv. 1990.

Le défenseur le plus enthousiaste du droit au port d'arme est la National Rifle Association (NRA) qui compte près de trois millions d'adhérents et a dépensé plus de 4,5 millions de dollars pour soutenir ses candidats aux élections de 1988. Cinquième groupe de pression en importance à Washington, la NRA a réussi à faire adopter dans quarante-trois États un amendement à la Constitution garantissant ce droit sacré.

Diverses organisations regroupant, notamment, les familles de victimes d'armes à feu, comme les Kennedy, tentent depuis des années de faire voter des lois restreignant l'achat des armes. Mais le sujet est dangereux, et peu de candidats à la Maison Blanche ont osé s'en faire l'écho. Il a fallu un fait divers particulièrement sanglant pour que la présidence s'en mêle : en janvier 1988, un déséquilibré armé d'un fusil à tir rapide faisait irruption dans une école élémentaire de Stockton, en Californie, tuant cinq enfants, et en blessant vingt-neuf autres, ainsi que leur professeur. L'opinion fut horrifiée et George Bush décida d'interdire la vente au public des armes de guerre. Encore le fit-il, dit la rumeur, sur les instances de sa femme, Barbara.

En attendant que ces mesures prennent effet, le premier résultat du massacre de Stockton a été de faire se précipiter chez les armuriers des foules de clients décidés à se procurer un modèle de l'arme utilisée par le tueur, un AK-47, avant que le principe de sa vente libre ne soit remis en question.

Nicole Bernheim

L'efficacité du mouvement consommateur

■ La National Consumers League, la plus ancienne des associations de consommateurs, est née à la fin du XIXᵉ siècle aux États-Unis. Mais c'est vraiment depuis le début des années soixante que le mouvement consommateur américain a connu une activité intense. Une cohorte de défenseurs des droits des citoyens, comme l'avocat Ralph Nader, a renouvelé les méthodes et élargi le champ d'action des associations de consommateurs issues du mouvement de réforme sociale du début du siècle et de l'époque de fermentation politique des années trente. Des rapports étroits ont alors été établis avec les grands moyens d'information qui ont permis de mobiliser l'opinion et servi de caisse de résonance. Des alliés ont été trouvés au sein de la classe politique pour obtenir l'adoption d'une série de lois qui ont renouvelé les règles du jeu entre pro- ducteurs et consommateurs et créé de nouvelles institutions spécialisées dans la protection des consommateurs.

---

*Principales lois fédérales
en faveur des consommateurs*

1906. Pure Food and Drug Act : *interdit produits alimentaires et médicaments défectueux.*

1914. Federal Trade Commission Act : *interdit la publicité mensongère pour les produits alimentaires, les médicaments et les cosmétiques. Crée la Federal Trade Commission chargée de contrôler les pratiques commerciales.*

1966. Fair Packaging and Labelling Act : *interdit les empaquetages et les étiquettes trompeurs.*

1966. National Traffic and Motor Vehicle Safety Act : *établit des critères de sécurité pour les véhicules et les pneus.*

1972. Consumer Product Safety Act : *crée la Consumer Product Safety Commission chargée de protéger les consommateurs et de coordonner les réglementations étatiques et locales.*

126

Bibliographie

Bollier David, *Citizen Action and Other Big Ideas : A History of Ralph Nader and the Modern Consumer Movement*, Center for the Study of Responsive Law, Washington (DC), 1989.

Mayer Robert N., *The Consumer Movement, Guardians of the Marketplace*, Twayne, Boston (MA), 1989.

Ruffat Michèle, *Le Contre-Pouvoir consommateur aux États-Unis. Du mouvement social au groupe d'intérêt*, PUF, Paris, 1987.

Entre 1965 et 1975, la sécurité automobile, l'information sur le crédit, la sécurité des produits de grande consommation, la réglementation de l'étiquetage ont été codifiées selon des normes adaptées à l'évolution technologique, à la consommation et à la distribution de masse. L'administration des nouvelles réglementations a été confiée soit à de nouveaux organismes administratifs *ad hoc* comme la National Traffic Safety Administration ou la Consumer Product Safety Commission, soit aux agences de réglementation économique traditionnelles comme la Federal Trade Commission, créée en 1914, ou la Food and Drug Administration, fondée en 1906 et renforcée dans ses attributions en 1938.

Les droits du consommateur

En 1962, le président John Kennedy a proclamé les quatre droits fondamentaux du consommateur : droit à la sécurité, droit à l'information, droit de choisir, droit à la représentation. Le président Gerald Ford leur a adjoint le droit à l'éducation en 1975. Chaque président depuis Lyndon Johnson a nommé un assistant spécial chargé de la consommation.

Après la mise en cause de la General Motors en 1965 à propos de la sécurité de la voiture Corvair qui a, par un effet en retour, assuré sa notoriété et popularisé ses thèses, Ralph Nader a pris pour cible les agences de réglementation économique. Il les a non seulement taxées d'incurie dans l'exercice de leur mission mais les a accu-

sées de fausser le libre jeu de la concurrence en faisant de certains secteurs économiques comme les transports des monopoles de fait, administrés de façon rigide et imposant des prix artificiellement élevés. Le mouvement de déréglementation s'est inscrit directement dans cette logique. Les votes du Congrès ont également fait l'objet d'analyses régulières permettant au public de connaître et de contrôler l'action de ses représentants, notamment dans le domaine de la protection des consommateurs. Le *Freedom of Information Act* de 1967 a bien souvent permis de fonder les demandes d'informations nécessaires à la constitution de dossiers.

Bien que les associations de consommateurs ne constituent pas un mouvement de masse, elles s'attachent à entretenir des liens étroits avec le public. La Fédération des consommateurs américains (CFA) fédère depuis 1966 un important réseau d'organisations qui, tout en s'adressant à un public déterminé, retraités, syndiqués, femmes au foyer, s'intéressent à la défense du consommateur et confient à la fédération le soin de défendre leurs intérêts dans ce domaine et financent ses activités.

Le mouvement consommateur vaut plus par la qualité et la motivation des militants, avocats de formation pour la plupart, que par leur nombre. Les associations ont délibérément adopté la position de *lobby anti-lobby* et soutiennent la comparaison, sur le plan de l'efficacité technique, avec leurs opposants. Elles s'efforcent, pour assurer leur indépendance, de diversifier leurs sources de financement : commercialisation des « produits » (ouvrages, revues, fascicules d'information), cotisations des adhérents, contrats avec les administrations, honoraires de conférences ou de consultations auprès d'entreprises. Au total, c'est son identité clairement affirmée de *public interest group* (groupe de défense des droits des citoyens) qui fait à la fois la légitimité et l'efficacité du mouvement consommateur dans une société où le conflit des groupes d'intérêt est considéré comme l'essence de la pratique démocratique.

Michèle Ruffat

AMOUR ET SEXUALITÉ

La vie privée, droit fondamental ?

■ L'autonomie de l'individu a une place de choix dans le système de valeurs des Américains ; ils ménagent aux décisions d'ordre privé un domaine aussi vaste que possible qu'ils défendent avec un soin jaloux contre toute ingérence gouvernementale. Pourtant, la Constitution des États-Unis ne fait nulle part état d'un droit à la vie privée, ou à « l'intimité ». Il a fallu en fait attendre 1965 pour que la Cour suprême, pour la première fois, s'avise d'annuler une loi étatique parce qu'elle violait un droit fondamental à « la vie privée ». Dans sa décision sur l'affaire *Griswold c. Connecticut*, la Cour arrêta qu'une loi interdisant l'emploi des contraceptifs portait atteinte de manière inacceptable au droit des personnes mariées dans la conduite de leur vie privée ou intime. Mais, si la décision fut prise sans controverse, les juges étaient néanmoins en profond désaccord sur la source précise de ce droit qui venait s'ajouter aux autres droits constitutionnels (con)sacrés, sans pour autant s'ancrer de façon explicite dans le texte de la Constitution.

L'auteur de l'arrêt *Griswold*, le juge Douglas, découvrait ce droit dans les « zones d'ombre » de diverses garanties de la *Déclaration des droits*. D'autres estimaient que les 5e et 14e Amendements protégeaient la vie privée et la constituaient en un droit. D'autres encore le voyaient fondé dans le préambule de la Constitution ou dans le 9e Amendement. Les juges trouvèrent de quoi donner substance à ce « droit » dans l'esprit du droit coutumier, dans les traditions et la conscience nationale des Américains ou dans les valeurs fondamentales « implicites dans le concept d'une liberté ordonnée » (*Palko c. Connecticut*, 1937).

La Cour suprême entreprit aussi de définir la portée de leur décision : pour ce qui était de la conduite intime et des pratiques sexuelles touchant à la reproduction, quelles étaient les limites du domaine désormais réservé aux choix personnels ? En 1972, la Cour arrêta que, mariés ou non, les gens ont le droit constitutionnel d'acheter des contraceptifs ; en 1973, elle affirma le droit fondamental, mais pas absolu, à l'avortement (*Roe c. Wade*). Le juge Blackmun, auteur de cette extension controversée du droit au respect de la vie privée, déclara que pendant les six premiers mois de la grossesse, un État ne pouvait interdire l'avortement ou s'immiscer dans la relation entre la patiente et le praticien.

Mais, durant le dernier trimestre, l'État était partie prenante dans la protection de la vie (encore à naître). L'avortement pouvait alors être interdit, sauf s'il était nécessaire pour protéger la vie ou la santé de la femme enceinte.

Deux traditions juridiques

Roe c. Wade et les arrêts qui suivirent illustrent bien les dangers qu'il y a à donner une définition judiciaire des droits fondamentaux. Une interprétation aussi lâche de la Constitution valut aux juges d'être accusés de fabriquer des justifications fantaisistes pour mieux imposer leurs convictions à la nation et de légiférer sur les mœurs, au risque de compromettre leur autorité morale en tant que tribunal suprême.

Il est toujours difficile pour un tribunal de trancher sur les questions qui touchent à la vie privée. Celles-ci sont d'autant plus épineuses qu'aux États-Unis elles relèvent de deux traditions juridiques qui s'opposent. D'une part, les Améri-

128

Bibliographie

Tribe Laurence, *American Constitutional Law*, Foundation Press, New York, 1988.

cains ont un commun désir d'empêcher toute « uniformisation imposée par des organes officiels » et de restreindre l'intrusion de l'État dans ces lieux sacrés que sont le foyer et le corps des individus. Le 4e Amendement qui protège l'individu contre « les fouilles ou saisies déraisonnables » illustre bien l'aspect le moins contesté de tout ce que recouvre le « droit au respect de l'intimité ».

D'autre part, on estime aux États-Unis que l'exercice légitime du pouvoir de police de l'État consiste à mettre en vigueur des lois portant sur la santé, la sécurité mais aussi la moralité de la collectivité. Chasteté, décence, bon ordre ont légitimement à faire l'objet d'une réglementation étatique qui permet à la majorité de porter des regards inquisiteurs et des jugements intempérants et intempestifs sur une minorité de déviants. Aucun recoin de la vie privée n'échappe à ce zèle puritain de grand nettoyage, et les législateurs des États, tel le Conseil des anciens à l'église, vous balaient la prostitution, les perversions et la pornographie pour le plus grand bien de tous.

Controverse sur l'avortement

La Cour suprême s'est efforcée de trouver un compromis entre ces deux conceptions du rôle de l'État mais cela ne fait qu'aviver la controverse en la plaçant sur le terrain politique. En étendant à tous les États le droit à l'avortement, on a déclenché un mouvement national pour la « défense de la vie » et on lui a fourni un objectif poursuivi avec une violence qui

s'est exacerbée avec les années. L'opposition à un droit constitutionnel à l'avortement et à toute interprétation laxiste du droit au respect de la vie privée est devenue une condition préalable à la nomination de centaines de juges fédéraux, dont le conservatisme risque fort de marquer les décisions judiciaires pendant longtemps.

Il a fallu moins de dix ans après la décision *Roe c. Wade* de 1973 pour que la Cour suprême prive les femmes les moins fortunées de l'avortement aux frais de l'État et rende une partie de ce pouvoir discrétionnaire aux divers États, selon un mouvement de pendule qui réinstalle les disparités et rend de nouveau l'avortement tributaire du lieu géographique et des ressources financières.

La décision de la Cour suprême sur l'affaire *Bowers c. Hardwick*, en 1986, a été la preuve la plus convaincante du changement d'attitude des juges. Les nouveaux, plus conservateurs, nommés par Ronald Reagan, ont rejeté la mise en cause d'un texte de loi étatique sur la sodomie. Hardwick avait été arrêté dans sa chambre à coucher et inculpé du crime de sodomie pour s'être livré à la fellation avec un partenaire homosexuel consentant. Plutôt que de reconnaître que le droit au respect de la vie privée englobait des rapports humains d'une nature aussi intime, la majorité des juges a déclaré que la Constitution n'offre aucune protection contre la majorité hétérosexuelle ni contre ses préjugés en matière de mœurs.

Pour tous les droits, y compris celui à la vie privée, la Cour suprême doit donc trouver le moyen de concilier des conceptions de l'État qui s'opposent. L'équilibre est difficile, et toujours instable.

Laura Armand-Maslow
Alan A. Stone

Du puritanisme à la permissivité

■ Dans les années soixante et soixante-dix les mœurs américaines, encore empreintes de puritanisme, ont évolué vers plus de permissivité au point qu'on a parlé d'une « révolution sexuelle ». Quiconque a vécu aux États-Unis pendant cette période se souvient du choc qu'ont causé, dans certains milieux, les premiers foyers universitaires « mixtes », la parution de films comme *Le Lauréat* ou *Macadam Cowboy*, les premières femmes qui se sont débarrassées de leur soutien-gorge ou encore les kyrielles de « gros mots » à connotation sexuelle ou fécale qui se sont insinuées dans le vocabulaire de tous les jours. La littérature de cette époque, de John Updike et Philip Roth à Charles Bukowski et Erica Jong, s'est fait l'écho de ce grand bouleversement.

Les études statistiques menées vers la fin des années quatre-vingt confirment que le comportement sexuel des Américains s'est profondément modifié vers la fin des années soixante et que cette tendance s'est poursuivie jusqu'au début des années quatre-vingt, où elle s'est légèrement inversée. Ainsi, on a constaté qu'en 1971 à peu près 30 % des filles nées entre 1952 et 1956 — donc âgées de 15 à 19 ans — avaient eu au moins un rapport (hétéro)sexuel ; en 1976, ce pourcentage était passé à 43 % pour la même tranche d'âge, et en 1979 à 50 %. La comparaison avec les jeunes femmes de la génération 1938-1946 est éloquente : environ 16 % seulement auraient eu un rapport sexuel entre 15 et 19 ans.

Mais ces chiffres prennent une tout autre signification si l'on compare le comportement sexuel des jeunes femmes noires à celui des blanches : en effet, pour cette même génération née entre 1938 et 1946, 40 % des Noires de 15 à 19 ans, mais seulement 13 % des Blanches ont eu au moins un rapport sexuel avant le mariage ; pour celles nées entre 1947 et 1955, les pourcentages sont respectivement de 40 % et de 21 % ; et pour celles nées entre 1956 et 1961, de 49 % et de 30 %.

Toutes les statistiques concernant la sexualité américaine confirment ces différences, non seulement entre femmes noires et blanches, mais aussi entre hommes noirs et blancs — les Hispaniques formant un groupe à part. Dans la mesure où ces données peuvent servir d'indicateur au puritanisme sexuel, on peut en conclure que les Blancs (hommes et femmes) en ont été plus imprégnés que les Noirs.

Au début des années quatre-vingt-dix, il est trop tôt pour évaluer dans quelle mesure l'épidémie du SIDA a influencé le comportement sexuel des Américains. On remarque toutefois une légère diminution de l'activité sexuelle moyenne — de toutes les générations — dès 1980-1982, avant même que le SIDA ne soit devenu, par l'action des médias, une maladie connue du grand public. On ne peut pour autant parler d'un « retour » au puritanisme, car l'activité sexuelle, même en légère régression, est restée néanmoins à un niveau beaucoup plus élevé que dans les années cinquante.

Le concubinage en progression

L'ampleur de la révolution sexuelle se reflète aussi dans la pratique du concubinage, qui fut longtemps frappée d'opprobre, si ce n'est d'interdiction pure et simple par la législation de certains États. Des études montrent que le nombre d'Américains qui ont cohabité au moins une fois avec une personne du sexe opposé n'a cessé d'augmenter depuis 1965. En effet, si 8 % des hommes et 3 % des femmes nés entre 1940 et 1944 ont cohabité au moins une fois avant leur premier mariage, 33 % des hommes et 37 % des femmes nés entre 1960 et 1964 ont fait cette expérience. D'autre part, alors que

11 % des couples mariés entre 1965 et 1975 ont cohabité avant leur mariage, ce pourcentage est de 44 % pour ceux mariés entre 1980 et 1984. La cohabitation est devenue un phénomène si répandu aux États-Unis qu'elle doit désormais être prise en compte dans l'analyse des taux de divorce, qui ont cessé de croître depuis le début des années quatre-vingt. Le mode de fonctionnement traditionnel du couple — mariage puis divorce — a été en quelque sorte relayé par le schéma « cohabitation - séparation ».

La confession ne semble pas jouer un rôle déterminant dans le choix du concubinage comme mode de vie. En revanche, certains facteurs sociaux sont liés statistiquement à la cohabitation : le niveau d'éducation (la probabilité de cohabiter est plus forte chez les moins éduqués et, paradoxalement, chez ceux dont les parents ont reçu une formation universitaire), la situation parentale (ceux qui n'ont pas vécu avec leurs deux parents sont plus « cohabitationnistes »), la situation financière de la famille (les pauvres cohabitent plus). Ces constatations, qui semblent aller à l'encontre de certaines idées reçues concernant la « philosophie » de la permissivité en général, montrent bien que l'examen de la question reste à faire.

John Taylor

Sexe et politique, les règles ont changé

■ Donna Rice, le pulpeux mannequin de Miami, eût-elle possédé des mensurations plus courtes, la face du monde en eût peut-être été changée. Celle de l'Amérique à tout le moins. Car, au lieu du vindicatif gouverneur du Massachusetts, Michael Dukakis, le moins petit de ces « nains démocrates » qui lors de l'élection présidentielle de 1988 rêvaient de s'emparer de la Maison Blanche, le républicain George Bush aurait dû affronter un champion autrement redoutable, Gary Hart. L'homme ne manquait ni d'idées, ni de charme. Un peu trop même. Pourtant, les liaisons passagères et voyantes de l'ancien sénateur du Colorado n'avaient jamais alimenté les chroniques journalistiques. Il fallut qu'en plein lancement de campagne, il se crût autorisé à défier la presse de le prendre sur le « fait » pour que son sort soit scellé. Deux photos avec le beau modèle sur les genoux suffirent à lui barrer le chemin de la Maison Blanche. Du jamais vu jusqu'ici, où sexe et politique faisaient plutôt bon ménage.

Certes, depuis les *Pilgrim Fathers*, l'Amérique a conservé son vieux fond puritain. Et les maquillages éphémères de la grande libération des années soixante se sont vite craquelés. La Cour suprême, « ressourcée » sous Ronald Reagan au début des années quatre-vingt, a d'ailleurs passé tranquillement quelques arrêts marquant autant de pas en arrière pour le pays. Enfin, on se souvient avec quel fracas fut lancée la croisade contre la pornographie d'Edwin Meese, le ministre de la Justice de l'époque. Pourtant, il y avait comme un *gentleman's agreement* en politique. Qui, du vivant de John et Robert Kennedy, se serait risqué à évoquer leurs liaisons avec Marilyn Monroe en public ? Sans parler de Judith Exner, cette maîtresse que le président des États-Unis partagea un temps avec un patron de la mafia. Avant eux, les frasques, plus discrètes il est vrai, de Roosevelt et Eisenhower n'avaient pas été divulguées. Et si Ted Kennedy porte encore les traces politiques de son accident de Chappadiquick en juillet 1969, c'est moins pour ses rapports évidents avec sa compagne Marie Jo Kopechne que parce que celle-ci y trouva la mort et qu'en s'enfuyant, le sénateur eut une conduite pour le moins indigne.

La guerre des bimbos

Est-ce un des effets pervers du Watergate, et le besoin de grande lessive publique que le scandale occasionna dans les années soixante-dix ? Toujours est-il que les règles ont changé. Utilisant fort à propos, et non sans une bonne dose d'hypocrisie, les nouveaux canons puritains de la morale publique, la presse s'est faite le Torquemada de la classe politique. Qui ne se souvient du malheureux et lourdaud Hamilton Jordan, conseiller de la présidence Carter, obligé de se justifier dans un mémoire public après avoir craché ses glaçons dans le décolleté d'une dame, un soir dans un bar de la capitale ?... Encore que, rarement prise de court, la classe politique a su finalement tourner cet accès de pudibonderie à son avantage. Et le début des années quatre-vingt-dix aura été marqué par la guerre des *bimbos*, ces jeunes femmes plantureuses dont le cerveau n'est pas le plus intéressant des volumes. Ce ne sont plus des bombes sexuelles mais de véritables armes politiques. Dans cette nouvelle morale du « pas vu, pas pris », la chose a son importance. En témoignent les mésaventures du secrétaire à la Défense désigné, John Tower, ancien architecte de la super-défense selon Reagan : son goût pour la boisson et les *bimbos* lui a valu sa place en février 1989. Et les sénateurs ont eu beau jeu, pour cacher leurs querelles politiques, de jouer les oies (blanches) du Capitole en criant au scandale.

La recette est utilisable à l'infini. Surtout, mais là c'est de bonne guerre, dans les rivalités entre télévangélistes, ces inspirés du petit écran aux recettes divinement conséquentes. Jimmy Swaggart photographié avec une prostituée en Louisiane fut défroqué de son mouvement, les « assemblées de Dieu » en 1989, et Jim Bakker, son concurrent, chuta quelques mois plus tard de son piédestal audiovisuel, après la révélation de ses rapports avec Jessica Hahn, une jeune admiratrice qu'il aurait « violée ». La morale de cette histoire, c'est qu'elle est totalement amorale. Après avoir brisé des carrières, ces fameuses *bimbos* objets de scandale font tripler le tirage des magazines : le porno politique est ce qui marche le mieux. Jessica Hahn a touché un million de dollars pour une interview et des photos pas très virginales dans *Playboy* et Donna Rice a signé un contrat avec une firme de jeans moulants du nom de *No excuses*.

Marie-Claude Decamps

Gays : des droits conquis de haute lutte

■ Dans la seconde moitié du XXᵉ siècle, la défense des droits des homosexuels aux États-Unis a enregistré des acquis considérables ; elle s'est transformée en un véritable mouvement social et politique de portée nationale et même internationale.

Le 27 juin 1969, des policiers de New York firent une descente dans un bar pour homosexuels, le Stonewall Inn, épisode courant dans la plupart des villes américaines à l'époque. Pourtant, contrairement à ce qui s'était passé en d'autres occasions, les clients du Stonewall contre-attaquèrent spontanément et bombardè-

rent les policiers de pierres et de bouteilles. Une bagarre s'ensuivit, qui devait durer plusieurs jours. Cet incident, qui eut pour décor Greenwich Village, le quartier « branché » le plus célèbre de la plus grande ville du pays, devint aussitôt le symbole et le catalyseur d'un vaste mouvement politique pour la défense des droits civiques des homosexuels, hommes et femmes. Il fut à l'origine d'une multitude d'organisations, à New York puis à travers tout le pays. Il donna l'occasion à des millions de citoyens américains homosexuels, jusqu'alors silencieux et

Bibliographie

D'Emilio John, Freedman Estelle B., *Intimate Matters : History of Sexuality in America*, Harper & Row, New York, 1988.

Stoddard Thomas B. *et al.*, *The Rights of Gay People*, Bantam Books, New York, 1983.

Vida Ginny (sous la dir. de), *Our Right to Love : A Lesbian Resource Book*, Prentice Hall, Englewood Cliffs (NJ), 1978.

pour la plupart invisibles, d'exprimer leur colère et de laisser libre cours à leur imagination.

Ce que l'on a appelé « l'émeute de Stonewall » n'avait pourtant rien de surprenant. Dès 1890, en Allemagne, les réformateurs avaient demandé le rejet des dispositions qui criminalisaient les rapports homosexuels. Ce mouvement fut supprimé par les nazis dans les années trente. Vers 1950, dans le sud de la Californie, Harry Hay avait créé la Mattachine Society, première tentative en Amérique pour affirmer les droits des homosexuels. C'est cependant Stonewall qui donna le véritable coup d'envoi du mouvement. L'incident tombait bien, à la fin d'une décennie qui avait transformé la société américaine. En 1964, le Congrès, sous la pression du mouvement en faveur des droits civiques pour les Noirs américains, avait voté une loi interdisant toute discrimination portant sur la race, la religion et le sexe d'un individu. En 1965, la Cour suprême avait déclaré (*Griswold c. Connecticut*) que tout Américain avait droit à sa vie privée. En somme, la loi comme la culture américaines avaient fini par accepter la notion de droits individuels.

Le nouveau mouvement des *gay rights* pouvait donc se construire sur une base solide. On commença par changer le vocabulaire. Le mouvement évitait d'utiliser les termes péjoratifs qui avaient cours jusqu'alors dans une société hostile pour parler des homosexuels (y compris le mot homosexuel). Il proposait de les remplacer par les mots *gay* (surtout pour les hommes) et lesbienne, et d'employer la lettre lambda pour désigner le mouvement lui-même.

Changer les lois

Le mouvement visait deux buts primordiaux : l'abrogation des lois criminalisant les activités homosexuelles (qui existaient dans tous les États sauf un), et le vote de lois sur les droits civiques pour protéger les *gays* contre toute discrimination. Il exigeait d'autre part de ses membres un engagement personnel : chaque homosexuel (le) devait déclarer son homosexualité à sa famille, à ses amis, à ses collègues, à tout le monde. Cette affirmation personnelle de millions de *gays* ne devait pas seulement mettre en évidence l'ampleur et l'importance du mouvement mais surtout permettre d'effacer des siècles de honte.

Depuis 1969, le mouvement pour les droits des *gays* a considérablement progressé. Deux États, le Wisconsin et le Massachusetts, ont voté des lois pour protéger les homosexuels contre toute discrimination dans l'emploi, le logement et le commerce. La plupart des grandes villes ont adopté des réglementations équivalentes. Ces dispositions protègent désormais plus de 10 % de la population américaine. Des centaines d'entreprises se sont officiellement engagées à n'exercer aucune discrimination à l'égard d'un employé en raison de son « orientation sexuelle ». La moitié des États américains ne considèrent plus la sodomie comme un crime (il est

« *Pensez-vous que des homosexuels devraient ou ne devraient pas être embauchés dans les professions suivantes ?* » *Les réponses se répartissent ainsi (le pourcentage indique le taux de réponses défavorables concernant chaque profession) : Instituteurs : 65 % ; Clergé : 55 % ; Médecins : 46 % ; Forces armées : 40 % ; Vendeurs : 22 %.* Source : *Gallup Organization (mars 1987), in Public Opinion, juillet-août 1987.*

vrai que, dans la plupart des juridictions, ce changement est dû à une redéfinition des lois criminelles et n'est pas une prise de position sur les droits spécifiques des *gays*).

Le mouvement pour les droits des *gays* a aussi favorisé l'apparition des productions artistiques réalisées par les *gays* et consacrées à leur cause. Des romans comme *A Boy's Own Story*, de Edmund White, ou *Ruby Fruit Jungle*, de Rita Mae Brown, ou encore la pièce de Harvey Fierstein, *Torch Song Trilogy*, témoignent de la nouvelle sensibilité artistique que l'on doit au mouvement.

Ces progrès incontestables ne peuvent toutefois faire oublier l'augmentation considérable de la violence contre les *gays* et les lesbiennes précisément à cause de leurs choix sexuels. Les législateurs de droite, au Congrès comme dans les États, présentent régulièrement des projets de loi visant à autoriser la discrimination à leur encontre. Surtout, l'épidémie de SIDA a déjà coûté la vie à plus de 30 000 *gays*.

Les *gays* ont désormais leur place dans la société américaine et ont clairement fait valoir leurs droits. Il est peu probable qu'ils acceptent de faire marche arrière.

Thomas B. Stoddard

Séduire à l'américaine

■ Aux États-Unis pas plus qu'ailleurs, il n'existe de recette infaillible pour séduire. Ce serait trop simple ! Des études menées sur la sexualité américaine montrent, par exemple, que les Noirs (suivis par les Hispaniques) sont beaucoup plus actifs sexuellement que les Blancs ; mais peut-on en conclure que les premiers se distinguent aussi par un plus grand pouvoir de séduction ? Prenons le cas des acteurs de cinéma, ces séducteurs de l'écran : ils fournissent un excellent sujet d'étude. Mais eux aussi résistent aux dénominateurs communs. A côté de la brutalité de Charles Bronson, il y a place pour l'ingénuité d'un Dustin Hoffman ; pour un Robert Redford, blond et athlétique, se trouve un Woody Allen maladroit et névrosé. Pourtant, ils réussissent tous, même Woody Allen ! Si l'on excepte Rudolf Valentino et Clark Gable, on peut peut-être hasarder une généralisation : pour la plupart de ces acteurs, c'est une certaine *naïveté* — même feinte — qui fait leur charme. Qu'en est-il du commun des Américains ?

La drague

Si l'*opening line*, ces premiers mots que lance le séducteur à la proie qu'il a choisie est la même dans tous les pays : « Nous nous sommes déjà rencontrés quelque part, il me semble », il existe au moins un type d'« approche » propre aux Américains. Dans ces premiers instants, tendus, le séducteur se hâtera d'établir son identité, son statut social. Les Américains sont plus enclins que d'autres à faire état de leur profession, de leur richesse ou, le cas échéant, de leur savoir. « *Hi !* Je m'appelle Jim », dira en guise d'introduction un homme prenant place à côté d'une jeune femme dans un avion. « Je suis avocat, en voyage d'affaires — et vous ? » Dans une fête, un *yuppie* débutera peut-être sa drague avec cette remarque désinvolte et prétentieuse : « A la couleur, je dirais que vous buvez un "clos du val - zinfandel 1982". Je m'en suis fait livrer une caisse chez moi, l'autre jour. Puis-je humer le bouquet ? » Peu importe si la jeune dame boit, comme tout le monde, un vin californien d'un plus modeste cru... Cette façon d'établir le contact relève du manque notoire de discrétion des Américains.

Tout « maître de la drague », tout *pick-up artist*, vise à convaincre la belle de « monter chez lui pour prendre un verre ». Pour ce faire, il doit déployer des trésors d'ingéniosité. Un magnétoscope chez soi, et le tour est joué (les magasins vidéo restent ouverts vingt-quatre heures sur vingt-quatre). Puis l'alcool aidant, le séducteur tâchera de créer une « atmosphère ». Quelque disque de *mood music* serait de circonstance. Mais que choisir ? — Rachmaninov ? John Lennon ? The Sex Pistols ? Le séducteur veillera en tout cas aux éclairages tamisés, les *dimmed lights*. Est-ce une coïncidence si les maisons américaines, depuis les années soixante, sont souvent équipées de petits boutons (et non d'interrupteurs) pour donner la luminosité voulue ?...

Quittons ces raffinements pour une autre technique de séduction, dénommée *dragging Main* (draguer la grand'rue), ou encore *scooping the loop* (littéralement « écoper la boucle ») qui, si elle existe ailleurs de par le monde, atteint les sommets de la perfection aux États-Unis, puisqu'elle y joue à merveille des possibilités offertes par les plans d'urbanisme et les rues à sens unique des villes. Ce sont surtout les adolescents qui la pratiquent le vendredi ou le samedi soir : ils patrouillent en voiture dans la rue principale (*Main Street*) à la recherche de *hot chicks*.

Les garçons partent en chasse avec un véhicule méticuleusement astiqué, à l'arrière surélevé (comme dans les voitures de course), et viennent se ranger, à un stop, à hauteur d'une voiture pleine de filles. Les garçons raillent alors les occupantes, les provoquent, tandis que le conducteur emballe son moteur, comme pour prouver sa virilité, à l'instar du brame des cerfs. Si les filles sont consentantes, elles s'arrêteront un peu plus loin dans un parking et les couples se formeront pour la soirée. Ces amours le plus souvent éphémères aboutissent parfois à des mariages...

John Taylor

Violences sexuelles et discriminations

■ La violence fait partie de la tradition américaine : elle participe de la « mythologie des origines » et envahit tous les aspects de la vie quotidienne ; les relations sexuelles en sont un domaine d'expression privilégié.

Tous les textes relatant les odyssées (réelles ou fictives) des femmes blanches captives des Indiens demandent l'éradication de la « sauvagerie » qu'incarneraient les Indiens et la nature. L'homme blanc doit défendre la femme contre les attaques des « animaux sexuels » que seraient les Indiens et, par extension, les Noirs. Ainsi est né le mythe américain qui lie de façon obsessionnelle la sexualité à la couleur de la peau. Il est associé historiquement à l'autre obsession américaine, la violence.

Le viol des esclaves noires par les planteurs blancs était une pratique courante, de même que le lynchage qui servait à imposer l'« ordre » par la violence dans le Sud et dans l'Ouest. Après l'abolition de l'esclavage (1er janvier 1863), la peur du viol de la femme blanche par l'homme noir justifia *tous* les lynchages, alors que, dans deux tiers des cas, il s'agissait de réprimer les velléités d'émancipation politique et économique des Noirs : le terrorisme politique s'exprimait par la coercition sexuelle. Entre 1884 et 1968, 3 446 Noirs furent lynchés.

Un rapport du ministère de la Justice (1988) indique que 130 000 cas (connus) de viol ont été enregistrés en 1986 aux États-Unis, soit un toutes les quatre minu-

Bibliographie

Brownmiller Susan, *Against Our Will*, Bantam, New York, 1975.

MacKinnon Catharine, *Feminism Unmodified. Discourse on Life and Law*, Harvard University Press, Cambridge (MA), 1987.

Report to the Nation on Crime and Justice, Bureau of Justice Statistics, Washington (DC), 2ᵉ éd., mars 1988.

tes : une femme sur quatre est violée ou menacée de viol au cours de son existence. Bien que dans 76 % des cas les victimes d'hommes noirs soient des femmes noires, le mythe du viol de la femme blanche par l'homme noir survit.

Il a fallu attendre le mouvement féministe des années soixante-dix pour que le viol soit reconnu pour ce qu'il est : « un processus conscient d'intimidation par lequel tous les hommes maintiennent toutes les femmes dans un état de peur ». Pour Susan Brownmiller, le viol est un phénomène de frustration et d'agression : seules ses manifestations sont sexuelles ; elle suggère que, s'il y a proportionnellement plus d'hommes noirs que d'hommes blancs qui violent des femmes, c'est parce qu'il y a proportionnellement plus de pauvres parmi les Noirs.

Abus sexuels

Il ressort de l'enquête déjà citée que le violeur n'est un inconnu que dans 55 % des cas rapportés à la police ; pour les femmes mariées, le violeur serait le mari dans 14 % des cas. La jurisprudence américaine a longtemps refusé d'admettre le concept de viol conjugal et, en 1990, 29 États s'y refusaient encore. C'est en 1984 que, pour la première fois, un mari fut reconnu coupable du viol de sa femme.

La brutalité physique envers les femmes et les enfants (allant jusqu'à l'inceste) est une autre forme de violence sexuelle :

plus de 1,8 million de femmes sont battues et violentées sexuellement chaque année ; il y a eu plus de deux millions d'incestes et autres abus sexuels envers des enfants en 1988 (669 000 cas en 1976) ; plus de la moitié des abus sexuels sur des enfants sont commis par les parents, eux-mêmes ayant souvent été victimes d'abus sexuels dans leur enfance. L'Amérique a pris conscience de la gravité de ce problème depuis la révélation du cas de la petite Lisa Steinberg, battue à mort par son père adoptif qui martyrisait également sa compagne (1987), et le procès des professeurs de l'école McMartin en Californie, accusés d'avoir violé leurs élèves (1986).

La violence sexuelle se retrouve encore dans les « meurtres de masse » dont les victimes sont généralement des femmes (quarante-neuf jeunes femmes furent victimes d'un assaillant dans l'État de Washington en 1984) ; dans la répression sexuelle qui s'exprime par la loi : Washington DC et vingt-quatre États criminalisent certaines pratiques sexuelles (la sodomie est interdite même entre adultes consentants et dans l'intimité du foyer) ; enfin, dans le terrorisme de certains mouvements opposés à l'avortement qui vont jusqu'à placer des bombes dans les cliniques qui le pratiquent.

Au cours des années quatre-vingt, les Américaines ont demandé la protection de la loi contre le harcèlement sexuel sur les campus universitaires et sur le lieu de travail. Plusieurs professeurs ont dû démissionner à la suite de plaintes d'étudiantes. Des femmes enceintes se voient privées de leur emploi jugé « dangereux » pour le fœtus par l'employeur. Il faut choisir entre l'avortement et le chômage. En 1986, la Cour suprême, dans son arrêt *Vinson c. Meritor Savings Bank*, a décidé à l'unanimité que le harcèlement sexuel d'une employée par son supérieur était contraire à la loi fédérale. Mais le conservatisme grandissant de la Cour l'a conduite à réduire considérablement la portée de cette déci-

136

sion : en 1989, l'arrêt *Patterson c. McLean Credit Union* a refusé de reconnaître la possibilité de discriminations sexuelles et raciales à l'encontre d'une femme *après* l'embauche : il est désormais impossible de se retourner contre un employeur qui refuse une promotion ou licencie pour des raisons liées au sexe de la personne.

Françoise Burgess

FAMILLE ET SOCIÉTÉ

La famille à hue et à dia

■ On parle souvent de l'extinction de la famille américaine. La nouvelle semble prématurée. La famille devient seulement plus incertaine, plus diverse et instable dans ses formes.

La vie familiale est constamment tiraillée entre des forces libertaires et répressives. D'un côté, les impulsions individuelles sont privilégiées au détriment des contraintes institutionnelles. Ainsi les rites entourant la légalisation d'une union sont-ils souvent sommaires. L'accent mis sur l'individualisme sépare les deux sexes et minimise la solidarité entre générations (les Américains croient souvent ne rien devoir ni à leurs aïeux ni à leurs descendants). Des rituels élaborés (le *dating*) ont longtemps régi les relations informelles entre hommes et femmes afin de codifier l'arithmétique de leurs échanges sexuels.

Divorce à l'américaine

♦ *Le taux de mariage pour 1 000 habitants a décru de 12,1 en 1940 à moins de 10,0 en 1987. Par ailleurs, si les Américains se marient de plus en plus tard (25,1 ans en 1983 contre 22,5 en 1963), cette tendance est encore plus marquée pour les Américaines (23,3 ans contre 20,3). En revanche, le taux de divorce pour 1 000 habitants est passé de 2,0 en 1940 à 5,3 en 1981 pour retomber à 4,9 en 1986.*

*L'évolution des divorces reflète la libéralisation de la législation au cours des années soixante-dix. Les nouvelles lois autorisent en effet un des conjoints à sortir de l'union indépendamment des intentions de son partenaire. Elles ont aussi aboli les pénalités financières existantes et les conjoints n'ont plus qu'à partager les dettes et les biens accumulés. Cette évolu-*tion explique que si les procédures de divorce émanent encore dans deux tiers des cas des épouses, l'écart qui les sépare des hommes en la matière a nettement diminué dans les années quatre-vingt.

En 1990, les moins de 18 ans ont statistiquement plus de chances d'avoir des parents divorcés. Le taux d'enfants de divorcés a d'abord augmenté, passant de 9,5 ‰ en 1966 à 18,7 ‰ en 1981, pour retomber à 16,8 ‰ en 1986. C'est en raison de cette évolution, bien que la législation sur le divorce relève de la compétence des États, qu'une loi fédérale a rendu le paiement des pensions alimentaires obligatoire.

R. C.

Menaces sur la jeunesse

♦ *Le narcissisme ambiant conduit la jeunesse à faire de la satisfaction immédiate de ses désirs une fin en soi : la maturité est haïssable et «l'âge de l'adolescence éternelle est arrivé» pouvait-on lire au printemps 1990 dans un long article de* Newsweek *consacré aux moins de vingt ans. Première conséquence : on retourne vivre chez papa-maman. L'indépendance est moins à la mode parce que vivre seul coûte cher et que l'on préfère utiliser l'argent que l'on gagne pour satisfaire ses fantaisies. En 1980, 47 % des 18-24 ans vivaient chez leurs parents et 43 % vivaient seuls : en 1987, ces pourcentages étaient passés à 54 % et 32 %.*

L'adolescent est abruti par plus de sept heures de télévision par jour, le rock vidéo et le walkman. Rien de surprenant à ce que les résultats scolaires soient en chute libre dans l'ensemble du pays : penser exige un effort auquel peu sont préparés. La réussite se mesure à l'argent, d'autant mieux qu'il est aisément acquis. Selon un sondage Harris de 1986, 57 % des garçons et filles de moins de 18 ans ont déjà eu une expérience sexuelle. Or, les fondamentalistes en tout genre, protestants et catholiques, s'opposant à la mise à disposition des moyens de contraception au nom de la morale, les taux d'avortements et de naissances hors mariage chez les teenagers *américains sont deux fois plus élevés que* la moyenne enregistrée dans les autres pays occidentaux.

Autres problèmes : la violence, l'alcool et la drogue. Le taux de suicides adolescents a triplé entre 1950 et 1990 et doublé dans les deux dernières décennies. Six adolescents se suicident tous les jours. L'abus d'alcool, comme celui de la drogue, est d'autant plus alarmant qu'il est souvent associé à la violence. Si l'usage épisodique des drogues dures (cocaïne, crack*) est en diminution parmi les étudiants, il n'en reste pas moins qu'en 1989 50,9 % des* seniors *(quatrième année d'Université) avaient touché à la cocaïne (contre 53,9 % en 1988) et que 5,9 % d'entre eux utilisaient régulièrement le* crack*.*

La violence s'exprime dans les lyrics *des nouveaux groupes de rock et de rap, très controversés, dans les agressions physiques de plus en plus fréquentes, impliquant des très jeunes adolescents qui semblent ne pas mesurer la signification de leurs actes, tels ces trois garçons de quinze ans qui violèrent une gamine de douze ans à Harlem et la jetèrent du toit parce qu'elle leur devait 45 dollars.*

L'anomie, le désintérêt, la violence des jeunes ne sont pas un phénomène nouveau aux États-Unis, mais ils ne cessent d'augmenter. Comment le résoudre ?

Françoise Burgess

Ce code permettait non seulement à chaque partenaire de prévoir ce qu'il(elle) pourrait demander ou offrir, il lui permettait aussi de se placer par rapport aux concurrents(entes).

CHEFS DE FAMILLE AU FÉMININ (en % du total des foyers)			
	Blancs	Noirs	Hispaniques
1980	12	40	20
1989	17	55,8	23

Urban Institute, Washington, 1986.

La priorité donnée aux préférences individuelles reste toutefois relative tant elle est freinée par le conservatisme politique ou religieux des autorités locales et de l'opinion publique. Au début des années quatre-vingt-dix, il existe encore dans les villes des quartiers réservés aux familles « normales » qui frappent d'ostracisme les couples homosexuels, les concubins ou les « communautés » hippies. De même, en dépit du respect affiché envers la vie privée, certains États ont interdit, jusque dans les années soixante-dix, aux couples légitimes d'utiliser des contraceptifs ou

138

« Mères de substitution », une source de conflits juridiques

♦ *Entre 1980 et 1984, on a dénombré aux États-Unis environ 500 naissances dans lesquelles ont été impliquées des mères de substitution, ou « mères porteuses ». L'expression fait référence à la pratique qui vise à pallier la stérilité ou l'infécondité de couples dans lesquels la femme ne peut avoir d'enfant. La mère de substitution est inséminée artificiellement par le sperme du mari de la femme inféconde ou stérile, porte l'enfant pendant la gestation et le remet à sa naissance au couple demandeur. L'importance de ce type de pratique — née aux États-Unis avant de s'étendre aux autres pays occidentaux — soulève des difficultés juridiques et des problèmes éthiques. La décentralisation du droit américain fait ressortir aussi bien la variété des conflits opposant les mères de substitution aux couples avec lesquels elles ont passé un contrat que la diversité des solutions possibles.*

La Virginie a été le premier État à autoriser (en 1980) l'ouverture de cliniques spécialisées dans la conception assistée d'embryons humains. En 1981, la Cour suprême du Michigan a interdit à un père biologique et à son épouse d'adopter l'enfant d'une mère porteuse, la législation sur les adoptions interdisant toute transaction monétaire. Un député du même État a demandé, la même année, l'introduction d'un contrôle obligatoire de la compatibilité génétique des parents biologiques, quelle que soit la nature sociale de leurs liens. Finalement, en 1986, au cours du procès opposant la mère porteuse de Baby M au père biologique, le tribunal de New Jersey a reconnu les intérêts de la petite fille en nommant un avocat chargé de la représenter.

Les motivations des mères de substitution sont multiples. Certaines femmes se substituent à leur sœur stérile pour porter un enfant conçu avec le sperme de leur beau-frère. Dans de nombreux cas, les mères de substitution sont rémunérées (5 000 dollars dans un cas en 1980, 10 000 dollars pour Baby M). Non seulement le statut social de la mère porteuse est souvent inférieur à celui du père biologique et de son épouse, mais cette différence peut avoir des effets dramatiques en cas de grossesse difficile ou si l'enfant naît anormal.

Il est arrivé que des mères de substitution cherchent à annuler leur contrat et à garder leur enfant ; la généralisation des techniques de conception assistée pose ainsi le problème des droits de propriété ou de garde des acteurs biologiques (par exemple en cas de divorce) et de leurs ayants-droit, en particulier leurs héritiers. Les tribunaux invoquent des précédents fort disparates pour résoudre les conflits qui leur sont soumis. Certains juges assimilent un contrat de mère de substitution à un contrat de location ; d'autres y voient un transfert d'organe, d'autres encore une forme de trafic d'esclaves ou de prostitution.

R.C.

ont criminalisé certaines pratiques sexuelles, considérées comme licencieuses. Ces mesures répressives ont pesé longtemps et lourdement sur les femmes : les mères de famille n'étaient pas supposées travailler et les sociologues décrivaient dans le détail les méfaits et les maladies des enfants abandonnés pendant la journée. Si les jeunes filles de familles bourgeoises allaient à l'Université, elles n'entraient pas pour autant sur le marché du travail, car le droit comme les pratiques bancaires décourageaient leur indépendance financière et juridique. Le contre-courant libertaire en a été d'autant plus fort.

Ce jeu de forces contradictoires explique en partie le déclin de la nuptialité et de la fécondité et l'accroissement simultané des divorces et des grossesses adolescentes non désirées. Le triomphe d'un

Bibliographie

Bellah Robert *et al.*, *Habits of the Heart*, University of California Press, Berkeley (CA), 1985.

Glendon Mary Ann, *The Transformation of Family Law*, University of Chicago Press, Chicago (IL), 1989.

Hodgkinson Harold, *All One System*, The Institute of Educational Leadership, New York, 1985.

Weitzman Leonore, *The Divorce Revolution*, The Free Press, New York, 1985.

Zelizer Vivian, « From Baby's Farms to Baby M », *Society*, n° 25, New Brunswick (NJ), 1988.

individualisme débridé fait que la famille traditionnelle a cessé d'être perçue comme un refuge de tendresse dans un monde ingrat.

Tout est famille

Toutefois, ces observations ne rendent pas suffisamment compte de la diversité et de la flexibilité des formes de vie familiale. Les causes de l'évolution des taux de mariage, de naissance, et de divorce sont multiples. La dimension pécuniaire y joue sans doute un rôle important. Si la vie de famille « normale » a perdu de son attrait, c'est souvent parce qu'elle se révèle plus coûteuse qu'on ne l'escomptait ou que les avantages qu'elle procure apparaissent moindres que ceux d'autres modes de vie, soudain devenus possibles.

Ensuite, les comportements familiaux moyens ne doivent pas faire oublier leur diversité. La vie des familles des petites villes de l'Amérique profonde est restée la même que celle de leurs parents. Cela vaut aussi pour certains groupes ethniques. Au début des années quatre-vingt, les Irlandais du Rhode Island continuaient, comme par le passé, à se marier plus tard que les Italiens, les Portugais ou les Canadiens francophones du même État. En revanche, les comportements familiaux des Noirs et des Blancs ont évolué dans des sens divergents.

Jusqu'en 1950, les premiers se mariaient plus tôt que les seconds ; depuis, la tendance s'est inversée. De même, depuis 1966, le nombre relatif des femmes enceintes au moment de leur premier mariage a décru de manière beaucoup plus spectaculaire parmi les Noires que parmi les Blanches. La famille américaine « moderne » ne se réduit donc pas seulement aux mariages « ouverts » dont les conjoints acceptent tous les caprices de leurs partenaires, ou aux couples dont les deux conjoints travaillent et ont des résidences séparées.

Enfin, l'évolution de la famille est loin d'être irréversible. Si les liens entre grands-parents et petits-enfants se sont souvent distendus pendant la période de l'après-guerre, les effets négatifs du divorce sur le statut des femmes et de leurs enfants ont au contraire renforcé ces relations, dans une certaine mesure. On observe par ailleurs, depuis 1981, une inversion de la tendance des taux de fécondité et de divorce. Et si de nombreuses femmes se marient plus tard, la naissance de leur premier enfant s'en trouvant retardée d'autant, elles raccourcissent aussi l'intervalle qui sépare leur première grossesse des suivantes.

En somme, l'évolution des comportements familiaux est double. Elle reflète des changements irréversibles dans l'organisation économique du pays, mais aussi les effets réversibles des phases successives du cycle économique. La direction et la rapidité de cette évolution sont loin d'être uniformes pour les différents groupes sociaux. Le fameux pluralisme américain s'exprime ainsi dans l'acceptation de formes de vie familiale de plus en plus éloignées les unes des autres.

Rémi Clignet

Naissances hors mariage

États-Unis : 20,6 % (1984)
France   : 19,6 % (1985)
Danemark : 43,0 % (1985)
Source : Public Opinion *(mai-juin 1987) et Données sociales 1990.*

140

Le scandale des crèches

■ On ne peut parler de la situation de l'enfance aux États-Unis sans évoquer les vifs contrastes que créent l'argent et l'appartenance sociale.

Les enfants qui ont la chance d'avoir des parents aisés sont ordinairement sur-préparés à la compétition qui les attend à l'âge adulte, alors que la progéniture des parents pauvres est le plus souvent élevée dans et par la rue. L'absence d'une politique sociale au niveau national est largement responsable de cet état de choses. Les statistiques sont accablantes ; à la naissance, le taux de mortalité des enfants noirs est plus de deux fois supérieur à celui des blancs. Un enfant américain sur cinq est pauvre et près de 50 % des enfants noirs vivent dans la pauvreté. Dans ces familles, le père est souvent définitivement parti et la mère, généralement peu éduquée, n'a pas d'emploi et vit des ressources que lui octroie une assistance sociale très limitée. Tout jeunes, les enfants sont exposés à la violence et à la drogue qui dévastent les quartiers pauvres. Abandonnés par leurs parents, ils sont tantôt recueillis par une grand-mère peu préparée à subvenir à leurs besoins, tantôt laissés à la rue. Nombre d'enfants pauvres sont employés illégalement dans les *sweatshops* (environ 37 500 enfants rien qu'à New York). Quant à leur scolarisation, elle est généralement déplorable : les écoles publiques des quartiers pauvres sont de mauvaise qualité.

A Harlem, en 1925, dans 85 % des familles noires, les deux parents étaient présents. En 1965, ce pourcentage n'était plus que de 75 %. En 1985, il était inférieur à 50 %. En 1960, 60 % des enfants noirs vivaient avec leurs deux parents ; en 1985, ce pourcentage était tombé à 37 %.
Public Opinion, *janv.-fév. 1988.*

A l'autre extrême, il n'est pas rare que les enfants des familles aisées souffrent de l'excès d'attention que leurs parents portent à leur avenir. De nombreux établissements offrent, pour 2 000 dollars par an, une heure par semaine de « cours » de musique, d'art dramatique, de dessin ou de diction afin de « préparer » le bambin de deux ans à aller dans une « bonne école » qui lui permettra plus tard d'aspirer à Princeton ou à Harvard. Ainsi fleurissent également les « séminaires » et « groupes de discussion » pour mères anxieuses, qui craignent de ne pas inculquer à leurs petits les « valeurs morales » dont ils auront besoin plus tard.

Foyers monoparentaux avec enfants

La proportion de ce type de foyers atteint respectivement 22,9 % aux États-Unis ; 16,9 % en Suède ; 14,8 % au Canada ; 13,5 % en RFA ; 12,7 % en Grande-Bretagne ; 11,4 % en Australie ; et 5,9 % au Japon.
National Journal, *31.03.1990.*

Vingt-neuf millions d'enfants ont des mères qui travaillent à plein temps ou à mi-temps et 53,1 % des enfants de moins de six ans ont une mère qui n'est pas à la maison dans la journée, pourcentage qui devrait passer à 67 % en 1995. Or, les deux tiers des mères qui travaillent sont seules au foyer ou ont des partenaires qui gagnent moins de 15 000 dollars par an. Pour elles, le travail est une nécessité économique, ce qui les oblige à faire garder leurs enfants. Mais bien des femmes pauvres ne peuvent se permettre un tel « luxe » et doivent renoncer à travailler pour se retrouver au *Welfare* (aide sociale).

Les États-Unis n'ont pas de politique familiale à l'échelle nationale : le congé de maternité et l'allocation familliale n'existent pas : seuls les enfants des familles les plus défavorisées reçoivent une « aide » de l'État et, depuis 1980, ces programmes ont été réduits de 25 %. Plus de 11 millions d'enfants et de jeunes adoles-

Bibliographie

Children Defense Fund, *A Call for Action to Make our Nation Safe for Children*, CDF, New York, 1988.

Triedman Kim, « A Mother's Dilemma », *Ms*, New York, juil. 1989.

cents n'ont aucune assurance-maladie. Un excellent programme (*Head Start*) destiné à préparer les plus défavorisés à la vie scolaire ne touche que 20 % des enfants théoriquement concernés.

Latchkey children...

Mais le plus grand scandale est peut-être celui des crèches et des garderies. En 1990, un projet de loi (*Act for Better Childcare*) prévoyant une politique cohérente à l'échelon national a échoué à cause de divergences partisanes. Les républicains ont en effet accusé les démocrates de vouloir trop de contrôle étatique des crèches et les démocrates reproché aux républicains de promouvoir une politique encourageant les « mères au foyer » sous couvert de soutien direct aux familles pauvres, sans lier ce soutien à l'obligation de travailler. Résultat : il n'y a toujours pas d'aide de l'État pour prendre en charge les enfants des mères qui travaillent, et seuls les parents aisés peuvent trouver facilement des crèches privées pour leurs enfants.

Moins d'un pour cent des six millions d'employeurs offrent des crèches sur le lieu de travail malgré l'existence, dans treize États, d'une politique de déductions fiscales pour les entreprises qui financent ces crèches. C'est ainsi que cinq millions de *latchkey children*, ces enfants qui portent la clé de la maison au cou et dont nul ne s'occupe en dehors de l'école, sont littéralement laissés à eux-mêmes, non pas parce que leur mère se désintéresse de leur sort mais parce qu'elle ne peut pas faire autrement.

Françoise Burgess

Antiféminisme et féminisme

■ En 1990, s'impose une image assez optimiste de la condition féminine. Les mentalités, dit-on, ont changé. Les couples partagent mieux les tâches ménagères ; les femmes ont plus d'audace, estiment normal que les portes fermées en 1960 leur soient désormais ouvertes. Une étude de *Time* (4 décembre 1989) souligne que 77 % des Américaines attribuent ces progrès au féminisme : 54 % des étudiants contre 20 % dans les années cinquante sont des femmes, 58 % des Américaines travaillent contre 35 % à l'époque, le nombre de femmes juristes, docteurs ou ingénieurs a augmenté. En dix ans, le nombre de diplômées d'un MBA a quadruplé. Certaines réussites sont spectaculaires : Sandra O'Connor, première femme nommée à la Cour suprême, Sally Ride, première astronaute dans l'espace, Geraldine Ferraro, première candidate à la vice-présidence. On parle même d'une « féminisation » irréversible de la culture.

LE TRAVAIL FÉMININ		
	Population active féminine (en millions)	Taux d'activité des femmes mariées (en %)
1947	16,3	20,1
1965	26,2	35,7
1987	53,7	56,1

Source : Statistical Abstracts 1967 et 1989.

Bref, le féminisme a joué son rôle, la société est entrée dans une phase de « postféminisme ». Ce concept, accepté parfois par les féministes libérales, est récusé par les radicales qui prônent une conscience

142

Bibliographie

Ballorain Rolande, *Le Nouveau Féminisme américain*, Denoël, Paris, 1972.

Castro Ginette, *Radioscopie du féminisme américain*, Presses de la FNSP, Paris, 1984.

Ferree Myra Marx, Hess Beth B., *Controversy and Coalition : The New Feminist Movement*, Twayne Publishers, Boston (MA), 1985.

Haber Barbara (sous la dir. de), *The Women's Annual, 1982-83*, G.K. Hall, Boston (MA), 1983.

sociale plus solidaire et une critique globale de la société. Pour elles, rien n'est irréversible, et l'antiféminisme des années quatre-vingt a remis les acquis antérieurs en question.

En effet, parler de « post-féminisme » revient pour ces dernières à démobiliser. Ainsi, on souligne que la majorité des femmes ne se considèrent pas comme féministes ; on s'interroge sur le sort des dirigeantes des années soixante et soixante-dix : Bella Abzug ou Shirley Chisholm ont l'âge de la retraite, Betty Friedan et Germaine Greer publient des livres plus traditionnels, Gloria Steinem a abandonné la direction de la revue *Ms*, Kate Millett semble se consacrer à l'art. On proclame que ce sont des femmes qui, ralliées à la bannière de Phyllis Schlafly, ont fait barrage à l'amendement sur l'égalité des chances (ERA, *Equal Rights Amendment*). Bref, le féminisme serait dépassé.

Cette rhétorique, connue, est la première stratégie d'un antiféminisme plus virulent qui succède au sexisme ordinaire des années antérieures. Ainsi, pour la première fois, le gouvernement fédéral a cessé de promouvoir la condition féminine et a freiné l'application des lois pour l'égalité des chances ; il soutient ouvertement l'idéologie de la nouvelle droite qui l'a porté au pouvoir et son image tradition-

nelle de la « place » de la femme. Les réductions budgétaires des programmes sociaux ont touché d'abord les femmes. En 1990, les trois quarts des pauvres sont des femmes. De nombreux postes fédéraux occupés par des femmes ont été supprimés. De hauts fonctionnaires féminins ont été remplacés par des idéologues réactionnaires, et surtout la nomination par R. Reagan de trois juges, dont Sandra O'Connor, a porté à cinq la majorité conservatrice de la Cour suprême. Les effets de cette politique renforçant ouvertement le patriarcat, le militarisme, les fondamentalismes se sont particulièrement manifestés en juillet 1989, à propos de la remise en question de la liberté de l'avortement (arrêt *Webster c. Health Reproductive Services*).

Luttes féministes

Les partisans de la liberté de choix (*pro-choice*), comme l'on dit maintenant, avaient cru la victoire judiciaire de 1973 (*Roe c. Wade*) définitive. Mais, dès 1977, la réaction s'est organisée. John Birch Society, American Legion, Daughters of the American Revolution, comités pour le droit à la vie (*pro-life*), congrès des évêques catholiques, une partie du clergé protestant et diverses armées de Dieu défilaient, kidnappaient, incendiaient des cliniques, traitaient médecins et juges de « nazis ». La Federal Drug Administration interdisait le mot « avortement » dans les centres de planning familial. Enfin, l'arrêt *Webster* reconnaissant à l'État du Mis-

Abigail Smith Adams

Épouse du président John Adams et mère du président John Quincy Adams, ce fut la première féministe américaine (1744-1818). En 1776, avant la Déclaration d'indépendance, elle écrit à son époux : « Dans le nouveau code des lois qu'il vous sera, j'imagine, indispensable de faire, je souhaite que vous vous souveniez des femmes et soyez à leur égard plus généreux que vos ancêtres. Ne mettez pas des pouvoirs trop illimités entre les mains des maris. Rappelez-vous, tous les hommes seraient des tyrans s'ils le pouvaient. »

souri le droit de réduire les dépenses publiques en matière d'avortement consacrait leur victoire. Mais les partisans du libre choix se sont organisés en retour (300 000 personnes ont défilé le 12 novembre 1989 à Washington et dans tout le pays) et ont obtenu des succès aux élections locales de novembre 1989 (Douglas Wilder, *pro-choice* et noir élu en Virginie). Les féministes se sont regroupées, renforcées par des réformistes, l'Union of Methodist Women, le National Council of Jewish Women, et, pour la première fois dans ce combat, la League of Women Voters et la Women's Equity Action League.

Cette nécessité de se battre à nouveau pour conserver des droits acquis a renforcé chez les féministes la conscience qu'il faut rester vigilantes, solidaires, et que le militantisme doit s'étendre désormais à tous les domaines, pour déboucher sur l'action politique. Des milliers de groupes se sont organisés ; l'action internationale s'est renforcée, une trentaine d'organisations militent en milieu ouvrier et parmi les minorités. On a notamment observé l'émergence d'une forte pensée féministe noire et juive. En dix ans l'effectif de NOW (National Organization of Women) est passé à un million de membres. Les programmes d'action englobent le droit à la reproduction et son contrôle, le contrôle de la médecine et de sa technologie, la lutte contre toutes les formes de violence sexuelle, sur les lieux de travail comme au foyer ; les femmes battues, le viol des femmes et des enfants sont particulièrement évoqués. Le mythe du travail ménager masculin est dénoncé : 20 % seulement des hommes l'effectuent, souligne la sociologue Arlie Hochschild dans *The Second Shift* (1989). Elle prône une législation en faveur de la famille assurant égalité des salaires, gardes d'enfants, congé de maternité, congé parental, domaines où peu de progrès sont notables.

Ces programmes sont étayés par une théorie féministe de premier ordre qui a renouvelé tous les domaines du savoir, rivalisant avec freudisme, marxisme, libéralisme et post-modernisme, reliant plus que jamais conscience, idéologie, action politique. Les *Women's Studies* se sont multipliées à l'Université. La critique féministe littéraire fait autorité. La littérature féminine, de premier plan, impose de nouvelles images de la femme, de ses relations à autrui et de sa conception du monde, grâce aux œuvres d'Alice Walker, Toni Morrison, Grace Paley, Alison Lurie, mais aussi Margaret Atwood, Marilyn French et bien d'autres. L'intervention politique a aussi gagné en générosité et maturité. Il s'agit de refuser un monde dominé par la compétition, la violence, l'argent, le pouvoir, et menacé par des intégrismes délirants, une technologie incontrôlée, un environnement dégradé, un obscurantisme régressif. Le féminisme y suffira-t-il ?

Rolande Ballorain

Qui paiera les retraites ?

■ L'Amérique, ce pays symbole de la jeunesse, doit compter avec une proportion croissante de vieux. En l'an 2030, les 77 millions d'Américains de la *baby boom generation* auront plus de 65 ans : on parle déjà d'eux comme de la *geritol generation*. En 1960, les moins de 18 ans représentaient 35,7 % de la population et les plus de 65 ans, 9,3 % ; en 2030, ces deux catégories seront passées à respectivement 21,3 et 20,7 %. En 1900, un Américain sur vingt-cinq avait plus de 65 ans ; en 1990, cette proportion était de un sur huit et en 2030, elle sera de un sur cinq. Enfin, les rangs des « vraiment vieux », ceux de plus de 85 ans, ne cessent de grossir : de 7 mil-

144

Bibliographie

Rosenwaik Ira, *The Extreme Aged in America*, Greenwood, Westport (CT), 1985.

Shield René R., *Uneasy Endings*, Cornell University Press, Ithaca (NY), 1988.

Wise David E. (sous la dir. de), *The Economics of Aging*, University of Chicago Press, Chicago (IL), 1989.

lions en 1990, ils passeront à 25 millions en 2050.

Personne n'aime regarder ce genre de vérité en face : on préfère parler du «troisième âge» ou des *senior citizens*. Dans l'ensemble, les plans de retraite inaugurés par Franklin D. Roosevelt (connus sous le nom de Social Security), et constamment étendus depuis, ont largement profité aux personnes âgées : en 1965, un tiers des retraités vivaient en dessous du seuil de pauvreté ; ils n'étaient plus que 14 % dans ce cas en 1990. La situation des femmes laisse cependant davantage à désirer : les 17 millions d'entre elles qui ont plus de 65 ans ont en moyenne une retraite égale à la moitié de celle des hommes (6 425 dollars contre 11 544 dollars par an) ; elles bénéficient de plans d'assurance-santé moins importants et ont plus fréquemment la charge des soins d'une personne plus âgée et invalide. Huit Américaines sur dix survivent à leur mari et doivent faire face en moyenne à 15 ans de solitude.

La maladie suscite des angoisses très présentes aux États-Unis. En effet, si l'on n'a pas de bonne assurance personnelle privée, une maladie de longue durée peut conduire très vite à l'indigence. Certes, le programme de couverture-santé *Medicare* (créé en 1965) assure la protection des personnes de plus de 65 ans qui peuvent espérer être soignées lorsqu'elles tombent malades. La crainte du vieillissement et des coûts qu'il implique demeure : 16 millions de personnes de plus de 65 ans ont besoin d'aide pour faire leur toilette, s'habiller et manger... et peu d'entre elles sont protégées par une assurance qui rem-

bourse ce genre de frais. La maladie d'Alzheimer frappera cinq millions d'Américains en l'an 2000, soit 40 % des plus de 85 ans ; or, elle n'est *pas* couverte par *Medicare*. Et il faut avoir épuisé toute ressource personnelle pour être pris en charge par l'État (*Medicaid*).

Les fonds de la Social Security

Autre problème : qui financera la retraite d'un nombre croissant de personnes âgées ? En 1990, chaque retraite représentait les cotisations de 3,3 travailleurs. En 2035, il n'y aura plus que deux travailleurs pour un retraité et les moyens financiers seront insuffisants pour assurer le versement des pensions. Les fonds de la Social Security, encore excédentaires en 1990 de quelque 22 milliards de dollars, à cause du *baby boom* des années soixante, servent à masquer une partie du déficit budgétaire à l'échelon national. Le sénateur Moynihan a d'ailleurs proposé (sans succès) de diminuer les cotisations à la Social Security pour un temps afin de mettre un terme à cette situation.

Les personnes âgées se sont organisées en *lobby* pour utiliser efficacement leur poids politique. Leur taux de participation électoral est beaucoup plus élevé que celui des autres classes d'âge. Lorsque le président Reagan avait proposé de limiter les retraites prévues par la Social Security, son parti dut promptement reculer.

Depuis 1965, le sort de ces personnes s'est considérablement amélioré ; autrefois, elles formaient les gros bataillons des catégories les plus pauvres, désormais, les jeunes les ont remplacées. Cependant, la situation risque de se dégrader avec l'accroissement du nombre de ceux qui devront être pris en charge. Or, comme les générations plus jeunes, les personnes âgées refusent toute nouvelle charge fiscale : elles veulent des programmes sociaux sans avoir à payer plus.

Françoise Burgess

Les morts se portent bien

■ Au début des années quatre-vingt-dix, les titres de Bourse les plus cotés à Wall Street étaient, selon *Business Week*, ceux d'une grande entreprise de pompes funèbres. Quoi de plus actif et vivant que le *business* de la mort ? Entre 1987 et 1990, celui-ci a augmenté son chiffre d'affaires de 20 % ! Les dernières années du siècle sont en effet celles du vieillissement de la génération du *baby-boom*. Bel accroissement de clientèle en perspective...

Les jeunes cadres supérieurs ont déclenché l'escalade des prix. On se rue sur les sépultures, ultime symbole de standing quand on possède déjà ses trois voitures et sa piscine. On s'arrache les meilleurs places dans le charmant petit cimetière du coin. Un tel succès est dû en partie à une politique de vente très agressive, et à la déréglementation de l'industrie funéraire.

Tout est licite : démarchage par téléphone ou chez les clients, *mailings*, publicité ; une idée promotionnelle qui marche est l'événement dit culturel organisé autour des lieux de dernier repos.

L'entrepreneur de pompes funèbres se considère comme un dirigeant d'entreprise doublé d'un psychothérapeute. Sa profession est défendue par de puissants *lobbies*. Il ne manquera pas de faire étalage de diplômes obtenus dans les collèges d'embaumeurs, d'arts cosmétiques et de sciences funèbres en général. Son rôle est, en quelque sorte, d'évacuer le sens profond de la mort...

Jessica Mitford a décrit avec un humour décapant le matraquage des familles, après avoir feuilleté les catalogues d'articles pour défunts : chaussures cousues main et cravates de soie de P-DG pour fri-

Accompagner les mourants

♦ *Une révolution s'est produite à la fin des années soixante : la redécouverte de la mort et du droit des mourants. Avec les progrès de la science médicale, la plupart des Américains décédaient âgés, à l'hôpital, souvent très loin de leur famille ; le mourant était totalement déshumanisé. A l'origine de ce tournant radical, deux figures charismatiques. Elisabeth Kübler-Ross, psychiatre, qui publia en 1969 un livre magistral intitulé* On Death and Dying. *Elle identifiait toutes les étapes que traversent les mourants. Instantanément, l'ouvrage devint un best-seller. L'une des thèses de cette pionnière de la thanatologie était que la contemplation de la mort donne un sens profond à la vie, et que les mourants sont nos maîtres.*

Une Britannique, le Dr Cicely Saunders, inspira un immense mouvement social, dont l'enjeu était de remplacer les mouroirs par des « hospices » accueillants ; un per-sonnel soignant motivé devait y créer un environnement humain pour le malade, qui vivait avec des activités les plus normales possibles, recevant des analgésiques sans être réduit à l'état de « légume ».

Le public a été sensibilisé. Le droit à la mort a été considéré sous tous ses aspects, y compris juridique. Est apparu le droit de la personne à connaître sa fin prochaine ; désormais, 95 % des médecins disent au patient s'il est condamné. Avec l'apparition du SIDA, les Américains ont été des pionniers pour l'accompagnement et le soutien des malades, avec des associations d'entraide et de soins à domicile. La société américaine se retrouve aux prises avec les grands problèmes d'éthique et de métaphysique qui naguère avaient trop facilement été oblitérés.

I. C.

mer dans l'au-delà. Pour la défunte, dentelles mousseuses et robes d'hôtesse afin de recevoir sous un éclairage flatteur, une ultime fois. «Découpé, vaporisé, mariné, troussé comme une volaille, rafraîchi, enduit de crèmes adoucissantes, astiqué, badigeonné, laqué, retendu, fardé et vêtu de ses plus beaux atours, ce cadavre ordinaire est glorifié en une belle image de l'éternel souvenir», écrit-elle.

Le funérarium est feutré comme un restaurant de luxe, avec son épaisse moquette et ses éclairages tamisés. Mi-chapelle à tout faire, mi-salon où l'on cause. Pour satisfaire les gens pressés, voici le nouveau funérarium *drive-in* qui permet à une voiture de passer dans une sorte de sas, puis le cercueil, fermé par un couvercle de verre, est automatiquement surélevé. On jette un coup d'œil, on signe le registre, et on démarre, heureux du devoir accompli.

Le pourcentage d'incinérations augmente, encore freiné par le désir de laisser un souvenir tangible dans un continent où maigres sont les racines. A la fin des années quatre-vingt, en Californie, 25 % des défunts s'en allaient en fumée. Pour ceux qui veulent ressusciter en bon état, il faut essayer la cryogénie : en 1989, il vous en coûtait 135 000 dollars pour être trempé dans du nitrogène liquide, et congelé. Il faut seulement espérer que quelqu'un aura la patience et l'envie de vous décongeler plus tard.

Ingrid Carlander

Un droit successoral marqué par les particularismes

■ En privilégiant les actes testamentaires individuels, le droit successoral américain symbolise le triomphe des idéaux de liberté sur ceux d'égalité. Les impôts fédéraux sur les successions sont donc récents (ils datent de 1916) et limités (en 1989, ces actes jouissent d'une franchise de 600 000 dollars). De même, les intentions du défunt étant présumées valides, c'est aux héritiers lésés de prouver le vice rédhibitoire du testament qu'ils contestent.

La définition des biens qui entrent dans le patrimoine des conjoints varie selon les États, allant d'un régime de séparation totale des biens à un régime communautaire intégral. De même, chaque État édicte ses propres règles quant au partage des patrimoines sans testament. Le droit d'aînesse propre à la coutume anglosaxonne a survécu plus ou moins longtemps suivant les régions. Il a été abandonné en Nouvelle-Angleterre avant les Carolines où il facilitait la concentration de capital nécessaire à une économie de plantation. Aujourd'hui encore, dans certains États, l'époux survivant est autorisé à réclamer le tiers ou la moitié des biens communautaires, alors que, dans d'autres, le mari continue d'avoir une part privilégiée. Ce n'est qu'au cours du XIXe siècle que les femmes ont acquis le droit d'administrer leur dot ou leur part d'héritage, y compris le droit d'en disposer. Même si l'absence de contrats de mariage rend ces conquêtes fragiles, les femmes ont désormais le droit de gérer *tous* leurs biens propres.

Prééminence du droit local

La prééminence du droit local marque la prééminence du passé. Si la résolution locale des conflits de succession a un sens quand elle porte sur les biens fonciers qui représentaient autrefois la partie la plus importante des patrimoines, on peut s'interroger sur ces règles lorsqu'elles s'appliquent aux formes plus modernes de capital. La décentralisation fait que les initiatives visant à harmoniser les régimes successoraux ne proviennent pas du gouvernement fédéral, mais d'associations

Trusts et fondations

♦ *Les trusts et les fondations symbolisent le caractère privilégié de la liberté testamentaire : ils permettent un contrôle plus étroit et plus durable du testateur sur son patrimoine. Créés pour limiter les charges fiscales auxquelles les patrimoines devraient être assujettis, ils témoignent de la subordination du bien public aux intérêts privés.*

Le trust est un legs généralement destiné à la parentèle d'un donateur qui en confie l'administration à un homme de confiance. Il a pour bénéficiaires des personnes physiques ou morales nommément désignées. Personne de droit moral administrée par un conseil d'administration, la fondation sert à financer des programmes de bienfaisance, de recherche scientifique, ou d'activités culturelles, communautaires, ou religieuses.

Le trust permet à son créateur de spécifier la destination des revenus dérivés du capital mis de côté. Il identifie les vagues successives de ses bénéficiaires dans le temps et détermine éventuellement à quelles fins ces revenus doivent être utilisés. Il n'est pas rare que ses termes fassent référence à l'éducation des bénéficiaires, voire à leur instruction religieuse. Il permet d'établir une hiérarchie parmi les héritiers. En effet, si certains d'entre eux gagnent accès direct à la part du patrimoine qui leur est impartie, d'autres peuvent se voir allouer les revenus de capitaux mis de côté

à cet effet. Les bénéfices dont certains jouissent ne peuvent jamais entamer le principal, mais dans d'autres cas, ces bénéfices ne doivent jamais tomber en deçà d'un minimum.

Si la durée des trusts est variable, ils permettent à leurs auteurs de survivre à leur propre mort de deux manières distinctes. D'une part, ils modèlent les groupes familiaux en désignant les administrateurs de ces trusts et en définissant leurs pouvoirs. Ainsi, les époux n'ayant qu'une confiance limitée dans les capacités de gestion de leur conjoint font souvent appel, qui à leur banquier, qui à leur gendre, pour prévenir la dilapidation du patrimoine. D'autre part, les créateurs de trusts retardent le paiement des impôts sur la succession. Longtemps, les trusts ont pu ainsi être rédigés de manière à retarder le transfert de capital sur deux ou trois générations.

Les fondations servent des fins fiscales analogues. Bien que leur gestion soit parfois sujette à caution, elles excipent de leur nature philanthropique pour réclamer un statut fiscal privilégié. En 1988, elles ont distribué 6,1 milliards de dollars contre 5,6 milliards en 1987, soit une augmentation annuelle de près de 10 %. Leur taille, leur prestige et leurs buts varient considérablement.

R. C.

---

privées. Les testaments se pratiquent surtout chez les gens riches, éduqués, divorcés et ceux ayant beaucoup d'enfants. Leur nombre augmente : ils représentaient 72 % des successions enregistrées auprès du fisc fédéral en 1920, mais comptaient pour 84 % de celles enregistrées en 1944 et pour 92 % de celles de 1979.

Les dispositions testamentaires restent inspirées par un désir particulariste de légitimité. Dans les années quatre-vingt, les fermiers de l'Illinois décidaient encore de leur succession en fonction de leur origine

nationale (les Irlandais donnant comme en Irlande la part principale à leurs fils aînés, les Allemands du Nord divisant leurs terres en parts égales). Dans la même région, les fermiers traitaient leurs fils et filles différemment, selon les sectes religieuses auxquelles ils appartenaient.

La contribution de l'héritage à la stratification sociale est relativement constante. A l'extrémité inférieure de l'échelle sociale, la pauvreté est souvent attribuée à des causes héréditaires. A l'extrémité supérieure, les fortunes restent

Bibliographie

Barber Bernard, *The Logic and Limit of Trust,* Rutgers University Press, New Brunswick (NJ), 1983.

Rosenfeld Jeffrey, « Old Age, New Beneficiaries, Kinship, Friendship and (Dis)inheritance », *Sociology and Social Research,* 1, 64, Los Angeles (CA), 1979.

Salamon Sonya, « Ethnic Differences in Farm Family Land Transfer », *Rural Sociology,* n° 45, Auburn (AL), 1980.

Shammas Carole, Salmon Marylynn, Dahlin Michael, *Inheritance in America,* Rutgers University Press, New Brunswick (NJ), 1987.

Sussman Marvin, Cates Judith, *Marriage and Family Review,* n° spécial, 5, 3, New York, 1982.

entre les mêmes mains. Si la période jacksonienne du début de l'industrialisation passe pour celle de l'égalité des chances offertes à tous, c'est aussi l'époque où les riches ont consolidé leurs avantages, bien que leur survie ait dépendu de la rapidité avec laquelle ils adaptèrent leurs patrimoines aux opportunités d'un nouvel environnement.

C'est parmi les classes moyennes que la contribution de l'héritage à la richesse familiale est la plus problématique. Depuis 1970, la généralisation des programmes de retraite a amélioré le statut financier des personnes âgées qui ont cessé d'être la classe d'âge la plus pauvre. Leur capacité d'épargne et de transmission n'en dépend pas moins des politiques fédérales de crédit : conditions de taux, de durée et d'apport personnel régissant les crédits hypothécaires, ou des avantages fiscaux accordés aux diverses catégories d'emprunteurs. Le resserrement du crédit, l'alourdissement des impôts sur le capital depuis 1987, et la hausse des dépenses d'éducation menacent les aspirations des classes moyennes à une promotion sociale personnelle ou intergénérationnelle.

Rémi Clignet

SANTÉ

L'état sanitaire de la nation

■ Chaque année, le gouvernement fédéral publie un « état sanitaire de la nation », très complet, qui comprend notamment des tableaux statistiques régionaux. Les principaux éléments à retenir du rapport publié en 1989 sont les suivants :

— l'espérance de vie à la naissance continue de s'accroître, atteignant 73,9 ans pour les hommes, et 81 ans pour les femmes. Cette croissance était complètement inattendue (elle a obligé à plusieurs reprises les démographes à réviser leurs prévisions) et reste encore inexpliquée dans son détail ;

— le taux de fertilité, qui avait décliné continuellement de 1960 à 1976, s'est stabilisé aux alentours de 68 naissances pour 1 000 femmes en âge de procréer ;

— la mortalité générale standardisée par âge décline, notamment dans les tranches d'âge moyennes qui avaient jusqu'alors montré peu de changement. Cependant, cette baisse de la mortalité

La course à la santé

♦ *Santé, jeunesse, beauté, bien-être, sport, sexualité, alimentation et diététique, le corps est plus que jamais au centre des rêves et des préoccupations des Américains.*

Cela commence dès la petite enfance : il y a trop d'enfants gras, trop de jeunes souffrant d'un niveau de cholestérol élevé : la télé et l'ordinateur les rendent trop sédentaires. Les cours de natation à partir de deux ans (à peine libérés des pampers*), le temps consacré à l'éducation physique dans l'horaire scolaire ne suffisent plus. La gymnastique pour enfants commence donc à s'organiser plus systématiquement avec les centres de* fitness *familial, par exemple. La corde à sauter fait de nouveau fureur.*

Cela continue, parfois jusqu'à l'excès, avec le souci des parents de corriger le physique de leurs enfants grâce aux appareils orthodontiques, le capping *(pour que les dents de devant soient blanches et régulières, des* chiclets *dans le jargon professionnel), ou les interventions chirurgicales pour remodeler des formes jugées non conformes à l'idéal.*

Être en pleine forme, tel est le mot de la génération du baby boom *déjà bien engagée dans la quarantaine. La redéfinition du rapport corps-santé-jeunesse est l'objet d'un débat très contradictoire : combien de temps faut-il consacrer à la gymnastique chaque semaine pour atteindre l'optimum de bien-être cardiovasculaire ? Auparavant, les experts préconisaient vingt à quarante minutes, trois à cinq fois par semaine. Aujourd'hui, grâce à l'entraînement « par intervalles », longtemps pratiqué par des athlètes professionnels, qui fait alterner une activité aérobique peu intense (la marche ou le jogging très lent) avec des poussées très fortes mais brèves, seulement douze minutes de torture,* trois fois par semaine, suffiraient pour se mettre en pleine forme.

Le manque de temps étant la raison la plus souvent invoquée pour ne pas faire d'exercice, on espère ainsi récupérer les fainéants en leur offrant un répertoire d'activités plus variées. En effet, plus de 50 % de ceux qui commencent un programme de gymnastique ne persévèrent pas au-delà de six mois (Great Body, *octobre 1989).*

La course à la santé et au corps harmonieux fait aussi redécouvrir de vieilles recettes : monter les marches de l'escalier, par exemple. Mais que faire dans un pays où les maisons sont en général à un seul niveau et où les cages d'escalier sont considérées comme dangereuses ? On invente des « machines à escalier », informatisées bien sûr. On les rend même compatibles avec l'entraînement « par intervalles ». Le prix ? entre 2 000 et 3 400 dollars. Pour ceux qui ne vont pas au gymnase, il existe un modèle à usage domestique pour 400 dollars.

D'autre part, selon le prestigieux Journal of the American Medical Association *(novembre 1989), une demi-heure de marche à vive allure par jour protège non seulement contre les maladies cardio-vasculaires et les cancers, mais aussi contre toute une gamme de troubles potentiellement mortels. Autre question : boire un verre de vin par jour diminue-t-il le risque d'une crise cardiaque ? Certains l'affirment, d'autres sont pour l'abstinence totale, beaucoup finissent par mettre de l'eau dans leur vin... mais de l'eau pétillante, pour faire le fameux* spritzer *qui diminue la quantité de calories. Bref, la science confirme ce que le bon sens a toujours su. Reste à savoir si elle pourra persuader les sédentaires endurcis à se mettre finalement en marche.*

Patricia Costa

affecte de manière plus sensible les populations blanches que les noires ;

— la mortalité infantile descend elle aussi sensiblement, atteignant 10 décès pour 1 000 naissances vivantes. Là encore, les inégalités entre ethnies sont frappantes, puisque la mortalité des enfants noirs reste environ deux fois plus élevée que cel-

150

Bibliographie

National Center for Health Statistics, *Health - United States 1988*, DHHS pub n° (PHS) 85-1232, Washington (DC.), 1989.

National Center for Health Statistics, *The National Health Interview Survey and Design 1973-1984. Vital and Health statistics*, Series 1, n° 18, DHHS pub n° (PHS) 85-1329, Washington (DC.), 1985.

Patrick D.L., Erickson P., « Assessing Health-Related Quality of Life », *General Population Surveys*, Series 2 report, National Center for Health Statistics, Hyattsville (MD), 1988.

les des enfants blancs. Tous les indicateurs périnatals (poids à la naissance, grossesses à risque, prématurité...) montrent que les populations noires bénéficient moins du progrès technique que les populations blanches ;

— la violence reste un grave sujet de préoccupation. Elle est responsable de taux de mortalité qui vont de 9 décès pour 100 000 pour les Blancs à 70 décès pour 100 000 pour les Noirs ;

— le diabète est devenu un problème de santé publique majeur, atteignant 2,5 % de la population américaine, ce qui représente une multiplication par 6 de l'incidence de la maladie depuis 1935.

Par ailleurs, les données concernant le mode de vie de plusieurs minorités religieuses strictes (amish, mormons) montrent que les facteurs d'hygiène de vie (repos, sommeil, modération dans la consommation d'alcool, activité physique, abstinence tabagique...) permettent de réduire l'incidence de la plupart des maladies et d'accroître la durée et la qualité de la vie.

Trois nouvelles maladies

Trois maladies nouvelles sont apparues depuis la fin des années soixante-dix, qui ont fait prendre conscience à la société américaine de sa vulnérabilité.

Ainsi, il a fallu près d'une année pour connaître l'origine du décès, en 1976, de vingt anciens combattants qui, après avoir séjourné dans un hôtel de Philadelphie, avaient été victimes d'une sorte de grippe foudroyante. Un moment incriminée, une cause toxique avait brouillé les pistes, avant que l'on découvre le germe, une chlamydia banale mais jusque-là inconnue.

INDICATEURS DE SANTÉ (Comparaison France-États-Unis)		
	États-Unis	France
Population	241 096 000	55 394 000
Taux de natalité [a]	15,6	14,1
Taux de mortalité [b]	8,7	9,9
Taux de mortalité infantile [c]	10,6	8
Dépenses de santé [d]	458,2	61,6
% du PIB	10,9	8,5
par habitant[e]	1 900,5	1 112

a. Exprimé en naissances vivantes pour mille habitants ; b. Pour mille habitants ; c. Pour mille naissances vivantes ; d. Milliards de dollars ; e. Dollars.
Source : *Health-United States* 1988, National Center for Health Statistics, Hyattsville, Maryland, DHHS Pub n° (pHS) 89-1232 ; Annuaire des statistiques sanitaires et sociales, 1988, ministère de la Solidarité, Institut national démographique, Paris.

En 1982, c'était le SIDA : plus de deux ans se sont écoulés avant que l'on identifie le virus. Les États-Unis sont, de loin, le pays qui paie le plus lourd tribut à cette maladie, avec 490 cas par million d'habitants selon les chiffres publiés par l'OMS au 1er mars 1990 (contre 158 cas par million d'habitants en France, qui a le plus fort taux d'Europe). Cette maladie a coûté en seuls soins plus d'un milliard de dollars en 1986 et, selon les prévisions, ce chiffre devait atteindre 8,5 milliards en 1991, les coûts indirects étant estimés à plus de 55 milliards pour cette même année.

Les années quatre-vingt ont enfin vu l'apparition de la maladie d'Alzheimer, passée d'un statut de maladie rarissime à celui de « tueur du siècle » depuis 1980, à

DÉPENSES DE SANTÉ
(en % du PNB)

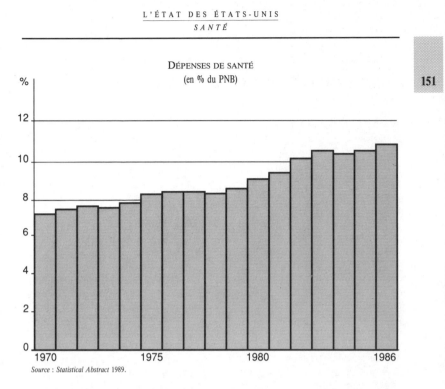

Source : *Statistical Abstract* 1989.

la suite d'une campagne médiatique de très longue haleine menée par des groupes de pression répésentant les familles des victimes. En conséquence, le budget de recherche pour cette maladie a été multiplié par 800 en dix ans, et a représenté, en 1989, plus de 80 millions de dollars.

Ces « maladies vedettes » ne font pas pour autant oublier le cancer, seconde cause de mortalité aux États-Unis, responsable de la mort d'un million d'Américains chaque année, et contre lequel on n'enregistre plus que des progrès très modestes depuis vingt ans, malgré le déploiement de ressources considérables (330 millions de dollars pour l'Institut national du cancer en 1988).

En contraste avec ces données inquiétantes, il existe une satisfaction majeure, celle du recul spectaculaire de la mortalité pour causes cardio-vasculaires : l'attaque cérébro-vasculaire, première cause de mortalité et d'invalidité en 1980, est passée au quatrième rang, et l'infarctus du myocarde, encore principal tueur d'hommes à partir de la quarantaine, est en recul régulier. Il reste à identifier la raison principale de ce recul, revendiquée à la fois par l'industrie pharmaceutique (qui a mis au point les thrombolytiques et les différents protecteurs du système vasculaire), les nutritionnistes (qui ont modifié les habitudes alimentaires des Américains), les adeptes de l'exercice physique, les hygiénistes, et même les membres des nombreuses sectes religieuses.

Jean-François Lacronique

*Financement
des dépenses de santé*

Aux États-Unis, le financement public atteignait 39,2 % en 1986, celui des assurances 30,7 % et celui des ménages 25,3 % (source Statistical Abstract*). En France, la Sécurité sociale couvre 72,7 % des dépenses, les mutuelles 6,2 % et les ménages 19,9 % (source* Données sociales 1990, *chiffres 1988).*

Le système de soins : un libéralisme mal tempéré

■ Le système de soins américain est un système libéral. Les patients ont le choix entre le médecin de ville, l'hôpital et des formes de prise en charge spécifiques aux États-Unis, les *Health Maintenance Organizations* (HMO). Il n'y a pas d'assurance maladie générale et obligatoire, et seules sont prises en charge par le gouvernement fédéral ou par les États certaines catégories de population. L'assurance privée occupe une part importante du marché de la maladie. Bien que les dépenses de santé américaines soient parmi les plus élevées au monde, une fraction significative de la population échappe encore à toute forme de prise en charge.

— *La médecine de ville.* En 1986, il y avait environ 545 000 médecins aux États-Unis, soit une densité moyenne d'environ un médecin pour 440 habitants (contre un médecin pour 422 habitants en France, en 1987). Il existe toutefois de fortes disparités régionales. En effet, si l'on trouve un médecin pour 384 habitants à New York,

il n'y en a plus qu'un pour 833 habitants dans le Wyoming.

On estime que 75 % des Américains consultent le médecin au moins une fois par an, les femmes plus fréquemment que les hommes. Ces contacts ont lieu dans 77 % des cas au cabinet du médecin. On ne compte que 0,7 % de visites à domicile, autant dire qu'elles sont pratiquement inexistantes.

Malgré une forte tendance à la spécialisation, la médecine générale de famille reste la médecine la plus fréquemment exercée. Elle est toutefois en forte baisse (17 % des médecins en 1982, contre 27 % en 1970) : la tendance à l'hyperspécialisation du corps médical est un sujet de préoccupation pour les responsables. Les médecins sont payés à l'acte. En l'absence d'assurance maladie généralisée et obligatoire, les honoraires médicaux ne sont pas contrôlés par l'État et sont fixés librement par les médecins.

— *L'hôpital.* En 1986, il y avait envi-

Les services du ministère de la Santé

♦ *Il existe depuis seulement 1980 un Département à la santé et aux services humains, l'équivalent d'un ministère de la Santé. De taille modeste, il gère notamment un Service de santé publique, dont le chef est le* Surgeon general *(chirurgien général). Ce service est un assemblage d'institutions variées et autonomes, notamment :*

— les National Institutes of Health (instituts nationaux de la santé). Situés à Bethesda, près de Washington, ces huit instituts forment le plus grand ensemble de recherche biomédicale du monde. Les chercheurs y travaillent sur contrat à durée limitée (il n'y a pas de chercheurs «professionnels» aux États-Unis) ;

— le Center for Disease Control (Centre de surveillance des maladies). Situé à Atlanta, il a largement contribué à l'identification en 1982 de l'épidémie du SIDA chez les homosexuels et les toxicomanes ;

— le National Center for Health Statistics (Centre national des statistiques de la santé). Situé à Washington, il centralise les données de tous les États. Ce n'est pas le moindre paradoxe en effet que l'absence de système de santé national soit compensée par un système de surveillance statistique très performant. Les États-Unis sont sans doute le pays le mieux documenté du monde sur sa propre santé.

Jean-François Lacronique

« Malpractice »

♦ *Le terme de* malpractice *désigne une faute médicale due à la négligence du médecin et qui entraîne un dommage pour le patient. Celui-ci peut alors poursuivre son médecin en justice pour exiger des dommages et intérêts. Phénomène spécifiquement américain, le nombre des procès intentés par les patients mécontents de leur médecin a pris les dimensions d'un problème national en raison des conséquences financières de ces affaires. En effet, les compensations accordées atteignent plusieurs centaines de millions de dollars par an.*

De peur d'être poursuivis, les médecins s'assurent, payant des primes pouvant dépasser 70 000 dollars par an, qu'ils répercutent sur leurs honoraires. En outre, pour ne pas être accusés de négligence, ils prati-

quent une médecine dite « défensive », prescrivant des examens multiples et onéreux même lorsque ceux-ci ne sont pas médicalement indiqués. Exploité par certains avocats à la recherche de « bonnes » affaires et servis par une jurisprudence généralement favorable aux patients, ce phénomène a une incidence préoccupante sur des dépenses de santé déjà très élevées.

En 1986, par souci d'aider le corps médical à faire sa propre police professionnelle, le Congrès a voté une loi assurant l'immunité à toute personne qui informerait les organisations professionnelles de contrôle médical (Professional Review Organizations) de pratiques médicales contraires à la qualité des soins.

A. G.

ron 7 000 hôpitaux aux États-Unis, en majorité des hôpitaux privés (68 %). Toutefois, 75 % d'entre eux sont à but non lucratif. Le type d'hôpital le plus répandu est le *community hospital*, petit hôpital urbain pour les soins de courte durée dont la capacité moyenne varie entre 50 et 200 lits. Non lié à une université, il est le plus souvent à gestion privée non lucrative (58 %), ou municipale (29 %). Ce sont ces hôpitaux qui assurent la grande majorité des soins hospitaliers : plus de 36 millions d'hospitalisations en 1983 sur un total de près de 39 millions (soit 92 %) ; on constate cependant un important développement de chaînes hospitalières à but lucratif.

Après avoir encouragé une politique dynamique d'accroissement du parc hospitalier à la fin de la Seconde Guerre mondiale, le gouvernement fédéral tend désormais à en stabiliser le développement car les hôpitaux représentent une part importante des dépenses médicales (plus de 39 % en 1986).

La qualité des soins hospitaliers varie d'un hôpital à l'autre. D'un excellent niveau dans les grands centres universitai-

res, elle est plus inégale ailleurs, mais les États-Unis sont le seul pays industrialisé à avoir mis en œuvre une politique systématique d'évaluation de la qualité des soins, par l'intermédiaire de la Joint Commission on the Accreditation of Health Care Organizations (Commission nationale d'habilitation des hôpitaux). Sur le plan local, la qualité des soins est également suivie par des organisations professionnelles de contrôle.

*Un potentiel scientifique
et technologique considérable*

Depuis la fin de la Seconde Guerre mondiale, l'influence des États-Unis en matière de recherche biologique et médicale n'a cessé de grandir dans tous les pays développés : en France par exemple, les carrières de chercheurs sont désormais conditionnées par les publications dans des journaux dits « internationaux », pour la plupart américains. Principaux fournisseurs d'appareils de laboratoire, d'instruments de diagnostic, de réactifs et de produits biologiques dans le monde, les États-Unis sont aussi la première puissance technologique pour tout ce qui touche à la médecine et à la biologie humaine.

J.-F. L.

154

Mieux vaut être jeune, riche...

♦ *Handicapés et personnes âgées relèvent d'une part d'établissements hospitaliers de soins chroniques, spécialisés ou non (nursing homes), d'autre part de services à domicile. Alors que les hospitalisations longues sont passées de 1 % des dépenses de santé en 1950 à 8,3 % en 1986, leur financement provient surtout de fonds privés. En effet, et c'est paradoxal, le programme Medicare, qui s'adresse aux personnes âgées et aux handicapés, ne rembourse ni les hospitalisations de longue durée ni les soins à domicile. Ceux-ci sont pris en charge par Medicaid, mais uniquement quand les personnes concernées sont au-dessous du seuil de pauvreté. Une part importante de cette population n'est donc protégée par aucun programme d'assurance médicale. En outre, le financement des soins, lorsqu'il existe, va presque exclusivement aux établissements hospitaliers, alors que cette population relève surtout de soins à domicile.*

Gérés par des structures de type associatif et des réseaux de voisinage, les services à domicile se répartissent en soins infirmiers, rééducation, aide aux mourants, aide ménagère et personnelle, repas à domicile (Meals on wheels) et surveillance de personnes âgées ou handicapées vivant seules.

A. G.

— *Les Health Maintenance Organizations.* L'augmentation considérable des dépenses médicales a conduit à rechercher des alternatives plus économiques au modèle classique d'organisation et de financement des soins médicaux sous la forme de *Health Maintenance Organizations*, ou HMO (littéralement organisations pour la préservation de la santé). Les HMO sont des organisations privées de soins médicaux, à but lucratif ou non, qui offrent aux adhérents volontaires une prise en charge médicale définie, mais variable dans son étendue (au moins consultations de médecine générale et hospitalisation), moyennant une cotisation annuelle déterminée. Les médecins des HMO sont salariés. Les adhérents ne peuvent choisir librement leur médecin.

En 1989, entre 31 et 37 millions d'Américains, selon les différentes estimations, n'avaient aucune couverture-santé. Medicare couvre les gens âgés durant les soixante premiers jours de séjour à l'hôpital. Mais les honoraires du médecin et les frais de médicaments ne sont pas remboursés — non plus que les frais de maison de retraite (nursing home).

La cotisation annuelle ouvre droit à tout l'éventail des soins offerts par la HMO, quelle qu'en soit l'importance. La HMO se trouve de ce fait exposé au risque d'avoir à assumer des frais supérieurs à ses recettes si la consommation médicale des adhérents dépasse en valeur le montant de leur cotisation. En conséquence, l'intérêt financier des HMO est de restreindre la consommation médicale de leurs adhérents, donc à terme, les dépenses de santé.

Pas d'assurance maladie obligatoire

Les États-Unis sont, de tous les pays, celui qui dépense le plus pour sa santé, et où les dépenses médicales sont proportionnellement les plus élevées (voir encadré). Mais, contrairement aux autres pays occidentaux, les États-Unis n'ont pas d'assurance maladie généralisée et obligatoire.

Seuls sont pris en charge, et depuis 1966 seulement, les frais médicaux des personnes âgées (à partir de 65 ans) et des handicapés dans le cadre du programme *Medicare*, et ceux des personnes vivant en dessous du seuil de pauvreté dans le cadre du programme *Medicaid*. Ce dernier est

Bibliographie

Jonas Steven (sous la dir. de), *Health Care Delivery in the United States*, Springer, New York, 3ᵉ éd., 1986.

laissé à l'initiative des États fédérés et ses modalités varient considérablement de l'un à l'autre. En règle générale, l'assurance maladie est associée au salaire, sur lequel l'employeur effectue une retenue correspondant à la cotisation.

Le campus principal (124 hectares) des National Institutes of Health est à Bethesda (MD). Son personnel était de 14 799 personnes en 1986 (dont 3 183 médecins et docteurs ès sciences). Son budget annuel était de 6 milliards de dollars.
Source : Washington Post National Weekly, 16.02.1987.

Ainsi, en théorie, l'Américain est-il pris en charge pendant toute la durée de son existence et pour tous ses aléas : par son employeur quand il travaille, par l'État fédéral lorsqu'il part à la retraite, ou, s'il est handicapé, par l'État fédéré où il réside, à condition d'être considéré comme «pauvre». Ce schéma théorique comporte toutefois des lacunes importantes qui concernent essentiellement les chômeurs et les familles dont les revenus, bien que très modestes, ne sont pas considérés comme étant en dessous du seuil de pauvreté. Par ailleurs, l'étendue de l'assurance varie beaucoup d'un individu à l'autre. En 1986, on estimait que plus de 15 % de la population américaine ne bénéficiait d'aucune prise en charge. En outre, les assurances, qu'elles soient publiques ou privées, laissent à la charge de l'assuré une part non négligeable de ses frais. La principale compagnie d'assurances privée est le groupe Blue Cross Blue Shield, à but non lucratif. En 1983, l'assurance privée avait financé 56,5 % des dépenses de santé, la part de l'État étant limitée à 40 % (contre 98 % en France).

La forme de remboursement la plus répandue est le paiement rétrospectif à l'acte, pour les médecins individuels aussi bien que pour les hôpitaux. Cette forme de paiement étant considérée comme encourageant la consommation médicale, les États-Unis, comme la plupart des autres pays industrialisés, se dirigent vers le paiement forfaitaire et prospectif des soins. Ainsi, une réforme majeure du mode de remboursement des hôpitaux a été introduite en 1983, aux termes de laquelle toutes les hospitalisations des personnes relevant de l'assurance *Medicare* sont payées aux hôpitaux sur la base d'un coût forfaitaire par pathologie, quel que soit le coût réel du traitement du malade. Ce type de paiement, comme tous les paiements forfaitaires, incite les producteurs de soins médicaux à l'économie plutôt qu'à la surconsommation.

Alexandra Giraud

La mobilisation des gays contre le SIDA

■ L'irruption du «phénomène SIDA» a eu et aura encore des conséquences importantes dans de nombreux domaines. Dans le premier concerné, celui de la santé publique et en particulier celui de la prévention, les effets du comportement des communautés homosexuelles américaines face à la maladie — leur prise en charge par elles-mêmes — sont significatifs et instructifs.

Après de longs tâtonnements, les analyses des premiers cas (1979-1980) conduisirent à l'hypothèse d'une relation entre le SIDA et les pratiques sexuelles existant dans les communautés *gays*. La première réaction de ces dernières fut la dénégation. Cette attitude, confortée d'ailleurs par les hésitations des scientifiques, s'expliquait, entre autres, par une double peur. Si

156

Bibliographie

« **Living with AIDS** », *Daedalus*, Journal of the American Academy of Arts and Sciences, Cambridge (MA), print.-été, 1989.

Schiltz Randy, *And the Band Played on : Politics and the AIDS Epidemic*, St Martin's Press, New York, 1987.

Sontag Susan, *Le SIDA et ses métaphores*, Bourgois, Paris, 1989 (trad. de l'américain).

l'hypothèse se révélait fondée, les communautés craignaient en effet : d'une part, de voir balayés les acquis de la libération sexuelle des années soixante-dix et apparaître une nouvelle répression ; d'autre part, son éventuel effet démobilisateur sur la recherche scientifique, le gouvernement et le grand public. D'où leur tentation de rechercher un « coupable » hors de leurs rangs.

A partir de 1981 la réalité finit par s'imposer et un virage s'opéra : à la dénégation succéda un début de mobilisation.

A New York, en particulier, fut créé, début 1982, le Gay Mcn Health Crisis (GMHC), premier et principal lieu de rencontre, d'information et de soutien par et pour des homosexuels.

Depuis, les formes d'action se sont amplifiées et diversifiées (notamment avec l'organisation militante AIDS Coalition to Unleash Power-ACTUP), certains groupes défendant avant tout le droit à l'homosexualité, d'autres intégrant cette lutte dans un combat politique plus global. Des résultats obtenus, certaines conclusions peuvent être tirées.

Information et prévention

C'est à San Francisco, New York et Los Angeles, où les actions d'information et de prévention ont été organisées par les communautés elles-mêmes, que les résultats ont été les meilleurs. A San Francisco, par exemple, entre 1981 et 1988, le taux de séroconversion est passé de 20 à 3 % et le nombre moyen de partenaires a chuté de vingt à un. Alors qu'on a pu conclure au relatif insuccès des campagnes d'information gouvernementales, on voit ici à quels résultats peuvent parvenir des indi-

Continent	VIH	SIDA (notifiés)	SIDA (estimés)
Afrique	3 250 000	51 978	350 000
Amériques	2 250 000	150 619	230 000
Asie	150 000	618	1 000
Europe	500 000	31 948	38 000
Océanie	30 000	1 947	2 200
Total :	plus de 6 500 000	237 110	plus de 600 000

RÉPARTITION PAR CONTINENT DES INFECTIONS À VIH ET DES CAS DE SIDA NOTIFIÉS ET ESTIMÉS[a]

Source : OMS, Dossier SIDA mondial, avril 1990.

Note : Concernant les États-Unis — qui, avec 124 282 cas de SIDA notifiés, demeurent très touchés —, on relèvera particulièrement deux points :

— si, depuis 1987, le rythme de la progression s'est ralenti, l'augmentation du nombre de nouveaux cas s'est poursuivie en s'accompagnant d'un phénomène nouveau de sous-déclaration ;

— la répartition des cas au sein de la population s'est modifiée ; l'appartenance ethnique et/ou sociale apparaît déterminante (à New York par exemple, sur 10 enfants morts du SIDA en 1987, 9 appartenaient à une minorité ethnique). Mais plus que n'importe quelle autre variable, la pauvreté constituerait un facteur de prédiction significatif de la séropositivité HIV...

vidus concernés, conscients et acteurs. Si l'inefficacité des mesures coercitives est prouvée, celle d'une « simple » information l'est tout autant. Ce que confirmait, dès 1981, James Watkins, auteur d'un rapport sur la pendémie, au vu des résultats des campagnes d'information dans les écoles : « Il faut que les jeunes disent non parce qu'ils ont véritablement intériorisé (le risque) et non pas simplement parce que quelqu'un leur a dit de dire non. »

La possibilité d'une lutte efficace contre la contagion est donc possible à certaines conditions. Mais cette prise de conscience, cette prise en charge par les individus concernés eux-mêmes ne se limite pas à l'action préventive. Le président de l'association américaine Being Alive déclarait ainsi, à propos de la possibilité de recourir à des traitements nouveaux avant d'avoir reçu l'accord des autorités compétentes, que ces essais étaient possibles aux États-Unis parce que les malades sont interventionnistes et « acteurs de leur maladie ». Phénomène que l'on a cependant aussi pu observer plus tard ailleurs, en France par exemple, comme en témoigne Daniel Defert, fondateur de l'association AIDES, lorsqu'il qualifie la personne atteinte par le virus de « nouveau réformateur social ».

Ce que l'on a noté à propos des communautés homosexuelles et de la prévention ne constitue en fait qu'un des aspects d'un changement important, à savoir l'accent mis sur l'individu, considéré par les autres et d'abord par lui-même, non plus comme un objet mais comme un sujet.

Nathalie Savary

LOISIRS ET VACANCES

Deux semaines de vacances par an

■ Les Américains aiment bouger et voyager mais ils disposent de peu de temps pour le faire. La durée normale des vacances est de deux semaines par an. Elle peut naturellement varier en fonction du système appliqué par l'employeur. Par exemple, beaucoup doivent gagner leurs vacances à raison de tant d'heures par semaine de travail.

La brièveté des vacances, le fait que les membres d'une même famille sont souvent séparés par de grandes distances, l'immensité du pays, la variété de ses paysages et le coût des voyages à l'étranger sont autant de raisons pour lesquelles la plupart des Américains passent leurs vacances aux États-Unis. L'industrie du tourisme national encourage d'ailleurs cette attitude avec un slogan : « Voyez d'abord l'Amérique. »

TOURISME	1970	1980	1988 [a]
Américains ayant séjourné à l'étranger (en millions)	5,3	8,2	14,5
Dépenses (en milliards de dollars)	4,0	10,4	32,1
Étrangers ayant séjourné aux États-Unis (en millions)	2,3	8,2	12,5
Dépenses (en milliards de dollars)	2,3	10,6	29,2

a. Estimations.
Source : Statistical Abstract, 1990.

Tout comme les visiteurs étrangers, les Américains, lorsqu'ils ne vont pas dans leur famille, négligent la monotonie des immenses régions agricoles au profit des grandes villes, des côtes et des merveilles naturelles de l'Ouest, des hauts lieux de la guerre de Sécession, des reconstitutions de villes coloniales et des Disneylands. Un Américain qui connaît la moitié des cinquante États est considéré comme un grand voyageur à l'échelle nationale.

L'invention du motel

Malgré les améliorations considérables apportées au réseau ferroviaire, les États-Unis ne peuvent rivaliser avec les services européens. Le train revient parfois aussi cher que l'avion. On voyage donc soit en avion, soit, le plus souvent, en voiture, même sur les longues distances, en s'arrêtant dans les motels que l'on trouve partout. L'invention du motel (moteur + hôtel) est liée à la multiplication des voitures qui a permis aux Américains peu fortunés de visiter pour la première fois leur immense pays. Moins luxueux que les hôtels, offrant un parking à proximité des chambres, les motels permettent de passer la nuit sans avoir à atteindre une ville. C'est un avantage de taille dans l'Ouest, où même les petites villes sont souvent séparées par plusieurs centaines de kilomètres.

Un autre symbole des vacances à l'américaine est le *camping car* ou la caravane (*mobile home*). Bien que leur popularité soit en baisse, la présence de milliers de terrains de camping aménagés pour les caravanes, non seulement dans les régions sauvages mais aussi dans les petites villes et aux abords des grands centres urbains, témoigne d'un attachement durable à la culture de la mobilité, cette mobilité qui faisait autrefois autant partie du rêve américain que la maison de banlieue ou le bateau.

Il est évident que beaucoup d'Américains voyagent hors des États-Unis et, là encore, le temps et l'argent sont les facteurs décisifs. Les deux pays voisins, le Canada et le Mexique, sont les principaux bénéficiaires des dollars des touristes américains. Parmi ceux qui décident de franchir l'océan, 44 % choisissent l'Europe de l'Ouest. Une enquête statistique sur le tourisme américain hors du continent vient contredire l'image stéréotypée de la famille américaine qui visite frénétiquement au moins cinq pays en deux semaines au cours de son premier et dernier voyage sur le Vieux Continent : 71 % des voyageurs visitent un seul pays d'Europe, 18 % deux pays, et 12 % trois ou davantage. Les deux pays les plus visités sont le Royaume-Uni et l'Allemagne de l'Ouest, avec respectivement 19 % et 12 %. La France vient en troisième position avec 8 % seulement, suivie par l'Italie avec 7 %. La même enquête révèle que 10 % seulement des personnes interrogées s'aventuraient pour la première fois hors du continent américain.

Carol Madison

Le samedi chacun pour soi, le dimanche en famille

■ Comment se passe un week-end américain ? Tout d'abord ce n'est pas une occasion privilégiée de se retrouver en famille. Les horaires de travail ordinaires, de 9 heures à 17 heures, permettent à toute la famille de dîner entre 18 heures et 18 heures 30 et de passer plusieurs heures ensemble avant que les enfants fassent leurs devoirs et aillent se coucher. Beaucoup de familles américaines sont donc réunies pendant la semaine, ce qui justifie qu'elles consacrent au moins l'un des deux jours du week-end à des loisirs personnels. Même les parents qui ne sont pas chez eux pendant la semaine encouragent leurs enfants à avoir des activités à l'extérieur. Il leur suffit de penser qu'ils sont disponibles pour leurs enfants pendant ces deux jours. On peut dire que le samedi est un jour d'activité individuelle et le dimanche un jour de repos en famille.

Mais la première des priorités est le rituel du nettoyage de la maison et du jardin. Les Américains adorent leurs vastes pelouses vertes, orgueilleux prolongement d'un rêve tenace : la maison dans une banlieue tranquille. Si l'amour-propre ne suffit pas à les pousser à l'entretien assidu de leur propriété, l'opinion des voisins est là pour ça. La seconde tâche hebdomadaire est l'achat de la nourriture qui vient remplir réfrigérateurs et congélateurs. Cela fait, on peut distinguer les actifs et les inactifs. Le groupe le plus actif est celui des adolescents, parce que le sport fait partie intégrante du programme des *high schools*. D'autre part, à partir de seize ans, ces jeunes cherchent le plus souvent à travailler pendant le week-end, dans des emplois sans qualification, rémunérés au minimum.

Le «shopping mall», un centre social

L'époque des *yuppies*, désormais en déclin, aura sans doute laissé une empreinte durable sur l'Amérique : l'attirance pour les biens de consommation. Les temples de la dépense ne sont plus le grand magasin du centre-ville mais le «*shopping mall*» de banlieue, dont l'expansion est liée à l'exode urbain. Ce sont des lieux artificiels qui se ressemblent tous, mais ils sont propres, ce que l'on ne peut pas toujours dire des quartiers commerçants des villes. Ils sont climatisées, et l'on peut aller d'un magasin à l'autre, dîner et aller au cinéma sans avoir à affronter la neige ou la chaleur torride.

Comme ils sont très vastes et équipés d'aires de repos, de cafés et de fontaines, les *malls* sont devenus un *hangout*, un endroit où l'on se promène, où l'on se ren-

contre, où l'on tombe amoureux ; une sorte de centre social qui met en contact des gens qui, autrement, ne se rencontreraient pas, séparés qu'ils sont par les revenus mais surtout par l'origine raciale, la nationalité ou même l'âge. En outre, la sécurité y est telle que beaucoup de personnes d'un certain âge les ont adoptés pour y faire du *jogging* ou de la marche le matin.

Quant aux dimanches, aussi variés que les samedis, quatre images les symbolisent assez bien : le service religieux, le *brunch*, la lecture des journaux et, pour ceux qui habitent à proximité de l'un d'eux, les musées et les parcs. Dans l'ensemble, les Américains sont croyants, mais il n'est pas certain que cela se reflète dans la fréquentation des lieux de culte. Les télévangélistes pourraient avoir remplacé le besoin de se rendre physiquement au temple. Mais même pour ceux qui ne sont pas religieux, le dimanche est le jour où l'on se repose et où on lit les journaux du jour, particulièrement épais, à moins, naturellement, que le *mall* le plus proche reste encore ouvert.

Le *brunch* est le repas typique du dimanche, notamment pour ceux qui vont au culte, pour lesquels il a été inventé : les services religieux commençant à l'heure du petit déjeuner et se terminant avant celle du déjeuner, les fidèles faisaient deux repas en un.

Enfin, les musées connaissent une fréquentation accrue, au point que beaucoup de familles s'y rendent de préférence aux services religieux. Leur calme et leur atmosphère contemplative conviennent à ceux qui ont abandonné les lieux de prière mais qui continuent de penser que le dimanche doit être respecté comme un jour de réflexion et de repos avant l'inévitable lundi.

Carol Madison

Faire du sport, c'est apprendre à gagner

■ Le sport a si fortement imprégné la société américaine que même l'événement national le plus important, l'élection du président, se résume à un score sportif. Pendant la campagne présidentielle de l'automne 1988, chacun des débats télévisés entre les deux candidats, George Bush et Michael Dukakis, était suivi de discussions auxquelles prenaient part les représentants des médias, le public, les « supporters » des candidats et les concurrents eux-mêmes. Or ce qui importait dans la discussion, c'était moins les prises de position des candidats sur les grands problèmes du jour — le SIDA, les sans-logis, la réduction de l'arsenal nucléaire — que de savoir qui avait gagné. Au lendemain du premier débat, les 250 millions d'Américains pouvaient lire à la une de leurs journaux : Bush 1 - Dukakis 0.

Comment en serait-il autrement ? Le nombre d'Américains qui assistent à des événements sportifs, qui y participent ou qui les regardent à la télévision est beaucoup plus élevé que celui des électeurs qui votent aux présidentielles tous les quatre ans. Aux élections de 1984 — qui virent le triomphe de Ronald Reagan sur Walter Mondale —, 91 millions d'Américains se rendirent aux urnes. Or, selon les estimations des experts, ils étaient plus de 100 millions, la même année, à regarder le *Super Bowl*, le grand événement du football américain. Les résultats d'un sondage effectué pour le grand fabricant de bière Miller Lite sur les attitudes des Américains à l'égard du sport indiquent que 96,3 % d'entre eux s'y consacrent au moins une fois par mois : soit qu'ils le pratiquent, soient qu'ils assistent à une compétition, soit qu'ils lisent la littérature sportive, soit encore qu'ils se passionnent pour tel ou tel athlète, telle ou telle équipe.

Les sports jouent un rôle considérable dans la société américaine. Ils sont inséparables du monde des affaires et de la culture au sens large. Ce sont les grands sportifs qui gagnent le plus d'argent à quelques exceptions près, ce sont eux que l'on voit le plus souvent dans les annonces publicitaires ; les enfants des écoles les admirent et le grand public s'identifie à leurs exploits.

L'argent d'abord

Jusque dans les années cinquante, les équipes sportives américaines étaient composées exclusivement de Blancs, et étaient financées par ce que l'on pourrait appeler des « originaux ». Mais le base-ball, comme les autres sports, est progressivement devenu avant tout une histoire d'argent. Les équipes ont été constituées en fonction du chiffre d'affaires et du nombre de *fans* qu'elles pouvaient escompter. Comme l'armée, elles ont intégré les Noirs (c'est en 1947 que le premier d'entre eux, Jackie Robinson, est devenu athlète professionnel dans l'équipe des Brooklyn Dodgers). Désormais, les équipes sont gérées comme des entreprises. L'équipe de basketball Boston Celtics a même été cotée en bourse !

Rappelons encore quelques faits : le président des États-Unis gagne 200 000 dollars par an. Hale Irwin, un professionnel de golf, a empoché autant en six jours pour avoir remporté deux tournois alors qu'un ouvrier américain gagne en moyenne environ 19 000 dollars par an. Si George Bush est parvenu au faîte de l'État, c'est en partie grâce à ses performances dans l'équipe de base-ball de son collège, à l'université Yale. S'il avait eu les qualifications requises, il aurait probablement poursuivi le rêve de la plupart des garçons américains : devenir un athlète professionnel. Nombreux sont ceux qui doivent leur position élevée dans la société à leurs

Les règles du base-ball

♦ *Une partie de base-ball oppose deux équipes qui alternent entre positions défensive et offensive sur un terrain un peu en éventail d'environ 120 mètres de côté. L'équipe qui commence en position défensive compte neuf joueurs répartis sur l'ensemble du terrain : trois au champ extérieur, cinq au champ intérieur dont le lanceur (*pitcher*), et le receveur (*catcher*) placé derrière le marbre (*plate*) qui occupe l'un des coins du terrain où chaque joueur de l'autre équipe vient affronter à tour de rôle le lanceur, qui se trouve à 19 mètres en diagonale. Quatre points de passage (ou coussins, *base*), le marbre étant le dernier, forment un carré de 28 mètres de côté, deux de ces côtés coïncidant avec ceux du terrain. Le lanceur lance la balle et le frappeur (*hitter*) essaie de la frapper avec une batte (*bat*). Si la balle frappée est attrapée par un joueur de l'équipe défensive avant d'avoir touché le sol ou relancée au pre-*mier coussin (ou aux autres, selon ce que tente le frappeur) avant que le frappeur n'ait eu le temps de s'y rendre, ce dernier est «retiré» (*out*). Après trois retraits, c'est au tour de l'équipe en position défensive de venir à la batte. Le passage des deux équipes à la batte constitue une manche et une partie dure neuf manches.*

*Un frappeur s'étant rendu à un des trois coussins compte sur les frappeurs suivants pour l'avancer jusqu'au marbre, auquel cas un point est compté. Le frappeur n'est pas tenu d'essayer de frapper chaque lancer. Mais si l'arbitre juge que la balle pouvait être frappée, c'est une «prise» (*strike*), sinon c'est une «balle» (*ball*). Une troisième prise signifie le retrait du frappeur, une quatrième balle lui donne accès au premier coussin.*

Georges Mathews

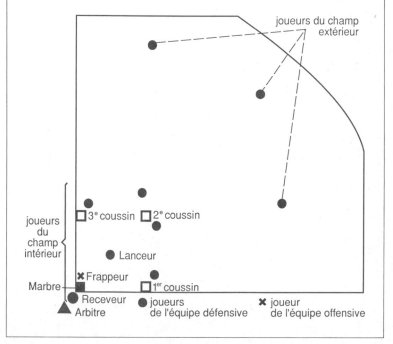

162

prouesses dans les arènes sportives : ainsi le sénateur du New Jersey, Bill Bradley, était une star des New York Knicks qui remportèrent les championnats de basket dans les années soixante-dix ; Jack Kemp, qui est à la tête du département fédéral du Logement et du Développement urbain occupait une position clé (*quarterback*) dans les Buffalo Bills ; quant à Mario Cuomo, le gouverneur de l'État de New York, il s'est tourné vers la politique après ses déboires dans une équipe mineure de base-ball.

Jean-Paul II disait, en 1984, que le sport, par les qualités qu'il requiert, est un exercice de la volonté, une école où se forment en permanence la personnalité humaine et la maturité. Ce temps, en fait, semble bien révolu : en matière de sport, comme dans tous les domaines de la société américaine, il s'agit de gagner. C'est tout.

Chaque semaine on apprend qu'un champion s'est fait éliminer d'une compétition pour avoir pris des stéroïdes et autres drogues qui améliorent les performances. Il n'est pas rare que l'entraîneur d'une université ou d'une école soit pénalisé pour avoir engagé des jeunes qui ne savent pas lire mais qui savent marquer des buts. Même la vénérable Columbia University a décidé, après avoir essuyé quarante et un échecs consécutifs au football, de baisser ses critères d'admission afin de recruter des jeunes moins doués intellectuellement mais plus forts physiquement ! Qui sont les héros des campus de lycées ? Pas les érudits, mais les athlè-

tes. Ce sont eux aussi qui obtiennent les bourses d'étude.

La pratique des sports aux États-Unis, et particulièrement des sports d'équipe, enseigne une vérité essentielle : contrairement au mythe, ce qui compte ce n'est pas de jouer le jeu, c'est de gagner ou de perdre. Les qualités individuelles d'un joueur ou l'effort d'équipe sont secondaires par rapport au résultat final. Dans les sports comme ailleurs, personne ne se rappellera qui est arrivé en seconde position, qui s'est battu avec acharnement, avec brio. Nul ne se soucie de la grâce avec laquelle évoluent les gymnastes aux jeux Olympiques ; l'important, c'est d'avoir remporté plus de médailles que les Russes.

Selon les résultats du sondage effectué pour Miller Lite, 74 % des parents interrogés ne seraient pas troublés par une défaite sportive de leur enfant, mais 40 % le récompenseraient en cas de victoire. On évoquera encore cette scène typique de la banlieue américaine : un père en train de réprimander son fils de sept ans pour avoir, par une manœuvre malencontreuse, fait perdre un match insignifiant à son équipe de base-ball junior.

Gagner coûte que coûte : telle est la perspective que l'on fait miroiter sur les terrains de sport à la jeunesse et qui est transposée ensuite à d'autres circonstances de la vie, à l'école, sur le lieu de travail, pour se transmettre de génération en génération.

Timothy McDarrah

Les Américains sont téléphages

■ En 1989, les 92,1 millions de foyers équipés d'un, et le plus souvent de deux, voire trois ou quatre téléviseurs, que comptent les États-Unis, ont regardé le petit écran en moyenne sept heures et deux minutes par jour. Soit près de cinquante heures par semaine, durant la «saison», qui correspond aux programmes diffusés de septembre à août. Comme si les trois *networks* (réseaux nationaux) ABC, CBS, NBC, et les chaînes locales diffusées gratuitement par ondes hertziennes ne suffisaient pas, 52,6 millions de foyers souscrivaient également un abonnement «de base» à un réseau câblé; 27,1 millions d'entre eux étant en outre abonnés à un ou plusieurs services payants, tel *Home Box Office* (HBO), qui diffuse des films et documentaires 24 heures sur 24, à la manière de la chaîne française *Canal Plus*. 62,3 millions de foyers étaient par ailleurs équipés d'un magnétoscope.

Toujours en 1989, alors que la télévision américaine fêtait son cinquantième anniversaire, il s'est vendu aux États-Unis quelque 280 millions de cassettes vidéo vierges, dont on peut supposer qu'elles ont en majorité servi à enregistrer les programmes diffusés par les différents canaux. Sans compter les 200 millions de cassettes pré-enregistrées vendues dans l'année, qui recouvrent les films de cinéma et autres programmes éducatifs (type «cours d'aerobic») vendus dans les *video-stores*, désormais partie intégrante du paysage urbain américain, à côtés des stations services et chaînes de *fast-food*.

Le triomphe de la comédie

Marquées par une baisse constante de l'audience des *networks* au profit des chaînes thématiques proposées sur les réseaux câblées, la fin des années quatre-vingt a vu la domination d'un genre : le *sit-com* (comédie de situation). Malgré la crise, l'Amérique se gondole. Et seul le rire continue de faire recette. Détrônant *The Cosby Show*, *Roseanne* accédait en 1989 à la première place du *Top 30*, ce *hit-parade* des trente programmes du *prime time* (début de soirée) les plus regardés, que publient chaque semaine les journaux américains. En troisième place, on trouvait un autre *sit-com* : *Cheers* (littéralement «à votre santé!»), qui se déroule dans le décor d'un bar de Boston (en réalité : un studio de Los Angeles). Seul programme d'information du *Top 30*, *60 minutes*, le magazine de la rédaction de la chaîne *CBS*, diffusé le dimanche soir, occupait en 1989 la sixième place. En moyenne annuelle, le sport et le cinéma réalisent des scores d'audience bien inférieurs aux *sit-com* : la soirée de football du lundi sur *ABC* était en 1989 à la dixième place ; le film du dimanche soir sur *CBS* à la vingt-quatrième ; et le film du lundi soir sur *NBC* à la dernière place du *Top 30*.

Le rire, toujours le rire. En 1990, deux chaînes consacrées exclusivement à la comédie ont fait leur apparition sur les réseaux câblés. Au même moment, en quelques semaines seulement, l'émission *America's funniest home videos* (les bandes vidéo amateurs les plus drôles d'Amérique), sur *ABC*, se hissait au cinquième rang des émissions les plus regardées aux États-Unis. Venue de la télévision japonaise, l'idée en est pourtant simple : les téléspectateurs envoient leurs propres cassettes, qui sont agrémentées d'un commentaire comique de l'animateur. Les cassettes les plus drôles sont récompensées après le vote du public du studio de Los Angeles où se déroule l'émission. Il suffisait d'y penser...

L'Amérique se regarde ainsi chaque semaine au fond du miroir cathodique, la réalité surpassant finalement la fiction. Mais le succès d'une telle formule consacre aussi le rôle grandissant de la vidéo légère. Au début des années quatre-vingt-dix, près de dix millions d'Américains possédaient déjà un caméscope. Résultat : les journaux télévisés utilisent de plus en plus souvent des images tournées par des amateurs. Comme, en retour, les émissions d'information n'hésitent pas à utiliser les moyens de la fiction (mise en scène, comédiens) pour «reconstituer» tel ou tel fait divers.

Malgré l'impératif commercial (les parts de marché, l'audience, la place au *Top 30*), et les limites du genre (*sit-com*, séries, mini-séries), la télévision américaine fait pourtant preuve d'une formidable créativité. A l'automne 1990, 111 «pilotes» (les prototypes de nouveaux programmes testés par les chaînes) ont été proposés à la curiosité des téléspectateurs (117 lors de la saison précédente). Bien peu deviendront des séries régulières. Les chaînes proposent. Le public dispose. C'est la loi du *show-business*...

Vincent Tolédano

Tous les prétextes sont bons pour faire la fête

■ Les Américains aiment se réunir et toutes les occasions sont bonnes pour faire la fête : fin d'études secondaires ou universitaires, anniversaires de toutes sortes, mariages, baptêmes, Saint-Patrick (la fête des Irlandais, célébrée davantage aux États-Unis qu'en Irlande) ou tout simplement TGIF (*Thank God It's Friday*/Dieu merci c'est vendredi). Dans un pays où les familles sont souvent dispersées, les réunions entre amis ont un rôle social important, probablement plus qu'ailleurs.

La fête américaine par excellence est *Thanksgiving* (le jour de «merci donnant» selon Art Buchwald). On la doit aux pionniers du Massachusetts qui, après avoir survécu aux rigueurs de leur premier hiver au Nouveau Monde, fêtèrent leurs premières moissons. A l'origine, *Thanksgiving* était une fête religieuse où l'on rendait grâces à Dieu. Célébrée de nos jours le quatrième jeudi de novembre, c'est une occasion de se réunir en famille et de manger... beaucoup. Les Américains à l'étranger festoient également : des restaurants de Paris servent des dîners de fête et des vols charters sont organisés pour ceux qui veulent rentrer au pays pour l'occasion. L'élément essentiel du repas est la dinde rôtie dont la farce varie selon les régions (pain de maïs, noix de pécan et abats de volaille dans le Sud, huîtres et chapelure en Nouvelle-Angleterre) mais toujours avec une sauce aux airelles. La table est pantagruélique car tout est servi en même temps : purée de pommes de terre, sauces, légumes, salades, pains divers. L'orgie se termine par une tarte au potiron ou, dans le Sud, aux noix de pécan. On finit, épuisés, devant la télévision et les matches de football entre équipes universitaires.

Quant à *Halloween*, le 31 octobre, c'est aussi une fête qui n'existe qu'aux États-Unis. Les enfants se déguisent et vont de maison en maison pour réclamer des gâteries. Autrefois, si les voisins ne leur donnaient rien, ils se vengeaient en leur faisant toutes sortes de niches. De nos jours, on ne leur refuse rien. La décoration principale consiste en un potiron évidé et découpé pour former un masque, dans lequel on met une bougie.

La fête nationale, *Independence Day/ Fourth of July* (qui célèbre la *Déclaration d'indépendance*, le 4 juillet 1776), est plus modeste et se passe en général en pique-niques et barbecues avec des feux d'artifices publics et privés.

Le jour de la Saint-Valentin, les grands amis et les amoureux échangent des cartes romantiques ou humoristiques accompagnées souvent de fleurs et de sucreries.

Les autres fêtes, telles que *President's Day* (qui combine en février les anniversaires de naissance de George Washington et Abraham Lincoln) ou *Memorial Day* (armistices de 1918 et 1945, le dernier lundi de mai) et *Labor Day* (fête du travail, le premier lundi de septembre), ne sont guère que de bonnes excuses pour un week-end prolongé.

Les *showers* (averses de cadeaux) en l'honneur de la future mariée ou du bébé à venir sont des fêtes exclusivement féminines pendant lesquelles les hommes se retrouvent entre copains.

Mais en réalité, tout est bon pour s'amuser, et il suffit d'un match de football pour se réunir avec des amis devant la télévision, munis de bière, de chips, de popcorn et de salades. Dans un pays d'immigrés où les traditions viennent du monde entier, il est toujours facile de trouver un bon prétexte pour faire la fête.

Lora Fountain

Les parcs d'attraction, une industrie des loisirs

■ La fonction d'équipements de loisirs n'est pas assurée, aux États-Unis, par les seuls « parcs et réserves naturelles » : plus de 2 000 parcs d'attraction ou parcs à thèmes, à capitaux privés, répondent aux besoins de détente des Américains.

Leur création, au début du siècle, fut inspirée par les parcs de divertissement européens des XVIIIe et XIXe siècles (Vauxhall, Tivoli) et par l'Exposition universelle de Chicago (1893) rassemblant pour la première fois en une seule zone de nombreuses attractions mécaniques. Ils ont eu pour principaux promoteurs les compagnies de tramways. Bénéficiant de tarifs réduits d'électricité, de terrains peu coûteux en tête de réseaux, celles-ci proposaient aux fabricants de matériels forains la possibilité d'implanter des attractions mécaniques mues par électricité (chemins de fer panoramiques, montagnes russes géantes, grandes roues). Aires de pique-niques, cafés, villages exotiques, spectacles en complétaient l'attractivité.

Le premier parc fut ouvert à Coney Island (NY) en 1903 ; en 1914 il y en avait près de 1 500 en périphérie des grandes villes. Mais, en 1938, les deux tiers avaient disparu, du fait de la crise et de la baisse du pouvoir d'achat, mais aussi par suite de l'extension urbaine et de l'accroissement du nombre de voitures individuelles concurrençant les lignes de tramways.

En ouvrant en 1955, en Californie, le parc à thèmes de Disneyland, qui regroupait sous l'idée de « royaume enchanté » les émotions fortes des attractions mécaniques, le monde imaginaire de l'univers filmique, les thèmes d'exotisme et d'aventure, Walt Disney fit renaître l'idée, et la traduisit en un lieu de rêve, d'identification à un imaginaire collectif, de symbole des valeurs américaines. Le succès suscita, dès lors, l'émergence d'une nouvelle génération de parcs autour de thèmes conducteurs : attractions spectaculaires à sensations fortes ou attractions foraines classiques ; transports anciens ou du futur par air, eau, terre ; spectacles fondés sur les nouvelles technologies ; merveilleux féerique, historique ou d'aventure ; découverte ethno-folklorico-cosmopolite, spectacles d'animaux...

On distingue les parcs d'intérêt local nécessitant un investissement initial de 40 à 60 millions FF (en 1983), les petits parcs d'intérêt régional (150 à 250 millions FF), les grands parcs d'intérêt régional ou national à investissements considérables (300 millions à 1 milliard de FF), réalisés par de grands groupes (Mariott, Taft, Busch, Six Flags), à attractivité très forte puisqu'une trentaine de parcs régionaux reçoivent en moyenne 2 à 4 millions de visiteurs par an, contre 1,6 million pour tous les autres. Sur 250 millions d'entrées annuelles, 110 millions vont aux 25 plus grands. Cette fréquen-

166

Bibliographie

« Fiches individuelles des parcs de loisirs », *Tourisme USA*, Paris, 1989.

« Les parcs d'attractions américains », *Monuments historiques*, n° 143, Paris, mars 1986.

« Les parcs de loisirs, nouveaux pôles de développement local », *Cahiers de l'IAU-RIF*, n° 84, Paris, mars 1988.

tation est fidélisée par la création de nouvelles attractions, et demande de nouveaux investissements (5 à 7 % de l'investissement initial pour un accroissement de fréquentation de 10 %).

La force de Disney

Aucun n'égale les réalisations du groupe Disney en Californie (Disneyland) et en Floride, où Disneyworld, Epcot et MGM Studio Tour représentent sur 12 000 ha un complexe d'attraction-spectacles-loisirs, un lieu de villégiature-vacances avec hôtels (plus de 6 000 chambres), golfs et autres sports, commerces et distractions nocturnes et une vaste opération immobilière (résidences, bureaux, congrès). Outre sa puissance financière (700 millions de dollars de bénéfices en 1989), la force du groupe réside dans la perfection de ses réalisations, la qualité de ses services d'accueil et de maintenance, le poids de sa culture d'entreprise qui fait du personnel une « troupe d'acteurs » en contact souriant avec le public, sa créativité et sa stratégie de marketing : « l'image Disney » née des personnages, entretenue par les films et la télévision, est confortée par la création d'objets multiples et les licences d'utilisation de l'image (la souris sur les couches Pampers !), et élargie par l'adoption de personnages nouveaux (Roger Rabitt, Muppets).

De nombreux parcs, misant à la fois sur le climat et sur « l'effet Disney », se sont implantés en Californie et en Floride. Avec Disneyland, Sea World, Magic Mountain, Knott Berry Farm, Queen Elizabeth, Universal Studio accueillent ensemble plus de 22 millions de visiteurs par an. En Floride, Disneyworld, Sea World et les parcs de Cypress Garden, Busch Garden, Dark Continent totalisent annuellement 25 millions d'entrées.

La compétition entre les parcs, de plus en plus sévère, a entraîné des restructurations : l'annonce, en 1990, de la vente des quatre Sea World et de trois petits parcs près d'Orlando pour 1,5 milliard de dollars, malgré l'état dégradé de certains, a suscité les convoitises de Disney Corp. et de l'actionnaire majoritaire de la chaîne. Pour se défendre contre Disney et son MGM Studio Tour, la firme MCA, propriétaire d'Universal Studio, a dépensé 600 millions de dollars pour créer près d'Orlando un parc à thème exploitant des personnages comme E.T. ou le requin de *Jaws*.

Marileine Toinet

L'enfer aseptisé du jeu

■ *Alea jacta est !* N'en déplaise au dernier carré de puritains qui croit à la nécessité de brandir la Bible dès qu'il est question de jouer avec le hasard, l'Amérique s'est lancée à corps perdu dans l'enfer du jeu. A la fin de années quatre-vingt, elle a découvert avec une certaine stupéfaction, par sondages interposés, que 72 % des habitants des grandes cités jouaient régulièrement, tandis que 54 % de ces présumés « innocents » des zones rurales en faisaient tout autant. Loteries d'État en progression constante, *bingos*, casinos, croisières de jeux dans les Caraïbes, clubs de cartes qui ont pignon sur rue, courses de chevaux et même de lévriers qui se pratiquent dans quarante-trois États : au total, cette folie spéculative a englouti

241 milliards de dollars en 1989, soit à peine moins que le budget du Pentagone.

Au point que le corps médical s'est penché sur la question. Le diagnostic a été accablant : 5 millions d'Américains sont considérés en 1990 comme des « cas pathologiques », autrement dit des malades du jeu, alors qu'ils n'étaient qu'un million dans les années soixante-dix. Ceci expliquant cela, quelques assez belles — et prospères — cliniques de « désintoxication » se sont aussitôt créées, notamment en Virginie et dans le Maryland.

Mais comme dans le même temps, pressurées par une crise économique qui, de Jimmy Carter à George Bush, n'a guère fait qu'osciller sur un fond de déficit solidement ancré, de nombreuses municipalités se sont mises à reconsidérer le problème. Pourquoi, après tout, ne pas offrir aux administrés ce droit au « rêve américain » que représente en quelque sorte le billet de loterie ? D'autant que la loterie étant elle-même organisée par l'État, l'argent restait en famille... Ainsi rationalisée et « familialisée », l'idée a fait son chemin. Comment aurait-il pu en être autrement ? Le modèle de la fin des années quatre-vingt n'était-il pas le *golden boy* de Wall Street, c'est-à-dire l'as de la spéculation boursière, le roi de la canasta immobilière, qui, de Donald Trump à Leona Helmsley, affichaient leurs sourires gagneurs à la une des magazines ?

Le jeu ne sent plus le soufre

Du coup, outre une cinquantaine de loteries d'État, la folie du ticket gagnant s'est répandue dans les fraternités de collège, les associations charitables, etc. Tout le monde s'y est mis : les Indiens pour financer leurs réserves, l'armée pour soutenir le moral des troupes *overseas*. Jusqu'au département d'État qui, au printemps 1989, n'a pas dédaigné lancer une loterie dans une dizaine de pays pour départager les postulants... à la nationalité américaine !

Mecque incontestée de cette ferveur spéculative, Las Vegas a enregistré, en 1989, un record de 17,2 millions de visiteurs (50 % de plus en six ans). Son succès : déculpabiliser totalement les aspirants au jeu, en créant un « mirage » où rien de ce qui arrive n'a l'air vraiment réel. La ville elle-même avec ses délires de béton chamarrés de néon et ses piscines miroitantes est une oasis en plein désert du Nevada. Dès l'aéroport, le cliquetis des machines à sous invite à un week-end de péché. Dans le hall des grands hôtels baigné dans la pénombre, des tables de chemin de fer et de *black jack* rappellent l'ambiance de la prohibition. Le temps où jouer était hors la loi, et que seul le cinéma évoque encore en ressassant les tricheries surannées et les cartes délicieusement faussées de l'inévitable *Sting* (*L'Arnaque*), avec le tandem Redford-Newman.

Car, suprême astuce des années quatre-vingt, le jeu ne sent plus le soufre aux États-Unis, mais plutôt l'ambre solaire et le Coca-Cola des enfants. Et Vegas, comme sa cousine pauvre de la côte Est, Atlantic City, se sont transformées en parcs de loisirs gigantesques avec les folies médiévales de l'Excalibur Hotel ou les orgies contrôlées du Caesar's Palace qui offrent des revues pleines de paillettes, des forfaits-séjours (gratuits pour les enfants), des sports nautiques, des majorettes : bref, le Disneyland du vice à usage familial.

Personne n'est oublié. Êtes-vous trop vieux ou trop pauvre pour voyager ? Signez pour un forfait à Atlantic City, vous y irez en bus, la *leisure line*, ou en train express depuis les grandes villes de la côte Est. Là-bas, la folie est plus mesquine, le béton moins pétulant, c'est le « Vegas des pauvres », mais il fait recette : 32 millions de visiteurs en 1988. L'essentiel n'est-il pas de participer ?

Marie-Claude Decamps

CULTURE
ET ARTS

Qu'est-ce que la culture américaine ?

■ En 1990, une telle question peut sembler inutile tellement les manifestations d'une culture américaine sont présentes partout dans le monde, tellement les Américains sont fiers de leurs réalisations culturelles, prêts à les défendre bec et ongles... comme le prouvent la difficulté pour un artiste étranger de percer aux États-Unis, ou l'opposition bruyante des compagnies d'Hollywood à toute mesure — quota ou label national — qui pourrait brimer une expansion considérée comme naturelle.

Pourtant, si on se replace un siècle en arrière, cette même culture semblait presque inexistante ; médiocre appendice littéraire de la Grande-Bretagne, à la remorque des peintres français, pour se contenter de deux exemples. Quelle formidable évolution ! Mais suivant deux axes distincts.

D'un côté, le nombre d'Américains cultivés — au sens européen du terme — a considérablement crû. Autrefois, les riches Américains achetaient des œuvres d'art — d'où la richesse des musées américains — et venaient s'imprégner de la culture européenne. Puis, au cours du XXe siècle, les États-Unis ont su attirer de nombreux créateurs étrangers. Enfin, dans le dernier demi-siècle, sont apparus beaucoup de remarquables artistes américains. Il suffit d'évoquer, pour montrer leur valeur, les grandes cantatrices que sont Barbara Hendricks ou Grace Bumbry, recherchées par tous les Opéras du monde, les architectes tel Ieoh Ming Pei et sa pyramide du Louvre, les romanciers John Irving ou William Styron, le cinéaste Woody Allen, aussi populaires en Europe qu'aux États-Unis. De la même façon, les grands orchestres américains ont atteint une renommée mondiale et, parmi les peintres ou sculpteurs, on trouve certains des artistes majeurs du moment. Toutefois, cette merveilleuse réussite américaine n'est pas vraiment originale, ni spécifique. Ce faisant, les Américains excellent dans des domaines — ceux de la culture traditionnelle — où leur apport vient s'ajouter à celui des autres civilisations, vivifiant mais sans véritable innovation. La place des États-Unis dans le monde permet, tout au plus, à ces divers artistes de se faire mieux connaître que d'autres. D'ailleurs, cette forme de culture a, aux États-Unis, un public important mais qui reste limité, comme dans les autres grands pays.

Une culture originale

D'un autre côté, les États-Unis ont su inventer une forme de culture originale authentiquement américaine. La culture traditionnelle est inévitablement élitiste et ne peut correspondre aux aspirations du plus grand nombre. Dès la fin du XIXe siècle, s'est développée une véritable culture de masse destinée à satisfaire les goûts de la classe moyenne en formation, et à assimiler les immigrants. Souvent, d'habiles entrepreneurs ont compris le profit qu'il pouvait tirer de telles manifestations, sans qu'une caste intellectuelle ne vienne s'indigner ou ne détourne dans ses cénacles réservés les meilleures d'entre elles. Le spectacle théâtral populaire, dont le meilleur et premier exemple fut le *Wild West Show* de Buffalo Bill à la fin des années 1880, constitue une nouveauté typiquement américaine : un décor haut en couleur qui active le souvenir ou le mythe chez tous les spectateurs, une action simple, mais menée de façon rapide et violente, une morale de la réussite. Le succès fut considérable aux États-Unis, puis en Europe où Buffalo Bill effectua plusieurs tournées, malgré l'ironie méprisante des critiques patentés. Dans le même esprit, la démesure du cirque Barnum visait le public le plus large. Il n'est pas étonnant que la comédie musicale, applaudie sur les planches avant de l'être sur les écrans, soit aussi américaine. Là encore, les ingrédients sont relativement simples ; le rythme, la vivacité de l'intrigue et l'efficacité des acteurs pallient la médiocrité des textes ou les incohérences des situations. La grande époque d'Hollywood a su, à merveille, illustrer ce genre et le charme renaît au nom du metteur en scène George Cukor (1899-1983), ou à celui du danseur Fred Astaire (1899-1987). D'ailleurs, le cinéma, sans jamais être exclusivement américain, est un autre fleuron de cette culture de masse. Les cinéastes et les grandes compagnies de production l'ont toujours compris ainsi, sachant la diversité du public américain ; d'où leur attention à la qualité des histoires, d'où leur souci, parfois excessif, de ne choquer personne. Dans cet esprit, les grands films ont souvent illustré les grands moments de l'histoire des États-Unis ou les temps forts de l'actualité, loin de toute introspection philosophique. Au sein d'une multitude de titres, il suffit de mentionner *Naissance d'une nation* de David W. Griffith (1915), *Autant en emporte le vent* de Victor Fleming (1939) ou *Apocalypse Now* de Francis F. Coppola (1979).

Soap-opera audience
(public de feuilleton américain)

Une culture de masse

Pendant longtemps, d'autre part, la puissance de la littérature américaine, dans son expression la plus connue — John Steinbeck (1902-1968), Ernest Hemingway (1899-1961) ou William Faulkner (1897-1962) —, n'a-t-elle pas été due à ce qu'elle était en prise directe avec la société du moment ?

Plus typiquement américain encore est le jazz ; musique totalement originale, au rythme binaire, dont les liens sont nombreux avec la musique pop. Or il s'agit d'une musique issue du peuple noir, correspondant à ses émotions, sans autre filtre culturel. Le succès sans être total n'en a pas moins été considérable, aux États-Unis comme dans le reste du monde, tellement cette musique pouvait correspondre à une sensibilité quasi universelle.

Dans ses diverses formes, la culture originale américaine est bien une culture de masse. Cela explique que réalisateurs et acteurs se soient si facilement adaptés à la télévision. S'adresser à un large public était une préoccupation familière et ancienne, aussi les Américains ont su, avant les autres, proposer des émissions adaptées à des besoins assez généraux pour avoir du succès au-delà des frontières.

De Buffalo Bill à *Dallas*, sans oublier Walt Disney ou les parades de majorettes, il y a bien une culture américaine... La contrepartie de cette réussite est une production culturelle massive, bien ficelée, mais souvent dépourvue d'originalité. Dans la mesure où le succès est aussi international, les dernières aspérités de ces réalisations doivent être soigneusement gommées, l'américanité de telles œuvres n'est plus aussi nécessaire qu'autrefois.

De ce fait, la massification n'a-t-elle pas asphyxié l'imagination, la culture américaine, dans ce qui lui était propre, est-elle encore capable d'innover ?

Jacques Portes

La fonction intellectuelle

■ Contrairement à ce qu'on a souvent écrit, la fonction intellectuelle, aux État-Unis, se porte bien. Cela ne signifie certainement pas que des idées originales surgissent dans tous les domaines. Mais les débats d'idées, les renouvellements et les modes ne manquent pas. Seulement, à la différence de la France, par exemple, cette fonction est assurée de façon plus décentralisée.

C'est sans doute la pensée politique qui est la moins riche. Non pas la philosophie politique, où des affrontements intenses opposent des libéraux comme John Rawls aux penseurs «communautaires», mais la réflexion sur la vie politique ou la discussion de la jurisprudence de la Cour suprême, souvent âpre et limitée aux juristes, qui n'a guère été rafraîchie par les élans des années soixante. En revanche, la discussion sur les relations internationales et la politique étrangère est fort abondante et beaucoup plus variée qu'en Europe. Et il suffit d'ouvrir les revues et les magazines pour découvrir la variété des débats sur la littérature, les arts, le féminisme, la recherche scientifique, l'environnement, les médias, l'urbanisme, la famille, et l'histoire récente ou ancienne du pays.

Un domaine réservé

L'originalité de la fonction intellectuelle aux États-Unis réside dans le rôle des universités et des centres de recherche (souvent affiliés aux universités). Dans les États-Unis du XXe siècle, les dirigeants politiques et chefs de partis sont de plus en plus rarement des intellectuels — Woodrow Wilson (1856-1924), professeur et président d'université, fut le dernier. Il se peut qu'ils en comptent dans leur entourage, mais alors à titre de spécialistes engagés (tels Henry Kissinger auprès de R. Nixon ou Zbigniew Brze-

zinski auprès de J. Carter), ou pour la décoration (Arthur Schlesinger auprès de John Kennedy). D'ailleurs, l'Amérique s'est toujours méfiée des «grands intellectuels» directeurs de conscience, cette race issue du romantisme. Sans doute faut-il, pour qu'un tel sacerdoce voie le jour, comme ce fut le cas en France, à la fois une tradition catholique et une capitale; New York, capitale des arts et de la finance, n'est nullement la seule métropole des lettres et des idées.

Certes, il est arrivé que des intellectuels de grand talent aient cherché par leurs écrits à jouer un rôle comparable à celui de leurs illustres collègues français — on peut penser au théologien Reinhold Niebuhr, par exemple; mais leur audience a toujours été beaucoup plus limitée. Aucun intellectuel américain ne peut penser détenir un pouvoir spirituel égal ou supérieur au temporel : un Malraux aux côtés de De Gaulle (ou un Sartre contre lui), un Soljenitsyne face à Brejnev ne sont guère concevables aux États-Unis. Il existe bien, à des niveaux divers, des gourous momentanés — Herbert Marcuse à la fin des années soixante, Allan Bloom en 1987-1988, Paul Kennedy en 1988-1989 — mais l'intérêt retombe vite. Cela tient peut-être au domaine réservé aux intellectuels américains : leur fonction est doublement fragmentée, par la spécialisation et par la dispersion géographique. Le public les estime dans la mesure où ils se prononcent sur les problèmes de leur compétence, en tant qu'experts, et non pas en tant que penseurs qui croient que leurs connaissances dans un domaine précis (la philosophie, la peinture, la biologie) les autorisent à se prononcer sur les fins ultimes de la société, la morale et l'action politique. C'est peut-être pour cela, et pas seulement en raison de ses idées «subversives», que le grand linguiste Noam Chomsky n'a jamais «percé» en tant

« *The New York Review of Books* » et « *The New Yorker* »

♦ *Deux périodiques new-yorkais sont connus depuis longtemps pour leur qualité et pour le rôle actif qu'ils jouent aux États-Unis dans les grands débats intellectuels et littéraires du pays. Le premier,* The New York Review of Books, *est un hebdomadaire consacré à la critique. Cette publication, qui compte 140 000 lecteurs, se distingue pourtant des « suppléments littéraires » des grands quotidiens américains par la profondeur de ses articles, dont une bonne part est réservée aux dernières parutions d'ouvrages de sciences politiques ou sociales. Les contributeurs affectionnent le ton de la polémique. Jusqu'à la parution de* La Lettre internationale *en 1984, trimestriel européen publié en quatre langues (français, allemand, italien et espagnol) et conçu selon la même optique,* The New York Review of Books *n'avait qu'un seul rival :* The Times Literary Supplement *de Londres, hebdomadaire aussi prestigieux qu'exigeant.*

Plus original de conception, The New Yorker, *à tirage également hebdomadaire, fut fondé en 1925. Ce magazine publie aussi bien des nouvelles que des poèmes et des essais, ainsi que de nombreuses critiques (couvrant les films, expositions, livres, mais aussi les restaurants, boîtes de nuit ou événements sportifs). C'est autant un guide de la vie new-yorkaise qu'un forum pour la création littéraire la plus en vogue. Le magazine compte plus de deux millions de lecteurs.*

C'est à sa politique éditoriale que The New Yorker *doit sa réputation : dans chaque numéro il publie des nouvelles d'auteurs très connus, tels que Scott Fitzgerald, J.D. Salinger et James Thurber, ou* encore John Updike ou Raymond Carver. Presque aucun écrivain de langue étrangère, à l'exception d'un Isaac Singer ou d'un Gabriel García Márquez, n'a cependant eu accès à ses pages. *The New Yorker est également réputé pour son système d'editing, de « correction ». Avant d'être publiée, une nouvelle est méticuleusement relue par un ou plusieurs éditeurs, qui demandent souvent à l'auteur non seulement de procéder à des corrections portant sur des points de syntaxe ou de style, mais aussi de remanier sa façon de camper un personnage ou de mener l'action. Si certains auteurs ont bénéficié de cette étroite collaboration, d'autres (et notamment J. Thurber) semblent avoir été conduits à ne plus écrire de nouvelles que d'après un prototype, immédiatement reconnaissable. On parle d'ailleurs d'un « style New Yorker » quand on évoque la nouvelle américaine.*

Quelle recette l'écrivain docile doit-il donc appliquer ? Le brillant mensuel satirique de New York, Spy, *essaie depuis 1989 d'en déceler les secrets, cherchant à reconstituer aussi bien la figure imposée que les ingrédients utilisés. L'enquête s'étend d'ailleurs aux illustrations qui font l'image de marque du magazine. Elle révèle que le héros a souvent pour prénom Jim ou Bob, que l'action se déroule fréquemment dans une cuisine ou une voiture ou encore que les protagonistes consomment surtout du pain et boivent du café... Qu'un magazine aussi lu que* Spy *ait pris pour cible la nouvelle du* New Yorker *illustre bien la réputation magique dont jouit cette dernière.*

John Taylor

qu'intellectuel contestataire de la politique américaine dans le monde.

On trouve naturellement des cénacles où des hommes de lettres discutent et écrivent sur la politique : on peut penser à la *Partisan Review* des grandes années, à l'hebdomadaire *The New Republic* avant son virage néo-conservateur, ou à *Commentary*, mensuel juif devenu le temple du néo-conservatisme. Le très grand critique Edmund Wilson a multiplié les écrits politiques. Il peut arriver que les idées chères à tel ou tel clan coïncident avec le climat politique et social du moment

174

Bibliographie

Commager Henry S., *L'Esprit américain*, PUF, Paris, 1965 (trad. de l'américain).

Tocqueville Alexis de, *De la démocratie en Amérique*, 2 vols., Gallimard, Paris, 1961.

— climat de gauche lors du *New Deal*, de droite à la fin des années soixante-dix — et que les chefs de clan revendiquent une part importante dans la création de ce climat. Mais un examen un peu rigoureux montre dans chaque cas qu'ils n'ont fourni qu'une musique de fond ; le rôle effectif a été joué par des experts acquis à ces idées et parvenus au pouvoir en tant que conseillers techniques.

Publier ou périr

Ce qui nous renvoie, justement, aux universités et aux centres de recherche. Dans un système d'enseignement supérieur et de recherche extrêmement compétitif, l'impératif est *publish or perish* — publier ou périr. Publier est essentiel pour grimper plus vite — ou pour aller d'une petite université asphyxiante à une université prestigieuse. Certes, une bonne part de ce qui est ainsi publié ne brille pas par l'originalité des idées mais, dans chaque domaine, la nécessité de « différencier son produit » de celui des autres (en particulier des pontes dont on veut secouer le cocotier, si l'on ose ainsi mélanger les métaphores) aboutit, en fait, à des débats d'idées parfois féroces et obscurs, dans la mesure où (comme en sémiologie ou dans la littérature « déconstructionniste ») le jargon de la secte est parfois impénétrable. Avant tout, l'intellectuel universitaire cherche à impressionner ses collègues — ceux qui le jugeront, s'il n'est pas encore titularisé, ceux dont l'estime lui reste nécessaire une fois qu'il a atteint la *tenure* (titularisation).

C'est dans les revues professionnelles qu'il cherchera avant tout à briller. Mais souvent, par désir d'atteindre un public plus vaste, ou parce que les « pinaillages », distinguos et criailleries du sérail spécialisé l'agacent, il cherchera à publier des ouvrages plus « grand public », ou à écrire dans des journaux et des revues qui toucheront des centaines de milliers de lecteurs. Le succès de la *New York Review of Books*, créée en 1963, doit beaucoup au talent avec lequel ses directeurs ont attiré des universitaires de ce genre ; et l'exemple typique de l'intellectuel universitaire, marginal dans sa discipline mais virtuose dans la présentation de ses idées au grand public, est celui de l'économiste John Kenneth Galbraith. Pourtant, si l'on y réfléchit, et si l'on pense au nombre très élevé d'universitaires qui écrivent et publient, le fait le plus frappant est qu'il n'y a, aux États-Unis, qu'une seule *New York Review* (le Royaume-Uni a le *Times Literary Supplement* et la *London Review of Books*), et que la proportion d'intellectuels qui cherchent à écrire pour un public plus large est faible.

Elle est plus forte dans le milieu des centres de recherche spécialisés dans les politiques publiques — le monde des *think tanks*, universitaires ou semi-gouvernementaux (comme la Rand Corporation) ou indépendants (Brookings, American Enterprise Institute). Ces centres, souvent peuplés de chercheurs rebelles à l'enseignement, ou insuffisamment prisés par leurs collègues pour être nommés dans des universités de renom, jouent un rôle double. Ils tentent simultanément de trouver des solutions aux problèmes actuels de la politique économique, militaire ou sociale, et d'influencer le pouvoir ; beaucoup de ces chercheurs briguent des postes de conseillers et les centres leur servent à la fois d'abris (quand le pouvoir est aux mains du parti ou du clan adverse) et de rampes de lancement.

Pour être complet, il faut aussi tenir compte du rôle joué par les médias. Ils ne fournissent guère de grands intellectuels — il n'y a plus, depuis longtemps, l'équivalent d'un Walter Lippmann. Mais un journal comme le *New York Times* et les chaînes de télévision ont à leur service des hommes et des femmes qui non seulement savent lancer et organiser des débats d'idées et donner une tribune (spécialisée) à ceux qui ont des idées mais encore expriment leur propre point de vue avec force et subtilité, dans leurs éditoriaux ou à l'écran : ainsi d'un Leslie Gelb au *Times* ou d'un Bill Moyers à la télévision.

Un public cultivé

Nous avons jusqu'à présent parlé des « producteurs ». Qu'en est-il des « consommateurs » ? « Les hommes qui vivent dans les siècles d'égalité ont beaucoup de curiosité et peu de loisir » disait Tocqueville. Les débats d'idées n'excitent pas le grand public. Mais il existe un vaste public cultivé, produit des collèges et des universités dans un pays d'enseignement supérieur de masse. Il lit les écrits des intellectuels qui ne s'adressent pas qu'aux spécialistes : le succès d'ouvrages comme ceux du paléontologue Stephen Jay Gould ou de l'historien Simon Schama le montre. D'autre part, le grand public est finalement touché par la vulgarisation d'idées souvent fort complexes au départ et simplettes à l'arri-

vée dans les domaines dont il est friand : psychologie individuelle et sociale, « futurologie » pseudo-scientifique, médecine, sexualité. Toute une psychologie ou une sociologie *pop* ont ainsi distillé et dilué les idées de Freud ou les travaux de David Riesman.

Les intellectuels américains croient souvent qu'ils n'ont pas le prestige et l'audience de leurs collègues européens. C'est sans doute vrai du prestige — difficile à mesurer ; beaucoup moins de l'audience. La fragmentation décrite ici enlève parfois au débat l'âpreté spectaculaire des combats d'idées en France (la querelle Sartre-Camus, par exemple) ; la dispersion géographique et la nature des mœurs universitaires américaines font que la critique ne souffre ni de la mesquinerie des controverses au Royaume-Uni, ni du « copinage » à la parisienne. Les intellectuels américains, sauf s'ils sont venus de l'Europe tourmentée des années trente, ou de l'extrême gauche, tendent à penser qu'il n'y a d'*intelligentsia* qu'en Europe, et se définissent comme *academics* ou écrivains. Mais ils n'en assurent pas moins, et fort bien, une fonction capitale.

Stanley Hoffmann

PRATIQUES CULTURELLES

La tradition du mécénat

■ Aux États-Unis, la notion même d'une politique culturelle se heurte au refus de voir dans les arts et les métiers artistiques autre chose qu'une activité purement privée. Toute ingérence des pouvoirs publics est d'office suspecte, au point que le gouvernement fédéral n'a que très tardive-

ment consenti à accorder des subventions à la culture — en précisant qu'il ne s'agissait aucunement de dirigisme culturel, mais d'un soutien accordé au nom de la qualité.

La période du *New Deal* fournit le premier exemple d'un effort national de sub-

176

Bibliographie

Banfield Edward, *The Democratic Muse : Visual Arts and the Public Interest*, Basic Books, New York, 1984.

Dimaggio Paul, *Nonprofit Enterprise in the Arts : Studies in Mission and Constraint*, Oxford University Press, New York, 1986.

Netzer Dick, *The Subsidized Muse : Public Support for the Arts in the United States*, Cambridge University Press, Cambridge (R.-U.), 1978.

vention des arts. Dans le cadre d'un programme destiné à assurer du travail aux chômeurs, un ensemble de projets culturels (musique, arts plastiques, théâtre) vit le jour — des projets souvent créateurs, parfois animés d'un esprit militant. Mais des restrictions budgétaires et des enquêtes lancées par le Congrès, inquiet du caractère prétendument subversif que prenaient certaines manifestations, mirent fin à cette initiative. C'est pourquoi 1965, l'année de la création du Fonds national pour les arts (NEA, National Endowment for the Arts), a marqué un tournant capital. Doté au départ d'un budget dérisoire (8 millions de dollars), le NEA a une double mission : repérer et encourager les talents ; assurer une plus large diffusion des œuvres artistiques. La gestion du NEA reste aux mains du gouvernement, mais un comité d'experts indépendants joue un rôle déterminant dans le choix des projets. En dépit de l'offensive lancée contre le NEA par le président Reagan dès son arrivée au pouvoir, le Fonds n'a cessé de croître, son budget pour l'année 1989 s'élevant à 170 millions de dollars. La somme peut paraître modeste selon des critères européens, mais l'influence du NEA s'étend bien au-delà de son pouvoir budgétaire ; son soutien à un projet entraîne les apports d'autres sponsorats.

Progrès du financement public

Les années soixante ont également vu la naissance d'un financement culturel assuré par les États à travers des conseils spécialement créés à cette intention (State Art Councils). L'État de New York a pris les devants dans ce domaine, suivi par la quasi-totalité des autres États — bien que l'effort consenti et le niveau de compétence des administrateurs varient énormément d'un État à l'autre. Dès 1985, le budget global de ce type de financement égalait celui du NEA. En revanche, les conseils d'État sont soumis à des pressions politiques et doivent en outre satisfaire à des exigences d'équité entre les régions concernées.

Une troisième source de fonds publics est constituée par les municipalités ; ici, ce sont les institutions culturelles traditionnelles, liées au prestige de la ville (orchestres symphoniques et musées), qui se taillent la part du lion. Pour compléter ce bilan de l'aide financière publique, il faudrait citer d'autres programmes fédéraux tels le Fonds national pour les humanités (National Endowment for the Humanities), le soutien accordé aux émissions culturelles de la radio et de la télévision par la Corporation for Public Broadcasting et (au moins jusqu'à son abrogation en 1982) la loi sur l'emploi et la formation (*Comprehensive Employment and Training Act*) ; ce dernier programme était le seul à s'occuper prioritairement d'accorder des crédits aux activités culturelles des minorités ethniques.

La source principale de financement culturel aux États-Unis a toujours été — et reste encore — le mécénat privé. Les Américains donnent généreusement et leur temps et leur argent. Toutefois, sur les 85 milliards de dollars que représentait, en 1989, le total des dons, toutes catégories confondues, 4 % seulement sont allés à la cuture, contre 50 % aux Églises et aux œuvres religieuses ! Sans doute le régime fiscal en vigueur qui permet au contribuable de déduire tout don de ses revenus imposables a joué un rôle primordial.

Mais un code des impôts plus sévère (adopté en 1986) n'a pas eu l'effet dissuasif redouté, à l'exception toutefois des dons d'œuvres d'art, nettement moins avantagés que par le passé. S'il est vrai que le dégrèvement fiscal constitue une subvention culturelle cachée qui mérite d'être signalée, il n'en reste pas moins une subvention sur laquelle l'État n'exerce aucun droit de regard : le choix est tout entier entre les mains des particuliers.

Fondations et mécénat public

A partir des années vingt, les fondations philanthropiques créées par les grandes fortunes familiales ont commencé à subventionner les arts. L'exemple fut donné par la Fondation Carnegie ; la Fondation Ford marqua de son sceau les années soixante. Ces institutions (Carnegie, Ford, Rockefeller, Guggenheim, Mellon, Getty) sont organisées comme des entités quasi publiques, visant des objectifs définis au niveau national et ayant à leur disposition des services hautement professionnels — tout en jouissant d'un pouvoir de décision libre de tout contrôle étatique, ce qui explique l'efficacité de leurs interventions. Toutefois, sur les 700 millions de dollars distribués à la culture par les fondations américaines, la majeure partie provient de fondations étroitement liées à des élites locales, qui, peu enclines à s'aventurer hors des chemins battus (et mal armées pour le faire), pratiquent une politique culturelle résolument conservatrice.

Dernier né sur la scène du financement culturel, le mécénat d'entreprise. De 22 millions en 1967, le montant des sommes versées au titre de la culture a atteint 550 millions de dollars en 1988. Les motivations des entreprises sont ambiguës : à la reconnaissance des valeurs culturelles se mêle un souci de créer une ambiance propre à attirer des cadres de haut niveau et à accroître le prestige de la société. Elles misent de plus en plus sur les initiatives culturelles qui ont un lien avec leur politique en matière de marketing, avec une préférence pour le gigantisme : les maxi-expositions et les somptueuses émissions culturelles à la télévision ont leurs faveurs, plutôt que les arts expérimentaux.

Une partie non négligeable de l'activité culturelle aux États-Unis (l'édition, la musique) est commerciale. En revanche, les entreprises qui reçoivent des subventions publiques ou privées sont toutes des associations à but non lucratif (*not for profit*). Il ne s'agit pas d'une distinction simplement économique mais d'une des frontières qui sert à départager la culture « noble » de la culture populaire. Toutefois, même les entreprises culturelles « nobles » sont contraintes de rentabiliser leurs activités, en augmentant les prix d'entrée ou en s'engageant dans des affaires annexes (restauration et boutiques dans le cas des musées par exemple). Pour survivre, les entrepreneurs culturels doivent devenir des experts comptables, savoir habiller leurs projets au goût du jour, et les vendre agressivement sur le marché du sponsorat. La compétition est âpre, et les gagnants, ceux qui connaissent le mieux les règles du jeu. Ce système laisse une place réduite à une culture d'essai, et ne favorise guère la démocratisation des arts.

Mécénat en faveur des arts
(milliards $, 1985)

Entreprises : 559; État fédéral : 297; États : 161.
Source : Statistical Abstract *1990*.

John Atherton

178

Le marché de l'art, casino national

■ Sacha Guitry avait coutume de distinguer deux espèces de collectionneurs : ceux qui sont «placard» et ceux qui sont «vitrine». Assurément, les Américains font partie de la seconde catégorie : ils font volontiers montre de leurs œuvres d'art dans les magazines chic, dans les expositions, dans des musées privés auxquels ils donnent leur nom. Aussi le marché de l'art aux États-Unis revêt-il un côté spectaculaire, plus mondain encore qu'en Europe. Plus spéculatif aussi : posséder de l'art est signe de richesse et de réussite.

International, le marché de l'art l'est. Cela, depuis la Renaissance. En 1990, les grandes ventes aux enchères de New York sont transmises par satellite, en direct, à Tokyo et Londres — et inversement. Sur un chiffre d'affaires mondial estimé à 22 milliards de dollars, les États-Unis comptent sans doute pour plus de 10 milliards. L'art va à l'argent, et l'argent va à l'art. Les Américains ont pourtant mis du temps à s'imposer sur ce marché, et dans les années quatre-vingt, le Japon est venu les narguer...

Il a fallu en fait que les États-Unis deviennent d'abord un pays de peinture pour que le marché se déplace vers le Nouveau Monde. Dès les années quarante, des peintres comme Jackson Pollock, Willem De Kooning, Franz Kline et d'autres ont voulu se libérer de l'influence française. Lorsque Leo Castelli — le grand ordonnateur à la tête, en 1990, de cinq galeries à Manhattan — est venu présenter à Venise, à la Biennale de 1964, les artistes du *pop'art* (Robert Rauschenberg, Jasper Johns, etc.), New York a définitivement supplanté Paris. Dès lors, la peinture contemporaine «nationale» a tenu une place centrale dans le marché de l'art américain.

Les grandes enchères de New York

Jusqu'aux années quatre-vingt, les grandes maisons de ventes étaient anglaises. Mais Sotheby's, dès 1964, et Christie's, en 1976, organisaient déjà des enchères à New York. Et la première est passée en 1984 sous le contrôle d'Alfred Taubman, un promoteur et financier du Michigan. Conséquence : Sotheby's fait les deux tiers de son chiffre d'affaires aux États-Unis (contre 45 % pour sa rivale). Au début des années quatre-vingt-dix, New York surclasse Londres pour les tableaux modernes et contemporains, les impressionnistes ; fait jeu égal pour les maîtres anciens ; partage avec Genève les bijoux... Seuls les beaux meubles (Londres) et les livres anciens (Paris) demeurent des spécialités européennes.

Les ventes d'après-dîner de Sotheby's, sur York Avenue, voient venir en longues limousines ce que l'Amérique compte de milliardaires : des financiers de Wall Street comme Harry Kravis, des promoteurs immobiliers comme Jerry Spiegel, des comédiens et cinéastes d'Hollywood comme Jack Nicholson et Steven Spielberg... Et surtout les responsables du musée Getty, la seule institution à pouvoir lutter à armes égales avec les Japonais... Le samedi, les amateurs d'art contemporain se rendent à Soho dans les galeries de Leo Castelli, de Mary Boone, d'Ileana Sonnabend ou de Pace... New York ne compte pas moins de 65 000 artistes et 250 galeries — mais, en fait, une vingtaine seulement font le «marché». Et pour certains peintres *hot*, tels Donald Sultan, David Salle ou Eric Fischl, jusqu'à 100 collectionneurs sont inscrits sur des listes d'attente pour acheter une œuvre... Ce monde de l'art contemporain vit au jour le jour, sous le coup de modes qui passent. Les prix montent très vite, les galeries pratiquant souvent l'art du bluff : «Si

Bibliographie

« The Art Market 1979-1989 », *Art & Auctions*, vol. XI, n° 10, New York, mai 1989.

vous n'achetez pas aujourd'hui, la semaine prochaine ce sera plus cher. » Une galerie ouverte à Soho en 1975 vendait à chaque exposition toutes les œuvres le jour du vernissage, ce qui attira vite l'attention des collectionneurs. Le stratagème était simple : les sept investisseurs qui avaient des intérêts dans la galerie s'étaient engagés à acheter chacun une toile...

L'argent japonais

A côté de ce marché primaire (qui vend des œuvres sorties des ateliers), vit un marché secondaire tout aussi florissant. Leo Castelli est d'ailleurs étroitement associé au marchand Larry Gagosian. Et pour les artistes vivants, les ventes aux enchères offrent la confirmation de leur valeur (monétaire). *False Start*, de Jasper Johns, a ainsi trouvé preneur pour la modique somme de 17,05 millions de dollars en novembre 1988 : son premier possesseur l'avait acheté 3 150 dollars en 1961...

Sur le marché de l'art, le sentiment national n'est pas absent. Les Américains sont fiers de compter dans leurs rangs les « artistes les plus prisés du monde ». Malheureusement, le prix record du J. Johns fut battu par une toile de De Kooning qui partit pour le Japon moyennant 20,7 millions de dollars. De même, les Américains auraient bien voulu garder pour eux « la toile la plus chère du monde »... Christie's, en mars 1987, avait vendu à Londres les *Tournesols* de Van Gogh pour 39,9 millions de dollars à un Japonais. Sotheby's à New York allait faire mieux, avec les *Iris*, en novembre de la même année : 54 millions sans compter les frais. Hélas, l'acquéreur, le magnat australien Alan Bond, ne put payer la note. Sotheby's, par une vente à l'amiable, remit le précieux Van Gogh en lieu sûr, au Getty Museum évidemment. Mais, en mai 1990, deux prix records (Renoir et de nouveau Van Gogh) revenaient encore à des Japonais. Autrefois, les États-Unis achetaient à tour de bras dans toute l'Europe ; ils exportent aujourd'hui vers la nouvelle puissance financière... Le critique d'art du magazine *Time* aura beau dire que « les prix atteignent désormais des niveaux obscènes », rien n'y fera. D'autant que, à la fin des années quatre-vingt, Chicago et Los Angeles sont venus prêter main-forte à New York dans cette furia spéculative. Sur la côte ouest aussi, art rime avec dollar.

Philippe Thureau-Dangin

Musées : l'éducation par le plaisir

■ Les musées américains ne datent que de la fin du XIXe siècle. Les deux plus grands, ceux de New York et de Boston, ont été fondés après la guerre de Sécession, en 1870. Alors que les collections des grands musées européens ont été souvent constituées à partir de collections de familles royales et princières, les musées américains ont été créés *ex nihilo*. Ils sont nés d'une idée motrice, d'une volonté soutenue par un groupe de mécènes enthousiastes. Lorsque le Metropolitan Museum of Art (le Met) fut constitué en société en 1870, il n'avait ni terrain, ni bâtiment, ni financement, ni même de collection. Ses fondateurs, protestants et puritains, avaient pour premier souci l'élévation morale et l'éducation du peuple. Le musée devait former le goût mais aussi réformer. Car les fondateurs du Met attribuaient à

Musées célèbres

• *LES GRANDS MUSÉES D'ART*

— NEW YORK. The Metropolitan Museum of Art *(l'une des plus riches collections du monde avec, entre autres, son musée médiéval,* The Cloisters*)* ; Museum of Modern Art *(*MOMA*)* ; Guggenheim Museum *(à visiter autant pour le bâtiment, dessiné par Frank Lloyd Wright, que pour les œuvres exposées).*

— WASHINGTON. *L'extraordinaire série de musées gérée par la Smithsonian Institution, notamment la* National Gallery of Art *et le* Hirshhorn Museum *(sculptures modernes).*

— BOSTON. Museum of Fine Arts *(notamment pour les peintres américains)* ; Fogg Museum of Art *de l'université Harvard (collection italienne et dessins).*

— CHICAGO. Art Institute *(impressionnistes et peintres américains).*

— DALLAS. Museum of Fine Arts.

— NEW HAVEN *(CT)*. Yale Gallery of Fine Arts.

— PHILADELPHIE. Museum of Art.

• *LES MUSÉES DES MÉCÈNES*

— BOSTON. Gardner Museum.

— HOUSTON. De Ménil Collection *(surtout pour l'art amérindien).*

— MALIBU *(Californie)*. J. Paul Getty Museum *(tout !... y compris l'une des meilleures bibliothèques d'art du monde).*

— NEW YORK. Frick Gallery *(l'un des plus charmants).*

— PHILADELPHIE. Barnes Collection.

— SAINT SIMEON *(CA)*. Hearst Museum.

— WASHINGTON. Phillips Gallery *(impressionnistes).*

• *LES MUSÉES DES SCIENCES*
Ils sont particulièrement bien conçus.

— CHICAGO. Museum of Science and Industry.

— PHILADELPHIE. Franklin Museum.

Beaucoup d'entreprises ont par ailleurs leur propre musée spécialisé, comme par exemple le Musée du verre *à Corning (New York).*

Dans bien des villes américaines, la muséographie excelle dans l'ouverture au public de maisons privées et de bâtiments publics anciens. A titre d'exemples : Natchez (Mississippi), avec ses maisons coloniales, Charlottesville (Virginie), avec la maison de Thomas Jefferson (Monticello) et l'université de Virginie, toutes deux conçues par Jefferson, ou la ville industrielle (textile) de Lowell (Massachussetts).

---

l'art des facultés rédemptrices dont l'Amérique, déjà consciente de son matérialisme et alors au comble de la corruption politique après la Guerre civile, avait, semble-t-il, fort besoin.

Des musées bien conçus

Les musées américains sont des organismes privés et les seuls fonds publics dont ils disposent — qui fournissent rarement plus de 10 % de leur budget de fonctionnement — proviennent des municipalités, et non du gouvernement fédéral.

Leur financement repose principalement sur les donations, les intérêts sur leur capital, les entrées des visiteurs, les cotisations des adhérents, et les activités commerciales qu'ils organisent (boutiques, vente par correspondance, croisières, etc.).

Conçus dès l'origine pour abriter des œuvres d'art, les bâtiments ont été le plus souvent aménagés pour accueillir le personnel, le public, et pour présenter les œuvres d'art dans les meilleures conditions : ils ont été dotés de laboratoires, de réserves et de bureaux généralement adéquats. Les collections ont été le plus sou-

Bibliographie

Meyer Karl Ernest, *The Art Museums : Power, Money, Ethics*, W. Morrow, New York, 1979.

vent constituées selon un plan d'ensemble qui s'efforçait de refléter le mieux possible l'histoire de l'art dans sa totalité (on parle de musées encyclopédiques). Même les petits musées, sans être très riches, présentent toutes les périodes et tendances de cette histoire. (Le Moyen Age peut n'être représenté que par un ivoire gothique et une statue romane.) Les responsables des musées ont dû opérer un véritable choix, rechercher activement chacune des œuvres à exposer, alors qu'en Europe il a plutôt fallu faire un tri parmi une multitude d'œuvres accumulées au cours des siècles.

Enfin, le fait que les musées du Nouveau Monde se soient donné pour but l'éducation et le plaisir artistiques du public explique qu'ils se soient préoccupés, plus tôt que ceux d'Europe, de la présentation des œuvres et de l'animation culturelle. Mais s'ils ont pu se payer le luxe d'un meilleur éclairage, de meilleures notices, c'est qu'une grande partie du travail de base avait été faite pour eux, dans les musées européens. L'attribution que le conservateur américain notait avec soin sur son étiquette, c'est son homologue à Paris, à Londres ou à Berlin qui la lui avait fournie, après une longue étude menée au détriment de la décoration des salles.

Des affaires qui marchent...

La politique de service du public a pris son essor dans les années soixante. Elle a été poursuivie de telle manière qu'il est permis aujourd'hui de se demander si les musées n'y ont pas perdu leur âme : certes, ils sont de plus en plus accueillants ; on y est souvent reçu par des bénévoles placés stratégiquement près de l'entrée ou à de grands bureaux de ren-

seignement ; au Met, l'immense hall est décoré de grands bouquets de fleurs qui donnent une note de chaleur incontestable à la pierre.

De grands efforts de prospection et beaucoup de publicité ont été faits pour atteindre de larges couches de la population. Des programmes éducatifs sont élaborés sur mesure, sans oublier les groupes spéciaux, les handicapés ; les guides sont publiés dans plusieurs langues ; des visites commentées, des conférences, des colloques, des concerts sont organisés. Les visiteurs disposent de restaurants, de parkings et de boutiques. Enfin, des expositions de plus en plus vastes et éblouissantes se succèdent à un rythme toujours plus accéléré. Résultat : les musées regorgent de monde, leurs boutiques prospèrent, le nombre de leurs adhérents augmente, et à New York, notamment, les services de réservation électronique (*ticket-tron*) doivent faire attendre les amateurs de baseball pour pouvoir répondre aux demandes de billets pour une exposition comme celle d'un Degas. A New York, on compte plus de visiteurs de musées que de spectateurs d'événements sportifs.

Les affaires marchent donc pour les musées, sans parler des locations de salles pour réceptions privées — au Metropolitan, le temple égyptien de Dendur et son parvis servent souvent pour les inaugurations et pour des galas. Mais qu'en est-il de l'œuvre d'art ? Elle semble être de plus en plus reléguée au second plan dans les esprits. Les techniques de promotion et de communication priment sur l'objet que l'on veut faire connaître. Trop d'expositions sont montées à la hâte, pour des raisons commerciales ou politiques. On fait prendre des risques considérables — et inutiles — à des chefs-d'œuvre, et les spécialistes qui en ont la charge ressemblent de plus en plus, qu'ils le veuillent ou non, à des marchands, au mieux à des imprésarios. Peut-on encore entendre l'artiste dans l'affairement et le vacarme des musées d'aujourd'hui ?

Philippe de Montebello

La culture pour tous

■ Les États-Unis vivent-ils une crise culturelle ? Telle est la question que pose le professeur E.D. Hirsch dans son livre très controversé *Cultural Literacy* (1987). Tel est aussi l'avis des adhérents de la philosophie dite du « Nouvel Age ». Chacun à leur manière, ils constatent qu'il n'existe plus de fonds culturel commun aux États-Unis et proclament qu'il faut le recréer d'urgence. Pourtant, à bien des égards, la vie culturelle américaine semble plus diversifiée, plus innovatrice, plus curieuse que jamais.

Les moyens d'accès à la culture se multiplient. Avec plus de soixante chaînes en 1990, la télévision par câble gagne toujours du terrain. Certes, les programmes sportifs dominent, mais quoi de plus « américain » aux yeux du grand public ? Bon nombre de chaînes câblées sont spécialisées ; *MTV*, par exemple, présente les groupes « vedettes » de musique rock, passe en revue leurs clips, lance de nouveaux albums CD. Une très grande partie du vaste public desservi par le câble vit à l'écart des centres culturels, voire des villes. On s'imagine le plaisir d'un passionné d'opéra, habitant des prairies du Nebraska, loin du Met (Metropolitan Opera) de New York, non seulement d'entendre, mais de voir un Luciano Pavarotti chanter Rodolphe, dans les décors fastueux que Franco Zeffirelli a faits pour *La Bohème*. Le réseau câblé fonctionne aussi à merveille en ce qui concerne les films : bon moyen de faire taire les gosses, et de leur faire connaître en même temps une Amérique plus « aimable », moins compliquée que celle que l'on a coutume de voir sur les chaînes commerciales. Certains programmes des années cinquante tels que le *Mickey Mouse Club, Father Knows Best, Leave It to Beaver*, sont redevenus de grands favoris.

Chose étonnante, le livre est devenu un important article de consommation grâce à certains libraires de grandes surfaces tels que Dalton et Walden Books. Pour quasiment le prix d'un livre de poche, on peut avoir un imposant livre cartonné — un « dur de dos » (*hardback*), comme on dit en anglais. Bien sûr, ce sont pour la plupart des *bestsellers* de la culture populaire : régime, gymnastique, médecine, sports, biographies de stars du cinéma et du *business* comme Joan Collins et Lee Iacocca. Si ces livres reflètent des goûts homogénéisés et prévisibles, ils rendent au moins la lecture plus accessible et peut-être rassurent-ils des lecteurs culturellement timides. L'arrivée en masse de ces géants de la librairie, surtout dans les centres commerciaux, a certes hâté la disparition des petites librairies, mais elle en a aussi incité d'autres à rechercher des formules nouvelles. Modernisés à leur tour, ils ne s'installent plus au centre-ville dans des bâtiments vétustes, mais plutôt dans des régions à faible densité de population — au Vermont, au Colorado ou au Michigan, par exemple. Là, ils emmagasinent à meilleur marché d'énormes stocks pour mieux desservir un public transcontinental « sérieux », aux goûts complexes et variés qui fait ses commandes par poste, par téléphone ou même par fax.

Nouvelles ou renouvelées, les revues ont aussi pris un grand essor, surtout celles qui répondent aux intérêts particuliers (design, cuisine, voyages, etc.) des *yuppies*, ce jeune public professionnel et aisé attiré par le côté « branché » de la culture. L'énorme succès de *Metropolitan Home, Architectural Digest*, ou de *Gourmet*, pour n'en citer que trois, repose en partie sur leur cachet culturel. Pourtant les abonnements de ces revues de prestige coûtent cher, et il est peu probable qu'avec le retour d'une certaine sobriété économique, elles soient encore amenées à se multiplier.

Bibliographie

Hirsch E.D., Jr., *Cultural Literacy : What Every American Needs to Know,* Houghton-Mifflin, Boston (MA), 1987.

Si les grands musées sont devenus, de l'avis de certains, des usines à expositions pour attirer un public toujours plus dense, le nombre de petites galeries d'art à la recherche d'une clientèle plus sélectionnée est en augmentation ; on compte même parmi leurs directeurs certains anciens conservateurs de musée qui ont osé changer de piste pour pouvoir exercer leur profession à leur guise. Ici aussi, les *yuppies* sont aux premiers rangs. On prise les invitations aux vernissages, on commence même à se spécialiser, dans le cadre du diplôme *Master of Business Administration* (MBA), dans la gestion de l'art (collections privées, dossiers d'investissements). Mais l'art n'est pas seulement pour les marchands : un nombre croissant d'Américains s'y initient par goût, pour se cultiver. Les universités et les cours du soir ont enregistré une nette hausse des inscriptions en histoire de l'art.

L'initiative personnelle

Ce goût de l'initiative personnelle, dans la tradition anglo-saxonne, se retrouve au théâtre. Au niveau local, voire de quartier, de petites troupes s'organisent et attirent un public fidèle. Acteurs professionnels cherchant une nouvelle voie ou simples amateurs, tous participent à l'effort collectif : on écrit et monte des spectacles originaux non sans risque sur le plan commercial et esthétique, comme cette interprétation tout à fait moderne du grand roman *Moby Dick* d'Herman Melville jouée à Chicago par la troupe Remains. Ces créations, d'autant plus significatives qu'elles sont réalisées sans aucune subvention publique, rappellent à certains égards celles de l'*Off Off Broadway* de New York. Depuis le début des années soixante-dix, le théâtre a connu un essor remarquable, notamment dans les grandes villes (Los Angeles, Minneapolis, Washington, Chicago) où il a acquis une dimension régionale.

Plus récemment se sont développés les *comedy clubs* : dans des bars ou des petits cafés-théâtres, des comiques, avec un nouveau programme chaque semaine, devisent sur les mécontentements de la société et les frustrations personnelles. On peut y voir en quelque sorte la contrepartie théâtrale et comique des préoccupations sociales exprimées plus sérieusement par la jeune chanteuse noire Tracy Chapman.

Indices d'une crise ? La diversification et le renouveau des supports de culture, le pluralisme des publics et de ses centres d'intérêt peuvent aussi être perçus comme autant de manifestations de la vitalité culturelle des Américains.

Patricia Costa

Connoisseur of coloratura sopranos
(*amateur de vocalises*)

184

LES ARTS

La littérature contemporaine : jeux de miroirs

■ La littérature américaine de notre temps, dans ce qu'elle a de plus vivace, de plus vital, de plus novateur, de plus séduisant, s'interroge sur ses fondements mêmes et travaille de l'autre côté du soupçon pesant sur la validité de la création littéraire dans ses rapports au réel. Car s'il est une question que la fiction américaine n'a cessé de tourner et de retourner, c'est bien celle des rapports que peut encore, licitement, entretenir l'écriture avec le monde.

Ce qu'il faut donc retenir de la fiction américaine aujourd'hui (et l'essentiel de ces remarques tient pour ce qui concerne la poésie), c'est que la manière ancienne de penser la distribution par grandes catégories géographiques ou socio-culturelles (Juifs, Noirs, Sud, régionalisme...) ne peut plus tenir et que la manière actuelle de la concevoir aux États-Unis (genres, minorités sexuelles ou ethniques...) se heurte à trop d'écueils pour être vraiment satisfaisante. L'évolution tient principalement à un réajustement des rapports monde/écriture, qu'il est possible de suivre dans ses modulations.

L'héritage moderniste

Les efforts consentis par les modernistes pour ajuster la représentation aux complexités nouvellement découvertes de la perception et de l'identité, aux éclatements du monde extérieur et à la disparition ou à l'effritement des anciens jeux de valeurs ont certes toujours leur importance pour certains écrivains. Le raffinement de ce travail revint, assez souterrainement d'abord, aux auteurs qui, tels John Barth (*The Motting Opera and the End of the Road/L'Opéra flottant*), John Hawkes (*Cannibal/Le Cannibale*) ou William Gaddis (*The Recognitions/Les Reconnaissances*), ressentaient dès les années cinquante, dans un environnement peu favorable aux révolutions esthétiques, le besoin de pousser au-delà du modernisme sans pour autant se détacher radicalement ou trop visiblement des apports de cette tradition. Mais ces années, en particulier, avaient pu laisser croire qu'une manière de réalisme social occupait le haut du pavé.

C'est par une conscience aiguë de l'absurde que le roman à message, célébrateur ou contestataire, a commencé d'évoluer vers la fiction de langue dans les années soixante, même si déjà un Vladimir Nabokov anticipait sur la manœuvre et lançait la fiction de son pays et de sa langue d'adoption vers la conquête jouisseuse du langage (*Lolita*) ; même si un Norman Mailer s'engageait déjà dans des expériences d'hybridation générique intéressantes (*Armies of the Night/Les Armées de la nuit*) cependant que William Burroughs (*Naked Lunch/Le Festin nu*) tailladait les pages et les mots comme on se coupe les veines. Il n'en demeure pas moins que ce sont les noms de Richard Brautigan (*A Confederate General from Big Sur/Un général sudiste de Big Sur*), de Kurt Vonnegut (*Slaughterhouse Five/Abattoir cinq*), de Joseph Heller (*Catch Twenty-Two*) ou de Ken Kesey (*One Flew over the Cuckoo's Nest/Vol au-dessus d'un nid de coucous*) qui identifient le mieux la nature dominante de la fiction des années soixante. L'encre parfois un peu épaisse des modernistes survivants se muait du coup en encre sympathique, se riant de ses effets éphémères et de ses traces contestables où l'affirmation allait s'amenuisant au profit d'une contestation d'apparence légère, une conscience aiguë de l'absurde allant difficilement de pair avec le sentencieux.

Cessant de tendre son miroir à une réalité que même l'œil commençait à avoir peine à saisir, le roman des années soixante tendait à jouer des effets d'optique plutôt que de se fier à ses reflets ; le réel lui-même était dénoncé comme miroir aux alouettes. Encres fuyantes, écritures primesautières soulignant des sourires désespérés et soulageant de leurs jeux des cœurs lourds plus tentés par l'évasion que par la responsabilité : elles donnèrent au réel ses colorations mouvantes, ses irisations, son vernis, son brillant, évoquant les filtres chromatiques proposés par Boris Vian dans *L'Écume des jours* pour pasteliser les lumières crues d'un monde insupportable. Qu'il fût ou non bilieux ou qu'il se fît un sang d'encre, Brautigan, poursuivant le poisson élusif de sa *Pêche à la truite en Amérique/Trout Fishing in America*, trempait une plume en forme d'hameçon dans le sucre de pastèque.

Limites du modernisme

Il n'est pas sûr que le terme « postmodernisme » permette de mettre l'épithète au collet des productions qui devaient suivre. Ce qui apparaît en revanche à l'envi, c'est qu'au cours des années soixante-dix les « fenêtres de la maison de la fiction » (Henry James) s'opacifièrent, celle-ci choisissant un temps d'offrir le spectacle de sa propre réflexion : attention soutenue aux formes du langage, aux problèmes de la représentation, impénétrabilité du réel, clins d'œil de la phrase, du mot et même de la lettre, affection pour le grain du langage et compassion pour l'impossible tâche de dire le réel. Non que l'écriture romanesque aux États-Unis abandonnât du même coup tout sens de ses responsabilités, s'écartant ainsi d'une « moralité de la fiction » que le très moderniste John Gardner réclamait à grands cris (*On Moral Fiction*). Mais,

délaissant explicitement les flamboiements du romanesque pour les braises de la fiction, des œuvres comme celles de Robert Coover (*Public Burning/Le Bûcher de Times Square*) ou William Gass (*In the Heart of the Heart of the Country/Au cœur du cœur de ce pays*) s'attachèrent alors à souligner ce que la création littéraire comporte d'engagement constitutif : l'écriture imaginative donne à voir les formes nouvelles proposées pour le monde tout en mettant en évidence les actes de fiction auxquels chacun de nous recourt au quotidien pour donner sens à la vie. L'éthique réintégrait l'esthétique.

Dans le même temps, et sous des plumes complices, s'élaborait une réflexion en profondeur sur les inévitables questions auxquelles se voit confronté l'écrivain : problèmes soulevés par la nature du réel telle que la révèlent les avancées de la science, par les ébranlements de la causalité traditionnelle et des catégories spatio-temporelles (Don DeLillo, *Ratner's Star* ; Paul Auster, *City of Glass/Cité de verre* ; Thomas Pynchon, *Gravity's Rainbow/L'Arc-en-ciel de la gravité*, ou Joseph McElroy, *Plus*), par les mutations de notre saisie du monde engendrées par la prolifération des médias et de la culture de masse (Max Apple, *The Propheteers/Les Prophéteurs*, ou Stanley Elkin, *La Franchise*) ; perturbations profondes entraînées par le réexamen du discours sur l'histoire y compris contemporaine (Frederic Tuten, *Les Aventures de Mao pendant la Longue Marche* ; Robert Coover, *Whatever Happened to Gloomy Gus of the Chicago Bears?/Une Éducation en Illinois* ; E.L. Doctorow, *Ragtime*) et le statut du mythe (John Hawkes, *Cassandra* ; Toby Olson, *The Woman Who Escaped from Shame/La Femme qui s'évada de la honte*, ou Robert Coover/*Pricksongs and Descants, La Flûte de Pan*) ; enfermements soudain constatés dans la jungle des textes passés et le labyrinthe des cultures. Conscience exacerbée du chemin parcouru et des changements survenus à laquelle ne pouvait échapper une génération entière d'artistes du langage à qui ne suffisait plus de « racon-

186

Bibliographie

Chénetier Marc, *Au-delà du soupçon : la nouvelle fiction américaine de 1960 à nos jours*, Seuil, Paris, 1989 (ample bibliographie).

Fauchereau Serge, *Lecture de la poésie américaine*, Minuit, Paris, 1979.

ter des histoires » comme leurs prédécesseurs, c'est-à-dire comme si le récit allait de lui-même, comme si ses enjeux n'avaient pas à être affichés : la fiction des années soixante-dix méditait les leçons héritées de « l'expressionnisme abstrait ».

A l'*action painting* venait se superposer, dans une certaine mesure, une écriture tendant à la « performance » faute de se résoudre à une représentation devenue par trop problématique. Peu ou prou, chacun y fut alors de sa contribution aux « métafictions » reflétant une période — bien rare dans la culture américaine — où le doute eut droit de cité au sein d'une culture mieux caractérisée par son don pour l'exploration des espaces que par sa capacité à faire jouer la distance, et qui jamais ne sut, à l'heure qu'il fallait, lire le scepticisme profond d'un Herman Melville, les noirs dégoûts d'un Nathanael West ou les échecs triomphants de Djuna Barnes et William Faulkner.

Nouveaux réalismes ?

Les évolutions ultérieures ont semblé *a priori* justifier une vision quelque peu cyclique de l'histoire littéraire ; on a trop parlé de « néo-réalisme » et de « réalisme sale » pour que la tentation ne nous en effleure pas. Mais les apparences sont dues à la confusion lexicale régnante. Si les mots ont un sens, comment lier en effet, d'une part, ce que « réalisme » convoque de mimétisme, d'échos de Balzac, Theodore Dreiser ou James T. Farrell, et de l'autre les productions minimalistes, de Brancusi à Samuel Beckett et Donald Barthelme ? Une utilisation

protéiforme de « post-modernisme » nous avait déjà invités à la méfiance. A dire vrai, s'il semble bien qu'une partie de la plus jeune génération de créateurs américains veuille effectuer un « retour au monde » (Tobias Wolff), rien n'indique que ce soit sous les espèces d'un simple retour à des conventions narratives d'avant les décennies d'expérimentation.

Parler de « réalisme », pour ce qui concerne la fiction toute contemporaine, c'est couvrir à la hâte d'une feuille de vigne respectable de coupables nudités. Tout le mal viendrait de ce que l'admirable Raymond Carver (*Tais-toi je t'en prie*, *Les Vitamines du bonheur*) a eu trop d'épigones. Or Carver lui-même est un artiste de la suggestion et de l'ellipse. Ses émules, Ann Beattie ou Jayne Anne Phillips, quelles que soient leurs propres qualités, n'ont décidément rien en commun avec lui ; pas plus que Frederick Barthelme avec son vrai minimaliste de frère (Donald Barthelme, décédé en 1989). Enfin, il serait indécent que l'art impressionnant d'un maître (Carver) cautionne la réputation d'écrivaillons à la mode dont une certaine critique, soulagée de n'avoir plus à passer des heures à méditer les raisons de la grandeur de Gaddis, Coover, McElroy, Gass, DeLillo ou Pynchon, se réjouit de pouvoir fêter l'arrivée.

Bref, les jeux de miroirs ont de nouveau changé. Toute une tendance contemporaine de la fiction, la plus représentative sans doute des années quatre-vingt, s'attache aux reflets des surfaces. Ses meilleurs représentants n'en reviennent pas pour autant à une ère d'avant le soupçon, tant le « réalisme » supposé de leur technique est infléchi par la vague d'expérimentation qui les a précédés.

La fiction, aux États-Unis, vient de vivre l'une de ses périodes les plus fécondes ; ce n'est pas dire que cette période est achevée. Tous les auteurs importants des trois dernières décennies, si variée soit leur manière, continuent de produire, même si les disparitions de Bernard Malamud, de John Gardner, de Raymond Carver et de Donald Barthelme ont tour à tour mutilé leurs courants respectifs ; et il est permis de penser que les œuvres annoncées de Pynchon, Gass, et d'autres continueront de se détacher sur le fond de productions plus représentatives de la décennie qui s'ouvre. Un foisonnement d'œuvres nouvelles, créées par de jeunes écrivains (Mary Caponegro, Patricia Eakins, Mark Leyner, Curtis White...),

laisse augurer de belles moissons futures. Leur qualité dominante ne correspondra sans doute en rien aux caractéristiques criardes des écrivains sans grande importance (Jay Mc-Inerney, Tama Janowitz, Kathy Acker...) qui ont profité de la fin d'une décennie pour tenter *in extremis* de la représenter !

Marc Chénetier

Perspectives des littératures ethniques

■ Depuis les années soixante, la théorie pluraliste prédomine dans l'image culturelle que les États-Unis projettent d'eux-mêmes. Elle l'emporte sur un mythe qui, dès 1908, donna son titre à un drame d'Isaac Zangwill — le *melting pot*, ce creuset dans lequel les marques d'origine des immigrants devaient s'atténuer et se fondre. Jusqu'à l'instauration d'un nouveau paradigme multi-ethnique, une super-identité s'offrait comme solution à l'anarchie ethnique pour produire l'*homo americanus*, caractérisé comme l'incarnation de l'excellence anglo-saxonne. L'exigence de pureté de cette dernière proclamait du même coup la supériorité de l'expression littéraire du « courant principal », sur les productions marquées par une altérité tenue pour moins civilisée.

Cette littérature inspirée par la tradition anglo-saxonne domine toujours la scène, à la fois quantitativement et en tant que norme. Pourtant, comme signe d'une identité américaine liée au devenir historique, l'ethnicité est devenue un facteur central de l'écriture aux États-Unis. L'écrivain n'est pas minoritaire ou ethnique (Noir, Juif, *Chicano* ou même WASP) par hasard mais par choix ; il considère en même temps que cette qualité lui donne le privilège de parler comme représentant d'un groupe et aussi d'incarner la condition de l'homme moderne.

L'ethnicité comme atout

De désavantage, l'ethnicité est donc devenue un atout, voire un préalable, pour l'accès à l'identité américaine. Qu'il y ait ou non dessein de recouvrir les oppositions de classe par les clivages ethno-culturels, cette redéfinition de la situation implique un redécoupage (qui rencontre maintes résistances) du canon de la littérature américaine, et une visibilité accrue, dans les médias, l'édition et les universités, de ce qu'il est convenu d'appeler les littératures ethniques. Parmi celles-ci, on peut distinguer les littératures des minorités — afro-américaine, indienne autochtone, hispanique (qui regroupe *Chicanos*, Cubains-Américains, Portoricains et autres hispanophones) —, celles des diverses communautés asiatiques, et celles des nombreux Américains d'origine européenne, dont les Irlando-Américains ou les Italo-Américains, qui ont échappé depuis longtemps à leur statut minoritaire.

Chacune de ces littératures a élaboré sa généalogie et ses traditions, son canon, sa propre encyclopédie de sujets et de thèmes. Qu'il s'agisse du yiddish, de l'espagnol ou du parler noir, par exemple, elle a généralement sa composante linguistique. Pourtant, la caractéristique la plus remarquable de ces littératures n'est peut-être pas la spécificité de chacune, mais l'expérience transculturelle que partagent

188

Bibliographie

Chénetier Marc, *Au-delà du soupçon : la nouvelle fiction américaine de 1960 à nos jours*, Seuil, Paris, 1989.

Coussy Denise, Fabre Geneviève, Fabre Michel, Labbé Evelyne, *Les Littératures de langue anglaise depuis 1945*, Nathan, Paris, 1988.

Ertel Rachel, *Le Roman juif américain, une écriture minoritaire*, Payot, Paris, 1980.

Klintowitz Jerome, *Literary Disruptions : The Making of Post-Contemporary American Fiction*, University of Illinois Press, Champaign (Il), 1980.

Lee A. Robert, *Black Fiction*, Vision Press, Londres, 1980.

divers groupes et qui fait d'elles des avatars de la littérature américaine — certes influencées par la commercialisation et la mode, mais aussi en réponse aux problèmes du moment. Plus que tout autre groupe, les Juifs et les Afro-Américains ont incarné la promotion de l'ethnicité à une représentativité nationale : d'abord avec «l'âge du roman juif», qui va du *Commis/The Assistant* de Bernard Malamud (1957) à l'attribution du prix Nobel à Saul Bellow; puis avec l'ère du *Black Power*, qui débute avec *Invisible Man/ L'Homme invisible* de Ralph Ellison (1952) et semble culminer avec le prix Pulitzer décerné pour *Beloved* (1988) à Toni Morrison. Car il faut abandonner l'idée que l'on peut pertinemment séparer les œuvres du courant principal des textes ethniques : le signe de l'ethnicité est partout présent, et l'écriture ethnique est écriture américaine. Elle n'existe pas en dehors du contexte politique et culturel qui la structure, ce qui signifie qu'être américain et être ethnique en Amérique procèdent d'un seul et même cadre, même si chaque groupe a son territoire privilégié.

Être ethnique, être américain

Doit-on mettre l'accent sur Juif ou sur Américain? sur Indien ou sur Américain? La littérature nous apprend que l'expression de l'intégration américaine est aussi complexe qu'ancienne. Depuis *The Uprooted* (Les déracinés), 1953, d'Oscar Handlin, l'immigration, loin de passer pour une réalité marginale, apparaît comme le cœur même de l'expérience historique américaine puisque, à la différence de la plupart des autres nations, le peuple américain n'a pas ses racines ethniques dans le pays qu'il habite. Comme le note Anthony Smith dans *La Renaissance ethnique*, non seulement il est impossible de parler d'une culture nationale unique, mais la notion même d'État-nation comme concept d'unité culturelle est illégitime aux États-Unis. On ne saurait identifier un facteur ethnique, établir des taxinomies (race, liens du sang, religion, langue, coutumes, régionalisme, expérience politique, etc.) sans conclure aussitôt que les frontières de l'ethnicité sont floues.

La critique littéraire joue parfois le jeu assez académique de la pureté ethnique pour séparer ce qui est ethnique de ce qui ne le serait pas, en présupposant que des signes ethniques authentiques circulent dans les littératures des diverses minorités. On érige ainsi une catégorie absolue qui conduit à établir un ensemble de contenus comme norme esthétique, alors que le texte ethnique peut être ordonné par des programmes narratologiques aussi divers que le roman policier, pastoral ou prolétarien ou encore l'utopie. Ce qui différencie ces littératures de celle du «courant principal», c'est seulement qu'elles véhiculent des signes ethniques avec plus d'intensité ou de fréquence.

Les inventaires des littératures ethniques aux États-Unis sont utiles mais ils réifient ce qui est processus, regard interprétatif du sujet déterminé par l'espace ethno-symbolique du monde qu'il habite. C'est un projet situé entre la mémoire et l'imagination qui fleurit, à un stade second, dans toutes ces littératures. On assiste par exemple à un retour à la topographie de la Virginie rurale dans *Song of Solomon/La Chanson de Salomon* (1977), de Toni Morrison. Un tel exercice généalogique et poétique de la récupération n'a rien d'une quête nostalgique ; c'est bien plutôt une reprise mnémotechnique qui transforme en ethnique le signe qui ne l'était pas. Les noms propres se mettent à porter témoignage. Une utilisation stratégique de la mémoire, un questionnement topologique et généalogique de la culture originelle des ancêtres immigrants produisent une sémiotique ethnique. Dans ces littératures, un système de l'ethnicité peut se révéler nécessaire mais il ne suffit pas, car toute tentative pour construire un paradigme à partir de l'ethnicité finit par enfermer celle-ci dans un ghetto littéraire.

Les signes

D'importants corpus, voire des canons de diverses littératures ethniques ont été constitués. Ils participent souvent du même modèle : identification des caractéristiques linguistiques du groupe, qu'il s'agisse de calques de l'espagnol ou de « dialecte » noir ; célébration des traditions expressives et des coutumes communautaires, tel l'emploi du masque et du parler oblique (*signifying*) chez les Noirs, tel le mélange de piété et de machisme *chicano* qui fleurit dans *Bless Me Ultima* (1971), le roman « classique » de Rudolfo Anaya. L'écrivain privilégie le récit autobiographique, comme *Down These Mean Streets* (1967) du Portoricain Piri Thomas, ou *The Woman Warrior* (1977) de la Sino-Américaine Maxine Wong Kingston (prix Pulitzer 1977). Il met volontiers en relief les coutumes du groupe, comme l'Indien N. Scott-Momaday dans *House Made of Dawn* (prix Pulitzer 1969). Si le détail ethnographique relève du désir d'être mieux connu, et reconnu, l'accent autobiographique procède d'un souci de témoignage et d'authentification qui renvoie aux récits d'esclaves fugitifs ou aux biographies exemplaires d'immigrants européens, mais aussi d'une prise de parole qui est désir d'assumer son destin. Cette intention éclate, par exemple, dans *Flight to Canada* (1976) d'Ishmael Reed et *Oxherding Tale/Le Conte du bouvier* (1982), de Charles Johnson.

« *Vous voilà, bonnes gens, pensais-je, en vous voyant à Ellis Island (point d'arrivée des immigrants dans le port de New York), vous voilà, faisant partie de cinquante groupes, ayant cinquante langages et cinquante histoires, cinquante haines sanglantes et cinquante rivalités. Mais vous ne serez plus ainsi longtemps, frères, car vous arrivez dans des flammes divines. Honte pour vos combats et pour vos vendettas ! Allemands et Français, Irlandais et Anglais, Juifs et Russes, dans le creuset ! Dieu façonne l'Américain !* »
Isaac Zangwill, The Melting Pot, 1908.
(Zangwill était né en Angleterre.)

Depuis le début du XXe siècle, avec *The Autobiography of An Ex-Coloured Man* (1912) de James Weldon Johnson et *The Rise of David Levinsky* (1917) d'Abraham Cahan, par exemple, et même plus tard, avec *Fifth Chinese Daughter* (1945) de Snow Wong, il est remarquable que le cheminement de la marginalité ethnique à la citoyenneté ait suivi le trajet qui mène « des haillons aux richesses ». Le mythe du *self-made man* doublait naguère celui de l'américanisation réussie. Dans les œuvres contemporaines, le succès matériel devient plus compatible avec l'identité ethnique, même si leur relation reste souvent ambiguë, comme chez le héros de *Portnoy's Complaint/Portnoy et son complexe* (1969), de Philip Roth. En même temps, la valeur de l'intégration à l'*American way of life* se trouve sans cesse remise en question, entre autres par Philippins Lawson Inada ou Sam Tagatac, par des Américains d'origine japonaise comme Isaye Yamamoto, Toshio Mori (dans les nouvelles de *The Chauvinist*, 1979) ou John Okada, dont *No-No Boy* (1967) faisait le procès des camps d'internement des *nisei* pendant la Seconde Guerre mondiale. Souvent, à l'instar de William Melvin Kelley, Sonia Sanchez, ou Ishmael Reed, les écrivains noirs opposent systématiquement une manière d'être créatrice et débridée, pleine de chaleur et de *soul*, à l'individualisme anglo-saxon, hypocrite, intellectualiste et coincé.

La fiction ethnique populaire repose presque exclusivement sur des scènes et des types reconnus comme tels ; elle se contente de revivifier un ensemble traditionnel de thèmes, de sujets (nourriture, folklore, maximes, etc.) et de situations ethniques. On rencontre ainsi chez plusieurs Italo-Américains le motif du jardin d'épices comme signe d'ethnicité, depuis le roman de Jo Pagano, *Golden Wedding* (1943) jusqu'à l'autobiographie de Joe Vergara, *Love and Pasta* (1968). Ou bien, chez le romancier juif, ce sont les fêtes religieuses et les difficultés d'une initiation sexuelle dans un monde de *goyim*, tout autant que les marques de l'appartenance au « peuple du Livre », qui sont signes ethniques.

L'avant-garde sans amarres

Cette littérature populaire se contente d'une reproduction culturelle davantage qu'elle ne met le sens ethnique au diapason des besoins contemporains. On assiste à un discours répétitif, ou commémoratif. Dans la fiction d'avant-garde, en revanche, le signe ethnique reste imprévisible parce qu'il remet son propre statut en question en s'aventurant hors des paramètres établis par les efforts fondateurs des ancêtres. On constate que la littérature ethnique se définit mal dans le contexte post-moderniste, où le continent finit par n'être plus que l'extension des échanges métropolitains, où le signe ethnique se trouve donc privé de territoire, et où le concept d'identité comme donnée naturelle et unité biographique perd sa validité. Cela apparaît à la lecture de fictions afro-américaines d'avant-garde comme *Mumbo Jumbo* (1972) d'Ishmael Reed et plus encore *Reflex and Bone Structure/Réflexe et Ossature* (1975) de Clarence Major. Le moi y est effet de surface, résultat d'un jeu sérieux dans le domaine du langage. A la différence des protagonistes de *The Colour Purple/La Couleur pourpre* d'Alice Walker (1982), on ne saurait prédire l'activité de ce sujet à partir de ses comportements ethniques. Il n'est plus codifiable parce qu'une surabondance de signes dérègle le principe de non-contradiction qui fonde la typologie des caractères de l'allégorie américaine. Comme naguère le cow-boy juif de John Cournos, ce personnage devient, selon le titre de l'autobiographie de Jerry Mangione, *An Ethnic at Large* (1978), un Américain ethnique sans amarres. A la différence du héros picaresque juif de naguère, tel Augie March de Saul Bellow (*The Adventures of Augie March*), le sujet ethnique d'aujourd'hui peut alors retomber dans l'anonymat ou bien se trouver englouti par la culture du courant principal. Il subsiste seulement dans une continuité qui n'est pas celle de l'ethnicité, mais celle d'un questionnement radical de l'expérience américaine (et globale) contemporaine, une manière de penser différemment en pensant la différence.

Michel Fabre

Cinéma contemporain : la course aux recettes

■ La Palme d'or du festival de Cannes 1989 attribuée à un cinéaste américain débutant, Steven Soderbergh (vingt-six ans), pour *Sexe, Mensonge et Vidéo/Sex, Lies and Videotape*, film au budget très modeste (1,2 million de dollars), avait valeur de symbole, non de symptôme. Elle manifestait la volonté du jury conduit par Wim Wenders de couronner l'œuvre originale d'un artiste indépendant. Mais ce film s'inscrit à contre-courant dans l'évolution récente du cinéma américain, plus préoccupé de recettes que de création artistique.

Aucun réalisateur américain n'avait emporté la Palme d'or depuis Bob Fosse en 1980 (pour *All that Jazz*), alors que cinq d'entre eux s'étaient vus distingués dans les années soixante-dix : Robert Altman pour *Mash* en 1970, Jerry Schatzberg pour *l'Épouvantail* en 1973, Francis Coppola pour *Conversation secrète/The Conversation* en 1974 et de nouveau en 1976 pour *Apocalypse Now*, Martin Scorsese pour *Taxi Driver* en 1976, sans compter Joseph Losey pour un film britannique, *Le Messager/The Go-Between* en 1971.

Le triomphe des séries

Les années soixante-dix avaient été en effet celles d'une véritable renaissance à Hollywood, avec toute une génération d'artistes influencée par les nouvelles vagues des années soixante, soucieuse de retrouver des racines cinéphiliques et d'exprimer l'esprit nouveau de l'ère Kennedy, désireuse enfin d'expérimenter des formes neuves. Dans le sillage des précurseurs John Cassavetes, Stanley Kubrick et Arthur Penn, on vit s'affirmer Coppola, Schatzberg, Altman, Scorsese déjà nommés mais aussi Bob Rafelson (*Five Easy Pieces*), Woody Allen (*Manhattan*), Terence Malick (*La Balade sauvage*), Brian De Palma (*Sœurs de sang*), Michael Cimino (*Voyage au bout de l'enfer*) et un émigré, le Tchèque Milos Forman (*Vol au-dessus d'un nid de coucou*). Ces derniers, tout en redonnant son éclat au cinéma américain avec des œuvres profondément originales et rigoureuses, n'arrivaient pas cependant à conquérir une large audience. Deux d'entre eux toutefois allaient être les artisans d'un tournant décisif vers le milieu de la décennie. Steven Spielberg avec *Les Dents de la mer/Jaws* (1975) et George Lucas avec *La Guerre des étoiles/Star Wars* (1977) se révélèrent des jeunes prodiges capables de drainer les foules et de redonner une santé économique au système avec ces œuvres de pur divertissement, fondées sur un rythme haletant

et s'adressant à un public juvénile. Producteurs eux-mêmes, ils placèrent le cinéma sous le signe de la suite et du *blockbuster* (film à énorme fréquentation). Ils signèrent à tour de rôle une série de succès retentissants qui furent chaque année — phénomène unique dans l'histoire du cinéma — à la tête du *box-office* américain — voire mondial. En 1980, *L'Empire contre-attaque/The Empire Strikes Back* de Irvin Kershner, deuxième volet de *La Guerre des étoiles*, produit par George Lucas, rapporta 223 millions de dollars sur le seul marché des États-Unis. *Les Aventuriers de l'Arche perdue* (1981) et *E.T.* (1982), tous deux de Spielberg, firent respectivement 242 millions et 367 millions de dollars de recettes. *Le Retour du Jedi/Return of the Jedi* (1983), de Richard Marquant, troisième volet de *La Guerre des étoiles* toujours produit par George Lucas, 263 millions ; *Retour vers le futur/Back to the Future* (1985) de Robert Zemeckis produit par Spielberg, 207 millions.

Ce succès phénoménal ne pouvait qu'influencer la stratégie des grandes compagnies qui s'orientèrent de plus en plus vers des œuvres privilégiant la vitesse, la violence, l'humour ou les machines. Le triomphe du *Flic de Beverly Hills/Beverly Hills Cop n° 1* en 1984 (234 millions de dollars) engendra des suites tout comme celui de *Vendredi 13/Friday the Thirteenth* (huit films), *Star Trek* (cinq films), *Rambo* (trois films), *Rocky* (quatre films).

Les manœuvres des grandes compagnies

Fortes de ces expériences, les grandes compagnies (Paramount, Universal, Warner Bros, Walt Disney, 20th Century Fox) annoncèrent au début des années quatre-vingt-dix des budgets encore plus volumineux pour des films encore plus colossaux, afin de répondre à un appétit mondial grandissant pour les produits américains et de concurrencer des industries du spectacle rivales telles Sony au Japon ou Bertelsmann en Allemagne fédérale. Elles

192

Bibliographie

Matthews Jack, *The Battle of Brazil*, Crown Publishing, New York, 1987.

Silverman Stephen M., *The Fox that Got Away*, Lyle Stuart, Secaucus (NJ), 1988.

Yule Andrew, *Fast Fade. David Puttnam, Columbia Pictures and the Battle for Hollywood*, Delacorte Press, New York, 1989.

ont décidé d'augmenter leur puissance dans les domaines de la production et de la distribution et de consolider leurs stratégies sur le marché de la vidéo, du câble et de la télévision. Les salaires des stars ont été gonflés en conséquence, attestant la bonne santé de Hollywood (huit millions de dollars par film pour Eddy Murphy et Tom Cruise, cinq millions pour la plupart des autres vedettes). Thomas Pollock, président de la Universal, indiquait qu'il allait sortir vingt-cinq films en 1990, contre dix en 1986. Walt Disney, sous la direction de Jeff Katzenberg et Michael Eisner, doublait sa production en créant, à côté de Touchstone, une nouvelle compagnie, Hollywood Pictures. Joe Roth, patron de la Fox, entendait la tripler.

Ce phénomène de consolidation et de concentration autour des grandes compagnies (les *Majors*) n'est pas sans rappeler la fin des années soixante quand les studios ont été rachetés par des conglomérats (Gulf and Western, Transamerica, Warner Communication). Cette évolution a pour effet de rétrécir la création. Outre une grande compagnie, MGM-Artistes associés, qui était en fâcheuse posture au début de 1990, un grand nombre d'indépendants (Lorrimar, Cannon, Tristar, De Laurentiis, Atlantic, New World, Vestron, Film Dallas, Island, Alive) ont fait faillite ou ont été absorbés. Les distributeurs indépendants avaient sorti cinquante-trois films en septembre 1987. Deux ans plus tard, ce nombre était divisé

par deux. Une petite compagnie ambitieuse comme Orion, créée en 1978, continuait de lutter pour sa survie avec un partenaire privilégié, Woody Allen, qui lui a confié ses films.

Ce mouvement de concentration s'est accompagné de changements fréquents à la tête des compagnies qui n'ont pas été propices à la continuité dans la création (démission de David Begelman de la Columbia en 1982, puis du producteur britannique David Puttnam en 1986; mainmise de Ted Turner sur la MGM la même année). Enfin, l'extrême instabilité du paysage hollywoodien a attiré les convoitises étrangères. En 1985, le magnat australien Rupert Murdoch a acheté la Fox pour 488 millions de dollars et, en 1989, c'est le trust japonais Sony qui a pris possession de la Columbia.

Des budgets exorbitants

Face à ces opérations financières, les artistes n'ont pas été en reste. Le début de la décennie a été marquée par le désastre de *La Porte du Paradis/Heaven's Gate* (1980) de Michael Cimino qui mit en danger l'équilibre financier de la compagnie productrice, les Artistes associés, après avoir dépensé près de trois fois le budget initial fixé à 13 millions de dollars. Il fut poursuivi en justice et le scandale alimenta une campagne contre la mégalomanie des metteurs en scène qui se veulent auteurs... En 1984, Coppola, après avoir vendu la compagnie Zoetrope à la suite de l'échec cuisant de films expérimentaux, accepta de signer un film de commande, *Cotton Club*, produit par Robert Evans, qui atteignit le budget exorbitant de 47 millions de dollars mais n'en fut pas moins une nouvelle déconvenue commerciale. *Dune* de David Lynch (1984, 42 millions de dollars) et *Revolution* de Hugh Hudson (1985, 30 millions) connurent la même déroute.

L'industrie est devenue ainsi de plus en plus méfiante à l'égard des «artistes» dont elle craint les idées originales tout en constatant leurs échecs avec des sujets plus traditionnels qui leur avaient été commandés. La vision simplifiée que donnent les médias d'un Hollywood entièrement aux mains des puissances d'argent et vivant dans un consensus créé par l'euphorie économique ne doit pas faire oublier que les luttes y sont fréquentes entre créateurs et financiers. En a témoigné la bataille menée par les metteurs en scène contre la colorisation des films, qui mobilisa toute la profession, de Woody Allen à Martin Scorsese, ou la longue grève des scénaristes de 1988 qui leur permit de s'assurer des droits essentiels, ou encore la page de publicité publiée dans *Variety* en 1984 par Terry Gilliam pour contraindre le président de la Universal, Sid Sheinberg, à sortir son film *Brazil*.

Alors que le cinéma américain a cessé d'être la référence majeure sur le plan artistique, il y a quelque paradoxe à le voir ainsi dominer le marché mondial.

Michel Ciment

La création cinématographique, loin d'Hollywood

■ Le repli frileux de l'Amérique sur elle-même sous la présidence de Ronald Reagan (1980-1988) s'est accompagné du désintérêt du public aussi bien que de la critique pour le cinéma étranger. Ce nouveau provincialisme n'a guère favorisé les créateurs qui ont essayé de sortir des sentiers battus ; les plus novateurs sont, pour la plupart, des marginaux par rapport à Los Angeles : John Boorman, Stephen Frears (tous deux sont britanniques mais travaillent parfois aux États-Unis), Terry Gilliam, Stanley Kubrick (qui résident à Londres), Martin Scorsese, Woody Allen, Spike Lee, Jim Jarmusch, Jerry Schatzberg (new-yorkais), David Cronenberg (canadien).

Les années quatre-vingt ont été difficiles pour les cinéastes originaux qui avaient déjà fait leurs preuves comme Robert Altman, Francis Coppola, Bob Rafelson, Terence Malick ou Michael Cimino, et la disparition d'un John Cassavetes à la fin de la décennie, après avoir tourné seulement deux films dignes de lui (*Gloria, Torrents d'amour*), a presque eu valeur de symbole.

Scorsese, Woody Allen...

Il serait toutefois injuste d'assombrir par trop le paysage. Outre des réalisateurs qui, tout en s'adressant à un large public, ont signé des œuvres remarquables tels Sydney Pollack (*Tootsie, Out of Africa*), Milos Forman (*Ragtime, Amadeus*) ou Clint Eastwood (*Pale Rider, Bird*), deux amateurs et non des moindres, Martin Scorsese ou Woody Allen, ont réussi à maintenir leur indépendance et à créer des films d'un haut niveau de réussite.

Le premier, avec des œuvres comme *Raging Bull* (1980) élu meilleur film de la décennie par un groupe de critiques américains, ou *La Dernière Tentation du Christ/The Last Temptation of Christ* (1988) — pour n'en citer que deux —, a poursuivi sa quête d'un style et d'une vision où se mêlent la violence, l'humour noir et une fièvre existentielle.

Le second a signé dix films (de *Stardust Memories* en 1980 à *Crimes et délits/Crimes and Misdemeanours* en 1989) réalisés avec une totale liberté grâce à un public acquis de par le monde. Mia Farrow a remplacé Diane Keaton comme égérie mais Allen, tout en restant fidèle à ses thèmes et à son univers, passant de la comédie au drame ou les mêlant, s'est éloigné de plus en plus des sketches brillants de ses débuts pour aborder l'autobiographie, la peinture des intermittences du cœur, la réflexion sur les images du passé cinématographique. Les deux se sont retrouvés dans *New York Stories* (1988), film à sketches où s'exprimaient

194

Bibliographie

Bellour Raymond, *Le Cinéma américain, analyses de films*, 2 vol., Flammarion, Paris, 1980.

Bourget Jean-Loup, *Le Cinéma américain 1895-1980*, PUF, Paris, 1983.

totalement leurs personnalités, tandis que Coppola pâlissait à leurs côtés avec une histoire plus conventionnelle où se confirmait le ralentissement de son inspiration.

Une génération sans illusion

Parmi les cinéastes qui se sont confirmés dans la décennie, le plus connu en Europe est sans doute Jim Jarmusch tant par ses rapports privilégiés avec Wim Wenders que pour son inspiration ouvertement tournée vers le Vieux Continent. Ses films minimalistes (*Permanent Vacation, Stranger than Paradise, Down by Law, Mystery Train*) révèlent à la fois son goût de l'errance et des individus légèrement décalés par rapport à la société, un humour pince-sans-rire et une certaine distance qui touche au dandysme. A l'opposé, l'univers d'un Spike Lee est nourri par les différences raciales : son ironie corrosive, son ton pamphlétaire trouvent leur apogée dans *Do the Right Thing*, constat d'échec du *melting pot*.

L'insolence, l'humour, l'esprit ludique se retrouvent, selon des modes différents, chez les frères Joe et Nathan Cohen (*Sang pour Sang, Arizona Jr*), chez Jonathan Demme (*Dangereuse sous tous rapports/Something Wild, Veuve mais pas trop/Married to the Mob*) et chez Barry Levinson (*Good morning Vietnam, Rain Man*). Ce sont décidément la dérision, l'esprit subversif, la satire sociale — signes d'un vide de valeurs, d'une génération sans illusion — qui caractérisent cette nouvelle génération comme en témoignent encore les œuvres de Tim Burton (*Beetlejuice, Batman*), David Mamet (*Engre-*

nages/House of Games, Parrain d'un jour/Things Change) et de Steven Soderbergh dont le *Sexe, mensonges et vidéo/Sex, Lies and Videotape* se veut ouvertement un retour au cinéma d'auteur tel qu'il florissait dans les années soixante-dix.

Poet posing for photograph
(*poète posant pour un photographe*)

Avec la mort de Hathaway, George Cukor, John Huston, Orson Welles, Alfred Hitchcock, Vicente Minnelli, Joseph Losey, Otto Preminger, Robert Aldrich, le silence de Billy Wilder, de Francis Mankiewicz et d'Elia Kazan, les années quatre-vingt semblent avoir signifié un adieu définitif à l'âge d'or de Hollywood dont Blake Edwards a été le seul à perpétuer l'élégance et le style raffiné avec une fécondité égale à celle d'un Woody Allen (dix films en dix ans dont *Victor Victoria, L'Amour est une grande aventure/Skin Deep*). Mais la jeune génération, qui recherche, par des voies différentes, la même liberté de ton que ce maître de la comédie, prépare peut-être un renouveau du cinéma américain, enfermé trop longtemps dans des formules rentables mais à la longue stérilisantes.

Michel Ciment

Le traumatisme vietnamien sur les écrans

■ Le conflit vietnamien, premier échec militaire dans l'histoire du pays, avec la charge de culpabilité qu'il a représentée, a fait du western un genre cinématographique quasiment obsolète. Il a contribué en revanche à créer un genre spécifique. Si de nombreux films ont évoqué la guerre dès 1968, notamment *Les Visiteurs/The Visitors* (1972), d'Elia Kazan, très en avance sur son temps, c'est seulement en 1978 que la tendance s'est imposée avec éclat. *Le Retour/Coming Home* de Al Ashby évoque le sort des soldats blessés revenus au pays et leurs difficultés de réadaptation, un thème souvent traité après la Seconde Guerre mondiale. Jane Fonda, en infirmière, redonnera à Jon Voight la confiance en lui-même. Dans les *Guerriers de l'enfer/Who'll Stop the Rain* (1978), Karel Reisz analyse plus profondément les effets du traumatisme vietnamien. Il s'agit encore de retour, mais sous la forme d'une cargaison de drogue qu'un soldat démobilisé ramène en Californie.

Voyage au bout de l'enfer/The Deer Hunter (1978) est d'une ambition plus grande encore, puisque Michael Cimino évoque l'avant, le pendant et l'après-Vietnam. A travers l'odyssée de Robert De Niro et son amitié pour Christopher Walken, il cherche à redonner son unité à une Amérique déchirée, réunie symboliquement autour d'une table à la fin du film pour chanter un hymne patriotique. La guerre elle-même apparaît comme un cauchemar atroce où l'ennemi se réduit à une représentation schématique d'êtres hurlants et sadiques. Mais, en dépit de l'ampleur lyrique et symbolique de ce film, c'est peut-être une œuvre plus modeste, *Le Merdier/Go Tell the Spartans* (1975) de Ted Post, qui offre le point de vue le plus exact sur les ambiguïtés politiques de l'engagement américain à travers les expériences d'une patrouille conduite par Burt Lancaster. L'année suivante, *Apocalypse Now* marque un point d'orgue avec sa dimension opératique : adaptant très librement *Au cœur des ténè-*bres de Joseph Conrad, Francis Coppola donne à son récit une résonance mytho-poétique, à la fois voyage dans une conscience, exploration des gouffres du mal et satire féroce de l'orgueil militaire.

Il faudra attendre 1986 et *Platoon* pour qu'un film sur le Vietnam crée à nouveau l'événement. Nourrie d'expérience personnelle, l'œuvre d'Oliver Stone prouve en tout cas que le conflit laisse encore des traces. C'est la chronique d'une unité de combat en Asie du Sud-Est à travers le conflit qui oppose un certain nombre de soldats. Mais c'est Stanley Kubrick qui, l'année suivante, semble clore ce cycle de films sur le Vietnam. *Full Metal Jacket* se refuse en effet à tout jugement moral, n'offre aux spectateurs aucun réconfort, aucune catharsis, aucune exaltation, même esthétique. La guerre, devenue presque abstraite, apparaît dans toute sa nudité pour ce qu'elle est : le point ultime de la condition humaine, un état de déréliction où l'homme transformé en machine à tuer se désintègre sous nos yeux dans un enfer de bruit et de fureur. Comme toujours, Kubrick semble avoir épuisé les possibilités d'un genre. Cela n'empêche pas Brian De Palma de vouloir à son tour témoigner sur le Vietnam avec *Outrages/Casualties of War* (1989). L'action de ce film aurait pu préluder à celui que tourna Kazan en 1972 : un soldat est témoin d'un viol perpétré par ses camarades sur une Vietnamienne et le dénonce aux autorités. La boucle semble être bouclée.

Pourtant elle s'ouvre à nouveau avec deux films : dans *Né un 4 juillet/Born on a Fourth of July* (1989), Oliver Stone évoque le Vietnam à travers la vie d'un soldat grièvement blessé qui, revenu au pays, abandonne ses idées conservatrices pour lutter dans les mouvements pacifistes ; dans *Un héros comme tant d'autres/In Country*, Norman Jewison trace le portrait d'une jeune fille dont le père, vingt ans auparavant, est tombé au front.

Michel Ciment

Le théâtre en question

■ Ère du défi, des innovations fulgurantes, de la pluralité, les années soixante-dix et quatre-vingt posent à l'amateur de théâtre une multitude d'interrogations. La profusion des expériences menées, l'enchevêtrement des voies suivies peuvent rendre perplexes ceux qui aimeraient dresser des bilans, entrevoir un devenir. D'emblée on est frappé par les contradictions : entre le respect voué à des traditions définies comme américaines et le désir de remise en question, d'ouverture à d'autres cultures ; entre les impératifs du succès et ceux d'une création qui veut s'affranchir des modes et des lois d'une société mercantile ; entre la conquête de Broadway et la révolte contre la scène légitime.

Les différentes crises que traverse le théâtre américain d'aujourd'hui — désaffection du public au profit notamment de la télévision, arrêt des subventions, absence de dramaturges qui puissent rivaliser avec les grands noms du passé, disparition des grandes compagnies et fermeture des salles — n'ont pourtant pas entamé l'énergie créatrice. Mais celle-ci est désormais plus souvent l'initiative de quelques individus que le fait d'un effort collectif. Les expériences exaltantes de naguère ont fait place à des activités moins concertées et plus isolées. Et si le théâtre se montre toujours soucieux d'orchestrer les grands bouleversements de la société, ses préoccupations premières ont changé et, avec elles, le regard qu'il porte sur le monde : c'est ce regard lui-même plus que la société qui est devenu son objet. Dépolitisé, le théâtre s'intéresse aux modes d'être, à la perception, à l'intelligibilité du réel. Explorant la sensibilité postmoderne, l'art théâtral s'applique à la construire et à la déconstruire minutieusement. Composite, éclectique et expérimental, il jette les ponts entre d'autres arts et s'ouvre aux technologies nouvelles.

Pour ses nouveaux praticiens, la recherche dans l'intimité des ateliers semble avoir pris le pas sur le désir de créer un répertoire, de fonder des compagnies et des écoles et de définir la « présence du comédien ».

Broadway et les autres

Qu'on ne s'y méprenne pas cependant : l'empire de Broadway, le monopole de New York restent inébranlés. Divertissement, grand spectacle remportent toujours le même succès ; la revue et la comédie musicale font toujours fureur. Broadway tantôt s'enlise dans un répertoire sans surprise, tantôt révèle des talents insoupçonnés.

Le théâtre d'auteurs n'est pas lui non plus moribond. Dans les pièces de David Mamet, Israel Horowitz ou Sam Shepard, le texte reste souverain, parodique, incisif, spirituel. D'autres dramaturges recherchent une écriture plus expérimentale, attentive au travail de l'acteur (Joe Chaikin, Megan Terry et Jean-Claude Van Itallie) ; d'autres enfin créent un « théâtre d'images » plus apte à traduire les mouvements de la sensibilité. Le langage dramatique s'est diversifié, le répertoire s'est enrichi de traditions puisées à l'extérieur des États-Unis (plus en Orient désormais qu'en Europe) mais aussi à l'intérieur de la nation.

On a assisté, dans les années soixante, à une multiplication des communautés théâtrales fondées sur des affinités ethniques et raciales. Un mouvement inverse s'est ébauché depuis, visant à une intégration artistique de toutes ces expériences reconnues comme fondamentalement américaines. Aux voix des minorités ethniques se sont ajoutées celles des femmes, des homosexuels, des prisonniers. Pour tous ces groupes, le théâtre fut d'abord une arme de combat, un instrument de réflexion sur leur condition, leur histoire et leur mémoire dans la quête d'une identité et d'une légitimité qui leur avaient été longtemps refusées.

Ces théâtres « parallèles » ont enrichi la dramaturgie d'une rhétorique, d'une syntaxe et d'une symbolique différentes (rituels du théâtre noir — Le Roi Jones, Ed Bullins, Richard Wesley, Adrienne Kennedy, Ntozage Shange — et amérindien, *Actos et Mitos* du Teatro Campesino, etc.). Si, malgré le soutien de compagnies comme La Mama ou le Public Theater de Joe Papp, malgré le travail considérable des créateurs et animateurs dans l'ensemble du pays, et l'apparition de nouveaux auteurs (comme le dramaturge afroaméricain August Wilson) l'avenir de ces théâtres ethniques semble menacé, la scène américaine doit désormais compter avec la puissance de toutes ces voix.

Par ailleurs, certaines expériences théâtrales se sont effacées. Longtemps exilé, le Living Theater a tenté un timide retour à New York. La San Francisco Mime Troupe et le Bread and Puppet continuent certes à produire des spectacles ; mais nombreuses sont les compagnies des années soixante-dix qui ont cessé toute activité.

Le retour au laboratoire

L'heure n'est plus au travail communautaire, à la ferveur évangélique ou révolutionnaire, aux provocations de ceux qui voulaient changer le monde en transformant les pratiques théâtrales. Les rêves n'ont pas été totalement abandonnés, mais le rôle du théâtre dans la Cité est à réinventer. Aux amples projets des dernières décennies se sont substituées des expériences moins spectaculaires mais tout aussi ambitieuses, en quête de nouveaux rites et mythologies. Après avoir investi les rues, les parcs, les églises, le théâtre est revenu au laboratoire.

Loin d'abandonner les techniques de leurs prédécesseurs, les artistes les réorientent. Eric Bass et Julie Taymor travaillent le masque, Rachel Rosenthal, les « transformations » dans le jeu de l'acteur. D'autres explorent les liens entre langage caché et manifeste, entre musique, son et parole. Les voies de la création théâtrale se multiplient : orchestration des effets visuels et sonores, langage du corps, combinaison d'images émergeant de gestes ou de rythmes, de mots ou d'objets ; travail sur les « actions vocales », la communication, les paysages, le récit et sa décomposition, la dépersonnalisation des rôles, la désincarnation verbale ou physique. Les opéras épiques et les cantates de Meredith Monk, de Robert Ashley, les techniques vocales de Julia Heyward et de Laurie Anderson ou de Spalding Gray, les lamentations rituelles d'Andrei Serban, les excentricités méthodiques et équivoques de Richard Foreman ou les images rythmées et énigmatiques de Robert Wilson, les « animations » mythopoétiques de Lee Breuer ou d'Alain Finnerman sont tout cela.

Créer un art total

Tous procèdent d'un même projet : créer un théâtre d'images, offrir des expériences moins psychologiques que perceptuelles, inventer des signes, des iconographies qui permettent de mieux déchiffrer la société actuelle et le fait américain. Ce projet s'accomplit à travers plusieurs démarches. Ou bien le théâtre s'approprie des formes populaires de divertissement — cabaret, mime ou marionnettes, opéra, bande dessinée et science-fiction — pour en redécouvrir les potentialités ou en démonter les mécanismes. Ou il fait appel aux autres arts pour susciter des croisements d'expérimentations. Ainsi se concrétise peut-être le rêve ancien de créer un art total. Certaines réalisations des années quatre-vingt ont été dues à une admirable association d'artistes : musiciens (John Cage, Phil Grass, Elizabeth Swados, Robert Dunn), chorégraphes (Merce Cunningham, Lucinda Childs, Trisha Brown, Yvonne Rainer), sculpteurs (Alan Vega). Ou, enfin, le théâtre essaie d'explorer systématiquement

198

Bibliographie

Cohn Ruby, *New American Dramatists*, Macmillan, New York, 1982.

Fabre Geneviève, *Le Théâtre noir aux États-Unis*, CNRS, Paris, 1982.

Pasquier Marie-Claire, *Le Théâtre américain d'aujourd'hui*, PUF, Paris, 1978.

Shank Theodore, *American Alternative Theatre*, Grove Press, New York, 1982.

Shank Theodore, *Ethnic Theatre in the United States*, Greenwood Press, Westport (CT), 1983, Paris, 1983.

— mais sur le mode de l'humour, la dérision ou la parodie — les ressources de la technologie moderne, pour la démythifier.

Gadgets les plus galvaudés ou techniques les plus élaborées, outils corrompus ou exaltants de notre société, ces icônes médiatrices et mobilisatrices envahissent la scène. L'engouement pour tous ces procédés n'est pas gratuit. Les images évoquées mettent en scène une société atomisée, en désintégration ; mais elles suscitent aussi une nouvelle intelligence du monde grâce à une activité verbale, visuelle, auditive régénérée. Ce théâtre veut ébranler, choquer, surprendre et en cela instruire.

De ces agencements de matériaux disparates, de ces collages et improvisations, de la matérialité du spectacle naît une poétique du discontinu, de la distorsion et de la brisure — expression d'une mythologie collective. Convaincus que le théâtre est magie, ces alchimistes de la scène dissèquent le fonctionnement d'une société livrée aux excès de l'information, de la communication ; ils font le procès de nos façons d'être, de sentir, de penser. Mais du chaos qu'ils présentent émerge une manière nouvelle de saisir le monde.

Parions que cet éclatement, ce brassage des genres, ces multiplications de techniques permettront de mieux repenser nos modes d'appréhension du réel. Par des voies imprévues et audacieuses, les expériences poursuivies nous ramènent simultanément à un certain constat sur notre civilisation et à une réflexion fondamentale sur l'essence même de l'acte théâtral dans ses affinités avec les autres arts et dans son irréductible singularité.

Geneviève Fabre

La comédie musicale, une création américaine

■ Pour certains, comme Cecil Smith, auteur de la première histoire sérieuse de la comédie musicale américaine, cette dernière est une version américanisée du théâtre musical européen — opérette, opéra-bouffe, opéra comique —, qui se caractérise par l'excellente technique, le rythme, la précision chorale, l'influence du jazz, et dont la fonction première est de divertir. Pour d'autres, la comédie musicale est un «important héritage culturel» (Miles Kreuger, fondateur de l'Institut de la comédie musicale), «du théâtre pur avec la spontanéité de la poésie» (Brooks Atkinson du *New York Times*). Quant à la critique universitaire, elle la passe pratiquement sous silence.

Pourtant, depuis près de soixante-dix ans, la comédie musicale reste le genre théâtral favori des Américains qui y trouvent le reflet de leurs propres états d'âme et de leurs intérêts. Une étude indique qu'à New York, deux tiers des personnes qui vont au théâtre assistent à une comédie musicale. Certaines pièces ont tenu l'affiche de nombreuses années : *My Fair Lady* (Frederick Loewe, Alan J. Lerner, 1956), *Forty-Second Street* (1980), sept ans ; *Hello Dolly* (Jerry Herman, 1964), huit

Bibliographie

Green Stanley, *The World of Musical Comedy,* A.S. Barnes, Cranberry (NJ), 1974.

Masson Alain, *Comédie musicale,* Stock, Paris, 1981.

Smith Cecil, Litton Glenn, *Musical Comedy in America from the Black Crook Through Annie,* Theater Arts, New York, 1978.

Wilder Alec, *America Popular Song,* Oxford University Press, New York, 1986.

ans; *A Chorus Line* (Marvin Hamlisch, 1975), quinze ans.

La comédie musicale a beaucoup évolué pendant sa courte histoire. La première date importante fut le succès en 1927 de *Show Boat* de Jerome Kern. Inspirée par un roman d'Edna Ferber, son intrigue bien construite rompait avec le canevas typique de la plupart des comédies musicales qui était en général un prétexte pour introduire des chansons, des numéros de danse, des éléments comiques. Outre Jerome Kern, une pléiade de grands compositeurs a longtemps enchanté le public et leurs chansons font partie de l'héritage musical américain : *Old Man River, Smoke gets in your eyes* (Jerome Kern), *Always, Cheek to Cheek* (Irving Berlin), *The Man I Loves', Wonderful* (George Gershwin), *Love for Sale, I get a Kick out of You* (Cole Porter), *Oh What a Beautiful Morning, The Lady is a Tramp* (Richard Rodgers). En 1932, une satire des élections présidentielles américaines, *Of Thee I Sing,* signée George et Ira Gershwin, gagna le prix Pulitzer pour la meilleure pièce musicale.

Le triomphe d'*Oklahoma* de Richard Rodgers et Oscar Hammerstein II en 1943 marqua le second tournant significatif qui contribua à faire disparaître les intrigues-prétextes. De plus en plus, la comédie musicale emprunta des thèmes au roman ou au théâtre. Leonard Bernstein adapta librement *Roméo et Juliette* qui devint *West Side Story* (1957), une histoire contemporaine des gangs de New York. En 1968, *Cabaret,* qui évoquait les débuts du nazisme à Berlin, introduisait le tragique dans la comédie musicale.

La génération de 1968 créa *Hair,* une comédie musicale « rock » qui connut un succès international mais n'eut pas de suite. Parmi les grands succès des années soixante et soixante-dix, *Promises, Promises* (Burt Bucharach, Hal David, 1968) évoquait les déboires de l'honnêteté ; *Company* (Stephen Sondheim, 1970) dénonçait l'esprit tortueux des chefs d'entreprise ; *Applause* (Charles Strouse, Lee Adams, 1970) soulevait les problèmes du mariage en milieu urbain alors que *Chorus Line* (Marvin Hamlisch, 1975) recréait le monde cruel du théâtre vu de l'intérieur.

Les années quatre-vingt ont été plutôt sombres pour les créations américaines, et de nombreuses pièces dont le budget dépassait cinq millions de dollars n'ont tenu les planches qu'une semaine. Cette décennie a été marquée, en revanche, par l'« invasion britannique », les plus grands triomphes ayant été créés à Londres : *Evita* (1979), *Cats* (1982), *Starlight Express* (1987), *Phantom of the Opera* (1988) de l'anglais Andrew Lloyd Webber, et les *Misérables* (1987) de Claude-Michel Schonberg et Alain Boublil sont des pièces à grand spectacle et aux budgets astronomiques.

Pendant un demi-siècle, la comédie américaine a été une des formes artistiques les plus authentiquement américaines. Abandonnant assez tôt l'opérette, trop européenne, elle a absorbé rapidement la nouveauté des rythmes américains. Toute l'Amérique semble s'y reconnaître. *Life Magazine* avait sans doute raison, dans son numéro spécial de 1975 consacré au bicentenaire de la *Déclaration d'indépendance,* d'inclure *Oklahoma* parmi les cent événements qui ont formé l'Amérique.

Sim Copans

L'invention de la danse moderne

■ On ne peut parler, à propos des États-Unis, d'une tradition en matière de danse classique. Quelques artistes européens de renom, comme l'Allemande Fanny Essler, y furent accueillis en tournée dans la seconde moitié du XIXᵉ siècle et des chorégraphes de l'ancienne troupe des Ballets russes de Diaghilev s'installèrent à New York dans les années vingt. En revanche, c'est aux États-Unis que s'est épanouie, au début des années quarante, la danse moderne, danse de l'homme contemporain. Elle est partie de zéro, de la respiration, de la marche ; elle a redécouvert le corps, l'a replacé dans un contexte naturel, elle est retournée aux sources.

La *modern dance* est le fait de trois femmes qui avaient en commun la conscience d'appartenir à une nation en devenir et à une catégorie sociale brimée par le puritanisme anglo-saxon. Toutes trois ont vécu en Californie et en ont été marquées. Isadora Duncan, née en 1878, invente une danse libre, spontanée, inspirée des mouvements de la nature et de l'Antiquité grecque. Danseuse aux pieds nus, elle porte sa révolution en Europe, bastion de l'académisme, ouvre une école à Moscou en 1921 et meurt en 1927 étranglée accidentellement par son écharpe dans sa voiture conduite par Bugatti.

Ruth Saint Denis, sa contemporaine, issue d'un milieu libéral, trouve son inspiration dans l'Orient. Associée à un philosophe, Ted Shawn, elle ouvre une école où vont s'élaborer les principes du mouvement tels qu'ils furent décrits en 1850 par l'esthéticien français François Delsarte, méconnu de ses compatriotes, dans son ouvrage intitulé *Sémiotique de l'expression des sentiments par le geste*.

Martha Graham, formée à leur école, élabore à partir de 1926 une danse nouvelle, appuyée sur une technique originale (le principe de contraction-détente) qui lui permet de mettre en ballet des tragédies grecques réactualisées en partant de l'introspection freudienne (*Clytemnestre, Cave of the Heart, Night Journey...*). Martha Graham a formé de nombreux disciples comme Paul Taylor, Robert Cohen, Alvin Ailey (le père de la *modern dance* noire) et Merce Cunningham, la figure la plus importante de la création américaine des années soixante-dix et quatre-vingt.

En réaction contre la théâtralité — jugée excessive et démodée — du ballet grahamien, Cunningham met au point avec le musicien John Cage une technique qui va permettre à la danse d'échapper aux lois de la perspective et de casser la vision frontale. Si l'on admet que tous les points de l'espace scénique sont également intéressants, on peut travailler comme un peintre moderne qui couvre toute sa toile. Le geste devient abstrait. Le danseur ne représente plus que lui-même ; le spectateur, privé de repères, doit réapprendre à regarder la danse.

Un autre chorégraphe, Nikolais, dépersonnalise le danseur en utilisant la lumière. Une de ses disciples, Carolyn Carlson, installée en France depuis 1968, contribue à la diffusion des techniques nouvelles parmi les danseurs européens en rupture de classique.

Dans les années soixante-dix (années de contestation intellectuelle dans le monde entier) la *modern dance* subit les attaques d'Yvonne Rainer. Avec de jeunes chorégraphes regroupés dans le mouvement de la Judson Church, elle radicalise l'abstraction cunninghamienne et lance la *post-modern dance* qui prend différentes formes (danse-contact de Steve Paxton, géométrie spatiale de Trisha Brown, danse répétitive et minimale de Lucinda Childs). Tous ces chorégraphes ont été fortement influencés par le théâtre de Bob Wilson.

Bibliographie

Baril Jacques, *La Danse moderne, d'Isadora Duncan à Twyla Tharp*, Vigot, Paris, 1977.

Cunningham Merce, *Le Danseur et la Danse*, Belfond, Paris, 1980.

Taper Bernard, *Balanchine*, Jean-Claude Lattès, Paris, 1980.

Le ballet classique américain

Parvenue au degré zéro, la danse américaine commence à revenir peu à peu à la théâtralité et à la virtuosité. En témoignent Twyla Tharp qui utilise le jazz, ou Karole Armitage, adepte de la mode *punk*. On a assisté, à partir de 1985, à un retour aux techniques classiques conçues comme une façon d'élargir l'exploration du mouvement.

En effet, le ballet classique — ou plutôt néo-classique — s'est fortement développé aux États-Unis vers 1940, tout en se distinguant de la production européenne. Il s'est incarné dans deux grandes compagnies, l'American Ballet et le New York City Ballet.

Fondé en 1939 par Lucia Chase, l'American Ballet a longtemps été sous influence du chorégraphe anglais Antony Tudor (mort en 1985) qui a créé des œuvres comme *Pillar of Fire* dont le sujet, comme chez Martha Graham, est la frustration et la libido. Agnes De Mille a produit des ballets inspirés du folklore américain.

C'est dans cette même compagnie que s'est révélé Jerome Robbins, l'auteur de *West Side Story*. De 1985 à 1989, le ballet a été dirigé par Mikhaïl Baryshnikov, transfuge du Kirov, et il a connu depuis une crise d'identité.

Le nom du New York City Ballet est associé à celui de George Balanchine, chorégraphe révélé par Diaghilev, installé aux États-Unis en 1934 et qui a créé un ballet typiquement américain où la danse académique, confrontée aux rythmes du jazz et de la comédie musicale, tourne à l'abstraction tout en restant attachée aux codes.

Pour les nombreuses compagnies de ballet existant à travers le pays, le problème est de trouver des œuvres contemporaines qui alimentent leur répertoire. Depuis la mort de Balanchine en 1983, il ne reste que Robbins et il a fallu faire appel à des chorégraphes « modernes ». Deux d'entre eux ont réussi cette synthèse : Marc Morris et William Forsythe qui ont ouvert ce qu'on appelle l'après-Balanchine.

Les années Reagan ont porté un coup à l'essor de la danse américaine, obligeant les artistes à faire des tournées ou à vivre en Europe et en Asie pour subsister. Ainsi, Marc Morris a pris la succession de Maurice Béjart à la Monnaie de Bruxelles tandis que Forsythe dirigeait le Ballet de Francfort. Le public américain ne les en a pas moins plébiscités comme les chorégraphes de la relève.

Marcelle Michel

Métissage des musiques

■ Y a-t-il une musique américaine ? Peut-on distinguer des caractères qui signaleraient la nature indiscutablement américaine de certaines musiques ? D'une part, il existe des genres musicaux apparus aux États-Unis : musiques aborigènes des Amérindiens ; musiques métisses nées de la rencontre de communautés aux origines diverses. De l'autre, les courants de la création moderne, quelles que soient les filiations académiques auxquelles ils se rattachent, sont fréquemment colorés par des emprunts aux formes populaires et par une attitude originale à l'égard du temps et du son.

202

Bibliographie

Carles Philippe, Clergeat André, Comolli Jean-Louis (sous la dir. de), *Dictionnaire du jazz*, Robert Laffont, Paris, 1988.

Gottschalk Louis Moreau, *Les Voyages extraordinaires de L. Moreau Gottschalk pianiste et aventurier*, Pierre-Marcel Favre, Lausanne, 1985.

Herzhaft Gérard, *La Country music*, PUF, Paris, 1984.

Hitchcock H. Wiley, *Music in the United States, A Historical Introduction*, Prentice Hall, Englewood Cliffs (NJ), 1974.

Jeambar Denis, *George Gershwin*, Mazarine, Paris, 1982.

Southern Eileen, *Histoire de la musique noire américaine*, Buchet-Chastel, Paris, 1976.

Ainsi, les musiques des États-Unis paraissent placées au croisement de deux tensions : entre le mélange des répertoires d'emprunt et l'affirmation d'une identité américaine, et entre la tentation de l'enracinement dans les traditions et l'aventure en quête de l'inouï.

Inextricablement liées à la vie sociale et religieuse, aussi nombreuses que les groupes dont elles animaient les rites et les cérémonies, les musiques des Amérindiens ont sombré avec le quasi-génocide dont les hommes furent victimes. Elles survivent dans les réserves sans se renouveler, apparemment. Peu étudiées, elles sont donc mal connues. Dans des spectacles « folkloriques » plus ou moins bien conçus et au cinéma, elles sont souvent réduites pour l'imagerie populaire à des timbres vocaux étranges et un martèlement rythmique obsédant alors que leur richesse va bien au-delà.

Si les Noirs fugitifs réfugiés dans des villages indiens en ont sans doute retenu des éléments musicaux, les plus « américains » des compositeurs issus des écoles européennes, comme Aaron Copland, semblent n'y avoir guère prêté attention.

Les traditions canoniques

Les premières manifestations musicales dans les colonies d'Amérique du Nord étaient essentiellement religieuses. Elles prolongeaient la musique paroissiale anglaise et le style des grands compositeurs du XVIIe siècle commençant. Mais la musique était aussi présente dans les salons tout comme dans les tavernes où l'on chantait et dansait. La musique académique et l'oralité populaire se sont développées à partir de ces deux sources.

Les deux premiers musiciens à avoir composé sur le sol américain illustrent cette double origine : le Philadelphien Francis Hopkinson (1737-1791) laissa des mélodies accompagnées au clavecin ; William Billings (1746-1800), auteur de psaumes et d'hymnes originaux, fut sans doute le premier à combiner simplicité, ferveur et modernité pour faire chanter l'américanité. Mais c'est surtout avec les évangélistes Dwight Moody (1837-1899) et Ira Sankey, que l'hymne américaine connut ses développements les plus populaires. Puisant aux fonds profanes, ils réduisirent la musique à sa plus simple expression pour en faire le véhicule d'une émotivité religieuse exacerbée par les *camp meetings*.

Dans le domaine de la musique profane savante, le conformisme européen a longtemps prévalu et la musique américaine s'est nourrie des vagues d'immigration successives. Des compositeurs comme James Hewitt (1770-1827), Micah Hawkins et surtout William Fry (1813-1864), avec *Leonora*, s'essayaient à l'opéra tandis que la musique instrumentale prospérait : sociétés musicales et orchestres se multipliaient, avec des musiciens et des chefs souvent venus d'Europe centrale. Cependant, les œuvres de cette époque n'avaient encore rien de particulièrement américain ; le poids du Vieux Continent s'est fait sentir jusque dans ce XXe siècle, même si certains créateurs comme Walter Piston, Roger Sessions, Aaron Copland, Elliot Carter ou Samuel Barber ont développé un style personnel. Nom-

Miles Davis, un symbole

♦ *A coups d'amplis tonitruants, arpentant de long en large la scène sans égards apparents pour le public, Miles Davis a inventé une musique construite autour du silence. Tout au long de sa vie, il a persisté à être surprenant, créateur de sons, de couleurs, de rythmes dont l'agencement lui a valu de toucher bien au-delà du public des amateurs de jazz, sans jamais avoir rompu avec l'essence de la musique afro-américaine. Dans les années quatre-vingt, c'est au rock qu'il a «tordu le cou» pour en faire une immense machine à recomposer le temps dans le déferlement sonore; dans les années soixante, il a montré le parti qu'on pouvait tirer de la pop music et des instruments électriques; à la fin des années cinquante, il avait contribué à faire éclater les cadres classiques de l'improvisation en uti-*

lisant la modalité que John Coltrane, révélé dans son orchestre, devait pousser à sa logique ultime; dix ans plus tôt, il avait dirigé un ensemble inhabituel qui renouvelait radicalement la palette sonore du jazz (sessions d'enregistrement dites Capitol); et, après s'être nourri des trompettistes swing, il avait débuté, à dix-neuf ans, aux côtés de Charlie Parker et des boppers iconoclastes.

Miles Davis est né en 1926, dans une famille aisée de l'Illinois; il a traversé le jazz la tête dans les nuages : ses yeux ont scruté des horizons dont les images se sont imprimées dans son art. C'est à ce titre qu'il restera l'un des symboles les plus complets de la musique américaine.

D.-C. M.

bre de créateurs se sont d'ailleurs épanouis sous la férule de la pédagogue française Nadia Boulanger (1887-1979).

Pourtant, l'Amérique s'est affirmée aussi parallèlement à la fascination européenne. Marginaux d'abord, des compositeurs ont choisi une aventure à la recherche de nouveautés universelles et sont, de ce fait, authentiquement américains. Charles Ives (1874-1954) fut leur père : il tenta la polytonalité, les quarts de ton, les œuvres pour plusieurs orchestres, s'inspira des fanfares de village pour inventer une musique bricolée, visionnaire et passionnante. Carl Ruggles (1876-1971) lui fit écho avec des œuvres pleines de chocs. Henry Cowell (1874-1954) découvrit des techniques telles que les *clusters* (agrégats d'accords tonalement indéterminés) et le piano préparé, s'intéressa aux musiques orientales et aux sons électroniques. A bien des égards, il apparaît comme un précurseur de John Cage pour qui la musique, construite pour l'écoute, est un moyen d'interroger l'univers et la vie. Moins connu, Milton Babbitt recherche, dans la musique électroacoustique, un «sérialisme total».

L'oralité populaire

A partir de la pratique religieuse, des danses et des chansons populaires, dans le mélange des origines et des races, d'autres musiques sont nées sur le sol américain et ont conquis le monde entier. Alors que le corps et l'oreille réalisent l'intégration et suscitent l'inédit dès qu'il y a rencontre entre groupes différents, l'organisation sociale incite à classer, plus ou moins pertinemment, les musiques cousines.

Chez les Blancs, le chant évangélique populaire (*gospel*), dont l'archétype fut établi par Sankey et Moody, perdure encore, surtout dans le Sud et les Églises hétérodoxes. Le *country and western* lui reste intimement lié mais y a intégré la tradition de la ballade anglo-irlandaise, en même temps qu'il empruntait leur rythme aux musiques noires. Volontiers moralisatrice, tantôt nostalgique tantôt exaltée, cette musique est celle de l'Amérique «profonde». La chanson *cow-boy* en est un des genres familiers, le *bluegrass* est sa version la plus rythmée dont les avatars modernes sont souvent créatifs. Le *rock* est né de la fusion de cet art des *hillbillies* (les ploucs des collines) et du *rhythm and blues* noir : Elvis Presley (1935-1977) a été le symbole de ces retrouvailles ; par la suite, le rock américain a subi l'influence des groupes anglais mais aussi de la musique académique américaine, Frank Zappa étant sans doute le perturbateur le plus inventif de la génération des années soixante et soixante-dix. Abreuvé aux mêmes sources que le *country and western*, ce que l'on a appelé le *folk* en constitue un dérivé poétique et, parfois, progressiste. Woody Guthrie (1912-1967) a été le chantre des laissés-pour-compte de la dépression ; les Almanac Singers se sont faits les porte-parole du syndicalisme de gauche, alors que Joan Baez et, surtout, Bob Dylan ont chanté sur des mélopées simples des textes à la fois émouvants et de haute qualité littéraire.

L'enrichissement mutuel des formes dites « noires » et des formes dites « blanches » n'a jamais cessé depuis le temps de l'esclavage, où des témoins s'étonnaient de l'étrange manière dont chantaient les descendants des Africains. Les *spirituals* anonymes, aux polyphonies rugueuses, furent policés à l'occidentale par des chorales universitaires noires après l'émancipation, mais les congrégations rustiques conservèrent les formes anciennes jusqu'à ce que, fertilisées par la musique profane, les deux traditions se retrouvent pour produire le *gospel* dans les années trente, genre qui a continué de se moderniser jusqu'aujourd'hui.

Chants, danses et contes formaient la matière des *minstrel shows* que jouaient des Blancs à la face noircie et même, plus tard, des Noirs : la comédie musicale était déjà en germe dans cet échange.

Mais la chanson profane noire, modelée par la ballade anglo-irlandaise, fut dotée à la fin du XIXe siècle d'une nouvelle forme : le *blues*. Sur un mode doux-amer, il dit le mal à vivre de l'individu appartenant à une communauté opprimée. Après la Seconde Guerre mondiale, le *rhythm and blues* intègre des éléments du jazz *swing* ; au début des années soixante, la *soul music* renoue avec le *gospel*, abandonne la forme *blues* et affirme la fierté noire. Depuis, rock noir et *black disco* reprennent certains tours du rock pour s'adresser aux publics noir et blanc.

La force du jazz

C'est dans le jazz que s'exprime avec toute sa force la créativité afro-américaine. Né dans les deux premières décennies du XXe siècle, il a fusionné plusieurs genres musicaux et régionaux : le *blues* du Sud, la musique pour cuivres des fêtes néo-orléanaises, les *ragtimes* du Middle West écrits par des Noirs imprégnés du romantisme centre-européen, la musique symphonique des compositeurs noirs du Nord-Est... Le jazz a imposé l'expressionnisme vocal dans le jeu instrumental, inventé la dialectique de l'écriture et de l'improvisation sur des harmonies dont la succession est déterminée par le profil mélodique du thème, concilié la tonalité européenne et le sentiment contramétrique africain ; il a engendré le *swing* (balancement rythmique) et les *blue notes* qui superposent majeur et mineur, innovations que l'on retrouve dans toutes les musiques populaires modernes (rock, pop, disco, etc.). S'il a touché d'emblée à la perfection avec les œuvres Duke Ellington (1899-1974) au début des années trente, les musiciens ne se sont jamais satisfaits de l'acquis : travail de l'improvisation, de Louis Armstrong (1900-1971) à Miles Davis et Ornette Coleman ; recherches d'écritures de Fletcher Henderson (1898-1952) à Gil Evans (1912-1988) et Richard Abrams ; enrichissement et remise en cause des structures harmoniques avec les *boppers* (Charles Parker, 1920-1955 ; Thelonius Monk, 1917-1982) puis les iconoclastes du *free jazz* (Ornette Coleman ; Albert Ayler, 1936-1970) ; introduction des techniques modales et fascination pour l'Orient (John Coltrane, 1926-1967) ; certains musiciens-phares ont intégré dans leurs expérimentations formelles toutes les découvertes et les interrogations de leur époque, y compris celles venues de l'extérieur des musiques afro-américaines : Duke Ellington, Charles Mingus (1922-1979), Cecil Taylor.

Musiques croisées

Les musiques afro-américaines ont tracé leur histoire dans un dialogue avec d'autres musiques, notamment celles qui relevaient des traditions académiques européennes. Les musiques « classiques », en revanche, ne se sont guère imprégnées des créations « noires ». Quant aux musiques populaires, elles sont toutes profondément multicolores. Or ce sont elles, avec les musiques noires, qui ont suscité le plus d'intérêt en dehors des États-Unis. S'il y a une « américanité » en musique, elle résulte de la confrontation, de l'échange, de la fusion innovatrice. Dans ce métissage, on peut reconnaître trois lignées qui s'entremêlent et que l'on a trop souvent tendance à sous-estimer.

Une tradition de compositeurs blancs qui ont tiré leur inspiration des formes populaires, noires en particulier : Louis Moreau Gottschalk (1829-1869), créole de La Nouvelle-Orléans, pianiste virtuose, compositeur de pièces où l'habileté de l'écriture n'oblitère pas le rythme et les couleurs venus de Louisiane et des Caraïbes ; George Gerschwin (1898-1937), fils d'émigré, pianiste démonstrateur de partitions, avide de toutes les musiques et qui a produit l'un des chefs-d'œuvre du brassage américain et de la musique du XXᵉ siècle, *Porgy and Bess* (1935). Ce sont sans doute les compositeurs les plus attachants de l'Amérique qui ont inspiré notamment les créations de Leonard Bernstein.

Une deuxième lignée est formée par des compositeurs afro-américains dont l'ambition fut de faire œuvre universelle en utilisant les formes et les moyens occidentaux. Ainsi, Scott Joplin (1868-1917) conçut des pièces pour piano et pour petit orchestre qualifiées de *ragtimes*, qui mettaient dans des structures d'origine européenne la quintessence du sentiment musical noir ; il a fallu plus de cinquante ans pour que son opéra *Treemonisha* (1915) soit correctement représenté et enfin reconnu par la société blanche. Plus engoncés dans l'académisme européen, d'autres compositeurs tentèrent d'imposer des créations « noires » dans la musique « blanche » : Harry Burleigh (1866-1949), disciple de Dvorjak, Robert Nathaniel Dett (1882-1943), élève de Nadia Boulanger qui composa notamment des motets et des oratorios ; William Dawson, auteur d'une *Negro Folk Symphony* créée par Leopold Stokowski (1882-1977) ; William Grant Still (1893-1978) surtout, considéré par certains comme un des plus grands compositeurs américains. Quelques créateurs de jazz ont aussi été fascinés par le modernisme occidental : Duke Ellington comme Charles Parker rêvaient de travailler avec des formations symphoniques ; aujourd'hui encore, un des musiciens expérimentaux les plus intéressants des États-Unis, Anthony Braxton, est également un improvisateur.

Une troisième filiation relie les genres populaires des *minstrel shows* aux comédies musicales et aux revues dans lesquelles s'illustrèrent aussi bien des musiciens noirs (Noble Sissle, 1889-1975 ; J. Rosamond Johnson, 1873-1954) que des mélodistes blancs (Cole Porter, 1893-1964 ; Irving Berlin, 1888-1989). Ce genre fut adapté au cinéma parlant et chantant, et contribua au succès international de la Metro Goldwyn Mayer.

En marge de ces grands courants, deux genres plus récents, et encore plus mélangés si faire se peut, témoignent, d'un côté, de la recherche d'exotismes susceptibles de consoler des déceptions des années soixante et soixante-dix, de l'autre, de l'impact de nouvelles vagues d'immigration venues du Sud. Les minimalistes et répétitifs ont appliqué une esthétique de la simplicité et de l'immobilité fluctuante ; Terry Riley et Philip Glass ont essayé de combiner le jazz et les influences d'Europe, d'Afrique, et de l'Orient indien. La *salsa*, en revanche, a mis sur des rythmes de danse antillais des arran-

206

gements empruntés au jazz pour soutenir des paroles chantées le plus souvent en espagnol. Certains même, comme le plus fertile des *salseros*, Eddie Palmieri, ne résistent d'ailleurs pas toujours à la tentation du modernisme occidental. Tradition et innovation, identité et mélange, la *salsa* vient encore une fois colorer la mosaïque musicale de l'Amérique.

Denis-Constant Martin

Peinture et sculpture, l'art des confins

■ Des conditions d'éclosion peu propices n'ont pas empêché le surgeon artistique américain de se développer avec vigueur depuis l'aube du XVIIIᵉ siècle. Des peintres colporteurs jusqu'aux postmodernes, aucune solution de continuité n'est décelable.

Contrairement au lieu commun qui situe très tardivement leur origine, les arts plastiques ont toujours eu droit de cité en Amérique, fût-ce au prix de difficultés sociales et esthétiques réelles. Le sentiment de dépendance, voire de sujétion intellectuelle fut souvent un frein à la créativité de maint artiste dont les œuvres, soit décriées soit indûment honorées, oscillèrent entre le pastiche inquiet et le rejet provincial des leçons d'Europe.

Ce n'est qu'après la Seconde Guerre mondiale, dans le sillage des aigles victorieuses et grâce à l'appui massif de la politique culturelle, que l'art américain s'est imposé, a acquis avec une confondante rapidité une prééminence internationale, secouant sans coup férir deux siècles de tutelle artistique mal supportée. Ce désir d'émancipation mit plus de temps à s'affirmer dans les arts plastiques qu'en littérature, comme si le problème de la filiation et de l'autonomie trouvait plus difficilement sa solution.

Cette tension fut particulièrement sensible à certains moments, lorsque l'histoire imposa ses choix dirimants : ainsi, lorsque les Colonies déclarèrent leur indépendance, alors qu'un Benjamin West était honoré à Londres, John S. Copley était tiraillé par des allégeances contraires et Washington Allston se proclamait l'enfant de parents divorcés. Il devint figure emblématique de l'identité impossible. L'Amérique, inversement, pouvait aussi représenter un avenir de commissions rondelettes pour nombre de professionnels en provenance du Vieux Monde, tels Thomas Cole ou Joseph Blackburn.

Les traces du rêve américain

Reste le nœud gordien d'une spécificité artistique sans cesse remise en cause. Celle-ci se manifeste tout au long de l'histoire républicaine, soit par la quête souvent vaine d'un idiome américain, soit par un comportement singulier des artistes. Cette vacillation politico-esthétique a toutes les caractéristiques d'un conflit œdipal à l'échelle d'une nation.

Au XIXᵉ siècle, cependant, les affres de l'inquiétude seront compensées par les certitudes conquérantes de la nation. La geste des pionniers, la découverte de paysages incomparables font éclore un genre héroïque et monumental, illustratif de l'épopée continentale et garant des riches promesses de la conquête. Edwin Church, Albert Bierdstadt en sont les rhapsodes. D'ailleurs, avec les luministes du fleuve Hudson, les paysagistes atteignent un point de perfection. Chez John Kensett, Asher B. Durand, Martin Heade, la beauté intrinsèque du pays renvoyant à la source divine, l'œuvre d'art s'engendre de manière homologue à une nature achevée et sublime. Ainsi l'idéalisme contemplatif et l'effusion lyrique s'articulent-ils sans faille à l'idéologie d'un monde renouvelé. Sans conteste, ces tableaux célèbres participent intimement à l'un des mythes fondateurs du pays, qui y a laissé ses traces rêveuses.

L'évolution rapide et brutale de la société après la fracture de la Sécession se répercute à la fois sur le statut des artistes et sur la perception qu'ils ont de leur environnement. Adulés ou haïs, les peintres de l'Age doré satisfont les besoins esthétiques frugaux de tous les bénéficiaires du pactole industriel. Ils choisissent alors, tels James Whistler ou John Sargent, l'exil cosmopolite des pèlerins passionnés. En revanche, sur le sol natal, le réalisme puissant de Winslow Homer et de Thomas Eakins perpétue, suivant leur génie propre, une tradition vivace de défiance envers les attraits de l'imagination. Dans leur mouvance, mais aussi afin de se démarquer de l'académisme ambiant, d'autres artistes ont leurs yeux dessillés par les scories du fameux rêve américain. L'école de la Poubelle peint crûment les images de l'industrialisation forcenée et les ravages du capitalisme débridé.

La révolution moderniste

Au tournant du siècle s'opère une césure profonde dans la problématique toujours recommencée de l'identité et de l'aliénation. Mais cette fois, le combat se mène pour la révolution moderniste contre les scléroses du provincialisme. L'iconoclasme parisien exposé à l'Arsenal de New York en 1913 fait l'objet de controverses passionnées, puisque le code même de la perception qu'on avait du Nouveau Monde est remis en cause. Les champions du formalisme (autour d'Alfred Stieglitz et de sa Galerie 291) incluront tous les greffons de l'impressionnisme et du cubisme (comme Childe Hassam, John Marin, Charles Demuth). C'est alors que l'expérimentation formelle devient un des fleurons de la spécificité américaine avant de devenir sa principale raison d'être. Stanton McDonald Wright, Man Ray et le sculpteur Alexander Calder font partie de l'avant-garde.

Après 1929, les années de la dépression apportent un démenti flagrant au messianisme et au mercantilisme. Tandis que certains prônent les vertus passéistes d'un retour à la scène américaine (tel Grant Wood, exaltant les sujets qui font référence à un passé pastoral), d'autres, suivant les injonctions d'un véritable mécénat d'État qui sauve maints artistes de la famine, innovent et, au prix d'empoignades politico-théoriques avec les exilés qui ont fui le nazisme, fertilisent le terreau sur lequel va bientôt croître, dans les années quarante, la célèbre école de New York.

L'hégémonie économique des États-Unis déplace, dès 1945, le centre de gravité de l'art moderne. Devenue lieu d'exil et de refuge, soutenue par un patrimoine muséographique patiemment archivé, la cité est un bouillon de culture. Secondée par une cohorte de critiques influents, de galeries richissimes et de politiques avisés, New York impose planétairement l'expressionnisme abstrait. La célébrité internationale donne à l'artiste américain le sentiment grisant, après tant d'errements et de doutes, de s'être définitivement affranchi. C'est lui, l'artiste du *Twentycento*, comme Jackson Pollock ou Willem De Kooning. Quant à l'*action painting*, elle s'affirme comme une invention américaine. Une société consumériste avide des retombées prestigieuses de l'art reprend à son compte tous les stéréotypes de l'artiste maudit, de l'ingratitude sociale et de la reconnaissance obligée. De plus, les angoisses sourdes de la guerre froide, le désarroi propre à l'ère atomique trouvent là matière à se symboliser dans le geste solitaire et forcené des expressionnistes. Chaque toile monumentale devient une métaphore épistémologique, dans la mesure où elle semble être la réponse de l'imagination lyrique à la vision du monde répandue par la science, tout autant que la trace indicielle d'une identité américaine fantasmée.

De la même façon, la sculpture va être vécue comme un acte performatif ou comme une expérience existentielle infor-

208

Bibliographie

Ashton Dore, *The New York School*, Viking Press, New York, 1973.

Hunter Sam, *American Art of the 20th Century*, Thames and Hudson, Londres, 1973.

Tissot Roland, *Peinture et sculpture aux États-Unis*, Armand Colin, Paris, 1984.

Tissot Roland, *L'Amérique et ses peintres*, Presses universitaires de Lyon, 1983.

mant ou forgeant le matériau. On a pu parler, avec Theodore Roszack, Ibram Lassaw ou David Smith, de renaissance sculpturale, car chaque artiste élabore un idiome américain misant sur l'expérimentation incessante, le spontané, l'accidentel, mais avec la stridence propre à l'art romantique de ce pays.

L'engouement pour l'expérimentation formelle, pour ce qu'on a appelé la « tradition du nouveau », marque les années soixante et soixante-dix. Le mot « avant-garde » devient le sésame du marchand au musée. Des pionniers successifs, sur fond de mythologie patriotique, épuisent, dans la prolifération successive des styles (*op'Art*, *conceptual art*, *minimal*, *hard edge*, *earth art*, *body art*, hyperréalisme et retour au figuratif), les conquêtes formelles du début du XXe siècle.

Ces révolutions picturales de palais, outre qu'elles témoignent de la vitalité artistique du pays et de son ardeur innovatrice, profitent aussi de l'extravagante expansion du marché, fondée sur une collusion entre galeries, musées et universités, marchands-entrepreneurs et artisans-machines à la Andy Warhol, tout cela dans un climat affairiste de surconsommation médiatique.

Fidèle à elle-même, l'Amérique pratique sans relâche un art des confins, oscillant entre l'appropriation directe du réel (Chuck Close, Don Eddy), le fétichisme des objets (Claes Oldenburg), le piétinement dans les impasses de la peinture en digne fille de Marcel Duchamp (Jasper Johns, Robert Rauschenberg), dans la continuelle jouissance du franchissement de la limite (Vito Acconci, Judy Chicago), au point où la rupture authentifie jusqu'aux simulacres. De sorte que l'artiste américain, désormais voué au culte vedettarial, moins en raison de la qualité de ses investigations intellectuelles patientes (on songe à la quête esthétique passée d'un Edward Hopper) que de sa connotation socio-culturelle, est devenu, sous les feux de la rampe, célèbre d'être célèbre, trop tôt étiqueté et assimilé dans une internationale de l'avant-gardisme.

L'Amérique sécrétant un art qui ne recherche pas d'instinct l'harmonie, mais les situations sans issues favorables et leurs résolutions violentes, tend à pousser l'innovation jusqu'à son terme logique.

Roland Tissot

The sculptor and his marble
(*le sculpteur et son marbre*)

Photographie.
Un nouvel académisme?

■ « Chacun pourra s'en servir », avaient annoncé les promoteurs français du daguerréotype. C'est aux États-Unis que s'est réalisée cette promesse démocratique et industrielle. Avec le Kodak (1888), muni d'un film que la firme de George Eastman se chargeait de développer (*Press the button, we do the rest*), une pratique longtemps « ésotérique » était ouverte aux amateurs. Cent ans après, avec le taux d'équipement des ménages le plus élevé du monde, et une firme (Eastman Kodak) qui détient encore la moitié du marché mondial des produits et des équipements, les États-Unis demeurent le premier producteur photographique du monde. S'il est malaisé de cerner le foisonnement de la création américaine, c'est qu'il est inséparable de l'ubiquité du fait photographique dans la société, et de la « civilisation de l'image » inaugurée par la photographie. C'est aussi parce que les techniques nouvelles ayant relayé cette dernière dans ses fonctions « sérieuses », l'art photographique, entré au musée, paraît à son tour ésotérique.

L'entrée au musée

Dès 1937, le Museum of Modern Art (MOMA) avait présenté une rétrospective appelée à faire date. L'inspiration moderniste de *Photography : 1839-1937*, où les primitifs côtoyaient les applications scientifiques les plus neuves, doit moins à la photographie « pure » d'Alfred Stieglitz et Edward Weston, volontiers élitiste et mystique, qu'à l'esprit *Fotokunst* de Moholy-Nagy, qui fondait la même année le New Bauhaus à Chicago. Le MOMA passait provisoirement à côté de ce qui aura été le projet du siècle : Walker Evans et un groupe de photographes « documentaristes », à l'époque du *New Deal*, sillon-

naient le *Dust Bowl* (ces territoires de l'Oklahoma et de l'Arkansas complètement desséchés, où le vent emportait tout) pour la Farm Security Administration, illustrant en trois cent mille clichés les effets d'une dépression dont la *Migrant Mother* de Dorothea Lange est restée l'emblème. Mais la muséographie de la photographie était née. Et le *boom* qu'elle a connu après 1960 est le premier enseignement de la période récente : au MOMA avec John Szarkowski, conservateur influent dont les expositions ont consacré des tendances (comme la « photographie de rue » avec *New Documents* en 1967 : Diane Arbus, Lee Friedlander, Gary Winogrand); dans de nombreuses institutions spécialisées; et peu à peu dans la plupart des grands musées, dont, depuis 1984, le Getty Museum, qui, en dépensant vingt millions de dollars, s'est placé d'emblée au premier plan.

Cette ruée vers un art que le grand public continuait à mal connaître a pu, entre 1975 et 1982 surtout, bénéficier d'un flottement sur le marché de la peinture. Mais les flambées qui ont marqué la redécouverte de tel ou tel (comme Carleton Watkins, photographe de l'âge d'or de la Californie) n'ont pas profondément modifié un marché pour lequel la photographie reste un investissement précaire. Or, dans le même temps, l'idée qu'elle constituait un domaine significatif de la culture avait été reconnue par des intellectuels (Susan Sontag), dans la grande presse, et surtout à l'Université. Créée en 1963, la Society for Photographic Education comptait en 1986 mille six cents membres, qui enseignaient la photographie et l'histoire de la photographie, discipline présente à Princeton depuis 1972, à quelque trente mille étudiants. Comme Tod Papageorge à

Bibliographie

Green Jonathan, *American Photography : A Critical History, 1945 to the Present*, Harry N. Abrams, New York, 1984.

«Photographie américaine : l'archive et le rêve», *Revue française d'études américaines*, n° 39, Nancy, 1989.

Welling William, *Photography in America : The Formative Years, 1839-1900*, University of New Mexico Press, Albuquerque (NM), 2ᵉ éd., 1987.

Yale, les photographes «créatifs» étaient désormais professeurs, et écrivaient des livres.

Cette mutation est intervenue alors que la télévision relayait la photographie dans la production des images fortes de l'actualité. Le grand reportage, tradition prestigieuse (de Mathew Brady à Cornell Capa), n'a pas disparu : le magazine *Life* a commencé une seconde carrière après 1980. Mais, aux yeux du public, la photographie s'y est peu à peu confondue avec la notion diffuse d'«image». Plutôt que sur le contenu, la recherche photographique s'est portée sur la forme (dans les années cinquante avec Minor White et sa revue *Aperture*), sur les qualités physiques du support, densité, tonalité, puis, comme en peinture, relief, enfin sur la couleur. Plus que le témoignage d'Eugene Smith sur l'empoisonnement des pêcheurs de Minamata (1972), les jeux de couleurs étudiés par Joel Meyerowitz sur les vérandas des résidences de Cape Cod illustrent la sensibilité qui a conquis le nouveau public de la photographie.

La fin du militantisme

Certes, les photographes du «paysage social» ont rendu compte des crises des années soixante à quatre-vingt. Mais, en partie parce qu'ils s'adressaient désormais à une «communauté photographique» blasée sur l'objectivité de l'image, ils n'ont guère ému l'opinion publique. Bien plus troublants que les Américains de Robert Frank, dont la banalité avait choqué en 1959, ceux de Diane Arbus, Lew Thomas, Larry Clark, Richard Avedon (nains, marginaux, drogués, pervers ou simplement pauvres) ont souvent paru plus autobiographiques que scandaleux. Si un sursaut puritain a empêché en 1989 l'exposition des nus masculins de Robert Mapplethorpe, le succès auprès des élites des monstres baroques de Joel Peter Witkin est de ce point de vue assez étonnant. Plus éduquée, moins aventurière que par le passé, la photographie de l'après-soixante semble aussi avoir renoncé à persuader. Explorateurs des «non-sites» du Midwest, les «nouveaux topographes», sans renier le souci de la nature propre à Ansel Adams, le défenseur des sierras, ne se sont pas reconnus dans ses paysages grandioses, et n'attendent plus de leur art qu'il serve à les préserver. Ce que la photographie recèle de militantisme est passé plutôt par l'écrit (Alan Sekula), voire l'historiographie (Michael Lesy).

Dans le même temps, la photographie s'est fondue dans toutes sortes de pratiques multi-médias (narration, collage, photosculpture, *land art*, installations) dont elle est tantôt l'auxiliaire documentaire, tantôt la «matrice conceptuelle» (Rosalind Krauss). Parvenue à ce point où elle est si bien intégrée à l'art contemporain qu'elle est menacée de disparaître, la photographie peut-elle, sans renier sa nouvelle éducation, reprendre contact avec le réel et le grand public ? Comme en témoigne après Andy Warhol un courant post-moderniste grandissant, l'option la plus fructueuse est peut-être, plutôt que de prétendre représenter le monde, de se «réapproprier» l'image des médias ; l'exemple de Cindy Sherman, qui l'a fait avec brio pour l'icône de la femme, indique que le succès n'est pas incompatible avec un propos subversif.

François Brunet

Architecture : bien plus que des gratte-ciel

■ Il est fréquent d'entendre dire que les Américains n'ont pas d'architecture, que leurs constructions sont fonctionnelles mais monotones et de mauvais goût et que leur histoire est trop courte pour retenir l'attention. Quant aux réalisations contemporaines, elles sont plutôt internationales qu'américaines... Voilà qui fait peu de cas de tout ce qui a été bâti depuis près de quatre siècles dans le Nouveau Monde !

On peut en effet esquisser le portrait d'une architecture « américaine » qui repose sur trois caractères fondamentaux : la diversité des traditions ethniques et régionales ; l'esprit pragmatique et inventif des bâtisseurs ; et enfin, une certaine fascination pour les styles historiques, en particulier pour le classicisme.

Des traditions vivaces

Il suffit de traverser le pays pour découvrir, sous le manteau monotone de l'architecture utilitaire et commerciale, des traces nombreuses d'influences anglaises, hollandaises, espagnoles, françaises, scandinaves, japonaises et autres. Loin d'être uniquement des survivances du passé colonial ou de l'ère de l'immigration de masse, ces apports se sont métamorphosés en véritables traditions américaines. Ainsi, la maison de Nouvelle-Angleterre, avec sa lourde charpente habillée de bardeaux et sa cheminée centrale, a donné un nouvel essor à un type d'habitation en voie de disparition dans une Angleterre où le bois manquait. La cabane de rondins n'est pas, comme on l'a dit parfois, une imitation de l'architecture primitive des tribus indiennes de l'Est : les colons scandinaves l'ont apportée des forêts de l'Europe septentrionale, et elle est ensuite devenue le symbole même de la rude vie du pionnier sur la Frontière. Le porche, qui fait partie intégrante de la maison et de la vie familiale américaines, trouve son origine dans la tradition africaine, relayée par la culture créole des Caraïbes. C'est pourquoi on le rencontre d'abord dans le Sud, devant les belles demeures de Louisiane, avant de le retrouver au XXᵉ siècle dans les quartiers résidentiels modestes ou luxueux, meublé de *rocking chairs* et de barbecues.

L'empreinte espagnole est sans nul doute la plus importante et la plus vivante. De la Floride à la Californie, elle affecte une immense partie du territoire américain : villes ordonnées autour d'une *plaza*, églises de Missions, maisons aux frais patios évoquant plusieurs siècles de domination coloniale. Mais il y a plus : périodiquement, comme en Floride vers 1920, un regain d'intérêt pour la tradition espagnole donne naissance à une architecture domestique tout à fait particulière. Au Nouveau-Mexique, l'influence espagnole s'est combinée à celle des Pueblos, les seuls Indiens d'Amérique du Nord qui avaient créé une architecture urbaine avant l'arrivée des Européens : à Taos, à Santa Fe, les édifices modernes prennent la couleur ocre et les formes douces des constructions anciennes de bois et adobe. Il y a bien ici une architecture authentiquement américaine.

Pragmatisme et inventivité

Puisant ainsi aux sources les plus diverses, les bâtisseurs américains ont en outre fait preuve d'un esprit inventif et pragmatique en adaptant formes, matériaux et techniques aux besoins du Nouveau Monde. Ainsi, la traditionnelle charpente à tenons et mortaises a cédé la place, à partir de 1830, à une armature légère, formée de pièces de bois précoupées et assemblées à l'aide de clous. Cette charpente-ballon, particulièrement bien adaptée à la construction des maisons de

Bibliographie

Handlin David, *American Architecture,* Thames & Hudson, Londres, 1985.

Massu Claude, *L'Architecture de l'École de Chicago,* Dunod, Paris, 1983.

Russel Beverly, *Architecture & Design 1970-1990, New Ideas in America,* Abrams, New York, 1989.

Trocmé Hélène, *Les Américains et leur architecture,* Aubier-Montaigne, Paris, 1981.

l'Ouest, est un premier pas vers la préfabrication, trait fondamental de l'architecture contemporaine. En effet, le pragmatisme américain s'illustre à merveille dans l'évolution de la maison familiale, symbole de l'individualisme démocratique : chaque type d'habitation, du *cottage* traditionnel au *bungalow* moderne, privilégie dans sa disposition intérieure tout ce qui rend la vie plus simple et plus confortable. Le maître dans l'art de créer des maisons spacieuses et bien intégrées dans leur cadre naturel est Frank Lloyd Wright dont la *Prairie House* a influencé toute l'architecture domestique du XXᵉ siècle. L'inventivité et l'audace technique des architectes américains culminent cependant avec la conception d'un nouveau type de construction : le gratte-ciel, né à la fin du XIXᵉ siècle d'une convergence de progrès techniques (mise au point de l'ascenseur et de l'ossature métallique) et de besoins économiques (concentration financière au cœur des villes). Le théoricien et le chantre de cette nouvelle architecture américaine fut Louis Sullivan, mais on aurait tort de passer sous silence la longue maturation qui a conduit aux réalisations de la fameuse école de Chicago et, en définitive, à une véritable révolution de l'architecture urbaine aux États-Unis d'abord, et partout dans le monde aujourd'hui.

Comment comprendre alors que ce peuple, toujours prêt à innover, soit en même temps fasciné par les styles historiques ? Est-ce le besoin de se trouver des racines culturelles ? Est-ce une sorte de frénésie de nouveaux riches voulant prouver qu'ils peuvent faire aussi bien, sinon mieux, que leurs modèles ? La réponse varie selon l'architecte et la période envisagés. Mais de toute façon, il s'agit rarement de simples pastiches. Ainsi, le succès du classicisme s'explique sans doute par son adéquation à l'idéal démocratique et républicain : Thomas Jefferson établit le premier la supériorité des modèles romains (le Capitole de Richmond et l'université de Virginie sont des adaptations américaines très réussies de la Maison carrée de Nîmes et du Panthéon de Rome). Après lui, plusieurs « renaissances » eurent lieu : l'âge néo-grec construisit de ravissantes demeures et de nobles édifices publics dans la première moitié du XIXᵉ siècle. Au début du XXᵉ, le style Beaux-Arts et l'urbanisme classique donnèrent aux grandes villes leur centre monumental. La fascination pour le style classique n'est nulle part mieux affirmée qu'à Washington, la capitale fédérale, conçue en 1792 par le Français Pierre-Charles L'Enfant, et embellie cent ans plus tard par Daniel Burnham. De nouveau, à la fin du XXᵉ siècle, on voit renaître ce goût pour le décor classique dans les œuvres postmodernes d'un Michael Graves ou d'un Kevin Roche. Il s'agit bien d'une tendance profonde de l'architecture du Nouveau Monde.

L'humanisme post-moderne

Pourtant, on a pu croire, de 1930 à 1970 environ, qu'inspiration historique et architecture moderne étaient inconciliables. Le modernisme (ou style « international »), importé d'Europe par Mies van der Rohe, Walter Gropius et d'autres, domine complètement cette période. Après la guerre, le pays se couvre d'immeubles de bureaux, d'écoles, de centres commerciaux, et de maisons individuelles d'un style fonctionnel et dépouillé où le verre, l'acier et le béton règnent en maîtres. Mais l'Amérique s'est lassée de cette architecture si pure et trop abstraite. Elle a voulu retrouver un langage architectural plus humain et plus populaire.

Après la virulente critique de l'urbanisme moderne faite par Jane Jacobs, le livre de Robert Venturi, *De l'ambiguïté en architecture*, paru en 1966, a ouvert la voie au courant post-moderne, remettant à l'honneur la couleur, le décor, les évocations historiques et l'intégration à l'environnement urbain. Johnson et Burgee, Helmut Jahn, Kevin Roche, dans les gratte-ciel prestigieux construits depuis le milieu des années soixante-dix à New York, à Chicago, à Houston et ailleurs, ont démontré toutes les possibilités de cette architecture nouvelle. Les années soixante-dix et quatre-vingt ont aussi vu la construction ou l'agrandissement de très nombreux musées (MOCA de Los Angeles, l'aile Est de la National Gallery de Washington, etc.). Dans le domaine de l'habitat et de l'urbanisme, la plus charmante réalisation du post-modernisme est la petite ville résidentielle de Seaside en Floride, avec ses maisons aux couleurs pastel.

Architectes et urbanistes ne s'intéressent pas seulement à la création d'un cadre urbain nouveau, ils s'attachent aussi à préserver et restaurer les constructions anciennes : gares désaffectées (comme Union Station à Washington), docks et hangars portuaires, quartiers résidentiels anciens comme à Baltimore, Miami, San Francisco.

Malgré cet engouement pour le passé, le modernisme n'est pas mort. Il devient même un style que l'on respecte et restaure. Le *Financial Center* de New York, de Cesar Pelli, illustre la permanence des principes fondamentaux du modernisme associés à l'humanisme post-moderne. Si, dans les années soixante, le paysage architectural semblait menacé de stérilité, il a retrouvé une diversité plus conforme à ses origines. Non seulement il y a une architecture « américaine », mais elle n'a pas fini de nous étonner ni d'influencer l'architecture mondiale.

Hélène Trocmé

Le design américain a perdu son originalité

■ Le *design* en tant que pratique liée à un développement industriel et économique est né aux États-Unis vers 1934. Sa prise en compte est devenue manifeste dès 1939 à l'occasion de la foire mondiale de New York. En effet, les principaux exposants et en particulier General Motors ont fait appel à des *designers* pour la conception et l'aménagement de leur pavillon.

L'aérodynamisme esthétique (*streamlining*), sous l'influence des industries aéronautiques et automobiles, est devenu un style qui a duré jusqu'à la fin des années cinquante et s'est étendu à de nombreux produits. L'essor et le dynamisme de l'économie américaine se sont traduits, à partir des années quarante, par la production en série d'une grande variété de produits dont la contemplation a exercé un grand pouvoir de fascination sur une Europe qui, elle, n'est devenue une société de consommation que plus tardivement. Le rêve américain est sous-tendu par l'*American way of life* : un style de vie qui repose en grande partie sur le développement d'une culture matérielle efficace.

Avec le recul, on s'aperçoit que les grandes entreprises américaines productrices de biens de consommation se sont développées à partir d'un marché intérieur presque autosuffisant et qu'elles se sont préoccupées trop tardivement de l'apparition d'un marché international ouvert et concurrentiel. Par ailleurs, et sauf dans quelques cas particuliers, la pratique du design industriel ne s'est jamais intégrée

214

Bibliographie

Bush Donald J., *The Streamlined Decade*, Braziller, New York, 1975.

Heskett John, *Industrial Design*, Thames and Hudson, Londres, 1984.

Meikle Jeffrey L., *Twentieth Century Limited, Industrial Design in America*, Temple University Press, Philadelphie (PA), 1949.

Noblet Jocelyn de, *Design. Le Geste et le Compas*, Somogy, Paris, 1988.

dans les structures des entreprises américaines mais, le plus souvent, a été utilisée en faisant appel à des intervenants extérieurs à des fins décoratives et superficielles.

La foire mondiale de 1964 installée à Flushing Meadow, dans la banlieue de New York, n'a plus soulevé lc même enthousiasme que celle de 1939 et les innovations formelles y étaient rares. Les voitures de rêve des années cinquante avaient disparu et la Ford Mustang, présentée pour la première fois à cette occasion (ce fut un succès commercial), était déjà une voiture qui relevait plus du fonctionnalisme européen que de la mythologie américaine. En 1959, au cours d'un débat avec Nikita Khrouchtchev, Richard Nixon se demandait s'il n'était pas plus pertinent de parler des mérites de la machine à laver que de la puissance relative des ogives nucléaires. Par là, il vantait la supériorité des biens de consommation américains. Aujourd'hui, ce sont les Japonais et les Allemands qui seraient en mesure de poser la même question aux Américains.

Le design américain appliqué jusqu'à la fin des années soixante aux objets de grande consommation est souvent considéré comme exotique par les Européens. En effet, le design fonctionnel et les maîtres du Bauhaus comme Mies Van der Rohe et plus tard ceux de l'école d'Ulm ont exercé une influence qui est restée cantonnée au domaine de l'architecture et du

mobilier. Des designers tels que Eliot Noise chez IBM, Charles Eames et George Nelson chez Hermann Miller (meubles de bureau) avaient une conception beaucoup plus libre et organique de la forme qui ne marquait aucune rupture par rapport au style des années cinquante.

Banalisation de la culture matérielle

La relative timidité et le manque d'originalité du design américain des années quatre-vingt a plusieurs causes. La culture matérielle et populaire américaine (de la bouteille de Coca-Cola à l'automobile en passant par le chewing-gum, Disneyland, *le fast-food* et les illuminations de Las Vegas) ne semble plus capable de renouveler son vocabulaire plastique et se banalise. Elle reste figée parce qu'elle a rempli sa mission : constituer un ensemble fédérateur où des individus issus de cultures très différentes pouvaient se retrouver et consommer en commun. C'était le libéralisme parvenu au stade de l'abondance des marchandises, qui dispersait ses représentations du bonheur, et donc de la réussite, en une infinité d'objets et de gadgets exprimant réellement et illusoirement autant d'appartenances à des strates de la société de consommation. Cette société n'était qu'une réponse à une définition spectaculaire et esthétique des besoins et elle n'a joué de rôle effectif qu'en tant que lieu d'échange économique nécessaire au système. A partir du moment où les Américains ont progressivement atteint une maturité culturelle et que leurs artistes, leurs écrivains et leurs scientifiques ont acquis une reconnaissance internationale incontestable, ils n'ont plus accordé à leur culture matérielle la même importance symbolique et leurs élites s'en sont détournées.

D'autres phénomènes, d'inégale importance ont également joué :

— l'Europe et le Japon ont comblé leur retard et leur position de challengers dans un marché ouvert a pris les Américains de court ;

— la conjugaison du choc pétrolier et des difficultés de stationnement en milieu urbain ont rendu les automobiles américaines démodées et impropres à l'exportation ;

— le coût des dépenses d'armement a fragilisé l'économie dans un contexte où les transferts de technologie du militaire vers le civil ne sont plus évidents. Ce fait nouveau est particulièrement visible dans l'évolution de l'électronique grand public et de l'audiovisuel.

Si l'influence économique et culturelle de l'Amérique reste grande, elle s'est cependant relativisée et les managers des grandes entreprises n'ont pas compris que, dans une société post-industrielle, les consommateurs étaient devenus plus exigeants et plus sensibles aux qualités de finition et d'esthétique des nouveaux produits. Par ailleurs, la fonction nouvelle du *design management* n'est pas assez prise en compte dans les programmes de formation des futurs cadres.

Il serait cependant prématuré de tirer des conclusions hâtives de ce constat pessimiste. L'économie américaine a encore de beaux restes et sa capacité de réaction est puissante.

Jocelyn de Noblet

ÉTAT
ET SOCIÉTÉ

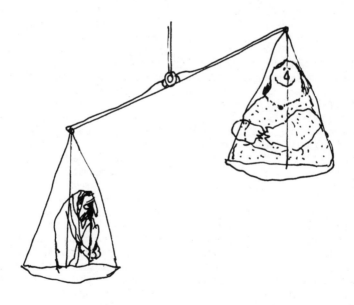

Les droits américains, ou le principe d'incertitude

■ Plaideurs dans l'âme, les Américains ? Certes, quelque 725 000 avocats (un pour 400 habitants, huit fois plus qu'en France) les poussent dans ce travers. Mais n'y sont-ils pas contraints par un État peut-être plus omniprésent qu'en France ? Et la complexité fédérale ne rend-elle pas la reconnaissance des droits individuels plus difficile, nécessitant ainsi plus fréquemment le recours aux tribunaux ?

Citoyenneté

Les Américains sont à la fois citoyens des États-Unis et citoyens de leur État. C'est au nom de cette double citoyenneté qu'il a fallu attendre 1925 pour que la Déclaration des droits fédérale commence à s'imposer aux États.

Si les États-Unis sont un système politique éminemment juridique, c'est notamment en raison du fédéralisme qui multiplie l'intervention publique et complique le droit. En effet, il existe, au-dessous de l'État fédéral, 50 États fédérés qui, eux aussi, légifèrent — et produisent du droit. En 1969, par exemple, le Congrès fédéral ne promulgua que 695 lois. Mais la Floride, cette année-là, en adopta 1 680 ; le New York, 1 523 ; le Connecticut, 1 525. S'y ajoutent les règlements administratifs. Or les États-Unis sont sans doute la nation occidentale qui a le plus recouru au règlement comme mode d'orientation et de contrôle de l'activité économique et sociale. L'agriculture, les transports, les communications, l'énergie, la banque et l'assurance, la santé sont soumis à une réglementation tatillonne. Mais l'ensemble des rapports sociaux est aussi l'objet de directives dont le luxe de détails laisse pantois : le code administratif de la ville de New York, au seul titre de la protection des consommateurs dans leurs relations avec les commerçants, compte 598 pages ronéotées dans sa version 1987 !

La loi se mêle de tout

Alexis de Tocqueville l'avait déjà noté au XVIIIᵉ siècle : « Aux États-Unis... on a imposé (à l'homme) des obligations sociales plus variées qu'ailleurs... Dans les États de la Nouvelle-Angleterre, le pouvoir législatif s'étend à plus d'objets que parmi nous... La loi descend à de minutieux détails ; elle prescrit... une multitude d'obligations étroites et rigoureusement définies. » La famille comme la vie professionnelle, l'urbanisme comme le commerce, les mœurs même sont étroitement réglementés par un énorme appareil de textes publics. Les autorités publiques peuvent décider où vous voyagerez (et même si vous voyagerez puisqu'elles peuvent refuser un passeport), comment vous épouserez et avec quel contrat de mariage, criminaliser certaines pratiques sexuelles (y compris au sein d'un couple marié), vous interdire de boire de l'alcool ou déterminer les jours d'ouverture de votre magasin.

Le justiciable sera d'autant plus tenté de se pourvoir en justice pour faire valoir ses droits que l'enchevêtrement des juridictions implique une diversité redoutable : ce qui est permis ici est interdit ailleurs. Avec les facilités de déplacement et de communication modernes, avec l'existence d'un seul marché et les querelles de préséance entre autorités publiques, il est souvent complexe de déterminer quel texte adopté par quelle entité s'applique à telle situation — pour le plus grand bonheur des avocats.

Mais, ainsi enserré dans le carcan de l'intervention publique, le citoyen ne peut-il au moins invoquer le *Bill of Rights* (1791) ? Celui-ci ne protège-t-il pas sa liberté de penser, de s'exprimer, d'être jugé dans les règles ? Ne va-t-il pas jusqu'à préciser (9ᵉ Amendement) que « l'énumération de certains droits dans la Consti-

Bibliographie

Abraham Henry J., *The Judicial Process*, Oxford University Press, New York, 5ᵉ éd., 1986.

Levasseur Alain A. (sous la dir. de), *Droit des États-Unis*, Dalloz, Paris, 1990.

Tunc André, Tunc Suzanne, *Le Droit des États-Unis : sources et techniques*, Dalloz, Paris, 1955.

tution ne pourra être interprétée comme ayant pour objet ou pour effet de nier ou de diminuer d'autres droits conservés par le peuple » ? Or les Américains eux-mêmes sont fort surpris lorsqu'ils apprennent qu'il a fallu plus d'un siècle pour que le *Bill of Rights* fédéral commence, en partie seulement, à être appliqué. En effet, la Cour suprême a longtemps été plus préoccupée par la construction d'un État central fort et par le développement de l'économie nationale que par la défense des droits fondamentaux. Dans son arrêt *Barron c. Baltimore* (1833) elle avait même estimé que le *Bill of Rights* fédéral ne s'appliquait qu'à l'État fédéral, les États fédérés n'avaient pas à en respecter les termes. En avril 1990 encore, les autorités locales ont tenté de fermer une exposition de photos de Robert Mapplethorpe (jugées scandaleuses) dans le Musée des arts contemporains de Cincinnati : le directeur était passible de six mois de prison et d'une forte amende.

Pour que la Cour suprême accepte l'application du *Bill of Rights* fédéral, il faudra plus qu'un amendement (le 14ᵉ, adopté en 1868) : un changement de majorité politique au sein de la Cour, intervenu après la Première Guerre mondiale. Car les tribunaux ne sont pas des arbitres entre la société politique et la société civile ; ils sont dans la société politique et dans l'État. Et ce n'est qu'en 1925 (*Gitlow c. New York* : liberté d'expression), que la Cour a commencé à impo-

ser aux États l'obligation de respecter les libertés individuelles. Sous la présidence d'Earl Warren, de 1953 à 1969 (sans doute le plus grand président après John Marshall, 1801-1835), elle a littéralement accouché ces droits jusque-là restés, dans l'ensemble, fort théoriques : l'égalité à l'école, aux urnes, devant la justice ou devant la loi, est enfin devenue une réalité pour tous.

Des procédures contestables

Encore peut-il y avoir des retours en arrière. Ainsi la Cour, présidée par William Rehnquist, a-t-elle autorisé en 1989 (*Penry c. Lynaugh*) les États à exécuter des débiles mentaux condamnés à mort. Et des insuffisances demeurent. La Cour suprême n'a jamais contraint les États à respecter l'obligation d'une inculpation par grand jury prévue par le 5ᵉ Amendement. Ainsi, dans plus d'une trentaine d'États, on utilise la procédure de l'*information* qui ressemble étrangement à l'instruction à la française, tant décriée, à ceci près que les garanties du suspect sont moins respectées encore qu'en France puisque après une enquête de police sans contrôle juridictionnel, un procureur (le représentant de l'État), et non un magistrat indépendant comme le juge d'instruction, engage les poursuites par un document d'accusation.

Enfin, malgré sa constitutionnalité douteuse, 90 % de toutes les affaires criminelles (selon les estimations du ministère de la Justice) sont résolues sans procès par la procédure contestable de la transaction de culpabilité (*plea bargain*). Le prévenu renonce alors à son droit à un procès public avec jury pour négocier et obtenir une peine réduite.

Car, pour défendre ses droits, le recours au droit du justiciable n'est pas aisé. Ainsi, le principe que le souverain ne peut être poursuivi qu'avec son consentement n'est pas totalement mort. Alors que l'immunité souveraine de l'État a disparu depuis 1872 en France, il a fallu attendre le *Federal Tort Claims Act* de 1946 pour qu'il en aille de même aux États-Unis au niveau fédéral. En ce qui concerne les États, un citoyen de l'État X ne peut faire de recours en pleine juridiction (pour obtenir des dommages et intérêts) contre l'État Y sans le consentement de ce dernier. Il ne suffit donc pas de vouloir être entendu par les juges pour l'être — et c'est encore moins facile au plus haut niveau puisque, pour l'essentiel, la Cour suprême décide en toute liberté et sans avoir à s'en expliquer des affaires sur lesquelles elle se prononcera.

Inégalité devant la justice

Au total, c'est l'imprévisibilité qui caractérise l'État de droit aux États-Unis : parce qu'on ne sait jamais quelle « controverse » la Cour suprême choisira d'entendre, quel texte, parfois appliqué depuis plus d'un demi-siècle (comme le veto législatif), sera déclaré inconstitutionnel ou, pis encore, quel arrêt antérieur sera renversé par une Cour dont l'orientation idéologique a changé. L'imprévisibilité est même un des ressorts de la règle de droit puisque le juge, presque totalement maître de la sentence, peut prononcer une condamnation pour un temps de prison indéterminé : en procédant ainsi, le juge John Sirica a obtenu des « plombiers » du scandale du Watergate qu'ils parlent enfin.

Cette incertitude générale ne peut que pousser au vice procédurier, au mépris de la loi votée (elle peut toujours être mise en cause) et de la justice, puisque tout peut être négocié et que l'on peut (presque) impunément ne pas obéir aux décisions judiciaires. Car l'inégalité devant la justice est indéniable : on est plus et mieux entendu — y compris pour la sentence — si on en a les moyens. Ivan Boesky (de Wall Street) n'a fait que trois ans de prison pour avoir volé des millions de dollars, mais le moindre braqueur croupit plus longtemps en prison ; selon une étude de 1986 de l'université d'Iowa, le meurtrier d'un Blanc avait à cette date quatre fois plus de probabilité d'être condamné à mort que celui d'un Noir. Car, comme le soulignait Derek Bok, juriste et président de Harvard : « Il y a trop de droit pour ceux qui ont les moyens d'y accéder et beaucoup trop peu pour les autres... Le fait incontestable et inexcusable est que cette nation qui s'enorgueillit de son efficacité et de sa justice a développé un système juridique qui est le plus coûteux du monde et qui pourtant est incapable de protéger les droits de la plupart de ses citoyens. » En dernière analyse, l'État de droit est-il compatible avec le principe d'incertitude ?

Marie-France Toinet

LES INSTITUTIONS

Institutions fédérales.
Le principe de l'équilibre

■ La Constitution des États-Unis consacre le principe de séparation et d'équilibre entre les pouvoirs législatif, exécutif et judiciaire. Elle définit les grandes lignes de leur organisation interne et établit les règles régissant leurs relations réciproques.

L'article 1 de la Constitution institue le Congrès qui se compose du Sénat et de la Chambre des représentants. Chaque État est obligatoirement représenté à Washington par deux sénateurs (soit 100 au total depuis 1960), et par des représentants (435

	SÉNAT 100 sénateurs	CHAMBRE DES REPRÉSENTANTS 435 représentants
Ce qu'ils représentent	Les États (sur une base égalitaire : deux sénateurs par État, quelle que soit la population).	La population (un représentant en moyenne pour 570 000 habitants).
Mode d'élection	Suffrage universel (depuis le 17e Amendement).	Suffrage universel.
Circonscriptions électorales	L'État fédéré.	Le district (*congressional district*) : découpage voté tous les 10 ans par les législatures d'État à la suite des recensements décennaux.
Conditions d'éligibilité	— Age minimum : 30 ans. — Résider dans l'État. — Être citoyen des États-Unis depuis au moins 9 ans.	— Age minimum : 25 ans. — Résider dans l'État. — Être citoyen des États-Unis depuis au moins 7 ans.
Durée du mandat	6 ans (renouvellement par tiers tous les deux ans).	2 ans.

depuis 1910) dont les circonscriptions varient en fonction de l'importance de la population (mesurée par le recensement constitutionnel effectué tous les dix ans). Chaque représentant est élu dans une circonscription d'environ 500 000 habitants et chaque État dispose d'au moins un élu. La Cour suprême intervient pour faire respecter le principe d'égalité de suffrage entre tous les citoyens.

VETOS PRÉSIDENTIELS		
Président	Nombre total	Fréquence annuelle
Franklin Roosevelt (12 ans)	635	53
Harry Truman (8 ans)	250	31
Dwight Eisenhower (8 ans)	181	23
John Kennedy (3 ans)	21	7
Lyndon Johnson (5 ans)	30	6
Richard Nixon (6 ans)	42	7
Gerald Ford (2 ans)	72	36
Jimmy Carter (4 ans)	31	8
Ronald Reagan (8 ans)	78	10

Tous les deux ans le Sénat est renouvelé par tiers tandis que la Chambre des représentants est intégralement élue. A l'origine, les sénateurs (dont le mandat est de six ans) étaient nommés par les législatures des États ; depuis 1913 (17e Amendement) ils sont élus au suffrage universel direct. Tant au Sénat qu'à la Chambre, le scrutin est uninominal à un tour. Les deux Chambres contrôlent l'éligibilité de leurs membres, le respect des règles d'incompatibilité et veillent à la régularité des élections.

Le Congrès a 47 commissions — et 244 sous-commissions. Près d'un parlementaire sur deux est président d'une sous-commission. Le responsable de la politique anti-drogue, William J. Bennett, doit répondre de ses décisions devant 90 commissions et sous-commissions.
Business Week, *16.04.1990.*

Le Sénat est présidé par le vice-président des États-Unis qui ne participe que très rarement aux débats et ne vote qu'en cas

222

VOTE DE LA LOI
(DANS LE CAS OÙ LE PROCESSUS COMMENCE À LA CHAMBRE)

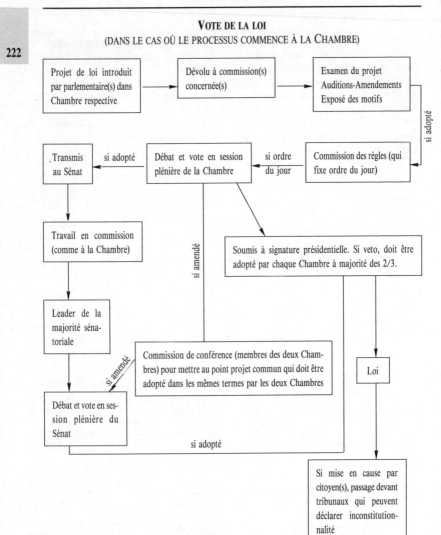

d'égalité des votes. La présidence (dont le rôle est mineur) est en fait assurée par un président *pro tempore* élu par les sénateurs. La Chambre est présidée par le *speaker* (deuxième personnage de l'État) élu par ses pairs. Dans les deux assemblées, les partis disposent d'une organisation très hiérarchisée mais le vote est strictement personnel. Les commissions et les sous-commissions spécialisées et permanentes (respectivement 22 et 140 à la Chambre et 16 et 85 au Sénat depuis 1988) ont pour mission l'étude des propositions de loi.

Le Congrès : deux Chambres également puissantes

Le Congrès exerce l'intégralité du pouvoir législatif. Les deux assemblées détiennent seules et partagent également l'initiative législative. Elles sont compétentes pour élaborer les lois fédérales dont le domaine est défini par la Constitution. Outre une compétence explicite, le Congrès peut faire toutes les lois nécessaires à la mise en œuvre de ses pouvoirs. En revanche, il ne peut traiter de certaines affaires qui relèvent des États. La loi est votée lorsque les deux Chambres sont parvenues à une même rédaction résultant de la conciliation réalisée en commission mixte paritaire. Le texte est alors soumis au président qui doit le signer et le transmettre à l'administration.

Le Congrès peut contrôler l'administration soit en nommant des commissions spécialisées, soit à l'occasion du vote du budget. Le Congrès dispose, en effet, de pouvoirs financiers importants. Sur proposition du président, il vote le budget soumis prioritairement à l'examen de la Chambre des représentants. Au titre des compétences spécialisées, les deux assemblées peuvent conjointement proposer un amendement à la Constitution en adoptant une résolution à la majorité des deux tiers.

Si la procédure d'*impeachment* tendant à autoriser le jugement et la destitution des plus hautes personnalités de l'État (y compris du président) pour trahison, concussion et autres crimes ou délits majeurs est mise en œuvre par la Chambre, il appartient au Sénat de se prononcer sur le fond. Enfin, les nominations des hauts fonctionnaires proposées par le président doivent être ratifiées par le Sénat à la majorité des deux tiers ainsi que les traités les plus importants.

Le président, seul responsable de l'exécutif

En application de l'article 2 de la Constitution, le pouvoir exécutif est confié au président. Né citoyen américain et au moins âgé de trente-cinq ans, il est élu tous les quatre ans par un collège électoral de 538 membres élus au suffrage universel direct. Les candidats à la Présidence et à la Vice-Présidence — formant le *ticket* —

sont choisis au terme d'un long processus d'élections primaires et de conventions nationales. Depuis 1951, le président ne peut exercer plus de deux mandats. En cas de destitution, de décès ou de démission, le vice-président devient président. Politiquement, l'accession à la Maison Blanche conduit le président à assumer le rôle de leader de parti, fonction d'autant plus importante que la majorité du Congrès ne le soutient pas obligatoirement.

« Congressional Record »

C'est le Journal officiel des débats parlementaires — où un parlementaire peut insérer ce qu'il veut, y compris des discours qu'il n'a pas prononcés en séance. Il est publié depuis 1873.

Le président assume seul la responsabilité de l'exécutif : il n'existe pas de chef de gouvernement et les ministres dépendent directement du président qui n'est pas pour autant responsable devant le Congrès. Le président est chef de l'État et dispose d'un important pouvoir de nomination. Il est commandant en chef des armées (même si ce pouvoir a été considérablement réduit depuis l'adoption en 1973 de la loi sur les pouvoirs en temps de guerre). Il peut user du droit de veto soit de façon explicite, soit en refusant de se prononcer sur un texte de loi (*pocket veto*), et bloquer le processus législatif. Toutefois, les effets de cette intervention peuvent être annihilés par un vote acquis à la majorité des deux tiers des membres de chacune des assemblées.

L'indépendance de la Cour suprême

Constitutionnellement, la Cour suprême incarne le pouvoir judiciaire. Depuis 1869, elle se compose de neuf juges (huit *Associate Justices* et le *Chief Justice*) nommés après consultation du ministre de la Justice par le président dont les propositions doivent être ratifiées par le Sénat. Leur nomination à vie permet de garantir leur indépendance. En outre, si les décisions de la Cour sont prises à la majorité,

Bibliographie

Burgess Françoise, *Les Institutions américaines*, PUF, Paris, 1986.

«Les États-Unis», *Pouvoirs*, n° 29, Paris, avr. 1984.

Lerat Christian, *La Cour suprême des États-Unis : Pouvoirs et évolution historique*, Presses universitaires de Bordeaux, 1989.

Longuet Claire-Emmanuelle, *Le Congrès des États-Unis*, PUF, «Que Sais-je?», Paris, 1989.

Neustadt Richard, *Les Pouvoirs de la Maison Blanche*, Économica, Paris, 1980.

Toinet Marie-France, *Le Système politique des États-Unis*, PUF, Paris, 2ᵉ éd., 1990.

les observations de chaque juge sont publiées, y compris celles de la minorité.

La Cour juge en premier ressort des affaires fédérales. Elle traite en dernier ressort des affaires qui lui sont soumises en appel sous réserve que leur importance le justifie (sur ce point l'accord de quatre juges est nécessaire). Enfin la Cour peut se prononcer sur la constitutionnalité des lois (elle en a annulé 135 environ). Cette compétence résulte de l'arrêt *Marbury c. Madison* de 1803 en vertu duquel la Constitution est la loi suprême des États-Unis et il appartient à la Cour d'interpréter la loi et de prononcer la nullité des textes (fédéraux ou fédérés) incompatibles avec la Constitution. La Cour ne peut toutefois se saisir elle-même de ces questions et dépend à cet égard de la pugnacité des requérants.

Le principe de séparation des pouvoirs ne doit pas s'interpréter comme un strict cloisonnement mais comme la recherche d'un équilibre, ce qui explique que l'on ait pu successivement qualifier le régime politique des États-Unis de «gouvernement des juges» ou de «république impériale». Ainsi se manifeste dès que nécessaire le mouvement de balancier et la réaction à la primauté de l'une des trois branches du pouvoir sur les deux autres.

Claire-Emmanuelle Longuet

Man who has seen it all
(*L'homme qui a tout vu*)

Une Constitution fédérale, cinquante constitutions d'État   225

■ Le phénomène constitutionnel, tel qu'il se présente aux États-Unis, défie la description tant sont grandes sa diversité et ses complexités : parce que les États-Unis sont une fédération, cinquante constitutions — les constitutions des États membres — s'y juxtaposent, et une cinquante et unième — la Constitution fédérale — s'y superpose.

La Constitution fédérale, loi suprême

La Constitution fédérale comprend les sept articles adoptés en 1787, ratifiés en 1789, et les 26 amendements dont l'adjonction s'est échelonnée de 1791 à 1965. Cette Constitution se donne pour la loi suprême des États-Unis (article 6, § 2) : sa valeur juridique est donc supérieure tant à celle des lois fédérales qu'à celle des conventions internationales que conclut l'État fédéral. Mais, par-dessus tout, la Constitution des États-Unis l'emporte sur l'ensemble des constitutions et de la législation des États membres, qui doivent s'y conformer.

Les Pères fondateurs avaient conçu cet instrument comme un compromis entre thèses nationalistes favorables au gouvernement fédéral, et thèses autonomistes, favorables aux États membres. Les éléments de ce compromis sont les suivants : la répartition des compétences entre gouvernement fédéral et États membres s'opère en sorte que celui-là, à la différence de ceux-ci, ne possède que des

L'OMB, cerbère de la présidence

♦ *D'abord Bureau of the Budget (1921), devenu Office of Management and Budget en 1970, l'OMB est chargé d'une double mission : préparer et exécuter le budget fédéral; contrôler le fonctionnement de l'administration. Il tire sa première mission du mandat que le Bureau of the Budget avait reçu lors de sa création en 1921. En 1939, il s'intégra dans le Bureau exécutif du président créé par Franklin D. Roosevelt. Sa taille et ses pouvoirs ont suivi la croissance du budget et de la bureaucratie fédérale. Ses effectifs s'élevaient en 1987 à 550 personnes, placées sous l'autorité d'un directeur. Cette désignation est cependant trompeuse puisque celui-ci joue un rôle de premier plan, auprès du cabinet où il impulse et coordonne, à l'égard du Congrès avec lequel il négocie, et vis-à-vis de l'administration qu'il contrôle.*

Il définit d'abord les objectifs et les priorités de la politique budgétaire pour le compte du président, examine les propositions des différentes administrations et rend ses arbitrages. Il participe ensuite activement à la discussion avec les puissantes commissions budgétaires du Congrès. Celui-ci s'appuie sur la contre-expertise du Congressional Budget Office, dont les estimations sont souvent très éloignées des siennes — en particulier moins optimistes dans l'évaluation du déficit budgétaire.

Depuis les réformes du début des années quatre-vingt, l'OMB supervise les projets législatifs des administrations, peut réviser ou annuler toute nouvelle proposition de règlement, et décide des besoins et des circuits d'information au sein de l'administration. Il contrôle ainsi l'ensemble des objectifs et des processus administratifs. Il intervient complémentairement — et en partie concurremment — à la Cour des comptes parlementaire (General Accounting Office créé en 1921). Le Congrès souhaiterait cependant pouvoir vérifier les activités de l'OMB.

Patrick Chamorel

PROCÉDURE D'AMENDEMENT A LA CONSTITUTION FÉDÉRALE

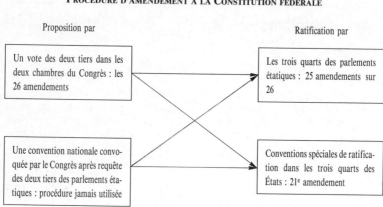

Proposition par   Ratification par

Un vote des deux tiers dans les deux chambres du Congrès : les 26 amendements

Les trois quarts des parlements étatiques : 25 amendements sur 26

Une convention nationale convoquée par le Congrès après requête des deux tiers des parlements étatiques : procédure jamais utilisée

Conventions spéciales de ratification dans les trois quarts des États : 21e amendement

compétences d'attribution, définies de façon limitative, non exhaustive ; la distribution des compétences, au sein du gouvernement fédéral, entre le pouvoir législatif — le Congrès — et le pouvoir exécutif — le président —, est ainsi faite que ni l'un ni l'autre ne jouissent de la prépondérance l'un sur l'autre ; et enfin, la protection des droits fondamentaux contre l'action du gouvernement fédéral doit empêcher tout empiétement des pouvoirs nationaux sur les droits des citoyens.

L'évolution constitutionnelle des États-Unis devait mettre en lumière le caractère illusoire de ces précautions. La répartition des compétences entre gouvernement fédéral et États membres s'est progressivement déséquilibrée : l'interventionnisme des pouvoirs nationaux, notamment en matière économique, connaît une accélération à partir de Franklin D. Roosevelt et la progression des pouvoirs nationaux entraîne la régression des États membres. La distribution des compétences, au sein du gouvernement fédéral, entre pouvoir législatif et pouvoir exécutif oscille entre gouvernement « congressionnel » et gouvernement « présidentiel ». Enfin, la protection des droits fondamentaux, assurée efficacement par la Cour suprême et les tribunaux fédéraux, s'exerce moins contre l'action des pouvoirs nationaux que contre

l'inaction des États membres, génératrice d'inéquités et perpétuatrice d'inégalités.

L'enveloppe formelle n'a pas été modifiée fondamentalement ; il n'en reste pas moins que le contenu de la Constitution fédérale n'est plus ce qu'il était en 1790. La signification du texte a évolué tout d'abord grâce à l'interprétation jurisprudentielle, qui résulte du pouvoir qu'ont les tribunaux fédéraux de contrôler la constitutionnalité des lois (*Marbury c. Madison*, 1803). Mais la Cour suprême est tenue à une certaine réserve, sans laquelle le système dériverait vers le gouvernement des juges : ceux-ci ne sauraient susciter les

---

Processus budgétaire
1921. Création du Bureau of the Budget (exécutif) et du General Accounting Office (Cour des comptes législative).
1939. Le Bureau of the Budget est rattaché directement à la Maison Blanche.
1970. Le Bureau of the Budget devient l'Office of Management and Budget, doté de pouvoirs plus étendus notamment en matière de réglementation.
1974. Par le Budget and Impoundment Act, *le Congrès resserre ses procédures budgétaires, crée le* Congressional Budget Office *(chargé d'étudier les propositions de l'exécutif) et restreint la marge de manœuvre présidentielle.*
1985. Le Gramm-Rudman-Hollings Act *oblige à l'équilibrage du budget à terme — la date limite ayant déjà été déplacée.*

Bibliographie

Hamilton Alexander, Madison James, Jay John, *Le Fédéraliste,* LGDJ, Paris, 1957 (trad. de l'américain).

Rossiter Clinton, *1787 : The Grand Convention,* Macmillan, New York, 1966.

Woods Gordon S., *The Creating of the American Republic,* University of North Carolina Press, Chapel Hill (NC), 1969.

mutations du corps social, qui doivent passer par la procédure de l'amendement constitutionnel. Le rôle de celle-ci dans l'évolution des institutions américaines ne doit pas être mésestimé. Ces 26 amendements forment la partie la plus sollicitée de la Constitution. Ainsi la Déclaration des droits — le *Bill of Rights* — est contenue dans les amendements 1 à 10; son extension aux États membres s'est opérée par le 14e amendement. Mais la procédure d'amendement est d'une telle lourdeur qu'elle ne parvient que difficilement à son point d'aboutissement. L'échec de l'*Equal Rights Amendment* (ERA) dans les années soixante-dix a illustré ces difficultés.

Les constitutions des États, laboratoires d'expérimentation

Les constitutions des États membres ne sont pas, et de loin, entourées de la même vénération que la Constitution fédérale : les États membres pratiquent alertement l'art du changement. C'est ainsi que la Louisiane, en moins de deux siècles, a vécu sous l'empire de dix chartes différentes. La relative désinvolture que manifestent les États vis-à-vis de leur constitution s'explique aisément : il s'agit de documents de circonstance, dans lesquels le pragmatisme l'emporte sur le dogmatisme, et à travers lesquels s'expriment moins l'intérêt général que des intérêts spéciaux. Ces constitutions abondent

en détails saugrenus : la Constitution du New York interdit le déboisement; deux amendements constitutionnels durent donc être votés, l'un en 1941, l'autre en 1947, pour permettre l'abattage des arbres que rendait nécessaire l'aménagement de domaines skiables sur des pentes boisées.

Cependant, ces constitutions remplissent une fonction utile : celle de laboratoires d'expérimentation constitutionnelle. En intégrant les aspirations au changement des gouvernés, elles préservent l'intangibilité du pacte fédéral. Lorsque, à la fin du XIXe siècle, les progressistes entreprirent, avec l'assentiment de Theodore Roosevelt, la critique des institutions représentatives — considérées comme des instruments de conservatisme —, et se firent les propagandistes de la démocratie directe, ce furent les constitutions des États membres qui absorbèrent le choc, par l'adjonction de dispositions sur l'initiative et le référendum populaires : près de la moitié des États membres se dotèrent de ces institutions. Le mouvement s'étant exprimé sur le plan local, il a épuisé sa force de propagation avant d'atteindre les institutions fédérales.

Il ne faut pas exagérer la capacité d'innovation constitutionnelle des États membres. Celle-ci demeure limitée, en effet, par la Constitution fédérale; l'article 4, § 4, garantit à chacun des États une « forme républicaine de gouvernement ». Mais la forme républicaine de gouvernement n'exige pas l'uniformité constitutionnelle; et la Cour suprême a manifesté, à plusieurs reprises, sa volonté de protéger l'autonomie des États en ce domaine, dans la mesure où cette autonomie ne s'exercerait pas au détriment des droits fondamentaux qu'énumère le *Bill of Rights*, et, notamment, au droit de libre et égal suffrage (*Baker c. Carr*). Mais on constate, au sein même des États membres, l'apparition d'une certaine tendance, sinon à l'uniformisation, du moins à la rationalisation.

Patrick Juillard

Neuf juges, seuls juges

■ Neuf juges inamovibles et nommés à vie (on dit communément qu'«ils démissionnent rarement et ne meurent jamais») composent le tribunal le plus important et le plus prestigieux des États-Unis et peut-être du monde. Très puissants, ces juges ne sont pourtant pas tout-puissants.

Très puissants, ils le sont indubitablement. La Cour suprême trône d'abord au sommet d'une double pyramide : non seulement elle décide en dernier ressort pour les tribunaux fédéraux, mais elle a même réussi à s'attribuer le pouvoir (que ne précisait pas la Constitution) d'en faire de même pour les tribunaux fédérés, par l'arrêt *Martin c. Hunter's Lessee* (1816). Elle juge toujours au fond et en dernier ressort.

De plus, comme la plupart des juges américains, les juges à la Cour suprême jugent au civil, au pénal, des conflits avec l'administration et de la constitutionnalité des textes gouvernementaux. Ces fonctions sont à peine séparées (ce qui constitue une spécificité américaine) et nettement moins différenciées qu'en France. Au total, la Cour suprême cumule les prérogatives réparties en France entre le Conseil constitutionnel, la Cour de cassation et le Conseil d'État.

Enfin, l'une des sources de sa puissance provient de sa liberté presque totale à choisir les affaires sur lesquelles elle se prononce. Des dizaines de millions de litiges sont jugés chaque année aux États-Unis : dans cinq mille affaires environ, la Cour est saisie ; elle ne rend un arrêt que dans moins de deux cents cas.

Très puissante, mais pas toute-puissante

Pour autant, la Cour suprême n'est pas toute-puissante. Tout d'abord, ses procédures sont judiciaires. Comme le soulignait Alexis de Tocqueville : «Tant qu'une loi ne donne pas lieu à une contestation, le pouvoir judiciaire n'a donc point l'occasion de s'en saisir [...] La puissance judiciaire [peut seulement se prononcer] sur des cas particuliers et non sur des principes généraux. [... Elle ne peut] agir que quand elle est saisie.» Autrement dit, il faut un plaignant ayant un intérêt réel : la Cour ne peut intervenir sur sa propre initiative.

Ensuite, elle n'a pas les moyens de faire appliquer ses jugements dont l'application dépend, dès lors, du bon vouloir d'autres institutions. Ainsi, furieux d'une décision de la Cour qui lui déplaisait, le président Andrew Jackson (1829-1937) s'exclama : «Marshall (John Marshall, le plus grand président de la Cour suprême) a pris sa décision ; eh bien ! maintenant, qu'il l'applique.» Le président Eisenhower, par exemple, réticent à l'égard de la déségrégation scolaire, a mis trois ans à appliquer l'arrêt *Brown c. Board of Education of Topeka* (1954). Malgré l'interdiction de la Cour dans *Engel c. Vitale* (1962), maintes fois répétée, bien des écoles publiques continuent à imposer aux élèves la prière du matin.

Qui plus est, la Cour n'est pas totalement invulnérable. Le Congrès peut voter des lois restreignant la juridiction de la Cour et a plusieurs fois menacé de destituer (*impeach*) des juges, par exemple le président Earl Warren dans les années cinquante. Enfin, la procédure de l'amendement, si lourde soit-elle, permet de tourner la décision judiciaire : les 14e (le *Bill of Rights* s'applique aux États), 15e (citoyenneté des Noirs), 16e (impôt sur le revenu) et 26e (droit de vote à dix-huit ans) Amendements ont renversé des décisions de la Cour suprême.

Sensible aux rapports de force politiques, la Cour suprême a toujours fait preuve d'une grande prudence et d'une grande modestie dans l'utilisation de ses pouvoirs. Ainsi n'a-t-elle déclaré incons-

Bibliographie

Lambert Jacques, *Histoire constitutionnelle des États-Unis*, 4 vol., Sirey, Paris, 1931-1937.

Levy Leonard W., *Original Intent and the Framers' Constitution*, MacMillan, New York, 1988.

Toinet Marie-France, *La Cour suprême : les grands arrêts*, Presses universitaires de Nancy, 1989.

titutionnelles que quelque 135 lois fédérales, sur près de 40 000 lois adoptées par le Congrès. Dans le même temps, son autorité morale et la conscience aiguë de ce qu'elle seule peut accorder la légitimité aux décisions de l'État lui ont permis de peser pleinement sur l'évolution politique des États-Unis. Comme le notait encore Tocqueville : entre les mains des juges « reposent incessamment la paix, la prospérité, l'existence même de l'Union ».

Non sans erreurs ni contradictions, la Cour suprême, formée d'hommes souvent remarquables, à véritablement accouché la démocratie en Amérique. Elle a réalisé l'État fédéral puissant qu'esquissait seulement la Constitution, créé le constitutionnalisme, favorisé le développement national et, enfin, accordé à tous les citoyens la (presque) totale protection (qui leur fut longtemps refusée) du *Bill of Rights*.

Marie-France Toinet

Le fédéralisme américain : l'État fort

■ Le fédéralisme a servi de cadre à la construction de la nation américaine (Constitution, annexion de nouveaux États, guerre de Sécession). Il continue à façonner les institutions, à inspirer leur fonctionnement et à tenir une place pratique et symbolique de choix dans la vie des Américains. Il reste que l'autonomie des États et la répartition de leurs compétences avec celles de l'État fédéral ont profondément évolué depuis 1787. La Cour suprême a su exploiter, surtout au profit de l'État fédéral, les ambiguïtés de la Constitution, afin de mieux souder la nation et accompagner le développement économique. Les principales étapes de cette évolution ont été les arrêts *McCulloch c. Maryland* de 1819, sur les « pouvoirs implicites » et la « suprématie nationale » ; *Gibbons c.Ogden* de 1824, sur le commerce interétatique ; *Texas c. White* de 1869, sur l'impossibilité de faire sécession ; *Garcia c. San Antonio* de 1985, sur la répartition des compétences en matière de politique salariale. La législation du Congrès et les amendements constitutionnels (que les trois quarts des États doivent ratifier, fédéralisme oblige) ont agi dans le même sens d'une limitation de l'autonomie des États, comme le *Interstate Commerce Act* (1887) et le *Sherman Antitrust Act* (1890) ; le 14e Amendement (1868) sur l'égalité devant la loi et le droit de vote, le 15e Amendement (1870) sur l'égalité des citoyens, le 16e Amendement (1913) sur l'autorisation d'un impôt fédéral sur le revenu.

C'est cependant l'essor des transferts financiers de l'État fédéral vers les autorités subnationales qui a le plus contribué à une redéfinition des rapports entre les différents niveaux institutionnels. Limités au XIXe siècle essentiellement à l'éducation et à l'agriculture, ces transferts sont devenus massifs à la faveur du *New Deal* de Franklin D. Roosevelt, des programmes d'infrastructure de Dwight Eisenhower, ou de la lutte contre la pauvreté de Lyndon Johnson. Depuis le début des années soixante-dix, leur progression a été favorisée à la fois par la rentabilité de l'impôt fédéral sur le revenu, supérieure

AIDES FÉDÉRALES AUX ENTITÉS SUBNATIONALES					
	1950	1970	1980	1987	1988 [a]
Aides fédérales :					
en milliards de dollars	2,3	24,1	91,5	108,4	116,7
en pourcentage du PNB	0,8	2,5	3,6	2,5	2,6
en pourcentage des revenus locaux	10,4	19,2	25,8	21,0	(b)
en pourcentage du budget fédéral	5,3	12,3	15,5	10,8	10,9

a. Estimation ;
b. Chiffre encore inconnu.
Source : The budget of the US Government for FY 1990 (Special Analyses), Government Printing Office, Washington DC, 1989.

RÉPARTITION DES SUBVENTIONS FÉDÉRALES suivant le niveau de réglementation (en %)					
	1972	1975	1980	1985	1988 [a]
General Revenue Sharing	—	12,3	8,3	4,3	—
Other general purpose	1,5	1,8	2,3	2,0	1,8
Block grants	8,4	9,3	11,3	12,7	11,2
Categorical grants	90,1	76,6	78,1	81,0	87,1
Total	100	100	100	100	100

a. Estimation.
Categorical grants : crédits affectés à des objectifs spécifiques (subventions à un programme de construction hospitalière) avec des règlements imposés par le gouvernement fédéral.
Block grants : objectif global (la santé).
General revenue sharing + general purpose : fonds laissés aux autorités locales en toute liberté.
Source : The budget of the US Government for FY 1990 (Special Analyses), Government Printing Office, Washington DC, 1989.

à celle des impôts d'État ou locaux, et par les efforts visant à contenir la croissance de la bureaucratie fédérale.

Cette croissance n'a donc pas suivi celle, beaucoup plus rapide, des subventions fédérales aux États et collectivités locales. A ces derniers niveaux, la bureaucratie a connu, à l'inverse, un essor spectaculaire (les États emploient en 1990 près de quatre millions de personnes, les collectivités locales près de dix millions, contre un peu plus de trois millions pour l'État fédéral). Ainsi, l'essor des interventions fédérales s'est appuyé sur les autorités subnationales. Celles-ci ont donc gagné en moyens d'intervention, mais perdu en autonomie : en contrepartie de son aide, l'État fédéral tend à contrôler les affectations, imposer des contreparties réglementaires et façonner les structures et les procédures de gestion des aides sur le terrain. L'har-

monisation des situations entre les États s'en trouve renforcée. Face à des subventions difficiles à refuser, il ne reste plus aux autorités subnationales qu'à accroître leur pression sur le Congrès et les administrations fédérales, en vue d'aides toujours plus abondantes et mieux adaptées.

Tentatives de restructuration

Ce nouveau visage du fédéralisme conduit périodiquement à des tentatives de réinterprétation du concept et de restructuration du système : d'où le « Nouveau fédéralisme » de Richard Nixon, puis de Ronald Reagan. Visant un surcroît d'autonomie pour les États, le président Nixon a voulu éliminer les conditions d'octroi des aides en rendant celles-ci globales (*Revenue sharing*). Mais ces réfor-

Bibliographie

« Des États-Unis à l'État uni ? », *Revue française de science politique*, n° spéc., Paris, août 1980.

Grodzins Morton, *The American System*, Rand McNally, Chicago (IL), 1966.

Nathan Richard, Doolittle Fred C., *Reagan and the States*, Princeton University Press, Princeton (NJ), 1987.

Publius (revue publiée par Temple University), Philadelphie (PA).

l'assurance-maladie nationale, le reste revenant aux États auxquels il songeait à laisser le soin de lever certains impôts fédéraux. Par la création de nouveaux *block grants* regroupant plusieurs aides catégorielles, il a pu alléger les contreparties réglementaires des aides et ainsi étendre sa politique de dérégulation. Des promesses d'allégements, pourtant rendues illusoires par le Congrès, ont aussi permis aux États d'accepter la diminution du volume des aides fédérales. Parallèlement, le retour aux États d'une partie des subventions fédérales destinées aux collectivités locales a placé celles-ci sous la dépendance accrue des États, qui récupèrent vis-à-vis du niveau inférieur les pouvoirs qu'ils abandonnent à l'échelon supérieur.

Mais les États n'ont pas dit leur dernier mot, et, grâce à une Cour suprême plus conservatrice (depuis la fin des années quatre-vingt), ils gardent une grande part de pouvoir législatif dans des domaines (mœurs, consommation, lois pénales...) qui sont au cœur des préoccupations des citoyens.

Patrick Chamorel

mes n'ont concerné qu'une part minime des aides ; le nombre d'aides catégorielles s'est multiplié dans le même temps, passant de 400 à 600 entre 1970 et 1980. En outre, la création d'organismes fédéraux déconcentrés et de nouvelles subventions directes aux collectivités locales a déplu aux États.

Ronald Reagan a donc cherché à clarifier les responsabilités de chaque niveau institutionnel : il souhaitait ne réserver à l'État fédéral que le *welfare* (politique sociale) et

Le flou institutionnel de l'administration publique

■ Selon la conception américaine de la démocratie, les intérêts particuliers protègent contre la tyrannie majoritaire. Cette perception idéologique de l'organisation politique a une influence décisive sur la nature de l'administration publique : séparée de la société civile pour gérer les affaires publiques dans le cadre des directives présidentielles, elle est néanmoins subordonnée à d'autres formes de la

ADMINISTRATION CIVILE (en millions d'employés)				
Année	État fédéral	États fédérés	Coll. locales	Total
1950	2,1	1,1	3,2	6,4
1960	2,6	2,0	6,0	10,6
1970	2,9	2,8	7,3	13,0
1980	2,9	3,7	9,6	16,2
1987	3,0	4,1	10,1	17,3

Source : Statistical Abstract, 1972 et 1990.

Bibliographie

Gain de Montricher Nicole, « La Réforme de la haute fonction publique aux États-Unis », *Revue du droit public et de la science politique* (4), Paris, 1981.

Rosenbloom David, Goldman Deborah, *Public Administration : Understanding, Management, Politics and Law in the Public Sector*, Random, New York, 1989.

Seidman Harold, Gilmour Robert, *Politics, Position and Power*, Oxford University Press, Oxford, 1986.

Skowronek Stephen, *Building a New American State*, Cambridge University Press, Cambridge (MA), 1982.

demande sociale, qu'il s'agisse des exigences du Congrès ou de l'influence des groupes d'intérêts.

Lors des débats sur l'organisation des pouvoirs en 1787, certains constituants pensaient que le législateur aurait la maîtrise de l'administration. Cette responsabilité fut finalement confiée au président,

mais les assemblées reçurent un pouvoir direct sur le fonctionnement des services : vote des statuts et des budgets, participation à la nomination de nombreux membres de la fonction publique. A cette subordination multiple s'ajoute une distinction floue entre secteur public et secteur privé — en particulier avec l'intensification, au cours des années soixante-dix, de la sous-traitance d'activités publiques à des organismes privés ou semi-privés : de 1970 à 1980, les crédits affectés aux contrats se sont accrus de 28 %.

« Advice and consent »

[Avis et consentement]. Le président ne peut nommer aux postes de grands commis de l'État (juges fédéraux, ministres, ambassadeurs, officiers supérieurs...) qu'avec « l'avis et le consentement du Sénat ». En 1983-1984, le président Reagan a proposé des nominations à 97 893 postes : il a été entendu par le Sénat dans 97 262 cas (99,4 %).

Malgré cette politique, l'administration américaine représente encore une force de travail considérable : en 1986 on dénom-

NOMBRES DE RÈGLEMENTS PUBLIÉS
CHAQUE MOIS AU FEDERAL REGISTER
(1978-1983)

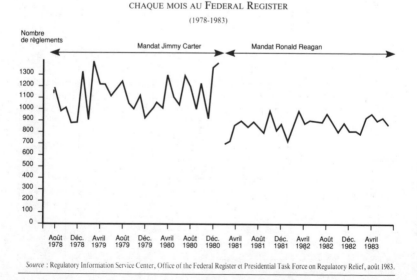

Source : Regulatory Information Service Center, Office of the Federal Register et Presidential Task Force on Regulatory Relief, août 1983.

brait 3 millions d'employés fédéraux et 13,9 millions d'employés au niveau des États et des administrations locales. Ce personnel travaille dans le cadre de structures dispersées. En effet, la Constitution ne mentionne que brièvement les institutions administratives et il n'existe aucune loi fédérale définissant de façon générale chaque type d'organisation : une administration dispose donc des compétences qui figurent dans le texte qui la crée. Il en est résulté une grande diversité des statuts, encore multipliée à partir de la fin du XIXe siècle avec la création des agences autonomes. La première, la Civil Service Commission, date de 1883. En 1987, le nombre des établissements indépendants des ministères était, officiellement, de 55.

A l'éparpillement des structures centrales s'ajoute la variété des systèmes juridiques étatiques et locaux puisque l'État fédéral n'intervient directement que dans des limites prévues au-delà desquelles il subventionne des programmes que les États exécutent. Cette procédure a été inaugurée dès le XVIIIe siècle, pour financer l'enseignement, mais c'est avec l'avènement de l'État-Providence qu'elle est devenue habituelle.

Pendant longtemps, l'État fédéral a utilisé ces allocations de crédits pour imposer le respect de principes relatifs à l'égalité ou à des normes techniques. Peu à peu, la complexité du système est devenue telle, et l'information nécessaire à son utilisation si coûteuse, qu'en réaction contre cette prolifération de règles est née la politique dite de « dérégulation » : les premières mesures ont été prises par le président Jimmy Carter en 1978. S'y est ensuite ajoutée la politique de privatisation du président Reagan.

Une politisation structurelle

L'éparpillement de l'administration est renforcé par la politisation structurelle du système, qui amoindrit encore la puissance du chef de l'exécutif : si une agence est solidement liée à un groupe de pression et/ou aux sous-commissions compétentes du Congrès pour l'examen de son budget, elle peut mettre en échec le pouvoir hiérarchique du président. Pour limiter ce phénomène, une modification du statut de la fonction publique a été engagée. Il s'agissait de renforcer le pouvoir des hauts fonctionnaires de carrière, de façon à organiser la liaison entre pouvoir politique et pouvoir administratif. La « révolution reaganienne » a bouleversé ces intentions en imposant des critères idéologiques pour la désignation du personnel de responsabilité. Désormais, la fonction publique a perdu l'enthousiasme des années soixante, lorsque le combat du président Lyndon Johnson pour de « nouvelles frontières » mobilisait les énergies. Meurtrie par la politique du « recul de l'État », elle s'est repliée sur ses compétences de routine.

L'administration publique offre l'image d'une structure féodale : pouvoir politique faible au centre, autonomie des institutions à la périphérie. C'est avec l'appui du pouvoir législatif, par exemple, que les groupes de pression ont pu s'opposer au démantèlement des ministères de l'Énergie et de l'Éducation, et c'est grâce aux tribunaux que les usagers obtiennent les crédits nécessaires au bon fonctionnement des services publics.

Nicole de Montricher

234

Le système judiciaire ou la complexité de la concurrence

■ Fait de civilisation, redoutée pour sa puissance dans un système juridique où les décisions des tribunaux sont traditionnellement la source première du droit, la justice américaine se caractérise par une complexité certaine, liée au fédéralisme. A une hiérarchie judiciaire complète au niveau de chaque État se superposent trois degrés de juridiction fédérale, de même que coexistent un droit fédéral et un droit propre à chacun des États fédérés.

A chaque État son système

Chaque État étant maître de l'organisation de son système judiciaire, il n'existe pas d'uniformité. On distingue en général des cours inférieures et des tribunaux de première instance dépendant des subdivisions territoriales de l'État (ville, comté…), des cours d'appel intermédiaires dans certains États, et enfin la Cour suprême de l'État qui ne juge en principe que le droit. Les juges d'État (25 000 environ) sont généralement élus au suffrage universel, ce qui en fait des hommes politiques ; dans certains États, ils sont désignés par le gouverneur selon diverses modalités. Leur qualité professionnelle est très inégale.

Au niveau fédéral, la Constitution attribue le pouvoir judiciaire à une Cour suprême et à telles cours inférieures que le Congrès pourrait établir : il s'agit en première instance des quatre-vingt-treize *district courts* (le « district » judiciaire correspondant à un État ou à une fraction d'État), et en appel des *courts of appeals*, au nombre de treize, disséminées sur le territoire américain. Le Congrès a également ment créé quelques tribunaux fédéraux

---

725 000 avocats

♦ *La profession juridique américaine se caractérise par son unité : le diplôme de juris doctor (J.D.) ou de bachelor of law (Ll. B.) délivré par les law schools, elles-mêmes très hiérarchisées, ouvre l'accès à l'ensemble des métiers du droit (exercice privé, magistrature, université, administration, entreprises), solidement unis par une formation intellectuelle et une culture professionnelle communes. Le droit d'exercer la profession de lawyer, toutes catégories confondues, est réglementé au niveau de chaque État et requiert le passage d'un examen (bar examination) portant sur le droit de l'État concerné ainsi que sur le droit fédéral.*

Avec 725 000 avocats, soit un pour 415 habitants, les États-Unis possèdent la plus forte densité d'hommes de loi au monde. La majorité exerce individuellement, ce que l'existence des grandes law firms (cabinets d'avocats) de plusieurs cen-

taines de juristes fait parfois oublier. La puissante American Bar Association (ABA) assume la représentation du barreau au plan national. Aussi litigieuse que puisse paraître la société américaine, le lawyer exerce avant tout un rôle de conseil, de négociateur et de concepteur de structures contractuelles en matière économique et sociale.

En raison de la centralité du droit dans l'histoire et la culture politiques américaines, la profession juridique jouit d'une prestige et d'une influence sans équivalent ailleurs. Surtout, le droit demeure la voie royale pour accéder au pouvoir politique et aux affaires. D'où certains effets pervers du système, tels le détournement excessif des élites par les grands cabinets ou la paralysie de certaines activités par les procès en responsabilité civile.

L. C.-T.

La peine de mort

♦ *La peine de mort relève du droit des États, et n'est pas en elle-même considérée comme contraire aux droits fondamentaux de la personne humaine. Le 5ᵉ amendement de la Constitution y fait référence pour en réglementer l'application : il stipule que nul ne pourra être privé de vie sans procédure légale régulière (*due process of law*). Après un premier mouvement d'abolition de la peine capitale, les États ont eu tendance à la réinstaurer après la guerre de Sécession.*

Depuis les années soixante, les lois des États ont été fréquemment soumises à la censure de la Cour suprême, sur le fondement de la clause de due process, *des dispositions du 8ᵉ Amendement interdisant les châtiments «cruels et inhabituels», et du principe d'égalité devant la loi. Ces questions ont toujours fortement divisé la Cour suprême, d'autant plus qu'au débat moral se superposent des questions sensibles liées au fédéralisme et à la discrimination raciale. En 1972, la Cour déclara inconstitutionnelle une loi de Georgie qui laissait au jury une liberté d'appréciation trop importante. Les États réagirent en amendant leurs législations.*

Depuis 1976, la tendance de la Cour a été de ne pas interférer avec la souveraineté des États en la matière, dès lors que les garanties procédurales requises sont respectées. Le contentieux complexe de la peine de mort est, depuis, centré sur cette exigence minimale, mais bien mal remplie en la matière, d'administration équitable de la justice. Devenue majoritairement conservatrice, la Cour a admis en 1989 l'administration de la peine capitale aux condamnés mineurs à l'époque de leur crime et aux débiles mentaux.

L. C.-T.

spécialisés (faillites, fiscalité, douanes, brevets...).

Les juges fédéraux (au nombre de 1 400 environ) sont nommés à vie par le président des États-Unis avec le consentement du Sénat, lequel est donné (ou refusé) au terme d'une enquête approfondie et après consultation de l'*American Bar Association* (Barreau national des avocats). Ce sont presque toujours des juristes (avocats ou universitaires) parmi les plus réputés du pays. Les juges fédéraux jouissent d'un prestige social et professionnel considérable. Ils sont parmi les mieux rémunérés des fonctionnaires fédéraux, et l'exécutif ne peut ni réduire leur rémunération, ni leur fournir de l'avancement. Leur indépendance est donc totale.

Auprès de chaque tribunal de district se trouve un procureur des États-Unis (*US Attorney*), praticien n'ayant pas le statut de magistrat, qui exerce les fonctions du ministère public sous la direction de l'*Attorney General*, membre du gouvernement. Sa compétence se limite à l'application des lois fédérales. Les procureurs d'État sont généralement élus.

La procédure étant accusatoire, l'initiative est laissée aux parties et à leurs avocats dans le déroulement du procès (*trial*) ou la négociation des transactions, qui sont fréquentes. La détermination des faits, en matière civile et pénale, appartient à un jury composé de citoyens non juristes, qui doit généralement rendre son verdict à l'unanimité. En matière pénale, la décision d'inculpation relève au niveau fédéral et dans la moitié des États d'un *grand jury* (chambre de mise en accusation, également composée de citoyens non juristes), sur la base des éléments de preuve réunis par le procureur. Le juge dirige les opérations, guide le *jury* et dit le droit.

L'enchevêtrement des juridictions

La complexité du système provient de l'enchevêtrement des attributions de compétence aux juridictions étatiques et

236

Prisons

La population des prisons fédérales et étatiques est passée de 218 416 en 1974 à 673 565 en 1989 (à cela il faut ajouter celle d'institutions carcérales locales : 296 000 en 1986). Les États-Unis ont le taux d'emprisonnement (330 pour 100 000) le plus élevé du monde après l'Afrique du Sud (400) et l'URSS (391). Leur taux est trois fois plus élevé que celui de la Grande-Bretagne ou de la France (45 000 détenus pour une population de 56 millions d'habitants en 1989) et quatre fois plus que la RFA. La proportion de détentions provisoires parmi les incarcérés est également très contrastée : 17,9 % aux États-Unis (en 1986), contre 22,2 % en Grande Bretagne (1988), 22,6 % en RFA (1988) et 41,6 % en France (1988). Sources : The American Enterprise, janv.-févr. 1990; Données sociales, 1990, et Statistical Abstract, 1990.*

Au printemps 1990, 23 % des Noirs âgés de 20 à 29 ans étaient en prison ou sous contrôle judiciaire (10 % pour les Hispaniques et 6 % pour les Blancs). Le Monde, 2. 03.1990.

fédérales. Les juridictions d'État ont une compétence générale et tranchent l'immense majorité des instances. L'autorité des jugements rendus dans un État est reconnue dans les autres États (« *full faith and credit clause* » de la Constitution fédérale). Les juridictions étatiques peuvent être saisies de questions de droit fédéral, lequel s'impose à elles, voire déclarer une loi fédérale inconstitutionnelle (ce qui est rare en pratique). Inversement, les juridictions fédérales peuvent être amenées à appliquer le droit des États.

Les juridictions fédérales ont notamment compétence sur les affaires mettant en jeu le droit fédéral et les traités, sur tous les litiges de plus de 50 000 dollars opposant des ressortissants d'États différents, et sur certaines matières précisées par la loi. Cette compétence est parfois exclusive (controverses entre États, actions contre les États-Unis...), mais le plus souvent concurrente de celles des juridictions étatiques.

Cette complexité est partiellement compensée par le caractère unitaire de l'organisation judiciaire : chaque juridiction, fédérale ou étatique, à quelque degré de la hiérarchie qu'elle se situe, juge en matière civile, pénale et administrative, et peut contrôler la constitutionnalité des lois, à l'initiative de tout plaideur. De plus, la Cour suprême joue un rôle d'harmonisation du droit des États, par le biais du contrôle de constitutionnalité des lois

Peine de mort

La peine capitale existe dans 37 États, avec les modes d'exécution suivants (chiffres 1987) :

*— **Chaise électrique** (19) : Alabama, Arkansas, Arizona, Caroline du Sud, Colorado, Dakota du Sud, Floride, Georgie, Illinois [b], Indiana, Kentucky, Louisiane, Massachusetts, Nebraska, New York, Pennsylvanie, Tennessee, Vermont, Virginie.*
*— **Chambre à gaz** (9) : Californie, Caroline du Nord, Maryland, Mississippi, Missouri [b], Nevada, Oregon, Rhode Island, Wyoming.*
*— **Pendaison** (5) : Delaware, Montana, New Hampshire, Utah [a], Washington.*
*— **Injection chimique** (4) : Idaho, Nouveau Mexique, Oklahoma, Texas.*
*— **Peloton d'exécution** (1) : Utah [a].*

Dans 13 États, la peine capitale n'existe pas : Alaska, Connecticut, Dakota du Nord, Hawaii, Iowa, Kansas, Maine, Michigan, Minnesota, New Jersey, Ohio, Virginie de l'Ouest, Wisconsin.

a. L'Utah applique deux modes d'exécution : pendaison ou peloton d'exécution; b. En 1990, l'Illinois et le Missouri ont exécuté par injection chimique.

L'opinion publique

En 1972, 57 % des personnes interrogées par un sondage se déclaraient favorables à la peine de mort. En 1989, ce pourcentage était passé à 72 %. Dans le passé, les Noirs étaient opposés (à 3 contre 1) à la peine de mort. Principales victimes de la criminalité, ils y sont dorénavant majoritairement favorables. Sources : International Herald Tribune, 5.04.1990, et US News World Report, 26.03.1990.

Condamnations et exécutions

En 1990, 2 300 condamnés à mort attendaient leur exécution dans les 37 États où existe la peine capitale. En moyenne, 300 personnes sont condamnées et 20 exécutées chaque année. La Californie (300 condamnés) n'avait procédé à aucune exécution depuis 23 ans. US News World Report, 26.03.1990.

Bibliographie

Abraham Henry J., *The Judicial Process*, Oxford University Press, New York, 5ᵉ éd., 1986.

Cohen-Tanugi Laurent, *Le Droit sans l'État*, PUF, Paris, 1985.

Friedman Lawrence, *A History of American Law*, Simon & Schuster, New York, 2ᵉ éd., 1985.

(*judicial review*). Les États ayant de par le compromis constitutionnel conservé une compétence de droit commun sur tous les grands problèmes de la vie en société, la Cour suprême est amenée à se prononcer en dernier ressort sur la conformité des lois des États aux droits fondamentaux garantis à toute personne par le *Bill of Rights* de la Constitution fédérale.

D'où l'importance politique et sociale considérable des tribunaux fédéraux, qui ne s'est pas démentie depuis les observations de Tocqueville. L'attestent le rôle joué par la Cour suprême dans la lutte contre la ségrégation raciale et le développement d'une jurisprudence libérale en matière de libertés individuelles au cours des années cinquante à soixante-dix ou, inversement, les menaces que fait peser sur le droit à l'avortement ou les politiques antidiscriminatoires la nouvelle majorité conservatrice, à l'aube de la décennie quatre-vingt-dix. Les juges fédéraux peuvent ainsi se trouver amenés à édicter de véritables réglementations, voire à gérer

des services publics déficients (prisons, écoles...) ou des restructurations industrielles (démantèlement d'ATT).

Ce rôle politique du système judiciaire est conforme à l'esprit de la démocratie américaine, qui se définit par l'exercice contradictoire des droits en présence, fût-ce par la voie contentieuse. Il s'accompagne d'une certaine immersion du processus judiciaire dans la vie démocratique, par le biais de l'élection des personnels judiciaires des États et de l'institution du *jury*. L'inégalité d'accès à la justice est combattue par l'existence d'institutions publiques et privées d'aide légale et de défense civile et pénale, par la pratique du *contingent fee* (rémunération de l'avocat au pourcentage uniquement en cas de succès) et celle des actions de groupe (*class actions*), et par l'activité *pro bono publico* (assistance volontaire et gratuite) des avocats, entreprise spontanément (comme il est fréquent dans les grands cabinets d'avocats) ou sur requête d'un juge.

La puissance du système judiciaire américain se manifeste notamment par la sévérité des sanctions prononcées et par son indépendance à l'égard du pouvoir politique, symbolisée par les affaires *Watergate* et *Irangate* et par les sanctions attachées au *contempt of court* (mépris de la cour) qui n'épargnent pas les fonctionnaires. Le degré de risque juridique est de ce fait sensiblement plus élevé aux États-Unis qu'ailleurs.

Laurent Cohen-Tanugi

Le Pentagone

■ Créé en 1949 par des amendements au *National Security Act* de 1949, le ministère de la Défense (Department of Defense) est appelé Pentagone en référence à la forme du bâtiment qui l'abrite et qui, construit pendant la Seconde Guerre mondiale (il devait être transformé

ultérieurement en hôpital...), a remplacé les ministères de la Guerre (War, créé en 1789, devenu Army en 1949) et de la Marine (Navy, créé en 1798). Ceux-ci sont demeurés, mais ils sont placés sous son autorité suprême, avec le ministère de l'Air (Air Force, créé à la même époque).

238

Le but de la réforme était d'éviter les rivalités entre services, mais elle a largement échoué même si une coopération minimale existe désormais entre les services. Le ministre de la Défense (Richard Cheney en 1990) a toujours été un civil depuis 1949. Il est nommé (comme les chefs des autres armes) par le président, avec l'avis et le consentement du Sénat (en 1989, celui-ci a refusé de donner son aval à la nomination du sénateur John Tower) ; comme tous les ministres, il peut être congédié par le président.

Le ministre de la Défense est assisté par les Joint Chiefs of Staff (état-major) nommés par le chef de l'État : un président (en 1990 le général Colin Powell, premier Noir nommé à ce poste), un vice-président, les chefs d'état-major de l'armée, de la marine et de l'air et le commandant du Marine Corps. Il siège de droit au Conseil national de sécurité (créé en 1947) qui dépend du président et le conseille pour les décisions de politique étrangère et de défense.

Le ministère de la Défense est le plus gros département fédéral. Son budget entre 1975 et 1990 a tourné autour de 6 % du PNB (4 % dans les pays ouest-européens et 1 % au Japon), représentant plus de 25 % du budget fédéral (en 1990, plus de 300 milliards de dollars, auxquels s'ajoutent une trentaine de milliards pour les Anciens combattants (*veterans*). Environ la moitié de son budget couvre des contrats avec des entreprises multiples et variées (des chaussettes aux avions). En 1988, 6,7 millions de personnes travaillaient, à un titre ou à un autre, pour la défense : 3,3 millions dans des entreprises ayant des contrats militaires, 2,3 millions (volontaires) en service actif et 1,1 million de fonctionnaires civils.

Marie-France Toinet

L'ÉTAT ET LE CITOYEN

Associations : l'union fait la force

■ L'Amérique est le pays du monde où l'on a tiré le plus de parti de l'association, et où l'on a appliqué ce puissant moyen d'action à une plus grande diversité d'objets.

Les Américains de tous les âges, de toutes les conditions, de tous les esprits, s'unissent sans cesse. Non seulement ils ont des associations commerciales et industrielles auxquelles tous prennent part, mais ils en ont encore de mille autres espèces : de religieuses, de morales, de graves, de futiles, de fort générales et de très particulières, d'immenses et de fort petites ; les Américains s'associent pour donner des fêtes, fonder des séminaires, bâtir des auberges, élever des églises, répandre des livres, envoyer des missionnaires aux antipodes ; ils créent de cette manière des hôpitaux, des prisons, des écoles. S'agit-il enfin de mettre en lumière une vérité ou de développer un sentiment par l'appui d'un grand exemple, ils s'associent. Partout où, à la tête d'une entreprise nouvelle, vous voyez en France le gouvernement et en Angleterre un grand seigneur, comptez que vous apercevrez aux États-Unis une association.

Il arrive souvent que des Anglais exécutent isolément de très grandes choses, tandis qu'il n'est guère de si petite entreprise pour laquelle les Américains ne s'unissent. Il est évident que les premiers considèrent l'association comme un puissant moyen d'action ; mais les autres semblent y voir le seul moyen qu'ils aient d'agir.

Dans les pays démocratiques, les associations politiques forment pour ainsi dire les seuls particuliers puissants qui aspirent à régler l'État. Aussi les gouvernements de nos jours sentent une sorte d'horreur instinctive pour elles, et les combattent en toute rencontre.

Ils ont, au contraire, une bienveillance naturelle pour les associations civiles, parce qu'ils ont aisément découvert que celles-ci, au lieu de diriger l'esprit des citoyens vers les affaires publiques, servent à l'en distraire, et, les engageant de plus en plus dans des projets qui ne peuvent s'accomplir sans la paix publique, les détournent des révolutions.

Alexis de Tocqueville

Des électeurs très sollicités

■ Les élections sont nombreuses, organisées selon des règles différentes et rythmées par des mandats de durée variable : deux ans pour les 435 représentants et pour trois des 50 gouverneurs d'État, quatre ans pour 47 gouverneurs, le président et la plupart des maires, six ans pour les 100 sénateurs. Les campagnes électorales ont tendance à devenir de plus en plus longues (on parle d'une « campagne permanente ») et de plus en plus coûteuses.

Localement, les maires et les conseillers municipaux sont en général élus au suffrage universel direct. Pour les maires, le scrutin est à deux tours ; le second tour oppose soit les deux candidats arrivés en tête, soit les candidats de chaque parti arrivés en tête de leurs primaires respectives, cas le plus courant.

La réélection va de soi

Les scrutins législatifs (Sénat et Chambre des représentants) et l'élection des gouverneurs sont organisés selon des règles comparables : primaires dans chaque parti puis scrutin uninominal à un tour à l'issue duquel une majorité simple suffit pour être élu. Chaque sénateur (il y en a deux par État) est élu alternativement par la totalité des électeurs de son État. Le mandat des représentants est renouvelé tous les deux ans dans chacune des 435 circonscriptions. Le découpage des circonscriptions des représentants est une prérogative des États. Il évolue en fonction des données démographiques saisies par recensement décennal. Ainsi, entre 1960 et 1988, l'État de New York a perdu sept représentants (passant de 41 à 34) et la Californie en a gagné autant (passant de 38 à 45).

Le prix d'un siège

Entre 1976 et 1988, le coût moyen d'une campagne électorale pour un siège à la Chambre des représentants est passé de 80 000 à 380 000 dollars, celui d'un siège au Sénat de 600 000 à 3,9 millions de dollars. En 1986, les PAC (political action committees) ont donné 115 millions de dollars aux parlementaires sortants et 17 à ceux qui tentaient de les battre : 98 % des sortants qui se représentaient à la Chambre ont été réélus.
Business Week, 16.04.1990.

En cas de décès ou de démission d'un représentant, une élection partielle est organisée. En revanche, dans le cas d'une vacance sénatoriale, c'est le gouverneur de l'État qui désigne un remplaçant chargé de terminer le mandat interrompu.

Représentants et sénateurs sont rééligibles à volonté ; le taux de réélection est d'ailleurs particulièrement élevé : 97 % des représentants qui sollicitaient un nouveau mandat furent réélus en 1988. La difficulté pour un *challenger* de s'assurer les énormes fonds nécessaires à une campagne explique en partie cette stabilité : en 1988, le Californien Pete Wilson a dépensé 13 millions de dollars pour conserver son siège de sénateur.

Bibliographie

Blumenthal Sydney, *The Permanent Campaign*, Simon & Schuster, New York, 1982.

Halimi Serge, *A l'américaine : faire un président*, Aubier-Montaigne, Paris, 1986.

Polsby Nelson W., Widavski Aaron, *Les Élections présidentielles aux États-Unis*, Économica, Paris, 1980.

Toinet Marie-France, *Le Système politique des États-Unis*, Thémis/PUF, Paris, 2e éd., 1990.

White Theodore H., *America in Search of Itself : The Making of the President 1956-1980*, Harper & Row, New York, 1982.

Le système des présidentielles

Les élections présidentielles se déroulent en deux temps, entre février et novembre de l'année électorale. Les primaires ont lieu de février à juin. Elles opposent les candidats qui souhaitent être désignés par les conventions (congrès) de leurs formations respectives. A ce stade, les polémiques sont presque exclusivement internes, les candidats cherchant à se distinguer de leurs concurrents, membres du même parti qu'eux. La plupart des États organisent deux primaires, une pour les électeurs démocrates, une pour les républicains. Le système accorde une importance particulière aux États qui organisent leurs primai-res tôt dans le calendrier électoral puisque, pour nombre de candidats, les premières étapes seront aussi les dernières : de mauvais résultats initiaux rendent futile la poursuite d'une campagne. Réunies pendant l'été, les conventions des deux grands partis se contentent de ratifier le verdict des primaires.

Bien que le président ne soit pas élu au suffrage universel direct mais par un collège de 538 grands électeurs, eux-mêmes élus à travers tout le territoire, lorsque les Américains vont voter le mardi qui suit le premier lundi de novembre de chaque année bissextile, ils choisissent en fait leur président. Chaque candidat qui recueille une majorité simple dans un État obtient la totalité des grands électeurs qui correspondent au total, pour cet État, des sénateurs et représentants (3 pour le Wyoming, 47 pour la Californie). Avec un tel système, il n'est pas théoriquement impossible que le président soit élu avec moins de suffrages populaires que son concurrent : il suffirait pour cela qu'il remporte une succession de très courtes victoires dans les petits États, avantagés par le système, quitte à être largement distancé dans les grands États. En fait, les résultats du collège électoral ont plutôt tendance à amplifier ceux du vote populaire : en 1988, George Bush, majoritaire dans 40 des 50 États, a obtenu 426 des 538 suffrages de grands électeurs, soit 79 %, alors que sa majorité populaire n'était que de 54 %.

Serge Halimi

Un abstentionnisme toujours croissant

■ Aux États-Unis, on élit presque tous les détenteurs d'un poste public et l'on vote sur à peu près tous les sujets. Le 8 novembre 1988, l'électeur d'Oakland en Californie devait choisir entre quarante-huit candidats à treize fonctions différentes (du président des États-Unis au direc-teur du parc régional) et il avait à arbitrer quarante-trois questions soumises à référendum (de la réglementation des tarifs d'assurance au fichage des séropositifs). Mais ce pays où le citoyen est si souvent sollicité est aussi l'un de ceux où le votant est le plus rare, en sorte qu'on

PARTICIPATION ÉLECTORALE

(1892-1988)

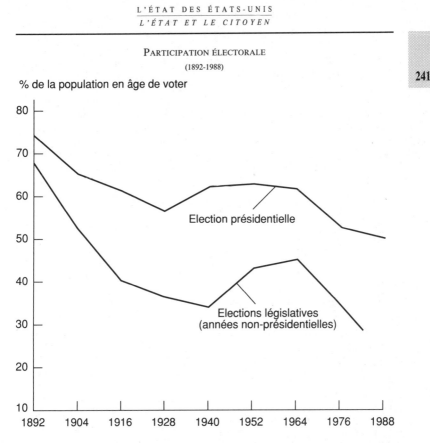

a pu le qualifier de «démocratie élitiste où les plus riches et les plus instruits élisent régulièrement un président aussi républicain qu'eux».

Des campagnes sans intérêt

L'abstentionnisme, qui a atteint 50 % aux élections présidentielles de 1988 et 64 % aux élections législatives de 1986, a des causes à la fois techniques et politiques. L'explication «technique» met l'accent sur les difficultés d'inscription sur les listes électorales, la mobilité géographique des habitants, le fait que le vote ait lieu un jour ouvrable (le mardi). Mais ce type d'argument occulte plus qu'il ne révèle. En 1960, à une époque où l'inscription sur les listes électorales exigeait le même effort — somme toute modeste —

PARTICIPATION ÉLECTORALE					
	Population totale	Pop. en âge de voter	Inscrits (en % pop.)		Élections président. (votes en % pop. en âge de voter)
			Total.	Blancs	Noirs	
1964	192,1	110,6	—	—	—	62
1972	209,8	136,2	72,3	73,4	65,5	56
1980	227,7	157,0	69,8	68,4	60,0	53
1988	245,8	182,6	71,8	67,9	64,5	

Source : Statistical Abstract, 1990.

qu'aujourd'hui, et où le vote des Noirs se heurtait à toutes sortes de chicaneries juridico-racistes (le *Voting Rights Act* qui y mettra terme date d'août 1965), 62,8 % des électeurs avaient arbitré le duel Nixon-Kennedy. L'abstentionnisme que l'on observe aujourd'hui exprime surtout une aliénation politique et sociale, le sentiment que le vote ne changera rien, l'absence d'intérêt suscité par une campagne pauvre en vrais enjeux et d'où n'émergent pas toujours des candidats de valeur : en 1988, 57 % des électeurs auraient souhaité un choix autre que George Bush contre Michael Dukakis.

« Gerrymandering »

En 1812, le gouverneur Elbridge Gerry du Massachusetts proposa un redécoupage électoral tellement scandaleux que ses adversaires surnommèrent ce travail remarquable le gerrymander (Gerry + salamander (salamandre) = gerrymander). Ainsi appelle-t-on dorénavant les tripatouillages de circonscriptions. Longtemps réticente à se saisir de la question, la Cour suprême a déclaré inconstitutionnelles ces pratiques par l'arrêt Davis c. Bandemer (1986).

Être beau et riche

L'impact strictement partisan de la fuite devant les urnes est cependant moins décisif qu'on ne l'imagine : les pauvres, plutôt démocrates, se déplacent deux fois moins que les riches, mais ce sont les jeunes, majoritairement républicains, qui constituent les gros bataillons de l'abstention : 40 % des non-électeurs ont entre dix-huit et trente ans. Au total, si tous avaient voté en 1988, George Bush aurait tout de même été largement élu.

L'apathie politique des années quatre-vingt a été favorisée par trois phénomènes étroitement imbriqués et qui sont tous, à des titres divers, les corollaires d'un système de partis vidé de sa substance : personnalisation des choix électoraux, omniprésence de la télévision, rôle déterminant de l'argent. La place qu'occupe l'équation individuelle dans une campagne électorale explique pour partie l'absence de réussite des présidents républicains lorsqu'ils ont souhaité faire bénéficier leur formation de la popularité dont ils jouissaient eux-mêmes : en 1986,

Ronald Reagan, pourtant au faîte de sa présidence, n'a pas pu empêcher que les républicains perdent leur majorité au Sénat. Et, dans un État aussi politisé que New York, les électeurs ont voté le même jour en faveur d'un gouverneur démocrate progressiste et d'un sénateur républicain conservateur.

Participation électorale

Aux élections législatives de 1986, la participation électorale parmi les inscrits a été de 50,7 % chez ceux dont le revenu était supérieur à 20 000 dollars et de 40,1 % chez ceux dont le revenu était inférieur à 20 000 dollars. A l'élection présidentielle de 1988, la participation a été de 36,7 % chez les personnes en âge de voter et qui fréquentent encore la high school et de 77,6 % chez ceux qui avaient un diplôme universitaire.

Les méfaits de la publicité politique

La télévision accentue l'apathie des citoyens et la versatilité de leurs préférences. La présentation à la fois sarcastique et superficielle qui y est faite des candidats, la tendance à créer des vedettes pour pouvoir ensuite les tailler en pièces, les reportages caractérisés par l'absence de contexte facilitent le cynisme face à la chose publique, cynisme dont se nourrit l'abstention. Sur les écrans, la multiplication de publicités politiques « comparatives » financées par les candidats dans le but de caricaturer les positions et la personnalité de leurs adversaires contribue à affaiblir le crédit des accusateurs comme celui de leurs victimes.

L'argent n'arrange rien. Ni celui que les candidats sollicitent en courtisant les privilégiés de la fortune, ni celui qu'ils dépensent pour assurer les frais de diffusion de leurs publicités. Le responsable d'une campagne électorale a expliqué un jour : « Dans un pays où il n'est pas inhabituel de dépenser 100 millions de dollars pour promouvoir un nouveau produit, qu'y a-t-il de scandaleux à ce que les partis dépensent 50 millions de dollars pour promouvoir les candidats qui sont leurs produits à eux ? » Rien, si ce n'est qu'à traiter les citoyens en consommateurs, manipulés par de fausses émotions, on en a découragé beaucoup de devenir électeurs.

Serge Halimi

Pérennité du bipartisme

243

■ Le bipartisme à l'américaine, caractérisé par l'alternance au pouvoir du Parti démocrate et du Parti républicain, est souvent présenté comme un système anarchique, dépolitisé et désidéologisé. Les partis regrouperaient des « machines » locales autonomes, des coalitions hétérogènes, unies dans le seul but de faire élire leurs candidats, dont le charisme compterait plus que le programme, vague et modéré à souhait. Si les apparences accréditent quelque peu cette vision des partis, un examen approfondi montre que ceux-ci exercent des fonctions plus complexes.

Le fédéralisme américain a engendré des structures politiques décentralisées, dont les formations politiques ont hérité. Les partis démocrate et républicain sont chacun des confédérations de partis d'États, qui rassemblent eux-mêmes des comités correspondant aux divers échelons électoraux. L'absence de hiérarchie entre ces instances, leur autonomie relative ont favorisé l'existence de « machines » locales, parfois dominées par un « patron » distribuant des avantages matériels en échange de promesses de vote. Ces machines, devenues plus anonymes et bureaucratisées, continuent à fonctionner dans les grandes villes. A la décentralisation s'ajoute l'absence de discipline partisane, la liberté de vote laissée aux élus. Le système bipartite, dépourvu de cohésion et de discipline, apparaît alors fragmenté et déchiré en multiples factions au gré des particularismes locaux.

Cette anarchie manifeste a été cependant tempérée par des arrêts de la Cour suprême renforçant le pouvoir des instances nationales des partis. Depuis 1975 (arrêt *Cousins c. Wigoda*), celles-ci ont le droit de réglementer les élections primaires et d'imposer leurs règles aux partis dans les États. Par ailleurs, le rôle électoral des partis, indéniable et primordial, s'accompagne d'autres fonctions qui contribuent à élargir leur mission : représentation des électeurs, stabilisation du jeu électoral, expression de clivages idéologiques persistants, animation du débat d'idées.

Stabilité du vote partisan

Démocrates et républicains représentent chacun des catégories d'électeurs différents par le statut socio-économique, l'appartenance ethnique, l'implantation géographique, la religion ou l'âge. Ces coalitions ont une durée d'existence relativement longue (trente à cinquante ans) : il n'y a eu que cinq « réalignements » ou modifications profondes des coalitions électorales en deux siècles. Depuis le *New Deal* (1934-1939), le Parti démocrate rassemble une coalition hétérogène où prédominent les couches sociales les moins

	IDENTIFICATION PARTISANE[a]			
	Républicain (ou de tendance)		Démocrate (ou de tendance)	
Années	18-29 ans	Ensemble	18-29 ans	Ensemble
1980	33	34	54	53
1985	48	43	42	47
1989	50	44	39	45

a. En pourcentages.
Source : Sondage *CBS-NY Times*, in *The American Enterprise*, janv.-févr. 1990.

244

Bibliographie

Crotty William J., Jacobson Gary C., *American Parties in Decline*, Little Brown, Boston (MA), 2e éd., 1984.

Epstein Leon, *Political Parties in the American Mold*, University of Wisconsin Press, Madison (WI), 1987.

Rossiter Clinton, *Démocrates et Républicains*, Seghers, Paris, 1965.

Sorauf Frank J., *Party Politics in America*, Scott F., Glennview (IL), 1984.

favorisées : Noirs et Hispaniques, immigrés blancs de fraîche date, Blancs du Sud, masses urbanisées des régions industrielles, bas et moyens revenus, ouvriers syndiqués, électeurs âgés, juifs et catholiques. Le Parti républicain recueille surtout les voix des régions rurales et celles des banlieues où vit la classe moyenne. Depuis la fin de la Seconde Guerre mondiale — à quelques exceptions près (1952, 1980) —, le Parti démocrate a été majoritaire au Congrès et dans les législatures d'État. Les élections législatives réactivent, à tous les niveaux, des choix partisans préalables. Les sortants sont réélus à des majorités massives.

Seule l'élection présidentielle échappe à cette stabilité du vote partisan, les électeurs se prononçant pour une personnalité plutôt que pour une formation. Une partie des électeurs démocrates (Blancs du Sud, immigrés blancs, ouvriers syndiqués, catholiques) ont ainsi voté pour les républicains Ronald Reagan, puis George Bush aux présidentielles de 1980, 1984 et 1988. Mais le président Reagan a dû bien vite composer avec un Congrès démocrate et le président Bush a été élu, d'emblée, avec une majorité démocrate au Congrès et dans le reste du pays. Le reaganisme n'a donc pas provoqué de véritable « réalignement » des coalitions électorales. Le Parti démocrate reste le parti des moins favorisés, et le Parti républicain celui des plus avantagés.

Deux visions de l'ordre social

Ces clivages sociaux recouvrent partiellement des différences idéologiques qui opposent, depuis le New Deal, libéraux et conservateurs. Les libéraux, au sens américain du terme, sont favorables à une intervention limitée de l'État pour pallier les distorsions du marché et étendre la protection sociale. Les conservateurs souhaitent limiter l'intervention de l'État et la protection sociale au strict nécessaire. Le Parti démocrate attire à lui les libéraux tandis que le Parti républicain draine les voix des conservateurs. Les programmes politiques des deux partis, en 1980 et 1984, et, dans une moindre mesure, en 1988, reflètent ces différences idéologiques : les républicains prônent le laisser-faire économique, la charité privée, la loi et l'ordre, le rigorisme moral à forte connotation religieuse. Les démocrates restent attachés à la fonction redistributive de l'État, à la défense des minorités, à la tolérance et à la laïcité.

Les deux partis ont donc une vision différente de l'ordre social. La controverse idéologique est particulièrement vive au moment des présidentielles mais elle se poursuit à l'occasion des autres élections et dans l'enceinte du Congrès. Le reaganisme a clarifié les désaccords entre républicains-conservateurs et démocrates-libéraux, mais il n'a pas supprimé le débat d'idées au sein de chacun des deux partis. Les républicains sont en désaccord sur les problèmes de société alors que les démocrates s'affrontent sur le rôle plus ou moins interventionniste dévolu à l'État.

La pérennité du système bipartite est due, pour une large part, à ces fonctions de représentation, de stabilisation et d'expression des conflits idéologiques,

---

Caucus

Les membres du parti choisissent en réunion de base (caucus) leurs délégués à un congrès, généralement par voie hiérarchique (local, puis comté, district, État, voire national).

assumées par les deux grandes formations. Mais cette pérennité est surtout assurée par le mode de scrutin, majoritaire uninominal, qui incite les forces politiques à se regrouper en deux pôles et les électeurs à voter utile, et par l'incapacité des tiers partis à s'imposer durablement.

Une moindre capacité d'intégration politique

Depuis 1854, les contestataires ont toujours été neutralisés par cooptation dans l'un ou l'autre des deux grands partis qui adoptèrent leurs revendications les plus modérées, reléguant à la marge les « irrécupérables ». Le bipartisme à l'américaine, parce qu'il a accueilli les réformateurs et marginalisé les révolutionnaires (très minoritaires), a donc exercé une fonction d'intégration politique sur fond de consensus institutionnel.

Mais cette fonction d'intégration est de plus en plus factice. En témoignent, d'une part, la faible participation électorale, en baisse constante depuis la Seconde Guerre mondiale (environ 35 % aux législatives et 50 % aux présidentielles) ; et d'autre part, la diminution des identifications à l'un ou l'autre parti et la montée des électeurs indépendants (23 % en 1960, 33 % en 1986). L'abstentionnisme électoral, particulièrement élevé parmi les plus déshérités, est alarmant dans un pays où l'insertion sociale s'est longtemps effectuée par l'intégration politique.

Au total, les partis politiques sont moins anarchiques et plus idéologisés qu'il n'y paraît. Mais ils ont de plus en plus de peine à jouer leur rôle traditionnel de forces d'intégration à l'ordre social et politique, de courroies de transmission entre société civile et société politique.

Marie-Christine Granjon

Le syndicalisme en déroute ?

■ Depuis la fin des années soixante-dix le syndicalisme américain est entré dans une période de crise brutale aux conséquences durables. Lorsque ont fusionné, en 1955, l'American Federation of Labor (Fédération américaine du travail) et le Congress of Industrial Organizations (Congrès des organisations industrielles) pour former l'AFL-CIO, le taux de syndicalisation atteignait son apogée avec 35 % de la main-d'œuvre non agricole. Depuis lors, il n'a cessé de décliner : 25 % en 1975, 23,6 % en 1980, 17 % en 1987. En chiffres absolus, l'AFL-CIO, qui regroupe la majorité des syndicats, représentait 12 millions de salariés en 1987.

Les restructurations industrielles, le développement de l'économie tertiaire (plus de 75 % des travailleurs fournissent des services plutôt que des biens), les délocalisations des entreprises (vers les États du Sud peu syndiqués ou au-delà des frontières) contribuent à expliquer les pertes d'effectifs syndicaux dont les bastions traditionnels se trouvaient dans les industries de transformation du Nord-Est et du Midwest. Sous l'effet de l'automation de la production et de la perte de marchés liée à la concurrence internationale, les principaux syndicats ouvriers de l'industrie (automobile, sidérurgie, mécanique, confection et textile, chimie et pétrole, caoutchouc) ont perdu environ un tiers de leurs effectifs de 1979 à 1985. Et les nouveaux secteurs industriels se développent avec une main-d'œuvre non syndiquée (informatique) ou qui l'est seulement marginalement (communication). C'est en fait dans l'ensemble du secteur privé que la syndicalisation est dorénavant sur le déclin. Le secteur public en revanche est le seul à être resté stable, avec un taux de 36 % depuis 1983.

Cette évolution générale ne doit pas

246

Bibliographie

Debouzy Marianne, *Travail et Travailleurs aux États-Unis*, La Découverte, « Repères », Paris, 1984.

Freeman Richard, Medoff James, *Pourquoi les syndicats ?*, Economica, Paris, 1987 (trad. de l'américain).

Lipset Seymour Martin (sous la dir. de), *Unions in Transition*, Institute for Contemporary Studies, San Francisco (CA), 1986.

Moody Kim, *An Injury to All. The Decline of American Unionism*, Verso, Londres et New York, 1988.

masquer les grandes différences locales et par secteur dues à la structure même du syndicalisme américain. En vertu du monopole syndical, une usine, un lieu de travail, une entreprise, voire une industrie entière sont entièrement syndiqués... ou pas du tout. Pour les salariés, la syndicalisation signifie sécurité d'emploi, au moins pendant la durée du contrat collectif (trois ans en général), et un salaire de 15 à 20 % supérieur à celui d'un emploi identique dans une entreprise « non syndiquée ».

Mise au pas

Avec le développement de la concurrence internationale, les employeurs, ne pouvant répercuter ces coûts élevés de main-d'œuvre sur les prix du marché, ont cherché à détruire ce qu'ils considéraient comme un pouvoir exorbitant. Les récessions de 1979 et de 1981-1982 leur fournirent l'occasion d'une formidable mise au pas. Les syndicats se sont vus contraints d'accepter les concessions qui leur étaient imposées dans le cadre des négociations collectives. Gel ou progression plus lente des salaires, désindexation sur le coût de la vie, réduction des « avantages » payés par l'employeur (congés, assurance médicale) et licenciements ont été le lot des travailleurs des années

quatre-vingt qui ont vu leurs rémunérations reculer en dollars constants d'au moins 7 % de 1979 à 1987. La décélération des augmentations salariales s'est poursuivie en 1988-1989 si bien que les ouvriers américains ne sont plus les mieux payés du monde : leurs salaires horaires et avantages négociés viennent maintenant derrière ceux de l'industrie allemande et suédoise. Toutefois, dans l'industrie privée, le salaire moyen horaire des « emplois syndiqués » (18,25 dollars en 1989) dépasse encore largement celui des « emplois non syndiqués » (13,45 dollars).

La coalition qui avait élu le président Reagan a aussi œuvré pour affaiblir ou détourner les droits syndicaux et renforcer les privilèges des employeurs. Le National Labor Relations Board, agence fédérale chargée de régler les conflits du travail, ne s'est guère montrée favorable aux syndicats. Les élections pour l'instauration d'une section syndicale sont devenues de véritables batailles politiques où les employeurs contestent le code du travail voire remportent souvent des élections de désyndicalisation, l'entreprise ou l'établissement n'étant dès lors plus syndiqué. En 1985, l'AFL-CIO reconnaissait que la législation établie depuis le New Deal était devenue inopérante. De plus, dans vingt et un États du Sud et de l'Ouest, des lois remettent en cause la priorité syndicale au sein de l'entreprise.

Contestation de la base

Le déclin syndical s'explique aussi par la désaffection de la base où les adhérents potentiels critiquent depuis longtemps les grands syndicats pour leur lourdeur bureaucratique, leur éloignement des problèmes locaux, leur gestion souvent peu démocratique. Les critiques de gauche dénoncent en outre le rôle officieux de l'AFL-CIO comme courroie de transmission de la politique étrangère, notamment en Amérique centrale.

Divers courants de contestation se sont organisés au sein de mouvements comme New Directions for Labor qui a tenu en

1989 son cinquième congrès depuis 1981. Ce mouvement, inspiré par l'exemple canadien, cherche à sortir les syndicats de l'engrenage des concessions et s'oppose à la participation à la gestion des entreprises. Il soutient les luttes indépendantes (comme la longue grève des bouchers dans le Minnesota, en lutte à la fois contre leur employeur (Hormel) et le syndicat (United Food and Commercial Workers) et cherche à renouveler les directions notamment à la tête des syndicats de l'automobile (United Automobile Workers - UAW) et des camionneurs (International Brotherhood of Teamsters).

Ces pressions ont provoqué un certain regain d'activisme dans l'AFL-CIO. A l'initiative de son président, Lane Kirkland, la centrale encourage la fusion de syndicats de juridiction voisine et le retour au bercail des non-affiliés. Après le ralliement de l'UAW en 1981, des camionneurs en 1987 puis des dockers (International Longshoremen) en 1988, les mineurs (United Mine Workers) ont réintégré les rangs de la centrale en 1989. La Fédération a enfin obtenu la revalorisation, certes faible, du salaire horaire minimum : il est passé à 3,80 dollars en janvier 1990 et devrait atteindre 4,25 dollars en 1991.

L'image du syndicaliste type change. En 1984, plus de la moitié des syndiqués étaient des cols blancs ou des employés des services. Le taux de syndicalisation est plus élevé chez les Noirs (22,6 % en 1987) et les Hispaniques (17,1 %) que chez les Blancs (16,3 %). Et celui des femmes noires dépasse largement celui des blanches (19,3 % contre 11,6 %). Signe inquiétant pour l'avenir, la syndicalisation parmi les jeunes de vingt-quatre à trente-cinq ans a baissé de 20 % à 16 % entre 1983 à 1987. Lors des élections, les syndiqués votent toujours en majorité pour les démocrates ; pourtant, 46 % d'entre eux ont donné leurs voix à Ronald Reagan en 1984, et 43 % ont soutenu George Bush en 1988. Les grandes grèves (plus de mille employés) sont devenues rares : 46 en 1987, 40 en 1988 ; elles n'en sont pas moins dures et longues. Fin 1989, les mineurs de l'entreprise Pittston dans les Appalaches ou les employés de la compagnie aérienne Eastern Airlines étaient en grève depuis des mois. Mais le militantisme ne suffit pas à compenser les pertes numériques subies.

Catherine Collomp

Les groupes d'intérêt ou le corporatisme pluraliste

■ Les groupes de pression aux États-Unis sont antérieurs à la République. James Madison apporta son soutien au projet de Constitution de 1787 précisément parce qu'elle était un instrument de lutte contre les méfaits de ces groupes qu'il appelait « factions ». Pour sa part, Alexis de Tocqueville voyait en eux la preuve de la vitalité impressionnante de la démocratie américaine et de la vigueur des citoyens. Bien que la société politique fût déjà minée par la poursuite trop exclusive de satisfactions individuelles, les Américains gardaient en effet le don de répondre aux difficultés en sachant se mobiliser pour l'action politique. Ce que Tocqueville décrivait alors, c'était ces associations « volontaires » qui s'organisaient rapidement pour répondre à un besoin précis de la communauté et qui disparaissaient aussitôt qu'il était satisfait jusqu'au combat suivant. Tocqueville prenait d'ailleurs soin d'établir une distinction entre les associations volontaires en Amérique et les corporations, les guildes ou les organisations patronales en Europe. Ces groupes que nous appelons maintenant « groupes de pression ou d'intérêt » et qui, de part et d'autre de l'Atlantique, ont désormais autant droit de cité que les partis politiques.

Bibliographie

Key V. O. Jr., *Politics, Parties and Pressure Groups*, Thomas Crowell, New York, 5e éd., 1964.

Lowi Theodore J., *La Deuxième République des États-Unis*, PUF, Paris, 1987 (trad. de l'américain).

Ce sont simplement deux modes différents d'organisation politique ; alors que les partis s'efforcent d'exercer un contrôle sur le gouvernement par le biais des élections, les groupes d'intérêt essaient d'influencer les décisions prises après les élections par les plus hautes instances gouvernementales. Les groupes se contentent de faire les couloirs (*lobby*) faute d'accéder au saint des saints. Avoir ses entrées en haut lieu est naturellement le but que l'on vise, mais peu de groupes ont à la fois le temps et l'envergure nécessaires pour se constituer un réseau fiable.

Les moyens d'action

Une autre stratégie consiste à utiliser les médias pour faire pression sur le Congrès et conditionner favorablement l'opinion. Beaucoup de firmes ont recours à cette stratégie, non pas pour se battre pour ou contre tel ou tel projet de loi mais pour empêcher qu'une intervention défavorable ne figure même à l'ordre du jour. Ainsi, des compagnies importantes comme AT & T et Mobil utilisent la publicité pour vanter les mérites du capitalisme ou pour s'associer à des causes civiques et sociales populaires. De même, l'American Medical Association a dépensé des millions de dollars à la fin des années cinquante pour combattre ce qu'elle appelait « la médecine socialisée ».

On peut aussi plaider. Les grandes entreprises ont de longue date recouru aux tribunaux pour protéger leurs liens et leurs privilèges face aux tentatives de démocratisation sociale des parlements des États. Depuis les années soixante-dix, ce sont des groupes de citoyens très motivés qui se sont portés devant les tribunaux pour tenter d'obtenir, avec des succès toujours plus fréquents, des décisions politiques qu'ils n'auraient jamais reçues du Congrès. Cette tactique, de plus en plus efficace, est devenue l'arme favorite de la gauche américaine.

Autre méthode : la corruption — beaucoup plus limitée, à vrai dire, que les gens ne le pensent. C'est le dernier recours, lorsque aucune autre forme d'influence n'a réussi. En définitive, une offre de corruption n'a d'efficacité qu'auprès de ceux qui sont déjà acquis à la cause du corrupteur. Mais, pour peu qu'il s'agisse d'un problème qui sensibilise l'opinion publique, elle est généralement inefficace et beaucoup trop risquée.

POLITICAL ACTION COMMITTEES		
Années	Nombre	Dépenses électorales
1977-78	1 653	35,2
1979-80	2 551	60,2
1981-82	3 371	87,2
1983-84	4 009	113,0
1985-86	4 157	139,8
1987-88	4 165	159,4

Source : U.S. Federal Election Commission.

Enfin, les groupes d'intérêt peuvent essayer de s'attacher les élus par le processus électoral. Cependant, jusque dans les années soixante-dix, cette stratégie était limitée par des lois fédérales interdisant aux groupes industriels de faire des dons aux candidats. En 1974 et 1976, le Congrès a modifié les lois électorales pour permettre à tout groupe, y compris les sociétés et les syndicats, de former un Comité d'action politique (PAC) autorisé à subventionner des candidats dans les termes que précisaient les textes législatifs. En 1975, on comptait 608 PACs ; en 1985, il y en avait déjà 4 000, qui avaient contribué pour 300 millions de dollars à la campagne électorale de 1984.

Les groupes d'intérêt se sont multipliés et ont pris de l'importance au fur et à mesure que les gouvernements augmentaient leur capacité d'action et leurs programmes. Le phénomène s'est d'abord manifesté dans les gouvernements des États pour la simple raison qu'au XIXᵉ siècle les parlements et les tribunaux fédérés constituaient l'essentiel du pouvoir d'État. L'État fédéral avait peu de pouvoirs si ce n'est celui d'encourager le commerce. Les activités des groupes d'intérêt ont basculé du côté de Washington dès que le législateur fédéral est intervenu dans le domaine économique et social, avec Woodrow Wilson (1913-1921) d'abord, puis plus nettement à l'époque du *New Deal* (années trente). Le « problème » des groupes d'intérêt ne fut pas reconnu par la loi avant 1946, lorsque le Congrès vota le *Lobbying Act* pour tenter de réglementer l'usage de la publicité que faisaient ces groupes. La loi stipulait que toute personne cherchant à influencer le législateur et qui, pour ce faire, percevait et dépensait des fonds soit tenue de s'inscrire auprès de la Chambre des représentants. Un compte rendu annuel d'activité du groupe et de son représentant devait être remis au Congrès et publié dans le *Congressional Record* (*Journal officiel*). Le Congrès n'a jamais réussi à aller plus loin dans sa volonté de réglementer l'activité des groupes de pression sans risquer d'enfreindre le 1ᵉʳ amendement de la Constitution, garantissant le droit de chacun de s'exprimer librement et de pétitionner les autorités.

Intérêt général...

Avec le déclin des partis politiques depuis la Seconde Guerre mondiale, les groupes de pression ont pris de l'importance et posent ainsi un problème de plus en plus sérieux au système politique américain. Tant que les partis contrôlaient les élections et, par là même, l'organisation et les procédures du Congrès, ils contrôlaient aussi ceux qui pouvaient participer à l'élaboration des politiques publiques et

à leur application. Les groupes d'intérêts spécialisés étaient donc obligés de se concerter pour présenter un front commun avant d'organiser leurs activités visant à influencer les décideurs étatiques. Ainsi étaient assurés l'équilibre et l'autorégulation que Madison avait espéré voir découler automatiquement de la séparation des pouvoirs. Sans contrôle des partis, sans gouvernement des partis, il n'y a rien, pas le moindre mécanisme qui contraigne les groupes à se contrôler mutuellement. L'élaboration d'une politique est devenue aux États-Unis une véritable foire d'empoigne où chaque groupe se bat pour lui-même et contre tous les autres. L'inquiétude manifestée au sujet de groupes d'intérêts devenus particuliers n'est pas fondée dans la mesure où, dans l'histoire des États-Unis, la plupart des groupes de pression n'ont représenté que des intérêts particuliers. Mais aujourd'hui les membres du Congrès et l'exécutif (y compris le président) sont beaucoup plus vulnérables. L'importance croissante des *political action committees* qui financent les élections ne fait qu'accentuer des difficultés déjà bien connues.

... ou intérêts particuliers

Pendant les deux ou trois décennies qui suivirent la révolution Roosevelt, politologues et journalistes ont vu d'un bon œil la prolifération des groupes d'intérêt : on vantait le pluralisme, ce concept si bien adapté à la démocratie américaine. Il semblait en effet qu'au sein d'un système pluraliste, la concurrence entre groupes d'intérêt jouait un rôle non négligeable dans la régulation réciproque et la décentralisation du pouvoir. Reprenant les idées de Adam Smith, la science politique a déclaré que démocratie et capitalisme, dans le contexte d'une théorie pluraliste, avaient tout à gagner d'une concurrence égoïste.

Dans les années soixante cette interprétation fut l'objet d'attaques virulentes pour des raisons empiriques autant qu'idéologiques. D'abord, c'est à tort que

250

les pluralistes considéraient que chaque catégorie d'intérêt trouve nécessairement un groupe pour le représenter. Le fait est que les groupes d'intérêt sur-représentent les classes favorisées (*upper class*), de même que les ouvriers syndiqués représentent l'élite du prolétariat. Ensuite, il n'est pas indispensable, ni fréquent, que les groupes d'intérêt soient en concurrence, surtout dans une période de déclin des partis politiques. Comme les patrons des grandes entreprises, les groupes d'intérêt ont tendance à s'arranger entre eux et à ne se lancer dans une concurrence ouverte que s'ils ne réussissent pas à s'entendre. Cela leur coûte moins cher. Dès qu'un groupe a établi de bons contacts avec les élus et les fonctionnaires, il n'a plus besoin d'entrer en compétition ni de s'arranger avec les autres. Le système institutionnel a été si bienveillant et si ouvert à l'égard des groupes d'intérêt, surtout depuis le New Deal, que les mieux organisés d'entre eux sont, à la limite, plus partie intégrante de l'État que d'un quelconque processus politique.

Si l'on veut donner à ce système le nom de démocratie pluraliste, il faut reconnaître que, dans le contexte historique des États-Unis comme dans la réalité présente, il s'agit d'un pluralisme corporatif, avec le socialisme pour ceux qui sont organisés — et le capitalisme pour ceux qui ne le sont pas. Il existe certes des systèmes bien pires, même en démocratie. Mais si les Américains souhaitent améliorer leur démocratie et la rendre plus forte, il faut qu'ils commencent par voir le système tel qu'il est et gardent en mémoire la définition que Madison donnait des factions dans le *Fédéraliste* n° 10 : « Un certain nombre de citoyens formant la majorité ou la minorité, unis et dirigés par un sentiment commun de passion et d'intérêt, contraire aux droits des autres citoyens ou aux intérêts permanents et généraux de la communauté. »

Theodore J. Lowi

La mafia, un mythe en déclin

■ Les États-Unis sans mafia ? Aussi inimaginable qu'un hamburger sans viande hachée. Depuis l'ère fameuse de Al Capone et Eliott Ness, la mafia est un des mythes américains. En est-elle restée un pilier ? La chose est moins sûre, et si crime organisé il y a, la filière américano-sicilienne n'en a plus le monopole.

Un petit saut transatlantique est indispensable pour situer le phénomène. XIXᵉ siècle : au bout de la botte d'une Italie travaillée par le nationalisme, la Sicile. Aux mains de propriétaires terriens qui, profitant de la carence des pouvoirs publics, recrutent des groupes d'aventuriers pour assurer leur domination sur les petits paysans. Le patriotisme semble avoir été leur ciment et selon Ralph de Sola, auteur du *Crime dictionnary*, mafia serait l'acronyme de « Morte alla Francia Italia anel » (Mort à la France est le cri de l'Italie). Toujours est-il que ces bandes, liées par une discipline interne très forte, ne se contentent pas de pressurer les paysans mais prennent le pas sur leurs commanditaires vers la fin du siècle. Parallèlement, l'émigration italienne est une des sources du grand *melting pot* américain — et emporte avec elle un nombre indéterminé de *mafiosi* qui reconstituent dans leur nouvelle patrie l'organisation criminelle.

Deux événements lui donnent les moyens de sa prospérité : en 1914, le *Harrison Act* interdit les opiacées, ouvrant du même coup la voie au trafic de la drogue ; en 1919, la prohibition de l'alcool est généralisée à tous les États-Unis par le 18ᵉ amendement à la Constitution et accroît encore le champ d'action de la mafia. Celle-ci s'appuie sur son réseau de clubs de jeu, bars, restaurants, prostituées pour

Bibliographie

« The Fifty Biggest Mafia Bosses », *Fortune*, 25.11.1986.

développer ces commerces enrichissants, recourant en cas de besoin au rackett, au chantage ou à la corruption. Un troisième élément lui permet d'étendre encore sa puissance : devant la violence de la répression anti-syndicale du début du siècle, les organisations ouvrières s'ouvrent parfois à cette mafia qui leur offre protection physique ou relais d'action.

Pendant la prohibition, la mafia l'emporte progressivement sur les autres groupes criminels, avant de se déchirer en 1930-1931, au cours d'une « guerre » sanglante. Celle-ci se conclut par un « traité de paix » en 1931 qui divise la nation en une vingtaine de territoires qui se respectent les uns les autres. Et si la prohibition est abandonnée en 1933 par le 21e Amendement, la puissance de la mafia est dorénavant assise. Au point que certains auteurs lui imputeront la responsabilité de l'assassinat de John F. Kennedy en 1963. Elle diversifie ses activités, souvent le plus légalement du monde, notamment dans le transport routier, l'industrie de la viande, l'hôtellerie, la construction, la collecte de déchets. Cela rend d'autant plus difficile la tâche de la Commission présidentielle sur le crime organisé, chargée de sa répression.

Une puissance inestimable

Les estimations sur le revenu annuel de la mafia varient entre 50 et 160 milliards de dollars ; selon une étude de la Wharton Econometric Forecasting Associates réalisée en 1985 pour la Commission présidentielle, la mafia entraînerait la perte de 400 000 emplois et de 18 milliards de dollars de PNB. Selon le Federal Bureau of Investigations (FBI), elle compterait 1 700 membres « jurés », près de 20 000 « associés », et les affaires qu'elle gère emploieraient 265 000 personnes. Son poids économique est suffisamment grand pour qu'elle fasse de temps à autre la couverture de journaux économiques comme *Fortune* ou *Business Week*. Mais un expert, Robert Blakey, professeur à l'université de Notre-Dame, estime cependant que sur 70 000 unions locales des syndicats, seulement 300 sont investies par la mafia.

Cette puissance, si difficile à mesurer, est de toute façon en déclin. Du fait de l'action de la justice, d'abord, de plus en plus efficace. A cause ensuite d'une moindre « foi » : les chefs sont âgés, et les jeunes générations de *mafiosi* ne semblent pas avoir le même respect des règles strictes qui faisaient la force de la Mafia. En raison, enfin, de la montée de nouveaux groupes criminels qui ont su saisir les nouveaux marchés : la mafia, reine de l'héroïne, n'a pas su maîtriser le commerce de la cocaïne ou du crack, qui ont assuré la force de gangs colombiens ou jamaïcains. Cette évolution inquiète les autorités, qui contrôlent plus difficilement les nouvelles organisations dont les pratiques sont d'une violence réellement stupéfiante. Comme le notait en août 1989 un expert, Richard Moran, dans *Newsweek* : durant la période la plus violente du règne d'Al Capone, en six ans, on a compté 80 morts. En une seule année, en 1988, la guerre des gangs à Los Angeles a fait 356 victimes. Moins de mafia, mais plus de crimes. Et Richard Moran titrait significativement son article : « *Bring back the mafia* » (Rendez-nous la mafia).

Hervé Kempf

251

Le défi hispanique

■ L'Amérique du Nord, de plus en plus, prend des accents du Sud. Il existe depuis déjà longtemps à New York un marché qui s'appelle *El Mercado*. Niché sous un métro aérien, dans un quartier qu'on nomme *Spanish Harlem*, on y trouve des haricots noirs, des piments rouges et des bondieuseries polychromes contre le mauvais œil. Personne, à Miami, ne songerait à désigner la Huitième rue autrement que par son nom, la *calle ocho*, l'artère centrale du quartier cubain. On y boit du café fort et l'on y fume des cigares doux que des vieux, débarqués bien avant les *marielitos* (exilés en 1980), fabriquent du côté de Tampa. Ils avaient fui le castrisme instauré en 1959 en emportant dans leurs baluchons des graines de tabac. Quand ils meurent, on peut lire l'histoire de leur fortune et de leur exil dans les pages nécrologiques d'*El Nuevo Herald*, la version latine du *Miami Herald*, le journal local.

Plus encore que Miami, d'autres villes font croire que l'on a traversé la frontière des États-Unis, que l'on est déjà *south of the border*. San Antonio, au Texas, par exemple, qui ressemble à un Mexique bien propre, au décor hollywoodien d'un paradis *latino*. Il flotte au-dessus des méandres du canal des odeurs de *tortillas*, des airs de tristes sérénades et des parfums de fleurs. Le samedi soir, vous pouvez regarder à la télévision l'émission la plus populaire du monde hispanique, *Sábado gigante* (le samedi géant), suivie chaque semaine par près de quatre millions de téléspectateurs aux États-Unis. Pendant ce temps, des millionnaires californiens se font construire des maisons en *adobe* et vous invitent à des cocktails où l'on grignote des tartines de *guacamole* tout en sifflant des tequilas. La vie est trop courte pour ne pas danser la salsa.

Une Amérique plus latine, plus catholique

En fait, l'influence de la culture hispanique aux États-Unis n'a plus grand-chose à voir avec l'exotisme. Elle est simplement le reflet du nombre — et de l'importance — des *Latinos*, qui transforment insensiblement le pays. L'Amérique, jadis si fortement imprégnée des valeurs du protestantisme et de culture anglo-saxonne, devient de plus en plus latine, et de plus en plus catholique. Et le phénomène ne fait que commencer. D'après un rapport du Census Bureau (recensement) de Washington, d'octobre 1989, la population hispanique des États-Unis a connu, au cours des années quatre-vingt, une croissance démographique (39 %) cinq fois supérieure à celle de la population non hispanique. La moitié de cet accroissement est due à l'immigration, l'autre aux naissances. Au total, la population hispanique aux États-Unis s'élève à 20,1 millions de personnes, soit 8,2 % de la population totale. Par comparaison, les Noirs sont environ 30 millions.

Ces *Latinos*, qui sont-ils? Des Mexicains, pour la plupart. Ils sont 12,6 millions à se déclarer d'origine mexicaine, tandis que 2,5 millions disent venir d'autres pays d'Amérique du Sud ou d'Amérique centrale. Les Portoricains (2,3 millions) constituent le troisième groupe, suivis des Cubains (1,1 million), et des 1,6 million de personnes se déclarant d'une «autre origine hispanique». 34 % de ces Hispaniques vivent en Californie, 21 % au Texas (la majorité d'entre eux, dans ces deux États, ont des racines mexicaines); 10 %, venus le plus souvent de Porto Rico ou d'Amérique centrale, ont choisi New York, et 8 % sont en Floride. Le reste s'éparpille sur tout le territoire.

Bibliographie

Cazemajou Jean, *Les Minorités hispaniques en Amérique du Nord (1960-1980)*, Presses universitaires de Bordeaux, 1985.

Toinet Marie-France, Toinet Marileine, «Les Hispano-Américains. Succès et limites d'un autre creuset», *Vingtième siècle*, Paris, juil.-sept. 1985.

Un pouvoir politique potentiel

Les leaders de la communauté essaient, depuis quelques années, de transformer l'importance numérique des Hispaniques en influence politique. Ce n'est pas toujours facile. Contrairement à la population noire, notamment, qui sait se mobiliser autour de thèmes porteurs et de leaders charismatiques, la population hispanique n'a jamais réussi, jusqu'à présent, à définir un projet commun propre à galvaniser ses énergies. Les dirigeants de la communauté se sont souvent opposés les uns aux autres, découvrant dans les différences d'origines nationales, sociales, raciales ou d'orientations politiques autant de lignes de fracture. Mais cette attitude est en train de changer et le recensement de 1990 a provoqué une solidarité nouvelle chez les Hispaniques. De ce recensement dépendent bien des choses, comme le redécoupage de certaines circonscriptions électorales ou la redistribution d'allocations et de subventions diverses. «Faire en sorte que chaque His-panique soit compté est l'un des plus importants défis politiques auquel nous sommes confrontés», déclarait ainsi un membre de la Chambre des représentants du Texas, Lena Guerrero. «L'accroissement démographique des Hispaniques va se traduire en termes de pouvoir économique et politique», ajoute Michael Zamba, le directeur du bureau de Washington de la National Association of Latino Elected Officials (Association nationale des élus *latinos*). «Dans certains États, les Hispaniques (...) peuvent, en dernier ressort, décider de l'issue d'une élection.»

En attendant que s'exprime enfin cette influence politique potentielle, les Hispaniques jouissent déjà d'un pouvoir que nul ne leur conteste et que chacun sollicite : le pouvoir d'achat. Selon *Hispanic Business Magazine*, la communauté *latino* représente un pouvoir d'achat collectif de quelque 141 milliards de dollars, et un bureau d'études de Miami, le Strategy Research Corporation, affirme que les *Latinos* ont tendance à dépenser une plus grande part de leurs revenus que les *Anglos*, même si le revenu moyen des ménages hispaniques est d'environ un tiers inférieur au revenu moyen américain, 32 000 dollars par an en 1989. Publicitaires, éditeurs de magazines et producteurs de télévision l'ont bien compris; comme l'a dit l'hebdomadaire *US News and World Report*, «*It's a whole nuevo mundo out there*».

Michel Faure

254

STRUCTURES SOCIALES

Une société sans classes ?

■ Pour les tenants de l'exceptionnalisme américain, l'une des singularités de l'histoire des États-Unis serait d'avoir donné naissance à une société sans classes : la notion même de *classe* ne pourrait s'appliquer à la nation américaine. Pourtant la sociologie américaine a parallèlement véhiculé l'idée que la société américaine était une société de «classes moyennes». Il est devenu plus difficile de défendre cette thèse depuis les années soixante-dix tant les contrastes sont manifestes entre les riches et les pauvres. L'image de la société égalitaire en est quelque peu ternie, et celle d'une société «duale» s'impose. Car l'évolution de la société est actuellement l'objet de vifs débats : la polarisation aux extrêmes (richesse/pauvreté) n'entraîne-t-elle pas le laminage de cette fameuse classe moyenne (*squeezing* ou *shrinking of the middle class*) à laquelle la plupart des Américains croient appartenir ?

La concentration des revenus et de la richesse aux États-Unis est une réalité que personne ne songerait plus à nier. En 1983, les 10 % les plus riches possédaient 68,8 % du patrimoine (*wealth*) et 78 % des actions de l'ensemble des entreprises. Selon *Fortune* (28 novembre 1983), le cinquième le plus riche de toutes les familles a reçu près de 43 % des revenus monétaires du pays (*money income*) en 1982, c'est-à-dire neuf fois plus que ce qu'a reçu le cinquième le plus pauvre. Cette année-là, le nombre de ceux dont le revenu a dépassé un million de dollars a atteint le chiffre de 8 408 — le double de ce qu'il était deux ans auparavant, cependant que les réductions des budgets sociaux aggravaient la situation des plus défavorisés.

Au bas de l'échelle sociale, on comptait, en 1987, de source officielle, 31,9 millions de pauvres, soit 13,1 % de la population, dont les revenus étaient

ÉVOLUTION DE LA RÉPARTITION DES REVENUS DES MÉNAGES (par quintiles)					
Quintile	inférieur	2e	3e	4e	supérieur
1910	8,3	11,5	15,0	19,0	46,2
1929	5,4	10,1	14,4	18,8	51,3
1950	4,5	12,0	17,4	23,5	42,6
1969	5,6	12,4	17,7	23,7	40,6
1979	5,2	11,6	17,5	24,1	41,7
1984	4,7	11,0	17,0	24,4	42,9
1985	4,6	10,9	16,9	24,2	43,5
1986	4,6	10,8	16,8	24,0	43,7
1987	4,6	10,8	16,9	24,1	43,7
1988	4,6	10,7	16,7	24,0	44,0

Lorsqu'on divise une population en cinq catégories égales en nombre, chacune des catégories forme un quintile. La répartition est ici calculée en %, la somme des cinq quintiles étant égale à 100.
Source : Allan Rosenbaum, thèse de doctorat citée in T. Lowi et B. Ginsberg, American Government, W.W. Norton & Co., New York, 1990 ; US Census Bureau in Statistical Abstract et National Journal, 4.11.1989.

inférieurs au seuil de pauvreté. A ceux-ci venaient s'ajouter 6 millions de gens dont le revenu dépassait à peine ce minimum. Les Noirs sont sur-représentés dans cette catégorie : en 1987 un sur trois était pauvre. Les mères seules représentaient près de la moitié des chefs de familles pauvres.

Les clivages de classe

Ces inégalités nourrissent des différenciations marquées entre groupes sociaux. Quels que soient les critères retenus pour définir ces groupes — patrimoine, revenus, nature du travail et autonomie dans le travail, niveau d'instruction, comportement politique, santé, taux de mortalité —, les clivages de classe se manifestent. Assurément ces classes proprement dites ne constituent pas des blocs homogènes, mais leur structure diversifiée n'empêche absolument pas de les définir.

Des sociologues comme E. Digby Baltzell, C. Wright Mills et William Domhoff l'ont amplement démontré, la classe supérieure qui détient le pouvoir économique et politique n'est pas un mythe. Ceux qui la constituent sont des hommes d'affaires importants, des financiers, des cadres de haut niveau (*chief executive officers*) dans les grandes entreprises, des membres des professions libérales (avocats d'affaires) et également les propriétaires des médias. Leur fortune ne vient pas seulement de leurs revenus salariaux — même s'ils sont très élevés — mais du patrimoine dont ils ont hérité ou qu'ils ont constitué. Une telle classe n'est pas monolithique — elle a ses divisions religieuses et politiques, ses anciens et nouveaux riches.

Richesse et revenus sont disproportionnés par rapport à l'importance réelle de la classe fortunée dans la population. Et tout aussi disproportionné le nombre de ses membres qui occupent des postes de commande dans les institutions et les groupes qui dominent ou influencent la vie économique et politique et ses organismes de décision (conseils d'administration des grandes firmes, Council on Foreign Affairs, Committee for Econo-

mic Development, etc.). Cette classe a ses écoles privées (Groton ou St Paul), ses universités (Ivy League), ses « grandes écoles » (Yale Law School, Harvard Business School), ses clubs et ses réseaux de sociabilité.

La notion de classe moyenne est un concept élastique puisque 92 % des Américains, selon un sondage (*Wall Street Journal*, 11 mars 1987), croient y appartenir. Mais si elle occupe une place évidente dans la symbolique de la société américaine, ses contours sont plus difficiles à cerner. Elle comprend des catégories fort diverses, aux valeurs et aux modes de vie beaucoup plus diversifiés que dans la *middle class* traditionnelle d'il y a trente ans. Elle englobe les couches relativement privilégiées des professions salariées, certains cadres d'entreprise, les *yuppies* (*young upward mobile professionals*), les petits producteurs et commerçants indépendants, les cols blancs — fonctionnaires ou non —, les techniciens et une fraction des professions libérales. Ces groupes, dont les revenus annuels se situent entre 30 000 et 60 000 dollars, représenteraient environ 40 à 50 % de la population. Certains ouvriers qualifiés peuvent atteindre ce revenu. Ce niveau de vie confortable, il faut travailler dur (souvent mari et femme) pour le maintenir, surtout si l'on souhaite que les enfants fassent de bonnes études, évidemment fort coûteuses. Les revenus de ces groupes, salariaux pour la plus large part, sont nettement supérieurs à ceux des ouvriers, employés, manœuvres et travailleuses qui forment les basses catégories des services et emplois de bureau.

Les distinctions de classe

Ce qui distingue la classe ouvrière, outre sa composition ethnique (on y trouve une forte concentration de Noirs et d'Hispaniques), c'est la nature des emplois qu'elle occupe : emplois d'ouvriers qualifiés et emplois de routine, *dead-end jobs* qui ne demandent pas de qualification, n'offrent aucune chance de promotion et ne permet-

256

Bibliographie

Baltzell E. Digby, *An American Business Aristocracy*, The Free Press, Glencoe (IL), 1958.

Domhoff G. William, *Who Rules America Now?*, Simon & Schuster, New York, 1982.

Edsall Thomas Byrne, *The New Politics of Inequality*, W.W. Norton, New York, 1985.

Landry Bart, *The New Black Middle Class*, University of California Press, Berkeley (CA), 1988.

Mills C. Wright, *The Power Elite*, Oxford University Press, New York, 1956.

tent aucune autonomie. On pourrait, bien sûr, évoquer d'autres caractéristiques : le niveau d'instruction, le taux de mortalité, l'insécurité, le mode de vie. Mais on retiendra surtout un domaine où l'expression des distinctions de classe est particulièrement frappante et a pu, jusqu'à une époque récente, paraître spécifiquement américaine, à savoir le comportement politique. En 1980, les 40 % de la population ayant des revenus de moins de 15 000 dollars ont exprimé 24,5 millions de suffrages, moins que les 29 % de la population ayant des revenus de 25 000 dollars et plus, lesquels ont exprimé 26,1 millions de suffrages. Depuis cette date, l'écart s'est encore creusé. Mais, à part les ouvriers syndiqués, une large fraction de la classe ouvrière demeure sceptique à l'égard du système politique tel qu'il fonctionne ; elle croit que les élections ne changeront en rien sa vie et s'abstient de participer au jeu électoral. Il y a là une forme de « désaffection » symptomatique, qui constitue un véritable comportement politique de classe.

Dans la société américaine, les rapports d'inégalité et de domination sont souvent masqués sous des apparences de familiarité ou de consensus. Par ailleurs, la stratification sociale recoupant de multiples hiérarchisations raciales, les divisions internes aux classes et surtout à la classe ouvrière contribuent à obscurcir le caractère de classe des rapports sociaux. Mais nombreux sont les conflits et les tensions à l'occasion desquels ce rapport de forces apparaît au grand jour.

Les classes sociales existent bel et bien aux États-Unis. Il n'en reste pas moins que la plupart des Américains perçoivent la société comme un système où chacun a ses chances et ne saisissent pas le caractère inégalitaire de la concurrence qu'ils considèrent comme un jeu où il faut et il suffit de faire ses preuves. Ainsi la mobilité sociale est pour eux, sinon une réalité vécue, du moins un espoir suffisamment enraciné pour qu'ils adhèrent au credo ambigu de l'*American way of life*.

Marianne Debouzy

Question : Certains estiment que l'État fédéral devrait réduire les différences de revenu entre les riches et les pauvres, peut-être en augmentant les impôts des familles aisées ou en aidant financièrement les pauvres. D'autres pensent que non. Sur cette carte avec des positions entre 1 (l'État devrait réduire les différences) et 7 (l'État n'a pas à se préoccuper des différences), où vous situez-vous vous-même ?

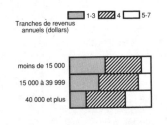

Source : *Sondage National Opinion Research Center, fév.-avril 1986,* in Public Opinion, *mai-juin 1987.*

Race, ethnicité et classe

■ En 1982, Susie Guillorie Phipps attaqua en justice les services d'état civil de
la Louisiane, arguant qu'elle était injus-
tement déclarée comme de race noire bien
qu'ayant l'air d'une Blanche. Elle perdit
son procès car une loi de 1970 déclare que
toute personne née en Louisiane avec un
trente-deuxième de sang noir est un Noir :
l'anecdote illustre l'obsession américaine
envers ce qu'il est pudiquement convenu
d'appeler « la question noire » et l'aber-
ration d'une classification raciale fondée
sur de tels critères. Elle pose tout le problème des rôles respectifs de la race, de
l'ethnicité et de la classe sociale dans le
système américain de hiérarchisation.

La pensée américaine est traditionnellement réfractaire à la notion européenne
de classe, trop contraire à l'individualisme
américain qui glorifie la notion de choix
personnel (*consent*) et refuse, dans
l'ensemble, le rôle joué par la naissance
(*descent*) — c'est-à-dire l'origine ethnique
et sociale — dans l'organisation du pays.
La doctrine marxiste de « lutte des classes » est peu recevable dans une nation
d'immigrants qui ont gravi sans entrave
les échelons de la réussite grâce à leur
labeur individuel. Bien que le concept
d'une « élite du pouvoir » (C. Wright
Mills) ne soit pas nié, la classe n'est qu'une
catégorie parmi d'autres et tous croient
appartenir à la *middle class*. Le fait que
certains théoriciens marxistes (Oliver Cox,
Angela Davis) soient noirs est une raison
supplémentaire pour qu'ils n'aient été
entendus.

Comment aborder les sujets de race et
d'ethnie sans parti pris ? L'impact émotionnel du mot « race » est tel qu'il y a un cli-
vage presque absolu entre ceux qui
refusent d'admettre l'existence d'une discrimination raciale endémique comme
explication de la hiérarchie des groupes
ethniques dans la société américaine, et
ceux pour qui elle explique tout. L'idée

de race sert à « justifier » la position des
citoyens dans la hiérarchie socio-
économique du pays alors que les critères retenus sont éminemment subjectifs.
Bien qu'il soit communément admis
aujourd'hui que le concept de « race » est
en fait un phénomène socio-historique, les
États-Unis continuent à utiliser une « définition » biologique de race et cela pour
désigner l'identité et la position sociale des
seuls Noirs. En effet, la discrimination
dont furent victimes les Asiatiques appartient au passé : ils font désormais partie
de la catégorie des « immigrants modèles ». Les Noirs, encore, sont les seuls auxquels il ne suffit pas de « consentir » aux
normes culturelles du pays pour devenir
des citoyens à part entière. L'immigration
noire se différencie des autres en ce qu'elle
représente l'arrivée *involontaire* d'un
groupe, et non le résultat du *choix* personnel d'*individus* ; l'esclavage a justifié
l'infériorité des Noirs, et la « supériorité »
blanche est inscrite dans la Constitution.

Assimilation ou pluralisme

Officiellement, l'Amérique a été un
melting pot d'immigrants d'origines différentes qui ont créé une nouvelle culture
spécifiquement américaine. Même les plus
optimistes ont pourtant reconnu que
l'homogénéisation ethnique n'a pas eu lieu
et que l'assimilation s'est faite au prix de
l'acceptation des normes culturelles établies par les colons anglais. Ces interprétations correspondaient si peu à la réalité
des années soixante que, avec l'explosion
de revendications ethniques, allait naître
une nouvelle théorie, celle du « pluralisme
culturel » : mosaïque de différentes
communautés ethniques, coexistant har-
monieusement mais décidées à préserver
leur héritage culturel, l'Amérique devenait
a nation of nations. Chaque groupe ethnique affirmait son identité spécifique, en

Bibliographie

Alba Richard D., *Ethnicity and Race in the USA*, Routledge, New York, 1988.

Balibar Étienne, Wallerstein Immanuel, *Race, Nation, Classe. Les identités ambiguës*, La Découverte, Paris, 1988.

Cox Oliver, *Caste, Class and Race*, Modern Reader Paperback, New York, 1948.

Glazer Nathan, Moynihan Daniel Patrick, *Beyond the Melting Pot*, MIT Press, Cambridge (MA), 2e éd., 1979.

Sowell Thomas, *Ethnic America*, Basic Books, New York, 1981.

Wilson William Julius, *The Declining Significance of Race*, University of Chicago Press, Chicago (IL), 1978.

vertu d'un passé commun, de traditions, d'un héritage culturel partagé et des liens du sang. Dès lors, il était tentant d'assimiler les Noirs à cette revendication ethnique et de ne voir en eux qu'un groupe d'immigrants comme les autres. Après tout, puisqu'ils avaient conquis l'égalité des droits, au nom de quoi pouvaient-ils encore réclamer un traitement préférentiel ?

Telle est la question posée par les néoconservateurs au début des années quatre-vingt-dix. Elle ne tient pas compte des différences de représentation attachées aux termes « race » et « ethnicité » dans la réalité sociale américaine. Le mot « groupe ethnique » a en effet une connotation positive : il est perçu comme choix et inclusion, et relève de critères culturels alors que le mot « race » évoque, lui, des critères physiques, un groupe exclu, bref, des non-Blancs. De plus, les théoriciens de l'ethnicité déclarent que l'État a pour seul devoir de protéger les droits de l'individu, quelle que soit son affiliation ethnique, alors que les défenseurs des « minorités » insistent sur le devoir de la puissance publique de protéger les droits du groupe,

---

Le KKK en peau de chagrin

♦ Bonne nouvelle : on ne fait plus grand cas du Ku Klux Klan, cette société secrète créée au Tennessee au lendemain de la guerre de Sécession pour lutter contre l'intégration des Noirs dans le Sud. Dans la première moitié du XXe siècle, les racistes encagoulés du KKK, lyncheurs et brûleurs de croix, et leurs camarades du White Citizens Council se comptaient par millions. En 1990, c'est le grand déclin. Les membres du KKK ne sont plus que 5 500 environ sur tout le territoire des États-Unis, si l'on en croit les estimations. Autant dire peanuts, puisqu'on parle du Sud. Et ce n'est pas leur principal porte-parole qui redonnera des couleurs aux racistes blancs. Leur Grand Dragon *(titre officiel)*, un certain Bill Walton, n'est manifestement pas du genre charismatique. L'hebdomadaire britannique The Economist en faisait la description suivante : « Il est gros, édenté, il boite et vit dans une caravane — ce n'est pas vraiment le sémillant colonel des confédérés protégeant la vertu des grandes dames du vieux Sud. »

Le changement des mentalités, depuis le début des années soixante, est en partie responsable du déclin du Klan, sans parler du pragmatisme des hommes politiques du Sud, les juges et les shériffs, qui savent que beaucoup de leurs électeurs ont la peau noire. Mais le facteur le plus important est sans nulle doute économique. Le Sud est désormais une région prospère qui attire les habitants et les entreprises du Nord grâce à son climat (la Sunbelt, ceinture du soleil) et son art de vivre. Les mauvaises manières et les autodafés du Old South, désormais, ne font plus bon ménage avec ce Nouveau Sud.

Michel Faure

lorsque les membres de ce groupe sont victimes de discrimination.

Certains, comme William J. Wilson, tentent alors d'éviter le débat en remettant globalement en question l'importance de la discrimination raciale au profit de l'idée de classe, liée à l'éducation et à l'adaptation de la main-d'œuvre aux nécessités de l'emploi. L'émergence d'une bourgeoisie noire et le drame d'un sous-prolétariat noir urbain, incapable de trouver un emploi dans une économie à la recherche de main-d'œuvre qualifiée, sembleraient confirmer ses dires, mais cette théorie n'explique certainement pas la survie de ce qu'il faut bien appeler un système institutionnalisé d'inégalité fondée sur l'idée de race.

Françoise Burgess

Le rêve de l'ascension sociale

■ La notion d'une ascension sociale offerte à chacun et l'idée que toute nouvelle génération peut faire mieux que la précédente, essence même du rêve américain, ont été nourries par deux caractéristiques uniques du Nouveau Monde : l'absence d'une structure de classe figée et des ressources apparemment inépuisables. La première offrait la possibilité, la seconde les moyens de s'élever dans l'échelle sociale.

REVENUS DES MÉNAGES Répartition par catégories, en %		
Catégorie de revenu (en dollars)	1975	1986
Supérieurs à 50 000	15,2	19,7
Entre 20 000 et 50 000	56,2	52,5
Inférieurs à 20 000	28,5	27,9

Source : Statistical Abstract 1990.

La notion de mobilité sociale s'est modifiée avec l'évolution de la structure économique du pays. Au début du XIXᵉ siècle, l'Américain rêvait de devenir entrepreneur indépendant, fermier, commerçant ou artisan. Mais, après la fulgurante concentration de la propriété qui donna naissance aux monopoles au lendemain de la Guerre civile, ce rêve ne fut plus qu'une utopie : si les quatre cinquièmes des travailleurs étaient indépendants au début du XIXᵉ siècle, un siècle après, c'étaient les salariés qui représentaient cette même proportion. Fermiers, artisans, petits commerçants furent contraints de trouver un emploi dans l'industrie et surtout dans les bureaux, ce qu'ils vécurent comme un déclin dans l'échelle sociale. Les immigrants eux, allèrent prioritairement grossir les rangs des ouvriers : cela signifiait pour beaucoup une amélioration de leur statut.

A partir du tournant du siècle, la mobilité sociale était envisagée avant tout au sein du monde salarié — par le passage de col bleu à col blanc — et souvent même, à l'intérieur d'une même catégorie, grâce à des hiérarchies d'entreprises encore très souples, d'employé aux écritures à comptable, de manœuvre à travailleur semi-qualifié. Beaucoup d'ouvriers aspiraient à quitter l'usine pour un emploi de bureau, deux fois mieux payé à l'époque et jouissant d'un statut social très supérieur. Mais ce rêve ne devenait réalité que pour une minorité. Des études montrent qu'une majorité d'immigrants restaient dans la même catégorie professionnelle que leurs pères. A Boston, au début du siècle, par exemple, 13 % seulement des ouvriers réussissaient à quitter l'usine et 30 % à passer d'un emploi de manœuvre à un emploi semi-qualifié.

POPULATION ACTIVE Répartition selon les catégories socio-professionnelles (en %)					
	1870	1910	1950	1976	1988
Agriculteurs	27,1	17,1	6,9	2,0	1,3
Patrons commerce et industrie	11,4	8,3	6,4	10,5	10,2
Cadres supérieurs	1,8	3,1	4,0	4,0	3,3
Professions libérales	2,9	4,5	7,3	11,4	12,4
Employés (services et commerce)	4,0	10,2	18,9	41,2	45,0
Ouvriers	39,7	49,1	51,4	29,5	26,4
Ouvriers agricoles	13,1	7,7	5,1	1,4	1,4

Parvenir à la classe moyenne

Mais après la dépression des années trente, l'expansion rapide du commerce et des sercices et les développements technologiques dans l'industrie permirent d'accélérer la mobilité sociale. L'éducation supérieure devint alors la clé de cette mobilité. Grâce au *GI Bill* (1944) qui accordait des bourses et un salaire pendant quatre ans à tout militaire démobilisé et choisissant de faire des études, douze millions d'hommes et de femmes prirent le chemin de l'Université. Si 10 % seulement des adultes avaient une formation supérieure en 1940, ils étaient 28 % en 1960 et 33 % en 1976. Pourtant, la mobilité s'effectuait plutôt au sein d'une même classe que d'une classe à l'autre. Les statistiques *Social Indicators 1976* indiquent qu'environ 70 % des fils de cols blancs étaient eux-mêmes cols blancs, alors que 70 % des fils d'ouvriers restaient à l'usine. On a surtout assisté, dans la période d'après-guerre, à une mobilité vers le haut sur l'échelle des revenus dont bénéficièrent toutes les couches de la population. Ainsi, entre 1947 et 1967, le revenu réel brut des familles doubla et le pourcentage des familles possédant leur logement passa de 44 à 68 %. La mobilité sociale était de plus en plus identifiée à une hausse des revenus plutôt qu'au changement de catégorie socio-professionnelle, d'autant que

les salaires ouvriers, défendus par de puissants syndicats, dépassaient désormais largement ceux de la majorité des cols blancs. Accéder à la catégorie des revenus permettant un niveau de vie de classe moyenne, tel était désormais le contenu du rêve américain. Les lois de déségrégation rendirent ce rêve accessible aux Noirs : si 16,4 % d'entre eux se trouvaient dans la catégorie des revenus moyens au début des années soixante, ils étaient 35,4 % au début des années soixante-dix.

Années Reagan : marche arrière

Mais, sous l'effet de la crise de 1973, l'économie américaine a subi une restructuration d'une ampleur sans précédent dont les conséquences à long terme pour la mobilité sociale ne se sont fait sentir qu'au début des années quatre-vingt. De 1973 à 1979, 39 % des emplois industriels ont été supprimés. Il s'agissait, dans l'ensemble, d'emplois bien payés : le salaire moyen hebdomadaire dans l'industrie était de 424 dollars en 1980. Les trois cinquièmes des travailleurs ainsi « déplacés » qui ont retrouvé un emploi ont dû accepter des baisses de salaire allant parfois jusqu'à 40 %. En effet, les secteurs qui connaissent la plus forte croissance de l'emploi sont les moins bien payés. C'est le cas, par exemple, du commerce de détail où le salaire hebdomadaire moyen est de 193 dollars. Ajouté à l'inflation, ce chan-

Bibliographie

Bluestone Barry, Harrison Bennett, *The Deindustrialization of America*, Basic Books, New York, 1982.

Duncan Greg J., *Years of Poverty, Years of Plenty*, Institute for Social Research, University of Michigan, Ann Arbor (MI), 1984.

Levy Frank, *Dollars and Dreams : The Changing American Income Distribution*, Basic Books, New York, 1987.

Mills C. Wright, *Les Cols blancs*, Maspero, Paris, 1966 (traduit de l'américain).

gement a entraîné une baisse significative des revenus. Une étude de 1987 du Joint Economic Committee du Congrès estimait qu'un homme adulte gagnait, en 1986, 25 % de moins qu'en 1973 après ajustement pour l'inflation. Et même si on ajoute le salaire de la femme, le revenu moyen d'un couple a baissé de 3 % durant la même période.

Le caractère durable de ces modifications apparaît lorsqu'on analyse les emplois créés depuis 1979, essentiellement dans le secteur des services. Plus de 45 % de ces emplois offrent un salaire annuel d'environ 7 000 dollars. Dans les services, on compte seulement 18 % d'emplois qualifiés bien rémunérés. L'éducation supérieure n'ouvre donc plus automatiquement la porte de l'ascension sociale. Au début des années quatre-vingt, 25 % des diplômés de l'enseignement supérieur occupaient des emplois sous-qualifiés. La structure de l'emploi s'est également profondément modifiée au sein des entreprises. Une étude effectuée dans la compagnie d'assurances Blue Shield montre que l'informatisation a créé à la base beaucoup d'emplois non qualifiés de pupitreurs, quelques emplois très qualifiés d'analystes au sommet et supprimé de nombreux emplois de cadres intermédiaires et de techniciens. Or le pupitreur ne devient pas analyste comme autrefois l'employé aux écritures pouvait devenir comptable en se formant sur le tas dans son entreprise. L'informatisation accélérée des entreprises de service semble donc devoir clore une autre voie traditionnelle de l'ascension sociale.

Les effets de toutes ces transformations commencent seulement à être mesurés en ce début des années quatre-vingt-dix, mais déjà *Business Week* constatait avec inquiétude en avril 1987 que « pour la première fois depuis la dépression des millions d'Américains doivent admettre qu'ils ne pourront probablement pas vivre aussi bien que leurs parents ».

Isabelle Richet

Des élites soudées

■ Malgré leur réticence à parler de classe dominante, peu de sociologues américains nient aujourd'hui l'existence d'une élite jouissant d'une très forte cohésion interne de par son éducation, ses liens au monde des affaires, son appartenance aux groupes de réflexion qui élaborent la politique américaine et enfin le contrôle, direct ou indirect, qu'elle exerce sur le gouvernement fédéral.

Le pouvoir et la cohésion de ce groupe découlent en premier lieu de ses énor-mes ressources économiques. Selon une enquête menée en 1983, 10 % des familles américaines détiennent 68 % de toute la richesse immobilière, 90 % du total des actions des sociétés et 95 % de toutes les obligations. 0,5 % des familles possèdent à elles seules 27 % de la richesse totale et 40 % des actions et obligations. La réforme fiscale de 1986, en abaissant les taux d'imposition, pourrait encore accentuer cette concentration.

Les réseaux du succès

La théorie selon laquelle la classe supérieure américaine aurait perdu sa communauté d'intérêt économique du fait de la rupture entre propriété et contrôle des grandes banques et entreprises ne vaut que pour quelques très grosses firmes. Ainsi, une étude des 500 principaux groupes industriels menée en 1980 révèle que la propriété individuelle ou familiale reste la règle pour 44 % des cas, mais ce taux n'est que de 17 % pour les 50 premiers groupes. En outre, les membres de la classe supérieure sont représentés de façon disproportionnée au sein des conseils d'administration. La même enquête fait apparaître une très forte homogénéité sociale dans la composition de ces conseils : hommes blancs, protestants, républicains, originaires de familles riches de la côte Est, éduqués dans un petit groupe d'universités renommées.

L'éducation joue en effet un rôle essentiel dans la cohésion de ces élites. Dès leur plus jeune âge, leurs membres sont formés dans les écoles privées chics et chères de la côte Est où l'on inculque un style et des valeurs qui sont les signes de reconnaissance des élites sociales (Saint Paul's Episcopal High ou Groton pour les garçons, Bryn Mawr, Abbott Academy ou St Agnes Episcopal pour les filles, par exemple). Par la suite, ils étudient dans de prestigieuses universités comme Harvard, Princeton, Yale et Stanford. Les relations qu'ils y ont tissées sont entretenues plus tard dans un réseau très serré d'institutions et d'activités sociales. Si l'inscription au *Social Register* (Bottin mondain) demeure un signe recherché de l'appartenance à l'élite, plus importante est la fréquentation des clubs où se rencontrent les décideurs. Le plus illustre — et le plus fermé — est sans doute le Bohemian Grove, dans la région de San Francisco, où se retrouvent chaque année des membres des familles les plus riches,

REVENUS FAMILIAUX Répartition[a] du revenu cumulé[b] par tranche de population			
Année \ Tranche	20 % inférieurs	60 % moyens	20 % supérieurs
1947	5,0	52,0	43,0
1959	4,9	54,0	41,1
1969	5,6	53,8	40,6
1979	5,2	53,1	41,7
1984	4,7	52,4	42,9
1986	4,6	51,6	43,7

a. En % ; b. «Aggregate income».

RICHESSE FAMILIALE[a] Répartition[b] par tranche de population				
Tranche \ Richesse	Immobilier	Actions	Obligations	Richesse totale
10 % les plus riches	50	90	95	68
0,5 % les plus riches	14	40	40	27

a. En 1985. La richesse est ici calculée sur la base de la détention de biens immobiliers, d'actions et d'obligations ; b. En %.

John Fitzgerald Kennedy (1917-1963)

263

♦ *De souche irlandaise, petit-fils de Patrick, tenancier de bar et politicien local, fils de Joseph, qui fit la fortune familiale dans les années vingt (cinéma, spéculation foncière et, dit-on, vente d'alcool pendant la prohibition). Ce dernier sut réaliser ses investissements boursiers juste avant la chute de Wall Street, soutint Roosevelt et devint ambassadeur des États-Unis en Grande-Bretagne en 1937. John F. Kennedy, diplômé de Harvard, ayant fait une guerre courageuse dans la marine, est élu au Congrès comme représentant du Massachusetts en 1946 : ce n'est que le début d'une brillante carrière, fortement poussée et facilitée par l'ambition et la fortune paternelles.*

Élu au Sénat en 1946, il sera au total un assez médiocre parlementaire : il vise plus haut. Et il y parvient, en 1960, devançant de justesse Richard Nixon, après une dure campagne où il utilise à merveille les faiblesses de son adversaire et ces nouvelles ressources électorales que sont la télévision et les sondages. Il devient le premier président catholique des États-Unis. Il propose, sans grand succès, de nombreuses lois au Congrès, mais tarde à s'engager sur le problème noir et commence de fait l'embourbement de son pays au Vietnam : son assassinat à Dallas, en novembre 1963, fait qu'il est impossible de savoir s'il eût été ou non un grand président. Mais il avait su galvaniser les énergies et enflammer l'imagination de ses compatriotes, du reste du monde : il laisse un souvenir nostalgique de son charme intelligent, empêché qu'il fut de réaliser, pour le meilleur ou pour le pire, ses virtualités.

M.-F. T.

des dirigeants des grandes firmes et des représentants du gouvernement afin de discuter des affaires du pays et du monde.

Loin d'un éclatement des élites économiques, on a assisté, depuis la fin de la Seconde Guerre mondiale, à une réorganisation de celles-ci par l'assimilation économique et sociale des cadres de haut niveau. Les directeurs des grands groupes perçoivent des salaires annuels dépassant le million de dollars. Surtout, l'intéressement aux résultats et la possibilité d'acheter des actions de la société à un taux préférentiel leur permettent de se construire rapidement une fortune personnelle. Leur intégration sociale se fait par le biais des clubs et de l'éducation. Si un tiers de ces PDG ont étudié dans une université de l'*Ivy League*, ce sera le cas pour 70 % de leurs enfants.

L'argent et le pouvoir

Outre son énorme pouvoir économique et social, l'élite exerce une influence déterminante sur l'élaboration de la politique du pays et la formation des gouvernements, même si ses membres y participent rarement en personne. Cette influence s'opère dans le cadre du processus démocratique à différents niveaux : sélection des candidats, élaboration des programmes, recrutement des membres de l'administration et du gouvernement.

Le financement joue un rôle essentiel dans la sélection des candidats. Paradoxalement, la réforme intervenue au milieu des années soixante-dix, en limitant le montant des dons aux candidats, a renforcé l'emprise du monde des affaires sur le processus de sélection. Les quelques gros donneurs d'autrefois ont été remplacés par une multitude de petits donneurs répartis parmi un plus grand nombre d'entreprises. Pour coordonner ces activités, les grands groupes ont mis en place des *political action committees* (comités d'action politique). En 1980, des centaines de firmes ont ainsi versé 19 millions de dollars à des candidats au Congrès.

Bibliographie

Domhoff G. William, *Who Rules America Now ?*, Simon & Schuster, New York, 1983.

Juster F. Thomas, « The Distribution of Wealth in the US Economy », *Economy Outlook USA*, Washington (DC), été 1987.

Smith James D., « Wealth in America », *Institute of Social Research Newsletter*, Ann Arbor (MI), hiv. 1986.

Vogel David, *Fluctuating Fortunes : The Political Power of Business*, Basic Books, New York, 1989.

Tout aussi déterminant est le rôle joué dans le processus d'élaboration des programmes politiques par quelques groupes de réflexion, tels le Council on Foreign Relations (Conseil des relations étrangères) et son appendice, la Commission Trilatérale, le Committee for Economic Development (Comité pour le développement économique), ou le Business Council. Une étude sur le Council on Foreign Relations pour les années 1978-1979 a montré que 39 % de ses membres étaient inscrits dans le *Social Register* ; 37 % des 500 plus grandes firmes et 70 % des 100 plus grandes y étaient représentés. Enfin on y trouvait des membres éminents des gouvernements passés, présents et à venir comme Dean Rusk, Cyrus Vance, Zbigniew Brzezinski, Alexander Haig, George Shultz ou Donald Regan, etc. Ce sont aussi ces groupes que les présidents consultent avant de procéder aux nominations politiques les plus importantes et c'est en leur sein qu'ils recrutent leurs conseillers. Ainsi, 31 membres du gouvernement Reagan appartenaient au Council on Foreign Relations.

Cette étroite imbrication des élites américaines dans un groupe qui cumule le pouvoir économique, social et politique leur permet, selon l'expression de G.W. Domhoff, de « fixer les termes selon lesquels les autres groupes de la société doivent opérer ».

Isabelle Richet

L'élite du pouvoir

« *Presque partout en Amérique les classes supérieures urbaines ont plus ou moins la même race, la même religion et la même origine. Même si leurs membres ne sont pas tous issus de la même lignée, ils sont tous issus de familles qui sont américaines depuis plus longtemps que le reste de la population. Il y a, certes, des exceptions, dont certaines sont importantes. Dans diverses villes, des familles italiennes, juives et irlando-catholiques sont devenues riches et puissantes et ont atteint un statut élevé. Mais malgré leur importance, ce ne sont que des exceptions ; le modèle des classes sociales supérieures est toujours « pur » de race, de groupe ethnique, d'origine nationale. Dans chaque ville, leurs membres ont tendance à être protestants, et même protestants membres d'Églises de classe : épiscopaliens surtout, et aussi unitariens ou presbytériens.* »
C. Wright Mills, L'Élite au pouvoir, Maspero, Paris, 1964 (trad. de l'américain).

L'Amérique moyenne

■ C'est d'abord la classe moyenne que l'on rencontre lorsque l'on visite les États-Unis. On la trouve par exemple dans les chambres de commerce, ou dans les *Council for International Visitors*, ces organismes qui aplanissent les difficultés pour le visiteur de passage et lui ménagent dîners en ville ou barbecues en banlieue, dans des familles d'accueil dont le double objectif est de promouvoir leur culture tout en s'informant, parfois naïvement, de celle de l'étranger. Ainsi peut-on avoir la surprise de s'entendre demander par ses hôtes-agriculteurs à Mead dans le Nebraska (3 000 habitants) : « *Is France a democracy ?* »

Les ouvriers qualifiés de l'automobile ou de l'acier se réclament de cette classe moyenne au même titre que les enseignants, les agriculteurs, les retraités, les cadres supérieurs, les professions libérales ou les gros commerçants, tels ceux rencontrés à San Diego en Californie qui arborent leur nom de famille sur leur plaque minéralogique (ce qui sert en même temps d'enseigne publicitaire).

Ils incarnent l'une des principales idées reçues à propos des États-Unis, à savoir l'absence de classe et son corollaire, la mobilité sociale ascensionnelle. La société américaine en effet se caractériserait par l'existence d'une vaste classe moyenne qui regrouperait 80 % de la population et ne laisserait subsister, sur ses marges, qu'une petite *upper class* (classe supérieure) d'environ 5 %, et une frange plus importante d'environ 15 % de démunis (ceux qui se situent en dessous du seuil officiel de pauvreté).

Cette classe moyenne protéiforme et fluide se définit par ses revenus (son noyau dur aurait un revenu familial de 20 000 à 55 000 dollars par an, selon les chiffres de 1990), mais surtout par un certain nombre de valeurs dont la fameuse *work ethic*, l'éducation, gage de la mobilité, et un certain contrôle sur son propre destin. Elle s'assure dans des caisses privées pour couvrir ses frais de maladie et compléter sa pension vieillesse et refuse toute « socialisation » de la médecine. Elle est fière d'appartenir à la première nation du monde. Elle est accueillante et reçoit généreusement. Elle fréquente les *country clubs*, joue au golf et visite les parcs nationaux ou les sites historiques du pays, le plus souvent reconstitués, comme le village colonial de Williamsburg en Virginie ou le parcours de la liberté qui conduit au bateau de la *Boston Tea Party*. Elle fréquente l'église du quartier qui joue souvent un rôle plus social que spirituel. Le thème du sermon est affiché devant la porte et peut faire l'objet de commentaires, voire être suivi de mesures concrètes. Ainsi, une famille texane, catholique pra-

tiquante, se réunit avec les voisins toutes les semaines pour commenter le sermon et le mettre en pratique dans la vie quotidienne, par exemple en aidant les plus démunis (bonne ou jardinier mexicains). Elle participe activement et le plus souvent bénévolement à des associations caritatives. Elle s'investit également dans les organismes qui défendent l'environnement ou toute autre cause (le « droit à la vie » par exemple). Elle n'hésitera pas à se mobiliser pour défiler devant les cliniques pratiquant l'interruption de grossesse, ou au contraire pour protéger la jeune femme qui s'y rend contre ceux qui essaient de la convaincre d'abandonner son projet. Elle vit dans des quartiers homogènes, dans les banlieues style *Levittown* ou encore dans les maisons individuelles sans clôtures, avec piscine et jacuzzis, voire parfois avec enclos et gardien, des ensembles résidentiels plus chics, la ségrégation sociale, et pas seulement raciale, étant la norme.

Les mères de famille sans emploi ou les retraités sont visiteurs médicaux ou membres d'un groupe ayant pris en main la surveillance et la protection du quartier contre les agressions et les cambriolages. Ils/elles organisent des *ice cream socials*, où la vente des glaces maison permet de compléter le mobilier scolaire. Leurs compétences spécifiques sont mises au service de la collectivité. Ainsi un avocat donnera de son temps au *Mexican American Legal Defense Fund* ou au *Sierra Club Legal Defense Fund* selon qu'il préférera fournir une aide judiciaire bénévole aux minorités défavorisées ou aux associations de défense de l'environnement.

C'est l'Amérique bien pensante, heureuse de vivre qui, à sa façon, fait preuve d'une certaine solidarité. Une famille d'Escondido, non loin de San Diego (Californie), a ainsi fait intervenir son avocat (on a son avocat comme en France on a son médecin) afin que le jardinier mexicain clandestin qu'elle employait depuis des années puisse, en 1988, bénéficier de la loi d'amnistie.

Sylvie Le Bars

Y a-t-il encore une classe ouvrière?

■ Dans les années cinquante, il était généralement admis que « les ouvriers bien payés » (*affluent workers*) et sur la voie de l'ascension sociale constituaient la classe moyenne type. Puis dans les années soixante, on a redécouvert « l'autre Amérique », celles des pauvres, et l'on a vu réapparaître, au premier plan de la scène sociale, la classe ouvrière en lutte dans des conflits nombreux et parfois violents.

Depuis les années soixante-dix, certains se demandent si les États-Unis ne sont pas entrés dans l'ère des « travailleurs jetables » (*disposable workers*). La classe ouvrière a été frappée de plein fouet par la crise, les fermetures d'usines, les restructurations et les mutations technologiques. Au début des années quatre-vingt-dix, on s'interroge moins sur la possibilité qu'ont les ouvriers de jouir des bienfaits de l'*American way of life* que sur la baisse du pouvoir d'achat de ceux qui ont un emploi : les salaires moyens de tous les travailleurs ont diminué de 7 % entre 1979 et 1984.

On estime que, de 1981 à 1986, plus de 11 millions de travailleurs ont perdu leur emploi en raison de fermetures d'usines ou de licenciements définitifs. Les emplois retrouvés sont généralement moins bien payés. Avec la précarité, le nombre de travailleurs à temps partiel a beaucoup augmenté : 20 millions en 1987, soit 16 % de la main-d'œuvre globale. Le chômage touche officiellement environ 6 % de la population active (14 % chez les Noirs). Mais alors qu'en 1979 la durée moyenne du chômage était de 10,8 semaines, elle était passée à 14,5 semaines en 1987.

Des hiérarchies multiples

Compte tenu de ces bouleversements, quelles sont les composantes de la classe ouvrière? Selon le recensement, la population active civile était de 112,4 millions de personnes en 1987. Le groupe des ouvriers de métier, de la production et de la réparation de précision (*precision production, craft and repair*), qui comprend des mécaniciens, des réparateurs électriciens et électroniciens, des installateurs et réparateurs de téléphone, des travailleurs de la production de précision, des charpentiers, etc., s'élève à 13,6 millions. Cette fraction « stable » et relativement protégée de la classe ouvrière, composée majoritairement d'hommes blancs, est assez fortement syndicalisée.

Les ouvriers spécialisés, opérateurs sur machines, monteurs et manœuvres (*operators, fabricators and laborers*) sont 17,5 millions. Les travailleurs des services sont 15 millions et constituent un groupe très hétérogène : domestiques, pompiers, concierges (*janitors*), vigiles, travailleurs de la santé, de la restauration (surtout rapide), du nettoyage et des activités de loisirs. Beaucoup sont, en fait, des travailleurs manuels et souvent des femmes. Les travailleurs agricoles sont près d'un million. Cet ensemble constitue la fraction « précarisée », « périphérique » de la classe ouvrière, composée de femmes, de Noirs et d'Hispaniques, d'immigrants récents, de travailleurs saisonniers, faiblement syndicalisés. Proches d'eux par le revenu et les conditions de travail se trouvent les employés de bas niveau — caissières, vendeuses, dactylos — placés dans la catégorie *Technical, sales and administrative support*.

Abandon de la distinction
cols bleus/cols blancs

L'abandon des catégories « cols blancs » et « cols bleus » dans la publication officielle *Statistical Abstract* de 1989 est

---

*Le salaire en termes réels (corrigé de l'inflation) des travailleurs non cadres (*nonsupervisory workers*) a diminué de 16 % entre 1972 et 1990. International Herald Tribune, 13.02.1990.*

Bibliographie

Debouzy Marianne, *Travail et Travailleurs aux États-Unis*, La Découverte, «Repères», Paris, 1984.

Collomp Catherine, Debouzy Marianne, Le Bars Sylvie (sous la dir. de), *Les Salariés dans l'Amérique de Reagan*, Presses universitaires de Nancy, 1987.

Moody Kim, *An Injury to All, The Decline of American Unionism*, Verso, Londres, 1988.

symptomatique de la difficulté croissante de distinguer la nature des emplois et les frontières qui les séparent. Après avoir profondément transformé les tâches de production, la mécanisation, l'automatisation et l'électronisation «révolutionnent» les secteurs des services et le travail de bureau.

Malgré une certaine uniformisation des tâches et des conditions de travail pour les catégories les moins qualifiées à l'usine et au bureau, des différences subsistent. Les «cols bleus» sont des travailleurs horaires; les «cols blancs» sont des mensuels. Si la syndicalisation est plus élevée chez les premiers, les seconds votent davantage.

Ces différents découpages montrent bien la difficulté de cerner les contours de la classe ouvrière. Elle englobe à coup sûr beaucoup plus de gens que les seuls «cols bleus»; elle est extrêmement hétérogène et hiérarchisée selon les qualifications, le sexe, l'origine raciale. La condition ouvrière varie énormément avec le salaire qui peut aller de 15 000 dollars (ou moins) (opérateur sur machine) à 40 000 dollars (mécanicien d'avion), selon la taille de l'entreprise, la nature du travail, la présence ou l'absence de syndicats. Les ouvriers des grandes entreprises syndicalisées sont relativement protégés par des conventions collectives qui fixent les horaires, les salaires, les congés (en 1980 leur durée moyenne était de deux semaines et demie pour l'ensemble des salariés) et assurent la protection sociale et médicale. Pourtant, moins du tiers des salariés est couvert par une convention collective et, avec la crise, cette protection s'est beaucoup détériorée.

Quels traits communs ?

La classe ouvrière, comme ensemble cohérent, existe-t-elle ? On voit de moins en moins ce qui constitue le trait commun aux travailleurs américains, sinon le peu de contrôle qu'ils exercent sur leur vie professionnelle et quotidienne, les stratégies qu'ils mettent en œuvre pour faire face à l'insécurité et le fait qu'ils continuent dans l'ensemble à croire dans les vertus salvatrices de l'*American way of life*. Les formes de socialisation ont été individualisées à l'extrême par la consommation. Les formes d'organisation se sont considérablement affaiblies (19 % de la main-d'œuvre est syndicalisée). Les formes de solidarité politique sont également remises en cause, comme en ont témoigné la défection d'une partie des électeurs démocrates après les années soixante et le fait que plus de 40 % des syndiqués ont voté pour Ronald Reagan en 1980 et 1984.

Certes, des solidarités de lutte, lors des grèves, peuvent exister ponctuellement et des réseaux d'entraide locaux fonctionner, comme dans la région sinistrée de Pittsburgh.

Mais la recomposition de ses forces et de ses alliances permettra-t-elle à la classe ouvrière de retrouver une unité ailleurs que dans les lieux fonctionnels de la société de consommation ou dans ces regroupements éphémères que favorise cette même société, fragmentée et même éclatée à l'extrême ? Peut-on penser que se dessineront de nouveaux grands axes de regroupement autour de projets sur les droits politiques, en particulier ceux des femmes, des Noirs et de la jeunesse ?

Marianne Debouzy

Trente millions de pauvres

■ Plus de trente millions d'Américains sont officiellement « pauvres ». Officiellement, parce que les statistiques fédérales incluent dans cette catégorie les familles de quatre personnes dont le revenu annuel est inférieur à un chiffre fixé chaque année : environ 12 000 dollars, à la fin des années quatre-vingt.

En Europe, 12 000 dollars paraîtraient un niveau de ressources convenable. Mais les Américains ne connaissent pas toutes les prestations sociales qui améliorent le sort des déshérités européens, en particulier les allocations familiales et l'assurance maladie, sans parler du revenu minimum d'insertion à la française.

Si on y ajoute le manque de logements sociaux, la médiocrité des services médicaux prévus pour les indigents (*Medicaid*), l'absence d'assurance chômage de longue durée couplée avec une instabilité chronique de l'emploi, et une carence généralisée des services sociaux, on constate que des millions d'Américains ne sont pas mieux lotis que certains habitants du tiers monde.

Les pauvres peuplent les trottoirs des grandes villes, les « ghettos » noirs et hispanophones, et certaines campagnes reculées, notamment dans le Sud, où de petits paysans, blancs et noirs, luttent pour survivre sur de minuscules lopins de terre. Mais la proportion de pauvres est plus forte chez les Noirs que chez les Blancs. Après les améliorations nées du programme de Grande société lancé par le président Lyndon Johnson dans les années soixante, l'écart de revenu entre familles blanches et noires a recommencé à croître, allant presque du simple au double. A la fin des années quatre-vingt, on comptait chez les Noirs (12 % de la population) environ 30 % des ménages se situant en dessous du seuil de pauvreté officiel, contre 11 % chez les Blancs.

La tragédie des ghettos noirs

Les ghettos noirs sont devenus le symbole de l'Amérique paupérisée. A la fin de la Seconde Guerre mondiale, la mécanisation de l'agriculture dans le Sud et les besoins de la guerre avaient provoqué une immigration massive des ouvriers agricoles noirs vers les grandes cités industrielles du Nord et de l'Est du pays. Après vingt ans de prospérité, de nombreuses usines fermèrent ou émigrèrent vers la « ceinture du soleil », laissant derrière elles des dizaines de milliers de chômeurs sans qualifications. Ce fut le début de la décrépitude de quartiers entiers, comme Harlem à New York, ou le South Side à Chicago. Beaucoup de familles noires issues d'un Sud rural et patriarcal, mal formées à la vie des grandes villes, souvent à peine alphabétisées, furent incapables de se reconvertir. Les hommes quittèrent leur foyer à la recherche d'un nouvel emploi, beaucoup ne revinrent jamais. Les femmes se retrouvèrent seules, elles aussi chômeuses, avec de nombreux enfants, souvent de pères différents.

TAUX DE PAUVRETÉ PAR ÂGE [a]	
– 6 ans	22,8 %
6-17 ans	19,4 %
18-24 ans	15,3 %
25-44 ans	10,2 %
45-64 ans	9,1 %
65 ans et +	12,2 %
Taux moyen	13,5 %

a. Chiffres 1987.
Source : US Bureau of the Census (*in Public Opinion*, nov.-déc. 1988).

Tandis que les quartiers noirs luttaient pour survivre, une nouvelle bourgeoisie noire émergeait de la déségrégation instituée au milieu des années soixante. Dès qu'elle le put, elle émigra vers des ban-

Une culture de la pauvreté

♦ On parle presque toujours des Noirs pauvres, presque jamais des pauvres blancs. Si les premiers constituent une proportion plus importante de leur communauté (en 1987, 33,1 % des Noirs contre 10,5 % des Blancs vivaient en dessous du seuil de pauvreté), les seconds sont beaucoup plus nombreux en chiffres absolus. Sur 32,5 millions de pauvres (selon la définition officielle), 21,4 millions étaient blancs et 9,7 millions étaient noirs. Bon nombre de ces Blancs (2,5 millions selon des estimations de 1990), pour l'essentiel protestants, vivent dans les Appalaches, cette zone montagneuse qui s'étend du Canada à l'Alabama, dont la partie la plus déshéritée couvre pour l'essentiel les comtés miniers (charbon) de la Virginie de l'Ouest, du Kentucky, du Tennessee et de la Virginie.

La pauvreté, qui persiste de génération en génération, est presque devenue un mode de vie, la «culture» de toute une communauté. Malgré le racisme qui s'exerce à son encontre (les Hillbillies sont autant ostracisés et méprisés que les Noirs, comme le montre le film, aussi puissant qu'injuste, Délivrance), cette communauté a toujours su se battre pour tenter de défendre ses intérêts : ce n'est qu'après neuf mois de grève que les mineurs des Appalaches ont terminé, sur un échec, un mouvement de revendication en janvier 1990.

Mais, malgré les dizaines de milliards de dollars que l'État fédéral a déversées depuis 1965 (création de l'Appalachian Regional Commission, agence fédérale chargée de favoriser le développement de la partie la plus pauvre des Appalaches, environ 505 000 kilomètres carrés, presque autant que la France) pour essayer, notamment, de désenclaver la région, les résultats ont été médiocres : niveau de vie, logement, éducation ou couverture-santé restent inférieurs dans les Appalaches. S'y ajoutent dorénavant les effets, redoutables pour l'emploi, de la mécanisation dans laquelle s'est engagée sans hésitation l'industrie charbonnière (en Virginie en 1950, 18 000 mineurs produisaient 18 millions de tonnes de charbon ; en 1988, il ne fallait plus que 11 000 mineurs pour en produire 46 millions).

M.-F. T.

---

lieues plus propices à la paix des familles, abandonnant les ghettos à la misère et à la délinquance.

Depuis les années soixante-dix, la situation est devenue catastrophique, et apparemment inextricable. La vie quotidienne du ghetto, ce sont des immeubles en loques, des écoles sales et dangereuses que les professeurs compétents désertent, un chômage qui touche jusqu'à 50 % de la population, une criminalité endémique, des familles nombreuses et disloquées, des enfants élevés sans père, sans instruction, sans discipline, à jamais incapables d'occuper un emploi, les grossesses de petites filles de quatorze ans, la prostitution et, de plus en plus, la drogue et le SIDA.

Au fil des années, faute de mesures sociales et économiques sérieuses, le trafic de drogue est devenu, pour le ghetto, un véritable mode de vie, et souvent, pour les jeunes, le seul emploi lucratif. L'irruption du «crack», ce dérivé bon marché et dangereux de la cocaïne, a transformé ce qui n'était que l'une des nombreuses tares des quartiers pauvres en drame national.

Des clochards abandonnés

L'autre aspect de la pauvreté américaine, ce sont les clochards : plus de 60 000 rien qu'à New York à la fin des années quatre-vingt, mais on les trouve partout, y compris dans les petites villes. Certains

270

Bibliographie

Bernheim Nicole, *Les Années Reagan*, Stock, Paris, 1984.

Glazer Nathan, *Affirmative Discrimination*, Basic Books, New York, 1975.

O'Hare William, « Poverty in America : Trends and New Patterns », *Population Bulletin*, vol. XL, n° 3, Washington (DC), juin 1985.

Sawhill Isabel, « Poverty in the US : Why Is it So Persistent ? », *Journal of Economic Literature*, vol. XXVI, Nashville (TN), sept. 1988.

sont d'anciens combattants de la guerre du Vietnam qui n'ont pas pu retrouver d'emploi, se sont enfermés dans la drogue ou l'alcool et, sans domicile fixe, ont perdu jusqu'à leur pension d'ancien combattant ou d'invalide.

Beaucoup sont d'anciens pensionnaires d'hôpitaux psychiatriques. Dans les années soixante-dix, les handicapés mentaux ont été « désinstitutionnalisés », sans qu'on ait prévu de structures d'accueil à leur sortie. Ces hommes et ces femmes se sont retrouvés à la rue et leur trace a très vite été perdue par les services chargés de leur verser de petites pensions. Par les nuits d'hiver les plus glaciales, les organisations de charité privées, qui sont censées pourvoir à leurs besoins, ne peuvent abriter qu'une infime partie de leur troupe grandissante.

Par-delà ces cas extrêmes, il est très facile de devenir pauvre aux États-Unis, sans entrer dans les statistiques officielles. Il suffit pour cela de perdre son emploi et de se retrouver incapable de payer les traites de la maison, l'assurance médicale privée pour la famille, les frais de scolarité des enfants, et toutes les charges d'une société d'abondance qui vit à crédit. Certains cadres supérieurs en font la douloureuse expérience après une restructuration de leur entreprise, ou une longue maladie.

Nicole Bernheim

ÉDUCATION

Forces et faiblesses du système éducatif

■ L'enseignement aux États-Unis est totalement décentralisé : aussi, le secrétariat à l'Éducation, qui ne date que de 1979, a été plusieurs fois remis en question sous la présidence Reagan. En fait, le domaine éducatif relève essentiellement des autorités locales et des États et le gouvernement fédéral n'est responsable que de programmes spéciaux (minorités, handicapés, prêts pour étudiants défavorisés, etc.) La Constitution protège le droit à l'éducation ; celui-ci a toujours été un cheval de bataille de la démocratie américaine en ce qu'il représente le meilleur moyen d'acculturation. Cette approche positiviste se fonde en partie sur une conception égalitaire de la société.

Du point de vue de l'organisation, le système américain ne diffère guère des systèmes européens : comme eux, il s'articule sur plusieurs niveaux qui correspondent aux enseignements maternel, primaire, secondaire, supérieur, auxquels s'ajoutent l'enseignement technique et la

NOMBRE DE SCOLARISÉS (en millions) ET DÉPENSES D'ÉDUCATION (en milliards de dollars)									
	Total		Élémentaire		Secondaire		Université		Dépenses	
	Public	Privé	Public	Privé	Public	Privé	Public	Privé	Public	Privé
1960	39,0	7,2	27,5	4,9	9,2	1,0	2,3	1,3	19,5	4,3
1970	52,2	8,1	32,9	5,2	13,5	1,2	5,7	1,7	56,9	11,5
1980	..	..	27,7	5,0	..	..	..	..	137,4	28,2
1988 [a]	50,2	8,0	25,2	4,0	15,0	1,2	10,0	2,8	252,6	58,2

Source : *Statistical Abstract* 1990.
a. Estimations.

EFFECTIFS (en milliers d'étudiants)				
Niveau / Année	1980	1985	1988 [a]	1995 [b]
Enseignement prim. et second. (total)	46 318	45 066	45 980	—
— public	40 987	39 509	40 280	40 337
— privé	5 331	5 557	5 700	—
primaire	31 666	31 244	32 839	—
secondaire	14 652	13 822	13 141	—
Enseignement supérieur (total)	12 097	12 247	12 560	12 151
— public	9 457	9 479	9 760	9 449
« college »	8 442	8 477	8 761	8 458
prof. libérales [c]	114	112	116	110
« graduate studies »	901	890	883	881
— privé	2 640	2 768	2 800	2 702
« college »	2 033	2 120	2 158	2 068
prof. libérales [c]	163	162	162	157
« graduate studies »	444	486	480	477

a. Chiffres provisoires ; b. Prévisionnel ; c. Facultés préparant aux professions libérales : droit, médecine, etc.
Source : *Digest of Education Statistics*, 1988. US Department of Education.

formation continue. Après la Seconde Guerre mondiale, les États-Unis sont passés, sans trop de difficultés, à un système d'éducation de masse, grâce notamment au *GI Bill* qui donnait aux jeunes gens revenant du front des facilités pour reprendre leurs études. La démocratisation poussée du système dans les années cinquante et soixante, conjuguée à l'évolution des droits des minorités, a sans doute contribué à la redéfinition de normes dans un sens moins strict. Cependant, la publication du rapport *A Nation at Risk : The Imperative for Educational Reform* en 1983, par la National Commission on Excellence in Education, a fait prendre conscience aux Américains que leur système n'était plus aussi performant que par le passé. Cette remise en question s'explique à la fois par la crise économique des années quatre-vingt, la déstructuration du tissu urbain et l'émergence de la concurrence japonaise. Il ne faut pas cependant prendre à la lettre cette analyse

COÛT DES ÉTUDES SUPÉRIEURES (par étudiant, en dollars par année universitaire)								
Année	1970-71		1975-76		1980-81		1987-88	
Frais	établ. publ.	établ. priv.	établ. publ.	établ. priv.	établ. publ.	établ. priv.	établ. publ.	établ. priv.
Scolarité								
— Université	478	1 930	642	2 881	915	4 275	1 750	8 770
— «Collège»	332	1 603	469	2 084	721	3 390	1 320	6 670
Nourriture								
— Université	568	641	720	833	969	1 208	1 600	2 310
— «Collège»	499	562	655	718	904	999	1 470	1 770
Logement								
— Université	431	542	573	753	827	1 083	1 410	2 250
— «Collège»	375	434	533	583	795	860	1 340	1 610

Source : Digest of Education Statistics, 1988. US Department of Education.

INDICATEURS ÉDUCATIFS				
	1940	1960	1985	1988
Adultes ayant un diplôme de *high school*	24,5 %	41,1 %	73,9 %	76,2 %
Adultes ayant un titre universitaire	4,6 %	7,7 %	19,4 %	20,3 %
Dépenses (en milliards de dollars) pour l'éducation primaire et secondaire	3	17	149	187
Dépenses (en milliards de dollars) pour l'enseignement supérieur	0,6	7	98	124
Pourcentage du PNB allant à l'éducation	3,5	4,8	6,6	6,6

Source : US Department of Education in Public Opinion, sept.-oct. 1987.

catastrophique (propre aux Américains dès qu'ils se remettent en cause), qui dénonce en bloc le taux élevé d'analphabétisme, la faiblesse de l'enseignement des mathématiques, le manque de connaissances de base en histoire et en géographie ; il faut plutôt y voir les signes d'un réajustement du système qui ne paraît plus inébranlable. Cette prise de conscience nationale a entraîné une réflexion générale sur le système éducatif.

De la «nursery» à la «high school»

Les crèches (*nurseries*) sont toutes privées et leur nombre ne suffit pas dans les grandes villes pour couvrir les besoins des mères qui travaillent à plein temps.

L'enfant est accueilli à l'école maternelle (*kindergarten*) à partir de cinq ans ; toutefois, à cause du manque d'encadrement, de ressources ou de place, il n'est souvent scolarisé qu'à temps partiel dans les écoles publiques. La pédagogie, inspirée du mouvement Montessori, y est peu normative.

A partir de l'école primaire (*primary school*), la grande majorité des élèves est scolarisée dans des établissements publics. Ils y entrent à six ans (début de la scolarité obligatoire), et y restent du *grade* 1 au *grade* 6 ; ils sont conseillés tout au long de leur scolarité dans leurs études et leur orientation. C'est un trait caractéristique du système éducatif américain : l'élève, comme l'étudiant, est « pris en charge ».

L'école secondaire (*high school*) reçoit les élèves du *grade* 7 au *grade* 12. Souvent, on distingue deux cycles : la *junior high school* (*grades* 7 à 9) et la *senior high school* (*grades* 10 à 12). La fin du cycle en est sanctionnée par le diplôme de *high school* mais, compte tenu de l'extrême variété de niveaux d'une école à l'autre, son obtention ne suffit pas pour être admis dans l'enseignement supérieur : il ne fait que sanctionner douze années d'études. Ce diplôme est seulement un des éléments qui serviront de critères d'admission dans les collèges d'enseignement supérieur ou les universités.

Les études supérieures

Les établissements d'enseignement supérieur de cycle court (*community colleges*) sont, en général, des établissements publics (deux ans après le diplôme de *high school*) qui répondent avant tout à la demande régionale et délivrent à la fin du cycle l'*Associate Degree*, diplôme permettant soit de rentrer dans la vie active, soit d'être accepté en troisième année de *college*. Ils ont largement contribué au développement d'un enseignement post-secondaire de masse aux États-Unis où plus de 50 % de la classe d'âge 18-20 ans suit des études supérieures.

Les étudiants qui choisissent le cycle long vont d'abord au *college* qui correspond aux quatre premières années de l'enseignement supérieur (*undergraduate studies*) sanctionnées par le *Bachelor of arts* (BA) ou le *Bachelor of science* (BS). Certaines institutions (comme les *Ivy League colleges*) ne décernent que ces diplômes. D'autres, les universités, offrent les deux cycles et, après le diplôme du *college*, préparent en deux ans (*graduate studies*) à la maîtrise, le *Master* (MA ou MS), puis, ultérieurement au doctorat (PhD).

Les critères d'admission d'un étudiant

dans l'enseignement supérieur sont assez complexes compte tenu de la décentralisation du système éducatif et du haut degré d'autonomie des établissements. Au niveau national, des tests permettent d'évaluer le niveau du candidat. Les plus connus sont le *Scholastic aptitude test* (SAT) pour l'entrée au collège et le *Graduate record examination* (GRE) pour l'accès à la préparation d'un *Master*.

En l'absence d'un ministère de l'Éducation, les établissements d'enseignement supérieur sont reconnus grâce à un système d'agrément délivré par des agences spécialisées, soit au niveau régional, soit par spécialité. Ce système permet avant tout à l'étudiant de passer d'un établissement agréé à un autre sans être pénalisé (*credit transfer*) et d'obtenir une aide financière, gouvernementale ou privée. L'accès à l'enseignement supérieur est relativement démocratique grâce aux aides financières octroyées aux étudiants : plus de la moitié d'entre eux bénéficient de bourses, de prêts et d'offres d'emploi.

La politique des universités est définie, sur chaque campus, par un conseil d'administration. En matière de budget, les établissements agréés reçoivent des subventions à la fois de leur État et du gouvernement fédéral auxquelles s'ajoutent d'autres sources de revenus : frais de-

---

Arrêt Brown c. Board of Education of Topeka (1954)

Cet arrêt de la Cour suprême a été pris à l'unanimité des juges et rédigé par le président de la Cour suprême, Earl Warren, qui le voulut court (onze pages seulement, le plus bref de l'histoire constitutionnelle des États-Unis) et clair afin que tous puissent le lire intégralement. « Nous en venons donc à la question posée : la ségrégation des enfants dans les écoles publiques, sur la seule base de leur race, même si les conditions matérielles et autres facteurs "tangibles" sont égaux, prive-t-elle les enfants du groupe minoritaire de possibilités d'éducation légales ? La réponse est oui [...]. Des moyens d'éducation séparés sont intrinsèquement inégaux. »

Bibliographie

National Commission on Higher Education, *Issues to Strengthen Quality in Higher Education*, Washington (DC.), 1982.

National Commission on Excellence in Education, *A Nation At Risk : The Imperative for Educational Reform*, US Department of Education, Washington (DC.), 1983.

Sjogren Cliff, *Diversity, Accessibility and Quality : A Brief Introduction to American Education for Non-Americans*, College Entrance Board, New York, 1986.

Task force on Federal Elementary and Secondary Education Policy, *Making the Grade*, Twentieth Century Fund, New York, 1983.

scolarité, dotations, contributions des fondations privées, dons des particuliers, etc. Il convient de mentionner enfin le rôle important de la recherche dans les universités (elle représentait en moyenne environ 8,7 % du total des dépenses en 1986, contre 31,8 % pour l'enseignement) mais aussi la place de plus en plus grande qu'occupe la formation continue : en 1989, l'âge moyen d'un étudiant de collège était de vingt-deux ans, et de trente-cinq ans en université.

L'immensité des États-Unis, la complexité des mécanismes régulateurs du système éducatif et sa totale décentralisation sont, tout compte fait, à la fois un avantage et un handicap pour ce pays qui tente d'assurer à la fois une éducation pour tous et une éducation permanente.

Pierre Collombert

Éducation et pouvoirs publics

■ A l'inverse de pays comme la France, dont le système scolaire est imprégné par la centralisation et l'uniformité, le secteur éducatif aux États-Unis s'est développé à partir des initiatives locales. Dès 1787, *The North West Ordinance* prévoyait des dons fédéraux de terres importants (un seizième du domaine) pour le développement des écoles.

Dans quarante-neuf des cinquante États, l'enseignement est confié à une structure locale *ad hoc*, le district scolaire (*school district*). Seul l'État de Hawaii prend en charge directement la gestion des enseignements primaire et secondaire. Les mécanismes de financement et de gestion, quoique variables d'un État à l'autre, reposent sur un schéma relativement commun : sur un territoire scolaire (*district*), un conseil gestionnaire (*school board*), généralement élu pour un mandat bref (un à trois ans), parfois nommé par les autorités locales (un quart des cas), décide de la politique à mener et lève

l'impôt local (*property tax*) ou emprunte les fonds nécessaires ; un administrateur (*superintendent*) tantôt élu, tantôt nommé, applique les réglementations fédérales, étatiques, locales, met en œuvre les décisions du conseil, gère les écoles, recrute et licencie le personnel.

Intervention croissante

Cette structure ne donne toutefois qu'un aperçu grossier de la situation réelle en raison de la profonde évolution qui a affecté le système scolaire depuis la Seconde Guerre mondiale. Un simple indicateur statistique en donne la mesure : il y avait un peu moins de 15 000 districts scolaires en 1982 contre près de 110 000 en 1942. De surcroît, l'insuffisance des ressources et leur répartition inégale, l'incohérence et la faiblesse des programmes scolaires ont entraîné une intervention croissante des États en matière législative et financière ; ces derniers sont

Alerte à l'illettrisme

♦ « *Soixante-dix pour cent de la population active américaine de l'an 2000 sont aujourd'hui des adultes [...] Selon les estimations les plus prudentes, vingt à trente millions de ces adultes éprouvent de graves difficultés dans les compétences de base : ils ne savent pas suffisamment lire, écrire, calculer, résoudre des problèmes ou communiquer pour fonctionner efficacement dans leur travail ou leur vie de tous les jours.* »

Un Américain adulte sur cinq est « *analphabète fonctionnel* » (*illettré*). L'information n'est pas récente : en 1975, une étude menée par l'université du Texas avançait le chiffre de 23 millions d'adultes, ajoutant que 63 millions d'Américains étaient dépourvus des savoirs de base nécessaires à la vie quotidienne. En 1986, trois ans après son retentissant « Notre nation est en péril », la National Commission on Excellence in Education estimait que 13 % des personnes de plus de 17 ans étaient illettrées.

Les tentatives pour alphabétiser tous les citoyens se sont pourtant succédé : en 1971, le président Richard Nixon avait lancé Right to read, *un programme de dix ans pour venir à bout de l'analphabétisme* ; néanmoins, en janvier 1987 Ronald Reagan devait encore inscrire la lutte contre l'analphabétisme au rang des priorités nationales dans son message sur « L'état de l'Union », et proclamait 1987 « année

du lecteur ». En septembre 1989, le problème était toujours à l'ordre du jour lors de la Conférence au sommet sur l'éducation présidée par George Bush. Un rapport de Forrest P. Chisman (Jump Start. The Federal Role in Adult Literacy), publié quelques mois plus tôt, avait remué le fer dans la plaie. L'avenir économique du pays est en jeu, l'analphabétisme fonctionnel coûte cher et obère les possibilités de développement futur : « Les membres du Congrès commencent à comprendre qu'en fait l'analphabétisme va déterminer si nous serons ou non compétitifs dans les années à venir » a pu dire l'un des auteurs, Bill Goodling.

La lutte contre l'illettrisme a d'ailleurs fait l'objet de deux propositions de loi : le Adult Literacy and Employability Act (1989), du député Harold Sawyer, et le Comprehensive Illiteracy Elimination Act (1989), du sénateur Paul Simon. F. P. Chisman affirme qu'en l'absence d'un intense effort national de remise à niveau de ces vingt à trente millions d'adultes, les États-Unis deviendront « une nation de second rang, accomplissant les prévisions des funestes augures selon lesquels notre histoire, comme celle d'autres grandes puissances, nous entraînera sur la voie du déclin national ».

Jean-Pierre Vélis

devenus les principaux bailleurs de fonds (environ la moitié des ressources totales), en même temps que les principaux responsables de la vie scolaire : endettement, plafond de l'impôt, salaires, contenu des programmes, nature des examens, spécialisation des établissements sont de plus en plus réglementés par les États (et il n'existe même pas la soupape de sûreté de l'enseignement privé qui ne représente que 5 à 6 % des élèves scolarisés).

La transformation de l'enseignement résulte également de l'interventionnisme

de l'échelon fédéral en dépit de l'extrême faiblesse des contributions financières du ministère de l'Éducation (moins de 10 % des dépenses totales). Par exemple, l'*Elementary and Secondary Education Act* de 1965 impose aux districts de compenser les désavantages qui pénalisent les minorités raciales, les handicapés ou les enfants de milieux défavorisés. Par ce biais, les autorités fédérales sont amenées à s'immiscer dans de nombreux aspects des politiques scolaires, d'autant que la brèche avait été percée par la Cour suprême

276

Bibliographie

Maslow-Armand Laura, « Les Noirs et la Cour suprême : le mystère des trois cinquièmes », *in* **Toinet M.-F.** (sous la dir. de), *Et la Constitution créa l'Amérique*, Presses universitaires de Nancy, 1988.

Mény Yves, « De la base au sommet : le système scolaire », *in* **Toinet M.-F.** (sous la dir. de), *Et la Constitution créa l'Amérique*, Presses universitaires de Nancy, 1988.

Mény Yves, « Débat national et protestations périphériques : les référendums scolaires aux États-Unis », *Revue française de science politique*, Paris, août 1980.

Chisman Forrest P., *Jump Start. The Federal Role in Adult Literacy*, Southport Institute for Policy Analysis, Southport (CT), 1989.

Harman David, « Illiteracy : a national dilemma », Cambridge Book Company, New York, 1987.

Kozol Jonathan, *Illiterate America*, Anchor Press/Doubleday, New York, 1985.

Vélis Jean-Pierre, *Lettre d'« Illettrie »*, La Découverte, Paris, 1990.

dans sa décision *Brown c. US Board of Education* (1954) qui mettait fin au système scolaire dualiste, c'est-à-dire à la ségrégation. Stimulées par la Cour suprême, les cours fédérales ou étatiques ont véritablement imposé leurs décisions durant les années soixante et soixante-dix, notamment en matière de *busing* (ramassage scolaire aux fins d'intégration). Toutefois, la Cour suprême n'a pas voulu aller jusqu'au bout de sa logique et imposer une « nationalisation » progressive du système en imposant une politique de péréquation financière entre districts riches et pauvres.

Le succès des politiques fédérales est toutefois mitigé puisque l'intégration raciale, qui s'est améliorée dans le Sud, n'a pas fait de progrès, voire a régressé dans le Nord et l'Est. Mais, après la position de retrait adoptée par le gouvernement Reagan, l'intervention de Washington est plus que jamais à l'ordre du jour. En 1989, le président en a fait l'une des priorités nationales. Il est vrai qu'il y a urgence, tant la faillite du système, du point de vue de la qualité de l'enseignement, est totale. Le système scolaire américain reste un extraordinaire instrument de socialisation. Il lui reste à retrouver l'une de ses missions, inculquer aux jeunes les connaissances nécessaires dans une société développée.

Yves Mény

Minorités : l'inégalité des chances persiste

■ Noirs, Indiens, Mexicains, Portoricains, Cubains, réfugiés d'Amérique centrale et d'Asie : en 1984, 28,7 % des jeunes de 5 à 17 ans étaient issus des minorités. En l'an 2000, ils constitueront le tiers des nouveaux travailleurs. Accueillir, assimiler, former cette population — en partie d'immigration récente — n'est pas un défi nouveau pour le système scolaire, mais les ambitions, les stratégies, et les moyens ont évolué.

Depuis 1954, la ségrégation jadis pratiquée envers les non-Blancs est illégale. Dispersion et urbanisation ont amené 70 % des jeunes Indiens (qui relevaient d'un système séparé) dans les écoles publiques. Enfin, depuis 1983, les tribunaux obligent les écoles à accueillir les enfants d'immigrés clandestins. Il reste à transformer l'égalité de droit en égalité des chances : c'est l'enjeu du combat dont le Congrès (par les lois scolaires et sociales),

les tribunaux, et les minorités elles-mêmes sont les acteurs.

Un brassage manqué

Trente-cinq ans après la décision *Brown* de la Cour suprême, et malgré des progrès indéniables, l'inégalité prévaut. Elle commence à l'école maternelle, en partie privée et donc moins accessible aux plus pauvres : les programmes pré-scolaires *Headstart* destinés à combler ce retard n'atteignent qu'une partie des enfants défavorisés. Aux niveaux primaire et secondaire, la déségrégation — volontaire ou imposée tardivement par les tribunaux — reste très limitée. Le *busing* (brassage entre les écoles d'un même district pour obtenir dans chacune un équilibre racial représentatif de la population locale), stratégie préconisée par les tribunaux à partir de 1971, a révélé ses limites : hostilité des Blancs, mais aussi des Noirs, exode vers l'école privée ou la banlieue, impossibilité d'une intégration « triangulaire » (Noirs, Blancs, Hispaniques) durable, à cause de la mobilité géographique, de facteurs démographiques (natalité plus forte chez les minorités) ou économiques (ségrégation résidentielle persistante liée à la pauvreté). Les statistiques, difficilement comparables (chaque district a « son » critère d'intégration), signalent toutes l'échec : en 1980, la Commission des droits civiques estimait que 43 % seulement des élèves noirs fréquentaient des écoles comprenant 25 % à 75 % de Blancs. A Chicago en 1988, 350 des 597 écoles étaient à majorité noire, et 45 n'avaient aucun élève blanc. Pire, la ségrégation augmente dans les villes du Nord : les Mexicains « blancs » améliorent le quota obligatoire dans les écoles noires, faisant ainsi les frais de l'intégration, alors que les Asiatiques accèdent plus facilement aux écoles « blanches ».

Qu'attendre de l'avenir, dès lors que les tribunaux ont rejeté en 1974 l'idée d'un *busing* entre villes et banlieues, au nom de l'autonomie locale, alors que dans les plus grandes villes les minorités constituent souvent près des trois quarts de la population scolaire ? Le désengagement des autorités fédérales depuis 1980 a été aussi net qu'inquiétant. Restent les mesures incitatives (*magnet schools*, dont les programmes attractifs doivent faire oublier les considérations raciales), et les mesures compensatoires là où l'intégration a échoué.

C'est précisément pour compenser les handicaps linguistiques que fut lancé en 1968 l'enseignement bilingue. Destinés d'abord aux élèves défavorisés, étendus à ceux dont l'anglais était « limité », reconnus comme un droit par l'arrêt *Lau c. Nichols* en 1974, ces programmes, parfois utilisés pour maintenir la culture d'origine, sont depuis 1984 frappés de suspicion, leur financement réduit, et leur caractère transitoire spécifié par la loi, au nom de la nécessaire homogénéité culturelle du pays.

A l'Université, le paysage est différent : si les taux d'accès continuent de refléter les disparités économiques, la décision judiciaire *Bakke* de 1978 (qui incite les universités à recruter activement les minorités pour compenser la discrimination passée sans recourir à des quotas rigides) a porté des fruits : 20 % des étudiants admis à Harvard en 1988 étaient issus de minorités, et 24 % des recrues de Berkeley étaient asiatiques. Ceci ne va pas sans effets pervers : accusations de racisme à rebours, tentation de limiter l'accès des Asiatiques, hémorragie et perte d'identité des anciennes universités noires. Enfin, Noirs, Hispaniques et Indiens sont plus nombreux dans les filières courtes, et obtiennent, à diplôme égal, des emplois moins rémunérateurs. La reconnaissance symbolique des cultures minoritaires par les programmes d'études ethniques depuis 1972 ne saurait masquer ces réalités économiques.

Monique Lecomte

278

Université : la recherche de l'excellence, l'excellence de la recherche

■ Depuis qu'ils ont commencé à prendre conscience, au début des années quatre-vingt, de leur relatif déclin économique, les États-Unis se sont lancés dans des actions de reconquête de la compétitivité technologique, industrielle et commerciale. L'Université s'est trouvée au cœur de la bataille pour l'innovation. Recherche de l'excellence, excellence de la recherche sont devenus les mots d'ordre des responsables politiques et économiques autant que des universitaires eux-mêmes.

BUDGET DE L'UNIVERSITÉ HARVARD (1987-1988)	
Recettes	
Total : 866,10 millions de dollars (10,3 % de plus que l'année précédente)	
Ventilation (en %)	
Droits d'inscription	32,3
Subventions	25,9
Dotations et fonds	17,2
Dons privés	12,1
Divers	12,5
Dépenses	
Total : 865,50 millions de dollars	
Ventilation (en %)	
Salaires [a]	41,8
Charges sociales	7,9
Bourses	7,9
Équipement	14,8
Immeubles	7,9
Divers	19,7

a. Salaire annuel du président : 138 027 dollars ; Salaire du doyen de l'école de gestion : 139 000 dollars ; Salaire du doyen de l'école de droit : 138 000 dollars.

L'Université a toujours été considérée comme un des piliers du développement économique. En vertu de la loi *Morrill* (1862) par exemple, les *land grant colleges* (écoles d'agriculture) furent créés par l'État fédéral pour produire des ingénieurs agricoles et développer une recherche fondamentale et appliquée qui a fait de l'agriculture américaine la plus productive du monde.

Ce qui est nouveau, c'est l'accélération dans une évolution des rôles de l'Université qui risque de déstabiliser l'institution. Comment concilier la mission formation (initiale et continue), la mission recherche (fondamentale et appliquée) et la mission de « service » à la collectivité — qui tend à prendre une part accrue — dans un système décentralisé où chaque État s'efforce de sauver ou d'améliorer son tissu économique et social ?

Trois facteurs sont déterminants dans le recentrage que vit l'Université. Le premier est la découverte du capital humain. La compétitivité — l'obsession de cette fin de siècle passe moins par l'investissement en capital financier que par l'investissement en ressources humaines. L'important, c'est la qualité de la recherche, de la force de travail et de la gestion des hommes. Ce pari sur l'intelligence repose sur l'Université qui acquiert un rôle privilégié dans le développement économique.

RECETTES DES UNIVERSITÉS (par catégorie et en % en 1986)		
	Établissements publics	Établissements privés
Frais de scolarité	14,5	38,6
Aide fédérale	10,5	16,5
Aide d'État	45,0	1,9
Aide locale	3,6	0,6
Financement privé	3,2	9,3
Dotation	0,6	5,3
Prestations commerciales	20,0	23,4
Divers	2,6	2,6

Bibliographie

Bodelle Jacques, Nicolaon Gilbert, *Les Universités américaines*, Lavoisier, Paris, 1988.

Dommergues Pierre, *La Société de partenariat : Économie-territoire et revitalisation régionale aux États-Unis et en France*, Afnor-Anthropos, Paris, 1988.

Dommergues Pierre, Sibille Hughes, *Les Mécanismes de la création d'emplois : l'exemple américain*, OCDE, Paris, 1989.

Pier Alberti, *Technological Innovation and Economic Growth*, IC2 Institute, Austin (TX), 1987.

Une politique fédérale d'innovation

Le deuxième facteur est la mise en place, par le gouvernement fédéral, d'une politique d'innovation fondée sur la recherche. Depuis 1984, la loi sur la recherche coopérative (*National Cooperative Research Act*) permet aux entreprises, mêmes concurrentes, de créer, avec les universités, des centres de recherche communs en réduisant les contraintes de la législation antitrust : l'État fédéral a ainsi favorisé la création de plusieurs centaines de centres. Et depuis 1986, la loi sur les transferts technologiques (*Technology Transfer Act*) facilite la circulation des connaissances des laboratoires fédéraux et des universités vers le privé et inaugure le crédit d'impôt-recherche. Depuis 1988, la loi sur le commerce et la compétitivité (*Omnibus Trade and Competitiveness Act*) assure une meilleure coordination des transferts technologiques grâce à l'Institut national des normes et de la technologie (National Institute of Standards and Technology) qui est restructuré à cet effet.

Le troisième facteur est le rôle accru des collectivités locales et des États dans la révolution silencieuse qui affecte l'Université. Le Michigan, un des États les plus touchés par la désindustrialisation, en est un bon exemple : dans le cadre d'un vaste programme de revitalisation économique (*The Path to Prosperity*) dont le gouverneur James Blanchard a pris l'initiative, l'Institut de technologie industrielle (Industrial Technology Institute) a été créé en 1985. Sa mission est de développer la recherche en «automation flexible» et d'aider les transferts de savoirs (en ingénierie et en organisation du travail) vers les trois «grands» de l'automobile et vers leurs sous-traitants. Cet institut, implanté sur le campus de l'université du Michigan à Ann Arbor et créé avec la participation de l'université, de deux fondations privées et de l'État du Michigan, a acquis progressivement une autonomie à la fois financière (grâce à des contrats plus nombreux avec les entreprises) et scientifique. En 1990, ses relations avec l'université sont devenues inexistantes. Voilà de quoi troubler certains universitaires.

Collaborations tous azimuts

Des centres comparables surgissent un peu partout dans les États. Ils regroupent, autour d'une technologie diffusante, dans un secteur précis, des chercheurs appartenant à des disciplines qui s'ignoraient jusqu'à une date récente. Issus des efforts concertés des collectivités locales, des entreprises et des universités, ils se développent en marge de l'Université. Dotés de moyens financiers considérables, ils se multiplient dans des domaines porteurs : robotique, laser, biotechnologie, micro-électronique, optique, télécommunications et matériaux nouveaux.

Comme les grandes universités de recherche (Stanford, le Massachusetts Institute of Technology-MIT, Carnegie, Mel-

RÉMUNÉRATIONS ANNUELLES DANS L'ENSEIGNEMENT SUPÉRIEUR [a]	
— Professeur (*professor*)	35 500
— Maître de conférences (*associate professor*)	33 800
— Assistant (*assistant professor*)	27 900
— Lecteur (*instructor*)	21 300

a. En dollars 1987 et en base moyenne (les enseignants ne sont rémunérés que neuf mois par an).

280

ENSEIGNEMENT SUPÉRIEUR
Proportion de scolarisés et proportion d'étudiants dans la tranche d'âge 17 à 24 ans révolus, en %

Pays	vers 1970		vers 1987	
	scolarisés	dont 3ᵉ degré	scolarisé	dont 3ᵉ degré
France	26,4	10	42,1	15
RFA	26,3	7	41,7	11
Espagne	10,7	4	31,9	12
Royaume-Uni	30,2	7	27,5	8
Italie	20,7	—	25,0	—
Japon	—	14	38,4	18 [a]
États-Unis	39,9	21	39,9	23 [b]

a. Pour le Japon, il s'agit de l'année 1980.
b. Si l'on ne retient, pour 1987, que les étudiants à temps plein, on a 18,2 au lieu de 23.
Lire ainsi : En France pour l'année 1987, sur 100 jeunes de 17 à 24 ans, 42 sont scolarisés dont 15 dans l'enseignement supérieur (ou 3ᵉ degré).
Source : *Données sociales* 1990.

DISCIPLINES ET ORIENTATIONS SUIVIES PAR LES ÉTUDIANTS

	France 1987	RFA 1987	Espagne 1984	Italie 1987	Roy.-Uni 1987	Japon 1987	États-Unis 1982
Éducation	1,7	3,4	8,6	1,8	10,3	7,6	6,7
Médecine, santé	15,6	8,0	11,9	11,7	6,5	6,6	12,0
Ingénierie et technologie	6,2	17,4	10,5	9,0	18,3	15,6	11,3
Agriculture, forêts, vétérinaires	0,4	3,1	1,5	2,6	1,0	3,4	2,4
Sciences	16,7	13,5	9,9	9,2	15,6	3,4	7,0
Administration, gestion, sciences sociales	28,8	29,0	35,1	38,9	29,2	38,9	33,0
Architecture, urbanisme, environnement	3,0	3,3	3,0	6,2	3,9	4,3	
Langues, littérature	29,6	16,2	17,9	19,1	5,5	14,9	10,6
Arts, musique, dessin, etc.	1,0	6,1	1,6	1,4	9,4	2,5	—
Autres	—	—	—	0,1	0,3	2,8	17,0
Total	100	100	100	100	100	100	100
Effectif ventilé correspondant (milliers)	1 010	1 366	856	795	891	1 805	10 919
Effectifs totaux du 3ᵉ degré (milliers)	1 350	1 568	900	1 160	972	2 597	12 544
Étudiants pour 1 000 habitants	24,4	25	23,5	20,2 [a]	17,1 [b]	21,4	29,3 [c]

a. Il s'agit d'une estimation.
b. Si l'on ne considérait que les étudiants « full time », on aurait seulement 10,8.
c. Ce taux concerne les étudiants « full time », avec les « part time » il serait de 52 %₀.
A signaler : 22,6 pour la Belgique, 25,3 pour le Danemark, 28,2 pour les Pays-Bas, 23,4 pour la Suède, 18,0 pour la Suisse par 1 000 habitants.
Lire ainsi : En France sur 1 010 milliers d'étudiants dont on connaît la discipline étudiée, 1,7 % sont en « sciences de l'éducation ».
Source : *Données sociales* 1990.

Crise du recrutement des enseignants

♦ *La profession d'enseignant connaît depuis les années soixante-dix une sorte de déclassement : perte du pouvoir d'achat, crise dans le recrutement, attrait du secteur privé, féminisation du corps enseignant, etc. La récente prise de conscience de la crise du système éducatif a entraîné une réflexion sur la revalorisation de cette catégorie professionnelle qui a abouti, dans un certain nombre d'États, à une augmentation des salaires et une sélection plus stricte des candidats.*

Aux États-Unis, on ne distingue pas le professeur du primaire de celui du secondaire. En 1986, on comptait environ 1,53 million d'enseignants en maternelle et en primaire, 1,13 million dans le secondaire, dont 90 % dans les écoles publiques. Le salaire moyen était de l'ordre de 26 000 dollars par an. Le nombre de postes et les augmentations de salaire des enseignants du public dépendent des subventions allouées par l'État et les collectivités locales dont ils relèvent. Depuis le début des années quatre-vingt, la pression des contribuables pour payer moins d'impôts a entraîné une réduction du recrutement des professeurs. Mais, paradoxalement, les parents sont prêts à payer davantage pour améliorer la qualité de l'enseignement.

*Pour devenir enseignant dans une école publique, il faut obtenir, après avoir fait ses études dans un institut pédagogique sur un campus universitaire, un certificat délivré par les autorités de l'État où l'on veut enseigner. Au bout de trois ans de service, l'enseignant obtient une sorte de titularisation (*tenure*) qui lui garantit son emploi. En cas de litige, il peut demander l'aide de l'un des deux syndicats : la National Education Association ou l'American Federation of Teachers qui regroupent près de 95 % des enseignants du système public.*

Pour ce qui est de l'enseignement supérieur, on comptait, en 1986, environ 754 000 postes, dont plus de 70 % dans les établissements publics. Depuis le début des années quatre-vingt, on a noté un net déclin dans le recrutement, sans espoir de reprise avant l'an 2000. Le salaire dépend du titre.

*Il est difficile en 1990 pour un jeune titulaire de doctorat (PhD) de trouver un enseignement à temps complet qui le mène à la titularisation, sauf dans les secteurs comme la gestion (*management*), l'ingénierie, l'informatique, les mathématiques, les sciences physiques où les universités connaissent une pénurie d'enseignants en raison de l'attrait qu'exerce le secteur privé sur ces disciplines.*

Pierre Collombert

lon, etc.), ces centres sont à l'origine de parcs industriels lucratifs qui attirent des entreprises de pointe. Ces dernières bénéficient des conseils des professeurs-chercheurs-consultants ainsi que des multiples aides à la création ou au développement d'entreprise coordonnées par les collectivités locales.

L'horizon quatre-vingt-dix a été marqué par de puissantes mutations dans l'Université : synergies accrues avec l'entreprise et les collectivités locales, naissance de structures quasi autonomes de recherche, multiplication des parcs industriels, émergence d'une politique fédérale au moment même où le gouvernement voit fondre ses ressources. L'internationalisation se renforce et les échanges scientifiques se multiplient. Le nombre des professeurs étrangers augmente, de même que celui des étudiants en troisième cycle (d'origine souvent asiatique) qui obtiennent près de 50 % des doctorats en sciences exactes et en ingénierie.

Un autre développement spectaculaire est celui des universités locales qui assurent des enseignements courts en deux ans (*community colleges*) ou quatre ans (universités de premier et second cycles). A la différence de leurs sœurs aînées (les uni-

282

versités de recherche), ces *junior universities* se consacrent essentiellement à la formation (initiale et continue) et à la modernisation des entreprises traditionnelles, permettant ainsi la création, ou le maintien, de nombreux emplois. Dans chaque comté, dans chaque ville où elles existent, ces universités recensent les attentes des entreprises et proposent des formations appropriées qui allient acquisition de compétences génériques et formations professionnelles précises.

L'Université traverse-t-elle une crise d'identité? La recherche fondamentale n'est-elle pas menacée par la quête de retombées économiques et commerciales? Les entreprises — y compris étrangères — ne sont-elles pas en train de s'approprier les richesses intellectuelles de l'Université? (Le cas le plus connu est celui de Harvard qui a obtenu depuis 1987 des financements majeurs de Hoechst, de Shiseido et de Mumm.) L'enseignement n'est-il pas devenu le parent pauvre d'une Université qui se bat pour survivre? La recherche individuelle n'est-elle pas compromise par la recherche coopérative?

L'Université américaine a connu d'autre passes difficiles. Elle est à la fois conservatrice et pragmatique. C'est une vieille dame — parfois digne, parfois indigne, selon le regard qu'on porte sur elle. Aujourd'hui, elle est en train de se refaire une beauté. Cela n'est pas du goût de tout le monde.

Pierre Dommergues

RELIGION

Séparation de l'Église et de l'État, la formule américaine

■ A l'inverse d'une règle vérifiée dans tous les pays développés, les États-Unis connaissent un très haut niveau d'affiliation et de pratique religieuses : en 1988, 92 % des habitants s'y déclaraient liés de quelque manière à une Église constituée. Autre originalité, l'extrême diversité des groupes religieux ou associations cultuelles : en se bornant aux confessions non aborigènes, 87 Églises revendiquent plus de 50 000 croyants, certaines d'ailleurs illustrant ce mouvement permanent de fusions (*mergers*) ou de sécessions qui décourage observateurs et statisticiens : ainsi, les méthodistes se distribuent, en fonction de critères tant théologiques qu'ethniques, en cinq confessions (*denominations*) principales, les baptistes en seize ; à quoi il faudrait ajouter toutes les dissidences instantanées ou durables... La variété du paysage religieux relève de deux causes majeures : peuplement, et statut de fait puis de droit des Églises.

Les puissances coloniales rivales ont transféré sur le continent américain populations et Églises « établies » : catholique romaine pour l'Espagne et la France, l'une sur le pourtour du golfe du Mexique et dans le Sud-Ouest, l'autre des Grands Lacs au delta du Mississippi ; anglicane, au fur et à mesure que la Couronne anglaise consolidait divers établissements atlantiques en colonies royales ; luthérienne pour les Suédois du Delaware, réformée dans l'implantation hollandaise de la Nouvelle-Amsterdam. A ce schéma complexe et conflictuel se sont superposés deux autres facteurs. Les guerres européennes ont chassé vers l'Amérique d'autres groupes ethnico-religieux, comme par exemple les «Palatins», protestants de l'Allemagne du Sud dévastée par les troupes de Louis XIV. Enfin, les persécutions dont étaient victimes certaines confessions à l'intérieur même des pays européens ont créé... de nouvelles vagues migratoires à composante essentiellement religieuse ; pour s'en tenir au seul cas de l'Angleterre, ont été successivement poussés à l'exil puritains (dès 1620), catholiques (Maryland, 1632), quakers (New Jersey, puis Pennsylvanie, 1681), et presbytériens écossais déjà réimplantés en Irlande qui, à partir de la Pennsylvanie, peuplèrent la Frontière vers 1720.

Chaque système confessionnel tend à obtenir de la puissance publique un absolu monopole : ce fut le cas des implantations latines, comme en Nouvelle-Angleterre où la symbiose du politique et du religieux a pu suggérer l'existence d'une théocratie. Mais d'autres convictions, ou des calculs politiques tels que le souci de capter les immigrations, ont inspiré des dispositions à l'époque paradoxales : ainsi, le très calviniste Roger Williams, banni du Massachusetts, créa en 1636 à Providence, noyau du futur Rhode Island, le premier État laïque au monde, et y proclama une totale «liberté de l'âme» ; Lord Calvert accorda dans le Maryland droit de cité à «tous cultes chrétiens» (1649) ; la Pennsylvanie accueillit, outre les confessions déjà citées, mennonites, tunkers, amish, anabaptistes de toutes nuances, juifs, bientôt méthodistes, etc. L'Église anglicane, fort jalouse de ses privilèges en métropole, se borna dans les colonies américaines à une répression douce qui sanctionnait par des amendes le non-respect du Sabbat et l'absence à ses offices des «quakers et autres récusants». En 1689, le Parlement de Westminster adopta l'*Acte de Tolérance*, qui, sans reconnaître les confessions protestantes non anglicanes, leur concédait le libre exercice du culte ; mesure qui, outre-Atlantique, accentua encore le brassage confessionnel.

Le mouvement même des Églises accentua encore la dispersion confessionnelle : congrégationalistes, puis presbytériens, puis anglicans connurent des divisions, voire des schismes, quand le premier Grand Réveil (1725-1750) proposa aux masses un évangélisme universaliste débarrassé des dogmes, des rites et des hiérarchies, substituant conversion immédiate et foi vécue aux abstractions théologiques. A l'inverse, les progrès du déisme, «foi tiède et raisonnable», entamèrent les convictions religieuses des classes lettrées.

Indépendance et statut des Églises

Les constitutions des nouveaux États se sont donc bornées, malgré de fortes oppositions parfois, à reconnaître la multiplicité des confessions et l'impossibilité juridique et morale d'assurer le monopole d'aucune. Ces statuts étaient inégalement libéraux : le Massachusetts subventionna les seules Églises protestantes (1780), le Maryland, toutes les Églises chrétiennes (1776), la Pennsylvanie (1776) et la Virginie (1779) refusèrent toute aide aux cultes. La liberté de conscience n'a trouvé d'abord à l'échelon national que des formulations progressives et prudentes (Ordonnance du Nord-Ouest [1787], article VI, 3e paragraphe de la Constitution).

Quakers

La Société des Amis fut fondée en 1668 par George Fox qui voulait réveiller et rénover le protestantisme anglo-saxon. Il parcourut l'Angleterre, refusant clergé, sacrements, liturgie, prônant la fraternité, l'égalité, prêchant contre la guerre : seule comptait «la lumière intérieure» qui illumine toutes les créatures de Dieu. Les quakers furent particulièrement nombreux en Amérique (ils sont en 1990 environ 120 000), à la suite de William Penn qui fonda la Pennsylvanie en 1682, lui donnant une constitution qui servira de modèle à celle des États-Unis. Tolérants, antiesclavagistes, pacifistes (ils refusent le service militaire), ils ont souvent été en butte à l'hostilité, et parfois à la persécution, des autorités. Ils ont eu le prix Nobel de la paix en 1947.

284

Bibliographie

Carroll J., Johnson D., Marty N., *Religion in America : 1950 to the Present*, New York, 1979.

Gaustad Edwin S., *Historical Atlas of Religion in America*, Harper & Row, New York, 1976.

Martin Jean-Pierre, *La Religion aux États-Unis*, Presses universitaires de Nancy, 1989.

Mead Frank, *Handbook of Denominations in the United States*, Abington, Nashville (TN), 8e éd., 1985.

Il fallut attendre la *Déclaration des droits* de 1791, pour que soit affirmée, sous la pression de certains États (Virginie, Maryland, Pennsylvanie) et malgré les réserves d'autres (Massachusetts), grâce surtout aux campagnes des « petites » Églises (baptiste et romaine), la neutralité religieuse de l'entité fédérale. Aux termes du 1er Amendement, « le Congrès ne passera pas de loi portant établissement d'une quelconque religion, ou en interdisant le libre exercice » ; de manière significative, la clause de non-établissement et celle du libre exercice précédaient l'affirmation de droits plus généraux : libertés d'expression et de communication, de réunion, de pétition.

Toutes égales devant l'institution fédérale, les Églises ne pouvaient en attendre d'autre secours que la protection d'un droit abstrait à l'existence. Il leur appartenait donc, et à elles seules, de donner forme concrète à ce droit en trouvant ou gardant leurs fidèles, en créant leurs moyens matériels, etc. Au total, les Églises, groupements volontaires de fidèles comme le voulait déjà Roger Williams, ne pouvaient attendre d'aide « que de Dieu et d'elles-mêmes », dans un climat de libre concurrence dont les manifestations étaient parfois susceptibles de choquer... En contrepartie, le gouvernement national devait veiller en permanence à assu-

rer contre toute mesure arbitrairement restrictive la totale liberté de chaque culte.

Des arrêts ont été prononcés depuis par la Cour suprême, qui donnent pour la période contemporaine les interprétations en vigueur : la croyance est licite, non son emploi à des fins frauduleuses ou criminelles (*Cantwell c. Connecticut*, 1940) ; il n'appartient pas aux pouvoirs publics d'apprécier le bien-fondé de doctrines religieuses (*United States c. Ballard*, 1944), ni d'obliger les sectes pacifistes à des rites patriotiques (*West Virginia c. Barnette*, 1943, et *Welsh c. United States*, 1970), ni d'exiger d'agents rétribués sur fonds publics un engagement religieux (*Torcaso c. Watkins*, 1961, et *McDaniel c. Paty*, 1978), ni d'obliger les enfants des écoles publiques à des exercices religieux (*Engel c. Vitale*, 1962, et *Wallace c. Jaffree*, 1985). En revanche, la Cour a déclaré constitutionnelles l'extension de certaines subventions aux élèves fréquentant les institutions privées (*Everson c. Board of Education*, 1947, et *Tilton c. Richardson*, 1971), mais non à ces écoles elles-mêmes (*Sloan c. Lemon*, 1973, et *Grand Rapids School District c. Ball*, 1985), ou la présentation d'une crèche de Noël par une municipalité (*Lynch c. Donelly*, 1984).

Au total, mais de manière moins évidente peut-être depuis 1980, la plus haute instance juridique des États-Unis maintient contre de multiples pressions ce que Thomas Jefferson définissait en 1802 comme « ce mur qui sépare Églises et État ».

Jean-Pierre Martin

Transcendental meditator
(*Méditation transcendantale*)

Laïcité institutionnelle et velléités cléricales

285

■ Le 1ᵉʳ amendement de la Constitution, par référence explicite au Congrès, limitait aux institutions fédérales l'obligation de neutralité ; formulation voulue par les défenseurs des Églises établies dans les États, comme John Adams, champion du congrégationalisme en Nouvelle-Angleterre et successeur de George Washington à la présidence. Ainsi, les États pouvaient confirmer le statut privilégié de certains cultes, que révoquèrent peu à peu de nouvelles constitutions : New Hampshire 1817 ; Connecticut 1818 ; Massachusetts 1933 ; l'exemple le plus frappant demeure cependant le territoire de l'Utah, où l'Église des saints des derniers jours (mormons) imposa une rigoureuse théocratie avant de céder aux pressions d'une opinion et d'un Congrès hostiles et d'adopter un compromis (*Mormon Manifesto*, 1890) permettant l'intégration dans l'Union.

L'évolution historique a donc aligné de fait les États sur la neutralité fédérale ; qui plus est, la Cour suprême disposa à partir de 1925 que le 1ᵉʳ Amendement obligeait les États dans tous les domaines couverts par la *Déclaration des droits* et les soumettait donc au 1ʳᵉ Amendement. Au total, ni un État ni le gouvernement fédéral n'ont pouvoir constitutionnel de contraindre une personne « à professer sa croyance ou sa non-croyance à quelque religion ». Ils ne peuvent adopter des lois ou imposer des obligations qui avantageraient toutes les religions au détriment des non-croyants.

Paradoxalement cependant, pour qui évoque les crises accompagnant, dans d'autres pays, la séparation de l'État et d'une Église ayant situation ou statut dominant, la « laïcité » américaine, si elle est a-confessionnelle, n'est nullement a-religieuse. Comme le disait William

O. Douglas en 1952, « nous sommes un peuple religieux dont les institutions postulent l'existence d'un Être Suprême ». La puissance publique est neutre par composition avec toutes les croyances, non par hostilité à aucune : ainsi, la monnaie américaine manifeste la confiance en Dieu (*In God we Trust*), comme la devise nationale la garantie divine (*One Nation under God*). Les assemblées d'État et fédérales rétribuent sur fonds publics les chapelains qui ouvrent leurs sessions par la prière. Aucun élu américain, à commencer par le président lors de sa prise de fonction, ne manquerait d'invoquer le nom du Seigneur quand il s'adresse à ses compatriotes.

Les « lois bleues » et leurs avatars

Que l'on ne s'y trompe pas cependant : la neutralité bienveillante des institutions, si elle garantit l'existence de tous les groupes religieux et leur concède certains avantages, en matière fiscale notamment, n'a jamais satisfait les activistes de toutes confessions. De ces tentatives pour christianiser les États témoignent d'abord les fameuses « lois bleues » (ainsi appelées par référence aux codes des puritains, moqués pour leur nez transi) qui entendaient aligner les comportements privés sur les commandements réels ou supposés des religions : observance du Sabbat, définition d'une orthodoxie sexuelle (même pour les adultes consentants et éventuellement mariés), proscription d'auteurs ou d'ouvrages réputés impies ou pornographiques ; la prohibition sous ses diverses formes, dont certaines toujours en vigueur, offre l'illustration la plus spectaculaire de ce moralisme minutieux à couverture religieuse. Se rattachent à ces dispositions, souvent oubliées même si

286

Les âmes mortes des mormons

♦ *En dehors des registres peut-être tenus par Dieu lui-même, il n'y a rien dans l'histoire de l'humanité qui s'approche de la gigantesque tâche des mormons : recenser tous les habitants de notre planète depuis qu'Adam et Eve ont été chassés du paradis. Il faut toute l'opiniâtreté des 7 millions de disciples de Joseph Smith pour ne pas se décourager. On estime, en effet, que près de 70 milliards d'individus sont passés sur la Terre. Raison de cette entreprise « sisyphesque » : sauver les âmes de nos ancêtres. « Un grand nombre de gens n'a pas eu le privilège d'entendre l'Évangile. Pour les mettre à égalité devant Dieu au jour du Jugement, nous devons leur administrer les sacrements », explique Jerry Cahill, l'un des responsables de l'Église. Ces rituels étranges sont célébrés à huis clos dans les quarante-trois temples de l'Église des saints des derniers jours (appellation officielle des mormons) à travers le monde, nuit et jour, sans interruption. A chaque mormon revient ainsi la mission de remonter le plus loin possible dans son arbre généalogique. Et quant il s'est occupé de ses ancêtres, il prend en charge des individus dont les noms lui sont fournis par l'Église.*

Centre de cette ruche — symbole des mormons —, Salt Lake City, capitale de l'Utah, où Bringham Young, le successeur de Joseph Smith, emmena ses fidèles à la fin du siècle dernier.

La Geological Society of Utah, qui emploie plus de 1200 personnes, est responsable de tout ce travail de collecte commencé en 1894. A travers la planète, les équipes des mormons recherchent les documents leur donnant les généalogies de nos ancêtres. « Nous sommes intéressés par tous les documents des 450 dernières années » explique Patrick Coppin, qui supervise toute cette recherche : registres de l'état civil et paroissiaux, recensements ; à défaut, registre des cimetières, des hôpitaux, voire les livres de bord des navires où étaient consignés les passagers ou encore les listes de détenus des prisons.

Priorité a d'abord été donnée aux archives du Royaume-Uni, d'Allemagne et de Scandinavie, pays d'origine de la majorité des mormons. L'Amérique latine, nouvelle terre de conversion, est désormais la priorité, ainsi que les pays où les archives sont en « danger de mort » à cause des mauvais traitements ou des troubles politiques (Sri Lanka, Philippines). Tous ces documents sont microfilmés puis envoyés à Salt Lake City pour être triés et préservés. Deux milliards de noms ont déjà été collectés. Toutes ces vies sont ensuite entreposées dans un extraordinaire coffre-fort creusé dans le rocher à 1800 mètres d'altitude, prévu pour durer pour l'éternité. Une arche de Noé de l'humanité, en quelque sorte.

Jean-Sébastien Stehli

certaines figurent toujours dans les codes locaux, des tentatives plus tardives : l'interdiction d'enseigner « la théorie ou doctrine que l'humanité est issue ou descend d'animaux inférieurs », en d'autres termes l'évolutionnisme, contraire au récit de la genèse, lui-même érigé en « science créationniste » (Tennessee 1925 ; Arkansas 1965 ; Louisiane 1984) ; la mise hors la loi des enseignements et techniques concernant la contraception (Connecticut 1962) ou de l'avortement non thérapeutique (Texas, 1969) ; tous textes frappés de nullité par la Cour suprême

dont l'obstination à préserver « le mur de séparation » a réveillé d'anciennes velléités d'agir au niveau fédéral. Ainsi, en 1982, le Sénat a donné une majorité (mais non les deux tiers requis) à un projet d'amendement appuyé par la présidence et visant à restaurer dans les écoles publiques une prière facultative et interconfessionnelle. La neutralité religieuse affirmée par le 1er Amendement est certes un acquis, mais qui exige en permanence défense et spécifications.

Jean-Pierre Martin

De nouvelles cultures religieuses

■ On observe un déclin régulier (en pourcentage de la population) des confessions se réclamant d'un protestantisme toujours majoritaire, que ne compense plus la progression d'un catholicisme romain pourtant bénéficiaire des immigrations hispanophones. D'une manière générale, on estime que, pour les Églises majeures (*mainstream churches*), le ralentissement démographique permet, au plus, de compenser les défections individuelles ou dues à une moindre pratique dans les métropoles urbaines. N'en apparaît que plus frappante la montée des cultes non chrétiens : aborigènes (renouveau culturel des Indiens), musulmans (renforcés par des immigrations récentes), orientaux et surtout bouddhistes qui, outre des croyants d'origine asiatique, ont fixé nombre d'adeptes des mouvements «contre-culturels» des années soixante à quatre-vingt ; à quoi il faut ajouter de multiples organisations à caractère sectaire se proclamant transconfessionnelles (par exemple l'Église de l'Unification du «Messie» Moon) ou inspirées de nouvelles techniques psychologiques permettant au «client» (payant) de combiner réalisations spirituelles et matérielles : scientologie, Est, re-naissance (*Re-birthing*), etc.

Selon les estimations fiscales de 1986, chaque croyant contribuerait pour 256 dollars annuels en moyenne aux finances de son «Église» ; les seules confessions protestantes affiliées au National Council of Churches of Christ in the United States (NCCC) géreraient (1986) quelque 12 milliards de dollars, statistique qui ne prend pas en compte les Églises luthériennes ni certains groupes noirs. Un complexe religieux comme les Jimmy Swaggart Ministries, implanté à Baton Rouge (Louisiane), affichait en 1987 un chiffre d'affaires de 128 millions de dollars, dont un quart redistribué à 1 300 salariés... L'on sait enfin que, cause

et effet, les Églises recrutent inégalement selon les niveaux de revenus : baptistes et méthodistes blancs et noirs disposent des revenus les plus faibles, presbytériens et juifs sont au sommet de l'échelle, dépassés cependant par les 300 000 membres de l'Église épiscopalienne qui rallie traditionnellement l'élite économique, et qui est parfois confondue avec l'«établissement protestant» ; les catholiques, naguère en deçà du revenu moyen, occupent une position intermédiaire témoignant de la bonne insertion des groupes d'immigration ancienne, mais menacée par des afflux plus récents (Portoricains et Cubains notamment).

Églises et ethnicité

Même si, tendance récente, l'appartenance confessionnelle est plus «choisie» et moins «héritée», la définition ethnique reste essentielle et explique du même coup la distribution géographique des fidèles. Les catholiques d'ascendance irlandaise, italienne, polonaise, portoricaine et cubaine sont sur-représentés dans les métropoles urbaines, comme leurs coreligionnaires d'origine mexicaine dans le Sud-Ouest, mais relativement peu nombreux dans le Sud et des Dakotas au Pacifique ; ils recrutent peu parmi les Noirs, eux aussi très urbanisés et fidèles (malgré la croissance, un moment spectaculaire, d'un islamisme noir, les *Black Muslims*) à leurs confessions traditionnelles, baptistes et méthodistes surtout, dont les églises et les pasteurs ont servi la lutte contre toutes formes de discrimination. Malgré l'évolution récente de la «ceinture du soleil», le protestantisme dans le Sud apparaît comme une véritable religion ethnique. A ne considérer que la population blanche, naguère rurale à 80 % et abritée des courants migratoires internes et externes, l'ancienne Confédération

APPARTENANCE RELIGIEUSE					
Année	Nombre de membres (en millions)	% de la population totale	Répartition en %		
			Protestants	Catholiques	Autres
1940	64,5	49	59	33	8
1950	86,8	57	59	33	8
1960	114,5	64	56	37	8
1970	131,0	63	55	37	8
1980	134,8	59	55	37	8
1986	142,8	59	55	37	8

Source : *Statistical Abstract*, 1967 et 1989.

comptait, en 1950, 80 % d'évangéliques (baptistes et méthodistes). Le Sud demeure cette « ceinture biblique », cette terre de missions et de missionnaires qui entend reconvertir la nation. Il reste que l'appartenance confessionnelle n'est pas le plus court chemin vers le *melting pot* et que le renouveau ethnique pose de difficiles problèmes aux Églises : la pression des *Chicanos* du Sud-Ouest a ainsi arraché à la hiérarchie catholique l'intronisation du premier prêtre (1962), puis du premier évêque (1970) d'origine mexicaine ; l'Église épiscopalienne a consacré son premier évêque de couleur en 1988...

Religion et culture dominante

Les enquêtes révèlent une baisse globale de la pratique religieuse (plus accentuée dans l'Église catholique) et un moindre attachement des fidèles aux définitions dogmatiques et aux rituels de leurs confessions d'origine. Ainsi deviennent possibles des regroupements entre branches séparées d'une même Église (quakers, 1972 ; presbytériens, 1958) voire des fusions entre confessions que séparaient leurs choix théologiques (congrégationalistes et réformés réunis en une « United Church of Christ », 1961).

Dans les zones suburbaines nouvellement créées, il y a même coexistence dans un même édifice cultuel et sous un pastorat commun de confessions nominalement différentes : les *community churches*

attestent, pour raisons financières aussi, une « banalisation », ou la recherche volontaire d'un dénominateur commun, que facilitent l'uniformisation relative des modes de vie et la participation aux mêmes valeurs culturelles. Cette pression du sociologique, qui estompe le transcendant au bénéfice du communautaire, a incité certains observateurs à annoncer l'avènement d'une « religion culturelle » où nombre d'interdits sont ignorés ; ainsi, en milieu catholique, malgré les rappels réitérés de la hiérarchie, divorces, recours à la contraception, avortement se banalisent ; imitant la plupart des Églises protestantes, l'épiscopat américain dénonce le sexisme en tous domaines et s'est même proposé (avril 1990) d'ouvrir le diaconat aux femmes.

Autre concession majeure aux normes du temps, le développement des « églises cathodiques ». Le *Communications Act* de 1934 obligeait les stations à diffuser à titre gratuit des programmes d'intérêt public, dont les émissions religieuses. Jugeant les temps d'antenne insuffisants ou leur répartition discriminatoire, les différentes confessions ont peu à peu organisé leurs propres réseaux qui représentaient, en 1985, 94 % du message religieux sur radio et télévision. Si des prédicateurs protestants (Jim Bakker, Jerry Falwell, Pat Robertson, Oral Roberts, Jimmy Swaggart) ont privilégié la « religion électronique » vécue par plus de 20 millions de spectateurs, d'autres confessions (catholique ou israélite) proposent aussi services religieux et programmes profanes mais conformes à leurs valeurs.

Religion et politique

La neutralité fédérale, progressivement étendue aux États, interdit de faire de l'existence même d'une confession un enjeu politique ; elle ne saurait empêcher l'action publique de groupes ou d'individus se réclamant de leur foi et prétendant en imposer les valeurs contre des Églises concurrentes. Ainsi, dans une nation de tradition anglo-saxonne et protestante, s'est organisée vers 1840 une forte réaction contre l'immigration d'Irlandais catholiques. Ce mouvement dit nativiste a connu plusieurs incarnations politiques (dont le Ku Klux Klan) et a contribué par une campagne haineuse à la défaite du catholique Al Smith aux présidentielles de 1928 ; le succès de John Kennedy en 1960 prouve la marginalisation du mouvement et le déclin des automatismes électoraux dans les différentes confessions.

L'action des Églises est permanente au niveau des États où elles cherchent à réglementer les mœurs ou à bénéficier, par le

---

Amish
Secte protestante anabaptiste d'origine allemande, dont les premiers membres arrivent aux États-Unis en 1727 et qui subsiste encore, autant que faire se peut, comme au XVIIIᵉ siècle, dans ses principaux traits : habillement, logement, transport et agriculture. Les Amish sont environ 80 000, établis pour l'essentiel en Pennsylvanie, en Ohio et en Iowa. Ils vivent principalement de l'agriculture, qu'ils pratiquent à l'ancienne : excellents fermiers, ils sont fortunés. Pratiquants implacables d'une Bible strictement interprétée, ils refusent pourtant de payer à César ce qui lui est dû (pas de service militaire, pas d'école obligatoire et pas d'impôts) et ont été souvent emprisonnés pour refus d'obéissance aux lois. On les croisera — les hommes avec le chapeau noir et rond, barbus, la lèvre supérieure rasée, les femmes en chignon avec bavolet et bonnet, tous habillés de sombre — penchés sur la charrue tirée par de robustes percherons ou allant à l'office dans de charmants cabriolets aux chevaux fringants sur les routes départementales des comtés de York et de Lancaster (Pennsylvanie) ou au sud d'Iowa City (Iowa). Pour en savoir plus, voir le film Witness.

---

biais d'œuvres diverses, de la manne publique. Ces mêmes Églises interviennent aussi, avec des fortunes inégales, à l'échelon fédéral, tant en politique intérieure que pour les affaires étrangères : la Conférence de l'épiscopat catholique a ainsi critiqué les options économiques du président Reagan (*Poverty in America*, 1986) et demandé des mesures de désarmement (*The Challenge of Peace*, 1983) ; le NCCC avait proposé en 1966 un désengagement américain au Vietnam, et prône une aide massive au tiers monde ; certaines associations juives tentent, depuis la création d'Israël, d'obtenir un soutien plus massif du gouvernement.

Enfin, certaines associations religieuses, avec le soutien plus ou moins explicite des Églises dont elles se réclament, ont essayé de lier la nation par voie d'amendement constitutionnel, par exemple pour interdire l'avortement (*Human Life Amendment*, 1973) ou imposer prière ou méditation dans les écoles (1982) ; elles ont contribué à faire échouer l'*Equal Rights Amendment* (égalité des sexes) en 1982, et ainsi révélé la montée en puissance, depuis 1975, d'une constellation se réclamant des « valeurs traditionnelles » et dénonçant sous l'appellation d'« humanisme séculier » la compromission des Églises « libérales » ou « modernistes ». La composante protestante de cette tendance, présente aussi chez catholiques et juifs, a repris et diffusé avec succès les thèmes du fondamentalisme millénariste et notamment l'infaillibilité de l'*Écriture* ; mais sa visée, telle qu'affirmée par des télévangélistes de grand talent, est aussi ouvertement politique : la majorité morale de Jerry Falwell, par exemple, accuse le relâchement des mœurs, les gaspillages du *Welfare State*, la trahison des élites cosmopolites, etc. Ce populisme spirituel a certainement contribué aux succès républicains des années quatre-vingt. Au début des années quatre-vingt-dix, il semblait perdre de l'importance.

Jean-Pierre Martin

289

Les Églises de l'émancipation

■ Les Églises, en grande majorité protestantes, ont joué et jouent toujours un rôle essentiel dans la vie politique, sociale et culturelle de la communauté noire américaine. La tradition religieuse reste un élément essentiel de l'évolution de cette communauté et ce n'est pas par hasard si, jusqu'au dernier quart du XXᵉ siècle, ses leaders les plus en vue sont souvent passés par le séminaire.

Les premières Églises noires ont vu le jour dans le Sud, à la fin du XVIIIᵉ siècle. Alors que les esclaves n'avaient pas le droit d'apprendre à lire et à écrire, elles étaient le seul lieu où la communauté noire pouvait se rassembler et, par le biais des prêches de ses pasteurs et des *gospel songs*, acquérir quelque culture. Ces chants n'étaient d'ailleurs, sous le couvert de symbolisme religieux, ni plus ni moins que

des appels à la révolte, mais il fallait être noir pour le comprendre. Certains pasteurs noirs devinrent célèbres pour leur talent oratoire, arrivant à subjuguer jusqu'aux auditoires blancs, comme le fameux *Uncle Jack* qui prêchait devant maîtres et serviteurs des plantations de Virginie. Mais les Églises noires furent aussi très vite des centres de militantisme pour l'abolition de l'esclavage, ce qui ne tarda pas à inquiéter la communauté blanche du Sud. En 1822, après l'échec de la révolte dirigée par Denmark Vesey, les pasteurs méthodistes blancs décidèrent de ne plus ordonner de pasteurs noirs. Cela n'empêcha pas la parole divine de continuer à inspirer les rebelles. Nat Turner, qui mena, en 1831, la plus célèbre et la plus sanglante révolte d'esclaves, se déclarait mandaté par Dieu pour libérer ses frè-

Malcolm X (Malcolm Little) (1925-1965)

♦ « *X : mon nom est personne ; mon nom m'a été volé et y fut substitué le patronyme du propriétaire de mes pères.* » *L'abandon de Little pour X est comme le baptême de la révolte ; l'acte de rupture qui permet de renouer avec un passé séculaire. On a créé autour de Malcolm X un mythe de la violence ; en fait, son apport essentiel au monde afro-américain aura été cette ouverture vers l'univers des opprimés qu'il manifesta à la fin de sa vie. Malcolm X avait senti que la lutte des Noirs devait s'appuyer sur l'indépendance du tiers monde ; il avait compris que l'exploitation n'était pas affaire de race. Il avait évolué en cela toute sa vie. Son père était pasteur baptiste à Lansing (Michigan) et Malcolm, âgé de quatre ans, vit la maison familiale dynamitée par le Ku Klux Klan ; Malcolm fut baigné des idées paternelles de retour en Afrique. Mais il est surtout un adolescent turbulent, avide de voir «autre chose» ; il va à Harlem, fréquente la pègre et se retrouve en prison pour cambriolage. Il*

a vingt et un ans.

En détention, Malcolm rencontre des musulmans noirs, actifs prosélytes. Il se convertit. Libéré au bout de sept ans, il fait des tournées de propagande avant d'être affecté à la 7ᵉ mosquée de New York. Mais cet homme sincère découvre qu'entre l'authentique foi musulmane, les croyances propagées par Elijah Muhammad (chef des Black Muslims) et le mode de vie de celui-ci, il y a un monde. Malcolm X rompt, fonde sa propre mosquée musulmane en 1964, puis l'Organisation pour l'unité afro-américaine. Il se rend à La Mecque d'où il revient El Haj Malik El Shabarr. C'est le tournant décisif, la vision pressentie d'une politique noire globale fondée sur une action de classe. Il n'aura pas le temps de la négocier jusqu'au bout. Harcelé par les sectateurs d'Elijah Muhammad (peut-être manipulés par le FBI), il tombe finalement sous leurs balles.

Denis-Constant Martin

Martin Luther King (1929-1968)

♦ *Prix Nobel de la paix, martyr de l'Amérique noire, Martin Luther King est devenu le symbole de la lutte pour les droits civiques aux États-Unis. Il est pasteur baptiste et son engagement puise dans une foi forte et profonde ; sa popularité, son charme tiennent autant à son courage qu'à son verbe, au rythme accentué de ses discours qui portent la marque des prêcheurs de son Église. Il est homme du Sud : il naît à Atlanta (Georgie) en 1929. C'est à Montgomery (Alabama) qu'il fait ses premières armes militantes ; c'est à Memphis (Tennessee) qu'il est assassiné le 4 avril 1968.*

Baptiste sudiste, il faut dire aussi son intérêt pour la philosophie de Gandhi : les sources de son action se trouvent dans cette combinaison qu'on voit à l'œuvre dès 1955, lors du boycottage des autobus de Montgomery. Détermination, action de masse, non-violence sont encore les principes qui guident la Marche sur Washington du 28 août 1963. Mais si King parle alors de « rêve » c'est qu'elle sonne aussi la fin d'un rêve. La violence déborde : violence de l'État, malgré des réformes, contre-violence noire. King s'y oppose d'abord. Il quitte le Sud, s'installe à Washington, donne alors à son action un tour plus radical, lutte contre la ségrégation dans le logement et l'emploi. Il y retrouve des hommes jeunes qui ne partagent pas sa philosophie ; il les rencontre aussi dans son opposition farouche à la guerre du Vietnam. S'éloignant des organisations noires traditionnelles trop timorées, il se rapproche d'eux. Il prépare une marche des pauvres où ils seront associés ; c'est à ce moment qu'il est assassiné...

M.-F. T.

res. L'esclave évadée Harriet Tubman, héroïne de l'*underground railroad*, cette filière d'évasions vers le Nord qui fonctionna jusqu'à la guerre de Sécession et permit à 75 000 esclaves de trouver la liberté, était surnommée « Moïse ».

Des pasteurs de choc

Après la guerre de Sécession, les Églises noires ouvrirent les premiers établissements d'enseignement à l'usage des anciens esclaves qui, sans instruction, sans métier et sans argent, étaient perdus dans leur nouvelle liberté. Les congrégations de tous ordres poussèrent comme des champignons, avec toutes sortes de dénominations. La petite bourgeoisie noire qui émergeait lentement restait profondément attachée à sa culture religieuse et élevait ses enfants dans les préceptes des Écritures. Comme la plupart des universités refusaient les étudiants noirs, et coûtaient d'ailleurs trop cher, le séminaire devint la voie obligée des garçons ambitieux.

Un siècle après l'abolition de l'esclavage, la plupart des porte-parole de la communauté noire étaient ou avaient été pasteurs, même s'ils n'avaient pas toujours exercé longtemps leur sacerdoce. Ce fut le cas, dans les années soixante, de Martin Luther King, le chef de la lutte pour les droits civiques, de la plupart de ses lieutenants et de Malcom X avant sa conversion à un islam quelque peu fantaisiste. C'est le cas d'Andrew Young, qui fut le premier ambassadeur américain noir aux Nations unies et maire d'Atlanta, de Benjamin Hooks, président de la National Association for the Advancement of Coloured People - NAACP (Association nationale pour la promotion des gens de couleur), l'une des principales et des plus anciennes organisations noires, de James Baldwin, qui restera sans doute l'un des plus grands écrivains américains, de Jesse Jackson, enfin, dont la candidature aux élections présidentielles de 1980 et 1988 a marqué un tournant dans la vie politique de toute la communauté noire.

Ce n'est que depuis les années soixante-dix que l'on a vu émerger des personnalités politiques noires laïques, comme les

292

Bibliographie

« L'Amérique noire », *Les Temps modernes*, n° spécial Paris, déc. 1986.

Bernheim Nicole, *Voyage en Amérique noire*, Stock, Paris, 1986.

Bernheim Nicole, « Reagan et l'intégrisme protestant », *Revue politique et parlementaire*, n° spécial (« Le retour du religieux en politique »), Paris, mars-avr. 1987.

Bernheim Nicole, « Religion et politique aux États-Unis », *Vingtième siècle*, Paris, juil.-sept. 1988.

maires de grandes villes tels que David Dinkins (New York), Marion Barry (Washington), Tom Bradley (Los Angeles), Coleman Young (Detroit).

Toute une génération de Noirs sort aujourd'hui des grandes universités américaines, prête à prendre les responsabilités politiques et professionnelles que l'Amérique blanche reste réticente à lui laisser exercer. Même s'ils restent, pour la plupart, fortement imprégnés de la culture religieuse de leur communauté, ils risquent d'être beaucoup moins patients que les saints hommes qui les ont précédés sur la voie de l'émancipation.

Nicole Bernheim

La « majorité morale »

■ « La majorité morale, disait un vieux slogan contestataire, n'est ni l'une ni l'autre. » En 1979, pourtant, un pasteur aux joues rondes et aux idées carrées, Jerry Falwell, prétendait le contraire. Selon lui, les valeurs traditionnelles de la droite religieuse étaient partagées par une majorité d'Américains. Leur seul handicap, disait-il, était de ne s'être jamais encore organisés politiquement alors qu'ensemble, ils formeraient un formidable lobby de Dieu. Le révérend Falwell, déjà célèbre à travers tout le pays grâce à ses prêches télévisés depuis son église de Lynchburg, en Virginie, s'était donné à l'époque pour tâche de rassembler le troupeau épars des brebis fondamentalistes, et de les faire voter.

De concept-slogan, la « majorité morale » est devenue, en 1979, un groupe de pression ayant pignon sur rue, avec un budget, une organisation nationale et des représentants locaux, et doté de deux armes d'une redoutable efficacité : la télévision et les fichiers des fidèles de toutes les petites églises en bois du Sud des États-Unis, puis

d'ailleurs. J. Falwell affirmera, avec quelque vraisemblance, avoir grandement contribué à l'élection de Ronald Reagan contre Jimmy Carter en novembre 1980. Grâce à lui, quelque trois à quatre millions de nouveaux électeurs, rameutés par presque tous les prêcheurs baptistes du pays, se seraient alors inscrits sur les listes électorales pour élire le « bon » candidat. Sans compter tous ceux qui, déjà inscrits, et votant traditionnellement démocrate, avaient changé d'allégeance.

Le 10 juin 1989, à Las Vegas, lieu saugrenu pour pareille assemblée, se tenait la réunion annuelle de la Southern Baptist Convention. Jerry Falwell avait une annonce à y faire : il allait fermer boutique. Moral Majority Inc., le nom officiel de son organisation, serait légalement dissoute le 31 août, « mission accomplie ». La majorité morale, déclarait-il, a permis « d'entraîner, de mobiliser et d'électrifier la droite religieuse ». « Je pense que j'ai réalisé la tâche pour laquelle j'ai été appelé en 1979... Les conservateurs religieux en Amérique sont ici pour durer. »

Bibliographie

Carlander Ingrid, *Les Stars de Dieu*, Plon, Paris, 1990.

Ni majoritaire, ni morale

En fait, la réalité était moins glorieuse et le vieux slogan contestataire des origines se révélait clairvoyant. Si Jerry Falwell mettait ainsi la clé sous la porte après dix années d'activisme, c'est que la majorité morale n'était en aucun cas majoritaire, ni, à vrai dire, si morale que ça.

Certes, l'influence de la droite religieuse a été suffisamment forte pour que soient relancés, de façon parfois très vive, des débats sur des thèmes comme l'avortement, la prière à l'école, le contenu des manuels scolaires — notamment sur le darwinisme et les origines de l'homme —, le divorce, la pornographie. Mais les législations sur ces questions n'ont jamais été profondément modifiées sous la pression des ultra-conservateurs. Leur candidat à la présidence, Pat Robertson, a fait piètre figure aux élections de 1988, et petit à petit, les rangs des militants se sont clairsemés, comme en a témoigné l'état des finances de Moral Majority. Les revenus de l'organisation dépassaient onze millions de dollars en 1984, mais n'étaient plus que de trois millions en 1988.

Quant à la moralité de la droite religieuse, elle a été gravement mise en cause par les écarts de conduite de deux de ses porte-parole les plus célèbres, Jim Bakker et Jimmy Swaggart. Ces deux prêcheurs, ces « télévangélistes » qui délivraient chaque jour à des millions de téléspectateurs, avec l'efficacité consommée des meneurs de revues du *show business*, le message d'une chrétienté passionnelle et intégriste, n'ont pas vraiment suivi les préceptes de leur propre enseignement. La chair est faible, et l'un et l'autre, après avoir dénoncé sur les ondes toutes les tentations du Diable, y ont succombé. J. Bakker a avoué avoir eu des relations sexuelles avec une secrétaire de son église, et a tenté ensuite d'acheter son silence. J. Swaggart, quant à lui, a admis avoir eu recours aux services d'une prostituée. Ces deux affaires ont fait grand bruit et ont terni l'image pure et dure des sermonneurs américains, les faiblesses humaines n'étant pas, manifestement, pardonnées aux donneurs de leçons divines.

Michel Faure

En 1987, 44 % des personnes interrogées ne souhaitaient pas avoir comme voisins des membres de sectes religieuses ; 13 % avaient le même sentiment pour les fondamentalistes religieux.
Source : *Gallup Organization* in Public Opinion, *juil.-août 1987.*

Woman recalling an indecent proposal
(*Femme se souvenant d'une proposition malhonnête*)

MÉDIAS ET COMMUNICATION

Information du citoyen : ne pas déranger

■ « Le peuple américain est à la fois le mieux diverti et le moins bien informé de tous les peuples occidentaux. » Ce commentaire d'un journaliste sévère est-il justifié ? Sans contester la multiplicité des organes d'information ni leur liberté d'expression, on peut s'interroger sur leur degré de diversité réelle et sur leur style de communication. Ce qui caractérise la situation, c'est la domination de fait des journaux télévisés, le pouvoir croissant des publicitaires et le glissement de l'information vers le divertissement.

La domination de l'information télévisée est en partie masquée par le nombre des médias concurrents : 8 943 stations de radio et 1 646 quotidiens en 1987. Mais les radios accordent une place à peu près exclusive à la musique et aux dialogues — souvent démagogiques — entre présentateurs et auditeurs (*talk shows*). Quant à la presse écrite, sa diffusion stagne depuis les années soixante alors que la population a beaucoup progressé. Depuis 1980, la moitié des Américains reçoit la totalité de ses informations *via* la télévision, essentiellement grâce aux trois grands journaux de *ABC*, *CBS* et *NBC* qui, ensemble, touchent 38 millions de téléspectateurs. Mais, quel que soit le professionnalisme de leurs présentateurs, ils doivent se contenter de vingt-trois minutes par jour, c'est-à-dire juste le temps de lire l'équivalent de deux tiers de page d'un quotidien.

Le pouvoir de l'argent

L'importance du rôle économique joué par les annonceurs pose un problème qui va bien au-delà du matraquage publici-

taire. Les dix-huit mille publicités annuelles que voit le téléspectateur moyen ne sont pour la plupart qu'une glorification du système social en place. Par ailleurs, la presse écrite et la télévision reçoivent cinq fois plus de ressources de leurs annonceurs que de leurs lecteurs et téléspectateurs : en 1988, 37,2 milliards de dollars pour la presse écrite, 26 milliards pour la télévision, 7,7 milliards pour la radio. Par la force des choses, les médias ont donc tendance à se transformer en intermédiaires entre les consommateurs et les industriels. Les informations deviennent alors, comme le reste des programmes, un moyen d'attirer le public pour le livrer à la publicité des annonceurs.

La transformation de l'information en divertissement est le résultat logique de ce qui précède. Dan Rather, le présentateur vedette du journal de *CBS*, a lui même parlé d'une « dérive tragique vers la médiocrité ». Les reportages télévisés durent rarement plus de quatre minutes. Souvent axés sur les personnalités, ils sont marqués par le goût du scandale et la timidité de la critique sociale. Le message est généralement bref, simple, spectaculaire et plutôt que d'exposer un problème, il assène une « solution ». Cette « dérive » a accompagné celle du débat politique, un débat souvent réduit à la succession de *spots* publicitaires mettant en cause la moralité, l'honnêteté ou le patriotisme du candidat adverse. Les médias arguent qu'ils ne font que « couvrir » des affrontements sans contenu réel. Les partis répondent que les médias ne s'intéressent

Bibliographie

Bagdikian Ben, *The Media Monopoly*, Beacon Press, Boston (MA), 2e éd., 1988.

Hertsgaard Mark, *On Bended Knee : The Press and the Reagan Presidency*, Farrar, Strauss and Giroux, New York, 1988.

Iyengar Shanto, Kinder Donald C., *News that Matter : Television and American Opinion*, University of Chicago Press, Chicago (IL), 1987.

aux questions de fond qu'à condition de pouvoir les résumer en quelques secondes rythmées par une polémique acrimonieuse et quelques bons mots. L'insondable médiocrité de la campagne présidentielle de 1988 a montré à quoi peut aboutir ce type d'engrenage.

Un tel tableau peut paraître sombre dans la mesure où il semble faire l'impasse sur la puissance des médias et sur leur indépendance. En réalité, la notion d'un « quatrième pouvoir » est assez largement surfaite. Pour un *Watergate* qui a manifesté avec éclat le pouvoir de la presse, on trouve toujours un épisode comme celui de la baie des Cochons (tentative de débarquement anticastriste à Cuba, 1961) qui montre à quel point celle-ci est susceptible d'être manipulée par le pouvoir. Et, si ce sont les médias américains qui ont révélé en 1987 les infidélités de Gary Hart, candidat aux présidentielles, c'est un quotidien libanais qui a fait éclater le scandale de l'*Irangate*. Les journalistes ne sont d'ailleurs pas les derniers à s'interroger sur leur complaisance à l'égard des puissants et sur leur disposition à diffuser telles quelles les images créées pour eux par les publicitaires qui entourent les hommes politiques.

L'information peut-elle rester professionnelle alors qu'elle devient de plus en plus une affaire commerciale ? Est-il possible de s'affirmer le défenseur des « petits » quand on est au service de groupes de presse caractérisés par la concentration ? Peut-on prétendre critiquer les élites quand on en fait soi-même partie ? Un dirigeant syndicaliste a pu dire, à propos des journalistes : « Autrefois, ils étaient avec nous dans les bars ; maintenant ils déjeunent avec des industriels. » Au delà de la diversité qui les caractérise, les responsables de l'information ont une approche relativement homogène : à la fois progressistes dans les domaines « culturels » et conservateurs dans ceux de l'économie, disposés à dénoncer les méfaits individuels mais peu soucieux de mettre en cause les fondements de l'injustice.

Légitimation de l'ordre social

En vérité, ce qui caractérise la plupart des médias, c'est moins la défense explicite et circonstancielle du *statu quo* social que sa légitimation implicite et permanente. Tandis que le principal quotidien national américain, le *Wall Street Journal*, affirme avec talent son adhésion aux valeurs chères aux milieux d'affaires, l'autre grand quotidien national, *USA Today*, sous des dehors apolitiques, diffuse un message optimiste et nationaliste plutôt favorable lui aussi au pouvoir en place. George Bush avait suggéré un jour aux journalistes : « Parlez davantage des bonnes nouvelles. Cessez de vous étendre sur ces choses qui ne peuvent que nous diviser. » De fait, si l'on examine le contenu des journaux télévisés et celui d'un nombre croissant d'organes de presse, on constate qu'une place de plus en plus importante est accordée aux confidences des personnalités, aux faits divers, à la météo, aux questions de santé et aux sujets boursiers, thèmes qui n'ont rien de dérangeant et qui participent tous de la dépolitisation que chacun dit regretter.

L'information de qualité existe cependant. Outre quelques quotidiens prestigieux (comme le *New York Times* et le *Wall Street Journal*), les réseaux publics de télévision et de radio offrent des programmes d'actualité intelligents, fouillés et de plus en plus suivis : cinq millions d'auditeurs pour le journal télévisé d'une heure sur *PBS*. Deux chaînes câblées, *CNN* et *C-Span*, diffusent de l'information en continu. Si on ajoute à cela 35 200 bibliothèques, pour la plupart formidablement dotées, on comprend mieux l'observation du politologue Robert Dahl : « Un Américain qui souhaite trouver des critiques du système économique, social et politique, les trouvera certainement. Mais il devra les chercher en dehors des organes d'information de masse dont l'effet est de renforcer les institutions et l'idéologie existantes. »

Serge Halimi

La liberté d'expression, une valeur sacrée

■ En matière de censure, les États-Unis donnent une image très contrastée : on se rappelle les excès de la période maccarthyste au début des années cinquante, mais aussi l'incroyable facilité avec laquelle la presse a pu mettre en difficulté le puissant Pentagone ou provoquer la démission du président Nixon. Les États-Unis ont certes une tradition puritaine très forte, mais ils ont aussi des institutions puissantes qui garantissent aux citoyens et aux médias une extraordinaire liberté d'expression.

Cette liberté s'appuie sur le premier amendement à la Constitution, adopté en 1791, qui interdit au Congrès de limiter la liberté d'expression ou de presse. Ce principe a été appliqué de façon parfois restrictive par le gouvernement fédéral. En 1798, le Congrès vota la loi contre la sédition pour punir ceux qui s'opposaient à la politique des États-Unis. Pendant la Première Guerre mondiale, la loi sur l'espionnage permit au gouvernement de réprimer les mouvements hostiles à la guerre et de faire emprisonner Eugene Debs, le leader socialiste. La loi protège toujours l'armée (*Uniform Code of Military Justice*) et la CIA, qui a pu censurer certains passages de livres la concernant, comme celui de Frank W. Shepp, *Decent Interval*. L'ère reaganienne (1980-1988) a vu apparaître une nouvelle forme de censure fondée sur le principe du secret.

La liberté d'expression a été plus ou moins respectée selon les États. Le Massachusetts fit interdire de nombreux romans comme *Tropique du cancer* (H. Miller), *L'Amant de lady Chatterley* (D. H. Lawrence) dès leur parution ; la Californie et la Floride en particulier essayèrent de proscrire certains livres dans les écoles. Dans de nombreux cas, la Cour suprême est intervenue pour réglementer les interventions des autorités publiques en matière de censure, et aussi pour définir des principes applicables à l'échelle nationale. Depuis 1973, cependant, la censure a eu tendance à se défédéraliser.

La loi protège assez peu les personnes publiques contre les médias depuis l'affaire *New York Times c. Sullivan* (1964) ; à cette occasion, la Cour suprême édicta des règles souples afin de conserver au débat public sa totale liberté. Le concept de diffamation, surtout réservé aux personnes privées, est rarement invoqué, car la Cour suprême s'est généralement refusée à trancher entre les droits de l'individu et le 1er Amendement.

Les médias sont en principe contrôlés par la Federal Communication Commission (Commission fédérale de la communication), qui veille par exemple au respect

« Alien and Sedition Acts »

Lois sur les étrangers et la sédition : lois anti-jeffersoniennes de 1798 qui criminalisaient toute critique du gouvernement fédéral et autorisaient le président à déporter les étrangers « indésirables ». Ces lois seront, évidemment, annulées en 1801 sous la présidence de Thomas Jefferson.

Bibliographie

Hentoff Nat, *The Tumultuous History of Free Speech in America*, Dell, New York, 1981.

Hurwitz Leon, *Historical Dictionary of Censorship in the United States*, Greenwood, New York, 1976.

Lewis Felice F., *Literature, Obscenity and Law*, Southern Illinois University Press, Carbondale (IL), 1976.

du droit de réponse, ou à l'utilisation d'un langage châtié à la radio et à la télévision, mais qui ne dispose que de pouvoirs restreints. Dans le cas du cinéma, la Motion Picture Association of America, fondée en 1922, exerce elle-même, par le biais de son classement des films, un pouvoir de censure sur l'industrie que lui ont généralement reconnu les États.

Le débat sur l'obscénité

C'est en matière d'obscénité dans les livres ou les revues que la censure a été la plus restrictive. La première définition de l'obscénité, le *Hicklin Test*, date de 1857. En 1873, un puritain notoire, Anthony Comstock, réussit à faire voter une loi interdisant la distribution de publications obscènes par la poste, monopole fédéral. La publication des grands romans à scandale au début du XXe siècle relança le débat. Mais il fallut attendre 1934 pour que soit autorisée la diffusion d'*Ulysse* de J. Joyce. En 1957, une nouvelle définition de l'obscénité fut élaborée par la Cour suprême lors de l'affaire de l'éditeur Roth ; elle resta en vigueur jusqu'en 1966, date à laquelle il fut déclaré que *Fanny Hill* (J. Cleland) n'était pas obscène. Depuis cette date, aucun roman n'a été interdit aux États-Unis pour obscénité.

La libéralisation de la loi provoqua une réaction populaire très vive en vue de protéger les enfants. Près de quinze cents livres ou manuels scolaires furent poursuivis par les autorités locales entre 1966 et 1975. Le roman le plus souvent interdit dans les écoles fut *The Catcher in the Rye/L'Attrape-cœur* de J. D. Salinger ; mais W. Shakespeare subit le même sort, avec *Roméo et Juliette*.

Ainsi la censure institutionnelle, en voie de disparition depuis les années soixante, a-t-elle été remplacée parfois par de curieux phénomènes d'autocensure dans l'édition et les médias.

Maurice Couturier

Médias : plus de concentration et plus de concurrence

■ On s'attend qu'aux États-Unis les médias soient gigantesques, à la mesure du pays et que, dans ce pays capitaliste par excellence, l'industrie médiatique soit exceptionnellement concentrée. Ce n'est pas encore le cas. La plupart des médias aux États-Unis sont petits et la propriété y est moins concentrée qu'en URSS ou en Chine, bien sûr, mais aussi moins qu'en Australie ou au Japon.

Il est indéniable que certaines entreprises de communication américaines sont grandes. Vers la fin des années quatre-vingt, les vingt-cinq plus grands groupes possédaient les grands *networks* (réseaux) de télévision traditionnelle (ABC, CBS, NBC - plus FBC de Murdoch), neuf des dix principaux groupes de stations de télévision, sept des dix plus vastes groupes de réseaux câblés (servant un tiers des abonnés) ; onze des quinze plus gros distributeurs de programmes télévisés, sept des dix plus grands éditeurs de vidéocassettes (assurant les deux tiers des ventes).

298

Bibliographie

Bagdikian Ben, *The Media Monopoly*, Beacon Press, Boston (MA), 2ᵉ éd., 1988.

Bertrand Claude-Jean, *Les Médias aux États-Unis*, PUF, Paris, « Que sais-je ? », 3ᵉ éd., 1987.

Bertrand Claude-Jean, *Les États-Unis et leur télévision*, INA/Champ Vallon, Seyssel, 1989.

Picard Robert G. et al. (sous la dir. de), *Press Concentration and Monopoly*, Ablex, Norwood (NJ), 1988.

Câble et publicité, les plus concentrés

Il est indéniable aussi que ces géants grandissent : un bel exemple de concentration verticale a été fourni en 1985 quand General Electric (sixième firme des États-Unis) absorba la RCA, propriétaire du grand serveur de radio-télévision NBC. Quant à la concentration horizontale, elle fut bien illustrée par la fusion, en 1989, de Time Inc. et de Warner (qui, lui-même, venait d'absorber Lorimar, un des plus gros producteurs indépendants d'Hollywood) ; cette acquisition donna naissance au plus vaste groupe de communication du monde, avec 9,2 milliards de dollars de chiffre d'affaires en 1988.

Mis à part les conglomérats, la concentration a surtout été forte dans les secteurs où elle n'est pas limitée par la loi, comme la publicité (le grand financeur des médias) et la télévision par câble. Le plus grand des multipropriétaires de réseaux locaux, TCI, possédait ou avait des participations dans des réseaux servant 9,5 millions de foyers. A la fin de 1989, il avait des intérêts dans une douzaine de serveurs de programmes (Discovery, BET, American Movie Classics, the Turner Group, etc.) et il envisageait d'acheter la moitié de Showtime et The Movie Channel, deux des six serveurs à péage du câble.

L'accélération de la concentration depuis les années soixante-dix a été due à quatre facteurs. D'abord, on s'est rendu compte que la valeur boursière des grandes sociétés était très sous-évaluée, d'où une série d'offres publiques d'achat (OPA), dont les trois grands *networks* furent victimes en 1985. La seconde cause a été la déréglementation, la levée des restrictions : le maximum de stations de radio AM (ondes moyennes) et FM (modulation de fréquence) et de télévision qu'on puisse posséder, par exemple, est passé de sept à douze.

Le troisième facteur a été une suite de percées technologiques. Il faut de vastes ressources pour investir dans les nouveaux médias : pour mettre un satellite sur orbite, câbler une zone urbaine, mettre au point une télévision à haute définition, créer un réseau national en fibre optique. Par ailleurs, la multiplication des canaux exige de plus en plus de programmes, qui coûtent de plus en plus cher : un épisode de série revient à environ un million de dollars. Enfin, pour lutter sur le marché mondial contre les géants japonais (Sony), allemands (Bertelsmann) ou français (Hachette), les Américains ont eux aussi besoin de géants : telle fut une justification donnée lors de l'acquisition de Warner par Time.

Il faut néanmoins placer toutes ces données dans leur contexte. En 1986, 70 % des quotidiens (80 % de la diffusion) appartenaient à des « groupes » — contre 10 % en 1900. Mais la plupart de ce que les Américains appellent des groupes de presse ne comprennent qu'une poignée de journaux : il y avait 156 groupes et chacun ne possédait en moyenne que 7 quotidiens sur un total de 1 700. La plus grosse compagnie, Gannett, avec plus de 80 quotidiens, contrôlait moins de 10 % de la diffusion totale, donc *moins* que William H. Hearst dans les années trente (13 %). Il n'y a pas aux États-Unis d'énormes groupes ayant un quasi-monopole comme Murdoch en Australie (70 % de la diffusion des quotidiens) ou jouissant d'un duopole comme Southam et Thomson au Canada anglophone. Quant au secteur des périodiques, il est divisé entre plus de 300 groupes.

Diversification des canaux de communication

Si l'on craint en général la concentration, c'est qu'elle menace la diversité. Considérons les médias électroniques : l'usager ne disposait naguère que de quelques stations de radio AM, servies par quatre grossistes (CBS, NBC, ABC, MBS) ou passant des disques sans discontinuer. Le petit écran était monopolisé par les stations VHF affiliées à trois grands serveurs (les *networks* NBC, ABC et CBS) qui se copiaient l'un l'autre ; le serveur non commercial PBS restait sous-développé. On pouvait, par ailleurs, se rendre au cinéma local et faire tourner des disques sur son électrophone.

Quelle est la situation au début des années quatre-vingt-dix ? Le nombre des stations de radio AM est passé de moins de 1 000 en 1945 à 5 000 — et s'y sont ajoutées 5 500 stations FM. Il existe plus de 300 stations de télévision «indépendantes», contre 85 en 1978 : une raison majeure étant les bonnes images qu'on reçoit d'elles grâce au câble, bien qu'elles soient dans la bande UHF ; la même remarque s'applique à plus de 300 stations «publiques». Il y a 8 000 réseaux de câbles et plus de 2 millions d'antennes de satellites — qui sont servis par plus de 70 grossistes en matériau audiovisuel, généralistes ou spécialisés. Sans parler des *syndicators*

qui offrent aux stations des programmes différents de ceux des *networks*. De leur côté, 25 000 vendeurs et loueurs de cassettes alimentent quelque 48,8 millions de foyers équipés de magnétoscopes. La part d'audience des trois grands réseaux en soirée est passée de 91 % à 70 % entre 1978 et 1988.

Le cinéma avait dû se résigner à l'existence de la télévision qui, à son tour, a perdu sa bataille contre le câble dans les années soixante-dix. Alors que commence la dernière décennie du XXe siècle, le câble voit ses velléités monopolistiques menacées par la distribution par micro-onde (MMDS), par le satellite à diffusion directe (DBS) et surtout les compagnies régionales du téléphone qui, une fois équipées de fibre optique, pourraient être autorisées à livrer à domicile une infinité d'images.

Il est vrai que les Américains peuvent légitimement s'inquiéter de la rapacité d'énormes firmes peu enclines au service public, de la prostitution de ceux des médias qui s'adressent à un public de masse. Mais la concentration des médias offre peu d'intérêt : c'est un des nombreux poncifs dont est constituée l'image des États-Unis à l'étranger. Ce qui est intéressant dans l'univers médiatique américain à la fin du XXe siècle, c'est l'extraordinaire multiplication et la diversification des canaux de communication sociale, la floraison de médias qui s'adressent à des minorités.

Claude-Jean Bertrand

La presse écrite, une grande tradition

■ La liberté de la presse a été inscrite en 1791 dans la Constitution et ce qui devait devenir «le quatrième pouvoir» a servi très tôt de champ clos aux batailles politiques de la jeune république.

Les premières gazettes, à diffusion réduite, tiraient leur succès de leur francparler et de leur indépendance à l'égard

des pouvoirs. L'impartialité était souvent le cadet de leurs soucis, mais elles sont devenues très vite des puissances dans la vie politique et économique des petites villes. Elles ont proliféré avec la colonisation de l'Ouest et, en 1828, les États-Unis comptaient déjà 861 journaux.

La difficulté des communications dans

Le renouveau de la caricature politique

♦ Appelons-les dessins d'actualité, car ces illustrations qui accompagnent généralement les éditoriaux ne participent pas toujours de la caricature. Clin d'œil au lecteur, elles sont la formulation concise et souvent drôle d'un problème qui peut, lui, être très grave.

Depuis la fin des années soixante, le dessin politique connaît un renouveau aux États-Unis; aiguillonné par la guerre du Vietnam, il a trouvé des cibles de choix avec Richard Nixon et le Watergate. Toléré par les rédacteurs même s'il défend un point de vue autre que celui du journal (car les lecteurs en sont friands), il s'est enhardi et ne fait que rarement l'objet de censure. Il y a toutefois des exemples : Gary Trudeau, en 1985, s'attaqua avec Doonesbury au film anti-avortement Silent Scream et une quarantaine de journaux seulement publièrent ses dessins sur les 835 qui les imprimaient régulièrement.

Mais, dans l'ensemble, le dessin ose dire tout haut ce qu'un directeur de journal ne peut se permettre de voir écrit noir sur blanc. Et les célèbres artistes comme Auth, Conrad, Danziger, Feiffer, Herblock, Oliphant, Szep, Wright ou autres ne s'en privent pas.

Qui dit dessin d'actualité dit public informé et donc audience assez restreinte; mais l'impact est d'autant plus grand que ces lecteurs sont souvent des décideurs. Quant aux victimes, ils n'aiment pas vraiment, quoi qu'ils en disent, être pris pour cible. Qu'en pense Dan Quayle, le vice-président des États-Unis, qui n'est jamais représenté dans Doonesbury que comme non-être, flanqué il est vrai d'une coquette plume de perdrix ?

Sylvaine Cannon

Presse écrite

♦ Principaux quotidiens

Tous les grands quotidiens appartiennent à des groupes de communication qui possèdent aussi de nombreux journaux en province, et souvent des magazines et des stations de radio et de télévision.

— Wall Street Journal : 2 000 000 exempl. (groupe Dow Jones).

— USA Today : 1 330 000 exempl. (groupe Gannett).

— New York Daily News : 1 300 000 exempl. (groupe Tribune qui possède aussi le Chicago Tribune : 765 000 exempl.).

— Los Angeles Times : 1 120 000 exempl. (groupe Times Mirror qui possède aussi Newsday à New York et le Baltimore Sun).

— New York Times : 1 000 000 exempl. (groupe New York Times qui possède aussi de très nombreux journaux en province).

— Washington Post : 760 000 exempl. (groupe Washington Post qui possède également l'hebdomadaire Newsweek).

♦ Principaux magazines

— TV Guide : 17 000 000 exempl., hebdomadaire.

— Modern Maturity : 16 700 000 exempl.

— Reader's Digest : 16 500 000 exempl., mensuel.

— National Geographic : 10 500 000 exempl., mensuel.

— Better Homes and Gardens : 8 000 000 exempl., mensuel.

— Woman's Day : 6 000 000 exempl.

— Time et Newsweek n'occupent que le treizième et le vingtième rang des tirages nationaux, mais ce sont les premiers hebdomadaires d'informations générales, avec, respectivement, 4 700 000 et 3 200 000 exempl.

— Le premier journal de sports, Sports Illustrated, tire à 3 150 000 exempl.

N. B.

Bibliographie

Bertrand Claude-Jean, *Les Médias aux États-Unis*, PUF, « Que sais-je ? », Paris, 3ᵉ éd., 1987.

Emery Michael, Emery Edwin, *The Press in America : An Interpretative History of the Mass Media*, Prentice Hall, Englewood Cliffs (NJ), 6ᵉ éd., 1988.

Caricature :

Cannon Sylvaine, « Editorial cartoons and the American involvement in Vietnam », *Revue française d'études américaines*, n° 43, Nancy, févr. 1990.

« The "Doonesbury" you probably didn't see », *Ms*, New York, nov. 1985.

un pays gigantesque a profité à une presse locale très active, souvent riche, mais limitée dans ses intérêts. Jusqu'à la popularisation de la radio entre les deux guerres mondiales, et de la télévision au milieu des années cinquante, les Américains sont restés très peu informés de ce qui se passait au-delà de leur ville ou de leur État.

Le creuset du « journalisme d'investigation »

Le journal de petite ville a été le creuset de la grande presse américaine. S'il accorde encore aujourd'hui une place disproportionnée aux événements locaux — les affaires municipales, le sport et les mondanités comptent parmi ses rubriques les plus fournies —, il forme aussi des enquêteurs précis, bien informés et généralement soucieux d'impartialité. C'est souvent dans de petites gazettes qu'ont fait leurs débuts les grandes vedettes du fameux « journalisme d'investigation », dont le fleuron reste l'affaire du *Watergate*, déterrée en 1971 par le *Washington Post* et menée jusqu'à la démission du président Nixon, deux ans plus tard.

En étendant le champ de leurs intérêts, quelques journaux locaux bien gérés ont su développer leur influence au-delà de leur comté. Cela a été le cas de journaux fondés dans des grandes villes comme le *New York Herald* (1835), le premier à employer des correspondants à l'étranger, le *Chicago Tribune* (1855), mais aussi du *Boston Globe*, du *Kansas City Star*, de l'*Atlanta Constitution*, du *Louisville Courier-Journal*, du *San Francisco Bulletin*, du *Philadelphia Inquirer*, du *Baltimore Sun*.

Au début du XXᵉ siècle, 2 000 quotidiens avec un tirage global de 15 millions d'exemplaires et 12 000 hebdomadaires étaient publiés aux États-Unis. En 1987, il n'y avait plus que 1 745 quotidiens mais qui tiraient à 63 millions d'exemplaires. Au milieu des années quatre-vingt, un grand quotidien comme le *New York Times* a pu, grâce aux communications par satellite, être mis en vente le même matin dans tout le pays, devenant ainsi, au même titre que le *Wall Street Journal*, un journal authentiquement national.

Avec la Seconde Guerre mondiale, les magazines illustrés ont connu un essor extraordinaire. Le reportage photographique a fait la fortune de publications comme *Life*. Les hebdomadaires d'actualités comme *Time* et *Newsweek* sont devenus des modèles imités dans le monde entier.

Refonte massive

Quotidienne ou périodique, locale ou nationale, la presse écrite a joué un rôle essentiel dans la vie politique, économique, sociale et culturelle américaine jusqu'à ce que la télévision lui ravisse ce privilège. A partir des années soixante-dix, la concurrence de l'audiovisuel s'est fait douloureusement sentir, surtout dans les quotidiens. La manne publicitaire s'est reportée massivement sur la télévision et de nombreux journaux, jusque-là prospères, ont dû réduire leurs équipes, passer sous la coupe de nouveaux bailleurs de fonds, ou simplement disparaître. Les magazines spécialisés, destinés à un public et à des annonceurs précis, ont mieux résisté, et même proliféré.

Depuis les années quatre-vingt, on a assisté à une refonte massive de la presse écrite dont beaucoup de titres, surtout de la presse locale, ont été rachetés par des groupes de communication aux activités multiples. Ce mouvement n'a pas été sans influence sur l'indépendance des rédactions qui se sont trouvées, beaucoup plus que par le passé, soumises aux impératifs de la publicité et des amis politiques de leurs nouveaux propriétaires.

La presse écrite est néanmoins restée une activité économique de premier plan : en 1987, le chiffre d'affaires des quotidiens américains s'élevait à 24,2 milliards de dollars, celui des magazines à 9,3 milliards.

Nicole Bernheim

Télévision : les progrès du câble

■ La télévision américaine joue un rôle de plus en plus important à l'intérieur de structures qui vont en se diversifiant. Pour une majorité d'Américains, en effet, la télévision est devenue le medium exclusif d'information, de divertissement et de culture. Chacun des 90 millions de récepteurs est branché sept heures par jour et chaque Américain le regarde une moyenne de quatre heures et quinze minutes. Mais, ce qui aurait pu autrefois constituer un vecteur d'uniformisation est progressivement devenu le miroir de la fragmentation sociale.

En 1989, 1 414 stations de télévision se répartissaient en trois groupes. Les grands réseaux (*networks*) NBC, ABC et CBS se partageaient à peu près également 632 stations affiliées. Un groupement de stations publiques, PBS, est diffusé par plus de 330 affiliés locaux. Enfin, on recensait quelque 417 stations privées indépendantes des trois grands réseaux. A ces 1 414 stations locales, accessibles à tous, il faut ajouter les milliers d'opérateurs par câble (8 500 en 1988) qui distribuent des programmes aux téléspectateurs disposés à payer un abonnement mensuel.

Trois grands types d'audiences se dégagent de cet enchevêtrement médiatique. Les réseaux et les stations indépendantes élaborent des programmes « tous publics », les stations affiliées à PBS ont en vue le téléspectateur « haut de gamme » friand de programmation culturelle. Quant aux chaînes câblées, elles visent des publics très « ciblés » : programmes sportifs sur *ESPN*, religieux sur *CBN*, musicaux sur *MTV*, boursiers sur *FNN*, information continue sur *CNN* et sur *C-Span*.

L'effacement des networks

Depuis 1980, l'audience des trois grands réseaux n'a cessé de diminuer au profit du câble. Pour le *prime time* (programmes diffusés de 20 à 23 heures en semaine et de 19 à 23 heures le dimanche), la part des *networks* est passée de 90 % en 1978 à 67 % en 1988. Elle devrait se situer aux alentours de 55 % en 1992. NBC domine depuis 1987, ce qui revient à dire que son taux d'écoute baisse moins vite que celui de ses deux grands concurrents (en 1988-1989 : 25,5 % pour NBC, 20,9 % pour ABC, 20,5 % pour CBS).

L'effacement des *networks* tient à ce que le public « de masse » qu'ils visent devient de plus en plus difficile à saisir dans une société qui continue de se diversifier. Par ailleurs, le nombre des foyers câblés ne cesse de croître. En 1980, ils n'étaient que 20 %. Ils étaient 51 % en 1988 et devraient être près de 70 % en 1992. L'évolution semble à ce point irréversible que les *networks* eux-mêmes cherchent à acquérir le contrôle de chaînes câblées (ABC a acheté la station sportive *ESPN*, NBC a créé une chaîne « consommation », *CNBC*). Comme, de surcroît, 58,1 % des foyers sont équipés de magné-

303

Diane Sawyer, le journalisme star

♦ *Elle fut sans conteste la reine des* networks *des années quatre-vingt. Très grande, très blonde, et très belle, Diane Sawyer a su aussi démontrer des qualités intellectuelles et professionnelles qui lui ont permis de régner pendant plusieurs années sur les petits écrans du matin. Elle a présenté le prestigieux journal télévisé de CBS* Morning News. *En l'éclair d'un sourire, cette ancienne reine de beauté d'un collège du Kentucky devint une* TV Princess *dont le magazine* Vanity Fair, *pourtant méchant, chanta les louanges. En elle,* Newsweek *voyait un cocktail explosif dont il énumérait ainsi les ingrédients :* «*de l'intelligence, du charme, de la vivacité, de l'énergie... et des lentilles de contact*».

Avec sa voix de tête, son rire de gorge et ses questions pointues, à coups d'interviews-éclairs et d'analyses calibrées à la micro-seconde pour s'insérer entre les météos régionales et les pubs pour céréales vitaminées, Diane Sawyer s'imposa vite, à l'heure du breakfast, *pour dire les nouvelles à l'Amérique. En compagnie de Bill* Kurtis, *son coprésensateur, elle fit grimper le* Morning News *de trente points d'audience en un an. Avec elle, les pionnières du féminisme télévisuel, les Jane Pauley, les Barbara Walters, virent leur longue lutte pour l'égalité à l'écran enfin récompensée.*

Un handicap historique de taille — elle avait travaillé au service de presse de Richard Nixon pendant le Watergate *— n'a pas empêché la belle Diane de grimper au firmament du journalisme américain. Après le* Morning News, *elle a rejoint le très prestigieux magazine télévisé* 60 Minutes, *sur CBS. Et la voilà en 1990, à quarante-quatre ans, sur la chaîne concurrente ABC, avec un contrat de 1,6 million de dollars par an, pour présenter une émission politique en direct,* Prime Time Live. *En une décennie, l'étoile du matin est devenue la star des grandes soirées. Toujours lumineuse.*

Michel Faure

toscopes (48,8 millions d'appareils en 1988), la possibilité d'échapper aux programmes des trois réseaux est aujourd'hui réelle. Et la combinaison chaîne câblée/magnétoscope offre l'avantage de libérer le téléspectateur du matraquage publicitaire des chaînes privées (une trentaine de *spots* par heure).

En 1988, l'ensemble des stations locales affiliées à l'un des trois grands réseaux a recueilli 10 milliards de dollars de recettes publicitaires. Cette somme progresse assez lentement en raison de l'effritement de l'audience de ces chaînes. Le taux d'écoute est en effet une donnée absolument décisive : lors d'une émission diffusée pendant le *prime time*, 1 % de téléspectateurs supplémentaires peut rapporter 10 000 dollars de plus par *spot*. La recette publicitaire sera d'autant plus importante que le programme ciblera un public aisé, plus convoité par les annonceurs. Ainsi s'explique la multiplication de séries télévisées axées sur des personnages de *yuppies* (*La loi de Los Angeles*, *Generation pub*, etc.).

Les chaînes publiques sont financées à la fois sur des crédits votés par le Congrès — leur montant a beaucoup baissé depuis 1980 —, par les donations que certaines grosses sociétés affectent à des programmes valorisant leur image et par l'appel à la souscription des téléspectateurs. La redevance n'existe pas. Les parts respectives de chaque financement varient en fonction des disponibilités contributives du public.

Vers la télévision à la carte

Contrairement à une idée répandue, les stations de télévision câblées ne vivent pas

304

Bibliographie

Bertrand Claude-Jean, *Les États-Unis et leur télévision*, INA/Champ Vallon, Seyssel, 1989.

Head Sydney W., Sterling Christopher H., *Broadcasting in America*, Houghton-Mifflin, Boston (MA), 6e éd., 1990.

toutes du seul produit des abonnements souscrits. Certaines chaînes (*CNN*, *TBS*, *ESPN*, *MTV*, etc.) font largement appel à la publicité commerciale, dans des proportions qui dépassent souvent celles des réseaux. Reste qu'en règle générale c'est surtout l'abonnement qui finance les stations câblées. Cet abonnement, au tarif moyen de 17 dollars par mois en 1988, ouvre l'accès à un panier comprenant une quinzaine de chaînes. Moyennant un supplément qui varie, le téléspectateur peut également recevoir une série de stations qui diffusent, sans aucune coupure publicitaire, des films récents et des programmes pour enfants (*HBO*, *Showtime*, *Disney Channel*).

La montée d'un phénomène de télévision à la carte (*pay per view*) complète le tableau d'un audiovisuel de plus en plus émietté. En 1989, dix millions d'Américains peuvent commander, à un prix qui varie et qui leur sera facturé immédiatement, le spectacle qu'ils souhaitent voir retransmis sur leurs téléviseurs. Cela peut aller du film qui vient de sortir au match de boxe diffusé en direct. Cette nouvelle technologie risque de concurrencer les stations câblées, car elle offre au téléspectateur la possibilité de composer son programme et plus seulement celle de choisir sa chaîne.

Serge Halimi

La radio se porte bien

■ La radio se porte toujours très bien aux États-Unis — du moins la FM (modulation de fréquence). Ce pays concentre 30 % des récepteurs du monde : 98 % des foyers en sont équipés et chaque foyer possède six postes en moyenne. Près de 80 % des Américains écoutent la radio tous les jours (surtout dans leur voiture, en allant à leur travail, puis en en revenant). Et ce sont les jeunes et les catégories de population ayant bénéficié d'une éducation plus poussée et disposant de revenus supérieurs qui l'écoutent le plus.

Depuis 1948 (époque où la télévision décolla), le nombre des stations de radio a quintuplé. Et dans les années quatre-vingt, la Federal Communication Commission (FCC) a autorisé sept cents stations de FM supplémentaires et rendu possible la création de centaines de nouvelles stations AM (ondes moyennes). Désormais, il y en a trop.

	NOMBRE DE STATIONS			
	1989			1959
Type	En fonction	Autorisées	Total	En fonction
Commerciales AM	4957	261	5218	3326
Commerciales FM	4210	753	4963	578
Non commerc. FM	1398	252	1650	151
Total	**10565**	**1266**	**11831**	**4055**

POUR TOUS LES GOÛTS						
Genre	Nombre	%	AM	FM	Commerciales (non commerc.)	
Country & Western.	2 421	19	1 483	938	2 410	(11)
Adult Contemporary (rock surtout)	2 325	18	1 043	1 282	2 279	(46)
Religieux et Gospel	1 054	8	643	411	809	(245)
Top 40/Contemporary Hit Radio (rock)	984	8	188	796	891	(93)
Talk (parole)	408	3	352	56	360	(48)
Information	384	3	278	106	278	(106)
Musique classique	355	3	21	334	59	(296)
Éducatif	259	2	13	246	7	(252)
Noir	186	1	126	60	163	(23)
Agricole	157	1	115	42	154	(3)

Source : Head & Sterling.

Les radios américaines dans le monde

♦ VOICE OF AMERICA. Avec 109 émetteurs regroupés dans 16 stations, le réseau de Voice of America (VOA) couvre toute la planète : 4 stations aux E.-U. à destination de l'étranger ; 3 en Amérique latine : (Antigua, Bélize, Costa Rica) ; 3 en Asie : (Thaïlande, Sri Lanka, Philippines) ; 3 en Afrique : (Tanger, Botswana, Libéria) ; 3 en Europe : (Grèce, Rhodes, Munich). En plus, VOA utilise des émetteurs de la BBC et de la Deutsche Bundespost.

Depuis 1988, toutes les stations sont reliées par le « Worldwide Satellite Interconnect System ». VOA diffuse 1 200 heures par semaines en 43 langues. Ses effectifs sont de 2 800 personnes. Son service-info dispose de 26 bureaux à l'étranger.

Un autre service de VOA produit et diffuse des milliers d'heures d'émissions par semaine en 20 langues, destinées à des radios étrangères qui les rediffusent sur leurs propres ondes. Il concerne plusieurs milliers de stations FM en Amérique latine ; des réseaux nationaux privés (Brésil, Portugal, Espagne, Corée, Thaïlande, Hong Kong, Singapour, Philippines) ; des réseaux publics (Israël, Grèce, Turquie et 6 pays arabes du Moyen-Orient) ; enfin, en Afrique, tous les grands réseaux et 40 radios nationales.

VOA possède également une agence-audio en espagnol et en arabe.

♦ VOICE OF AMERICA-EUROPE vise les publics jeunes d'Europe de l'Ouest. Diffusée en anglais 24 heures sur 24 depuis Washington, VOA-Europe est transmise par satellite à destination de radios privées affiliées, qui rediffusent tout ou partie de ses émissions. L'affiliation est gratuite.

Radios affiliées en 1989 : environ 50 stations FM (Italie, Finlande, Danemark, Norvège, RFA, Royaume-Uni, France) ; une centaine de radios par câble (Pays-Bas, Belgique, Royaume-Uni, Suède, Berlin)...

♦ RADIO LIBERTY et RADIO FREE EUROPE (RFE), deux réseaux issus de la guerre froide diffusent en 23 langues à destination de l'URSS et de l'Europe de l'Est. Elles émettent entre autres de RFA (Munich), de Grèce et d'Israël. Les bouleversements intervenus en 1989 en Europe de l'Est ont amené RL et RFE à repenser leur rôle et leur stratégie.

♦ RADIO MARTI est l'équivalent de RFE à destination de Cuba. Elle diffuse 24 heures sur 24 depuis la Floride. Si l'on en croit les services américains, Radio Marti est plus écoutée par les Cubains qu'aucune radio cubaine, grâce notamment à ses feuilletons et à sa musique.

Yves Eudes

306

Bibliographie

Bertrand Claude-Jean, *Les Médias aux États-Unis*, Paris, PUF, « Que sais-je ? », 3ᵉ éd., 1987.

Head Sydney W., Sterling Christopher H., *Broadcasting in America*, Houghton-Mifflin, Boston (MA), 6ᵉ éd., 1990.

Hill Susan M., *Broadcasting Bibliography : A Guide to the Literature of Radio and Television*, NAB, Washington (DC), 3ᵉ éd., 1990.

Toutes ces stations sont petites : en AM, quelques-unes seulement bénéficient de la puissance maximale de 50 kW (contre 1 200 à RTL par exemple) et la moitié n'ont le droit de fonctionner que de jour. La FM, inventée en 1933 par l'Américain Armstrong, fut volontairement bloquée pendant trente ans. Elle a émergé dans les années soixante grâce à la hifi et à la stéréo, et elle a pris son essor à la fin des années soixante-dix quand toutes les voitures en furent équipées. En 1990, c'est elle qu'écoutent trois auditeurs sur quatre — et bien des stations AM sont en difficulté : la moitié ne font pas de profit.

Spécialisation des radios commerciales

La radio commerciale est en général très prospère : elle profite de ses publics homogènes et des tarifs excessifs de la télévision. En 1988, la radio a reçu 7,7 milliards de dollars, soit 6,5 % du total des dépenses publicitaires (plus que les magazines), les trois quarts de cette publicité étant d'origine locale, le reste national. En 1990, une station combinée AM/FM peut se vendre jusqu'à 90 millions de dollars.

Depuis l'envol de la télévision, les stations généralistes sont rares : on les trouve dans les petites villes. Les autres se spécialisent afin de toucher une petite tranche du public, rarement plus de 2 à 3 %. La plupart émettent de la musique, et

avant tout du rock, qui sauva la radio dans les années cinquante.

Les *formats* sont de plus en plus variés : parmi les plus originaux, les stations exclusivement indiennes ou sportives ou financières ou adonnées aux *big bands* ou à l'insolente *shock radio*. Grâce aux satellites, les serveurs (*networks*), presque éliminés après 1948, se sont multipliés. Quatre dominaient autrefois (NBC, CBS, Mutual, ABC) : on en compte désormais une centaine, dont les plus puissants sont ceux de Westwood One (qui a racheté NBC Radio et Mutual - 3 800 affiliés), United Stations, SMN et ABC (7 services différents). Les deux tiers des stations sont affiliées à un ou plusieurs serveurs : elles en reçoivent de simples bulletins d'information (AP, CNN Radio) ou des programmes longs, complets même. En outre, des *syndicates* distribuent des programmes sur cassettes par la poste.

Depuis la déréglementation des années Reagan, et l'abrogation des obligations de service public (la *fairness doctrine* en particulier), beaucoup de stations ont éliminé les informations locales.

Dans le secteur de la *radio non commerciale* se classent les quelque 300 grosses stations « publiques », subventionnées par l'agence fédérale CPB, qui disposent de deux excellents serveurs : NPR pour les « affaires publiques » et APR pour la culture et la musique. Il existe d'autre part les petites stations communautaires, municipales et universitaires ; et puis d'autres qui, sans licence, servent les réseaux de câble ou encore diffusent sur un campus par le « réseau du chauffage central » (*carrier-current radio*). Enfin, émettant sur ondes courtes, il y a plusieurs grandes stations missionnaires internationales.

Reste la *radio fédérale*. Elle est a-typique en ce qu'elle est entièrement financée par le Trésor public mais ne peut émettre sur le territoire américain. *La Voix de l'Amérique* émet, surtout en ondes courtes, dans le monde entier et en cinquante langues : son budget a doublé dans les années quatre-vingt. Quant à la double station de Munich, *Radio Free Europe* (pour l'Europe de l'Est) et *Radio Liberty* (pour l'URSS), son avenir est incertain. Ce qui ne paraît pas être le cas pour *Radio Marti*, qui vise Cuba.

Et on continue un peu partout dans le monde à écouter les stations AFRTS des troupes américaines stationnées à l'étranger.

Claude-Jean Bertrand

Le best-seller qui tue

■ On pourrait penser qu'il y a aux États-Unis plus de livres que jamais : des gros, des minces, des livres de haut niveau, d'autres au ras des pâquerettes, des livres de l'instant, des livres de tous les temps, disponibles, offerts, magiques. On se lamente chaque année du nombre effarant de livres qui réclament l'attention, pour se plaindre ensuite que, dans le marécage des nouveaux titres, si peu aient justifié de sacrifier un arbre. Quand on entre dans les librairies de New York — qui fut autrefois le cœur de la culture en matière d'édition — on se désole de ne pas trouver ce que l'on veut. Mais quand on feuillette une revue littéraire pleine de publicités, on s'étonne que l'on puisse vouloir ce que l'on y trouve.

ÉDITION		
	1975	1987
Livres vendus	1,5 million	2,1 millions
Valeur en dollars	4,9 millions	16,6 millions
Nombre de titres publiés	39 372	45 401

L'édition est en crise. La quantité d'ouvrages proposés et le battage de plus en plus grand que l'on fait autour d'eux ne sont que les symptômes d'un malaise plus grave. Personne n'a mieux expliqué les causes des difficultés de cette industrie, personne n'a proposé de meilleures solutions que Jason Epstein, vice-président de Random House, l'une des plus grandes et des plus prestigieuses maisons d'édition du pays, qui a créé entre autres les Double-day Anchor Books, une collection de poche pour les classiques européens, et la Library of America qui a présenté en livres reliés, et maintenant brochés, les œuvres les plus remarquables des auteurs américains du XIXe siècle.

Epstein constate que, pour des raisons diverses, l'édition dépend trop, désormais, du phénomène du *best-seller*. Les éditeurs doivent payer des avances extrêmement élevées aux auteurs de *best-sellers* pour se les attacher et ne sont plus que les vendeurs de ces écrivains qui ont déjà leurs marchés et leurs acheteurs, ceux qui font confiance aux livres d'un Stephen King ou d'un James Clavell comme à des marques de produits d'entretien. Même si un ouvrage se retrouve sur la liste des *best-sellers*, les bénéfices des éditeurs sont souvent insignifiants en raison des frais généraux, du nombre de retours des libraires et des avances payées aux auteurs sur des droits qui ne seront jamais gagnés. Certains noms ont une bonne réputation sur le marché, mais on prend de gros risques à prédire ce qui fera un *best-seller*. Ce n'est pas parce que Bill Cosby réussit à la télévision que ses livres sur l'éducation des enfants auront nécessairement du succès. Et pourtant, les éditeurs continuent à payer des sommes énormes en pariant que tel ou tel livre sera le gros coup de l'année.

Deux mois de durée de vie

De même, l'obsession des *best-sellers* — quel que soit le type d'ouvrages qui le deviennent — a frappé des chaînes de librairies telles que Waldenbooks ou

308

L'ÉDITION DE LANGUE ANGLAISE		
Groupe	Chiffre d'affaires (millions $)	Maisons d'éditions
1. New Corporation (Australie)	1 417	Harper & Row, Scott, Foresman (E-U), Harper Collins, Grafton (R-U)
2. Paramount Communications (E-U)	1 300	Simon & Schuster (E-U, R-U)
3. Hachette (France)	1 089	Grolier (E-U)
4. Reed (R-U)	925	Octopus, Heinemann, Secker & Warburg, Methuen (R-U)
5. Pearson (R-U)	905	Viking, Penguin (E-U.R-U), New American Library (E-U), Hamish Hamilton, Michael Joseph (R-U)
6. Harcourt Brace Jovanovich (E-U)	879	Livres scolaires et techniques
7. Bertelsmann (RFA)	843	Bantam, Doubleday, Dell (E-U), Transworld (R-U)
8. Reader's Digest (E-U)	843	Livres divers
9. Time Warner (E-U)	843	Little Brown (E-U)
10. Times Mirror (E-U)	650	Livres techniques
11. Random House (E-U)	630	Crown, Alfred Knopf (E-U), Century Hutchinson, Chatto & Windus, Bodley Head, Jonathan Cape (R-U)
12. Maxwell Communications Corporation (R-U)	593	Macmillan (E-U), Macdonald, Sphere (R-U)

D'après *The Economist*, 7.04.1990.

B. Dalton. De l'avis d'Epstein, ces magasins, victimes du transfert de la clientèle vers les galeries marchandes, doivent « pousser » les *best-sellers* pour arriver à payer leurs frais généraux, comme les éditeurs. L'augmentation des loyers a provoqué la fermeture de la plupart des grandes librairies indépendantes. Epstein mentionne des librairies dans des villes économiquement stagnantes où les loyers sont abordables, telles que la librairie Tattered Cover de Denver, dans le Colorado, la meilleure du pays avec ses 90 000 titres couvrant toutes sortes de domaines. Mais

Bibliographie

O'Brien Geoffrey (sous la dir. de), *The Reader's Catalog*, Jason Epstein, New York, 1989.

peu de librairies peuvent se permettre de conserver un stock d'ouvrages important dans tous les secteurs. De nos jours, un livre a une durée de vie de deux mois seulement avant que le libraire, afin d'éviter de perdre de l'argent sur un livre qui ne « tourne » pas, le remballe et le retourne à son éditeur ; ce qui signifie que l'éditeur a de moins en moins de chances de vendre d'anciens titres de son catalogue (le « fonds ») et que la plupart des livres ne peuvent plus atteindre le public. Si un livre ne se vend pas bien, il cesse d'exister.

Epstein a lancé le *Readers' Catalog* (Catalogue des lecteurs) destiné à faire entrer le livre dans le monde technologique de la vente par correspondance pour gens huppés. Aussi gros qu'un annuaire du téléphone, avec plus de 40 000 titres répertoriés en 208 rubriques, il veut être une sorte de librairie à domicile, permettant aux lecteurs curieux et cultivés d'accéder à des livres qu'ils ne trouvent plus en librairie, en les commandant directement à l'éditeur. Ce système devrait aider des livres qui méritent mieux qu'une curiosité éphémère à trouver leur public, nombreux mais dispersé, chez ceux qui pensent que la lecture est une chose importante. Flau-bert n'a-t-il pas dit dans un moment de mauvaise humeur que l'on ne fait pas des livres comme on fait des enfants mais comme des pyramides, et qu'ils sont également inutiles ?

Darryl Pinckney

Hégémonie contestée dans la publicité

■ N. W. Ayer, J. Walter Thomson, Mc Cann-Erickson, Young & Rubicam, BRDO, Leo Burnett, Ted Bates..., toutes ces grandes agences, symbole de la puissance de Madison Avenue, pour la plupart créées entre 1860 et 1930, ont toujours pignon sur rue, chez elles et à l'étranger. Fondatrices de la publicité moderne, elles ont longtemps régné sans partage, jusqu'au jour où des prédateurs venus de Grande-Bretagne les ont narguées sur leur propre terrain.

Dans la seconde moitié des années quatre-vingt, quatre des plus grands réseaux d'agences américains (Bates, Spielvogel, J. Walter Thompson, Ogilvy) ont été repris par de jeunes groupes londoniens (Saatchi & Saatchi et WPP) tandis que d'autres se regroupaient ou s'ouvraient aux alliances avec les Japonais ou les Français (rapprochement Publicis-FCB). Résultat de cette lame de fond, à la fin de la décennie, dans les cinq premiers groupes publicitaires mondiaux, on comptait deux américains, mais trois européens ; dans les vingt premières agences d'envergure internationale, le nombre des américaines s'est réduit de moitié en à peine dix ans au profit des Britanniques, des Français et des Japonais ; et sur le marché intérieur, trois agences sous contrôle européen concurrencent directement Young & Rubicam, seconde agence mondiale après la japonaise Dentsu. Ces changements sont à l'image des glissements d'hégémonie qui se sont opérés au sein d'une économie mondiale qui se redistribue autour de trois pôles.

Les États-Unis représentent toujours le premier marché publicitaire mondial : 50 % des investissements y sont réalisés contre 62 % en 1970. Mais ce marché immense — l'investissement publicitaire annuel y représente plus de 400 dollars par tête et plus de 2,5 % du PIB — stagne. En 1989, pour la première fois depuis 1975, le taux de croissance a été inférieur à celui du PIB, alors que les dépenses publicitaires flambent dans l'Europe déréglementée. Pour les grandes agences et groupes américains déjà fortement internationalisés, le marché-monde compense la faiblesse du marché domestique.

Les grands annonceurs américains (Procter & Gamble, Philip Morris, General Motors et Sears & Roebuck) sont toujours maîtres chez eux et sur les marchés internationaux. En 1989, le géant du tabac, de l'alimentation et de la bière a détrôné sur le marché américain le lessivier. Parmi les onze premiers, Ford, Pepsi, McDonald, Kellogg's, Mars, Coca-Cola, Colgate. Seul Nestlé, parmi les firmes étrangères, peut rivaliser avec eux sur le plan mondial en matière de dépense publicitaire. Le quarteron de tête représentait, en 1989, 18 % des dépenses publicitaires effectuées par les cent premiers annonceurs des États-Unis ; lesquels sont responsables des trois quarts des recettes publicitaires de la télévision. Mais sur le marché mondial, Procter & Gamble est le champion toutes catégories : 2,1 milliards de dollars annuels dont plus d'un tiers hors des États-Unis.

310

Bibliographie

Ewen Stuart, *Consciences sous influence*, Aubier, Paris, 1983.

Mattelart Armand, *L'Internationale publicitaire*, La Découverte, Paris, 1989.

Schiller Herbert, *The Mind Managers*, Beacon Press, Boston (MA), 1973.

L'approche de masse en crise

Les années quatre-vingt ont vu la disgrâce des grands *networks* de télévision. En 1989, le taux de croissance de leurs recettes publicitaires était estimé à 1 %, contre près de 25 % sur le câble. Les audiences des *networks*, en dix ans, ont chuté de 92 % à 67 % aux heures de grande écoute et le format des *spots* a accusé le coup. Entre 1981 et 1989, la proportion de *spots* de quinze secondes est passée de 2 % à 38 %, au détriment de ceux de trente secondes. La crise de ce support de masse est aussi celle du marketing de masse. Les grands annonceurs sont devenus des adeptes du micro-marketing, tentant de s'adapter au « nouveau consommateur » des marchés segmentés. En témoigne le regain des opérations publicitaires dites « hors médias », comme la promotion sur le lieu de vente (selon les experts américains, c'est là que se prennent les deux tiers des décisions d'achat), ou toute forme de marketing direct.

C'est aussi dans les années quatre-vingt que des formules de programmes télévisuels inventées aux États-Unis se sont internationalisées, c'est le cas des jeux ou *shows* imaginés dix ans plus tôt par les agences au service notamment des lessiviers : *La roue de la fortune*, *Jeopardy*, *Le prix juste*, etc. Retour également du savoir-faire des agences comme producteurs de programmes de fiction, renouant avec une tradition qui remonte au début des années trente, lorsque Procter & Gamble et ses agences conçurent le genre *soap opera*. Dans ce nouveau rôle que s'assigne le dispositif publicitaire dans la production audiovisuelle mondiale, les réseaux et annonceurs américains occupent la ligne de front.

Armand Mattelart

ÉCONOMIE
ET TRAVAIL

L'ÉTAT DE L'ÉCONOMIE

Un passé économique brillant...

■ A la veille de la *Déclaration d'indépendance*, les treize colonies nord-américaines qui devaient devenir les États-Unis d'Amérique n'étaient peuplées que de moins de 4 millions d'Européens et leur poids économique était négligeable par rapport aux puissances de la vieille Europe. Deux siècles plus tard, peuplés de 230 millions d'individus, ils étaient devenus la première puissance mondiale : en 1958, les États-Unis produisaient un bon tiers de la richesse mondiale.

Cette progression est sans équivalent dans l'Histoire. Les États-Unis ont été, dès la seconde moitié du XIXe siècle, à la pointe des mutations techniques et industrielles. La progression japonaise, pourtant extrêmement élevée, peut d'autant moins lui être comparée qu'elle a bénéficié d'un effet de rattrapage.

L'économie américaine, à la naissance des États-Unis, était déjà prospère : le niveau de vie y était comparable à celui des Anglais et des Français. De 1790 à 1840, on estime que le taux de croissance du produit intérieur net par tête (indicateur conventionnel de l'enrichissement d'une économie) était compris entre 1 et 1,5 % par an. A partir de 1840, la croissance s'est accélérée et ce taux dépassait 1,4 % entre 1840-1900 puis 1,7 % entre 1900-1960 : globalement, le taux de croissance annuel par tête s'est accru sur la longue période.

Le phénomène est encore plus net quand on prend en compte l'accroissement démographique. En 1860, la population américaine était de 31 millions ; elle allait doubler en quarante ans pour atteindre 75 millions d'habitants : l'immigration, un taux de natalité élevé et un taux de mortalité en baisse expliquent cette remarquable progression. Au XXe siècle,

la croissance démographique n'a pas cessé et la population américaine a dépassé les 200 millions en 1970. Elle était évaluée à 248 millions en 1989, avant le recensement de 1990.

Les phases du développement

L'économie américaine est progressivement passée d'une prédominance de l'agriculture à une industrialisation massive, qui a débouché ensuite sur une phase de tertiarisation.

Entre 1790 et 1867, le territoire américain fut multiplié par six. Le développement démographique permit la mise en valeur des nouvelles terres et les États-Unis devinrent très tôt la première puissance agricole de la planète : dès 1840, 62 % du coton consommé dans le monde venait des États-Unis. Dès le début du XIXe siècle, se développait à vive allure un secteur manufacturier important : en 1860, il était le deuxième du monde.

Après la guerre de Sécession, l'industrialisation triomphe en même temps que le capitalisme sauvage, à peine contrôlé par quelques lois fédérales ou étatiques, bien vite vidées de toute substance par l'interprétation judiciaire qui en fut faite. De 1870 à 1900, la part du secteur non agricole (secteurs manufacturier et tertiaire) dans la richesse nationale produite passa de 43 % à 65 % tandis que le secteur agricole régressait de 57 % à 35 %. Le développement industriel fut favorisé par celui des chemins de fer, indispensables à la mise en valeur du territoire. La première voie transcontinentale fut achevée en 1876. La production d'acier passa, entre 1870 et 1880, de 70 000 tonnes à 1,2 million de tonnes : une multiplication par dix-huit ! Bientôt, l'urbanisation, le développement des machines et l'apparition de nouvelles sources d'énergie (électricité, pétrole, gaz) firent naître de nouveaux besoins, et de nouvelles méthodes pour les satisfaire.

La structure du pays se modifia en conséquence. Les États-Unis prirent alors leur visage moderne, celui d'une économie nationale. Les spécificités sectorielles ne disparurent évidemment pas, mais, pour les industriels, un marché unique apparut, qu'il fallut conquérir dans son entier. Les années 1890 furent témoins d'une véritable frénésie de fusions et d'acquisitions : l'ère des grandes entreprises était née. Mais le cadre institutionnel d'États semi-souverains, particulièrement en matière économique, n'était plus adapté à cette nationalisation économique liée au développement manufacturier. Les premières lois fédérales interventionnistes (*Interstate Commerce Act* de 1887, *Sherman Antitrust Act* de 1890), la création d'un système bancaire central (*Federal Reserve Act* de 1913), enfin le passage d'un amendement introduisant l'impôt fédéral sur le revenu (1913) marquèrent l'affirmation définitive des responsabilités du pouvoir central fédéral sur l'économie.

Croissance du PNB (Taux annuel moyen)	
1870 - 1896	4,4 %
1896 - 1929	4,2 %
1929 - 1963	3,0 %
1950 - 1975	3,3 %

Alors que les États-Unis sont sortis renforcés de la Première Guerre mondiale, face aux puissances européennes durement éprouvées, la période de l'entre-deux-guerres fut pour eux la période de tous les contrastes. Les années vingt furent des années de croissance toujours élevée et la prospérité semblait ne jamais devoir cesser. Ce fut l'époque de la démocratisation des produits industriels, en particulier de l'automobile avec les célèbres Ford T. La décennie s'acheva pourtant dans un krach

financier retentissant, le « jeudi noir » (27 octobre 1929). Celui-ci intervenait dans une économie minée par une crise agricole endémique qui s'était accélérée en 1928-1929. Plus profondément, les mécanismes institutionnels en matière bancaire, financière ou de distribution des revenus se révélèrent plus que jamais inadaptés. Le krach déclencha une réaction en chaîne qui aboutit à une dépression sans précédent. En 1933, le chômage touchait 15 millions de personnes, tandis que le niveau de la production ne représentait plus, en 1932, que 54 % du niveau de 1929.

L'arrivée au pouvoir de Franklin D. Roosevelt représenta un tournant décisif. Dans une grande confusion idéologique, de nombreuses mesures furent prises qui marquèrent l'avènement d'une économie mixte et le début d'une nouvelle phase du capitalisme américain. L'État affirma son pouvoir réglementaire, développa ses ressources fiscales et étendit ses domaines d'intervention. Les syndicats furent pleinement reconnus et l'agriculture devint un secteur soutenu. Mais ce n'est qu'avec le déclenchement de la Seconde Guerre mondiale que le pays sortit véritablement de la crise. Les besoins des Alliés firent repartir la machine économique ; l'entrée en guerre donna un coup de fouet sans précédent à l'économie. En quelques mois, les États-Unis se transformèrent en une ruche bourdonnante d'activité.

L'hégémonie

Au sortir du conflit, les États-Unis dominaient totalement l'économie mondiale. Créanciers de la planète, ils disposaient de 80 % du stock d'or mondial. Seule économie prospère dans un monde dévasté et miné, ils furent le point d'ancrage de la reconstruction. La relance de la croissance se fit sur deux principes : le libre-échange entre les nations pour éviter les tentations protectionnistes nuisant au commerce international et, en retour, aux économies nationales empêchées de se spécialiser ; et un système de parités

314

Bibliographie

Bruchey Stuart W., *The Wealth of the Nation : An Economic History of the United States*, Harper & Row, New York, 1988.

Porter Glenn (sous la dir. de), *Encyclopedia of American Economic History*, 3 vol., Scribner, New York, 1980.

Ratner Sydney *et al.*, *The Evolution of the American Economy*, Basic Books, New York, 1979.

fixes entre les monnaies, dans lequel le dollar jouerait le rôle de monnaie de réserve. L'économie japonaise fut mise sous tutelle et les économies européennes encouragées par le plan Marshall.

Sur le plan intérieur, l'économie américaine était entrée dans une phase de maturité. La situation était excellente et une nouvelle vague de concentration aboutit à la constitution de grands groupes industriels à la gestion moderne et efficace.

Dans la plupart des secteurs manufacturiers, s'affirmèrent quelques grosses entreprises dominant le marché. Le même phénomène se produisit dans le secteur des services : transports, publicité, distribution, etc. Les États-Unis entraient en phase « monopoliste ». Parallèlement, la représentation syndicale se développait, faisant apparaître un dualisme entre un secteur syndiqué, essentiellement dans les grandes entreprises, et un secteur non syndiqué, surtout dans le Sud. Les salaires dans le premier secteur étaient plus élevés que ceux du second, et la présence de syndicats dans les entreprises devint ainsi un enjeu économique majeur. La négociation salariale prit alors des formes institutionnelles précises qui assuraient une progression régulière et prévisible du pouvoir d'achat. Enfin, l'État fédéral, doté de nouveaux outils d'intervention, affirma qu'il était garant de la bonne marche des affaires qui ne relevait plus désormais de la seule initiative privée. La conduite de la politique économique, monétaire (par la Réserve fédérale), budgétaire et fiscale (par le Trésor public) devint une des priorités présidentielles.

Malgré ces aménagements institutionnels, la croissance américaine resta modeste, surtout comparée aux performances des économies européennes et japonaise qui bénéficiaient, il est vrai, d'un effet de reconstruction. Plus grave, la situation de l'économie américaine ne cessa de se dégrader au fil des ans. Le taux de croissance du PNB dans les années cinquante fut modéré, de l'ordre de 3,1 % par an. Mais le taux de croissance de la productivité apparente du travail (un indice de l'efficacité productive) ne fut que de 2 % par an.

Les nuages s'amoncellent

A cause de la guerre du Vietnam et des politiques interventionnistes de John Kennedy et de Lyndon Johnson, la croissance fut élevée dans les années soixante : 4,7 % par an de 1961 à 1967. L'inflation et le chômage simultanément faibles firent croire aux économistes qu'une formule miracle avait été trouvée et que les dysfonctionnements macro-économiques appartenaient au passé. Mais cette euphorie fut de courte durée : dès la fin des années soixante, les nuages s'amoncelèrent. L'inflation s'accéléra tandis que l'économie connut une récession en 1970.

Le taux de croissance de la productivité diminua encore, pour n'être plus, à la fin des années soixante, que de 1,1 % par an. Ainsi, sous-jacents à une conjoncture heurtée, des facteurs structurels étaient à l'œuvre qui ont contribué insensiblement à fragiliser l'économie américaine. Le déficit extérieur s'est creusé : avec les sorties de capitaux à long terme, c'était l'indice d'une moindre efficacité face aux économies concurrentes. La perte de réserves qui en a résulté a miné progressivement le rôle du dollar comme monnaie internationale de réserve.

Les années soixante-dix ont été marquées par deux chocs pétroliers (1973, 1979) — et deux récessions dans un environnement de forte inflation. Le système des parités fixes, mis en place en 1944 à Bretton Woods, a été progressivement démantelé (1971-1976) mais le dollar a continué d'être la monnaie dominante, majoritairement utilisée dans les échanges internationaux et détenue par les banques centrales. Pourtant, la position extérieure des États-Unis n'a cessé de se dégrader, avec une balance commerciale en déficit durable et une efficacité globale amoindrie.

Pour la première fois de leur histoire, la confrontation avec leurs partenaires ne tournait pas à l'avantage des États-Unis. Leur propre marché intérieur, longtemps chasse gardée, était désormais attaqué par des concurrents étrangers, Japonais en tête, définitivement entrés dans la dynamique de l'économie mondiale.

Hubert Kempf

... un présent incertain

■ Fait majeur du dernier demi-siècle, les États-Unis sont passés de l'hégémonie à la prééminence au sein de l'économie mondiale. S'ils sont encore responsables d'un bon cinquième de la production mondiale, leur avance a fondu : les économies européenne et japonaise ont atteint un niveau de richesse comparable. Par ailleurs, d'autres nations, les nouveaux pays industrialisés, se sont lancées plus tardivement mais avec succès dans un processus d'industrialisation et de développement accéléré et se rapprochent rapidement du niveau de richesse américain.

La question qui se pose désormais aux États-Unis n'est plus de savoir comment gérer leur hégémonie mais, simplement, de conserver la parité avec les économies les plus dynamiques. Or, rien n'est joué d'avance. L'économie américaine dispose certes d'atouts considérables mais elle souffre de maux divers et déjà anciens qui obèrent sa capacité de réaction.

Les États-Unis bénéficient d'abord de leur taille et de ressources naturelles et agricoles importantes : ils représentent un marché uniforme de grande taille, sur lequel tous les producteurs mondiaux veulent s'implanter. Ensuite, leur passé d'économie hégémonique leur assure une situation présente encore confortable ; leurs entreprises restent les premières du monde, leurs multinationales sont les plus importantes et, en matière financière, les places américaines restent les plus actives au monde. Enfin, ils restent toujours le lieu le plus inventif et le plus ouvert de la planète. Au total, ils sont donc en mesure de conserver la place éminente qu'ils ont réussi à s'assurer. Pourtant, rien n'est certain, car les États-Unis montrent aussi d'inquiétants signes de faiblesse. De nombreux observateurs estiment que l'économie américaine est malade et le seul fait d'en débattre est révélateur des difficultés qui sont les siennes.

D'un point de vue macro-économique, la situation globale apparaît peu brillante au début des années quatre-vingt-dix. Certes, le chômage est particulièrement bas par comparaison avec les autres pays de l'OCDE : de l'ordre de 5,6 % en 1989. Mais l'inflation relève la tête : elle a été, pour 1989, de 4,6 % contre 2,4 % en 1986, accroissement inflationniste sans précédent dans une phase de ralentissement de l'activité. Le taux de croissance de l'économie qui avait été de 4,4 % en

Dette extérieure
Les États-Unis, qui n'avaient plus de dette extérieure depuis 1913, sont redevenus débiteurs à partir de 1985. En cinq ans, ils sont devenus le pays le plus endetté du monde : à la fin 1989, leur dette extérieure atteignait environ 600 milliards de dollars.

ÉVOLUTION DES SOLDES EXTÉRIEURS AMÉRICAINS, 1979-1989

(en % du PNB)

	1979	1980	1981	1982	1983	1984	1985	1986	1987	1988	1989[a]
Solde courant	0,04	0,07	0,23	−0,27	−1,36	−2,84	−2,87	−3,37	−3,40	−2,59	−2,18
dont :											
Solde commercial	1,10	−0,93	−0,92	−1,15	−1,97	−2,98	−3,04	−3,41	−3,54	−2,61	−2,14
Solde des revenus du capital	1,24	1,11	1,12	0,91	0,73	0,49	0,65	0,55	0,45	0,05	−0,15
Autres[b]	0,18	−0,11	0,03	−0,03	−0,12	−0,35	−0,47	−0,41	−0,31	−0,03	−0,11

a. Trois premiers trimestres de 1989. Données CVS annualisées ;

b. Comprend les droits, les royalties, le tourisme, les échanges militaires, les envois de fonds, les retraites et d'autres transferts unilatéraux.

Source : US Department of Commerce, *Survey of Current Business* et *Lettre de l'OFCE*, 23.02.1990.

1988, n'était plus en 1989 que de 3 % : le spectre de la récession est bien là ; pis encore, les économistes redoutent, à juste titre, le retour de la stagflation, c'est-à-dire la combinaison d'une faible activité et d'une inflation élevée, voire croissante.

Inefficacité structurelle

Mais ce n'est pas le plus grave : l'activité économique américaine repose sur une dynamique malsaine, marquée par un double déficit, des finances publiques et des échanges extérieurs. Tous deux sont apparus presque simultanément (on parle de « déficits jumeaux » — *twin deficits*), à la suite des mesures de relance budgétaire et fiscales prises par le président Reagan au début des années quatre-vingt et jamais corrigées ensuite.

Le déficit budgétaire, après être monté jusqu'à 221 milliards de dollars en 1986 (5,4 % du PNB), était encore en 1989 de 162 milliards de dollars (3,2 % du PNB). Depuis 1982, il n'a jamais été inférieur à 3 % du PNB. De même, le déficit extérieur s'est creusé depuis 1984, atteignant 160 milliards de dollars en 1985. Il était de 126,6 milliards en 1988 et de 116 milliards en 1989. La persistance de ces déficits à des niveaux élevés montre que l'économie américaine est dans une phase structurellement difficile à laquelle elle tente d'échapper par des solutions de facilité qui ne peuvent durer indéfiniment ; elle

restreint par ailleurs la marge de manœuvre dont disposent les dirigeants américains.

Les difficultés de l'économie américaine se révèlent mieux si l'on prend en compte son efficacité structurelle, surtout comparée aux autres pays développés. Celle-ci s'est détériorée de façon sensible. La productivité apparente du travail est la mesure la plus simple de la capacité d'une économie à créer des richesses. Or, la croissance de cet indicateur est depuis les années soixante-dix particulièrement faible, de l'ordre de 1 % par an. Elle fut même quasiment nulle de 1977 à 1982. Elle est nettement moins élevée que dans les autres pays développés comme le Japon, la RFA ou la France. Les États-Unis, qui furent à la pointe de l'invention technique et managériale, semblent avoir perdu leur savoir-faire et l'avoir passé à d'autres. Le vrai problème n'est pas tant la chute brutale du taux considéré que sa faiblesse sur la longue période et ce, quelles que soient les mesures prises pour tenter d'y remédier. A cet égard, le reaganisme, dont l'objectif fondamental était de restaurer les bases de la puissance américaine et de retrouver l'avance traditionnelle sur les autres économies, a été un échec. Les programmes d'incitations fiscales mis en place n'ont pas permis une reprise significative de l'investissement, pas plus qu'un redressement de la productivité. Cette situation, jointe au fait que les Américains refusent

Bibliographie

Georges Pierre, *L'Économie des États-Unis*, PUF, « Que sais-je ? », Paris, 14ᵉ éd., 1984.

Pisany-Ferry Jean, *La Reaganomie à l'épreuve des faits*, Le Sycomore, Paris, 1988.

Thurrow Lester C., *The Zero-Sum Solution : Building a World Class American Economy*, Simon & Schuster, New York, 1985.

collectivement d'en tirer les conséquences (il leur faudrait réduire leur consommation), se traduit par un déficit extérieur élevé.

Un équilibre social précaire

Enfin, la société américaine a toujours été très inégalitaire, en dépit du mythe du *self-made man* et de chances égales pour tous. Cette inégalité s'est accrue dans les années quatre-vingt, comme les indicateurs statistiques en témoignent. Par exemple, la proportion de ménages gagnant moins de 75 % du revenu médian est passée de 36,1 % en 1968 à 37,5 % en 1983 (le revenu médian est celui de la personne qui, dans la population totale, se trouve en situation médiane : une moitié de la population gagne davantage qu'elle, l'autre moitié gagne moins). La proportion des ménages gagnant plus de 125 %

du revenu moyen est passée de 36,8 % en 1968 à 39,3 % en 1983. La catégorie intermédiaire (« la classe moyenne ») a donc, elle, diminué. En 1987, 32,5 millions d'Américains (13,5 % de la population) vivaient dans une situation de « pauvreté ». En 1978, les « pauvres » ne représentaient que 11,4 % de la population. Ces disparités économiques recoupent les oppositions ethniques : les Noirs sont nettement défavorisés par rapport aux Blancs, en dépit de vingt-cinq ans de politique d'intégration. On comprend que le président Bush se soit déclaré dans sa campagne électorale pour une Amérique « plus douce et plus gentille ».

L'inégalité sociale ne se constate pas seulement dans la mesure des disparités de revenus, mais aussi dans l'accès aux soins et à l'éducation. Le nombre d'Américains ne disposant d'aucune couverture-santé est estimé à 35 millions en 1990 (contre 1 million en France, pays cinq fois moins peuplé). Le système américain est lacunaire, incohérent et souvent injuste. Fondé sur un financement fragile et de plus en plus incertain, il est structurellement incapable de faire face à la montée des dépenses de santé et de retraite qui s'annonce dans les années à venir du fait du vieillissement de la population.

Une économie fragilisée, un équilibre social toujours plus problématique : les États-Unis sont confrontés à de redoutables défis. L'heure de la facilité est passée.

Hubert Kempf

Inventions, innovations et esprit d'entreprise

■ Les Américains, malgré leur courte histoire, comptent parmi les peuples qui ont le plus inventé. A la fin du XVIIIᵉ siècle déjà, le Français Hector St John Crèvecœur remarquait que la rareté relative de la main-d'œuvre et sa cherté les obligeaient à trouver de nombreux procédés pour accroître l'efficacité du travail

humain. Le premier brevet émis dans les colonies remonte à 1646 ; il protégeait les améliorations apportées par Joseph Jenks, du Massachusetts, à la fabrication de faux et au sciage du bois. La Constitution (1787) donna au Congrès le pouvoir « de favoriser le progrès de la science et des arts utiles, en assurant, pour un temps limité,

Bibliographie

Baily Martin N., Chakrabarti Alok K., *Innovation and the Productivity Crisis*, Brookings Institution, Washington (DC), 1988.

aux auteurs et inventeurs le droit exclusif à leurs écrits et découvertes respectifs », ce qu'il fit dès 1790. Jusqu'en 1836 cependant, le secrétaire d'État enregistrait les dépôts de brevets sans examiner leur nouveauté ; pour rompre avec ce laxisme et les litiges qui en dérivaient, un Bureau des brevets (Patent Office) fut créé, qui n'accordait le privilège, pour quatorze ans (dix-sept ans à partir de 1861), qu'après avoir établi l'originalité de l'invention. Ce système encouragea les perfectionnements, même minimes, qui constituent l'essentiel du progrès technique, à côté des grandes percées beaucoup plus rares. Le génie inventif se diffusa dans toutes les classes. Les États-Unis sont devenus une démocratie de petits inventeurs, à l'image de leur structure politique et sociale.

On peut suivre l'ascension de la créativité américaine à travers les statistiques de brevets déposés. Entre 1790 et 1799, on en a compté 268. Un demi-siècle plus tard (1840-1949), le total a bondi à 11 869, un chiffre très supérieur à celui qui était enregistré alors en Angleterre, la nation-phare de la révolution industrielle. En 1971-1980, on a atteint près de 1,1 million de brevets concernant les inventions, les dessins et les plantes ; à la fin des années quatre-vingt, la moyenne s'établissait autour de 130 000 par an, dont 60 % étaient retenus. Les machines, l'électronique et la pharmacie fournissaient les plus gros contingents. Grâce à cette inventivité, appuyée par l'aide fédérale à la recherche-développement, les États-Unis gardent une position solide dans l'économie mondiale. Cependant, on peut voir un signe de déclin relatif dans la proportion croissante des brevets accordés aux étrangers, entreprises ou individus : 14 % en 1929, 57 % en 1987 ; mais ce phénomène reflète surtout la mondialisation de l'économie et l'attraction du plus vaste marché de consommation de la planète.

De l'invention à l'exploitation industrielle

L'esprit pragmatique des Américains se manifeste dans leur capacité à passer de l'invention à l'innovation, de la découverte de produits ou de procédés nouveaux à leur exploitation à l'échelle industrielle. Depuis la création de la République, le cadre institutionnel a généralement favorisé l'esprit d'entreprise, non sans débats sur la voie de développement qu'il convenait d'emprunter. Dans la période initiale, la tradition, venue d'Angleterre, des monopoles légaux bénéficiait de la protection de la *common law* ; le respect absolu du droit de propriété était considéré comme la condition du progrès économique. On eut vite fait cependant de s'apercevoir que l'État devait pouvoir modifier les chartes qu'il avait octroyées, afin d'encourager l'investissement privé. Tel est le sens du célèbre arrêt de la Cour suprême *Charles River Bridge c. Warren Bridge* (1837).

L'histoire économique des États-Unis témoigne de cette tension constante entre une aspiration au libéralisme le plus débridé et la conviction que l'intérêt public ne coïncide pas nécessairement avec la somme des intérêts particuliers. Tantôt, comme ce fut le cas entre 1880 et 1930, le libéralisme tend à dominer ; tantôt, du *New Deal* à la « grande société » de Lyndon Johnson, la préoccupation pour l'intérêt général prend le dessus. En un mouvement de balancier, les excès de l'une conduisent au renouveau de l'autre. Un des slogans les plus efficaces du discours reaganien insistait sur le frein à l'innovation que constituait une réglementation envahissante. Les bienfaits d'une politique de déréglementation n'ont pas été aussi manifestes que leurs thuriféraires l'espéraient. Aussi, la dernière décennie du siècle pourrait être le témoin d'un nouveau mélange d'intervention publique et d'initiative privée, si les États-Unis veulent conserver leur rang voire ne pas trop céder de terrain face à leurs concurrents japonais ou européens.

Jean Heffer

La consommation de masse

■ *Save money* : omniprésent aux États-Unis, ce slogan publicitaire est peut-être l'illustration la plus significative du comportement de consommation américain : avant d'être une dépense, l'achat doit être une affaire. Un gain d'argent que véhiculent les nombreuses campagnes promotionnelles. Un gain de temps aussi, qu'autorisent la possession de biens d'équipements ménagers toujours plus performants et le recours aux multiples services indispensables aux femmes qui cumulent les tâches domestiques et une vie professionnelle. Une promotion sociale, enfin, imposée par la définition et la diffusion de clichés précis sur la « famille moderne » américaine. Cette vision quelque peu mythique de la société de consommation, empreinte de stéréotypes accumulés sur une vingtaine d'années, reste d'actualité.

Si, de toute évidence, la propagation du mode de vie américain à l'ensemble du monde développé a atténué les écarts de comportement entre les États-Unis et le reste du monde industriel depuis les années soixante, l'Américain reste de loin le premier consommateur des pays de l'OCDE. En 1988, il dépensait en moyenne 1,7 fois plus qu'un Européen ou un Japonais et ses achats d'automobiles équivalaient à ceux de trois Européens ou de six Japonais. Alors que les années

soixante-dix avaient enregistré un certain rapprochement des niveaux de consommation entre pays développés, les années quatre-vingt ont interrompu, voire inversé ce mouvement.

De 1982, date de la seule récession reaganienne, à 1989, les dépenses réelles de consommation se sont accrues de 30 %, soit à un rythme annuel moyen presque équivalent à celui des années soixante. La reprise de la croissance, les créations d'emplois et l'arrivée massive sur le marché de jeunes adultes (25-45 ans) de la génération du *baby boom*, dont la propension à consommer et à s'endetter est plus élevée que celle de leurs aînés, ont contribué à ce regain de consommation. Les seules dépenses de biens durables, automobiles, équipement ménager et mobilier, ont augmenté de 70 % en sept ans (à raison de 67 % pour les premières et de 85 % pour les secondes). Celles de services se sont relativement peu accrues ; de 28 % sur la période, elles ont surtout consisté en dépenses de santé qui absorbent plus d'un cinquième des dépenses de services. Celles de biens de consommation courante ont progressé de 19 % seulement. C'est donc clairement un accroissement de leur parc de biens d'équipement que les ménages ont réalisé durant ces années. Leur patrimoine réel de biens durables s'est ainsi accru de 42 % entre 1982 et 1989.

CONSOMMATION DES MÉNAGES [a]. Comparaison internationale				
Pays	1970	1975	1980	1988
États-Unis	149	142	140	143
Japon	70	78	86	90
CEE	85	87	87	83
France	91	94	95	91
RFA	89	90	93	86

a. Consommation des ménages par habitant aux parités de pouvoir d'achat, indice OCDE = 100.
Source : OCDE.

320

Bibliographie

Fouet Monique, *L'Économie des États-Unis*, La Découverte, « Repères », Paris, 1989.

Le crédit plutôt que l'épargne

Dans une période où la croissance des revenus était ralentie par des baisses de salaires réels, la consommation a augmenté plus vite que le revenu par tête. Amorcée dès le milieu des années soixante-dix, la baisse du taux d'épargne des ménages s'est donc singulièrement accélérée depuis 1982 jusqu'à n'atteindre, en 1987, que 3,2 % du revenu disponible, un taux jamais égalé depuis 1947. Cette évolution s'est accompagnée d'un recours massif au crédit, qui a abouti à ce que la charge d'intérêts remboursée par les ménages au titre des dettes contractées les années antérieures excédât, durant les trois premiers trimestres de 1987, leur flux d'épargne. La légère remontée du taux d'épargne observée depuis le krach boursier d'octobre 1987 est peu significative d'un changement radical de comportement. Plutôt que de restreindre leur endettement, les ménages américains ont allongé la durée de leurs remboursements ; celle relative à l'achat d'automobiles a atteint le niveau record de 56 mois en 1988. En réponse à des conditions de crédit trop onéreuses, le consommateur adopte un comportement attentiste, consistant à repousser ses achats jusqu'à la période promotionnelle de crédit quasi gratuit sur 12 ou 24 mois, mais ne renonce pas à ses dépenses. L'encours du crédit à la consommation atteignait, en 1989, 22 % du revenu disponible des ménages.

Résultat de cette frénésie, de nombreux ménages s'installent dans une situation financière précaire, d'autant plus risquée que les emprunts réalisés sont pour la plupart à taux variables, et induisent par là même une grande incertitude sur les charges de remboursement futures, dont témoigne le niveau sans précédent atteint par le taux de « banqueroutes personnelles ».

Véronique Riches

Le système bancaire, complexité et archaïsme

■ L'industrie bancaire américaine doit la complexité de sa structure à l'autonomie des États fédérés que limite cependant l'intervention régulatrice du pouvoir fédéral. La révolution américaine est née d'une défiance envers le pouvoir central. Ce sentiment, qui perdure, a joué un rôle important dans le développement historique du système bancaire américain.

Le gouvernement fédéral, à deux reprises (1791-1811 et 1816-1836), fonda et géra une banque centrale. Mais ces expériences furent l'occasion de violentes controverses politiques, certains craignant une concentration de pouvoir au niveau fédéral et un favoritisme envers les grands centres urbains. La Banque des États-Unis fut définitivement fermée en 1836, sous l'influence du président Andrew Jackson. Depuis, les États fédérés ont réglementé leurs banques de façon autonome et leurs échanges par des accords bilatéraux. De cette décentralisation est né le morcellement du système bancaire ; il existe aujourd'hui encore des milliers de petites banques : environ 80 % des 14 000 banques américaines ont à leur actif moins de cent millions de dollars.

Pour financer la guerre de Sécession, et à la suite de faillites en série, le gouvernement fédéral vota en 1863 le *National Bank Act* qui rendait possible la création de banques (*national banks*) munies d'une autorisation fédérale délivrée par un organisme de tutelle, l'Office of the Comptroller of the Currency,

Wall Street

♦ *Wall Street a été détrônée en 1987 par la Bourse de Tokyo. En effet, pendant cette année, la Bourse nipponne accusait, sur le plan de la valeur monétaire de l'ensemble des actions cotées, un chiffre plus élevé que sa rivale new-yorkaise. Mais si la Bourse de Tokyo est plus riche, elle n'en reste pas moins plus petite : le mythe Wall Street reste fondé. Quelques chiffres, calculés en 1988 par les analystes de la Bourse de New York sont à défaillir : 1 700 sociétés sont cotées, pour une valeur globale estimée à environ trois mille milliards de dollars !*

La Bourse de New York est aussi impressionnante par sa technologie : 80 % des transactions sont faites à la seconde grâce à un système électronique (Superdot) qui lie les maisons de courtage et agents de change du monde entier à Wall Street. Un réseau de télécommunication (Consolidated Tape) permet de prendre connaissance de chaque transaction boursière dix secondes après son exécution. Il existe aussi un système d'ordinateurs (Stock Watch) qui surveille les échanges boursiers et détecte toute activité suspecte. Nombres de scandales boursiers ont été découverts grâce à cette technologie de pointe.

A. G.

DOW JONES INDUSTRIAL AVERAGE. (au 31.12 de chaque année)					
1970	1974	1978	1982	1986	1989
821,5	596,5	807,94	1 003,1	1 924,1	2 724,4

(Le Dow Jones est un indice des trente valeurs industrielles les plus importantes (actions dites de père de famille ou blue chips).)

chargé de les réglementer. Ces *national banks*, contrairement à ce que leur nom pourrait laisser croire, ne fonctionnent que dans un État déterminé. La différence entre une *national bank* et une *state bank* réside simplement dans la juridiction (État fédéral pour la première ou État fédéré pour la seconde) qui supervise le fonctionnement de la banque. Sur le plan pratique, les activités des deux types de banques sont tout à fait comparables. A la fin des années quatre-vingt, un tiers des banques étaient des *national banks* et deux tiers des *state banks*.

La tutelle publique

Ce dualisme ne pouvait mettre fin à l'instabilité financière chronique des États-Unis. Les violentes crises financières de 1894 et 1907 convainquirent enfin les responsables politiques de l'intérêt d'une banque centrale disposant de réserves suffisantes pour éviter les phénomènes de panique généralisée. C'est ainsi que, par une loi de 1913, fut créé le Federal Reserve System (FRS). Il s'agit d'un consortium de douze « banques de district » gérant les réserves et les compensations interbancaires. Toutes les banques fédérales (4 747 en 1987) et un millier (sur environ 9 000) de banques étatiques en font partie.

Cependant, il manquait encore au FRS un pouvoir de surveillance et de sanction des pratiques bancaires pour prétendre être effectivement une banque centrale comme celles que connaissent les pays européens. La liberté de manœuvre laissée aux banques fut pour beaucoup dans le désastre financier de la période 1929-1933. Incapable de surmonter les conséquences du krach, le système bancaire s'enfonça dans une crise dramatique. Lorsque Franklin D. Roosevelt commença

206 banques ont fermé en 1989

♦ *Les établissements financiers américains se sont fragilisés lors de la décennie quatre-vingt. Les plus touchées sont les caisses d'épargne (*savings and loans associations*). En mai 1990, sur les 3 000 caisses qui existaient en 1980, 423 avaient été fermées et 570 se trouvaient dans une situation très précaire. La hausse des taux d'intérêt, la déréglementation reaganienne, la spéculation effrénée voire la corruption qui en ont découlé expliquent cette débâcle. Comme l'État fédéral garantit les dépôts (à hauteur de 100 000 dollars), il allait falloir trouver, selon des estimations de mai 1990 et qui ne cessaient de croître, 500 milliards de dollars (40 % du budget fédéral). Il allait être nécessaire d'emprunter : intérêts et principal devaient coûter au total quelque 1 369 milliards de dollars aux contribuables.*

La situation des banques, pour être moins visible, n'est guère plus enviable, sauf à noter que l'administration fédérale, échaudée par le scandale des caisses d'épargne, surveille de près les banques et les empêche de faire n'importe quoi. Néanmoins, au début 1990, 1 058 des 12 588 banques de dépôts américaines (il y en avait 14 434 en 1980) se trouvaient dans un état fragile. Pour être moins graves que celles des caisses d'épargne, les difficultés des banques sont plus inquiétantes pour l'état de santé général de l'économie : il est dorénavant difficile pour une entreprise de trouver l'argent frais dont elle a besoin pour se développer. Les banques américaines sont en retrait, y compris sur le plan international, alors que la concurrence européenne ou japonaise se fait de plus en plus sentir.

M.-F. T.

LES 10 PREMIÈRES BANQUES AMÉRICAINES	
Banques	Actifs (milliards $)
Citicorp, New York	231
Chase Manhattan, New York	107
Bank America, San Francisco	99
Morgan (J.P.), New York	89
Security Pacific, Los Angeles	84
Chemical Banking, New York	72
NCNB, Charlotte (NC)	66
Manufacturer Hanover, New York	60
First Interstate Bancorp, Los Angeles	59
Bankers Trust, New York	56
Total	923

Chiffres 1989, d'après *Business Week*, 2.04.1990.
(*Les dix plus grandes des 14 000 banques commerciales regroupent plus du quart des actifs.*)

son mandat en mars 1933, le système bancaire américain était virtuellement en état de coma dépassé. Seule la fermeture des banques permit d'éviter la catastrophe. En un temps record, une loit fut votée par le Congrès : le *Banking Act* de 1933, également appelé *Glass-Steagall Act*.

Cette loi créait tout d'abord un système d'assurance des dépôts bancaires, géré par une nouvelle institution, la Federal Deposit Insurance Corporation (FDIC). Celle-ci garantit tout dépôt jusqu'à 100 000 dollars en cas de faillite. Toutes les banques nationales durent en être membres, et la plupart des banques étatiques choisirent de faire de même (98 % des banques sont affiliées au FDIC).

Banques de dépôt, banques d'affaires

Par ailleurs, la loi transforma profondément l'industrie bancaire en interdisant aux banques de dépôt (*commercial banks*) d'utiliser les dépôts de leurs clients pour se livrer à des investissements en Bourse, réservés aux banques « d'investissement ». Ces restrictions ne s'appliquèrent qu'en territoire américain. Beaucoup d'institutions bancaires se sont alors scindées en deux. Par exemple, la grande banque

Bibliographie

American Bankers Association, *Financial Services Fact Books*, ABA, New York, 1984.

«Back in the Black», *The Banker*, Londres, juil. 1989.

Feldstein Martin, *The American Economy in Transition*, The University of Chicago Press, Chicago (IL), 1980.

Chandler Alfred, *La Main visible des managers. Une analyse historique*, Économica, Paris, 1989.

Morgan s'est divisée entre Morgan Guaranty Trust, banque de dépôt, et Morgan Stanley, devenue banque d'affaires. D'autres ont décidé de se développer en banque d'affaires en abandonnant leurs activités strictement commerciales et se sont spécialisées dans des opérations boursières et para-boursières (augmentation de capital, émission, achat et vente de valeurs, courtage, gestion de patrimoine). Contrairement à leurs concurrentes européens, ces banques d'affaires sont souvent et en même temps de grandes maisons de courtage.

En 1956, le *Bank Holding Company Act* permit à des banques de créer, avec l'autorisation et sous le contrôle du Federal Reserve System, des *holdings* qui peuvent prendre des participations dans des établissements financiers implantés dans différents États fédérés. Ces *Bank Holding Companies* détenaient, à la fin des années quatre-vingt, environ 75 % des actifs bancaires du pays. Elles ont couvert de nombreuses fusions et acquisitions.

Depuis les années soixante-dix, un débat s'est ouvert sur la pertinence du *Glass-Steagall Act*. Les banques «commerciales» désirent être plus libres, sur le plan légal, pour ouvrir l'éventail des services financiers qu'elles offrent à leurs clients. Mais surtout, dans un contexte de concurrence internationale, l'importance des actifs est un facteur déterminant : les institutions bancaires veulent consolider leurs actifs et développer leurs opérations financières en débordant les frontières de leur État d'établissement afin de pouvoir rivaliser avec les banques étrangères sur leur propre terrain. Les groupes de pression bancaires, très puissants, réussiront-ils à se faire entendre du pouvoir fédéral ? La modernisation du système bancaire américain en dépend.

Ariane Genillard

Participations croisées

«Les principaux actionnaires des banques sont de grandes banques. Morgan Guaranty est le premier actionnaire de quatre grandes banques new-yorkaises (Citicorp, Manufacturers Hanover Corp., Chemical New York Corp. et Bankers Trust New York Corp.) et de Bankamerica Corp. (plus grande banque de Californie). En retour, Citicorp est le premier actionnaire du holding qui contrôle Morgan Guaranty et J.P. Morgan & Co. L'actionnaire en second de J.P. Morgan est Chase Manhattan suivi de Manufacturers Hanover et Bankers Trust. Morgan Guaranty est le premier actionnaire du holding qui contrôle Bankers Trust.»

Source : *Senate Committee on Governmental Affairs*, Interlocking Directorates Among Major US Corporations, *GPO, Washington DC, 1978.*

324

La vie des affaires

■ La structure industrielle des États-Unis, que l'historien Alfred Chandler nomme le capitalisme managérial, s'est construite dans un temps remarquablement court, entre 1880 et 1920, autour de la grande entreprise. En fait, il faut comprendre cette grande entreprise moderne à la fois comme forme organisationnelle et comme institution.

C'est une forme organisationnelle dans le sens où il s'agit d'une structure qui intègre plusieurs activités jusque-là indépendantes, qui coordonne et contrôle des flux de biens et de services, qui alloue des ressources financières. Telles sont les structures des géants comme Standard Oil, American Tobacco, United States Steel. Toutes ces entreprises ont des caractéristiques communes : forte intensité capitalistique, production de masse ; l'économie d'échelle est recherchée dans une stratégie d'intégration verticale. Amont et aval se coordonnent « de l'intérieur » c'est-à-dire dans un même ensemble. Ceci est vrai pour des secteurs industriels comme le pétrole, le caoutchouc, les équipements de transport, les produits alimentaires conditionnés, la grande distribution. Déjà en 1905, Sears, le grand magasin de vente par correspondance, traitait en un jour 100 000 commandes, soit beaucoup plus que n'importe quel distributeur indépendant pendant toute sa vie ! Dans tous ces cas, la grande entreprise se substituait à la petite entreprise dont le dirigeant était propriétaire.

Ce passage est douloureux. Il n'est en fait possible que par la constitution d'une nouvelle classe, celle de *managers* salariés qui apprennent à gérer à grande échelle. Très vite, la grande entreprise devient institution du pouvoir économique ; les noms nous en sont familiers : Du Pont de Nemours, Campbell, Caterpillar, Singer, Kodak, General Motors, AT & T, etc. L'opinion publique va parler d'un trust

là où l'économiste parle d'une entreprise multidivisionnelle ayant une stratégie d'intégration verticale. La grande entreprise en vient à concurrencer l'État, à parler en son nom, c'est-à-dire au nom de l'intérêt général. « Ce qui est bon pour General Motors est bon pour les États-Unis et vice versa » disait Charles Wilson, alors président de la General Motors et futur ministre de la Défense de Eisenhower. Cette déclaration devant le Sénat relevait de l'évidence ; l'actionnaire prospère parce que la grande entreprise prospère, laquelle alimente la croissance de l'économie et renforce du même coup le pouvoir de l'État.

Les géants menacés

Cercle vertueux aveuglant encore la société américaine ? Ces propos des années cinquante tenus par des PDG, en même temps hommes d'État, ne sont plus de mise en cette fin de siècle, pour plusieurs raisons. La globalisation des marchés contraint les entreprises américaines à jouer leur propre survie à long terme, indépendamment de l'impératif national. IBM France ou Rank Xerox France exportent aux États-Unis, quitte à accroître le déficit de la balance commerciale américaine. Eastman Kodak, véritable cheval de Troie de la technologie japonaise, vend sous sa marque des photocopieurs du groupe industriel japonais Canon. En fait, ces grandes entreprises ne connaissent plus la tranquillité des années cinquante et doivent livrer de dures batailles contre les groupes industriels étrangers, et cela sur leur propre sol. Les Big Three de l'automobile (General Motors, Ford, Chrysler) voient fondre avec inquiétude leur part du marché américain. Quel PDG de Goodyear aurait imaginé en 1960 que Michelin serait le premier constructeur mondial de pneumatiques en 1990 ?

Les structures « mammouth » sont également condamnées à réagir vite, trop vite pour leur taille : en fin de siècle, on voit émerger non pas seulement la nouvelle petite entreprise, mais l'entrepreneur individuel, celui qui sait mobiliser des ressources en exerçant une capacité à produire de nouvelles richesses. Le plus souvent, ces entrepreneurs sont des *managers* salariés ayant aiguisé leur savoir-faire à la tête, précisément, des divisions de grandes entreprises. Beaucoup, qui se sont installés à Silicon Valley ou le long de la route 128 qui ceinture Boston, ont su jouer cette carte qui consiste à croiser une idée technique avec un savoir-faire managérial. C'est l'exemple d'Apple Computer sur le marché des ordinateurs personnels : IBM a pu mesurer la fécondité et la pugnacité de ces nouvelles structures ! Les « géants industriels » ne sont pas pour autant à bout de souffle : il faut encore compter avec ceux qui savent trouver les ressources pour se renouveler.

Jean-Michel Saussois

Potentiel productif : le défi aux Américains

■ Dans les années soixante, le management américain était porté aux nues. En matière de gestion, les autres pays développés faisaient figure d'arriérés. Harvard était la plus cotée des écoles au monde. Au début des années quatre-vingt, le doute a envahi l'Amérique. Le nouveau modèle est devenu Matsushita et les *success stories* européennes ne sont plus rares. Les gestionnaires reconvertis se mettent à sonder anxieusement les ressorts qualitatifs de l'excellence. Un défi est lancé aux Américains : ou ceux-ci se ressaisissent et maintiennent leur avance technique sur le reste du monde, ou ils seront bientôt condamnés à réduire leur train de vie. Après une décennie marquée par la politique de l'offre, où en est le potentiel productif des États-Unis ? Et d'abord d'où vient-il ?

La nature capitaliste du développement des nations ne fait pas *a priori* mystère : plus un travailleur se voit octroyer d'équipements, plus il est productif et mieux il est rémunéré. La phase initiale peut être longue et pénible, lorsqu'il faut restreindre sa consommation pour atteindre le niveau d'équipement requis par les techniques de production en cours. Les États-Unis, richement dotés en ressources naturelles, tirant parti des rivalités européennes séculaires, allégés à plusieurs reprises de leurs dettes extérieures, et ayant su d'emblée créer et maintenir un climat propice à l'initiative privée, ont collectionné les atouts. Dès la fin du XIXe siècle, capital par tête et productivité excédaient le niveau britannique, alors le plus élevé d'Europe.

INVESTISSEMENT EN CAPITAL DANS L'INDUSTRIE (en % du PNB)		
	1978	1989
— Japon	13,5	24
— États-Unis	11,5	10

(Il s'agit des investissements réalisés à la fois dans les usines et équipements et dans la recherche-développement.)
D'après *International Herald Tribune*, 12.04.1990.

Longtemps inégalés

Le premier quart du XXe siècle a été l'étape américaine de la révolution industrielle. L'investissement en machines n'a cessé de croître en proportion du PNB ; l'arpent de bâtiment industriel est devenu de plus en plus productif. Cette mutation technique, riche d'avenir pour les États-Unis, s'est révélée déséquilibrante pour l'Europe, exsangue en 1918, incapable de suivre le mouvement et dont les capitaux étaient aspirés par le Nouveau Monde.

A l'issue de la Seconde Guerre mondiale, l'activité a suffisamment repris aux États-Unis pour que l'on puisse se rendre compte de l'ampleur du progrès technique accompli. Le stock net de capital fixe productif privé, qui égalait 1,5 fois la production entre 1890 et 1930, n'en valait plus que 80 % entre 1945 et 1965. L'économie en capital ainsi réalisée a permis non seulement d'assurer aux citoyens américains un niveau de vie double de celui du britannique en 1960, sans mettre en péril la compétitivité, mais aussi d'exporter des fonds et d'investir à l'étranger, facilitant cette fois la reconstruction des économies dévastées par la guerre.

INVESTISSEMENTS PRODUCTIFS (% de variation annuelle, en volume)			
Pays	1987	1988	1989
— États-Unis	3,9	8,4	4,1
— Japon	8,0	16,0	18,0
— RFA	4,2	7,3	11,2
— France	4,8	10,4	6,7

Source : OCDE, cité par *Le Monde, Bilan économique et social*, 1989.

Japon et Europe ont mis cette manne très diversement à profit. Le premier, le plus largement détruit, a cultivé un goût forcené pour l'économie des ressources et tout spécialement des équipements. En évaluant capital et production aux prix américains, la productivité du capital japonais s'est révélée être constamment supérieure à celle du capital américain depuis le début des années soixante-dix. En revanche, la RFA et la France ont rejoint l'intensité capitalistique (qualité du capital fixe brut productif par employeur) pratiquée aux États-Unis, mais restent moins efficaces dans la mise en œuvre de leur outil de production.

En dépit de l'importance grandissante des services, l'affrontement commercial entre pays développés continue de se faire majoritairement sur les biens. Dans le domaine manufacturier, les écarts de productivité du capital, toujours évalués aux prix américains, sont exacerbés : en 1990,

la productivité américaine semble inférieure de 10 à 20 % à la japonaise, et supérieure d'au moins 50 % à l'européenne. L'intensité capitalistique, résultant de la capacité historique d'accumulation d'un pays, demeure plus élevée aux États-Unis ; elle dépasse d'environ 20 % celle du couple franco-allemand et de 40 % celle du Japon. L'avance en termes de productivité et de rémunération du travail reste donc confortable à l'égard de l'Europe. Elle l'est cependant beaucoup moins à l'égard du Japon dont les coûts de main-d'œuvre par unité produite ont été constamment inférieurs, à de rares exceptions près (1978, 1987).

Besoins de restructuration

Ce qui traumatise peut-être encore plus les chefs d'entreprise américains, c'est le faible coût de l'argent qui a permis aux sociétés japonaises de se moderniser sans cesse. Ils y voient la principale cause de la montée en puissance de leur premier concurrent : ce handicap leur est d'autant plus intolérable que leurs propres besoins de restructuration tendent à maintenir les taux d'intérêt réels à des sommets rarement égalés au XXe siècle. Or cette restructuration, réponse au défi étranger, n'a pas encore donné tous les fruits attendus, et si la productivité du travail a retrouvé dans les années quatre-vingt un taux de croissance proche de celle de ses concurrents, l'industrie américaine le doit essentiellement au secteur informatique. Le reste de l'économie fait preuve de résultats pour le moins décevants.

Gros consommateurs de main-d'œuvre et d'énergie importées, les États-Unis sont-ils devenus moins gourmands en capital ? Oui dans certaines activités, mais pas partout. La baisse de productivité du capital, insidieusement entamée vers la fin des années soixante, semble avoir été enrayée grâce au glissement d'activité vers le tertiaire, moins capitalistique que le primaire ou l'industrie, mais en contrepartie, les commerces, les institutions financières et les services s'équipent de plus en plus. La mécanisation à outrance de l'agriculture n'a été freinée que par la crise financière des années quatre-vingt. La prospection pétrolière requiert de plus en plus de matériel à mesure que les ressources s'épuisent. Reste l'industrie : l'effort accompli depuis 1980 a sans doute permis de compenser une large part de la dégradation des années soixante-dix, mais, là aussi, avec de grandes diversités sectorielles : la métallurgie et le raffinage ont vu s'élever de près de moitié leurs volumes d'amortissement, à pro-duction donnée, alors que le textile - habillement, la chimie - caoutchouc et la mécanique ont réduit les leurs de 20 % à 30 %.

Des progrès potentiels subsistent assurément. Ils ne sont cependant pas tels qu'ils suscitent spontanément une forte épargne intérieure. Ils dépendront donc de l'intérêt porté par les investisseurs étrangers désireux de développer leur part du marché américain.

Philippe Sigogne

L'ÉTAT DANS L'ÉCONOMIE

Le principe du laisser-faire

■ Du *New Deal* de Franklin Roosevelt au « moins d'État » de Ronald Reagan, les États-Unis n'ont cessé d'influencer les économistes et les gouvernements du monde entier, jouant tour à tour les modèles ou les repoussoirs. Menées dans un laboratoire à la mesure de la première puissance internationale, les expériences américaines ont toutes un point commun : fluctuantes selon les époques, les interventions du gouvernement fédéral ne sont jamais allées ouvertement à l'encontre des lois du marché, considérées comme l'ultime sanction de la gestion des pouvoirs publics.

Cela allait de soi dans les années vingt, dominées par la doctrine libérale et la foi absolue dans un secteur privé censé trouver de lui-même la correction à ses déséquilibres. La grande Dépression des années trente a constitué un réveil douloureux. Confronté à l'effondrement de l'économie au lendemain du krach boursier de 1929 et à la montée d'une pauvreté oubliée depuis la conquête de l'Ouest, l'État fédéral a engagé, sous Franklin Roosevelt, une politique volontariste de relance et a joué largement de l'arme budgétaire pour financer de grands travaux. Pour la première fois, il a admis ouvertement sa part de responsabilité dans la redistribution des richesses nationales et a mis en place un filet de sécurité pour protéger les Américains contre les risques économiques. L'État protecteur a alors émergé, érigeant une série de règles destinées à éviter les excès de la concurrence sauvage, sans pourtant recourir, comme en Europe, aux nationalisations. Largement influencé par les théories de l'économiste John Maynard Keynes, ce nouvel interventionnisme a dominé jusqu'à la fin des années soixante-dix, aboutissant néanmoins, selon ses détracteurs, à une rigidification préoccupante de l'économie.

Contre le « trop d'État »

Avec la poussée de l'inflation couplée à une stagnation économique, la révolte contre le « trop d'État » a pris de l'ampleur après le premier choc pétrolier de 1973. Elle a culminé sous la présidence

328

de Jimmy Carter (1977-1981) et assuré la victoire d'un ancien acteur doté de quelques idées simples mais fortes et susceptibles de rendre confiance à un peuple inquiet de la dégradation, même relative, de ses conditions de vie : cinquante ans après Franklin Roosevelt, Ronald Reagan lançait un «anti-New Deal». Ses principaux mots d'ordre : alléger les impôts, déréglementer, désengager l'État. Avec le recul du temps, la «reaganomie» apparaît comme un mélange de pragmatisme conservateur, de monétarisme inspiré de Milton Friedman, et des préceptes des tenants de l'«économie de l'offre» qui donnent la priorité à l'amélioration des capacités de production sur les politiques traditionnelles de stabilisation de la demande globale.

PART DES DÉPENSES PUBLIQUES DANS LE PNB (dollars courants)					
	1950		1960		1986
	Milliards de dollars	% du PNB	Milliards de dollars	% du PNB	Milliards de dollars	% du PNB
PNB	285		507		4 240	
Dépenses publiques	70	24,6	151	29,8	1 696	40,0
Commandes publiques	40	14,0	100	19,7	871	20,5
Salaires publics	18	6,3	40	7,9	380	8,9

Source : Statistical Abstract, 1974, 1984 et 1989.

Le bilan de huit années de gouvernement Reagan est pour le moins contrasté. Deux «révolutions» fiscales, en 1981 et surtout en 1986, n'ont pas poussé les Américains à épargner, mais à consommer davantage. Elles ont en outre réduit les recettes fiscales de l'État au moment où les dépenses militaires augmentaient rapidement. Le déficit budgétaire, dont le président George Bush n'arrive pas à se défaire, à l'orée des années quatre-vingt-dix, trouve là son origine et si, à compter de 1988, la dette publique a semblé se stabiliser à 43 % du produit intérieur brut (PIB), elle n'était que de 29 % six ans auparavant. Un autre élément vient troubler la vision de ces années d'«anti-New Deal». Alors que Ronald Reagan suivait une politique budgétaire finalement inflationniste, le président de la puissante réserve fédérale, le Federal Reserve Board, Paul Volcker, se lançait dans une croisade sans merci contre... l'inflation en faisant s'envoler les taux d'intérêt. Le dollar s'en est trouvé dopé. Un temps présenté comme le symbole du leadership recouvré des États-Unis, la surévaluation du billet vert a conduit l'industrie américaine à perdre des pans entiers de marchés à l'exportation. Tous n'ont pas été regagnés ensuite.

Pratiquement équilibrée en 1979, la balance des paiements (commerce extérieur et échanges de services) est devenue lourdement déficitaire. Après avoir atteint un record de 144 milliards de dollars en 1987, elle ne s'est améliorée que lentement, pour revenir à 120 milliards, fin 1989.

Les excès du libéralisme

Dans un pays doté d'une rare capacité d'adaptation, la secousse libérale a certainement permis de dégager de nouveaux dynamismes. Mais elle a créé de nouvelles faiblesses. Avec la montée des problèmes budgétaires, le service public s'est dégradé. La montée du nombre d'«illettrés fonctionnels» en est l'illustration la plus spectaculaire. Le déclin de la qualité de recrutement dans la fonction publique s'est accentué. Et pour certains économistes, les années Reagan ont marqué l'émergence non de deux mais de trois déficits : celui du budget, celui de la balance des paiements courants et celui, plus difficile à quantifier mais tout aussi préoccupant pour l'avenir, des infrastructures. Les dépenses publiques en ce domaine ont augmenté, bon an mal an, de 2,3 % entre 1960 et 1975. Elles sont retombées à 0,1 % entre 1975 et 1984. Le retard pris dans l'amélioration ou l'entretien de l'équipement public augure mal de la productivité et, par là même, de la compétitivité, à terme.

329

Bibliographie

Bellon Bertrand, *L'Interventionnisme libéral*, Économica, Paris, 1986.

Fainsod Merle, Gordon Lincoln, Palamountain Joseph, *Government and the American Economy*, W.W. Norton, New York, 3e éd., 1959.

Kempf Hubert, Lacorne Denis, Toinet Marie-France, *Le Libéralisme à l'américaine : l'État et le marché*, Économica, Paris, 1989.

Avec ce sens de la mesure qui a toujours caractérisé les Américains, le second gouvernement Reagan a tiré les leçons des excès idéologiques du premier et opté pour plus de pragmatisme. George Bush a confirmé le principe en tentant, par petites touches, de pallier les insuffisances ou de redresser les déséquilibres hérités de son prédécesseur : une tâche ardue.

La déréglementation des transports aériens, terminée en 1982, ou le démantèlement du monopole des télécommunications de AT&T, cette même année, ont été deux symboles de la revanche du marché organisée par l'État. Ces mesures ont d'abord profité aux consommateurs grâce à la réduction des tarifs aériens. Mais le prix des billets a recommencé à augmenter plus vite que l'inflation moyenne en 1989 et la concurrence sauvage entre les compagnies s'est faite au détriment du confort (*surbooking* chronique), voire de la sécurité des clients. Le krach boursier d'octobre 1987 a mis en évidence la nécessité de garde-fous pour éviter les excès nés de l'informatisation des marchés. Mais loin d'envisager une rupture, l'équipe Bush cherche à sauver la déréglementation en l'amendant sans l'abandonner.

Cette continuité recouvre des tendances lourdes : le poids des salariés dépendant directement de l'État fédéral ou des autorités locales est resté remarquablement stable au fil des décennies : 21,3 % de la main-d'œuvre non agricole fin 1989 contre 22,4 % en 1950. De tout temps, les autorités fédérales ont fait usage d'un pouvoir majeur en distribuant crédits militaires, incitations fiscales, subventions agricoles, voire en protégeant certains secteurs de la concurrence internationale par l'introduction d'obstacles non tarifaires. Il est ainsi frappant de noter que sous Ronald Reagan, fervent libre-échangiste, les importations frappées de telles mesures sont passées, entre 1981 et 1986, de 9 % à 15 % des achats de biens étrangers. A titre de comparaison, ces chiffres sont passés de 10 à 13 % dans la CEE et sont restés stables (au niveau élevé de 29 %) au Japon. Pourtant, au total, les États-Unis sont restés l'un des pays les moins interventionnistes parmi les nations industrielles.

DÉPÔTS DE BILAN DE BANQUES	
1938	77 [a]
1985	120
1986	145
1987	203
1988	221
1989	206

a. Record de la dépression.
Source : Statistical Abstract 1990 (pour les données depuis 1985).

De nouvelles mutations sont-elles prévisibles ? Deux éléments pèseront à l'avenir. Première puissance économique mondiale, les États-Unis ont perdu leur leadership absolu. Toujours capables d'influencer les règles du jeu mondial, ils ne peuvent plus les dicter. Très relatif, ce déclin pourrait, un jour, jouer sur les grandes options de l'État.

Françoise Crouïgneau

330

Le secteur public, apparences et réalités

■ Conformément à la tradition américaine fondée sur l'initiative individuelle, l'État fédéral a laissé l'exploitation du pays presque entièrement aux mains d'entreprises privées. Le contraste le plus frappant avec les pays européens s'observe dans le secteur de l'énergie. Le charbon, par exemple, n'est pas exploité par l'État. Ce sont des sociétés à capitaux entièrement privés qui s'en occupent. De même, l'exploitation du secteur pétrolier est l'apanage de grandes compagnies telles Exxon et Texaco-Getty. L'État fédéral est propriétaire de mines et de gisements mais son activité se limite à vendre des permis de recherche et d'exploitation.

Les limites du secteur privé

Il n'y a pas non plus d'équivalent d'«Électricité de France» : des sociétés privées assurent l'alimentation énergétique des ménages et des entreprises. Les autorités locales réglementent strictement les *public utilities* (services publics) et, pour des raisons historiques, l'État fédéral a une participation plus importante dans ce secteur que dans d'autres. Le président Franklin D. Roosevelt créa par exemple la Tennessee Valley Authority (TVA) en 1933 afin de contrôler, par des barrages hydro-électriques, les débordements catastrophiques du Mississippi et de développer les Appalaches. Avec des actifs se montant à 25 milliards de dollars, la TVA a fait 413 millions de dollars de bénéfices en 1988 : un résultat d'autant plus remarquable que cette entreprise publique ne reçoit pour ainsi dire plus de subventions gouvernementales. Les entreprises publiques fédérales (comme St Lawrence Seaway ou US Bureau of Reclamation) ou fédérées (comme Port Authority of New York) gèrent ainsi des budgets qui se chiffrent en milliards de dollars.

Dans le secteur des transports, les puissances publiques ont construit presque entièrement l'infrastructure (canaux, chemins de fer, routes, ports et aéroports) mais les sociétés de transport utilisatrices sont, dans l'ensemble, privées. Ainsi, l'industrie aérienne est entièrement privée. Depuis la déréglementation aérienne entrée en vigueur sous la présidence Carter, les compagnies aériennes ont commencé par se faire une concurrence acharnée : elles offraient aux consommateurs des prix inférieurs dans certains cas à ceux des billets de train. Mais en une décennie, la plupart des transporteurs se sont fait absorber, passant de 214 en 1978 à 23 en 1989 : les prix ont insidieusement commencé à monter à la fin des années quatre-vingt.

Le réseau ferroviaire est dans l'ensemble privé ; néanmoins, les tarifs des compagnies sont réglementés, voire protégés par un organisme fédéral de tutelle, la Interstate Trade Commission. En décembre 1986, l'État fédéral a revendu la compagnie de transport de marchandises Conrail (nationalisée en 1970). Il continue à subventionner la société publique Amtrak (passagers), créée en 1970. Ronald Reagan et, après lui, George Bush ont tenté de se débarrasser de cette entreprise déficitaire qui, en 1988, absorbait 574 millions de dollars de subventions publiques. Mais le Sénat s'est refusé à la

---

Production électrique

En 1987, 10 146 unités de production électrique avaient une capacité de 718 millions kWh : 55 % étaient privées (77 % de la capacité). Les deux plus grandes métropoles américaines (Los Angeles et New York) ont des systèmes de production électrique publics; la New York Power Authority avait un chiffre d'affaires de 1,1 milliard de dollars en 1986.
Source : Statistical Abstract, 1989.

Bibliographie

Mentré Paul, *L'Amérique et nous*, Bordas, Paris, 1989.

Saussois Jean-Michel, *Les Aides fiscales à l'industrie américaine*, ESCP, Paris, 1983.

Toinet Marie-France, Kempf Hubert, Lacorne Denis, *Le Libéralisme à l'américaine*, Économica, Paris, 1989.

démanteler : elle bénéficie à des millions d'électeurs.

Toujours en matière de communications, les services postaux font encore partie du secteur public : ils sont devenus entreprise publique autonome (Postal Service) en 1970. Leur inefficacité est notoire. En 1988, par exemple, ils accusaient un déficit de plus de cinq milliards de dollars. Aussi, de nombreuses sociétés privées (Federal Express, DHL) se sont créées, qui assurent l'acheminement des lettres et colis à l'intérieur du pays comme à l'extérieur. Quant à eux, les services téléphoniques et télégraphiques et autres services de télécommunications sont entièrement assurés par le secteur privé.

Le jeu des commandes publiques

Par le biais des commandes publiques, l'État pèse sur l'orientation générale de l'économie et des entreprises ; certaines des plus importantes (par le biais des commandes militaires) dépendent, pour leur bonne santé, de décisions en apparence purement politiques : avec la détente retrouvée entre l'Est ou l'Ouest, faut-il réduire les dépenses d'armement ? Quelles en seront les conséquences pour des firmes comme Boeing, IBM, General Electric, sans parler de Burlington (qui vend ses chaussettes à l'armée) ? En 1986 (alors que Ronald Reagan se réclamait plus que jamais de la désétatisation), les commandes publiques de biens et de services atteignaient 870 milliards de dollars (21 % du PNB, contre 14 % en 1950 et 9 % en 1929). L'administration peut donc choisir les firmes qu'elle « dynamise ».

Ainsi, les activités des entreprises qui travaillent pour le Pentagone ont progressé de 45 % entre 1980 et 1985, alors que celles des entreprises ne travaillant que sur commandes privées n'ont progressé que de 6 %. L'administration peut contraindre les entreprises avec lesquelles elle contracte à respecter les réglementations en matière de discrimination raciale ou sexuelle, par exemple : les entreprises doivent embaucher en respectant les règles publiques. Cette contrainte est devenue moindre dans les années quatre-vingt.

Ariane Genillard

Une politique industrielle par la fiscalité

■ La politique fiscale est un des instruments favoris de la politique industrielle américaine ; elle joue un rôle permanent de soutien à la croissance de la demande et à la consolidation du système de crédit et des investissements.

La déduction fiscale, couplée avec les crédits d'impôt, équivaut à une dispense de contribution pour le bon citoyen ou la bonne entreprise. Sera bon citoyen celui qui fait du profit, consomme, investit ou emprunte. A ce titre, la politique fiscale ne sera pas l'objet des critiques qui visent les aides ciblées ou les subventions. Elle est indolore pour le contribuable, n'interfère pas avec la politique de laisser-faire et bénéficie d'un large consensus ; elle est en outre peu visible au plan international.

La réforme fiscale de 1986 avait comme premier objectif de limiter la prolifération

332

La réforme fiscale de 1986

♦ La fiscalité américaine est en perpétuel aménagement : le président Reagan n'a pas manqué à la règle. Mais la réforme de 1986 dépasse les autres par son ampleur : elle modifie radicalement la répartition des impôts. Elle reste « neutre », en ce sens qu'elle n'a pas d'incidence sur les recettes finales de l'État. Les allégements des uns deviennent alourdissements pour les autres.

Elle poursuit deux objectifs principaux : une nouvelle diminution du taux d'imposition marginal des revenus les plus élevés. De 91 % en 1960, celui-ci est passé à 70 % en 1980 puis à 50 % en 1981 pour atteindre 28 % en 1990 : c'est la fin de la progressivité de l'impôt. Le nombre de tranches a été réduit de 14 à 3. Le second objectif est d'élargir l'assiette de l'impôt en supprimant de nombreuses exemptions légalement autorisées. Les plus-values boursières, ou les intérêts payés pour des crédits à la consommation ont été réinté-grés dans les revenus à déclarer.

Au niveau des entreprises, le même principe est appliqué : diminution des taux d'imposition sur les profits (de 46 % à 34 %) et suppression corrélative d'une partie des déductions permises et des crédits d'impôts (notamment celles sur l'achat des biens d'équipements établies en 1981).

Cette réforme simplifie une fiscalité excessivement complexe : elle aurait diminué de 600 millions d'heures annuelles le temps passé par les contribuables pour remplir leurs déclarations. Plus largement, la réforme participe du mouvement de désengagement de l'État par rapport aux mécanismes de marché : une sensible diminution des opérations de redistribution fiscale et moins de mesures de défiscalisation ; les États-Unis n'en restent pas moins le pays qui pratique le mieux l'art de la défiscalisation.

B. B.

des exceptions et donc, de l'évasion fiscale ; elle y est en partie parvenue, en comparaison avec la situation antérieure. Mais les États-Unis restent toujours le pays qui pratique le plus une politique industrielle « en trous », celle des déductions fiscales. Déductions et crédits d'impôt au profit des entreprises représentaient, en 1989, plus de 70 % des impôts effectivement payés au gouvernement fédéral ; pour les particuliers, elles en représentaient 68 %.

Une politique « en trous »

Parmi les mesures fiscales dont dispose l'État en 1990, on remarquera :
— la défiscalisation des revenus provenant des sociétés américaines de commerce international (foreign sales corporations) et des profits des multinationales ;
— les avoirs fiscaux attachés aux accroissements de dépenses privées de recherche-développement (par ailleurs, l'État prend

Principales déductions et crédits d'impôts bénéficiant aux entreprises (1989, en milliards de dollars)	
— Affaires internationales, exportations et bénéfice mondial	5,6
— Recherche - développement non militaire	2,9
— Pollution et ressources naturelles	2,9
— Aide aux fusions	2,3
— Obligations publiques de développement industriel	4,8
— Crédits d'impôts pour investissements	4,7
— Amortissement accéléré des équipements	41,4
— Imposition réduite des premiers 100 000 $ de profits	5,3
— Formation permanente et fondations	2,2
— Investissement industriel dans la dette publique	2,4
— Crédits d'impôts pour les entreprises américaines de Porto Rico	3,0
Total	77,5

Ces chiffres sont des agrégats de données très hétérogènes, établies sur la base « d'équivalent de dépense » qui considère le coût que représenterait pour l'État une aide équivalente si celle-ci prenait la forme de subvention.

Bibliographie

Congressional Budget Office, *The Changing Distribution of Federal Taxes : 1975-1990*, CBO, Washington (DC), 1987.

Pechman Joseph A., *Who Paid the Taxes 1965-1985*, The Brookings Institution, Washington (DC), 1985.

United States Government, *Special Analysis* (publication annuelle accompagnant la présentation du budget).

en charge directement la moitié du budget R&D du pays);
— les donations aux universités;
— la défiscalisation de certains emprunts publics locaux et régionaux pour le développement industriel, ou des emprunts contractés par les PME (avec système de caution par la Small Business Administration);
— les mesures favorables à tous les systèmes d'assurance et de mutuelles privées et d'entreprise;
— la défiscalisation des profits effectués par les entreprises américaines dans les possessions américaines (essentiellement Porto Rico);
— les mesures les plus massives concernent les dotations pour favoriser les investissements nouveaux : immobilier d'entreprise, achats de machines.

Ainsi, la politique fiscale s'articule avec les autres instruments de politique industrielle : les subventions, les crédits (12 milliards de dollars en 1990), les bonifications d'intérêts, les cautions (124 milliards) ainsi que les mesures locales et régionales de développement industriel (une centaine de milliards de dollars).

Ces aides concernent toutes les activités productives à l'exception des industries de défense et l'agriculture. Pour la défense, elles se structurent autour de l'attribution des marchés publics (commandes très importantes aux conditions de paiement sûres et avantageuses et dans des activités protégées). L'agriculture bénéficie d'un dispositif complexe de soutien direct des marchés (Commodity Credit Corporation) qui ressemble beaucoup, dans son principe et dans son efficacité, à ceux mis en place par la Communauté européenne...

Cette politique fiscale a des effets positifs : elle soutient le niveau général d'activité industrielle en raison du caractère massif et relativement permanent des transferts qui en résultent. Mais on constate aussi que les plus grandes entreprises ont perdu de ce fait l'habitude (jusqu'à ce que la loi de 1986 institue un impôt minimum) de payer des impôts sur leurs bénéfices. General Electric, avec 6,5 milliards de dollars de profit, n'a pas payé un dollar d'impôt entre 1981 et 1983. General Dynamics, de son côté, n'en a pas payé à compter de 1972 et a accumulé une créance sur le Trésor de 3 milliards sur les profits à venir... de quoi tenir jusqu'en 1998, même dans l'hypothèse où de nouvelles créances ne seraient plus accordées.

Mais cette politique implique des coûts, en raison notamment de sa complexité. Les déductions possibles sont légion et concernent tout citoyen ou toute entreprise, de sorte qu'elles continuent d'être l'enjeu central des déclarations fiscales annuelles, ce qui consomme autant de temps que d'argent : la majorité des contribuables a donc intérêt à faire appel à un spécialiste conseiller fiscal (*lawyer*).

Cette politique coûte cher aussi parce qu'elle est peu efficace. Elle est en effet très peu ciblée. Les mesures proposées sont offertes à tous mais profitent aux forts (pour bénéficier d'une déduction fiscale, il faut d'abord faire des bénéfices) et à ceux qui consomment; elle alimente le déficit commercial et incite les entrepri-

---

Export-Import Bank (Eximbank)

L'Eximbank est un organisme fédéral créé en 1945 pour faciliter les exportations américaines (prêts à taux bonifiés, crédits, etc.). Son budget prévisionnel, en 1990, se montait à 612 millions de dollars.

334

ses à vivre dans le court terme. La politique fiscale est en effet une politique industrielle particulière qui coûte très cher à la nation et bénéficie sous une forme peu visible et peu incitative aux plus dynamiques. La question se pose alors de savoir si l'État est encore assez riche pour se permettre une telle politique et si les entreprises bénéficiaires modifient leur comportement du fait de ces incitations. Rien n'est moins sûr. En ce sens, la réforme fiscale de 1986 a tenu compte de ces réalités au moment même où bien des pays industrialisés semblaient faire le chemin inverse et découvraient enfin les vertus des politiques d'exemptions fiscales en prenant les États-Unis pour modèle.

Bertrand Bellon

Les acteurs publics de la politique économique

■ La relative incohérence de la politique économique américaine s'explique largement par des facteurs institutionnels : décentralisation induite par le fédéralisme, absence de cohésion gouvernementale et opposition du législatif et de l'exécutif due à la séparation des pouvoirs.

Les principaux acteurs publics fédéraux peuvent être classés en quatre catégories : le Congrès, ses commissions compétentes et le Congressional Budget Office (CBO) ; les organismes indépendants tels que la Federal Reserve (Banque centrale) et les commissions administratives comme la Federal Trade Commission (Commission fédérale du commerce) et l'US International Trade Commission (Commission du commerce international) ; puis, au sein de l'exécutif, les organismes relevant de l'Executive Office of the President (Bureau exécutif du président), notamment l'Office of Management of Budget (OMB), le Council of Economic Advisors (CEA) et l'US Trade Representative (USTR) ; enfin, les ministères, principalement les Finances (Treasury) et le Commerce.

La principale structure de coordination interministérielle, l'Economic Policy Council (Conseil de la politique économique), réunit, autour du président, les ministres des Affaires étrangères, des Finances et du Commerce, le directeur de l'OMB et l'USTR. Mais, à aucun titre, la politique économique ne peut éviter la collaboration, l'opposition et la concurrence de plusieurs de ces organismes au sein d'une même catégorie ou entre elles.

La politique monétaire et budgétaire

La politique monétaire se singularise dans la mesure où elle relève pour l'essentiel d'un organisme indépendant, la Federal Reserve : le « Fed » (Banque centrale) transmet chaque année au Congrès ses *Monetary Policy Objectives* (objectifs de politique monétaire), et le président ou le CEA tentent souvent de l'amener à infléchir sa politique dans un sens plus expansionniste. En outre, certaines fonctions du Trésor, à la limite entre politique monétaire et budgétaire, ne peuvent être assurées que dans le cadre d'une concertation avec le « Fed » : le Trésor, en effet, gère le budget de l'État, la dette publique intérieure et extérieure, bat monnaie, et complète les missions bancaires du « Fed » par la supervision des 4 600 banques qui relèvent du gouvernement fédéral. L'évocation des plans Baker

---

Council of Economic Advisers

Créé en 1946, formé de trois personnes (en général des économistes), il conseille le président en matière économique et formule des propositions pour « maintenir l'emploi, la production et le pouvoir d'achat ». Il réalise chaque année un Economic Report of the President.

L'autorité du «Fed»

♦ *Invités à citer les plus importants diri-geants du pays, les Américains nomment d'abord leur président. Mais au cours des années quatre-vingt, ils ont commencé à placer en seconde position le président du Federal Reserve System ou «Fed», la banque centrale des États-Unis.*

De création relativement récente — il a été institué en 1913 et profondément réformé en 1935 —, le Fed est une institution originale qui témoigne bien des équilibres subtils du système politique américain. Instauré par le Congrès, auquel appartient en dernier ressort le pouvoir monétaire, et devant lequel il doit régulièrement faire rapport, il est dirigé par un board de sept gouverneurs nommés pour quatorze ans par le président des États-Unis. Celui-ci désigne parmi eux un président dont le mandat (renouvelable) dure quatre ans, mais ne coïncide pas avec le sien propre. En outre, les choix majeurs de politique monétaire s'opèrent au sein du Federal Open Market Committee (FOMC) composé des sept membres du board et de cinq représentants des douze banques régionales de réserve, elles-mêmes émanation des intérêts économiques régionaux.

Cette structure complexe et compliquée place le président du Fed au centre d'un réseau d'influences croisées dont il peut user pour garantir son indépendance. Jusqu'au début des années cinquante, il n'en a guère fait usage. Puis l'institution s'est progressivement émancipée de la tutelle du Trésor jusqu'à acquérir, sous la présidence de Paul Volcker (1979-1987) puis d'Alan Greenspan (à compter de 1987), une autorité et un prestige encore

accrus par la paralysie budgétaire. Non que les pressions émanant du cabinet du président aient cessé. Mais parce qu'aujourd'hui le Fed est, le plus souvent, en mesure de faire prévaloir ses propres priorités.

Les responsabilités du Fed couvrent la régulation du crédit et de la monnaie, c'est-à-dire la politique monétaire, au moyen des instruments traditionnels de la politique d'open market — achat et vente sur le marché de titres publics afin de piloter l'évolution des taux d'intérêt ou des agrégats monétaires —, ainsi que la supervision bancaire et le rôle de prêteur en dernier ressort, dont il a spectaculairement fait usage lors du krach d'octobre 1987. En revanche, la responsabilité de la politique de change appartient au Trésor.

Après les polémiques suscitées au début des années quatre-vingt par la politique de contrôle des agrégats monétaires dont Paul Volcker avait fait son credo, et qui avait conduit à des taux d'intérêt record, le Fed s'est orienté vers une approche très pragmatique de la régulation conjoncturelle fondée sur une multiplicité d'indicateurs. Avec le recul, la politique «monétariste» des années 1979-1982 apparaît surtout comme l'instrument psychologique d'une offensive anti-inflationniste. Le succès a validé cette stratégie, même s'il a infirmé les dogmes monétaristes. C'est à ce succès que le Fed doit son meilleur atout : la réputation qu'il met quotidiennement en jeu sous la vigilante surveillance des marchés financiers.

Jean Pisani-Ferry

(1985) puis Brady (1989), pour régler l'endettement international, rappelle également le rôle du Trésor en matière de finance internationale.

Négociant, dans ces domaines, avec les commissions bancaires et des affaires étrangères du Congrès, le Trésor entretient également des relations étroites avec les

commissions du Budget et des Finances (Ways and Means à la Chambre) par le biais de ses missions fiscales (impôts et droits de douane).

La politique budgétaire mise en œuvre par le Trésor est largement définie par l'OMB et résulte des négociations entre ces deux administrations et les commissions

336

Bibliographie

Feldstein Martin, « How the CEA Advises Presidents », *Challenge*, New York, nov.-déc. 1989.

Stoffaes Christian, « Politique économique et démocratie en Amérique », *Commentaire*, vol. 12, n° 46, Paris, été 1989.

Weidenbaum Murray, « The Role of the President's CEA : Theory and Reality », *Presidential Studies Quarterly*, New York, été 1986.

Sur le Fed :

Pisani-Ferry Jean, *L'Épreuve américaine*, Syros, « Alternatives économiques », Paris, 1988.

Thygessen Niels, « Propositions pour une banque centrale européenne », *Revue française d'économie*, vol. 4, n° 1, Paris, hiv. 1989.

budgétaires et financières du Congrès, instruites par l'*Economic and Budget Outlook* (Prévisions économiques et budgétaires) du Congressional Budget Office. Les considérations politiques dominent largement ce processus.

Le pilotage de la croissance et des équilibres macro-économiques revient principalement au Council of Economic Advisors (CEA). Créé par la loi sur l'emploi de 1946 dans une optique keynésienne, et composé d'un président et de deux membres assistés d'une vingtaine d'économistes seulement, le CEA analyse la conjoncture économique et fait des recommandations au président. Il prépare l'*Economic Report of the President* transmis annuellement au Joint Economic Committee (Commission économique mixte) du Congrès, sans compétence législative, mais qui le discute et l'enrichit.

Triple mission pour le ministère du Commerce

Le Department (ministère) of Commerce définit les politiques industrielle, technologique et commerciale. En dépit de multiples tentatives, son renforcement sur le modèle de son homologue japonais (MITI) n'a pas abouti. Ses tâches consistent à promouvoir la compétitivité des entreprises par des actions en faveur de la productivité, de l'innovation, du développement technologique et de l'exportation. En vertu de ses attributions en matière de commerce international, il lutte contre la concurrence étrangère déloyale (subventions, *dumping*), applique les quotas d'importation et suit les investissements américains à l'étranger. Outre les commissions financières, ses interlocuteurs au Congrès sont surtout les puissantes commissions du commerce, des sciences et des transports au Sénat et de l'énergie et du commerce à la Chambre. Dans le domaine de la concurrence, ses actions complètent celles, plus structurelles, de la Federal Trade Commission dotée de moyens réglementaires et quasi judiciaires.

En matière de commerce extérieur, le ministère du Commerce, protecteur naturel des firmes et secteurs touchés par la concurrence internationale, entre fréquemment en conflit avec le département d'État, le Trésor, et surtout l'US Trade Representative depuis sa création en 1963. Les pouvoirs de ce dernier (qui dépend directement de la présidence) n'ont cessé de se renforcer au détriment des autres organismes : c'est lui qui définit et coordonne la politique commerciale, traite avec le Congrès, négocie à l'extérieur. En revanche, le rôle de l'US Tariff Commission (tarifs douaniers), déjà réaménagé en 1948, s'est encore amoindri en 1975, en contrepartie d'une indépendance accrue. Devenue alors l'US International Trade Commission, elle ne négocie plus les accords internationaux, mais identifie et aide les firmes ou secteurs victimes de la concurrence étrangère, selon une approche quasi judiciaire.

Parmi les autres acteurs importants, citons les ministères chargés des politiques sectorielles, comme les ministères de l'Agriculture ou de l'Énergie. En outre, on peut tabler sur un rôle croissant des ministères de la Défense et des Affaires étrangères qui, au tournant des années quatre-vingt-dix, en sont enfin venus à reconnaître et à prendre en compte la dimension économique de la « sécurité nationale ».

Patrick Chamorel

Du New Deal au reaganisme.
Fermer la parenthèse étatique

■ Lorsqu'il accéda au pouvoir, le 20 janvier 1981, le président Reagan résuma sa doctrine économique en une formule saisissante : «Dans la présente crise, dit-il, le recours à l'État n'est pas la solution du problème. Le problème, c'est l'État.» Il ne pouvait plus clairement annoncer sa volonté de rompre avec les orientations définies quelque cinquante ans plus tôt par l'un des plus illustres de ses prédécesseurs : Franklin D. Roosevelt. Et de fait, l'ambition majeure de Ronald Reagan fut bien de laisser dans l'histoire une trace aussi durable que Roosevelt, mais en prenant l'exact contre-pied de sa philosophie : en quelque sorte, de fermer la parenthèse étatiste ouverte avec le *New Deal*.

Cette référence se comprend : le New Deal a effectivement été l'acte fondateur de la politique économique contemporaine et, au-delà, de l'État fédéral moderne. Non qu'il ait été le fruit d'un plan particulièrement construit. F. Roosevelt, il faut le rappeler, avait fait campagne pour l'équilibre budgétaire et la réduction des dépenses publiques. Mais parce qu'à travers la crise et la guerre se sont progressivement forgées la doctrine qui — jusqu'à R. Reagan — a inspiré peu ou prou tous les gouvernants de l'après-guerre, et les institutions qui ont été le cadre de leur action. L'État du New Deal a trouvé en marchant sa légitimité dans la théorie keynésienne. Il a assumé une triple responsabilité de pilotage macro-économique de la demande — codifié par l'*Employment Act* de 1946 —, de protection des citoyens contre les risques économiques — avec la

création, sous le nom de Social Security, de l'assurance-chômage et de l'assurance-vieillesse fédérales — et d'encadrement des marchés par la réglementation et la promotion de la négociation collective des salaires. En somme, le modèle libéral a été assorti d'un triple filet de sécurité étatique : macro-économique, social et réglementaire.

COMPARAISONS INTERNATIONALES DU RATIO DE DETTE Dette publique nette en % du PNB/PIB nominal		
Pays	Ratio de dette	Croissance annuelle moyenne (en %)
	1980	1990	1975-1985
Japon	17,3	22,6	2,9
RFA	14,3	24,7	2,1
France	14,3	27,5	0,6
États-Unis	19,7	28,6[a]	0,3
Royaume-Uni	47,5	31,6	− 1,0
Italie	53,6	98,1	3,7

a. En mars 1990, la dette publique fédérale a dépassé 3 000 milliards de dollars. Elle était, à l'arrivée au pouvoir de Ronald Reagan, de 950 milliards de dollars.
Source : OCDE, d'après *Données sociales 1990*.

Le filet de sécurité de l'État

En une décennie, de 1929 à 1939, le poids des dépenses fédérales dans le PIB est passé de 2,6 à 9 %. Il a doublé encore dans les premières décennies de l'après-guerre, pour atteindre un niveau modeste au regard des critères européens — l'État fédéral ne restait-il pas absent non seulement de la production, mais aussi de

TAUX DE CHÔMAGE CIVIL (en pourcentage)

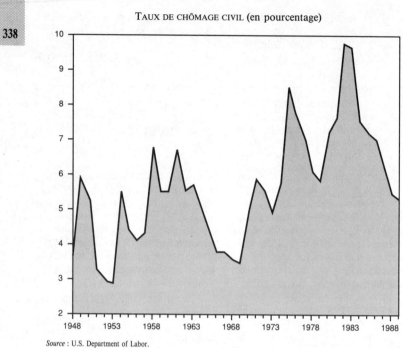

Source : U.S. Department of Labor.

TAUX D'INFLATION (déflateur du PNB)

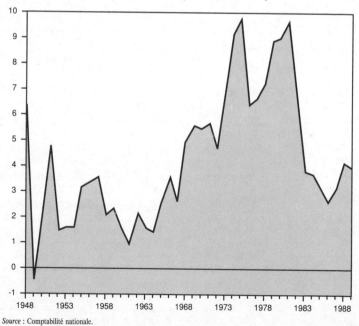

Source : Comptabilité nationale.

La réglementation, instrument d'une économie mixte

♦ Il est d'usage d'avancer que les États-Unis, pays du libéralisme, ne connaissent qu'une tutelle légère de l'État. Rien n'est plus faux. Simplement, l'intervention de l'État se fait sous des formes spécifiques, longtemps négligées par les observateurs de la réalité américaine. Il n'y a ni secteur public important (bien que le nombre de firmes appartenant à la puissance publique et leur rôle soient loin d'être négligeables) ni services publics monopolisant une activité ou un secteur. C'est plutôt par le biais de la réglementation des activités privées que la puissance publique intervient. Aucune société politique n'a eu autant que les États-Unis la tentation de « se changer par décret ». L'importance et l'étendue de la réglementation y est stupéfiante, sans commune mesure avec ce que connaissent les pays européens.

Les réglementations émanent d'instances très diverses : elles peuvent être prises au niveau fédéral, au niveau des États, ou encore par des autorités régionales. Elles sont gérées par des « agences » aux statuts juridiques variés, plus ou moins indépendantes du pouvoir exécutif fédéral. On distingue traditionnellement deux types de réglementations suivant qu'elles touchent aux affaires économiques ou au domaine social.

La réglementation économique affecte l'activité productive d'entreprises privées d'un secteur donné (transport, énergie, télécommunications...) que le législateur a souhaité contrôler pour des raisons d'intérêt général : en vertu de la réglementation, leur stratégie de prix, d'investissement, de profit, est soumise à l'agrément d'autorités de tutelle.

La réglementation sociale régit un domaine de la vie collective : l'hygiène, la santé publique, la défense de l'environnement ou du consommateur, les conditions de travail, etc. Les textes élaborés par les agences chargées d'un domaine donné doivent être respectés par toutes les entreprises, quel que soit leur secteur d'activité.

Au total, la réglementation apparaît comme un des principaux modes d'existence de l'économie mixte, ni totalement libérale, ni complètement étatisée, qu'est devenue l'économie américaine. On ne peut donc s'étonner qu'elle fasse l'objet de controverses qui resurgissent sans cesse. Les années soixante-dix et quatre-vingt ont ainsi été marquées par une phase de « déréglementation ». Mais dès la fin des années quatre-vingt les aménagements des textes et des pratiques ne pouvaient masquer la permanence du fait réglementaire : on est tenté de « réréglementer » cela même, relativement réduit, qui avait été déréglementé.

Hubert Kempf

domaines comme la santé ou l'éducation ? —, mais exorbitant au regard de la tradition américaine. Une nouvelle économie américaine était née. Les gouvernements ont passé, apportant inflexions ou perfectionnements, gérant avec plus ou moins de parcimonie les finances publiques, mais le modèle est resté fondamentalement inchangé dans son inspiration.

L'apogée a été atteint dans les années soixante sous les présidences Kennedy et Johnson. L'essor des techniques économiques a permis d'envisager un pilotage au plus près de la croissance économique — le fameux *fine tuning* —, la persistance de la pauvreté a suscité une nouvelle expansion des politiques d'assistance et de soutien du revenu — le *welfare state* —, et les soucis de qualité de la vie ont conduit à une réglementation plus étroite des activités industrielles. Plus, en somme, dans la même direction.

C'est par la montée de l'inflation qu'à la fin des années soixante se sont signalés les premiers grippages. Celle-ci est, aux États-Unis, particulièrement impopulaire, ne serait-ce que parce que ni les salaires ni les barèmes de l'impôt ne sont automa-

340

Bibliographie

Pisani-Ferry Jean, *L'Épreuve américaine*, Syros, «Alternatives économiques», Paris, 1988.

Stein Herbert, *Presidential Economics*, Simon & Schuster, New York, 1984.

Sur la réglementation :

Kempf Hubert et al., *Le Libéralisme à l'américaine : l'État et le marché*, Économica, Paris, 1989.

McCraw Thomas K., *Profits of Regulation*, Belknap, Cambridge (MA.), 1984.

tiquement indexés sur les prix. En dépit toutefois du mécontentement, le Fed n'a pas pris, pour l'étouffer, le risque de casser la croissance. Il aurait pu le faire, car il s'était émancipé de la tutelle du Trésor, et disposait de l'autonomie de décision. Mais, comme l'a confessé son président Arthur Burns, il ne se sentait pas investi du mandat moral d'éliminer à tout prix l'inflation. Et il ne se sentait guère assuré non plus de sa doctrine, car la polémique faisait rage sur les raisons du phénomène inflationniste et les moyens de le soigner.

Les fondements doctrinaux de la politique keynésienne ont fait en effet l'objet d'attaques de plus en plus vives. La base de la politique économique de stabilisation, et au-delà du New Deal dans son ensemble, a été remise en cause dans les controverses universitaires et les débats publics mais, en dépit des ambitions et des proclamations diverses, sans qu'aucune doctrine alternative ne s'imposât pour la remplacer. Le pilotage scientifique de l'économie, qui semblait à portée de main, est apparu comme une chimère. Privés de boussole, Richard Nixon, puis Jimmy Carter ont tenté sans succès de faire l'économie d'une crise. Ils n'ont réussi qu'à faire coexister chômage et inflation.

Les ruptures postkeynésiennes

A la fin des années soixante-dix est intervenue une première rupture : nommé à la tête du Fed alors que la hausse des prix dépassait 10 % l'an, Paul Volcker s'est senti investi du mandat d'en finir avec l'inflation. Le virage a été rapidement pris : laissant entendre qu'elle s'était convertie à la doctrine (monétariste) du contrôle des agrégats, la banque centrale a laissé les taux d'intérêt atteindre 18 % en 1981. Très schématiquement, on peut opposer la politique monétaire de pilotage des taux d'intérêt et celle qui vise à contrôler des agrégats (quantités monétaires), les taux d'intérêt étant de ce fait variables. La médecine fut sévère, mais efficace. Après avoir connu la plus grave récession de l'après-guerre — le taux de chômage, à près de 10 % en 1982 et 1983, dépassait les niveaux européens —, les États-Unis ont connu, sans que l'inflation se réveille, la plus longue expansion depuis plus de deux siècles. Mais le virage doctrinal n'était qu'apparent : une fois la victoire acquise, le Fed, auréolé d'un prestige sans précédent, en est revenu au pragmatisme de jadis.

La seconde rupture est née en 1980, de l'élection de Ronald Reagan. Le nouveau président a inauguré son mandat par une baisse des impôts dont on a laissé croire qu'elle se financerait par les dividendes de la croissance. Les conséquences de ce choix ont porté loin. Tout d'abord, le «clash» avec la politique monétaire restrictive était inévitable. La récession et le déficit public ont bientôt démontré la faiblesse d'une doctrine qui ressortissait plus à l'arithmétique électorale qu'à l'économétrie. Ensuite, le déficit budgétaire s'est installé pour durer, et la paralysie de la décision n'a trouvé de remède que dans la brutalité approximative de la loi *Gramm-Rudman* (1985) qui programmait le retour vers l'équilibre.

Mais aussi, une impulsion a été donnée, qui a abouti à l'ambitieuse réforme fiscale de 1986 : les impôts directs ont été redéfinis avec pour objectif principal la neutralité économique du prélèvement. Alors que les ménages les plus aisés étaient soumis en 1980 à une imposition de 70 % sur leur revenu marginal, ce taux a été ramené à 28 % en 1988. Et en dépit de la persistance du déficit, George Bush a pris au cours de sa campagne de 1988 l'engagement de ne pas augmenter les impôts.

R. Reagan voulait à la fois apporter la prospérité à ses concitoyens, faire reculer l'État fédéral et fonder une nouvelle doctrine économique alternative au keynésianisme. Sur le premier point il a objectivement réussi, mais sans doute plus grâce à la politique du Fed qu'à la sienne propre. Sur le second, le *welfare state* n'a pas été démantelé et, seuls parmi les dépenses sociales, les programmes de lutte contre la pauvreté ont été sérieusement mis en cause ; mais l'État fédéral est durablement soumis à une sévère contrainte de ressources. Sur le troisième, le reaganisme a laissé une fiscalité rénovée, mais les approches expérimentées dans les années quatre-vingt n'ont guère résisté à l'épreuve des faits.

Jean Pisani-Ferry

LES GRANDS SECTEURS

Les ressources naturelles, une corne d'abondance ?

■ L'Amérique a été — est encore pour beaucoup — une Terre promise. Les vastes étendues de terre, puis les mines d'or attirèrent les immigrants et les ressources minérales et énergétiques fournirent une base puissante au développement industriel. Mais le mythe de la corne d'abondance a aussi engendré des attitudes, des modes d'exploitation et de consommation confinant au gaspillage dont on mesure aujourd'hui les conséquences.

Terres, eaux et forêts

Cinq cent vingt millions d'hectares sont classés à usage agricole, soit 67 % du territoire. L'importance des terres utilisables a favorisé un usage extensif des sols dont on n'a occupé que la meilleure partie avec constitution de grandes exploitations et des pratiques culturales souvent destructrices : l'expansion du *dry farming* dans les Hautes Plaines a déchaîné l'érosion et multiplié les *bad lands* irrécupérables. La terre américaine est le support de la plus puissante agriculture du monde. Mais les surplus et les crises ont suscité un net recul des superficies en labours : 150 millions d'hectares en 1950, 120 millions en 1985.

Les forêts occupent 2,5 millions de kilomètres carrés, dont les deux tiers sont des forêts d'exploitation : les défrichements ont réduit de 35 % leur superficie initiale ; il s'agit pour l'essentiel d'une forêt secondaire. L'énorme consommation des États-Unis en papier et bois de construction excède d'environ 5 % la régénération naturelle.

L'eau est devenue un bien rare. Globalement, elle ne fait certes pas défaut aux États-Unis qui reçoivent quotidiennement 12 milliards de mètres cubes d'eau dont la population n'utilise que le dixième. Le problème réside dans le très grand déséquilibre régional des ressources et des besoins : les deux tiers du territoire reçoivent moins de 20 % des précipitations. L'Est, où 90 % de l'eau est à usage industriel, ne connaît que des problèmes locaux : nappes polluées des Appalaches, énormes besoins de la mégalopolis. Il n'en va pas de même dans l'Ouest où l'Arizona, la Californie et le Texas — la consommation pour l'irrigation y est

Bibliographie

Beaujeu-Garnier Jacqueline et al., *Images économiques du monde*, Sedes, Paris, 1989.

Bethemont Jacques, Breuil Jean-Marie, *Les États-Unis, une géographie régionale*, Masson, Paris, 1989.

Guinness Paul, Bradshaw Michael, *North America, A Human Geography*, Barnes and Noble Books, Totowa (NJ), 1988.

énorme — affichent un déficit de 13 milliards de mètres cubes. Les progrès de la désertification et de l'érosion, la salinisation croissante des nappes attestent de l'ampleur du problème. Pourtant, des travaux gigantesques (1 300 barrages publics en Californie) ont été faits. Le Colorado, qui draine un bassin plus grand que la France est « vidé » par les États riverains et n'est plus qu'un mince filet d'eau salée à son embouchure. On comprend les tentatives pour limiter le gaspillage et les privilèges de l'agribusiness ainsi que les grandioses projets pour détourner les eaux canadiennes.

Le problème énergétique

La puissance industrielle et le mode de vie américains sont édifiés sur une énergie abondante et bon marché : avec huit tonnes équivalent pétrole *per capita*, le quotient énergétique des États-Unis est deux fois celui de l'Europe de l'Ouest. Mais désormais, il faut importer. Le *pétrole* (42 %) et le *gaz naturel* contribuent pour les deux tiers au bilan énergétique. Les puissants pièges à hydrocarbures de la cuvette mississippienne sont exploités sur trois axes : Texas-Oklahoma, Texas-Arkansas et gîtes du golfe du Mexique. Texas et Louisiane fournissent 80 % du pétrole et 75 % du gaz américains. La Californie (bassins continentaux et *offshore*) en livre 10 %. La contribution du front des Rocheuses est encore limitée. Mais les plus belles promesses viennent de l'Alaska qui expédie déjà 100 millions de tonnes de pétrole par le port de Valdez. Quant au gaz naturel, son exploitation est liée au destin du gazoduc transcanadien. L'écart entre la production nationale de pétrole (500 millions de tonnes) et la consommation (725 millions de tonnes) justifie les tentatives d'économies, d'autant que les réserves prouvées ne s'élèvent qu'à cinq milliards de tonnes, soit huit années de consommation. La baisse des prix mondiaux a suscité une forte réduction de l'exploration et du taux d'utilisation des plates-formes *offshore*.

Les hydrocarbures assurent 30 % de la production électrique ; l'appoint de l'*hydro-électricité* est modeste (15 %). L'ère des grands barrages inaugurée dans les années trente (Tennessee, Niagara, Colorado, Columbia) paraît terminée. La répartition des ressources (40 % en Californie, Oregon, Washington) et l'énormité des investissements à amortissement lent ne favorisent pas de nouveaux aménagements. Le quart seulement du potentiel hydraulique est utilisé. Si bien que, dès 1980, les réacteurs *nucléaires* produisaient plus d'électricité que les centrales hydrauliques. La puissance installée a été multipliée par 7 entre 1970 et 1981 : les 72 centrales (à uranium enrichi à partir du minerai du Nouveau-Mexique) installées à cette date étaient localisées surtout dans l'est du pays, 90 autres ayant été autorisées. Mais l'accident de Three Mile Island (1979) a renforcé l'opposition des écologistes et hypothéqué l'avenir du programme d'expansion.

L'insuffisance des hydrocarbures, les chocs pétroliers (1973, 1979) et les incertitudes nucléaires ont suscité le renouveau du *charbon* que les États-Unis possèdent en abondance (le quart des réserves mondiales). La production est passée de 500 millions de tonnes en 1973 à 730 millions de tonnes en 1981 et, en 1990, elle oscille autour de 650 millions de tonnes (22 % de l'approvisionnement mondial). Environ la moitié de l'extraction annuelle,

ÉNERGIE (en MTEC) [a]						
Années	Consommation	Production				
		Totale	Charbon	Pétrole	Gaz nat.	Autres [b]
1960	1 485	1 400	26,1 %	36,0 %	34,0 %	3,9 %
1970	2 234	2 090	23,5 %	32,9 %	38,9 %	4,7 %
1980	2 525	2 170	28,7 %	28,2 %	34,2 %	8,9 %
1988	2 550	2 160	31,2 %	27,3 %	29,5 %	12,0 %

a. MTEC : millions de tonnes équivalent-charbon ; b. Hydroélectricité, énergie nucléaire et énergie géothermique.
Source : Statistical Abstract 1989.

hautement mécanisée, provient encore du bassin appalachien qui s'étend de la Pennsylvanie à l'Alabama. Les bassins du Centre (Indiana, Iowa, Illinois, etc.) y contribuent pour 30 %. Mais ce sont les Hautes Plaines et les Rocheuses qui recèlent plus de la moitié des réserves et leur développement est rapide, d'autant que leur charbon à faible teneur en soufre répond mieux aux dispositions du *Clean Air Act* de 1970. Abondamment utilisé dans les centrales thermiques, et alimentant un fort courant d'exportation, le charbon subit cependant le contrecoup des pressions des écologistes ; et les pluies acides nourrissent le contentieux avec le Canada.

Dépendance croissante pour les minerais

Les États-Unis dépendent désormais largement du marché mondial pour leur ravitaillement en minerais, même pour le cuivre dont ils sont le premier producteur mondial (Arizona, Nevada). Les gisements de minerai de fer du lac Supérieur ne suffisent plus et la bauxite de l'Arkansas ne satisfait que le dixième des besoins. Les gisements de plomb et de zinc du Montana et du Colorado sont devenus insuffisants. Pour un très grand nombre de minerais, la dépendance est beaucoup plus préoccupante. En 1974, le Conseil de politique économique internationale identifiait 21 minerais essentiels à l'industrie et à la sécurité du pays : or, à l'exception du minerai de fer, du cuivre, du plomb et du vanadium, les importations représentaient plus de la moitié de la consommation. Les États-Unis produisent 8 % mais consomment 20 % du tungstène mondial. La dépendance est presque totale pour le columbium, le manganèse, le chrome, le cobalt, l'étain... Les stocks économiques et stratégiques étaient tombés sous les niveaux requis en 1980, incitant le Congrès à voter le *National Materials and Minerals Policy Research and Development Act.*

Les inquiétudes ne sont pas nouvelles : la première loi de protection des forêts remonte à Theodore Roosevelt. Au début des années cinquante, le rapport Paley mit en garde contre l'érosion du capital-ressources national et suscita un investissement massif dans les mines étrangères. Le potentiel, mis à mal par le gaspillage et la voracité de l'industrie, demeure considérable, mais les coûts d'exploration et d'exploitation sont souvent prohibitifs. Les contraintes environnementales de plus en plus serrées pèsent sur les coûts et restreignent l'accès aux ressources : les trois quarts des immenses territoires fédéraux sont désormais fermés à l'exploitation minière. La dépendance énergétique et minérale accrue ne met pas en péril la puissance industrielle des États-Unis mais introduit un facteur nouveau dans la donne géopolitique.

Claude Manzagol

344

Complexe agro-industriel : quand la machine s'emballe...

■ L'agriculture américaine est la première du monde : elle fournit 60 % du soja, près de la moitié du maïs, 15 % du blé mais aussi le tiers des agrumes et ses élevages n'ont rien à envier aux pays européens les plus performants. Ses résultats économiques sont à l'aune de ses réussites techniques : les États-Unis sont les premiers exportateurs mondiaux de produits agricoles, une place que personne ne peut vraiment leur disputer. Il n'empêche que cette agriculture est fragile et sensible à une conjoncture qu'elle ne maîtrise pas.

POPULATION AGRICOLE			
Année	Population totale (millions)	Population agricole (millions)	Proportion (en % de la pop. totale)
1920	105,7	32,0	30,2
1940	131,7	30,5	23,2
1960	179,3	15,6	8,7
1980	221,7	7,2	3,3
1988	245,6	5,0	2,0

National Journal, 21.10.1989.

Son efficacité repose sur deux bases :
— un potentiel foncier considérable, traditionnellement utilisé de manière extensive, équivalent à trois fois celui de l'Europe des Douze, et des réserves de terres aisément mobilisables ;
— un environnement industriel, scientifique et financier exceptionel. Géants du machinisme agricole, conglomérats de la chimie, entreprises de conditionnement et de transformation, services scientifiques, éducatifs et financiers gravitent autour de l'agriculture et forment ce que l'on appelle le complexe agro-industriel, ou l'agri-business.

Cette filière occupe 28 millions de personnes, soit 18 % de l'emploi civil américain, mais la seule production agricole n'en occupe que 2,6 millions. Elle contribue pour quelque 16 à 20 % à la valeur ajoutée par l'économie nationale.

Un système efficace

Mais tout cela ne serait pas suffisant si l'agriculture ne bénéficiait aussi de la sollicitude des pouvoirs publics qui savent jouer de cette capacité productive ; le complexe agro-industriel, pour prendre une image aisée à comprendre, correspond :
— à un énorme moteur avec une forte réserve de puissance. C'est son capital foncier ;
— à un réservoir de carburant, c'est-à-dire tout ce qui est nécessaire pour exploiter au mieux ces potentialités foncières. C'est le complexe agro-industriel ;
— à un conducteur qui a une vision mondiale, rivée sur le marché international, et qui fait donner plus ou moins le moteur. Ce conducteur, c'est l'État qui, par une politique de stockage et de gel des terres qu'il finance généreusement, adapte

AGRICULTEURS ET EXPLOITATIONS AGRICOLES				
	1960	1970	1980	1987
Agriculteurs (en millions)	7,1	4,5	3,7	2,9
Exploitations (en millions)	4,0	2,9	2,4	2,2
Endettement (en milliards de dollars)		52,8	178,7	153,3
Chiffre d'affaires brut (en milliards de dollars)		55,1	148,4	153,4

Source : Statistical Abstract 1989.

Une agriculture à trois vitesses

♦ *L'agriculture américaine est une agriculture à deux, voire à trois vitesses.*

— Une agriculture familiale, faite de fermes moyennes (100 à 150 hectares), qui se consacrent à l'élevage laitier, à la production de céréales, parfois associée à l'engraissement des porcs comme dans la Corn Belt, ou en simple monoculture comme dans les Grandes Plaines, du Montana au Kansas. Ces exploitants sont étroitement dépendants de la politique agricole fédérale qui soutient ces productions mais au prix de programmes de gel des terres obligatoire.

— Une agriculture capitaliste, faite de très puissantes sociétés agricoles souvent liées à des conglomérats agro-alimentaires soucieux d'intégrer verticalement leurs opérations, de « la semence au supermarché ». Peu présentes dans la céréaliculture et l'élevage laitier ou porcin, elles sont en revanche dominantes dans des secteurs spéculatifs comme les bœufs d'embouche, la canne à sucre, les vignobles de qualité ou les fruits et légumes pour lesquels le contrôle des différents éléments de la chaîne agro-industrielle de la production au consommateur est la garantie de profits élevés.

— Une agriculture d'appoint, « hors normes », faite de modestes exploitations tenues par des retraités ou des pluriactifs pour lesquels l'agriculture est plus un genre de vie qu'une profession. On trouve dans ce groupe aussi bien les derniers métayers noirs du Sud que le cadre californien vivant au milieu d'une orangeraie.

G. D.

plus ou moins la puissance à mettre en œuvre pour satisfaire le marché.

Cette souplesse de fonctionnement du système fut longtemps à l'origine de sa capacité à répondre aux sollicitations du marché en période de haute conjoncture. Lorsque le marché se rétractait, on payait les agriculteurs à ne pas produire.

Cependant, ce système ne fonctionne bien que si l'État (le « chauffeur » du système) réagit rapidement et s'il sait anticiper ce que va devenir le marché. Le problème est qu'il ne le fait pas toujours, pour diverses raisons. Soit parce qu'il estime que le marché doit seul réguler l'économie, soit parce qu'il ne voit pas venir l'obstacle camouflé habilement par le jeu des grandes multinationales du négoce agricole qui peuvent créer des pénuries ou des excédents artificiels.

Dans ce cas, la machine ne réagit plus correctement et elle le fait d'autant moins

CLASSEMENT DES EXPLOITATIONS AGRICOLES SELON LEUR REVENU				
Catégorie (ventes annuelles en dollars)	Nombre	% du total	Chiffre d'affaires milliards $	% du total
Moins de 10 000	1 139 000	52,4	10,6	6,2
de 10 à 40 000	450 000	20,7	14,0	8,2
de 40 à 100 000	286 000	13,2	24,4	14,3
de 100 à 250 000	201 000	9,2	37,7	22,2
de 250 à 500 000	71 000	3,2	28,8	16,9
Plus de 500 000	29 000	1,3	54,9	32,2
Total :	2 176 000	100	170,4	100

Source : *Statistical Abstract*, 1989.

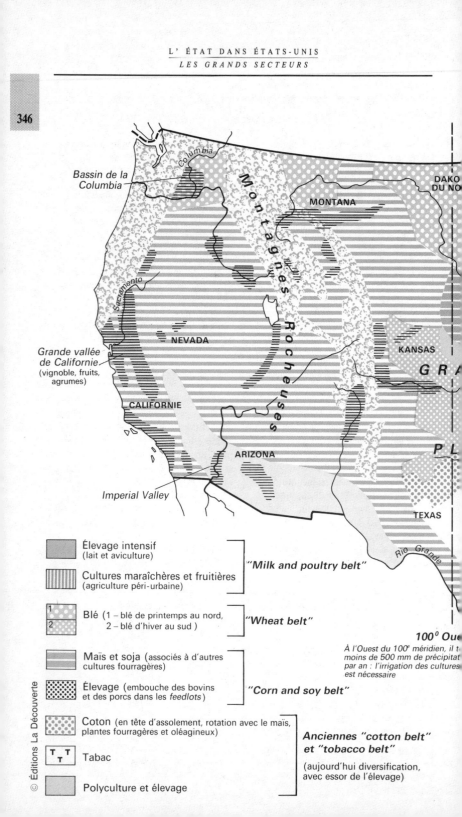

Bassin de la Columbia

Columbia

Montagnes Rocheuses

MONTANA

DAKO
DU NO

Sacramento

NEVADA

KANSAS

GRA

Grande vallée
de Californie
(vignoble, fruits,
agrumes)

CALIFORNIE

ARIZONA

P L

Imperial Valley

TEXAS

Rio Grande

Élevage intensif
(lait et aviculture)

Cultures maraîchères et fruitières
(agriculture péri-urbaine)

"Milk and poultry belt"

Blé (1 – blé de printemps au nord,
2 – blé d'hiver au sud)

"Wheat belt"

Maïs et soja (associés à d'autres
cultures fourragères)

Élevage (embouche des bovins
et des porcs dans les *feedlots*)

"Corn and soy belt"

Coton (en tête d'assolement, rotation avec le maïs,
plantes fourragères et oléagineux)

Tabac

Polyculture et élevage

Anciennes "cotton belt"
et "tobacco belt"

(aujourd'hui diversification,
avec essor de l'élevage)

100° Oue
À l'Ouest du 100° méridien, il t
moins de 500 mm de précipitat
par an : l'irrigation des cultures
est nécessaire

© Éditions La Découverte

LES RÉGIONS AGRICOLES

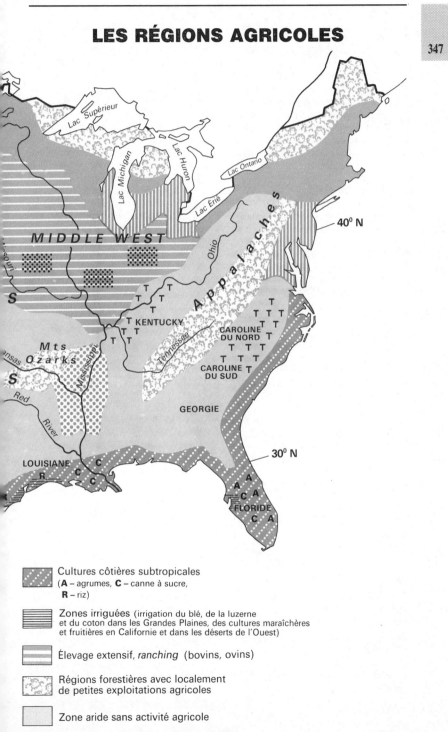

Cultures côtières subtropicales
(**A** – agrumes, **C** – canne à sucre,
R – riz)

Zones irriguées (irrigation du blé, de la luzerne
et du coton dans les Grandes Plaines, des cultures maraîchères
et fruitières en Californie et dans les déserts de l'Ouest)

Élevage extensif, *ranching* (bovins, ovins)

Régions forestières avec localement
de petites exploitations agricoles

Zone aride sans activité agricole

Les mesures de soutien au commerce agricole

♦ *Depuis le début de la présidence Reagan (1981), les responsables américains n'ont cessé d'attaquer les pratiques protectionnistes, notamment en matière agricole, de leurs partenaires commerciaux, se vantant pour leur part d'être parfaitement libre-échangistes. Mais il y a quelque distance du discours à la réalité : comme les autres, les États-Unis protègent leur marché intérieur, défendent leurs parts de marché extérieur (11,6 % en 1987 contre 14,4 % en 1967) et subventionnent leurs exploitations : c'est d'autant plus leur intérêt que leurs exportations agricoles constituent une part substantielle de leurs échanges internationaux et l'un des rares éléments positifs de leur balance commerciale.*

En dix ans, de 1975 à 1985, le budget du ministère de l'Agriculture a plus que triplé, passant de 16 à 55 milliards de dollars ; en 1990, il a encore atteint 49 milliards de dollars. C'est que, en moyenne, la seule aide publique fédérale représente dorénavant le tiers (31,7 % en 1988 contre 8,1 % en 1980) du revenu annuel des agriculteurs. Encore n'est-ce pas tenir compte des milliards de dollars d'aide à l'agriculture distribués par d'autres ministères (comme les subventions pour l'irrigation qui dépendent du ministère de l'Intérieur ou les aides à l'exportation qui dépendent en partie du ministère du Commerce).

*Ce n'est pas le sacro-saint marché mais bien les autorités fédérales qui réglementent ainsi prix (prix de soutien) et produc-*tion (gel des terres), le lien étant constamment maintenu entre soutien des prix et gestion de l'offre. L'État fédéral aide aussi les agriculteurs à exporter, soit en assistant la négociation des termes des contrats (par exemple avec l'URSS), soit en fournissant des crédits directs (comme la fameuse loi PL 480 d'aide au développement agricole au titre de laquelle 42 milliards de dollars ont été versés de 1954 à 1987 et qui a eu pour effet principal de créer des besoins et des débouchés pour les produits américains), soit en subventionnant les exportations (programme BICEP — Bonus Incentive Credit Exportation Program — de 1985 devenu EEP — Export Enhancement Program — qui coûte plus d'un milliard de dollars par an) pour concurrencer la CEE sur certains marchés comme ceux du bassin méditerranéen.*

Enfin, les autorités américaines protègent aussi leur propre marché, avec tout l'arsenal des mesures classiques (contingents, taxes compensatoires, normes singulières, clauses de sauvegarde, droits de douane, prix de déclenchement...). Mais le chef-d'œuvre du protectionnisme américain est indubitablement la barrière sanitaire, d'autant plus irréprochable qu'elle est fondée sur des critères « scientifiques » automatiques et qu'elle frappe des produits défectueux (suivant les définitions américaines) et non tel ou tel pays exportateur.

Marie-France Toinet

bien qu'elle a pu quelque peu s'emballer sous l'effet d'une longue période d'euphorie : ce fut le cas dans les années soixante-dix au cours desquelles la production fut multipliée par deux (notamment sous l'effet d'une demande mondiale brutalement gonflée par les besoins des pays socialistes). Seule l'agriculture américaine fut alors capable de les satisfaire facilement.

La rançon d'un libéralisme « dur »

Les prix mondiaux explosèrent, anesthésiant complètement les agriculteurs et le gouvernement fédéral. Ce dernier crut même détenir avec l'arme alimentaire ce *food power* que l'on présentait déjà comme plus dissuasif que la bombe H.

Et ce fut l'accident ! L'emballement de la machine productive n'avait été possi-

Bibliographie

Connor John M. *et al.*, *The Food Manufacturing Industries*, Lexington Books, Lexington (MA), 1985.

Dorel Gérard, *Agriculture et grandes entreprises aux États-Unis*, Économica, Paris, 1985.

États-Unis. Politiques nationales et échanges agricoles, OCDE, Paris, 1987.

Swanson Louis E. (sous la dir. de), *Agriculture and Community Change in the United States*, Westview, Boulder (CO), 1988.

ble que parce que, croyant être seuls sur le marché, les agriculteurs s'étaient engagés dans une spirale d'intensification payée par un endettement qu'ils ne pouvaient plus supporter dès que la conjoncture se retourna à la fin des années soixante-dix. Des dizaines de milliers de fermiers firent faillite, singulièrement dans les régions céréalières du Middle West.

Le gouvernement Reagan finit par intervenir, non pas pour les sauver mais pour rétablir une balance commerciale mise à mal par la concurrence de « dragons » agricoles tels que la Communauté européenne. Il s'est engagé dans une véritable guerre commerciale avec cette dernière et est parvenu, à coups de subventions massives à l'exportation et au prix de pressions politiques considérables, à rétablir la place des États-Unis dans les exportations mondiales.

Grower of prize pumpkin & pumpkin
(*Cultivateur de potiron avec potiron primé*)

PROGRAMMES FÉDÉRAUX DE SOUTIEN À L'AGRICULTURE (Évolution des coûts, en millions de dollars)		
Production	1980	1987
Blé	211	2 931
Céréales fourragères	382	8 490
Riz	2	475
Coton	172	1 204
Laine	28	144
Autres productions	276	1 972
Actions diverses de protection des sols	214	1 531
Total	**1 296**	**16 747**

Source : Statistical Abstract, 1989.

EMPLOIS DANS LA FILIÈRE AGRO-INDUSTRIELLE		
Secteurs	Nombre de personnes employées	
	Millions	Pourcentage
Entrants industriels et tertiaires	5,5	25,8
Production agricole	2,6	12,5
Transformation (indust. agro-alimentaires)	3,3	15,8
Transports et distribution	9,7	45,9
Total	**21,1**	**100**

La facture à payer est essentiellement sociale : c'est le prix payé par ces fermiers réduits à vendre aux enchères leurs exploitations pour le plus grand profit de ceux qui ont pu résister à cette tourmente des années quatre-vingt. C'est la rançon du classique *stop and go* d'une économie libérale dure pour les perdants.

Gérard Dorel

Les « belts », une géographie agricole

■ Jusqu'au milieu du XXe siècle, les conditions naturelles et l'histoire du peuplement rural s'étaient traduites par la création de zones de production relativement homogènes : les *belts* (zones de culture). Depuis, ces *belts* se sont diversifiées, même si la culture principale demeure le plus souvent la culture originelle.

La *Milk, poultry and fruit belt* s'étend dans la zone du bocage du Nord-Est et la région des Grands Lacs. On y élève les bovins pour la production de lait et de ses dérivés. Cet élevage laitier est associé aux cultures fruitières et maraîchères en raison de la densité de l'urbanisation (cultures péri-urbaines). Les cultures de grains, de fourrage et l'élevage de la volaille complètent les spéculations agricoles de ce secteur. Il s'agit d'une agriculture très moderne, à forte productivité.

Dans la Grande Plaine américaine, on détermine traditionnellement trois régions :

— Au nord-ouest, la *Wheat belt* (zone du blé). On y distingue deux secteurs : la *Wheat belt* du nord centrée sur le Dakota, où sont cultivés essentiellement les blés de printemps, et la *Wheat belt* du sud centrée sur le Kansas, où l'on cultive du blé d'hiver. Actuellement, le blé ne se maintient comme culture dominante que dans la *Wheat belt* du nord où il est le plus souvent cultivé par *dry farming*. La *Wheat belt* du sud a connu une évolution différente : la partie centrale du Kansas demeure par excellence la région de la culture du blé mais grâce à l'irrigation, d'autres activités agricoles se sont implantées : les cultures du maïs et de la luzerne, qui permettent une importante activité d'élevage.

— Au centre, la *Corn belt* : seule zone à avoir conservé comme activité dominante le maïs. Le cœur du Middle West (Iowa, Indiana, Illinois, Missouri) constitue un espace où les terres sont riches et profondes et le climat humide, conditions bien adaptées au maïs. Celui-ci cependant est de plus en plus associé aux betteraves, plantes fourragères et soja qui est en passe de le supplanter (on parle d'ailleurs de *Corn-soy belt*). Ce secteur a connu un développement considérable de l'élevage : essentiellement embouche des porcs et des bovins dans les *feedlots* (parcs d'engraissement pour le bétail). Ce sont de véritables usines à viande. Elles préparent non seulement les rations hautement énergétiques distribuées aux animaux, mais travaillent parfois dans le cadre d'une même entreprise avec des abattoirs géants.

— Au sud de la Grande Plaine, s'étendait autrefois la *Cotton belt* à l'est du Mississippi, mais le coton s'est progressivement déplacé vers l'ouest pour s'implanter dans le Texas. Là aussi, il régresse : il n'y a plus de monoculture. Sur les sols épuisés à l'est, elle a fait place à la forêt. A l'ouest, c'est la polyculture. Le coton ne fait plus partie que d'un système d'assolement avec maïs, plantes fourragères, oléagineux (arachide et soja). Cette diversification a provoqué l'essor de l'élevage (embouche des bovins) et de l'aviculture.

— La *Tobacco belt* se maintient dans les Carolines, la Virginie, le Kentucky, mais elle a tendance à se diversifier. On y trouve également de la production laitière et des cultures diverses.

Parmi les grandes zones de spécialisation agricole figure la zone montagneuse (Idaho, Montana, Utah, Nouveau-Mexique, Arizona) occupée au nord et au sud par les Rocheuses et leur contrefort. Elle se caractérise par le *ranching* : élevage extensif de bovins et d'ovins sur de maigres pâturages.

Cathy François

Les services, ou le mythe post-industriel

■ Le secteur des services, aux États-Unis, fournit des emplois à 76 % de la population active ; il représente 68 % du PNB et 90 % des nouveaux emplois. Traditionnellement, les États-Unis n'ont jamais vraiment été une nation industrielle. Jusqu'en 1910, l'essentiel de la population travaillait dans l'agriculture puis les services ont pris le relais : à aucun moment plus de 35 % de la population active n'a été employée dans l'industrie. Après 1945, les activités industrielles (secondaires) se sont maintenues entre 20 et 22 % du PNB et ont suivi sa progression. Mais, même dans les activités répertoriées au chapitre industriel, le plus grand nombre des emplois est affecté à des activités de services : conception des produits, marketing, vente, etc. On estime que 75 % des travailleurs employés dans les firmes industrielles ont en réalité des fonctions de services.

Cette prédominance du tertiaire dans l'activité économique américaine explique tout l'intérêt que les États-Unis portent à leur sort dans les négociations commerciales au sein du GATT (Accord général sur les tarifs douaniers et le commerce) et à inclure les services dans les négociations de l'*Uruguay Round*, afin que ce secteur s'ouvre lui aussi à la concurrence internationale. Qu'il s'agisse des activités d'assurances, d'expertise comptable, de services financiers ou commerciaux, ou simplement de *franchising* et de savoir-faire, les enjeux sont énormes.

Progression des emplois dans le tertiaire

La progression spectaculaire des emplois dans les services à partir de la fin des années soixante-dix a ouvert un débat politique sur la nature de ces emplois. Au cours des campagnes électorales de 1984 et 1988, les démocrates ont reproché aux républicains de créer des emplois de moin-dre qualité, ce qu'il est convenu d'appeler les *Mac jobs*, ces emplois créés dans la restauration rapide comme Mac Donald's, peu qualifiés et à très bas salaires. Les républicains ont rétorqué qu'entre 1982 et 1986 le nombre des emplois au salaire minimum (qui n'a pas été réévalué entre 1981 et 1990) avait diminué de 25 % alors que les emplois payés plus de 10 dollars l'heure avaient augmenté de plus de 50 %. Au total, en vingt ans, l'emploi dans les services liés à l'industrie et aux affaires a quadruplé. De 1976 à 1984, entre 56 et 72 % des emplois créés par les petites et moyennes entreprises ont concerné le conseil aux entreprises, les relations publiques, la publicité, l'informatique, l'assurance et les services bancaires et financiers.

Les États-Unis assurent 18 % de l'ensemble des exportations de services du monde. Entre 1981 et 1988, un excédent moyen de 27 milliards de dollars par an a compensé en partie le déficit de leur balance commerciale. Néanmoins, la rémunération des investissements étrangers (qui vont croissant aux États-Unis) a fait que l'excédent de la balance des services s'est spectaculairement détérioré depuis 1988. Certains experts estiment d'ailleurs que le déficit extérieur des États-Unis est inférieur à ce qui apparaît dans les statistiques officielles, car des services exportés ne sont pas pris en compte (conseils juridiques, services de tourisme ou de transport) parce qu'ils sont gérés à l'étranger.

Les services, tout comme l'industrie, sont toujours plus soumis à la « délocalisation » et à la concurrence internationale. Des compagnies aériennes choisissent par exemple de stocker leurs données sur des ordinateurs installés dans leurs filiales des Caraïbes ; la différence de coût horaire des clavistes fait fuir certains grands services financiers vers les pays du Sud. La relocalisation des services téléphoniques pour

Bibliographie

Kamer Pearl M., *The US Economy in Crisis*, Praeger, New York, 1988.

Stanback Thomas M. Jr., *Understanding the Service Economy*, Johns Hopkins University Press, Baltimore (MD), 1979.

lesquels le destinataire paie la communication est également en cours. Un débat est engagé sur l'opportunité de limiter l'ampleur de ces mouvements et de freiner la prise de contrôle par des firmes étrangères de grandes sociétés de service américaines, comme Manpower par le groupe britannique Blue Arrow PLC. La création du marché unique européen inquiète les responsables des services qui craignent des dispositions qui pourraient nuire aux sociétés de leurs secteurs établies en Europe ou qui voudraient s'y établir. Enfin, les professionnels américains se demandent comment faire face, sur leur propre territoire, aux banques japonaises, toujours plus puissantes, et aux compagnies d'assurances européennes qui lorgnent de plus en plus, au nom de la réciprocité, vers les États-Unis.

Productivité ralentie

Entre 1980 et 1986, la productivité dans les usines a augmenté de 4,1 % par an, alors que dans les services elle ne progressait que de 1 %. Compte tenu de l'importance des services dans l'économie nationale, cette productivité faible a ralenti l'augmentation du niveau de vie de l'ensemble de la population. Certes, la productivité ne peut augmenter au même rythme dans tous les domaines. Même dans les banques où l'introduction des ordinateurs a relancé la productivité, on s'est aperçu que certains investissements récents en matériels informatiques, s'ils ont contribué à créer de nouveaux services pour les clients, n'ont pas pour autant fait disparaître les ser-

vices traditionnels. Mais il est aussi admis que l'introduction de l'électronique a bouleversé les méthodes de travail, en sorte que les statistiques de productivité sous-estiment probablement l'évolution réelle.

La perspective, en 1990, d'un ralentissement d'ensemble de la conjoncture devait conduire les firmes à repenser leurs méthodes de travail et à licencier. Mais le défi réel est ailleurs. Les autorités américaines ont désormais reconnu qu'une société « post-industrielle » totalement dégagée de son industrie, parce que les activités productives se seraient relocalisées en des lieux où la main-d'œuvre est moins chère, est une vision dangereuse. En réalité, une large partie des services est liée à l'activité industrielle : transports, finances, assurances, comptabilité, commerce, etc. Une économie saine a besoin à la fois d'industrie et de services. Contrairement aux mythes qui avaient cours dans les années soixante-dix, les experts américains estiment dorénavant que les services peuvent créer de la valeur ajoutée à la même vitesse que l'industrie, mais que la plupart des « industries de services » exigent des investissements aussi importants que les industries lourdes d'autrefois et se heurtent à des concurrents de plus en plus puissants à l'échelle internationale. Ils soulignent enfin l'interdépendance entre services et industrie. Dans l'industrie, 75 % des coûts, et un pourcentage encore supérieur de la valeur ajoutée, sont dus aux services. Dans cette nouvelle perspective, les États-Unis souhaitent à la fois rénover leurs industries plutôt que d'en abandonner l'essentiel à la concurrence étrangère, et encourager la modernisation des services pour les rendre plus compétitifs à l'échelle internationale. Parallèlement, ils travaillent, dans le cadre des négociations internationales, à une plus grande ouverture des marchés étrangers.

Jacqueline Grapin

L'érosion de la puissance industrielle

■ Les États-Unis sont devenus la première puissance industrielle du globe avant 1900. Le XXᵉ siècle, comme l'avait annoncé Tocqueville, est le siècle de l'Amérique. Depuis la fin des années soixante cependant, l'essoufflement est patent : l'Amérique se désindustrialise-t-elle ? Le maintien relatif des emplois (19 millions), les gains de productivité n'autorisent pas ce diagnostic. Depuis la profonde dépression de 1980-1982, le taux de chômage est bas, les capacités productives fortement utilisées. Pourtant, la domination de l'industrie américaine continue de s'effriter tandis que sa géographie est profondément remodelée.

La lecture des palmarès est sans appel : la production d'acier a diminué de moitié en quinze ans et les États-Unis ont glissé au troisième rang mondial. Dans la même période, ils sont passés du premier au quatrième rang pour les filés de coton et se sont fait devancer par le Japon pour l'électronique grand public, les composants électroniques, l'automobile. L'érosion des positions dominantes se traduit dans un secteur aussi essentiel que les machines-outils dont la production a diminué de moitié entre 1980 et 1985. Aussi les parts de marché ne cessent de diminuer : 18 % de la production mondiale d'aluminium contre 33 % en 1974 et 20 % de la machinerie agricole contre 40 % en 1960. La part des États-Unis dans les

---

Une industrie sinistrée

♦ *A Noël 1935, Amoskeag de Manchester (Massachusetts) licenciait ses 23 000 ouvriers du textile. On croyait que ces images appartenaient au passé. On les a revues dans les années quatre-vingt. Les difficultés et la restructuration de l'industrie américaine ont entraîné des fermetures d'usines en cascade, ébranlant l'économie et traumatisant les communautés de régions entières de la «ceinture manufacturière». La sidérurgie a été l'exemple le plus frappant : la production est tombée de 132 à 72 millions de tonnes entre 1974 et 1986, avec 300 000 emplois supprimés. Ce déclin brutal est d'abord lié au vieillissement de l'équipement : seulement 60 % de l'acier en coulée continue, contre 95 % au Japon. La puissante US Steel — devenue USX — a préféré se diversifier (achat de Marathon Oil, Texas Oil...). De 1982 à 1987, les six grands de l'acier ont perdu 12 milliards de dollars et trois d'entre eux ont dû se placer sous la protection de la loi sur les faillites.*

Si Pittsburgh (Pennsylvanie) a réussi sa conversion, toutes les villes alentour ont été secouées. La vallée de la Monongahela est parsemée d'usines fermées, de structures en ruine, 130 000 emplois ont été perdus; là où s'activaient 80 000 métallos, il n'en reste que 4 000. Grâce à des investissements massifs, la sidérurgie a retrouvé sa compétitivité, mais le coût social est lourd.

Le berceau de l'automobile a aussi beaucoup souffert : Flint (Michigan) le siège de Buick, la ville où est né le grand syndicat United Automobile Workers (UAW), paraît sans âme. Si leurs effets locaux ne sont pas toujours aussi spectaculaires, replis et restructurations affectent de nombreuses branches (machinisme agricole, textile, vêtement...) et ne se limitent pas aux secteurs traditionnels : les producteurs américains de télévisions, magnétoscopes... ont été balayés du marché en dix ans. Depuis la crise des puces de 1985, l'arrogante Silicon Valley elle-même connaît sa fragilité.

C. M.

354

exportations mondiales d'automobiles est tombée de 25 % à 5 % en trente ans. Il s'ensuit une pénétration grandissante du marché américain par la concurrence, qui est passée de 2 à 8 % entre 1960 et 1979 et à 15 % en 1989.

Des échanges industriels de plus en plus inégaux ont alourdi le déficit commercial tant avec les pays en voie de développement qu'avec les partenaires de l'OCDE, et ce, pour la très grande majorité des produits : textiles et vêtements certes, mais surtout véhicules routiers, machines-outils, biens d'équipement, électronique grand public... Les bastions solides sont l'informatique et l'aérospatiale. Mais là encore, les menaces se sont précisées. La part américaine du marché mondial de l'aéronautique a baissé de 72 % en 1960 à 53 % en 1986 : Airbus lui a rogné les ailes.

Les causes du déclin

Les experts ne s'accordent pas sur le diagnostic. Beaucoup renvoient la responsabilité aux grands déséquilibres macro-économiques : déficit budgétaire, niveau du dollar, insuffisance de l'épargne... Le Japon est cloué au pilori pour pratiques déloyales. Cependant, on ne saurait ignorer les faiblesses qui minent la compétitivité de l'industrie.

Une productivité dégradée : elle s'améliore moins vite que celle des concurrents. Alors qu'elle progressait au taux annuel moyen de 4 % avant 1968, elle n'a crû que de 1,2 % par an entre 1968 et 1979. Malgré un léger redressement, la performance est très en deçà de la moyenne de celle des pays de l'OCDE et surtout du Japon. La valeur ajoutée croît moins vite et la compétitivité s'érode.

Un effort de recherche-développement puissant mais mal orienté : après le recul des années soixante-dix, les investissements ont vigoureusement repris, dépassant 90 milliards de dollars en 1988. Les résultats n'ont pas été à la mesure de l'effort ; une grosse partie des crédits est dévolue au «complexe militaro-

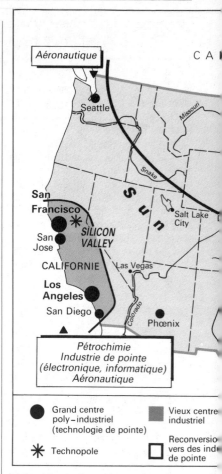

industriel ». Seuls quelques secteurs de très haut niveau en profitent et les retombées en innovation sur l'appareil industriel sont limitées. La recherche civile elle-même est très concentrée sur des pôles d'excellence (grosses entreprises, prestigieuses universités) privilégiant les technologies complexes, aux antipodes du modèle japonais, où l'effort plus diffus ne néglige ni l'innovation qui résulte de mille et une améliorations, ni l'apport étranger.

Une gestion de la production déphasée : de la vidéo aux puces, on ne compte plus les inventions américaines mises à profit ailleurs. L'industrie américaine ne sait plus fabriquer. Des investissements gigantesques donnent des résultats modestes.

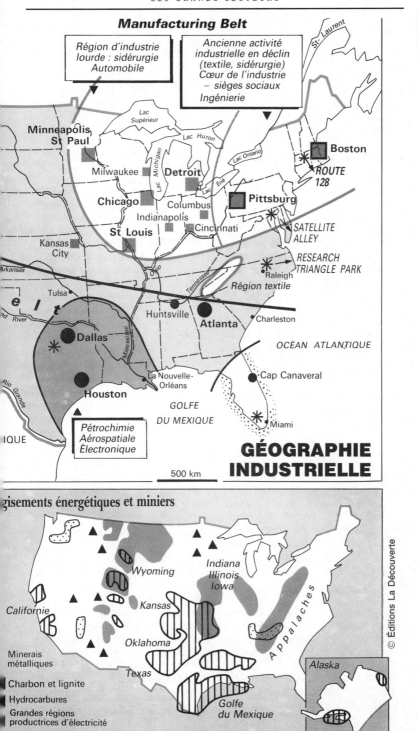

Manufacturing Belt

Région d'industrie lourde : sidérurgie Automobile

Ancienne activité industrielle en déclin (textile, sidérurgie) Cœur de l'industrie – sièges sociaux Ingénierie

St Laurent

Lac Supérieur
Lac Huron
Lac Michigan
Lac Ontario
Lac Érié

Minneapolis St Paul

Boston

ROUTE 128

Milwaukee

Detroit

Chicago

Columbus

Pittsburg

Indianapolis

Cincinnati

SATELLITE ALLEY

St Louis

Kansas City

Arkansas

Ohio

Tennessee

RESEARCH TRIANGLE PARK

Raleigh

Région textile

Tulsa

Red River

Huntsville

Atlanta

Charleston

Dallas

e l t

Mississippi

La Nouvelle-Orléans

OCÉAN ATLANTIQUE

Cap Canaveral

Rio Grande

Houston

Pétrochimie Aérospatiale Électronique

GOLFE DU MEXIQUE

Miami

IQUE

500 km

GÉOGRAPHIE INDUSTRIELLE

gisements énergétiques et miniers

Wyoming

Indiana Illinois Iowa

Californie

Kansas

Appalaches

Oklahoma

Minerais métalliques

Texas

Alaska

Charbon et lignite

Hydrocarbures

Golfe du Mexique

Grandes régions productrices d'électricité

© Éditions La Découverte

L'industrie automobile aiguillonnée par les Japonais

♦ *L'automobile, symbole de la puissance industrielle des États-Unis, est aussi le symbole de ses difficultés. En 1955, les États-Unis fabriquaient 71 % des véhicules routiers et 43 % encore en 1968. En 1989, leur part du marché mondial était tombée à 24 %. Certes, les constructeurs américains gardent une position dominante grâce à leurs filiales à l'étranger. Aux États-Unis même, la dépression de 1980-1982, qui a failli emporter Chrysler, a révélé leur compétitivité déclinante en termes de prix de revient (2 000 dollars de plus qu'au Japon par voiture) et de qualité des produits. Toyota, après avoir repris l'usine General Motors de Fremont, a pu, au bout de dix-huit mois, produire autant de voitures avec deux fois moins d'ouvriers. En 1964, les trois grands alimentaient 93 % du marché intérieur, mais 70 % en 1988 (General Motors 35 %, Ford 23 %, Chrysler 11 %). Les importations — pourtant contenues par les accords d'autolimitation obtenus des Japonais — ont grimpé à 27 % (1989). De plus, les concurrents s'installent aux États-Unis (Honda en Ohio, Nissan au Tennessee,* Mazda au Michigan...) *et produiront 2 millions de voitures en 1992.*

*Les trois grands ont réagi vigoureusement pour réduire les coûts et améliorer la qualité : investissements massifs, robotisation accélérée, accords avec les syndicats, projets stratégiques (*Saturne*); dix des seize nouvelles usines General Motors ont été bâties dans la* Sun Belt *où la main-d'œuvre, peu syndiquée, est moins coûteuse. Le cœur du dispositif reste centré sur Detroit : 62 % des voitures sont montées dans quatre États (Michigan, Ohio, Missouri, Illinois) mais la part du Sud croît (Georgie, Tennessee...). Les résultats ont été six années de croissance solide, des marges de profit restaurées. L'automobile reste une pièce maîtresse de l'industrie américaine : 1,5 million d'emplois directs, 6 millions d'emplois indirects en 1990. Mais la situation demeure précaire; les profits de 1989 ont été en chute libre. L'industrie est en état de surcapacité (3 millions d'unités) et des usines sont menacées de fermeture.*

C. M.

L'automatisation forcenée, conduite sans standardisation, et la conception des produits non intégrée aux conditions de la fabrication engendrent des coûts prohibitifs. A la direction des entreprises, les ingénieurs ont cédé le pas aux juristes et aux financiers, souvent obsédés par le court terme. C'est un style de gestion, issu des grandes *business schools*, qui est mis en cause.

La gestion des hommes délaissée : le modèle des relations de travail ne favorise pas la mise en commun des efforts pour améliorer la qualité et la compétitivité. Les cercles de contrôle de la qualité sont apparus tardivement. L'investissement pour la formation du personnel est dérisoire; on cède souvent à la tentation néo-tayloriste : adoption de machines ultra-performantes, exportation des tâches non qualifiées... D'où l'appel de plus en plus pressant pour un nouveau contrat social.

Le redéploiement spatial

La substitution d'un système d'accumulation flexible au modèle « fordiste » essoufflé sur lequel s'est développée l'industrie américaine depuis un demi-siècle s'accompagne de profonds changements structurels et spatiaux. La montée des PME a ainsi permis de compenser les 3 millions de licenciements opérés par les grandes sociétés entre 1970 et 1980. Plus spectaculaire sans doute est le repli de la *Manufacturing Belt* : le Nord-Est des États-Unis — 20 % de la superficie — a

Boeing en plein essor

♦ *Avec l'informatique, l'aéronautique constitue un bastion de l'industrie américaine et Boeing en est le fleuron. Fondée en 1917, la firme de Seattle détient 55 % du marché des jets commerciaux. L'introduction du B707 en 1959 lui a permis de surclasser Douglas et Lockheed. Avec 153 000 employés, un chiffre d'affaires de 17 milliards de dollars et des commandes de 54 milliards (1990), la plus grande entreprise aérospatiale du monde est en plein essor : l'emploi a augmenté de 83 % entre 1983 et 1989. Elle a livré 300 jets et 50 turbo-propulsés en 1988. Les usines de Seattle sont le centre d'un immense réseau : un B747 comporte 300 kilomètres de fils, plusieurs millions de pièces dont les trois quarts sont sous-traités, y compris à l'étranger.*

Depuis les origines, Boeing a partie liée avec l'industrie militaire. Les célèbres forteresses volantes et les B52 sont sortis de ses usines. La division Aerospace équipe les AWACS et la station spatiale de la NASA (National Aeronautics and Space Administration). Boeing fournit la technologie avancée du B2 de Northorp. Boeing Military Aircraft livre des missiles guidés à fibre optique. Boeing Helicopters fabrique le V22 Osprey. Boeing Electronics et Argo Systems sont centrés sur l'électronique avancée et les systèmes de surveillance.

Si les budgets militaires sont menacés de coupures, le secteur commercial est prospère (66 % des recettes contre 50 % en 1983). Le marché des gros porteurs est évalué à 9 000 appareils (1990). Pour faire pièce à ses concurrents et pour conserver le marché japonais, Boeing a projeté de fabriquer, avec les constructeurs nippons, un nouvel appareil de 300 sièges, le 767X : pour beaucoup, c'est introduire le cheval de Troie dans l'un des derniers châteaux forts de l'industrie américaine.

C. M.

Bibliographie

Bellon Bertrand, Niosi Jorge, *L'Industrie américaine fin de siècle,* Seuil, Paris, 1987.

Économie prospective internationale, n° 36 (consacré aux États-Unis), 4ᵉ trim., CEPII, Paris, 1988.

IFRI, *Ramses 90, Système économique et stratégies,* Dunod, Paris, 1989.

concentré naguère 70 % de l'emploi industriel ; il n'en retenait que 46 % en 1987. Favorisé dès la Seconde Guerre mondiale par la recherche de nouvelles bases énergétiques, par la politique des grands travaux, par la répartition des bases et des dépenses militaires, le redéploiement de l'industrie vers la *Sun Belt* traduit aussi la mise en place d'un capitalisme flexible fuyant les espaces de rigidité, les contraintes syndicales, etc. Dans un grand nombre d'États du Sud, la croissance industrielle est liée à l'implantation de filiales d'exécution. Mais du Texas à la Californie, du Colorado à l'Arizona, l'essor de l'électronique, de l'aérospatiale... repose sur la mise en place de puissants complexes, dynamiques et innovateurs, capitalisant sur les synergies industrie-Université. La Silicon Valley en Californie et le Research Triangle de Caroline du Nord en sont les exemples les plus spectaculaires. Néanmoins, l'idée de retournement spatial au profit de la *Sun Belt* doit être nuancée : le repli de la sidérurgie, les difficultés de l'automobile, etc., frappent durement le Midwest, mais la

En 1989, les firmes automobiles japonaises ont assuré 26 % des ventes de voitures individuelles aux États-Unis.
D'après Wall Street Journal, 19.02.1990.

358

Manufacturing Belt conserve la majorité des sièges sociaux et des capacités de recherche.

On doit distinguer de plus en plus l'industrie aux États-Unis de l'industrie américaine, laquelle réalise 40 % de ses transactions par ses filiales étrangères. C'est au cœur qu'est le mal. La situation des États-Unis serait plus critique s'ils n'avaient protégé leurs industries (barrières non tarifaires, accords de limitation des importations...). Sous la bannière libérale et bien que sans plan d'ensemble, le gouvernement Reagan (1980-1988) a en effet vigoureusement appuyé l'industrie : effort accru de recherche-développement, augmentation des dépenses militaires, programmes spécifiques, libération du capital de risque, législation sur la recherche coopérative. Le signe le plus évident des difficultés persistantes a été, à la fin des années quatre-vingt, la volte-face des firmes de la Silicon Valley qui réclament maintenant une véritable politique industrielle et un solide partenariat avec l'État. Pour beaucoup, le point de non-retour semblait proche à cette date.

Claude Manzagol

L'informatique, toujours en pointe ?

■ Symbole s'il en est du succès technologique d'un pays, les ordinateurs sont depuis quarante ans l'emblème de la suprématie industrielle américaine. L'avance incontestable dont jouissaient les États-Unis, il y a peu de temps encore, dans le domaine de la haute technologie (concernant les produits qui impliquent des dépenses de recherche et développement très élevées par rapport à leur valeur marchande) s'est rétrécie dans les années quatre-vingt. Bien que les États-Unis dominent encore le marché des ordinateurs et des pièces détachées, qui leur assure un important surplus commercial, ils sont de plus en plus talonnés par le Japon et les pays asiatiques nouvellement industrialisés. A la fin des années quatre-vingt, l'importation d'ordinateurs représentait 35 % du marché américain.

Un marché très compétitif

Le développement de l'ordinateur, utilisé à l'origine pour décrypter les codes ennemis, représente l'un des succès techniques de la Seconde Guerre mondiale. Si les principaux éléments de cette technologie ont été mis au point au Royaume-Uni et en Allemagne, les États-Unis en sont devenus les maîtres incontestés dans les années cinquante et ont dominé le marché des ordinateurs jusqu'au début des années quatre-vingt. Ils furent les premiers à investir massivement dans le domaine de l'informatique et des semi-conducteurs (composants de base de l'équipement électronique). L'industrie américaine bénéficia largement de fonds publics destinés à la recherche et de contrats à long terme du ministère de la Défense. Ce n'est que beaucoup plus tard que les autres pays, prenant conscience de leur handicap, consacrèrent des sommes considérables pour tenter de répondre au défi américain.

Les projets soutenus par les États et leur aide financière permettent encore de stimuler les progrès techniques de l'informatique à l'échelle mondiale : tous les grands pays financent d'énormes programmes consacrés à la fabrication de l'ordinateur de demain. Aux États-Unis, le ministère de la Défense a un projet d'ordinateur stratégique, le Japon étudie l'ordinateur de la « cinquième génération », et l'Europe, dans le cadre du programme *Esprit*, travaille à un ordinateur de puissance logicielle et matérielle accrue. Mais ces super-ordinateurs ne représentent qu'une petite partie de la vente globale

La route 128

♦ *Encore appelée* America's Technology Highway, *la route 128 fait le tour de la ville de Boston et parsème le paysage traditionnel de Nouvelle-Angleterre aux maisons coloniales et aux universités recouvertes de lierre, de bâtiments et de parcs industriels placés sous le signe de l'électronique de pointe.* GTE, Control Data, Lotus, Digital Electronics, Raytheon, Honeywell *font partie de ces grandes entreprises de l'électronique qui ont transformé le paysage du Massachusetts, et en ont fait un phare de l'industrie américaine. Les compagnies ont été attirées dans cette région non seulement par les conditions financières favorables offertes par l'État du Massachusetts et l'État fédéral, mais aussi par les ressources techniques et humaines exceptionnelles d'une région riche en universités prestigieuses comme Harvard, MIT et Boston College, entre autres. Sur cette route se sont installées des multinationales, mais aussi des petites sociétés qui produisent des semi-conducteurs, des robots ou des logiciels, ou encore de la biotechnologie et des matériels de pointe.*

Quoique le boom économique (qualifié de «miracle du Massachusetts») ait amorcé un léger déclin à la fin des années quatre-vingt, la route 128 est toujours le haut lieu de la technologie avancée, à tel point que d'autres régions s'efforcent de reproduire la recette : un mélange spécial d'esprit d'entreprise, d'opérations financières et de compétence universitaire aussi bien dans les sciences que dans l'ingénierie.

C. S.

d'ordinateurs (estimée à 190 milliards de dollars en 1990). Le temps des gros ordinateurs (*mainframe*) où IBM dominait un marché homogène est révolu. Les progrès dans la technologie des semi-conducteurs ont permis de concentrer la puissance des anciens sur des petits ordinateurs de bureau. L'apparition de l'ordinateur individuel (PC ou *personal computer*) à la fin des années soixante-dix a révolutionné l'industrie. Il existe aujourd'hui des ordinateurs en tout genre : supers, micros, ordinateurs portables, stations de travail à haute performance, pour les individus, les entreprises ou les administrations et répondant à des besoins étonnamment divers.

IMB, pourtant cinq fois plus importante que sa rivale la plus proche, n'est plus qu'une firme parmi d'autres. Apple (à qui l'on doit le PC), Compac et IBM sont les principaux producteurs de PC mais se trouvent désormais concurrencés par des imitations beaucoup moins coû-

MARCHÉ MONDIAL DE L'INFORMATIQUE (1988, en %)					
Parts de marché [a]	États-Unis	Japon	Europe occid.	Taïwan et Corée du Sud	Total ventes mondiales [b]
Gros ordinateurs	65	26	9	0	30
Ordinateurs individuels	64	16	12	8	31
Micros et stations de travail	72	15	13	0	26
Réseaux	56	22	21	1	17
Produits périphériques	53	29	15	3	66
Logiciels	70	13	17	0	30
Services	78	8	14	0	24

Notes. a. Les parts de marché sont calculées en tenant compte de la localisation du siège social des entreprises ; b. En milliards de dollars.

Bibliographie

«Computer Equipment and Software», *US Industrial Outlook*, US Department of Commerce, Washington (DC), 1990.

Flamm Kenneth, *Creating the Computer : Government, Industry and High Technology*, Brookings Institution, Washington (DC), 1988.

Rifkin Glenn, Harrar George, *Ultimate Entrepreneur : The Story of Ken Olsen and Digital Equipment Corporation*, Contemporary Books, Chicago (IL), 1988.

teuses, fabriquées pour la plupart dans les pays asiatiques. D'autres firmes américaines ont d'ores et déjà supplanté IBM dans la fabrication des stations de travail utilisées par les ingénieurs pour la conception assistée par ordinateur (CAD), pour la production et l'ingénierie. La firme Cray Research produit la plupart des super-ordinateurs utilisés pour la recherche et la défense, alors que les firmes japonaises dominent le marché des ordinateurs portables. IBM assure encore 60 % de la production totale des super-ordinateurs. Ce secteur à la croissance lente est considéré désormais comme une industrie à part entière.

IBM et d'autres fabricants d'ordinateurs se sont lancés dans les composants d'ordinateurs et les produits périphériques : semi-conducteurs, logiciels et réseaux, secteurs où la compétition s'annonce féroce. Les Japonais se sont déjà assuré le marché des composants essentiels comme les lecteurs de disquettes, les imprimantes et les semi-conducteurs, qui permettent à l'ordinateur de mémoriser et d'utiliser des quantités importantes de données (*dynamic random access memories* ou DRAMS, mémoires vives). Mais les firmes américaines contrôlent la production des semi-conducteurs dits microprocesseurs qui permettent à l'ordinateur de penser : Intel et Motorola conçoivent les cerveaux de la plupart des ordinateurs en service à travers le monde.

Perfectionnement des logiciels

Le marché mondial des logiciels est également entre les mains de firmes américaines. De nombreuses compagnies ont réorienté leur recherche vers le domaine des logiciels (*software*) qui n'a pas suivi le rythme de la partie matérielle (*hardware*). IBM, qui à la fin des années quatre-vingt tirait 13 % de ses bénéfices des logiciels, estime pouvoir en tirer 30 % dans les années quatre-vingt-dix. Les efforts portent sur la mise au point d'un équipement capable de rendre plusieurs services à la fois, comme chercher des données tout en écrivant une lettre. L'essentiel de la recherche porte sur le perfectionnement de l'intelligence artificielle, c'est-à-dire sur des systèmes qui permettent à l'ordinateur d'approcher le fonctionnement de la pensée et du langage humains.

De façon générale, l'industrie américaine de l'ordinateur se détourne de la fabrication d'équipements pour investir dans des activités plus rentables comme la conception des logiciels, les systèmes d'intégration et les réseaux. Les firmes américaines sont les spécialistes mondiales du raccord entre ordinateurs individuels, et entre ordinateurs individuels et gros ordinateurs et autres systèmes de communication. Ce domaine représente une industrie montante : ainsi, de nombreuses petites entreprises s'installent chaque année à Silicon Valley et sur la route 128, autour de Boston, pour répondre aux besoins de plus en plus sophistiqués de la clientèle.

Candice Stevens

Un tiers des dépenses mondiales de recherche-développement

■ Si les États-Unis se sont affirmés comme grande puissance économique et militaire, c'est largement grâce à la position d'avant-garde qu'ils ont longtemps occupée dans la plupart des domaines scientifiques et technologiques. Mais ils doivent désormais compter avec une compétition technologique et économique de plus en plus hardie, notamment des pays de la CEE et du Japon.

A la fin des années quatre-vingt, les États-Unis dépensaient environ 135 milliards de dollars par an pour la recherche-développement (R&D), soit environ un tiers des dépenses totales mondiales dans ce domaine. Quelque 1,3 million de chercheurs et ingénieurs participaient à ces travaux. Ces dépenses correspondent à environ 2,8 % du PIB américain, un des taux les plus élevés des pays industrialisés, supérieur à ceux de la RFA et du Japon. Environ le tiers de cet effort est destiné à des fins militaires.

DÉPENSES DE R & D		
	1960	1989
— Fédéral	65	47
— Entreprises	33	48
— Universités	2	5

National Journal, 17.02.1990.

En revanche, les dépenses de R&D civile ne représentent que 2 % à peine du PIB, et là, les États-Unis sont largement devancés par les deux autres pays. Pour 70 %, les activités de R&D sont exécutées par le secteur industriel, 11 à 12 % par les organismes publics (fédéraux ou d'États), 15 à 16 % par les universités, le reste revenant aux fondations ou autres institutions à but non lucratif.

Un important financement public

Le financement des activités de R&D est assuré pour un peu plus de la moitié par des fonds publics, principalement fédéraux, alors que les fonds privés dominent dans la plupart des autres pays industrialisés, sans compter les mesures fiscales visant à stimuler la R&D et l'innovation, notamment dans les industries *high-tech*. La part de l'industrie dans le financement de l'effort national de R&D est relativement modeste (47 %), comparée notamment au Japon où elle atteint près de 70 %. Il n'en reste pas moins que les dépenses de firmes comme General Motors ou IBM (4,8 et 4,4 milliards de dollars respectivement en 1988) soutiennent aisément la comparaison avec les dépenses annuelles de R&D de certains pays européens tels que les Pays-Bas ou la Suède ; moins élevés, les budgets R&D de Ford Motor et de AT&T (2,9 et 2,6 milliards de dollars) restent impressionnants.

Si l'on considère la part des fonds publics dans le financement de la R&D industrielle, les écarts avec les autres pays sont encore plus marqués : 35 % aux États-Unis, contre 20 % au Royaume-Uni et en France, 12 % en RFA et 2 % seulement au Japon. La quasi-totalité de ces ressources proviennent du système fédéral, principalement du ministère de la Défense. En effet, lors de la Seconde Guerre mondiale, alors que toutes les ressources du pays étaient mobilisées au service des objectifs stratégiques du pays, des liens étroits ont été tissés entre le gouvernement et l'industrie. Encore aujourd'hui, 70 % des dépenses fédérales de R&D sont affectés à la défense.

Pourtant, il n'existe pas de système de coordination nationale de l'effort scientifique ou de recherche. Plus d'une ving-

362

La concurrence nippone sur les brevets

♦ *Avec près de 134 000 demandes de brevets en 1987, les États-Unis représentaient 10 % environ du total mondial, contre 13 % en 1977. En face, le Japon pesait pour 25 % et les grands pays européens (RFA, Royaume-Uni, France) entre 4,5 % et 6,5 %. En volume, cependant, les demandes américaines ont augmenté de près d'un tiers entre 1977 et 1987. Dans la période 1975-1988, 67 000 brevets ont été délivrés en moyenne chaque année : 58 % sont allés aux inventeurs américains, 42 % aux inventeurs étrangers ou non résidents. Sur l'ensemble des brevets revenant aux résidents américains, près des trois quarts ont été attribués à des entreprises privées (en majorité de grandes entreprises) et un quart aux administrations publiques ou autres organismes.*

Le nombre de brevets déposés a augmenté pour des produits tels que les ordinateurs, les machines de bureau, les produits pharmaceutiques, les équipements de communication et les composants électroniques. Concernant les technologies brevetées, la part des États-Unis a baissé presque dans tous les domaines à l'exception du génie génétique : en 1986, 78,5 % des brevets délivrés mondialement dans ce domaine sont allés aux Américains.

Si le poids relatif des États-Unis, en termes de brevets, a diminué dans le monde, il n'en demeure pas moins que la valeur de leurs inventions reste d'un très haut niveau, égalé seulement par le Japon. Le fait même de breveter une invention sur le marché américain est généralement considéré comme un critère de réussite technico-commercial. Le classement des entreprises selon le nombre de brevets obtenus représente autant d'«oscars» technologiques que les concurrents suivent avec attention.

François Pham

taine de ministères ou d'agences fédérales sont engagés dans des programmes scientifiques, sans parler des instances de chacun des États. Il est difficile, dans ces conditions, de définir les priorités d'une politique scientifique nationale.

La National Science Foundation (NSF) est un des rares organismes dont la fonction première est de financer la recherche fondamentale, principalement dans les universités. Fondée en 1950, elle dispose d'un budget annuel de l'ordre de 1,7 milliard de dollars. Elle s'est efforcée d'intensifier les liens entre les universités et l'industrie dans le domaine de la haute technologie, en mettant sur pied des centres de R&D en coopération (Engineering Research Centers, Science and Technology Centers).

Le rôle de la Défense

Près des deux tiers du financement fédéral de R&D provient du ministère de la Défense : environ 38 milliards de dollars à la fin des années quatre-vingt ; ce budget a presque doublé en termes réels dans les années quatre-vingt, en partie à cause de l'Initiative de défense stratégique (IDS, dite «guerre des étoiles») lancée en 1985. Ces fonds sont surtout utilisés pour des contrats de développement en sous-traitance passés avec le secteur industriel (aéronautique, télécommunications, informatique, énergie, nouveaux matériaux, etc.), mais aussi pour la recherche fondamentale, notamment dans les universités (ingénierie, mathématiques, informatique et électronique).

Cependant, le rôle prépondérant de la Défense dans l'effort national de R&D est remis en question : à l'heure où la prédominance de l'industrie américaine est battue en brèche sur le marché mondial de la haute technologie, l'idée qu'une partie des ressources pourrait être consacrée à

Bibliographie

Derian Jean-Claude, *La Grande Panne de la technologie américaine*, Albin Michel, Paris, 1988.

Industrial Property Statistics 1987 (Part I : Patents), Genève, 1989.

R-D. Production et Diffusion de la Technologie, Rapport de l'OCDE sur les Indicateurs de la science et de la technologie, n° 3, OCDE, Paris, 1989.

Teich Albert H., Gramp Kathleen M., *R&D in the 1980's - A Special Report*, American Association for the Advancement of Science, Washington (DC), 1988.

des fins de stratégie économique plutôt que militaire fait son chemin.

La NASA (National Aeronautics and Space Aministration) finance également, outre les programmes spatiaux, une vaste gamme de projets à application civile et militaire, notamment par le biais de contrats avec l'industrie et l'Université. Son budget annuel de R&D a atteint 5,8 milliards de dollars en 1989. Parmi les autres grands pourvoyeurs de fonds publics, le ministère de l'Énergie consacre annuellement plus de 6 milliards de dollars à la R&D et, dans le domaine médical, le National Institute of Health contribue pour plus de 7 milliards.

Les activités de recherche et développement des universités sont financées pour 60 % par des fonds fédéraux. La part de l'industrie, en nette progression, ne représentait cependant que 5 % du total à la fin des années quatre-vingt. Ce financement tend à se concentrer sur les universités les plus prestigieuses (plus d'un demi-milliard de dollars pour Johns Hopkins en 1987). Toutefois, les formules de coopération se multiplient avec des petits instituts universitaires engagés dans des travaux d'avant-garde : haute technologie, informatique, biotechnologie, etc.

Gunnar Westholm

TRAVAIL, EMPLOI, ENTREPRISE

Une population dans la force de l'activité

■ Plus précoce et plus marqué que dans les autres pays industrialisés, le *baby boom* américain des années d'après-guerre a considérablement modifié la structure de la population et le marché de l'emploi. En 1989 la population civile américaine en âge de travailler et désireuse d'exercer une activité atteignait 124 millions, soit précisément le double de son niveau de 1950. Elle s'est accrue en moyenne de 2,2 % par an depuis 1965, au lieu de 0,5 % dans les pays de la Communauté européenne, 1 % au Japon et 1,3 % pour l'ensemble des pays de la zone OCDE.

A l'afflux massif d'une population jeune qui a caractérisé les années soixante, a succédé un gonflement rapide de la proportion d'adultes, dont les taux d'activité sont traditionnellement les plus élevés. En 1988, un Américain sur trois était âgé de 25 à 44 ans au lieu de un sur quatre en 1970, et l'entrée de jeunes sur le marché du travail a décru depuis le début des années quatre-vingt, en raison du ralen-

POPULATION ACTIVE
(formation et évolution)

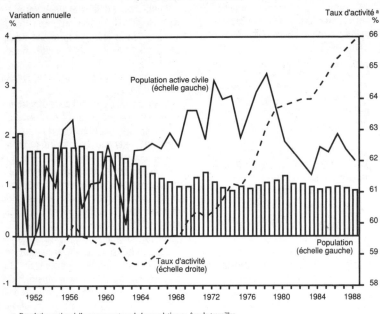

a. Population active civile en pourcentage de la population en âge de travailler.
Source : Department of Commerce.

tissement de la natalité qui a suivi le *baby boom*. Les risques de déséquilibre à terme entre population active et inactive, car vieillissante, ne se posent cependant pas dans les mêmes conditions qu'en Europe.

Avec un taux de natalité plus élevé et un taux de mortalité sensiblement égal à celui de la plupart des pays développés, l'accroissement naturel de la population américaine leur est très supérieur tandis que le flux migratoire positif accentue encore cet écart. A titre de comparaison, la population américaine s'accroît deux fois plus vite qu'au Japon ou en France, cinq fois plus vite qu'en Italie. Ainsi, bien que ralenties au cours des années quatre-vingt, les nouvelles entrées sur le marché du travail américain s'élèvent en moyenne à 1,8 million de personnes chaque année depuis 1980, soit encore 1,6 % par an. La part de la population active américaine dans les pays de la zone OCDE est passée de 25 % en 1960 à 32 % en 1987 et

elle continuera à augmenter au cours des années quatre-vingt-dix.

Féminisation de l'emploi

Les modifications du comportement d'activité ont été rapides depuis les années soixante et ont provoqué des changements structurels importants de la population active. Le taux d'activité de la population masculine n'a cessé de se dégrader : de 86,4 % en 1950, il n'était plus que de 77,5 % en 1980 et de 76,2 % en 1987. Souvent attribuée à une baisse de la durée d'activité inhérente à l'allongement de la scolarité et à l'avancement de l'âge de la retraite, cette évolution a aussi été accentuée par le retrait des chômeurs « structurels » de la population, ceux qui sont à la recherche d'un emploi en période de crise économique. Mais l'entrée massive des femmes sur le marché du travail a plus que compensé la baisse d'activité masculine et amplifié le gonflement naturel de la population active qui serait résulté de la seule composante démographique. En 1987, la proportion de femmes dans la population active était de 45 %, soit dix points de plus que vingt ans auparavant.

EMPLOI PAR BRANCHES ET SECTEURS (en millions de personnes)			
	1970	1980	1987
Total	**78,7**	**99,3**	**112,4**
Agriculture	3,5	3,4	3,2
Mines	0,5	1,0	0,8
BTP	4,8	6,2	7,5
Industrie	20,7	21,9	20,9
Transport et communication	5,3	6,5	7,9
Commerce	15,0	20,2	23,4
Services financiers	3,9	6,0	7,8
Santé	4,5	7,4	8,4
Enseignement	6,1	7,7	7,9
Fonctionnaires	4,5	5,3	5,2
Autres services	5,3	8,4	14,2

Source : Statistical Abstract 1989.

La participation des femmes à la vie active s'est notablement accrue durant les décennies d'après-guerre : 56 % d'entre elles se présentaient sur le marché du travail en 1987 au lieu de 34 % en 1950. Cette progression a été particulièrement forte au regard des évolutions observées dans la plupart des économies industrialisées, voire de la quasi-stagnation au Japon ou en RFA. Elle s'est propagée à l'ensemble des classes d'âge de la population féminine, mais avec des écarts importants selon les origines. Traditionnellement plus élevé que celui des femmes blanches, le taux d'activité des femmes noires a progressé deux fois moins rapidement, de sorte que les taux de participation entre ces deux catégories de population étaient en 1988 presque identiques (respectivement 56 et 58 %). Les écarts se sont en revanche sensiblement creusés entre les jeunes Blanches (âgées de 16 à 19 ans) et les jeunes Noires. Ces dernières, confron-

tées à un niveau de chômage très élevé (33 % en 1988 contre 12 % chez les Blanches), ont vraisemblablement renoncé à chercher un emploi et donc à se faire recenser dans la population active ; leur taux d'activité s'est modérément accru et demeurait, en 1988, inférieur à 40 %, tandis qu'il dépassait 57 % chez les jeunes femmes blanches.

La participation des hommes jeunes à la vie active revêt un caractère moins linéaire que celle des femmes. Après avoir fortement augmenté durant la décennie soixante-dix, le taux d'activité des individus âgés de 16 à 19 ans s'est légèrement contracté au cours des premières années quatre-vingt et a stationné à 54,5 % après 1985. La proportion de jeunes dans la population s'est simultanément réduite : ils sont de moins en moins nombreux parmi les actifs. Le taux de chômage des jeunes Américains a ainsi pu diminuer significativement et plus fortement que dans la plupart des autres pays développés.

Dans ce contexte de forte croissance de la population active, les créations d'emplois, plus dynamiques encore, ont permis que le taux de chômage diminue jusqu'à atteindre un niveau qualifié de « plein emploi » depuis 1988.

Véronique Riches

Veteran waiter
(*Vétéran du service*)

Des emplois à tour de bras

■ « Miracle de l'emploi », *Great American job machine*... ou bien « macDonaldisation »... autant de qualificatifs tout aussi révélateurs qu'abusifs lorsqu'il s'agit de rendre compte de l'évolution de l'emploi aux États-Unis depuis le début des années soixante-dix. Vue d'Europe, la mécanique des créations d'emplois apparaît en effet remarquable : en 1989, le nombre d'actifs américains occupés était supérieur de 39 millions à celui de 1970. De la récession de 1982 à 1989, les effectifs employés se sont accrus de 18 millions, au lieu de 5 millions pour l'ensemble des cinq principaux pays européens (France, RFA, Royaume-Uni, Italie, Espagne) qui représentaient une population active légèrement supérieure à celle des États-Unis en 1982.

STRUCTURE ET ÉVOLUTION DE L'EMPLOI (en millions)			
	1970	1982	1989
Population active civile ..	82,8	110,2	124,0
Population occupée	78,7	99,5	117,5
dont agricole	3,5	3,4	3,2
Chômeurs	4,1	10,7	6,5
Taux de chômage	4,9	9,7	5,2
Emplois salariés non agricoles	**70,9**	**89,6**	**108,5**
Industries de biens	23,6	23,8	25,6
dont secteur manufacturier	19,4	18,8	19,6
Industries de services	47,3	65,8	82,9
dont commerce de gros	4,0	5,3	6,2
commerce de détail .	11,0	15,2	19,6
finances, immobilier	3,6	5,3	6,8

Source : US Department of Commerce

En revanche, la qualité du travail offert est souvent dénoncée : en majeure partie créés dans le secteur tertiaire, ces postes sont généralement assimilés à des emplois dans les commerces, ou « services privés aux ménages », mal rémunérés et instables ; emplois précaires que résume l'étiquette « macDonaldisation ». Sans doute abusive car elle s'accompagne d'une vision restrictive du champs des services, cette image est néanmoins révélatrice d'une dégradation incontestable de la qualité de l'emploi, qui n'est pas sans lien avec la place prépondérante qu'occupent les services dans l'activité économique américaine. Le secteur tertiaire a absorbé 90 % des nouveaux emplois salariés non agricoles depuis 1982, soit 17 des 18 millions de postes créés en sept ans. Le commerce est à lui seul à l'origine de près du tiers de ces créations (5 millions) mais les activités de services aux entreprises, qui se sont fortement développées, en ont absorbé 2,5 millions, les « services bancaires, assurances et immobilier » 1,5 million, l'administration 2 millions. Si trois Américains sur quatre ayant une profession en 1989 travaillent dans le tertiaire (ils étaient deux sur trois en 1970, niveau de la France en 1990), ils ne sont donc pas tous commerçants, caissiers, gardiens d'immeubles... emplois sous-qualifiés que les descriptions caricaturales mettent souvent en exergue.

TRAVAILLEURS NON PERMANENTS (comparaison 1980-1988)			
Catégorie	1980	1988	Croissance %
Travailleurs temporaires	0,4	1,1	175
Travailleurs à temps partiel	16,3	19,8	21
Business services	3,3	5,6	70
Travailleurs indépendants	8,5	10,1	19
Total travailleurs non permanents	28,5	36,6	28
Total pop. active (*labor force*)	106,9	121,7	14

National Journal, 17.07.1989.

Productivité du travail et compétitivité

♦ *Résultat des évolutions simultanées de la production et de l'emploi, la productivité du travail est un indicateur des performances de la combinaison productive, et par là même de la compétitivité. Aux États-Unis, son ralentissement durant la seconde moitié des années soixante-dix a souvent alimenté la thèse du «déclin américain», mais elle s'est sensiblement redressée au lendemain de la récession de 1982. A l'inverse des pays européens, cette amélioration ne s'est pas faite au détriment de l'emploi qui s'y est au contraire fortement accru, mais d'une élévation rapide du volume de la production. La spécificité américaine se caractérise de plus par des hausses de salaires inférieures aux gains de productivité de sorte que les coûts salariaux unitaires, rapport de l'un à l'autre, se sont abaissés en moyenne de 1 % par an depuis 1982. L'amélioration de la compétitivité américaine qui s'en est dégagée a en outre été accentuée par les mouvements de change du dollar. Mesurée par ces indicateurs, la compétitivité s'est donc considérablement améliorée durant la décennie quatre-vingt.*

V. R.

Les embauches ont peu progressé dans l'industrie. Les emplois manufacturiers n'ont pas augmenté depuis 1970 ; leur poids dans l'emploi salarié total, inférieur à 18 % en 1989, approchait 30 % vingt ans plus tôt. Faut-il voir dans cette évolution un phénomène menaçant, témoin de la désindustrialisation de l'économie américaine ? Le problème ne se pose pas en ces termes : cette désindustrialisation apparente s'explique certes en partie par des modifications de mode de vie, que révèle le déplacement des habitudes de consommation des ménages vers les services, mais elle est due dans une proportion de plus en plus grande à une sous-traitance des activités tertiaires des entreprises industrielles réalisées auparavant dans leurs propres établissements. La spécialisation qui en résulte, souvent génératrice de gains de productivité, contribue à une amélioration de l'efficacité venant s'ajouter au processus de modernisation amorcé au cours des années quatre-vingt. La stabilisation de l'emploi dans l'industrie, souvent interprétée comme signe de déclin, révèle donc davantage une organisation plus performante de la production. La part dans la valeur ajoutée en volume du secteur manufacturier, inchangée depuis 1970, confirme cette idée et l'évolution comparée de la productivité du travail dans le secteur manufacturier et celui des services est à ce titre révélatrice.

MacDonaldisation ?

Cette tertiarisation est en revanche assez clairement négative du point de vue de la qualité des emplois. Non sans rapport avec le faible accroissement des gains de productivité par tête dans les services, les créations de postes se sont accompagnées d'une multiplication du travail à temps partiel dont la proportion relativement à l'emploi salarié total, bien qu'en légère diminution à la fin des années quatre-vingt, était très supérieure à celle des autres pays occidentaux (pays nordiques exceptés). Cette proportion, de 18,5 % en 1988, résultait pour un quart de salariés «contraints pour raisons économiques» à exercer une activité à temps partiel. Plus développé dans la population salariée féminine (26 % des postes), l'emploi partiel n'est pas négligeable chez les hommes (10 %), évolution tout à fait spécifique au regard des autres pays (il représente en France 3,5 % des effectifs masculins).

La durée moyenne de la semaine de travail diffère ainsi sensiblement selon l'activité. Elle est de 41 heures dans l'industrie

368

Bibliographie

Birch David, *Job Creation in America. How the Smallest Companies Put Most People to Work*, Free Press, New York, 1987.

Dommergues Pierre, Sibille Hughes, *Les Mécanismes de la création d'emplois : l'exemple américain*, OCDE, Paris, 1989.

manufacturière au lieu de 29 dans le commerce de détail où ce type d'emplois s'est le plus développé. Les écarts de revenus qui en résultent se sont par conséquent amplifiés, d'autant plus que les différences de rémunération selon le secteur d'activité sont importantes. En 1989, le salaire horaire était de 6,5 dollars dans le commerce au lieu de 10 dollars dans l'ensemble du secteur privé non agricole. Moins bien recensé, le travail temporaire s'est rapidement accru dans les années quatre-vingt et approcherait 10 % des emplois. Occupés aux deux tiers par des femmes, ces postes sont faiblement rémunérés et particulièrement instables.

Terrain favorable au développement de la précarité, la multiplication des emplois temporaires (partiel et intérimaire) apparaît comme le revers des créations massives d'emplois. Si l'on y ajoute la baisse du salaire réel, amorcée au début des années soixante-dix et souvent évoquée comme raison de ce dynamisme, les États-Unis sont dans une situation paradoxale où le taux de chômage atteint les niveaux les plus faibles depuis les années soixante-dix (5,2 % en 1989) tandis que le taux de pauvreté redevient élevé : 6 % des salariés et 11 % des familles vivent aujourd'hui en dessous du seuil de pauvreté, ces taux atteignent respectivement 13 et 30 % dans la population noire.

Véronique Riches

Disparités des rémunérations

■ Aux États-Unis, on distingue les rémunérations selon leur mode de calcul. Les appellations sont même différentes suivant les catégories socio-professionnelles et la place du bénéficiaire dans la hiérarchie sociale. Les *earning* (gains) et les *wages* (salaires) des ouvriers et de certains employés des services (56 % des travailleurs à plein temps en 1986) sont calculés sur une base horaire ; les ouvriers agricoles et ceux des industries légères sont souvent payés au rendement (*piece-rate*). Les *salaries* des employés de bureau et des cadres sont mensualisés et s'accompagnent pour ces derniers de *bonuses* (primes) et de *stock options* (actions). Le salaire de base (*gross earnings*) est calculé avant déduction des impôts, cotisations syndicales, etc. Le salaire total (*total compensation*) comprend salaire et avantages sociaux (*fringe benefits* : couverture médicale, retraite, congés) qui relèvent généralement d'accords contractuels avec les syndicats et dans certains cas avec les entreprises.

Salaires : un large éventail

Dans le secteur privé, même en excluant la maîtrise et les cadres, la gamme des salaires est très étendue. Ainsi, en 1987, le salaire moyen hebdomadaire était de 406 dollars pour les travailleurs à la production dans l'industrie, de 275 dollars dans les services et de 178 dollars dans le commerce de détail. Parmi les seuls travailleurs à la production, les écarts sont considérables : en 1988, 673 dollars dans les mines de charbon, 615 dans la sidérurgie, 609 dans l'automobile, 555 dans les communications téléphoniques, 456 dans la construction, 400 dans l'imprimerie et le livre, 226 dans la confection.

À l'intérieur de chaque secteur il existe une hiérarchie des emplois — et donc des

QUELQUES RÉMUNÉRATIONS ANNUELLES (1987)					
	Fonction	Firme	Salaire et primes [a]	Ventes d'actions [b]	Total [b]
Jim Mangi	Président	Lotus	941 000	25 356	26 297
Lee Iacocca	Président	Chrysler	1 740 000	16 156	17 896
Lane Kirkland	Président	AFL-CIO	150 000		150
John Doe	Laveur de vaisselle	Restaurant	3,35 à l'heure [c]		≅ 7

a. En dollars; b. En milliers de dollars; c. Le salaire minimal n'a pas varié de 1981 à 1989, il est passé à 3,80 dollars au 1.01.1990. D'après : *Business Week*, 2 mai 1988.

salaires — liée à l'ancienneté, à la qualification, à la durée du travail, aux disparités entre les régions, à la taille des entreprises et à la syndicalisation. Dans l'automobile, Chrysler paie moins que Ford ; l'écart entre le salaire moyen d'un ouvrier de l'automobile et celui d'une ouvrière du textile dans le Sud est d'autant plus énorme que le premier reçoit des *fringe benefits* inexistants pour la seconde. Les salaires des femmes et des Noirs sont inférieurs d'environ un tiers à ceux des Blancs pour des emplois équivalents. En outre, les femmes et les Noirs sont cantonnés dans les emplois non qualifiés et mal payés.

En 1989, 36 millions de salariés étaient à temps partiel et/ou sous contrats à durée déterminée. Les *interims* sont présents dans tous les secteurs, même les plus qualifiés. En 1989, la firme Digital Equipment (Massachusetts) employait 3 200 travailleurs intérimaires sur 32 000 employés. En 1986, au bas de l'échelle salariale, 6,5 millions de personnes environ percevaient, au mieux, le salaire minimum. Les trois quarts de ces salariés étaient blancs, un tiers environ des adolescents. Leur revenu familial se situait au-dessous du seuil de la pauvreté (11 000 dollars pour une famille de quatre personnes).

Les primes des chefs

A l'autre extrémité de l'échelle salariale se situent les *chief executive officers*, les décideurs et cadres de direction des grandes firmes. Leurs salaires s'accompagnent de *bonuses* et de *stock options* qui peuvent représenter des sommes considérables. Les *bonuses* sont des primes versées en diverses occasions, par exemple en fin d'année ou lors de la signature d'un contrat. Les *stock options* sont des actions de la firme que les *chief executives* ont la possibilité d'acheter et de revendre au moment le plus favorable. Les sommes gagnées par ces dirigeants sont telles que chez Ford, par exemple, en 1987, le salaire du président Donald E. Petersen était plus de cent fois supérieur à celui d'un ouvrier.

REVENU MÉDIAN PAR MÉNAGE (en dollars 1987)		
	Blancs	Noirs
1970	29 960	18 478
1982	28 969	16 011
1987	32 274	18 098

On calcule le revenu médian en choisissant le ménage qui se trouve en position médiane : la moitié des ménages dispose de revenus supérieurs à lui; l'autre moitié, inférieurs.
Source : *The State of Black America*, 1989 (National Urban League).

En comparaison, les salaires des dirigeants syndicaux — 150 000 dollars pour Lane Kirkland, président de l'AFL-CIO, 85 651 dollars pour Owen Bieber, président de l'United Automobile Workers, 109 126 dollars pour William Winpisinger du syndicat des mécaniciens, paraîtraient presque modestes. Le salaire annuel d'un ouvrier de l'automobile était de 27 000 dollars en 1988.

Bibliographie

Klein Bruce W., **Rones Philip L.**, « A Profile of the Working Poor », *Monthly Labor Review*, Washington (DC), oct. 1989.

Kanter Rosabeth Moss, « The Changing Basis for Pay », *Society*, New Brunswick (NJ), sept.-oct. 1989.

US Departement of Labor, *Occupational Outlook Handbook 1988-1989*, Washington (DC), 1989.

« Who Made the Most and Why ? », *Business Week*, New York, 2 mai 1988.

Entre les « pauvres qui travaillent » et les décideurs de haut niveau existe toute la gamme des salaires intermédiaires. En 1988, à New York, les enseignants du secondaire gagnaient, en début de carrière, environ 21 000 dollars par an, et après trente ans d'ancienneté, 43 000 dollars (mais ces chiffres varient beaucoup, pour des enseignants de même niveau, de ville à ville). Les policiers (*police officers*) commençaient à 26 000 dollars pour atteindre environ 46 000 dollars au grade de *captain*. Le salaire d'un employé de banque se situait entre 12 000 et 18 000 dollars. Vers le haut de l'échelle, un programmateur en informatique à New York débutait à 34 000 dollars mais pouvait tripler son salaire s'il devenait *computer systems director*. Un avocat fiscaliste commençait à 71 000 dollars mais décuplait son salaire s'il devenait *partner* dans un cabinet d'avocats.

L'extraordinaire disparité des situations rend périlleuse toute tentative de généralisation. Néanmoins il est généralement admis que les salaires réels moyens des travailleurs ont baissé dans les années quatre-vingt, et que les écarts se sont creusés entre le bas et le haut de l'échelle. La tendance semble être à l'individualisation des salaires en raison de l'affaiblissement des syndicats qui ont perdu leur pouvoir d'uniformiser les taux de rémunération. Enfin, la partie fixe du salaire tend à diminuer dans un grand nombre d'entreprises.

Marianne Debouzy

Public et privé, deux régimes de retraite inadéquats

■ En 1987, le principal système social public (retraite, mutilations du travail et santé ; Old Age, Survivors Disability and Health Insurance, ou OASDHI), créé en 1935 par le *Social Security Act*, couvrait environ 90 % de la population civile. Par ailleurs, 300 000 travailleurs retraités des chemins de fer et près de 7 millions de retraités du secteur public bénéficiaient encore de régimes spéciaux ; depuis 1984, ils cotisent au régime général.

Le financement du fonds pour les retraites (Old Age and Survivors Insurance, ou OASI) est paritaire : 50 % à la charge de l'employeur et 50 % à la charge du salarié. En 1987, le programme OASI concernait 37,8 millions de bénéficiaires dont 26,5 millions de travailleurs retraités et ayants droit.

Aux États-Unis l'âge « normal » de la retraite est de 65 ans. Mais les salariés peuvent prendre une retraite anticipée à 62 ans, amputée de 20 %. L'âge moyen de la retraite pour les bénéficiaires de la protection sociale (Social Security) était de 63 ans en 1987. Peu après la Seconde Guerre mondiale, plus de la moitié des hommes âgés de 65 ans et plus étaient encore en activité ; en 1990, ils sont moins d'un cinquième (17,5 %).

Bibliographie

Bernstein Merton C., Bernstein Joan B., *Social Security, The System That Works,* Basic Books, New York, 1988.

Heffer Jean, *La Sécurité sociale aux États-Unis,* Centre de recherches d'histoire nord-américaine, Université de Paris-I, 1982.

Olson Laura Katz, *The Political Economy of Aging, The State, Private Power and Social Welfare,* Columbia University Press, New York, 1982.

«The Power of the Pension Funds», *Business Week,* Special Report, New York, 6 nov. 1989.

Pour bénéficier de la retraite publique (Social Security), un travailleur devait justifier, en 1981, de gains annuels minimaux de 340 dollars depuis 1950, ou s'il était trop jeune, depuis qu'il avait 21 ans.

Le montant de la retraite dépend du nombre d'années pendant lesquelles les cotisations ont été versées, et du salaire moyen d'activité (qui tient compte de l'érosion monétaire). Le calcul se fait à partir du montant de base (*Primary Insurance Amount,* PIA) fixé en fonction du salaire moyen indexé. Des corrections sont ensuite apportées à ce montant de base en fonction de la situation du conjoint, de l'âge auquel la personne prend sa retraite et de l'indice des prix.

En 1987, la retraite moyenne était de 6 180 dollars par an (515 dollars par mois). Pour une personne ayant toujours gagné le salaire moyen et qui part en retraite à 65 ans, le *Primary Insurance Amount* remplace environ 42 % de ses gains moyens. En 1987, malgré une amélioration du montant des retraites, 3,5 millions de personnes âgées de 65 ans et plus (soit 12,2 %) avaient des revenus qui les plaçaient au-dessous du seuil de la pauvreté (24,6 % en 1970).

Il existe aux États-Unis une multitude de *pension plans* (régimes de retraites)

financés pour une large part par les entreprises. Mais près de la moitié des salariés (47 %) n'en bénéficient pas, soit qu'ils ne remplissent pas les conditions, soit que l'entreprise où ils travaillent ne dispose pas d'un tel régime. Pour ceux qui en bénéficient, ces *pension plans* sont d'une grande diversité et d'une efficacité variable.

Le régime privé, pour une minorité

Alors que la couverture de la protection sociale (Social Security) est quasi universelle, celle des plans de retraite privés est sélective. Fondés sur le principe de la capitalisation (à l'inverse du régime public), ils reposent sur des accords contractuels entre employeurs et salariés et sont financés majoritairement par les employeurs. En 1981, 78 % des salariés représentés par des syndicats lors des négociations de conventions collectives bénéficiaient de retraites privées, contre 40 % des salariés non syndicalisés.

Malgré l'adoption de la loi fédérale, (*Employment Income Security Act* ou ERISA) en 1974, qui définit les conditions minimales pour qu'un système de retraite privé puisse bénéficier des avantages fiscaux offerts, ces derniers restent l'objet de nombreuses critiques. Les conditions d'accès sont trop souvent définies unilatéralement par les seuls employeurs. Outre certaines conditions d'âge, ces plans exigent dix ans au moins et souvent quinze, vingt ou vingt-cinq ans de service ininterrompu. Or la conjoncture qui prévaut depuis le début des années soixante-dix fait que ces conditions sont rarement remplies. En fin de compte, ces régimes de retraites ne fonctionnent que pour une minorité de salariés qui sont en général les mieux rétribués : en 1986, 29 % des travailleurs qui gagnaient entre 5 000 et 15 000 dollars et 76 % de ceux qui gagnaient plus de 35 000 dollars en bénéficiaient.

Un autre mode de prestation a pris de l'importance : le bénéficiaire peut choisir entre les annuités classiques et le paiement d'un capital (*lump sum*); cette dernière possibilité est devenue très séduisante avec l'apparition d'investissements à haut rendement. De plus en plus, les plans proposés incitent les employés à constituer un capital, à partir de retenues sur le salaire qui peuvent s'investir et bénéficier d'avantages fiscaux. A la fin des années quatre-vingt les plans d'épargne-retraite étaient très répandus (*Individual Retirement-Account*).

Marianne Debouzy

La formation des cadres

■ Les dirigeants réagissent de façon ambivalente à la formation conçue et dispensée au sein de l'Université. Le titulaire d'un MBA (*Master of Business Administration*) est considéré comme un jeune ambitieux ne pensant qu'à son plan de carrière; un personnage déloyal, prêt à traverser la rue au premier signe d'un concurrent et de surcroît «inutilisable», du moins pendant les premières années... Et pourtant! lorsque l'on demande à ces mêmes dirigeants s'ils conseilleraient à leurs propres enfants d'entreprendre une telle formation, tous répondent positivement... Les entreprises attendent en effet de leurs cadres une formation qui les rendent plus adaptables aux changements technologiques et plus mobiles, que ce soit dans l'entreprise (en changeant plusieurs fois d'emplois) ou hors de celle-ci (sous la pression des multiples fusions et acquisitions).

Ce diagnostic, beaucoup de cadres (*middle management*) ayant reçu uniquement une formation *undergraduate* (*Bachelor's degree*) le font d'eux-mêmes. Après trois ou quatre ans dans une fonction, ils n'hésitent pas à retourner sur les bancs de l'école. Les cours seront suivis le soir ou très tôt le matin, ou pendant le week-end; certaines universités ont construit des réseaux de télévision donnant les cours à distance (*distance learning program*).

Les salariés en formation sont de plus en plus nombreux à s'inscrire dans des programmes MBA. Là où l'étudiant à plein temps obtiendra un diplôme en deux ans, le salarié en fonction l'obtiendra en cinq ans. Aux yeux de l'entreprise, l'engagement du personnel dans un tel parcours du combattant traduit des qualités de courage et d'ambition. Il arrive même qu'elle paie une partie des frais d'inscription, ce qui renforce d'autant la loyauté du cadre vis-à-vis de l'entreprise. De plus en plus de *business schools* favorisent d'ailleurs l'entrée d'étudiants ayant déjà une expérience professionnelle, le corps professoral se montrant plus motivé à travailler avec des étudiants sachant «pourquoi ils sont sur les bancs de l'école».

A l'initiative de l'Université ou de l'entreprise

Les entreprises peuvent également récompenser leurs cadres identifiés comme «prometteurs» (généralement appartenant au *middle management* et âgés de trente à quarante-cinq ans) en leur donnant la possibilité de suivre pendant deux ans des *executive programs* qui débouchent sur un diplôme MBA. Il n'existe pas aux États-Unis de dispositif législatif comparable à celui de la France en matière de formation permanente. Obliger les entreprises à dépenser annuellement une fraction de leur masse salariale pour que leurs salariés puissent suivre des cours relèverait certainement du tour de force. Ce qui n'empêche pas les entreprises de prendre des initiatives et d'envoyer leurs cadres suivre des cours.

Toutes les *business schools* offrent des programmes, généralement d'une semaine ou deux, permettant aux cadres de remettre leurs connaissances à niveau et de se

Les business schools

♦ Dans une société où répondre à la question : «How much do you make?» (Combien tu gagnes?) sert à vous classer, l'engouement des étudiants pour les business schools *est facile à comprendre. Cha*que année, 70 000 étudiants reçoivent leur Master of Business Administration (MBA), certainement le diplôme le plus décerné aux États-Unis.

Le candidat, doté d'un bachelor's degree (BA ou BS) et dont l'aptitude aux affaires a été mesurée à l'aune du Graduate Management Admission Test *(GMAT), aura l'embarras du choix : quelque six cents* business schools *offrent en effet des programmes en vue de l'obtention du MBA. Tout dépend des performances du candidat, de la qualité de son dossier et aussi... de ses finances personnelles. Rentrer dans une école signifie avant tout en sortir en*

ayant des propositions de salaire alléchantes. Les candidats le savent, les écoles aussi. L'investissement éducatif, disent les économistes de l'éducation, peut être ainsi remboursé aisément dans les deux ou trois années qui suivent la sortie de l'école.

Parmi toutes les business schools accréditées auprès de l'American Assembly of Collegiate Schools of Business (AACSB), les petites voisinent avec les grandes, le pire côtoie le meilleur. Inlassablement, des études d'opinions auprès des étudiants, des doyens, des recruteurs classent et déclassent les écoles. Les top ten restent toujours les mêmes : Stanford, Harvard, Wharton, MIT (Sloan School), Chicago, Northwestern, Michigan, Carnegie Mellon, Columbia et l'université de Californie à Berkeley.

Jean-Michel Saussois

confronter à «l'état de l'art» dans leur discipline. Ce sont généralement des séminaires résidentiels où les cadres, remplissant des fonctions comparables (finances, marketing, logistique, production) dans des entreprises diverses, de tailles différentes, peuvent confronter leurs expériences sous la tutelle d'experts.

Méfiants sans doute à l'égard du contenu des programmes proposés par les écoles, les entreprises ont désormais tendance à passer commande à des enseignants pour mettre sur pied des programmes sur mesure. Les cours se tiennent généralement dans l'entreprise et les

cadres travaillent sur des cas concrets tirés de leur travail quotidien. D'autres entreprises vont encore plus loin dans cette direction en créant leur propre école (Wang Institute, Arthur D. Little Institute). La création de véritables écoles à l'intérieur des grandes entreprises (*corporations*) est une menace évidente pour les universités qui ne sont pas sans réagir en créant de nouveaux programmes pour attirer sur leur campus les cadres soucieux de se recycler.

Jean-Michel Saussois

Recipient of strange phone call
(*Homme recevant un coup de téléphone bizarre*)

Bibliographie

Story Ronald, *Harvard and the Boston Upper Class*, Wesleyan University Press, Boston (MA), 1985.

Toinet Marileine *et al.*, «La formation des ingénieurs aux États-Unis», *Cahiers du SEFI*, n° 6, Paris, 1984.

374

Droit du travail : le libéralisme et ses garde-fous

■ Les idées reçues concernant le « droit du travail » aux États-Unis sont légion : possibilité quasi absolue de licenciement, omniprésence des syndicats, protection sociale (contre la maladie, le chômage ou les accidents) moins complète que dans la plupart des pays ouest-européens, etc. La confusion qui règne à cet égard tient à la difficulté de transposer d'un système à l'autre des rubriques, concepts et modes de fonctionnement fort différents. Aux États-Unis, pas de délégués du personnel, de comités d'entreprise ou d'Inspection du travail. Quant aux litiges, ils ne relèvent pas d'une juridiction d'exception comme les prud'hommes mais le plus souvent de l'arbitrage (sous les auspices de l'American Arbitration Association) et les syndicats, comme dans tout ce qui touche aux relations du travail, y jouent un rôle prépondérant.

Ce qu'on appelle droit du travail est en fait un amalgame complexe de textes constitutionnels, fédéraux (les plus nombreux), étatiques et locaux. Constitutionnellement, dès que la liberté d'association garantie par le 1er Amendement est en jeu, les tribunaux peuvent être appelés à se prononcer. Localement, de nombreux arrêtés municipaux régissent des domaines tels que le piquet de grève ou la distribution de tracts. Enfin, il appartient aux États d'adopter des législations favorables au rôle des syndicats (*union shop* par exemple) ou, au contraire, de chercher à limiter leur interférence dans la vie économique au moyen des lois *right to work*. Ils sont une vingtaine à avoir opté dans ce sens.

La liberté contractuelle

Le système américain se caractérise par son grand libéralisme : les droits des salariés sont déterminés par contrat entre le salarié et son employeur et diffèrent considérablement selon les États, les entreprises et les secteurs. Cette hétérogénéité résulte de l'interaction entre les syndicats et ces différents garde-fous — législatifs, réglementaires, et jurisprudentiels, fédéraux ou étatiques — qui encadrent le libéralisme de principe.

La relation entre employeur et employé étant essentiellement de nature contractuelle, la *common law* des États reconnaît que l'une des parties peut y mettre fin à son gré, à tout moment, sans préavis et sans cause. C'est la règle de l'*employment at will* qui prévaut, sauf stipulations contraires des parties ou dispositions législatives limitant ce droit. La rigueur de cette règle a été atténuée peu à peu par la notion de licenciement abusif (*wrongful discharge*) dégagée par la jurisprudence. Dans certains États comme la Californie, des dommages et intérêts peuvent être accordés à un employé licencié abusivement. Ailleurs, les tribunaux ont hésité à limiter la liberté contractuelle mais le législateur est alors intervenu, comme dans l'État de New York.

Schématiquement, il existe deux types de grèves : celles qui visent à l'obtention d'avantages supplémentaires (*economic strikes*) et celles qui sont consécutives à la violation de l'accord d'entreprise par l'employeur (*unfair labor practice strikes*). Le règlement des litiges peut se faire de trois façons : informelle (entre un cadre et un membre du syndicat ou l'employé intéressé lui-même) ; par voie d'arbitrage (du moment que la question est arbitra-

---

« *Affirmative action* »

Dans le sens légal du terme (titre 7 du Civil Rights Act *de 1964), les employeurs qui reçoivent des crédits fédéraux sont dans l'obligation d'embaucher et de promouvoir leurs employés sans discrimination raciale ou sexuelle afin d'éliminer les effets présents des discriminations passées.*

375

Bibliographie

Deysine Anne, Teule Martin C., *Réussir sur le marché américain*, Jupiter, Paris, 1989.

Leslie Douglas L., *Labor Law*, Nutshell Series, West Publishing Co, Saint Paul (MN), 1986.

ble); ou en ayant recours aux tribunaux lorsqu'il y a rupture de l'accord collectif et/ou refus d'aller à l'arbitrage.

Le rôle des syndicats

La situation du salarié dépend largement de l'existence ou non d'un syndicat dans l'entreprise. A la fois délégués du personnel, délégués syndicaux, interlocuteurs privilégiés de la direction ou du patronat, ce sont eux qui négocient, au cours de la procédure de négociation collective (*collective bargaining*), pour obtenir les garanties qui figureront dans le contrat de travail : préavis de licenciement, congé de maladie, congé de maternité. Les employés ont la possibilité de demander par pétition la constitution d'un syndicat. L'employeur a le devoir de négocier avec le représentant des employés dès que celui-ci est désigné. De son côté, une fois choisi, le syndicat a compétence exclusive pour représenter tous les employés de l'unité dans tous les domaines qui relèvent de la négociation collective.

La législation fédérale intervient pour fixer le salaire minimum et pour déterminer le système de Social Security (qui est essentiellement un système de retraite), les fonds de retraite complémentaires, ainsi que la durée du travail et la sécurité du travail. Le système de retraite mis en place dans le cadre de la Social Security étant notoirement insuffisant, il est complété par une multitude de retraites complémentaires (*welfare benefit plans*) et de *pension plans* dont

le législateur a cherché à moraliser le fonctionnement.

L'une des responsabilités essentielles imposée par l'État fédéral à l'employeur est de garantir aux travailleurs un environnement de travail sûr et salubre. Ce devoir, précisé et clarifié dans le *Occupational Safety and Health Act* (1970), s'applique à tout employeur dont l'activité affecte le commerce interétatique sans condition minimale de chiffre d'affaires, de nombre d'employés ou de nombre d'établissements. L'application en est confiée à l'OSHA (Occupational Safety and Health Administration) et à la commission de contrôle (Occupational Safety and Health Review Commission).

La lutte contre la discrimination

C'est également au niveau fédéral qu'ont été votés les principaux textes en matière de lutte contre la discrimination dans l'embauche (le licenciement ou la promotion). Le texte fondamental est le titre VII de la loi sur les droits civiques de 1964 (*Civil Rights Act*), amendée en 1972, qui interdit toute discrimination due à la race, la couleur, la religion, le sexe, l'origine nationale ou même l'âge lors de l'embauche, du licenciement, des promotions ou dans la fixation des rémunérations et des prestations sociales.

Afin de combler plus rapidement l'écart qui existait entre Blancs et membres des minorités, une politique d'embauche préférentielle (*affirmative action*) a été mise en œuvre dans les années soixante-dix. Les patrons s'en sont beaucoup plaints, qui devaient « trouver » des femmes ou des membres des minorités susceptibles de répondre à leurs besoins. Des Blancs ont crié à la discrimination à rebours (*reverse discrimination*) et ces problèmes ont donné lieu à une abondante jurisprudence.

Anne Deysine

LES ÉTATS-UNIS DANS LE MONDE

Politique étrangère : le principe de différence

■ Il faut distinguer les principes qui ont guidé la politique étrangère des États-Unis depuis leur entrée (forcée) dans la Seconde Guerre mondiale de ceux qu'ils avaient suivis (et parfois violés) auparavant. La longue période d'isolement — qui avait permis l'expansion continentale — n'avait pas vraiment pris fin avec la brève poussée impérialiste de la fin du XIXe siècle ; elle semblait s'être terminée lorsque le président Woodrow Wilson décida de déclarer la guerre à l'Allemagne en 1917, mais avait en fait continué après la répudiation de Wilson (1919) par le Congrès et le pays. Cette période a pris fin le 7 décembre 1941, à Pearl Harbor. Depuis, les États-Unis sont devenus non seulement un acteur engagé sur la scène mondiale, mais une superpuissance.

Il y a néanmoins un principe qui remonte aux origines et continue d'inspirer les dirigeants. On peut l'appeler le principe de la différence. Les Américains ne considèrent pas leur pays comme un acteur « ordinaire ». L'exceptionnalisme américain n'est pas unique : d'autres pays se considèrent aussi comme chargés d'une mission. Mais ce qui caractérise l'exceptionnalisme américain, c'est, d'une part, la volonté de ne pas jouer le rôle traditionnel des États dans le système international — le jeu de la puissance, des froids calculs d'intérêts et de forces, de l'équilibre et de la conquête — et, d'autre part, celle d'offrir en exemple au monde cette construction libérale et démocratique qu'est l'union fédérale américaine.

L'exceptionnalisme

On peut analyser l'histoire diplomatique américaine comme une oscillation permanente entre une volonté d'évangélisation ou de prosélytisme et le désir de protéger le pays de la « contamination » des pratiques européennes. Il est clair que,

lors de la naissance des États-Unis, le souci d'échapper à ces pratiques et à toute emprise extérieure a fortement contribué à l'agencement des institutions communes. Et, lorsque, comme toutes les puissances, une Amérique en pleine croissance démographique et économique céda aux tentations impériales, elle ne le fit qu'avec bien des oppositions internes et s'arrangea pour prétendre qu'elle n'avait rien de commun avec les autres impérialismes.

Les États-Unis sont, depuis près de cinquante ans, l'acteur dominant sur la scène mondiale. Ayant, comme l'Angleterre, la France et l'URSS, pratiqué dans les années trente l'« apaisement » des agresseurs, en Asie et en Europe, ils ont découvert (souvent avec l'aide de théoriciens des relations internationales venus d'Europe) que le jeu de la politique étrangère avait ses règles, et qu'il était dangereux de les ignorer au nom de la « différence ». On pourrait même dire qu'entre 1944 et 1949 ils ont fait un apprentissage presque enivrant de la domination. Mais ils n'en ont pas pour autant répudié leur vieille inspiration. Ils ont conçu, ou justifié, leur immense puissance comme étant au service d'une grande cause, celle d'une organisation nouvelle des relations internationales, sur le modèle américain.

Au lendemain de Yalta et de ses marchandages, Franklin D. Roosevelt, si près de sa mort, expliqua au Congrès que les trois Grands en avaient fini avec les pratiques traditionnelles ! Cette organisation nouvelle devait, d'abord, être celle des Nations unies, version révisée de la Société des Nations chère à Wilson. Lorsque l'ONU déçut, du fait de la guerre froide, les États-Unis se livrèrent à ce qu'on a appelé la « pactomanie » : la multiplication des alliances. Mais alors que les analystes montraient qu'une organisation comme l'OTAN (Organisation du traité de l'Atlantique-Nord) était, en quelque

LE POIDS DES ÉTATS-UNIS DANS LE MONDE

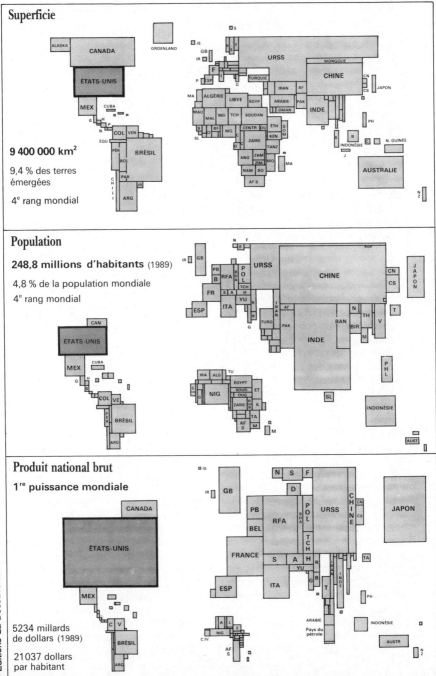

Superficie

9 400 000 km²

9,4 % des terres émergées

4ᵉ rang mondial

Population

248,8 millions d'habitants (1989)

4,8 % de la population mondiale

4ᵉ rang mondial

Produit national brut

1ʳᵉ puissance mondiale

5234 milliards de dollars (1989)

21037 dollars par habitant

380

sorte, la forme moderne des alliances d'équilibre dans un système où, telles l'Athènes et la Sparte de Thucydide, chacun des deux Grands s'entourait de satellites à la fois pour étendre son influence et pour limiter celle de l'adversaire, les hommes d'État américains préféraient souligner ce qu'une telle organisation, intégrée, permanente et polyvalente, avait d'unique et d'original par rapport aux alliances « ordinaires ».

Et l'enthousiasme initial pour la construction européenne — pour la supranationalité fonctionnelle et pragmatique d'un Jean Monnet — s'explique en bonne part par le fait que les Américains célébraient en Monnet un disciple de l'expérience américaine : grand marché, institutions démocratiques, gouvernement fédéral, enterrement des rivalités d'États traditionnelles.

Le ressort anticommuniste

La conviction de la différence, fondée sur une répudiation et sur une affirmation (celle de l'idéologie libérale, étendue aux relations internationales), a servi d'inspiration à un second principe, consécutif, celui-ci, à l'entrée en scène définitive des États-Unis : l'anticommunisme. L'URSS, de 1946 ou 1947 jusqu'à la révolution inachevée de Mikhaïl Gorbatchev, a représenté le mal à deux titres : parce qu'elle paraissait l'exemple même de la grande puissance traditionnelle, abusant de sa force, expansionniste, dangereuse pour ses voisins, et parce qu'elle agissait au nom d'une cause que les Américains détestaient dans la mesure même où elle était la négation de l'idéologie américaine : étatisation des moyens de production, dictature d'un parti unique, soumission des intérêts particuliers à un intérêt général défini par un pouvoir arbitraire et absolu. L'anticommunisme en politique étrangère a pris la forme du *containment* (l'endiguement), depuis l'article décisif et classique de George Kennan publié dans *Foreign Affairs* en 1947.

Certes, à l'usage, cette notion s'est révé-

lée susceptible de bien des interprétations, et peu apte à fournir des directives précises. Les querelles ont été multiples et donnent à l'observateur le sentiment de contradictions et de discontinuités profondes. Elles ont porté sur de nombreux domaines. Sur les instruments du *containment* : avant tout économiques et politiques pour Kennan, largement militaires pour les présidents et secrétaires d'État d'un pays dont les forces armées étaient abondantes et suréquipées. Sur la façon de le pratiquer dans ce qu'on nomma d'abord les zones grises puis le tiers monde, c'est-à-dire les pays non alignés : cherchera-t-on à les aligner contre l'ennemi, ou à soutenir leur propre nationalisme comme barrière contre la contagion communiste ? Sur la désignation de l'adversaire : était-ce le communisme, comme le disaient bien des idéologues, ou seulement celui de Moscou parce qu'il n'était dangereux que lorsqu'il avait pour bras séculier une grande puissance hostile, mais nullement ou beaucoup moins quand il animait un État lui-même opposé à l'URSS ? Sur son but ultime : effondrement de l'adversaire, ou bien arrangement avec une URSS redevenue « raisonnable » et « modérée » dans le système international ; création d'un ordre pluripolaire, ou consolidation de la domination américaine ?

A première vue, en effet, qu'est-ce qu'une doctrine qui est capable d'inspirer aussi bien la guerre de positions, la détente, et la doctrine Reagan de refoulement des communismes prosoviétiques dans le tiers monde ? Mais ces variations et ces incertitudes ne doivent pas faire perdre de vue l'essentiel : le principe de l'anticommunisme a justifié l'activisme américain dans le monde, et la désintégration soudaine de l'« Empire du mal », la douloureuse détotalitarisation de l'URSS, l'aspiration contagieuse à la démocratie ont donné aux Américains à la fois le sentiment exaltant d'une victoire — d'autant plus exaltante qu'elle était moins prévue — et le sentiment inquiétant d'un vide soudain.

Henry Kissinger

♦ *Henry Kissinger est l'un des exemples les plus réussis d'intégration tant sociale qu'ethnique que l'on connaisse aux États-Unis : que l'immigrant né en Allemagne en 1923 dans une famille de la petite bourgeoisie juive soit devenu le secrétaire d'État de la plus grande puissance du monde, quel étonnant destin ! Émigré aux États-Unis en 1938 en raison des persécutions nazies, H. Kissinger devient citoyen américain en 1943. Diplômé de Harvard, il devient professeur titulaire de chaire en 1962 et développe une théorie pragmatique — «metternichienne» — du système international, fondée sur les rapports de forces et diminuant le rôle des idéologies dont il se méfie.*

C'est pendant la campagne présidentielle, en 1968, que H. Kissinger propose un plan de retrait américain du Vietnam. Richard Nixon réalisera une version légèrement modifiée de ce plan, en appelant l'auteur à ses côtés. Celui-ci devient omniprésent : il négocie à Pékin, à Moscou, à Paris et à Jérusalem. Ses réussites sont parfois spectaculaires, comme la reconnaissance de la Chine populaire et le voyage à Pékin de Nixon en 1971. D'autres tentatives connaissent des succès mitigés, mais l'homme sait faire passer avec aisance des solutions provisoires pour des règlements définitifs. Il a le sens de la diplomatie, le goût du travail et possède le don de la repartie. Sans tenir compte, s'il le croit nécessaire, de considérations humanitaires, comme le montreront les bombardements du Cambodge (1970) et ceux, sanglants, sur Hanoi et Haïphong (1972). La fin justifie les moyens.

La défaite des républicains, en 1976, lui permet de revenir à ses chères études. Il fait le tour du globe, est partout invité à des conférences, écrit ses Mémoires et joue le rôle de l'homme d'État désintéressé et détaché.

M.-F. T.

Une nouvelle situation internationale

Comment justifier désormais le maintien des alliances, la présence de forces américaines nombreuses à l'étranger, des dépenses militaires ou d'assistance économique élevées ? Le pouvoir explique que le nouvel ennemi est l'instabilité. Mais le pur et simple «maintien de l'ordre» risque de ne pas constituer un principe convaincant. Certes, on essaie de le rendre moins «traditionnel» en laissant entendre que seuls les États-Unis, dans un monde chaotique où les nationalismes s'exaltent, ont la recette d'un ordre policé. Mais à l'heure où des problèmes intérieurs multiples préoccupent les Américains, le principe de la différence risque d'être invoqué par ceux qui disent que le succès même de la «mission» mondiale américaine permet de faire confiance au pluralisme à l'extérieur et de réduire les charges américaines et que le temps est venu de mettre, aux États-Unis mêmes, le «rêve américain» en accord avec une réalité souvent déprimante.

Le débat, encore feutré au début de 1990, est d'autant plus sérieux qu'un troisième principe est mal en point. Il s'agit de l'impératif de la libre entreprise à l'échelle mondiale. Protectionnistes pendant longtemps, les États-Unis, devenus la plus grande puissance économique, ont comme l'Angleterre du XIXe siècle compris que leur intérêt et leur idéologie capitaliste libérale allaient de pair. La doctrine du marché libre et ouvert, de l'abolition des barrières au libre échange des produits et à la libre circulation des capitaux, a été, dès la Seconde Guerre mondiale, imposée à l'Angleterre, en échange de la contribution américaine à la victoire. Elle a été appliquée moins rigoureusement à la Communauté européenne à ses

382

Bibliographie

Henkin Louis, *Foreign Affairs and the Constitution*, W. W. Norton, New York, 1975.

Hoffmann Stanley, *Dead End : American Foreign Policy in the New Cold War*, Ballinger, Cambridge (MA), 1983.

Mélandri Pierre, *La Politique extérieure des États-Unis de 1945 à nos jours*, PUF, Paris, 1982.

débuts, mais guide désormais l'attitude des États-Unis à l'égard de Bruxelles ; et elle inspire les pressions américaines sur un Japon qui continue de protéger son propre marché.

La réticence des gouvernements américains envers les projets d'aide publique massive aux pays du tiers monde provient de la même préférence idéologique pour un développement avant tout « interne », selon les dogmes du libéralisme économique classique, complété par des apports de capitaux privés extérieurs ; le succès de pays comme la Corée du Sud et Taïwan est donné en exemple. L'anticommunisme et la méfiance envers de expériences économiques non libérales se sont évidemment conjugués à l'égard des pays d'Amérique centrale, et ont justifié bien des interventions.

Quel libéralisme ?

Or, tout comme l'Angleterre, à la fin du XIXᵉ siècle, s'est trouvée défiée par des puissances économiques nouvelles et plus dynamiques, l'Amérique, à la fin du XXᵉ siècle, doit faire face à la concurrence d'une Communauté européenne en pleine relance, et surtout d'un Japon qui a exploité les règles du libéralisme économique mondial au profit d'une stratégie néo-mercantiliste cohérente et systématique. Les États-Unis constatent à la fois la réduction de leur part des marchés extérieurs, l'invasion de leur propre marché par les produits japonais, et la dépendance de leurs finances endettées envers les capitaux étrangers. La nécessité d'attirer ces capitaux freine, encore, la poussée protectionniste des syndicats et des industries menacés, amplifiée par bien des membres du Congrès. Mais on voit s'esquisser un affrontement entre deux conceptions opposées : le principe du libéralisme économique classique, et l'idée d'une Amérique qui réduirait son déficit, chercherait à porter remède aux causes internes de son relatif déclin industriel, reviendrait à un protectionnisme au moins sélectif, et accepterait ainsi la réalité d'une négociation permanente entre blocs économiques et monétaires. Ici aussi, l'avenir est incertain, et la recherche de nouveaux principes a commencé.

Trop engagée, à tous égards, dans les affaires du monde pour en revenir à l'isolement, mais ayant en quelque sorte perdu l'anticommunisme et acquis des doutes sur le libéralisme économique qui ont, depuis près de cinquante ans, donné son contenu au principe de la différence, l'Amérique sera-t-elle obligée de renoncer à ce dernier ? Il est trop tôt pour enterrer l'« exceptionnalisme » d'un pays qui continue à se considérer comme différent et supérieur, et à penser sa politique extérieure moins en termes d'intérêts qu'en fonction d'idées et de missions. Mais il est également trop tôt pour prévoir les formes que revêtira cette conviction — ou cette illusion. Car il n'est même pas certain que les événements du Moyen-Orient, tels qu'ils se développèrent dès l'été 1990, permettent de répondre à cette question vitale.

Stanley Hoffmann

Le grand tournant des relations Est-Ouest

■ La politique extérieure américaine, plus encore que celle des autres pays, est faite de « grands tournants » annoncés à grand fracas, et qui aboutissent, le plus souvent, à un retour à la ligne précédente. Celui qui a été amorcé à la fin des années quatre-vingt paraît plus authentique et plus durable, sinon irréversible.

Entre le conjoncturel et le structurel, on se doit de distinguer les changements annoncés par chaque nouveau président, en grande partie pour se différencier de son prédécesseur ; les oscillations à plus long terme entre le rôle impérial (ou missionnaire) des États-Unis et l'isolationnisme ; et surtout les alternances entre guerre froide et détente, qui dépendent autant de l'évolution des pays communistes que des États-Unis.

De Harry Truman à Ronald Reagan, la plupart des présidents américains ont proposé leur doctrine, censée répondre aux insuffisances ou aux échecs du gouvernement précédent. Ainsi, à l'enlisement vietnamien de Lyndon Johnson (1964-1968) avec la montée des crises et de la contestation intérieures, répondait la tentative de Richard Nixon, puis Gerald Ford, et de Henry Kissinger entre 1968 et 1976, pour pratiquer l'endiguement sous des formes moins onéreuses pour les États-Unis : par la diplomatie, en jouant sur les conflits intérieurs au monde communiste (schisme sino-soviétique), et par le partage du fardeau (faire jouer un rôle accru aux alliés régionaux des États-Unis dans le système de sécurité).

A ce primat de la manipulation et de la manœuvre s'opposait, en 1976, l'effort du président Jimmy Carter pour instaurer une politique ouverte et morale, fondée sur les droits de l'homme et mettant l'accent sur les rapports Nord-Sud plutôt qu'Est-Ouest. Las des échecs et des humiliations imputés à cette politique, le peuple américain, en 1980, élisait avec Ronald Reagan un anti-Carter qui rendrait au pays puissance et bonne conscience et annoncerait au monde que « l'Amérique était de retour ».

Un mouvement pendulaire

Dans chacun de ces cas, cependant, les différents gouvernements ont fini par revenir, souvent assez vite, au primat de l'endiguement (*containment*) tel qu'il avait été défini en 1947 par George Kennan dans un article célèbre de *Foreign Affairs*. Par exemple, l'« ère de la négociation » proclamée par Nixon et Kissinger, qui devait succéder à l'ère de la confrontation après le sommet de Moscou et la signature des accords SALT sur la limitation des armes stratégiques (1972), ne tardait pas à faire place à une nouvelle course aux armements et à ce qui était perçu derechef comme une expansion soviétique dans le tiers monde. La politique du président Carter était remise en cause dès le printemps 1978 (guerre d'Éthiopie et découverte des missiles soviétiques SS20) et enterrée, fin 1979, avec l'invasion de l'Afghanistan. Désormais, avec l'augmentation des dépenses militaires et la doctrine Carter pour la défense du golfe Persique, l'endiguement était à nouveau à l'ordre du jour.

La seconde moitié de la présidence Reagan a été marquée, comme celle de son prédécesseur, par un retour à la politique traditionnelle, mais à partir d'un point de départ opposé. Commençant par dénoncer l'Union soviétique comme « l'empire du mal » et les négociations de maîtrise des armements comme dangereuses tant que l'équilibre militaire n'était pas rétabli, Ronald Reagan participa finalement, à partir de 1985, à une série de sommets spectaculaires avec Mikhaïl Gorbatchev, conclut l'accord de Washington (décembre 1987) sur l'élimination des fusées à moyenne portée (traité FNI) et amorça une réduction des dépenses militaires.

Le seul président, depuis 1948, qui ait fait campagne sous le signe de la continuité en politique étrangère est George Bush : continuité par rapport à son prédécesseur mais aussi par rapport à la tradition de « l'endiguement ». Le gouvernement Bush, à ses débuts (1989), a suivi les directions esquissées par le gouvernement Reagan : « refoulement » par le réarmement et désarmement par la négociation. Il se pourrait que ce soit précisément ce gouvernement spontanément timide et conservateur qui préside au véritable grand tournant de la politique américaine envers l'Est. Mais les changements de présidents ne sont peut-être pas décisifs.

Isolationnisme/interventionnisme ?

On a souvent parlé de cycles dans les rapports des États-Unis avec le reste du monde. Les grandes décisions de l'après-guerre (maintien des troupes américaines en Europe, plan Marshall, doctrine Truman, pacte Atlantique) inauguraient une longue période d'engagement dans les affaires mondiales. A partir du milieu des années soixante, les déboires de la guerre du Vietnam et la crise intérieure rendaient de plus en plus nombreux et insistants les appels à une réorientation des priorités vers l'intérieur. Ce tournant ne s'est matérialisé que par l'aversion pour toute intervention militaire longue. Cependant, cinq ans après la défaite du Vietnam, la victoire de R. Reagan aux élections de 1980 signifiait déjà une volonté de réaffirmation de la puissance américaine. Ce changement de rhétorique et l'augmentation spectaculaire des dépenses militaires suffisaient à la fois à rassurer (en partie) les Américains, à impressionner leurs adversaires, mais aussi à inquiéter leurs alliés et une partie de leur propre population. Mais le réarmement reaganien portait en lui les germes d'un nouveau renversement. En effet, l'énormité des budgets militaires sans réévaluation des impôts a produit des déficits record (budget et balance des paiements). Les déficits reaganiens comme l'évolution générale des pays capitalistes développés, dont les ressources sont grevées par les dépenses — notamment sociales —, ne permettent plus de rééditer des opérations comme le plan Marshall. Quelles que soient ses intentions, le président Bush se trouve inéluctablement acculé à la prudence en matière d'engagements extérieurs, à la contraction des budgets militaires, voire au retrait d'une partie des troupes stationnées à l'étranger, par les injonctions de la loi *Gramm-Rudman* (1985) qui impose la réduction des dépenses fédérales.

Encore fallait-il redéfinir l'urgence de la menace et les impératifs de la sécurité. D'où l'importance de la troisième dimension, celle des alternances de guerre froide et de détente qui ont toujours dépendu avant tout de l'évolution soviétique ou du moins de sa perception par l'Occident. La première détente, après la mort de Staline (1953), a pris fin avec l'intervention de l'Armée rouge à Budapest en 1956. La deuxième, esquissée après la crise de Cuba (1962), interrompue par la guerre du Vietnam, fut couronnée de succès entre 1969 et 1973, avec le sommet de Moscou et les accords SALT (1972). Elle fut mise en cause par l'expansion militaire soviétique des années soixante-dix et, plus généralement, par un malentendu fondamental sur la détente et la coexistence pacifique censées, pour Henry Kissinger, garantir le *statu quo* et, pour les Soviétiques, favoriser la prolongation internationale de la lutte des classes.

A la fin des années quatre-vingt le nouveau rapprochement avec l'Est a reposé sur des bases infiniment plus solides. D'abord, la réaction des États européens à la nouvelle guerre froide des deux Grands, entre 1981 et 1984, montrait que la détente européenne avait, désormais, des racines sociales spécifiques qui rendaient l'interruption du dialogue presque impossible. Le tournant pris par les relations intereuropéennes, et plus particulièrement interallemandes, rendait impérative une modification des relations américano-soviétiques. Les réactions européennes devaient contribuer puissamment à la reprise des négociations entre les deux Grands en 1984.

Vint Gorbatchev...

Si tournant il y a, il est largement dû aux initiatives du nouveau leader soviétique et, plus encore, à son acceptation, en Europe de l'Est, de changements qui dépassent ses intentions et mettent en cause l'hégémonie soviétique. Du sommet de Genève en 1985 à celui de Moscou en 1988, en passant par ceux de Reykjavik (1986) et de Washington (1987) marqués par l'élimination des missiles balistiques à moyenne portée, Ronald Reagan reconnaissait l'innovation et renchérissait sur elle. Les négociations entre les deux Grands se caractérisaient par des progrès spectaculaires. Loin de se limiter au désarmement, comme celle de 1972, la nouvelle détente tenait sa solidité des changements incontestables apparus à l'Est dans le domaine des droits de l'homme, du retrait soviétique d'Afghanistan, amorcé en février 1989, et de la coopération des deux Grands pour résoudre plusieurs conflits régionaux, notamment en Afrique australe.

Certes, bien des contradictions et des ambiguïtés demeuraient : comment mesurer le pouvoir réel de Mikhaïl Gorbatchev ou les conséquences de sa politique sur le rôle des États-Unis en Europe ou en Amérique latine ? Le gouvernement Bush a donc commencé par s'en tenir à une expectative prudente. Il semble que l'ouverture du mur de Berlin (9 novembre 1989) et la question de la réunification allemande, l'abandon de la doctrine Brejnev (illustrée par la cascade des révolutions pacifiques en Europe de l'Est) et les appels à l'aide de M. Gorbatchev lui ont fait modifier sa position : depuis le sommet de Malte (décembre 1989) les États-Unis se donnent officiellement pour but d'aider la *perestroïka* de M. Gorbat-

chev et d'organiser l'insertion de l'Union soviétique dans le système des organisations économiques internationales dominées par eux.

Eu Europe, chacun des deux Grands célèbre désormais la fonction stabilisatrice des alliances (OTAN et pacte de Varsovie) qu'ils souhaitent transformer en organisations politiques plutôt que militaires. Restait à savoir au début 1990, notamment du côté américain, si la nouvelle coopération impliquait des idées de condominium, ou s'il s'agissait plutôt de préparer un cadre pour une retraite concertée et un désengagement réciproque.

A tous les coups l'on gagne...

Quoi qu'il en soit, il est clair que l'initiative vient de Moscou. Mais il est non moins clair que ces changements décisifs constituent à bien des égards une victoire de la politique américaine. A travers oscillations et mésaventures, c'est celle de la ligne dominante, du *containment* défini par George Kennan : « Les États-Unis ont le pouvoir [...] de forcer le Kremlin à devenir plus modéré et circonspect [...] jusqu'à parvenir à l'effondrement ou à l'adoucissement progressif de la puissance soviétique. »

La vision du président Carter, souvent tournée en dérision, se trouve aussi confirmée, qui, sous l'effet du Vietnam, proclamait l'inutilité de la force, le primat de l'interdépendance économique et celui des intérêts globaux de la planète. Violemment rejetées à l'époque par les Soviétiques, ces idées sont, dorénavant, au centre de la « nouvelle pensée » gorbatchévienne.

On ne saurait enfin oublier, dans cette évolution, le rôle paradoxal du gouvernement Reagan et la politique, contestable et contestée, du premier mandat. Certes, les sources de la *perestroïka* se trouvent d'abord à l'intérieur du bloc soviétique, dans l'échec économique et moral du communisme. Mais ce qui a rendu cet échec insupportable, c'est l'effort militaire et technologique américain et la perspec-

386

Bibliographie

Kennedy Paul, *Naissance et déclin des grandes puissances*, Payot, Paris, 1988 (trad. de l'américain).

Mélandri Pierre, *Une Incertaine Alliance. Les États-Unis et l'Europe, 1973-1983*, Publications de la Sorbonne, Paris, 1988.

Pfaff William, *Le Réveil du vieux monde*, Calmann-Lévy, Paris, 1990.

tive d'une course qualitative aux armements stratégiques où l'URSS ne pourrait qu'accroître son retard. Le déploiement des euromissiles en 1984, la « guerre des étoiles » (Initiative de défense stratégique - IDS) et la « doctrine Reagan » (soutenir les mouvements de résistance ou de subversion contre les gouvernements communistes) ont, malgré leur échec (financier dans le cas de l'IDS, politique dans le cas des *contras* du Nicaragua), le plus contribué, de l'aveu de certains Soviétiques, à changer l'attitude de Moscou sur le plan international.

Ainsi, il aura fallu Ronald Reagan pour convertir Moscou aux idées de Jimmy Carter et réaliser ainsi les objectifs de Harry Truman.

Pierre Hassner

Les modes de décision en politique étrangère

■ Nulle part ailleurs qu'aux États-Unis, le processus de prise de décision ne suscite un tel intérêt. En effet, la complexité des tâches auxquelles la Maison Blanche est confrontée, la fragmentation de l'exécutif en centres de décision souvent rivaux, les ingérences du Congrès dans la conduite des affaires, les pressions de groupes d'intérêts conduisent à s'interroger sur l'aptitude même des États-Unis à mener une politique étrangère cohérente. Deux problèmes ont dominé tous les autres depuis 1945. Le premier est celui de la rivalité entre le président et le Congrès. Le second porte sur le rôle exact du Conseil national de sécurité (NSC).

De crainte de voir émerger un exécutif trop puissant, les Pères fondateurs s'étaient appliqués à mettre sur pied un système de contrepoids qui se voulait efficace. Ainsi, si la loi fondamentale fait du président le « chef suprême » des armées, elle attribue au Congrès seul le pouvoir de « déclarer la guerre » et de décider de son financement par le vote du budget. En matière diplomatique, le président négo-cie les traités, « reçoit les ambassadeurs » des puissances étrangères et nomme les ambassadeurs des États-Unis auprès des capitales étrangères, mais la ratification des traités est un pouvoir que seul le Sénat détient et le pouvoir de « réglementer le commerce avec les nations étrangères » appartient au Congrès. Le président dispose certes d'un droit de *veto*, mais il peut être annulé par une « résolution » du Congrès votée à la majorité qualifiée des deux tiers dans chaque assemblée.

Prééminence de la présidence sur le Congrès

Cet édifice constitutionnel conçu pour qu'aucun des deux pouvoirs ne puisse dominer l'autre devait conduire à une sorte de cogestion de la politique étrangère. Mais ce schéma ne fut quasiment jamais appliqué. Au fur et à mesure que les États-Unis se sont ouverts au monde extérieur, l'exécutif s'est trouvé davantage libéré de la tutelle du Congrès. Le président a profité de l'avantage que lui donnaît le contrôle des instruments d'action pour imposer sa supériorité, notamment dans le domaine militaire. L'engagement des États-Unis dans la guerre contre le Mexique (1846-1848) et dans la guerre de Sécession (1861-1865), leur entrée dans la Première et la Seconde Guerres mondiales ont été décidés non pas par le Congrès mais par le président. Cette prééminence présidentielle a été entérinée en 1936 par la Cour suprême, dans son arrêt *United States c. Curtiss-Wright*.

Mais c'est dans les années de l'après-guerre que la présidence est devenue toute-puissante. Le sentiment largement partagé que le président avait conduit de manière satisfaisante les Alliés à la victoire, l'accession du pays au rang de première puissance atomique, l'engagement américain dans la guerre froide ont contribué à cette évolution. Non seulement le Congrès a cédé presque totalement le terrain au président, mais par le vote du *National Security Act*, il a accru les moyens d'action de la Maison Blanche. Cette loi de 1947 a doté la présidence de deux leviers d'action essentiels, le *NSC* (Conseil national de sécurité) d'une part, dont la vocation est de conseiller le président et d'assurer une meilleure intégration de la politique étrangère en prenant en considération les points de vue des différents départements ministériels ; la *CIA* (Central Intelligence Agency) d'autre part, responsable de la collecte, de l'analyse et de la coordination du renseignement.

Il a fallu que l'opinion publique manifeste sa méfiance à l'égard de Richard Nixon pour que le Congrès réagisse en mettant en place un « champ de mines législatif » destiné à restreindre la marge de manœuvre du président. En 1969, pour la première fois depuis la Seconde Guerre mondiale, le Congrès utilisa son « pouvoir financier ». Par l'amendement au *Defense Appropriation Act* (décembre 1969), il interdit l'utilisation de crédits destinés à financer l'envoi de forces d'infanterie américaines au Laos et en Thaïlande. Plus tard, en mai-juin 1973, le Congrès utilisa le vote rectificatif à la loi de finances pour interdire les actions de guerre à l'intérieur ou à propos du Cambodge, du Laos, du Nord-Vietnam et du Sud-Vietnam, décision qui, selon Henry Kissinger, a empêché d'exercer sur l'ennemi les pressions indispensables pour amorcer une négociation politique.

Pendant les années 1974-1978, le Congrès empêcha le président de vendre des armes à la Turquie engagée dans un conflit contre la Grèce au sujet de Chypre. C'est de justesse qu'en mai 1984 Ronald Reagan obtint l'accord de la Chambre des représentants pour un projet d'aide militaire au Salvador ainsi qu'une aide militaire urgente pour plusieurs pays d'Amérique centrale, dont le Salvador et le Honduras. Un an après, le 23 avril 1985, la Chambre des représentants refusa au président des crédits destinés à une aide militaire à la guérilla antisandiniste au Nicaragua. Ce vote bloqua le projet gouvernemental déjà approuvé par le Sénat.

Deuxième type de mesures prises par le Congrès : le *War Powers Act*, voté en novembre 1973, limitait le droit et la durée d'une intervention militaire à soixante jours (plus trente jours en cas d'absolue nécessité) sauf autorisation expresse du Congrès ; une loi du 18 février 1976 limitait à 25 millions de dollars le montant des livraisons d'armes à l'étranger sauf, là encore, autorisation spéciale du Congrès.

CIA

La Central Intelligence Agency est chargée, avec d'autres organismes fédéraux comme le FBI (Federal Bureau of Investigation, contre-espionnage) et la National Security Agency (NSA, qui dépend du ministère de la Défense), de collationner et d'analyser les renseignements stratégiques obtenus sur les pays étrangers. Elle a aussi procédé à des opérations de subversion (covert operations) à l'étranger avec l'autorisation présidentielle — ce dont, depuis 1975, elle doit rendre compte au Congrès. Les chiffres la concernant sont secrets mais, d'après des estimations datant de 1975, l'appareil de renseignement américain aurait alors employé au total 200 000 personnes avec des crédits de l'ordre de 6 milliards de dollars.

Le Congrès tenta enfin d'entraver la liberté d'action du président en mettant sur pied un dispositif de contrôle des activités clandestines de la CIA. Celles-ci permettent au président de poursuivre ses objectifs de politique étrangère par des moyens échappant à la vigilance du Congrès et de l'opinion publique. Peu après la démission de Richard Nixon, en 1974, des structures de surveillance ont été créées et plusieurs lois ont tenté de mettre fin aux actions clandestines. Un texte comme l'amendement législatif *Boland* d'octobre 1984 interdit à « la CIA, au ministère de la Défense ou à toute autre agence ou entité gouvernementale impliquée dans des activités de renseignement » l'utilisation de crédits budgétaires qui « auraient l'effet de soutenir directement ou indirectement les opérations militaires ou paramilitaires (menées) au Nicaragua par de quelconques groupes, nations ou organisations ».

L'impuissance parlementaire

Malgré tous ces obstacles, la Maison Blanche a su se préserver une importante marge de manœuvre. Le *War Powers Act*, au demeurant fort ambigu, n'a que fort peu gêné le président. Le concept de guerre classique s'est depuis longtemps volatilisé. Les actions militaires se font souvent ponctuelles, visant à préserver un certain ordre ou à le rétablir en un temps limité. Le *War Powers Act* n'a pas empêché l'intervention au Cambodge en mai 1978, lors de l'affaire du *Mayaguez*, pas plus que l'envoi des *marines* au Liban en septembre 1982, l'invasion de la Grenade en octobre 1983, l'intervention de la marine dans le golfe Persique en 1987 ou encore l'opération *Juste cause* menée au Panama en décembre 1989.

L'efficacité des mesures visant à limiter les opérations clandestines est restée toute relative. Les activités de la CIA sont par nature très difficiles à contrôler. Et quand la centrale s'est trouvée dans le collimateur du Congrès, comme ce fut le cas à propos de l'aide à la *Contra* antisandi-

niste, c'est le NSC qui a pris le relais en se chargeant lui-même d'effectuer les tâches interdites par la loi à la CIA. Le NSC a monté une opération secrète de financement de la guérilla antisandiniste à l'aide de ressources provenant en partie de ventes d'armes effectuées à l'Iran par le biais d'États tiers. La responsabilité directe de Ronald Reagan dans ce qu'il fut convenu d'appeler le scandale de l'*Irangate* n'a jamais été établie, mais le Congrès a obtenu la démission du vice-amiral John Poindexter, assistant du président pour les questions de sécurité nationale, puis son inculpation ainsi que celle du lieutenant-colonel Oliver North. Ils ont tous deux été condamnés (4 mai 1989 et 7 avril 1990).

Au total, le Congrès a réussi, depuis le début des années soixante-dix, à limiter les pouvoirs du président. Il a contraint la présidence à mieux tenir compte, dans ses décisions, de la sensibilité du pouvoir législatif.

Néanmoins, la tentative du Congrès pour recouvrer la plénitude de ses fonctions constitutionnelles a largement échoué. L'institution n'a pas réussi à s'imposer comme l'égale du président. Son information est souvent insuffisante pour exercer un contrôle (même *a posteriori*) efficace. En outre, le Congrès est tributaire des réactions de l'opinion publique et ne peut en découdre avec le président si ce dernier jouit d'un large soutien populaire. Or, tous les sondages montrent que l'opinion publique soutient son président à chaque fois que celui-ci engage militairement les États-Unis à l'étranger.

Concurrence entre les adjoints du président

L'autre grand problème qui a perturbé le système de prise de décision est la dérive du NSC par rapport à sa vocation originelle, source de dysfonctionnements dans les rapports entre la présidence et le ministère des Affaires étrangères (Département d'État). Cette dérive n'a pas été propre à la présidence Reagan. Elle a véritablement commencé avec le duo Nixon-Kissinger. Les prédécesseurs de Richard Nixon s'étaient gardés d'en faire un instrument puissant et s'appuyaient essentiellement sur le secrétaire d'État, tout à la fois chef de la diplomatie et conseiller privilégié du président.

Sous Richard Nixon, le NSC et l'assistant du président ont véritablement éclipsé le Département d'État. Homme de solitude et de soupçon, R. Nixon voulait conduire la politique étrangère entièrement à partir de la Maison Blanche. Il confia à Henry Kissinger le soin de réorganiser le NSC dans le but de se donner une plus grande autonomie. Kissinger mit sur pied un système très étoffé, structuré et hiérarchisé de préparation de décision. Mais cette concentration s'est accompagnée d'effets pervers. En voulant tout faire lui-même, H. Kissinger a créé un goulot d'étranglement dans son propre système. Souvent des décisions à prendre d'urgence devaient attendre son retour de voyage pour l'une ou l'autre de ses missions secrètes.

En 1973, au début du second mandat de R. Nixon, le secrétaire d'État a retrouvé tous ses pouvoirs. Mais ce brillant ministre n'était autre que H. Kissinger lui-même qui emportait avec lui tous les privilèges qu'il possédait à la Maison Blanche. Depuis le départ précipité de Richard Nixon (1974) et jusqu'à l'arrivée de Jimmy Carter (1977), c'est H. Kissinger qui a tenu la barre de la politique étrangère, paré cette fois de l'habit ministériel.

Jimmy Carter, à son tour, a pris ses distances par rapport aux méthodes de son prédécesseur. Son entourage a perdu le monopole qu'avait Henry Kissinger, sans qu'on puisse toutefois parler de renversement de tendance.

La camarilla de Ronald Reagan

Sous Ronald Reagan, le prestige du NSC a décliné sans pour autant profiter au secrétaire d'État. Au début, le processus de décision devait ressembler à celui qui prévalait sous Dwight Eisenhower et Foster Dulles, où le secrétaire d'État était le porte-parole de la politique étrangère. Le conseiller pour les questions de sécurité, Richard Allen, ne devait avoir qu'un rôle de coordination entre les différents ministères et n'était pas censé voir tous les jours le président, ce qui comblait d'aise le secrétaire d'État pressenti, Alexander Haig. Mais la « troïka californienne » des vieux amis intimes de Reagan qui avaient directement accès à lui (Edwin Meese, James Baker et Michael Deaver) ont accaparé le pouvoir. Le premier, surtout, est constamment intervenu auprès du président pour donner son avis sur des problèmes de politique étrangère.

La nomination de William Clark, en remplacement de Richard Allen compromis dans une sombre affaire de montres japonaises, a aggravé la situation. W. Clark, qui n'était pas un spécialiste de politique étrangère, a pourtant occupé à la Maison Blanche une position plus forte que celle de son prédécesseur : californien et ami proche de Reagan, il ne dépendait plus de la troïka, mais disposait d'un accès direct au bureau du président. La Maison Blanche a agi de plus en plus sans coordonner ses initiatives avec le secrétaire d'État, voire en le court-circuitant ostensiblement. Exaspéré, A. Haig a fini par démissionner en juin 1982.

Son successeur, George Shultz, n'avait pas les mêmes ambitions. Il s'est contenté d'une action discrète et ne souhaitait pas s'imposer du jour au lendemain à la puissante *camarilla* du président. Avec le départ de W. Clark, en 1983, il a pourtant eu les coudées plus franches et, malgré les pressions contradictoires de Caspar Weinberger, ministre de la Défense, de Jeane Kirkpatrik, ambassadeur à l'ONU, et d'autres hauts fonctionnaires, il a réussi à convaincre le président de reprendre à Genève les pourparlers avec les Soviétiques sur le contrôle des armements.

Ni Robert McFarlane, ni John Poindexter, successeur de W. Clark, n'ont su donner au NSC le prestige qu'il avait acquis

Bibliographie

Brzezinski Zbigniew, « The NSC's Mid-life Crisis », *Foreign Policy*, n° 69, New York, hiv. 1987-1988.

Kissinger Henry, *Les Années orageuses*, 2 vol. Fayard, Paris, 1982 (trad. de l'américain).

Schlesinger Arthur M., *La Présidence impériale*, Économica, Paris, 1980.

Toinet Marie-France (sous la dir. de), *Et la Constitution créa l'Amérique*, Presses universitaires de Nancy, 1988.

sous H. Kissinger et sauvegardé sous J. Carter. Tous les deux étaient des experts militaires peu aptes à réaliser la synthèse nécessaire entre la diplomatie, l'économie et la défense. Non seulement le NSC a perdu son rôle de coordination politique, mais il s'est mué, avec l'affaire *Iran-Contra*, en officine opérationnelle. La présidence s'est ainsi abaissée à effectuer des opérations clandestines et illégales, des montages financiers aussi compliqués que scabreux.

L'affaire de l'*Irangate* a paralysé le NSC pendant des mois et a porté un coup sévère à l'aura de la présidence. R. Reagan a tenté de mettre un peu d'ordre à la Maison Blanche en nommant un professionnel de la diplomatie calme et rassurant, Frank Carlucci. Mais il était bien tard : jamais le processus décisionnel ne s'était autant dégradé ; jamais l'influence des non-spécialistes n'avait été aussi grande. On ne saurait comprendre cette évolution sans la mettre en rapport avec la personnalité du président qui n'avait pas de vision claire des fonctions de la Maison Blanche et qui répugnait à diriger la politique étrangère au jour le jour. Le résultat fut déplorable. Pour avoir voulu échapper à la tutelle du Congrès, la présidence s'est retrouvée affaiblie et il s'en est fallu de peu qu'elle ne soit totalement discréditée.

La présidence George Bush marque une certaine « normalisation » du fonctionnement de la Maison Blanche. Passionné des grandes questions internationales, le président est lui-même aux commandes de la politique étrangère comme l'ont montré en 1989-1990 les événements de l'Europe de l'Est, du Panama et ceux du Golfe consécutifs à l'invasion du Koweït par l'Irak. Il décide des objectifs politiques, de la stratégie militaire et des démarches diplomatiques, s'appuyant sur une multiplicité de responsables. Le conseiller à la Sécurité nationale, Brent Scowcroft, n'a pas de prépondérance particulière. G. Bush travaille en prise directe avec James Baker, secrétaire d'État et ami proche, Richard Cheney, secrétaire d'État à la Défense ou encore le général Colin Powell, chef d'État-Major interarmées. Les *Bush boys* sont tout à la fois à l'intérieur et à l'extérieur de la Maison Blanche. G. Bush ne souffre pas de complexe d'encerclement. Ce qui facilite l'entente entre la présidence et l'appareil politico-administratif. Entente plus que jamais nécessaire en période de crise aiguë.

Samy Cohen

LES MOYENS DE LA PUISSANCE

Impérialisme, hégémonie ou déclin?

■ Sont-ils impérialistes, hégémoniques ou déclinants? Il n'existe pas *a priori* d'incompatibilité entre ces trois adjectifs et c'est bien dans cet ordre chronologique qu'ils sont apparus à propos des États-Unis.

Le concept d'«impérialisme» leur a été appliqué le premier. Le terme a, il est vrai, outre une connotation volontiers péjorative, des significations assez différenciées. Aussi convient-il de lever toute ambiguïté. Convaincus que la cause de leur nation était dans une grande mesure celle de l'humanité, les Américains ont assez vite affiché un expansionnisme qui les a d'abord conduits à largement s'étendre sur un continent que, selon la doctrine de la «Destinée manifeste», la Providence leur aurait d'ailleurs réservé. Ensuite, vers la fin du XIXᵉ siècle, dans la foulée de la guerre hispano-américaine (1898), les États-Unis ont brièvement succombé à la fièvre «impérialiste», c'est-à-dire colonialiste : ils acquirent, conquirent ou annexèrent Porto Rico, Guam, les Philippines et Hawaii. Pourtant, ils furent très vite prémunis contre la tentation d'une expansion outre-mer parce que celle-ci était incompatible avec le fonctionnement de leur démocratie — quitte à pratiquer un interventionnisme parfois musclé (leur engagement de décembre 1989 au Panama l'a rappelé) dans la zone des Caraïbes et de l'Amérique centrale, aussi instable que vitale pour leurs intérêts.

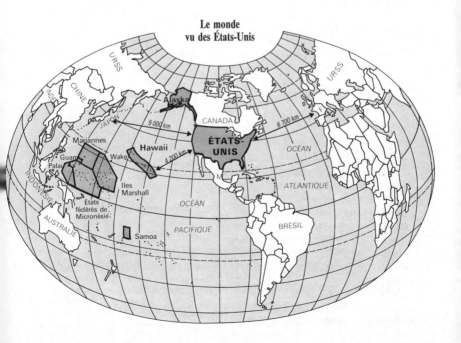

Le monde vu des États-Unis

Mais le débat revêt une tout autre acuité dès lors qu'entre en jeu une école de pensée, inspirée, entre autres, par le livre de Lénine, *L'impérialisme, stade suprême du capitalisme* (1916). Selon cette école, dès les années 1899-1900, à travers les fameuses notes de la « Porte ouverte », les États-Unis auraient posé les jalons d'un avatar moderniste de l'« impérialisme », le « néo-impérialisme ». Et, à partir des années cinquante, ce dernier se serait substitué à un colonialisme désuet pour maintenir, par toutes sortes de stratagèmes (« échange inégal », pénétration des sociétés multinationales, complicité des élites locales), les pays sous-développés dans un système d'« exploitation » les condamnant à la pauvreté et à une « dépendance » tournant en dérision leur souveraineté.

L'impérialisme nuancé

Cette vision n'est pas sans rapport avec la réalité. De toute évidence, à la fin de la Seconde Guerre mondiale, les Américains ont profité de la situation de quasi-table rase engendrée par les hostilités pour imposer un ordre économique international conforme à leurs intérêts. Sous cet aspect, leur dessein a été hégémonique. L'accusation d'« impérialisme » peut-elle pour autant être appliquée ? Elle peut sans doute se justifier dès lors qu'on s'en tient aux résultats plus qu'aux intentions, réelles ou professées, à l'égard de certains pays sous-développés. Mais elle doit être nuancée. Tout d'abord, même si le système économique international, non discriminatoire et ouvert, que les Américains ont prôné a pu, dans certains cas, aggraver les difficultés auxquelles les pays en voie de développement étaient confrontés, rien ne prouve qu'il porte la responsabilité exclusive ou même essentielle d'une situation que les conditions locales (démographie galopante, égoïsme des élites, absence de capital) ont largement contribué à créer. Ensuite, s'ils les ont servis en priorité, les Américains peuvent raisonnablement prétendre ne pas avoir poursuivi leurs seuls intérêts. Leur dessein était d'éviter un retour aux désordres et aux errements des années trente (guérillas monétaires désastreuses, surenchères protectionnistes) qui, à leurs yeux, avaient directement contribué à plonger le monde dans les hostilités. Ils n'aspiraient pas à instaurer un cadre d'exploitation où la périphérie devait être impitoyablement oppressée, mais un jeu « à somme non nulle » où aucun des participants n'était fatalement condamné à perdre ce que l'un des autres gagnait. Et surtout, leurs interventions les plus coûteuses à l'étranger (la Corée, le Vietnam) leur ont moins été dictées par la poursuite de gains économiques que par un impératif stratégique : endiguer l'expansionnisme du communisme et, avec lui, de la puissance soviétique.

C'est qu'en 1941 l'agression japonaise à Pearl Harbor est venue leur rappeler une leçon que la Première Guerre mondiale leur avait déjà suggérée : il était impossible de s'isoler du reste de l'humanité et de laisser une puissance expansionniste hostile dominer un environnement inter-

Aide publique au développement
Principaux pays bénéficiaires
(1977-1989, milliards de dollars)
Par ordre d'importance : Israël (46,5) ; Égypte (32) ; Turquie (9) ; Pakistan (8) ; Grèce (7) ; El Salvador (6).
Les crédits d'aide publique du budget 1990 se chiffraient à 14,6 milliards de dollars.
National Journal, *27.01.1990.*

Bibliographie

LaFeber Walter, *The New Empire : An Interpretation of American Expansion, 1860-1898*, Cornell University Press, Ithaca (NY), 1963.

Williams William A., *The Roots of the Modern American Empire*, Random House, New York, 1969.

national où ils se retrouveraient seuls. Dès lors, dans leur approche diplomatique, les aspirations économiques ont dû se conjuguer avec des impératifs stratégiques. A la fin de la Seconde Guerre mondiale, ils avaient pu espérer concilier la prépondérance économique avec des responsabilités géopolitiques limitées : l'ONU devait pourvoir en grande partie à leur sécurité. Mais dès 1947, face à la menace mortelle de l'expansionnisme soviétique, ils ont dû édifier un système impérial. Le prix en fut infiniment plus élevé que celui de la *Pax Britannica*.

Le fardeau impérial

A plus d'un titre, leur *leadership* a renforcé l'influence des Américains sur leurs alliés. Mais le « fardeau » de l'empire est devenu de plus en plus lourd à porter. Dès la fin des années cinquante, les termes de la contradiction à laquelle ils allaient se heurter commençaient à se dessiner. A l'automne 1957, le lancement du *Spoutnik* par les Soviétiques laissait présager une ère de parité stratégique où leur puissance militaire (le Vietnam allait cruellement le démontrer) n'aurait plus qu'une efficacité limitée. En 1958, le premier déficit grave de leur balance des paiements annonçait l'érosion progressive de leur suprématie économique incontestée, devant la montée de nouveaux concurrents, Allemands et Japonais, qu'ils avaient eux-mêmes aidés à se relever.

Pour surmonter la difficulté, les Américains ont cherché à redéfinir de façon plus stricte leurs véritables intérêts. Ils ont aussi essayé d'obtenir une coopération plus substantielle de la part de leurs alliés, puis, devant le manque d'empressement de ces derniers, la leur ont arrachée en recourant aux possibilités que leurs prérogatives monétaires leur offraient. Mais à force d'en abuser, ils ont pris le risque de saper l'ordre économique qu'ils avaient instauré et d'éroder la suprématie financière qui leur avait si souvent servi de levier.

Dès la fin des années soixante-dix, le thème du « déclin » était en vogue chez certains commentateurs et politiciens. Un temps en retrait sous Reagan, habile à créer l'illusion de la grandeur retrouvée, il est revenu sur le devant de l'actualité comme l'a attesté, dès 1988, le succès du livre de l'historien Paul Kennedy, *Naissance et Déclin des grandes puissances*. En 1990, l'idée que les États-Unis souffrent d'une « surexpansion impériale » est couramment acceptée. Les signes inquiétants se sont accumulés, il est vrai : le creusement brutal des déficits du commerce extérieur et du budget n'est-il pas le prix indirect de l'effort de réarmement forcené dans lequel le pays s'est lancé au début des années quatre-vingt ? Le recul de leur compétitivité face aux Japonais ne s'est-il pas aggravé et étendu des secteurs traditionnels comme l'automobile aux industries nouvelles, les semi-conducteurs en particulier ? Surtout, n'ont-ils pas perdu, en 1985, le statut de créancier pour devenir en quelques années le pays le plus endetté ?

Alors même que l'image d'un « Pearl Harbor économique » progressait dans les esprits, les Américains ont peut-être remporté un immense succès en réalisant, à partir de 1989, un objectif que leur diplomatie s'était initialement fixé mais auquel elle donnait l'impression d'avoir renoncé : l'atténuation de la menace stratégique d'une URSS désormais accaparée par ses difficultés économiques et par ses tensions ethniques.

Seul le temps permettra de juger l'impact de ces bouleversements. Au demeurant, les Américains ont trop d'atouts majeurs et sont trop persuadés que « le monde peut être recommencé » pour que le spectre même du déclin ne les incite pas à le conjurer. Mais s'il est probable qu'ils restent encore longtemps à la tête des démocraties occidentales, ils risquent aussi d'éprouver de plus en plus de difficultés à assumer le coût de leur mission « impériale ». Sous cet aspect, les événements du Golfe consécutifs à l'invasion du Koweït par l'Irak (1990) ont jeté une lumière crue sur cette double réalité : si en cette ère de « profil bas » de la diplomatie soviétique, leur puissance militaire a été revalorisée et leur a permis de voler au secours de l'ordre international bafoué ; cette intervention dont ils avaient seuls la capacité devait encore peser sur leur déficit budgétaire et exacerber la tension entre leur statut inégalé et leurs moyens limités.

Pierre Mélandri

Un réseau vaste et puissant de multinationales

■ Le ralentissement de l'expansion des multinationales d'origine américaine a souvent été invoqué comme preuve du déclin économique des États-Unis. Ainsi, lors de la récession de 1982-1983, le *stock* des investissements directs à l'étranger (IDE) des États-Unis a diminué de 9 % ; quant aux *flux* de sortie de capitaux américains au titre de l'IDE, ils ont chuté de 34 milliards de dollars cumulés en 1980-1981 à 10 milliards en 1982-1983. En 1985, les flux ont recommencé de croître et le stock d'investissements directs à l'étranger, avec une valeur de 230 milliards de dollars, représentait 35 % du stock mondial (47 % du total en 1960).

De 1982 à 1984, les multinationales américaines ont été dépassées — en flux sortant d'IDE — par les multinationales anglaises et, en 1984, par les japonaises. Autre signe de déclin : depuis 1982, les entrées d'IDE aux États-Unis — surtout d'Europe et du Japon — ont été plus élevées que les sorties.

C'est à partir de 1985 que la tendance s'est inversée : les multinationales américaines sont entrées dans une nouvelle phase d'expansion. Le stock des investissements directs à l'extérieur a crû de 42 % entre 1985 et 1988. La rentabilité des firmes, qui avait baissé en 1982-1983, s'est élevée à plus de 14 % depuis 1985 et à près de 18 % en 1987.

Les investissements directs à l'étranger se concentrent pour les trois quarts dans les pays développés dont la part a peu augmenté, au détriment des pays en développement (PVD). Cela n'a rien de surprenant puisqu'à partir de 1985 — et pour la première fois —, la rentabilité des multinationales américaines a été inférieure dans ces derniers. Par ailleurs, en 1987, la moitié des flux d'investissement dans les pays en voie de développement a été dirigée vers les paradis fiscaux et un quart vers les nouveaux pays industriels d'Asie. La part du secteur pétrolier dans l'IDE a décliné depuis 1985, celle de l'industrie s'est stabilisée et celle du tertiaire a augmenté. Dans ces deux secteurs, la rentabilité, effondrée en 1983, s'est améliorée depuis. En 1987, le taux de profit des multinationales de l'industrie a atteint un niveau sans précédent. Au début des années quatre-vingt-dix, la crise économique paraissait bien finie pour les multinationales américaines. Était-ce aussi le signe de la fin du déclin économique des États-Unis ?

Six parmi les dix premières mondiales

Le réseau mondial des multinationales américaines est vaste et dense avec 17 200 filiales étrangères, dont 11 000 dans l'industrie (en 1982), dépendant de 2 110 sociétés mères. Les plus grandes multinationales du monde sont encore américaines ; en 1988, on en comptait six parmi les dix premières. Dans les nouvelles technologies, elles viennent en tête : Texas Instruments, Motorola, General Electric dans

Bibliographie

Andreff Wladimir, *Les Multinationales*, La Découverte, « Repères », Paris, 2ᵉ éd. 1990.

Blasco Bernard, « Les investissements directs américains à l'étrangers », *Problèmes économiques*, n° 2, Paris, 8 nov. 1989.

Lanteri Marc, « Les investissements directs États-Unis/Europe : analyse des évolutions récentes », *Revue d'économie industrielle*, n° 48, Paris, 2ᵉ trim. 1989.

Lemperière Jean, « Rôle des filiales américaines dans les échanges des États-Unis », *Revue Tiers-Monde*, n° 113, Paris, janv.-mars 1988.

Les Sociétés transnationales et le développement mondial. Tendances et perspectives, Centre sur les sociétés transnationales des Nations unies, ONU, New York, 1988.

les semi-conducteurs ; ATT, ITT, GTE dans les télécommunications ; IBM, Digital Equipment, Unisys, Hewlett-Packard, NCR pour les ordinateurs ; Corning Glass dans les nouveaux matériaux. Elles dominent aussi dans les industries traditionnelles, comme le pétrole ou l'alimentation (Coca-Cola, Philip Morris), et dans les services : l'assurance, la publicité, les chaînes hôtelières, la restauration (les vingt premières multinationales de la restauration *fast-food* sont toutes américaines).

Les multinationales ont été très actives dans la vague de fusions d'entreprises réalisées aux États-Unis de 1978 à 1987 (plus de 2000) et en Europe, comme le rachat de Dim par Sara Lee, pour ne citer qu'un exemple. Elles ont passé des alliances, surtout dans la recherche, avec des multinationales japonaises et, en vue du Marché unique de 1992, avec les européennes.

L'impact de ses multinationales sur l'économie des États-Unis est plutôt positif. Elles emploient 6,4 millions de salariés à l'étranger, 24,6 millions aux États-Unis (1984) et soutiennent indirectement l'emploi par les flux de commerce qu'elles engendrent. En 1983, elles réalisaient 77 % des exportations et 54 % des importations américaines, représentant un excédent de 34 milliards de dollars, alors que la balance commerciale globale se soldait par un déficit de 67 milliards. Le gouvernement a donc intérêt à soutenir ses multinationales par le biais de l'Overseas Private Investment Corporation — OPIC — (Corporation pour les investissements privés d'outre-mer) qui leur fournit une assurance contre les risques à l'étranger, des prêts et diverses facilités. En 1987, l'OPIC est intervenue dans 165 projets représentant 2,3 milliards de dollars d'investissements, 13 500 emplois et 2 milliards de dollars d'exportations à partir des États-Unis. Enfin, les banques

STOCK DES INVESTISSEMENTS DIRECTS AMÉRICAINS A L'ÉTRANGER (en milliards de dollars 1981-1988)						
Année	Total	En pays développés	En pays en voie de dév.	Pétrole	Industrie	Tertiaire
		%	%	%	%	%
1981	228	73,2	26,8	21,9	39,9	38,2
1983	207	75,4	24,6	25,3	40,7	34,0
1985	230	74,8	25,2	24,8	41,3	33,9
1986	260	74,6	25,4	22,7	40,4	36,9
1987	308	75,6	24,4	20,1	41,2	38,7
1988	327	75,1	24,9	18,3	41,0	40,7

LES MULTINATIONALES AMÉRICAINES PARMI LES DIX PLUS GRANDES FIRMES DU MONDE EN 1988				
Entreprise	CA (a)	Bénéfice (b)	Effectifs (c)	Pays (d)
General Motors	121 085	4 856	766 000	40
Ford Motor	92 446	5 300	358 900	28
Exxon	79 557	5 260	100 000	80
General Electric	49 414	3 386	298 000	39
IBM	59 681	5 806	387 000	138
Mobil	48 198	2 087	69 600	100

a. Chiffre d'affaires en millions de dollars; b. Bénéfice net en millions de dollars; c. Totaux : société mère et filiales étrangères; d. Nombre de pays d'implantation.
Source : Fortune, sept. 1989.

américaines accompagnent les multinationales à l'étranger grâce à leur réseau de 1 126 filiales et interviennent activement sur les marchés financiers internationaux.

Wladimir Andreff

Finance internationale, la fin de l'hégémonie

■ Grâce à leur puissance économique, les États-Unis ont approvisionné en capitaux le marché mondial depuis la fin de la Seconde Guerre mondiale. Les premières sociétés multinationales qui ont opéré sur ce marché étaient américaines ; et c'est pour répondre à leurs besoins que les banques ont elles-mêmes développé leur secteur étranger et ont été amenées à jouer un rôle global de collecte et de redistribution des capitaux sur les marchés financiers du monde. Dans les années soixante, la majorité des dix premières grandes banques internationales étaient américaines.

La concurrence internationale

Cependant, ces grandes banques ont perdu du terrain au niveau international. Alors que l'importance des actifs tient désormais un rôle crucial dans le jeu financier, les banques américaines ne sont plus en position concurrentielle par rapport aux institutions japonaises ou européennes. Avec en tête la société Dai-Ichi Kangyo, dont les actifs atteignaient 384 milliards de dollars, les banques japonaises occupaient, en 1989, les huit premières places, suivies du Crédit agricole français et finalement, en dixième position, de la banque américaine Citicorp, dont les actifs ne représentaient que 208 milliards de dollars. Sur les cinquante premières banques dans le monde, dix-neuf sont européennes et quatre seulement américaines : Citicorp, Chase Manhattan, Bankamerica et Morgan Guaranty Trust. Ces banques de dépôts jouent en fait le rôle de banques d'affaires à l'étranger : elles y ont connu un développement plus spectaculaire qu'à l'intérieur des États-Unis, même si elles n'y ont plus la prééminence.

En 1989, les firmes américaines ont investi 48,9 milliards à l'étranger pour l'achat d'usines et d'équipements (plant and equipment), particulièrement en Europe et en Asie (pays nouvellement industrialisés). Les rachats des entreprises, autre forme d'investissement américain à l'étranger, se sont élevés en 1989 à 15,2 milliards de dollars (185 acquisitions) pour la seule Europe. D'après Wall Street Journal, 9.04.1990.

Bibliographie

Khambata Dara M., *The Practice of Multinational Banking*, Qurom Books, New York, 1986.

La dépréciation du dollar est à l'origine de cette perte de position : depuis le milieu des années quatre-vingt, ce dernier a perdu la moitié de sa valeur par rapport aux autres devises, notamment le mark et le yen. Cette dépréciation a causé une perte relative de capital : 100 millions de dollars d'hier n'en valent plus que 50 aujourd'hui.

Les Américains ont mis du temps pour se rendre compte du coût de ce laisser-faire financier. Leur déséquilibre budgétaire chronique, inondant le monde de dollars flottants et entraînant une dépréciation *de facto* de leur devise, leur a coûté la première place sur les marchés financiers internationaux. Un enthousiasme à court terme devant les avantages concurrentiels, pour les entreprises nationales, d'un dollar à la baisse a empêché les autorités financières d'intervenir à temps. Cependant, une politique plus avertie ne peut amener qu'un soutien temporaire. La baisse du dollar reflète les problèmes économiques du pays.

Capacité d'innovation

Si elles ont perdu du terrain en termes de capital, les banques américaines n'en affirment pas moins leur présence sur tous les grands marchés financiers du monde. A Londres, berceau de la finance internationale, les banques américaines continuent de jouer un rôle important. Chase Manhattan et Morgan y sont établies depuis le XIXᵉ siècle. Nombres d'institutions financières s'y sont installées depuis les années soixante.

En 1989, les banques américaines représentaient encore l'effectif le plus important des institutions financières étrangères, employant plus de 15 000 personnes. Elles sont également présentes sur les autres grands marchés financiers, Tokyo, Hong Kong, Taipei, Paris, Francfort, Zurich, au même titre que leurs concurrents européens ou japonais. Lorsqu'en 1988 la compagnie aérienne hollandaise K L M a accru son capital de 400 millions de dollars, c'est la banque américaine Morgan qui a assuré la mise en vente et la circulation des valeurs nouvellement émises grâce à un réseau bancaire qui couvre le monde entier ; les actions furent vendues simultanément au Japon, en Europe et à New York. Ainsi, la perte de position relative des grandes banques américaines au niveau international se trouve en partie compensée par la diversité de leurs services. Affaiblies, elles restent néanmoins très innovatrices : ce sont elles qui élaborent de nouveau instruments financiers qui sont vite imités par les banques étrangères.

Ariane Genillard

*Des lois fédérales et étatiques (*Buy American Act*) contraignent les entités publiques à acheter des produits fabriqués aux États-Unis.*

Dollar : confiance en baisse

■ « Le démenti apporté par Mikhaïl Gorbatchev... a fait refluer le dollar en Europe... » Les déclarations ne manquent pas dans la presse qui témoignent du rôle central de la monnaie américaine à l'échelle mondiale. Si certains ont cru en l'émergence progressive d'un système polycentriste de monnaies concurrentes, les années quatre-vingt n'en ont pas vu la concrétisation : à 6 francs comme à 10, le billet vert a gardé sa prédominance. Lorsque au début de 1987, le groupe des six principaux pays occidentaux industrialisés (États-Unis, Japon, RFA, France, Royaume-Uni et Canada) décidait, à l'issue des rencontres du Louvre, d'une coopération étroite en vue de stabiliser les cours du change, les autorités internationales entérinaient implicitement cet état de fait. La domination du dollar sur les marchés internationaux faisait de ses fluctuations une menace sérieuse à la stabilisation de la croissance mondiale : mettre un terme à ces mouvements de change devint dès lors un impératif.

Un instrument universel

Confirmé dans son rôle de monnaie refuge dès le moindre trouble politique ou économique sur la scène mondiale, le dollar demeure en outre la première monnaie de transaction et de réserve. Non seulement le règlement des échanges bilatéraux des États-Unis avec le reste du monde, mais la facturation d'environ 50 % du commerce mondial s'effectuent en dollars. Tout aussi prédominante est sa place sur les marchés financiers : en 1988, les prêts internationaux des pays industrialisés étaient encore réalisés à hauteur de 40 % en dollars, et les réserves monétaires des banques centrales constituées aux deux tiers en cette même devise. Ses fluctuations à la hausse ou à la baisse, même minimes, sont de fait immédiatement diffusées dans l'économie mondiale. A titre d'exemples : les importations de la France libellées en monnaie américaine équivalent, selon les années, à 20 ou 30 % des achats extérieurs, contre 10 à 15% en marks allemands. Ceci signifie encore qu'une appréciation de un franc du dollar, de 5,50 à 6,50 FF, représenterait en 1990 un surplus d'environ 60 milliards de francs de la facture extérieure. A l'extrême, dans le cas d'un pays exportateur de pétrole dont les recettes d'exportations sont quasi exclusivement réalisées en dollars, mais les importations facturées en diverses mon-

TAUX DE CHANGE DU DOLLAR

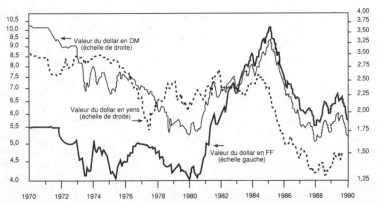

FORMATION ET FINANCEMENT DE LA DETTE EXTÉRIEURE AMÉRICAINE					
	1980	1983	1985	1987	1988
De la formation du déficit courant américain... (en % du PNB)					
Épargne nationale	16,2	13,6	13,3	12,2	13,2
dont ménages	5,0	3,8	3,1	2,3	3,0
entreprises	12,5	13,6	13,4	12,4	12,2
gouvernement	− 1,3	− 3,8	− 3,3	− 2,4	−2,0
Investissement	16,0	14,8	16,0	15,5	15,4
Besoin de financement extérieur	**− 0,2**	**1,2**	**2,7**	**3,3**	**2,4**
... à son financement... (milliards de dollars)					
Solde courant	**1,5**	**− 44,3**	**− 112,7**	**− 143,7**	**− 126,5**
... les États-Unis sont débiteurs nets à l'égard du reste du monde depuis 1985. (stocks en fin d'année en milliards de dollars)					
Avoirs des États-Unis à l'étranger	601,7	873,5	947,7	1 069,7	1253,6
Avoirs des étrangers aux États-Unis	500,8	784,5	1 061,1	1 548,0	1786,2
Stock de la dette extérieure	**− 106,3**	**− 89,0**	**111,4**	**378,3**	**532,6**

Sources : US Department of Commerce.

naies, une telle appréciation signifierait un revenu supplémentaire presque net.

On comprend dès lors que l'évolution du taux de change du dollar et les facteurs les plus pertinents de ses fluctuations à venir retiennent l'attention de nombre d'observateurs et intervenants dans le monde entier. Longtemps laissé entre les mains du seul marché des changes, politique dite du *benign neglect*, le cours du change en 1990 est clairement le résultat d'une politique volontariste. Parce qu'en luttant contre l'inflation aux États-Unis, elle préserve simultanément le pouvoir d'achat du stock de dollars détenu à l'extérieur de son territoire, la politique monétaire américaine est loin d'être neutre.

Les offensives de la Réserve fédérale visant, dans le cadre d'une politique anti-

inflationniste, à une forte élévation des taux d'intérêt (1980 à 1984) ou, dans un souci de résorption des déséquilibres extérieurs, à laisser se déprécier le dollar (1985 à 1987) ont dominé les marchés. De 4 francs français à la fin de 1979, le dollar s'est apprécié jusqu'à 10 FF à la fin 1984 pour revenir à 6 FF début 1987. Depuis, ses marges de fluctuation ont été contenues. Stabilisé dans un premier temps à l'intérieur des fourchettes officieuses des accords du Louvre (1,80 DM et 150 yens pour 1 dollar), puis fortement attaqué au lendemain du krach boursier d'octobre 1987, sa stabilisation puis son appréciation courant 1988 ne sont intervenues qu'avec la certitude d'un retour à une croissance soutenue de l'économie. Relayée par le resserrement monétaire

400

Bibliographie

Fouet Monique, *Le Dollar*, La Découverte, « Repères », Paris, 1989.

Pisani-Ferry Jean, *L'Épreuve américaine*, Syros, « Alternatives économiques », Paris, 1988.

consécutif aux risques de surchauffe, le dollar s'est apprécié à nouveau dans la première moitié de 1989 avant que les signes de ralentissement de l'activité n'apparaissent.

Une marge de manœuvre réduite

Souvent accusées de jouer d'un puissant instrument universel à des fins nationales, les autorités américaines disposent désormais de marges de manœuvre réduites. Le rapide développement de la dette extérieure américaine qui a caractérisé la reprise depuis 1982 subordonne la croissance à l'apport de capitaux extérieurs. Dans ces conditions, s'assurer du maintien de la confiance des investisseurs potentiels, nécessaire au financement de la croissance, est une exigence que les aléas conjoncturels et les enjeux internationaux entravent de plus en plus.

Les opportunités de placements différenciés qui se sont multipliées en même temps que la croissance se diffusait à l'ensemble des économies industrialisées ont accru les exigences de rémunération sur la devise américaine. Les tensions sur les taux d'intérêt et la volatilité des mouvements de change qui en ont résulté ont souvent menacé l'équilibre monétaire international au cours des années Reagan et dévoilé la précarité du système.

Les tentatives de coordination des politiques économiques mises en place depuis février 1987 en vue d'une résorption progressive des déséquilibres ont été peu probantes jusqu'en 1990. Une gestion étroite des conditions monétaires et des interventions répétées des banques centrales sur les marchés des changes ont certes réussi à atténuer les soubresauts du dollar, mais le besoin de financement de l'économie américaine s'est peu réduit. Le manque d'efficacité de la politique des États-Unis en la matière affecte sévèrement la confiance des marchés dans une période où la poursuite d'une croissance durable est loin d'être garantie.

Cette situation peut-elle durer ? Les bouleversements intervenus dans les pays d'Europe de l'Est, qui semblent vouloir drainer une partie des placements internationaux, et l'unification monétaire entre les deux Allemagnes sont susceptibles de créer une situation nouvelle, voire une remise en cause du système qui a prévalu depuis les années soixante-dix.

Véronique Riches

Le protectionnisme, arme au service du libre-échange ?

■ Succédant à l'Angleterre impériale du XIXᵉ siècle, les États-Unis se sont faits les champions du libre-échange après la Seconde Guerre mondiale. Pays dominant sans partage sur le plan économique, technologique et financier, ils purent imposer à leurs partenaires européens leurs conceptions des relations économiques internationales. Cette domination s'est concrétisée dans le domaine du commerce international par le GATT (Accord général sur les tarifs douaniers et le commerce), créé en 1947. Depuis lors, les États-Unis n'ont pas cessé de mener le combat du libre-échange dans les négociations internationales organisées sous l'égide du GATT, du *Kennedy Round* à l'*Uruguay Round*, cherchant à imposer des règles universelles pour s'opposer aux tentatives protectionnistes ou à la mise en place

Les États-Unis et le GATT

◆ La volonté de désengagement budgétaire de l'État et l'indispensable réduction du déficit de la balance commerciale conjugués à l'action des lobbies sur le Congrès dictent largement les priorités américaines dans l'Uruguay Round, la négociation la plus ambitieuse jamais conduite au GATT (Accord général sur les tarifs douaniers et le commerce). La stratégie adoptée pour atteindre les objectifs ainsi déterminés reflète l'érosion relative de la puissance commerciale des États-Unis : le cadre multilatéral n'est plus jugé suffisamment sûr et les « arrangements » bilatéraux permettent de réaliser des gains substantiels lorsque l'on dispose d'un poids suffisant. Cependant, l'intransigeance américaine suscite des oppositions résolues, tandis que l'ampleur des concessions attendue des partenaires appelle des contreparties qui ne pourront être aisément satisfaites.

L'ambition américaine est d'élargir la compétence de l'Accord général à trois nouveaux domaines et de soumettre l'agriculture aux disciplines du GATT. La mondialisation de l'économie justifie l'inclusion des services (mais certains tels que la banque et les assurances en priorité), la protection de la propriété intellectuelle (réclamée par les industries de pointe — biotechnologies, informatique...) ainsi qu'une uniformisation des règles en matière d'investissements liés au commerce. Mais le dossier clé de l'Uruguay Round est l'agriculture, l'État devant réduire de façon drastique les soutiens internes et les subventions à l'exportation tout en s'assurant de débouchés cruciaux sur les marchés extérieurs.

La stratégie américaine est double. Stratégie de pressions et d'accords bilatéraux. Accords de libre-échange (Israël, Canada) et accords de limitation « volontaire » des exportations dans des secteurs sensibles. Pressions pour la concession d'avantages bilatéraux et obligation faite au représentant spécial pour le Commerce de prendre des mesures de rétorsion à l'encontre de pays accusés de pratiques commerciales déloyales. Mais aussi stratégie d'alliances au GATT. Ainsi, l'inclusion des services oppose les États-Unis et les pays industrialisés au groupe des Dix (Brésil, Inde...) craignant de souscrire à des engagements trop contraignants. Le même schéma vaut pour la propriété intellectuelle et les investissements liés au commerce. Inversement, afin d'obtenir la libéralisation des échanges agricoles, Washington exerce des pressions conjointes à celles du groupe de Cairns (les « exportateurs loyaux » qui regroupent l'Australie, la Nouvelle-Zélande, l'Argentine, etc.) sur la Communauté européenne et le Japon.

Le succès de cette double stratégie repose cependant sur une série de compromis à trouver avec les grands pays en voie de développement et surtout avec la CEE. Là, les divergences demeurent profondes : sur la formule de réductions tarifaires, la procédure de règlement des différends, l'agriculture. Les concessions attendues des États-Unis concernant la suppression de l'accord multifibre — qui contingente rigoureusement les exportations textiles —, le secteur habillement des PVD, la révision du code anti-dumping (actions essentiellement intentées par les États-Unis), la baisse des droits de douane sur les produits tropicaux transformés, — contreparties à un accès plus large réservé aux produits agricoles américains — augurent d'intenses heures de négociation lors du marchandage final.

Pierre Sicard

d'organisations régionales des échanges. Dans les négociations de l'*Uruguay Round*, lancées en 1986, ils ont tenté avec plus ou moins de succès d'inclure les produits agricoles (universellement protégés) et les services dans le système du GATT pour imposer les règles du libre-échange dans ces secteurs.

402

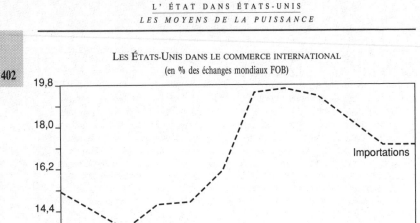

a. 1989 est estimé à partir des résultats du 1er semestre.
Source : Annuaire des statistiques financières internationales, FMI, Washington, 1589.

Pays à vendre ?

Alors que, dans les années cinquante, les États-Unis exportaient leurs produits industriels dans le monde entier et n'en importaient que très peu, les premiers conflits commerciaux, apparus dès 1955 avec le Japon, sont allés en s'aggravant. La reconstruction de l'Europe et du Japon, l'émergence des nouveaux pays industrialisés d'Asie et d'Amérique latine ont permis à ces États de concurrencer les États-Unis. De 1 % à peine dans les années cinquante, le taux de pénétration du marché intérieur américain est passé à 3 % en 1963 puis à 12 % environ en 1985. En s'installant sur le plus grand marché du monde, les économies occidentales ont accéléré leur développement. Mais cette ouverture s'est aussi accompagnée de la disparition progressive des excédents commerciaux américains à la fin des années soixante, puis de l'apparition d'un formidable déficit dans les années quatre-vingt. Ainsi, en jouant le jeu du libre-échange, les États-Unis ont accepé de voir s'effondrer des industries entières, comme l'électronique grand public qui a disparu au profit des exportateurs japonais ou des racheteurs européens (Thomson-RCA). L'ouverture des États-Unis a permis en effet le rachat par l'étranger d'entreprises prestigieuses : Columbia par Sony, Bridgestone par Firestone, Uniroyal par Michelin... à tel point que l'on a pu dire que les États-Unis étaient à vendre.

L'impression prévaut pourtant en 1990 que les États-Unis multiplient les actions protectionnistes. Ils accusent leurs partenaires de ne pas jouer le jeu aussi honnêtement qu'eux. On peut distinguer dans la stratégie protectionniste américaine deux périodes qui s'articulent autour de l'adoption, en 1988, d'un amendement à la loi sur le commerce et la concurrence ; le « *Super 301* » autorise le gouvernement

D'après la loi sur le commerce de 1988, le président peut interdire le rachat d'une entreprise américaine par des capitaux étrangers pour des raisons de sécurité nationale. A l'automne 1989, le ministre des Transports, Samuel Skinner, a ainsi contraint KLM à réduire son investissement dans la compagnie Northwest Airlines.

à mettre en demeure ses partenaires étrangers d'ouvrir leur propre marché aux exportations américaines sous peine de fermeture de l'accès au marché des États-Unis.

Du protectionnisme défensif...

Jusqu'en 1988, le protectionnisme américain, essentiellement défensif, visait à préserver les producteurs américains de la concurrence étrangère. En dehors des tarifs douaniers, il disposait de trois types de mesures :

Fixation d'un prix plancher. Ces mesures visent à pénaliser les exportateurs qui pratiquent des formes de concurrence considérées comme déloyales, notamment le *dumping*. L'avantage du système des prix planchers est qu'il n'instaure pas de rationnement par les quantités mais qu'il prélève sur l'importateur une part du bénéfice qu'il réalise au profit de l'État sans préjudice pour les utilisateurs. Ainsi l'accord nippo-américain sur les semi-conducteurs (septembre 1986) visait-il à préserver partiellement l'intérêt des producteurs d'ordinateurs américains tout en protégeant l'industrie américaine des semi-conducteurs.

Les limitations quantitatives d'importations. Particulièrement brutales, elles sont appliquées lorsque l'offre locale est incapable de faire face à la concurrence, comme c'est le cas de certains segments de l'industrie du vêtement (accord multifibre signé en juillet 1986 pour 5 ans).

Les limitations volontaires d'exportations. Elles permettent à l'exportateur de gérer lui-même la répartition des quotas. Dans ce cas, le surcoût introduit par la limitation d'exportation est payé par le consommateur au producteur, ce qui compense en partie la perte initiale. Ainsi, l'accord nippo-américain sur les automobiles signé au début des années quatre-vingt et reconduit annuellement tout au long de la décennie devait permettre aux trois grands constructeurs américains de combler l'écart de compétitivité avec les Japonais. Il n'en a rien été et pourtant ces derniers ne remplissent plus leurs quotas. Ils ont décidé de délocaliser une partie de leur production aux États-Unis, ce qui représente une évolution majeure dans les échanges internationaux : dans certains cas, le gouvernement américain privilégie ainsi la création d'emplois aux États-Unis plutôt que le libre-échange.

... aux accords bilatéraux

Cependant l'inefficacité de ces mesures protectionnistes pour réduire le déficit commercial des États-Unis a conduit les responsables à rechercher d'autres moyens d'action. Ceux-ci revenaient à abandonner le sacro-saint principe du multilatéralisme pour le bilatéralisme.

Des propositions de création de zones de libre-échange ont été faites à quelques pays. Au cours des années quatre-vingt, seul le Canada a accepté de signer un tel accord (début 1988), qui doit permettre d'éliminer en dix ans les obstacles tarifaires aux échanges. Les propositions faites au Japon, à la Corée du Sud, à Taïwan et au Mexique n'ont pas soulevé beaucoup d'enthousiasme, sauf au Mexique.

Le *Super 301* a marqué un nouveau pas en avant dans la stratégie américaine, l'objectif étant cette fois d'obtenir l'ouverture réciproque des marchés. Trois pays ont été désignés en juin 1989 à la vindicte de Washington : le Japon, le Brésil et l'Inde. Dans le cas du Japon, l'objet du conflit portait sur les exportations américaines de satellites commerciaux, de produits de l'industrie du bois et de super-ordinateurs. Concernant ces derniers, Tokyo a accepté (accord du 23 mars 1990) de lever une partie des restrictions. Washington a donné dix-huit mois à Tokyo pour montrer sa volonté d'ouverture, tous les autres moyens ayant échoué. Cette mesure a revêtu un caractère solennel alors même que le risque encouru par le Japon était assez faible. Si la première application du *Super 301* est apparue modérée, cette législation a ouvert cependant la possibilité d'actions beaucoup plus musclées dans des cas peut-être moins justifiés.

404

Bibliographie

Baldwin Robert E., *Trade Policy in a Changing World Economy*, Harvester-Wheathseaf, Hemel Hampstead (R.-U.), 1988.

Bellon Bertrand, Niosi Jorge, *L'Industrie américaine fin de siècle*, Seuil, Paris, 1987.

Cline William C. *et al.*, *Trade Policy in the 1980's*, Institute for International Policy, Washington (DC), 1983.

Banque mondiale, *L'Uruguay Round. Une introduction aux négociations commerciales multilatérales*, Washington (DC), 1988.

Les États-Unis ont franchi un nouveau seuil dans les pressions qu'ils exercent sur le Japon. Constatant l'inefficacité relative des mesures de libre-échange pour rééquilibrer les rapports des deux pays, ils ont décidé de s'attaquer aux problèmes dits structurels. Les négociations menées dans le cadre de la *Structural Impediment Initiative* (SII) devaient déboucher sur un accord (juillet 1990), dont les propositions devaient être ensuite soumises à l'approbation des parlements des deux pays. Du côté japonais, on s'engage à contrôler plus étroitement les ententes au sein des grands groupes, à réduire le prix d'installation des grandes surfaces commerciales dans les zones intéressantes, à réduire aussi les délais d'étude des dossiers autorisant l'ouverture de telles surfaces. Du côté américain, on s'engage à réduire le déficit public et à encourager l'épargne des ménages. En principe, il faut reconnaître que les mesures qui pourraient être prises ne sont pas discriminatoires et tendent à ouvrir plus le marché japonais au commerce international. La menace protectionniste pourrait donc se révéler payante, à tel point que pour féliciter le Japon, les autorités américaines ont décidé en juin 1990 de le retirer de la liste des pays auxquels s'applique le *Super 301*.

L'enrichissement de l'arsenal juridique protectionniste est cependant une réalité, même s'il ne porte pas véritablement atteinte à l'ouverture du marché américain. De plus, il existe d'autres mesures qui faussent les données de la concurrence : les gigantesques programmes militaires, la législation sur la propriété intellectuelle, qui a été renforcée pour défendre en particulier les fabricants de microprocesseurs, les aides locales, régionales, ou fédérales au redéploiement industriel. Si les États-Unis n'ont pas de véritable politique industrielle centralement coordonnée, ils disposent de multiples moyens d'encourager le développement de certaines industries dans certaines régions et cela souvent au détriment de la concurrence étrangère.

Michel Fouquin

La première puissance militaire

■ Les États-Unis sont devenus une puissance militaire mondiale presque par hasard. La constitution d'une industrie de défense efficace et influente, ainsi que le maintien de forces armées importantes, mobilisées en permanence et suréquipées, date seulement des premières années de la Seconde Guerre mondiale. A la fin du conflit, les Américains — leurs alliés et adversaires ruinés — se sont retrouvés seuls à occuper le terrain.

Le monopole de l'arme atomique (jusqu'en 1949) et des bombardiers à long rayon d'action, une marine présente sur toutes les mers du globe, des troupes déployées du Japon à l'Allemagne, et une formidable capacité de production de matériel militaire héritée de la guerre ont

Les bases militaires américaines dans le monde

Bases navales et mouillages
Pearl Harbor, Midway et Guam dans les îles du Pacifique américain, Yokosuka au Japon, Subic Bay aux Philippines, Hong-Kong, Singapour, Inde, Diego Garcia, Oman, Bahreïn, Arabie saoudite, Égypte, Kénya, Afrique du Sud, Rota en Espagne, La Maddalena et Gaeta en Italie, Suda Bay en Crète, Holy Loch et Keflavik dans l'Atlantique nord, Bermudes, Porto Rico et Guantanamo (Cuba) dans les Caraïbes.

Bases aériennes
Samoa, Johnston, Midway, Marshall, Clark et Okinawa dans le Pacifique, Goose, Sondrestrom, Thule, Keflavik et Lajes dans l'Atlantique nord.

A. V.

fait des États-Unis le premier « gendarme » de la planète. Le début de la guerre froide, puis le conflit coréen les ont confortés dans ce nouveau rôle.

L'Amérique est périphérique à la grande masse euro-asiatique. Elle est une île lointaine, naturellement défendue par les océans Pacifique, Atlantique et Arctique. Cette situation géographique excentrée met les États-Unis à l'abri des invasions, mais elle implique aussi une présence dans le monde reposant sur des lignes de communication fort longues (et coûteuses à défendre) et sur d'innombrables relais auprès d'autres États.

Les relais de la puissance maritime

Les États-Unis apparaissent comme l'archétype de la puissance maritime, brillamment théorisée, à la fin du XIXe siècle, par l'amiral américain Alfred Thayer Mahan. Dès 1945, la rivalité avec Moscou fut placée par les stratèges du Pentagone dans le cadre du traditionnel conflit entre la « mer » et la « terre » — l'Union soviétique incarnant le rôle immémorial de puissance « continentale ». Cette dernière était réputée à la fois expansionniste et imprenable. D'où la stratégie d'endiguement (*containment*) adoptée par les dirigeants américains.

LES DIX PREMIÈRES ENTREPRISES D'ARMEMENT (pays de l'OCDE, 1988)		
Entreprise	CA[a] pour l'armement (en milliards $)	Part de l'armement (en % CA total)
1 McDonnell-Douglas E-U	8,5	56
2 Lockheed E-U	8,4	79
3 General Dynamics E-U	8,0	84
4 General Electric E-U	6,2	13
5 General Motors E-U	6,2	13
6 Raytheon E-U	5,5	67
7 British Aerospace R-U	5,5	54
8 Rockwell Internat. E-U	5,0	42
9 Boeing E-U	4,5	27
10 Northrop E-U	4,5	78

a. CA : chiffre d'affaires.
Source : SIPRI Yearbook, 1990.

L'idée de *containment* — lancée en 1947 par le diplomate George F. Kennan — proposait la création, sous le leadership américain, d'un cordon sanitaire autour de l'URSS et de ses alliés. Il s'agissait de prévenir toute aventure militaire soviétique en attendant que le communisme s'écroule, victime de ses pro-

---

Les forces armées
des États-Unis (1989)

• *Armée de terre :* 766 500 hommes, 18 divisions (+ 12 divisions de réserve); 16 000 tanks; 26 500 APC (transport).

• *Marine :* 792 200 hommes, dont 195 300 marines; 14 porte-avions; 229 navires de surface; 95 sous-marins nucléaires; 3 divisions du marine corps; 43 escadrilles du marine corps, 674 missiles.

• *Aviation :* 579 200 hommes, 25 escadrilles (+24 escadrilles de réserve); 97 bombardiers B-1; 2 050 avions de transport; 1 000 missiles intercontinentaux.

• *Budget :* les dépenses de défense ont représenté 5,6 % du PIB en 1989.

406

pres failles. Cette stratégie — qui s'est révélée particulièrement sagace — exigeait la mise en place d'un réseau d'alliances avec les pays amis qui entourent le bloc communiste. Les alliés, en contrepartie de la protection accordée par Washington, acceptant *de facto* un statut de « glacis » et, dans certains cas, de base avancée pour le stationnement des troupes américaines.

Les États-Unis commencèrent par assurer leurs arrières au sein de l'hémisphère américain. En 1947, ils signèrent, avec la totalité des pays latino-américains, le pacte de Rio qui transformait de fait les Amériques en leur zone d'influence exclusive. L'Alliance atlantique, assurant le lien avec l'Europe occidentale, fut constituée dès 1949. L'ANZUS unit en 1951 l'Australie, la Nouvelle-Zélande et les États-Unis. En 1954, l'OTASE (Organisation du traité de l'Asie du Sud-Est : Australie, Nouvelle-Zélande, Philippines, Thaïlande, Royaume-Uni et États-Unis) fut mise en place. De 1959 à 1961, Washington, au moyen d'accords bilatéraux, revivifia le pacte de Bagdad (1955) en créant la CENTO (Central Treaty Organization) qui regroupait, jusqu'en 1977, sous commandement américain de fait, la Turquie, l'Iran, le Pakistan et le Royaume-Uni.

La gestion de cette véritable toile d'araignée d'alliances implique cependant la présence physique des États-Unis. D'importants contingents américains furent ainsi stationnés au Japon, en Corée du Sud et en Allemagne fédérale. La flotte américaine patrouille de la mer du Japon à l'Atlantique nord, en passant par le Pacifique sud, la mer de Chine, l'océan Indien, les Caraïbes et la Méditerranée. Elle bénéficie d'un vaste réseau de bases et mouillages dans toutes les mers du monde. Les forces avancées américaines comportent également une impressionnante flotte d'avions de combat, bénéficiant d'aérodromes situés au Japon, en Corée et en Europe occidentale, reliés aux États-Unis par un chapelet de bases aériennes.

Les coûts du complexe militaro-industriel

Puissance maritime au territoire inexpugnable, les États-Unis subirent, en 1957, l'expérience la plus traumatisante de leur histoire militaire. Le lancement du *Spoutnik* soviétique dans l'espace révéla d'un coup que le sol américain était dorénavant vulnérable au feu nucléaire de l'adversaire. Le développement d'une formidable force atomique de dissuasion vint alors s'ajouter à la charge de maintenir une force armée dispersée aux quatre coins de la planète.

La course aux armements, nucléaires et conventionnels, coûte cher. Savants, ingénieurs et techniciens furent mobilisés dans la recherche — développement militaire, et d'importantes capacités productives y furent consacrées. Le budget de la défense prit peu à peu un poids démesuré dans les dépenses de l'État. Les entreprises travaillant pour le Pentagone devinrent peut-être le plus puissant *lobby* politique du pays : le « complexe militaro-industriel » dénoncé par le président Dwight Eisenhower. Le Département de la Défense se transforma en une vaste bureaucratie, plus occupée à gérer les commandes d'armements qu'à apporter sa contribution à l'art militaire.

En dépit d'une sérieuse défaite au Vietnam (1975) et de la multiplication des scandales pour malversations de fonds, l'énorme machine du Pentagone est sortie victorieuse de la guerre froide. La relance par le gouvernement Reagan, en 1981, d'une course aux armements à

Scandale au Pentagone

En 1988, un scandale au Pentagone fit la manchette de tous les journaux : le ministère de la Défense avait payé 400 dollars pour un marteau ou 7000 dollars pour une cafetière électrique. Cause principale : des procédures de commande byzantines. En 1990, l'escroquerie persistait : des pinces auraient coûté 3 000 dollars. 32 entreprises ont plaidé coupables de malversations : Boeing, par exemple, a préféré rembourser 5,2 millions de dollars plutôt que de subir un procès.
Business Week, 16.04.1990.

outrance, mobilisant le ban et l'arrière-ban des ressources nationales, a donné en effet le coup de grâce à un pacte de Varsovie déjà défaillant. La victoire a cependant été acquise au prix fort : elle fait des États-Unis le plus grand débiteur de la planète.

La menace soviétique s'estompant, les autorités de Washington sont donc contraintes de faire machine arrière. Pour une bonne partie de l'opinion américaine, il est temps de cueillir les «dividendes de la paix». Le budget militaire est désormais sur la sellette. Le Pentagone présente des plans de fermeture de bases et de rapatriement d'une partie de ses troupes stationnées à l'étranger. On a commencé à tailler dans les programmes d'armement et les industries de défense — du moins celles qui le peuvent — tentent de se reconvertir vers la production civile. Par ailleurs, les États-Unis font pression sur leurs alliés pour qu'ils assument une part plus grande du fardeau de la sécurité commune.

Les coupes claires dans le budget du Pentagone et le processus de rapatriement des troupes menacent toutefois le leadership américain sur les alliés, ainsi que le système d'alliances tissé par Washington. Les États-Unis, qui restent la principale force militaire du globe, doivent s'adapter à un monde plus complexe d'où émergent de nouveaux pôles de puissance. Après quarante ans d'intervention dans les affaires de la planète, l'Amérique va-t-elle retrouver sa tradition isolationniste, sa méfiance envers le pouvoir des grands appareils militaires ? C'est l'enjeu des années quatre-vingt-dix.

Alfredo G.A. Valladão

Redéfinitions militaires

■ L'institution militaire a subi dans les années quatre-vingt des évolutions étroitement liées aux relations internationales et aux développements des nouvelles technologies. Ces deux facteurs ont conduit à la redéfinition de l'effort de défense. Sur le plan interne, les médias et le Congrès ont dénoncé le gaspillage et la concussion, aussi bien pour les grands programmes (bombardier B-2...) que pour le petit matériel. La loi *Gramm-Rudman* (1985) sur la réduction des dépenses fédérales (portant pour moitié sur la Défense) et l'action du gouvernement Bush (180 milliards de dollars d'économie à effectuer jusqu'en 1995) exigent du Pentagone des sacrifices importants. En 1989, le budget militaire représentait le quart des dépenses gouvernementales (environ 300 milliards de dollars).

Une nouvelle donne

Sur le plan externe une réduction de l'effort a été prévue. La menace du pacte de Varsovie a officiellement «diminué», au point que l'OTAN pourrait devenir, selon le président Bush, autant politique et économique que militaire. Les effectifs des troupes en Europe et en Asie (la moitié du budget, dit-on) sont remis en cause à long terme. La renégociation du statut des bases américaines dans le monde est difficile (Espagne, Grèce, Philippines...). L'armée comme institution doit prendre en compte cette accélération de l'histoire.

D'autant plus que l'Initiative de défense stratégique (IDS, ou «guerre des étoiles») a perdu son caractère global (elle devait remplacer la dissuasion nucléaire), futuriste (elle reposait sur des systèmes d'armes inexistants) et messianique (elle était vendue comme une panacée). Cependant, les retombées politiques et technologiques de ce défi sont encore mal évaluées. La «guerre des étoiles» a permis de pousser les Soviétiques dans les cordes (ce qui a sans doute favorisé l'émergence du phénomène Gorbatchev,

Bibliographie

Boniface Pascal (sous la dir. de), *L'Année stratégique et les équilibres militaires*, Stock-Iris, Paris, 1990.

Boyer Yves, *Les Forces classiques américaines. Structures et stratégies*, Fondation pour les études de défense nationale, Paris, 1985.

Bruce-Briggs B., *The Shield of Faith : A Chronicle of Strategic Defense*, Simon & Schuster, New York, 1988.

Luttwak Edward, *The Pentagon and the Art of War*, Simon & Schuster, New York, 1985.

Nixon Richard, « American Foreign Policy : The Bush Agenda », *Foreign Affairs*, Washington (DC.), 1989.

Moscou ne voulant pas perdre son statut de grande puissance et devant redresser son économie). Et, stratégiquement, les Américains continuent de miser, sagement, sur le nucléaire : comme les Soviétiques, ils sont engagés dans des programmes sur trente ans de modernisation de tous leurs systèmes stratégiques de dissuasion (missiles sol-sol, sous-marins, bombardiers, sans parler des missiles de croisière, par milliers). Enfin, toute réduction négociée de ces armes est relative : réduits de moitié, les arsenaux nucléaires stratégiques américains et soviétiques représentent encore 96 % du total mondial, au lieu de 98 %.

Si la défense américaine reste essentiellement nucléaire, le Pentagone doit prendre en compte des menaces d'un nouveau type. A l'aube de la décennie quatre-vingt, l'armée avait déjà assimilé les mutations en cours : la Force de déploiement rapide et la « stratégie maritime » de John Lehman, secrétaire d'État à la Marine, qui prévoyait une flotte de six cents navires au nom d'une supériorité maritime mondiale officiellement revendiquée, en étaient des signes précurseurs. Si l'Est est en reconstruction et en voie de démocra-

tisation, le Sud est secoué par les guerres et les conflits. D'une façon ouverte ou occulte, les États-Unis sont intervenus en Iran, en Irak, dans le golfe Arabo-Persique, en Afghanistan, au Proche-Orient, etc. Et c'est paradoxalement en Amérique centrale que l'armée a connu des succès pour le moins mitigés : ainsi, l'intervention au Panama (1989) a eu le défaut d'être massive, longue, meurtrière et inadaptée à son objectif principal, la chute du général Noriega.

A chaque fois, les enseignements ont été significatifs : les belligérants utilisaient des armes rustiques (vedettes, mines...), démesurées (missiles), imprévisibles (terrorisme) ou peu employées (substances chimiques). De surcroît, trois nouveaux types de prolifération inquiètent le Pentagone : la multiplication des missiles à moyenne portée, qui pullulent dans certaines régions (sous-continent indien, Asie du Sud-Ouest, Moyen-Orient) ; l'apparition de nouveaux acteurs ou prétendants nucléaires ; la banalisation des armes chimiques, si difficiles à contrôler ou à interdire.

Gérer les crises

Pourtant, qu'il s'agisse des conflits de faible intensité ou de guerres régionales, l'armée américaine aura toujours à protéger ses ressortissants, à défendre les intérêts de la nation, à assurer la libre circulation des voies d'eau internationales à caractère stratégique. Et l'armée doit s'adapter à gérer des crises évolutives et rapides plus qu'à montrer ses muscles ou prêter main-forte. Mais la massive et prompte réaction américaine à l'invasion du Koweït par l'Irak (2 août 1990), poussant à la solidarité occidentale et mobilisant l'ONU avec l'appui de l'URSS a marqué sans doute une nouvelle étape.

Une question reste posée pour la décennie quatre-vingt-dix : les divergences traditionnelles entre la Maison Blanche, les Affaires étrangères, la Défense, les services de renseignement, le Congrès et les médias ne risquent-elles pas de rendre la première puissance militaire du monde indécise ou maladroite, alors même que le duopole américano-soviétique est remis en question, que les politiques étrangères (de plus en plus tributaires du jeu économique) sont résolument multipolaires, que les conflits du Sud frappent par leur logique propre, et souvent folle ? Incontesta-blement, l'armée américaine — outil de défense, mais aussi reflet d'une société nationale et internationale — représente un véritable feu clignotant des évolutions en cours.

Thierry Garcin

Organisations internationales : le « come back »

■ Le vaste réseau d'institutions multilatérales mis en place au lendemain de la Seconde Guerre mondiale fut un instrument de la politique étrangère américaine pendant près d'un quart de siècle. A l'ONU comme dans les institutions spécialisées, les États-Unis disposaient d'un poids politique, idéologique et financier leur assurant une domination sans partage. Non point que tous les votes leur fussent toujours favorables ni qu'ils n'eussent à composer avec leurs partenaires, européens ou non alignés, mais lorsqu'une question les intéressait particulièrement, ils disposaient de moyens de pression suffisants pour orienter les institutions dans le sens qui leur convenait.

La manifestation la plus spectaculaire de ce *leadership* fut l'intervention en Corée (1950-1953) qui, sous le drapeau des Nations unies, fut totalement américaine. Qu'il s'agisse de la définition des objectifs, du déroulement des opérations, des conditions du cessez-le-feu, les États-Unis décidèrent seuls, sans consulter l'ONU ni même l'informer.

Une idéologie dominante

Tandis que l'ONU était utilisée pour défendre un certain ordre politique, la Banque mondiale et le Fonds monétaire international (FMI) veillaient sur l'ordre économique et financier dessiné à Bretton Woods (1944) sous l'autorité des États-Unis tandis que le GATT (Accord général sur les tarifs douaniers et le commerce) aidait à reconstruire un commerce inter-national fondé sur la liberté des échanges selon la doctrine américaine. Diverses organisations techniques étaient également conçues comme la FAO (Organisation des Nations unies pour l'alimentation et l'agriculture) créée pour assurer la libre circulation des produits agricoles (dont les États-Unis étaient le principal exportateur). Par ce maillage très serré de coopération internationale, le gouvernement américain s'interdisait à lui-même toute velléité de retour à l'isolationnisme.

Partout les États-Unis veillaient à s'assurer un strict contrôle du fonctionnement et des activités opérationnelles des organisations mondiales. Un nombre important de ressortissants américains dans les secrétariats internationaux et une contribution s'élevant à plus de 40 % du budget régulier des Nations unies leur assuraient le pouvoir culturel et financier. Mais surtout, la France et le Royaume-Uni en firent l'amère expérience, nul ne pouvait avec succès opposer d'autres critères de valeur à ceux que défendaient les États-Unis dans les instances internationales. Même l'UNESCO (Organisation des Nations unies pour l'éducation, la science et la culture), la plus « européenne » des institutions spécialisées, ne put échapper à cette emprise. Alors que, selon son acte constitutif, les membres de son Conseil exécutif auraient dû être des personnalités indépendantes, les États-Unis en firent très tôt un terrain de lutte idéologique en insistant pour que le Conseil se transforme en organe politique dont chaque membre représenterait son gouvernement.

410

Bibliographie

Karns Margaret, **Mingst Karen** (sous la dir. de), *The United States and Multilateral Institutions. Patterns of Changing Instrumentality and Influence*, Unwin Hyman, Boston (MA), 1990.

Mounier Jean-Pierre, **Poussin Georges**, « L'UNESCO en question », *Problèmes politiques et sociaux*, La Documentation française, n° 514, Paris, 2e trim. 1985.

Au plus fort du maccarthysme, dans les années cinquante, les plus « politiques » des organisations mondiales furent prises dans la tourmente. Les États-Unis menacèrent (déjà !) de se retirer de l'UNESCO si huit fonctionnaires, citoyens américains, jugés « déloyaux », n'étaient pas licenciés. Une partie de la presse américaine se déchaîna (déjà !) contre une « politique de gouvernement mondial sapant le loyalisme des Américains à l'égard de leur propre gouvernement et endoctrinant les enfants des écoles », tandis qu'à New York le FBI pénétrait dans l'enceinte des Nations unies pour y prendre les empreintes des fonctionnaires américains soupçonnés de sympathies communistes, au mépris de toutes les règles internationales. La « politisation » du système, on le voit, n'est pas un phénomène récent.

Une influence renouvelée

Le changement de majorité dû à l'arrivée massive des pays du tiers monde à partir des années soixante ébranla le *leadership* américain dans toutes les organisations où le système de vote correspondait à la règle : « un État = une voix », soit l'ensemble du système des Nations unies, à l'exception de la Banque mondiale, du Fonds monétaire et du GATT. Les États-Unis perdirent progressivement le contrôle de l'ordre du jour. Leurs votes correspondirent de moins en moins avec ceux de la majorité. D'autres valeurs que

les leurs furent exaltées dans les instances mondiales. Non seulement ces dernières n'étaient plus fiables pour la politique étrangère américaine mais elles prétendaient souvent y faire obstacle, au Moyen-Orient et en Afrique australe en particulier. La nouvelle idéologie prônait une intervention accrue de l'État dans l'économie, l'organisation des marchés agricoles, un code de conduite pour les firmes multinationales, une réglementation des industries pharmaceutiques à destination du tiers monde, une nouvelle conception des droits de l'homme, un nouvel ordre mondial de l'information (NOMIC), etc. Sur tous ces points, la majorité était plus proche de l'URSS que des pays occidentaux, ce qui, ajouté à divers déboires américains sur la scène internationale dans la décennie soixante-dix, renforçait leur méfiance à l'égard du système onusien.

A ce renversement de situation, ils réagirent d'abord par un négligent dédain, s'opposant mollement, cherchant ailleurs les moyens de mener leur politique, au point de laisser croire au tiers monde qu'il contrôlait le système, pouvait y dire et y faire voter n'importe quoi. Le point extrême de cette situation fut probablement atteint en novembre 1975 avec l'adoption de la résolution 3379 de l'Assemblée générale de l'ONU assimilant le sionisme au racisme. L'indignation de l'opinion américaine, l'offensive des médias, la pression des groupes d'intérêt s'exprimèrent à travers le Congrès où s'instaura un débat approfondi sur l'utilité des organisations onusiennes, la nature de leurs programmes, l'opportunité d'accorder une aide aux pays votant contre les États-Unis à l'ONU. La Banque mondiale elle-même ne fut pas épargnée. Déjà vive sous l'administration Carter (qui connut un bref retrait américain de l'Organisation internationale du travail - OIT), l'offensive anti-onusienne s'amplifia sous le premier mandat Reagan pour atteindre son apogée entre 1983 et 1985. Retrait de l'UNESCO, diminution des contributions à l'UNICEF, au PNUD

(Programme des Nations unies pour le développement), à l'Agence internationale du développement (AID), vote de l'amendement *Kassebaum-Solomon* décidant une réduction unilatérale de la contribution américaine (de 25 % à 20 %) tant que les États membres du système onusien ne disposeraient pas de droits de vote proportionnels à leurs contributions financières. Menaces sur la CNUCED (Conférence des Nations unies pour le commerce et le développement), sur la FAO, offensive contre plusieurs chefs de secrétariats internationaux : appuyé par le Congrès, aiguillonnée par la Heritage Foundation, le gouvernement américain avait décidé de se battre.

Très rapidement les résultats ont été là. Jamais, depuis vingt ans, les États-Unis n'ont été aussi influents. A l'UNESCO, dont ils sont officiellement partis en 1985, leur influence dans les couloirs est omniprésente : elle a fait gommer les aspects les plus controversés du NOMIC et pesé sur la redéfinition des programmes. De l'ONU, les États-Unis ont obtenu dès le début de la crise du Golfe, pendant l'été 1990, la légitimation internationale de leur déploiement de force contre l'Irak.

L'intérêt manifesté par Mikhaïl Gorbatchev pour l'ONU, divers succès remportés par cette dernière dans le règlement des conflits régionaux, une atmosphère de collaboration sans précédent entre les cinq membres permanents du Conseil de sécurité ont amené les États-Unis à reconnaître quelque mérite à l'organisation mondiale. Pour le gouvernement américain, pris à son propre piège, la question de la normalisation de la situation aux Nations unies et de l'obtention du Congrès des moyens de régler la dette accumulée était désormais posée.

Marie-Claude Smouts

La « communication internationale », instrument de politique étrangère

■ La puissance commerciale des industries culturelles et des médias américains est aujourd'hui une évidence pour la grande majorité des habitants de la planète. En revanche, on ignore souvent que, pour les Américains, la diffusion mondiale de culture et d'information est aussi une affaire d'État. Depuis la Seconde Guerre mondiale, le gouvernement fédéral considère que la « *communication internationale* » (terme officiel regroupant l'ensemble de ses activités en matière d'information, de culture et d'éducation à l'étranger) est un instrument à part entière de sa politique étrangère, qu'il faut combiner avec les moyens diplomatiques, économiques ou militaires. L'objectif est simple : toucher directement les opinions publiques des autres pays. La technique à employer est plus délicate : il s'agit de mêler art, culture, divertissement et message politique dans l'espoir de convaincre par le biais de la séduction autant que par le raisonnement.

S'inspirant de l'expérience des vieilles puissances coloniales, le gouvernement américain a compris de longue date que la culture et l'information ne sont pas des produits comme les autres. Au nom de l'intérêt national, les industries culturelles reçoivent un soutien particulier des pouvoirs publics dans leurs efforts pour exporter et s'implanter à l'étranger.

Ainsi, des secteurs comme le cinéma bénéficient d'une législation spéciale qui les autorise à créer des cartels d'exportation en dépit des lois antitrust. Le gouvernement américain déploie une activité

412

Bibliographie

Dallek Robert, *The American Style of Foreign Policy, Cultural Politics and Foreign Affairs*, Alfred Knopf, New York, 1982.

Eudes Yves, *La Conquête des esprits, l'appareil d'exportation culturelle américain vers le tiers monde*, Maspero, Paris, 1982.

diplomatique intense afin d'empêcher les autres États d'instaurer des barrières au libre flux des produits culturels en provenance des États-Unis. Les réseaux électroniques qui permettent aux agences de presse, aux banques de données et aux médias américains d'être présents dans le monde entier ont été mis en place par les départements fédéraux et par l'armée, qui continuent à en assurer le contrôle. Ainsi, le gouvernement a toujours tenté de donner au dynamisme du secteur privé une cohérence et une direction, et il a su pour cela mobiliser les moyens nécessaires.

Les services culturels officiels

Le gouvernement est, par ailleurs, engagé directement dans la diffusion culturelle à l'étranger. Ses activités empruntent une multitude de canaux : agences officielles et «quasi officielles», services spécialisés des grands ministères, fondations, associations privées subventionnées, etc. En particulier, les organismes d'aide au développement tels que l'USAID (Agence pour le développement international) et le Peace Corps jouent un rôle essentiel dans le fonctionnement des systèmes d'enseignement et des médias de nombreux pays du tiers monde. Par ailleurs, les services secrets fédéraux possèdent des départements entiers spécialisés dans l'action en direction des médias des pays étrangers.

Le principal instrument «culturel» du gouvernement reste l'USIA (Agence

d'information). Avec ses agences annexes, l'USIA disposait, en 1989, d'un budget de 1,3 milliard de dollars (soit plus de six fois le budget de l'UNESCO, l'agence de l'ONU pour l'éducation et la culture), et de près de 10 000 employés, dont la moitié étaient en poste à l'étranger, dans 127 pays. Sa mission officielle est d'«améliorer la compréhension internationale de la société américaine et de la politique étrangère des États-Unis». Les services centraux planifient et coordonnent depuis Washington l'ensemble des actions de l'agence et mettent au point les «plans par pays» qui fixent les grands thèmes à diffuser et les moyens les mieux adaptés pour toucher les audiences sélectionnées.

La diffusion «classique» garde une place importante dans ce dispositif. Les bibliothèques, écoles et centres culturels américains sont présents dans le monde entier, et jouent un rôle appréciable auprès des élites culturelles des pays sous-développés démunis d'infrastructures nationales comparables. Les échanges d'universitaires, d'artistes, de scientifiques gérés par l'USIA ont eux aussi pour objectif de «promouvoir les intérêts de la politique étrangère des États-Unis». En 1989, ils concernaient 140 pays.

L'USIA est également très active dans le secteur de la presse et de l'édition. L'agence publie des magazines en différentes langues, traduit et distribue une masse considérable d'ouvrages américains. En outre, elle offre à la presse étrangère un service sans équivalent. Chaque jour, les bureaux de Washington fabriquent ou achètent des articles, dossiers, dépêches et photos sur des thèmes très variés. Ils les envoient aux postes à l'étranger, qui les fournissent gratuitement à la presse locale. Ce placement de matériel prêt à l'emploi se révèle très efficace dans les pays les plus pauvres.

Cependant, la priorité revient désormais aux médias électroniques. Depuis la Seconde Guerre mondiale, la radio est l'instrument de prédilection des États-

Unis pour toucher les peuples étrangers par-dessus la tête de leurs gouvernants. La célèbre *Voice of America* et les nombreuses autres radios américaines à l'étranger tentent sans relâche de toucher les publics du monde entier, à la fois pour leur expliquer la politique extérieure des États-Unis et pour promouvoir la musique et la culture populaires américaines.

Worldnet, réseau planétaire

Les services culturels s'intéressent aussi à la télévision. Ils se sont d'abord efforcés de produire ou d'acheter des centaines de films et de programmes dont le contenu donne une image positive des États-Unis, de les doubler et de les envoyer aux postes à l'étranger qui s'efforcent de les placer auprès des télévisions étrangères.

Mais avec le développement des satellites de télédiffusion, un projet bien plus ambitieux est apparu : la création d'un réseau mondial de télévision, basé à Washington et contrôlé par l'État. Les débuts furent difficiles, à cause de la résistance de la majorité des États au sein des Nations unies. Mais à partir de 1983, les États-Unis purent mettre en place le réseau Worldnet. Depuis 1988, Worldnet est relayé simultanément par trois satellites intercontinentaux, ce qui en fait le premier réseau de télévision réellement planétaire. Conférences de presse électroniques, bulletins d'informations, magazines d'actualité, documentaires scientifiques ou artistiques et programmes musicaux connurent un succès immé-

diat auprès des télévisions du tiers monde, qui utilisèrent ce nouveau service comme une source gratuite d'images. En Afrique anglophone, la pénétration a été spectaculaire.

Worldnet vise aussi l'Europe, où le signal est retransmis par Eutelsat *via* France Télécom. En fait, USIA rêvait d'en faire une chaîne grand public pour les réseaux câblés. Mais Worldnet a eu du mal à trouver sa place dans le paysage audiovisuel européen, déjà encombré de chaînes par satellite en mal d'audience. D'ailleurs, certaines de ces chaînes sont américaines, et elles n'apprécient pas cette concurrence venant de l'État fédéral. Fin 1988, Worldnet a donc dû adopter une programmation plus modeste et réviser sa tactique : priorité au tiers monde (où la demande existe) et aux séquences d'information courtes facilement utilisables par les télévisions étrangères ; retour au système du « placement » par les postes d'USIA (qui enregistrent les programmes pour les distribuer ensuite sur place).

Mais ces problèmes de jeunesse n'ont nullement découragé les responsables de Washington. Ils ont renforcé leurs moyens techniques, et redéfini une stratégie à long terme qui confirme la priorité donnée à la radio et à la télévision, mais qui saura être plus discrète et qui tiendra compte de l'environnement concurrentiel et des audiences plus exigeantes de cette fin de XXe siècle.

Yves Eudes

LIEUX ET LIENS

Amérique latine.
Doctrine Monroe et bulletin de vote

■ Le 2 décembre 1823, le président James Monroe fixait dans un message au Congrès les principes qui devaient guider la politique étrangère nord-américaine vis-à-vis de l'Europe et de l'Amérique latine. Ces principes visaient avant tout, après plus de dix ans de guerres d'indépendance des anciennes colonies portugaises et espagnoles, à prévenir toute tentative future de l'Europe d'intervenir dans les affaires du continent américain. L'un de ces principes fondait ce que l'on a appelé plus tard la « doctrine Monroe » : les États-Unis considéreraient leur sécurité menacée par toute atteinte européenne à l'indépendance de l'un ou l'autre des États qui composent l'ensemble du continent américain. Ce dogme, sur lequel les différentes variantes ou compléments à cette « doctrine » se sont appuyés jusqu'à nos jours, a permis de justifier toutes les formes d'intervention : l'indépendance des États d'Amérique latine était affirmée avec force vis-à-vis de l'Europe, mais était limitée vis-à-vis des États-Unis, dès que ces derniers estimeraient que leur sécurité était menacée.

De fait, l'histoire de l'Amérique latine est celle d'une longue suite d'interventions militaires des États-Unis, qui invoquent généralement le motif de sécurité. Ce fut vrai de la première, un an après la déclaration de J. Monroe, lorsqu'un corps expéditionnaire débarqua à Porto Rico, comme de celle que connut Panama en décembre 1989, sans oublier la guerre avec le Mexique, close par le traité Guadalupe Hidalgo (février 1848) qui amputa ce pays de la moitié de son territoire (Texas, Nouveau-Mexique, Arizona, Californie, Nevada, Utah, partie du Colorado et du Wyoming).

Gros bâton ou bon voisin ?

Entre-temps, les variations sur ce registre ont été nombreuses. Le général Ulysses Grant (1869-1877) a souligné la communauté de destin des deux Amériques pour revendiquer le droit d'intervention des États-Unis sur tout le continent. Derrière cette Destinée manifeste, c'étaient les prétentions économiques d'une puissance naissante qui se faisaient jour. L'Union panaméricaine, créée en 1910, sous couvert de reprendre les vieux mythes bolivariens, n'était que le support de l'expansionnisme économique de Washington. Et Theodore Roosevelt par son « corollaire à la doctrine Monroe » (politique du gros bâton - *big stick*) affirmait clairement en 1901 l'hégémonie de son pays sur l'ensemble du continent. En 1904, il déclarait que l'instabilité dans les Amériques entraînerait les États-Unis à exercer un pouvoir de police internationale. A l'abri du « gros bâton », la *diplomatie du dollar* de son successeur, William Taft (1908-1912), pouvait librement se déployer. Mexique, Guatémala, Nicaragua, Colombie, Équateur apprenaient ainsi au début du siècle, grâce aux *marines*, qu'ils devaient respecter leurs obligations internationales, les intérêts étrangers, le progrès, la démocratie, etc. Plus près de nous, les interventions directes ou indirectes contre les révolutions guatémaltèque (1954), cubaine (1959) ou nicaraguayenne (1979) ont à nouveau invoqué la sécurité : l'indépendance américaine pourrait être menacée par l'introduction dans « l'hémisphère américain » du système politique d'une puissance étrangère.

Doctrine Monroe et politique du gros bâton ont connu des pauses dans leur application, qui n'ont cependant pas remis en cause le principe fondamental de l'appartenance de l'Amérique latine à la zone d'influence des Etats-Unis. La politique du *bon voisinage* de Franklin D. Roosevelt (1932-1945) se proposait, en abandonnant les pratiques d'intervention militaire, de reconstituer un état d'esprit de coopération et de paix dans l'«hémisphère». Cette politique se révéla plus fictive que réelle : ainsi, en 1933, Washington envoyait des bateaux de guerre à La Havane dans le but de protéger les vies de citoyens américains. Jusqu'aux années quatre-vingt, les États-Unis ont démontré leur préférence pour les dictatures de droite qu'ils ont établies ou soutenues au mépris des idéaux démocratiques dont ils s'étaient faits les champions, plutôt que d'accepter des gouvernements progressistes susceptibles de remettre en cause leur hégémonie sur l'ensemble du continent. L'Alliance pour le progrès (1961) de John F. Kennedy ou l'Initiative pour le bassin des Caraïbes (1982) de Ronald Reagan n'étaient pas des programmes philantropiques : l'aide au développement cherchait, en combattant la misère, à empêcher la diffusion des idées et de l'exemple castriste ou sandiniste. Quant à la politique des droits de l'homme de Jimmy Carter (1978-1982), elle ne fut pas fondamentalement différente, au-delà des apparences.

Vers plus d'indépendance

La décennie quatre-vingt restera peut-être celle où un changement qualitatif très profond, aux conséquences imprévisibles, s'est opéré dans la relation de dépendance de l'Amérique latine vis-à-vis des États-Unis. Apparemment rien n'est changé : Ronald Reagan a envahi la Grenade en 1983 pour renverser un régime marxiste, il a financé la création d'une armée (*Contra*) rebelle au gouvernement sandiniste au Nicaragua, militarisé toute l'Amérique centrale pour contenir (*containment*)

et faire reculer (*roll back*) le communisme. Fin 1989, Washington a réaffirmé son droit de police lors de l'intervention *Juste cause* à Panama, au cours de laquelle, outre celui de la drogue, tous les motifs traditionnels ont été invoqués : sécurité des États-Unis, protection des ressortissants américains, défense des intérêts économiques, rétablissement de la démocratie, etc., mais le motif premier, celui du contrôle du canal, n'a pas même été évoqué !

On peut néanmoins penser que des changements profonds se sont opérés. Ainsi, l'Amérique latine dans son ensemble a découvert avec stupeur que les États-Unis soutenaient le Royaume-Uni dans le conflit des îles Malouines (1982). Le mythe de la doctrine Monroe, celui de «l'Amérique aux Américains», disparaissait. Un changement psychologique majeur est alors probablement intervenu dans l'attitude des élites latino-américaines. En second lieu, la volonté de Ronald Reagan d'isoler le Nicaragua, de démontrer la réalité du «théorème» de son ambassadrice aux Nations unies, Jane Kirkpatrik, selon lequel on ne pouvait sortir des régimes totalitaires que dans la sphère du monde occidental, l'a amené à favoriser le retour de régimes civils dans un continent coutumier des dictatures militaires depuis des décennies.

Cette «redémocratisation» de l'Amérique latine s'est accompagnée de l'émergence de politiques étrangères moins dépendantes des États-Unis. Peu après le conflit des Malouines, en janvier 1983, le groupe de Contadora (Mexique, Colombie, Vénézuéla, Panama) se constituait pour rechercher des solutions négociées

---

Délocalisation

Le nombre de maquiladoras *(entreprises américaines de sous-traitance établies au Mexique pour profiter des coûts salariaux inférieurs et réexporter leur production aux États-Unis) est passé de 12 en 1969 (3 000 employés) à 1 132 en 1987 (308 000 employés).*
D'après Economic Impact, *1990/1.*

Bibliographie

Duroselle Jean-Baptiste, *Histoire diplomatique de 1919 à nos jours*, Dalloz, Paris, 9e éd., 1985.

Fournial Georges, Labarre Roland, *La Politique des États-Unis en Amérique latine : de Monroe à Johnson*, Éditions sociales, Paris, 1966.

Middlebrook Kevin J., Rico Carlos (sous la dir. de), *The United States and Latin America in the 1980's*, University of Pittsburgh Press, Pittsburgh (PA), 1986.

Molineu Harold, *US Policy Toward Latin America : from Regionalism to Globalism*, Westview Press, Boulder (CO) et Londres, 1986.

Wiarda Howard J., *In Search of a Policy : The United States and Latin America*, American Enterprise Institute, Washington (DC), 1984.

aux conflits centraméricains. Depuis cette date, les affirmations d'autonomie de la diplomatie de nombre d'États d'Amérique latine face à celle des États-Unis n'ont pas cessé : constitution du « groupe d'appui » (Argentine, Brésil, Pérou, Uruguay) à Contadora en 1985, adoption (1987) par les principaux intéressés (Costa Rica, Guatémala, Honduras, Nicaragua, El Savador) du plan Arias de pacification et démocratisation de l'Amérique centrale, constitution du groupe des Huit (Contadora plus groupe d'appui) en décembre de la même année pour établir des mécanismes de consultation régulière sur les problèmes de dette, condamnation d'une rare vigueur par l'Organisation des États américains (OEA), de l'invasion nord-américaine de Panama en décembre 1989... la plupart des pays manifestent désormais vis-à-vis des États-Unis une autonomie à laquelle seul le Mexique nous avait traditionnellement accoutumés.

Pourtant, certaines évolutions vont plutôt dans le sens d'une dépendance accrue, qu'il s'agisse du poids monumental de la dette latino-américaine ou de la décision des deux « grands » de cesser de s'affronter sur des terrains périphériques, ce qui a entraîné le désengagement de l'URSS des conflits centraméricains. Mais en dépit des apparences, la marge de manœuvre de Washington s'est singulièrement rétrécie. Après avoir favorisé le retour des militaires latino-américains dans leurs casernes et salué la démocratisation des régimes communistes d'Europe de l'Est, il semble difficile que les États-Unis puissent revenir aux pratiques anciennes. Ils doivent reconnaître la légitimité des gouvernements issus d'élections libres, y compris lorsque ceux-ci ne leur plaisent pas, comme ce fut le cas au Pérou avec Alan García. L'histoire l'a montré, le suffrage universel n'est nulle part aisément contrôlable, surtout dans un contexte de crise économique aiguë. Celle-ci, on le sait, favorise le rapide développement des économies informelles, qui se traduit dans de nombreux pays par la culture ou la participation au trafic de drogue à destination des États-Unis, dont la consommation est devenue un problème majeur de politique intérieure. Que faire pour avoir des gouvernements dociles ? Ne pouvant plus revenir aux solutions de type autoritaire ou dictatorial, les États-Unis mettent désormais tous leurs espoirs, et beaucoup de dollars, dans la victoire électorale de partis qui ne leur soient pas hostiles. L'Amérique centrale constitue un exemple frappant de l'efficacité de cette diplomatie nouvelle. La « diplomatie du bulletin de vote » serait-elle une nouvelle variante d'une doctrine ancienne et célèbre ?

Georges Couffignal

États-Unis - Afrique.
Une motivation purement stratégique

■ La guerre froide a pris fin en Afrique aussi, et avec elle une bonne partie de l'intérêt des États-Unis pour le continent noir. Seules l'Afrique australe, avec la guerre en Angola où Washington est resté directement impliqué, et l'Afrique du Sud, où l'enjeu est de taille, échappaient, au printemps 1990, à ce désengagement politique certain.

Malgré la présence aux États-Unis de l'importante minorité noire d'origine africaine, l'Afrique n'a jamais constitué un enjeu de politique étrangère majeur à Washington. Au point que, selon Henry F. Jackson, « aucun autre continent n'a été aussi constamment négligé par les décideurs américains ».

Absents de sa conquête coloniale, les États-Unis n'ont véritablement « découvert » l'Afrique noire qu'en 1960, lors de l'accession des anciennes colonies européennes à l'indépendance. C'est au président John Kennedy, sensibilisé à la question coloniale alors qu'il n'était que sénateur, que Washington a dû ces premiers contacts suivis. A commencer par la nomination d'un ambassadeur dans chaque pays, ce que n'envisageait pas, initialement, le Département d'État...

Un mélange d'idéalisme et de froide *realpolitik* ont dicté les attitudes américaines trois décennies durant. D'un côté, l'image du Peace Corps, ces volontaires actifs sur le terrain du développement ; de l'autre, celle d'un continent perçu comme le champ des rivalités Est-Ouest, avec la nécessité pour Washington de contrer l'influence communiste, soviétique mais aussi, jusqu'au milieu des années soixante-dix, chinoise. Un double visage qui ne suffit pas à constituer une politique, même si un tel constat doit être nuancé selon les régions.

Realpolitik

La crise entourant l'accession à l'indépendance, en 1960, du Congo belge fournit aux Américains leur première « épreuve du feu » en Afrique. Leur méfiance à l'égard du nationalisme du Premier ministre Patrice Lumumba poussa ce dernier à demander l'assistance de Moscou. Les États-Unis favorisèrent par la suite l'accession au pouvoir du chef de l'armée, le colonel Joseph-Désiré Mobutu, devenu Mobutu Sese Seko, et le Congo, rebaptisé Zaïre, resta pendant un quart de siècle l'un des principaux points d'ancrage américain sur le continent.

Le second « réveil » américain en Afrique, après une longue « éclipse », intervint avec la chute de l'empire portugais, dans la foulée de la « révolution des œillets » à Lisbonne, en avril 1974. Jusque-là, l'affaire était entendue pour Washington : en 1970, le Conseil national de sécurité de la Maison Blanche, alors dirigé par Henry Kissinger, avait adopté le désormais célèbre rapport *Tar Baby* qui estimait que le pouvoir blanc n'était pas prêt de disparaître en Afrique australe. Le Portugal, membre de l'alliance Atlantique, était enlisé dans des guerres africaines, en Angola, au Mozambique et en Guinée Bissau, mais Washington n'y prêtait qu'une attention limitée. L'indépendance de ces colonies, en 1975, bouleversa les données stratégiques. L'Afrique du Sud avait perdu son « glacis » protecteur, et le changement fut perçu à Washington comme un avantage pour Moscou. Les États-Unis s'engagèrent dans la guerre civile qui éclata en Angola : la CIA appuya financièrement le FNLA (Front national de libération de l'Angola) et l'UNITA (Union nationale pour l'indépendance totale de l'Angola), deux mouvements de

418

Bibliographie

Jackson Henry F., *From the Congo to Soweto, US Foreign Policy toward Africa since 1960*, William Morrow, New York, 1982.

Arcaidi de Saint Paul Marc, *La Politique africaine des États-Unis*, Économica, Paris, 1987.

« La Politique africaine des États-Unis », *Politique africaine*, Karthala, Paris, déc. 1983.

guérilla qui s'opposaient au MPLA (Mouvement populaire de libération de l'Angola) soutenu par les Soviétiques. Ils apportèrent également leur soutien tacite à l'intervention sud-africaine en faveur de l'UNITA, pour « lâcher » Prétoria lorsque l'opération tourna court début 1976, face aux troupes cubaines arrivées en masse à Luanda.

Ce fiasco renforça l'image d'une Amérique faible au lendemain de la guerre du Vietnam. D'autant que, sur les cartes géopolitiques, l'Afrique se couvrait de « taches rouges » : Éthiopie, Angola, Mozambique... L'arrivée de Ronald Reagan à la Maison Blanche, en 1981, fit repasser les États-Unis à la « contre-attaque », en Afrique comme ailleurs. Sur le continent, la conséquence en fut le feu vert tacite donné à l'interventionnisme sud-africain dans la sous-région, et une politique plus active de soutien aux régimes anticommunistes. La Force de déploiement rapide américaine s'intéressa à l'Afrique, l'armée, déjà fortement présente dans l'océan Indien, s'implanta au Kénya, en Somalie, soutint le régime d'Hissène Habré face aux Libyens au Tchad...

A l'égard de l'Afrique du Sud, le principal enjeu pour les États-Unis sur le continent, le gouvernement Reagan élabora une doctrine inspirée par Chester Crocker, le sous-secrétaire d'État chargé de l'Afrique pendant les deux mandats du président. L'« engagement constructif » prôné par Crocker consistait à cesser de vouloir isoler ou « punir » Prétoria pour sa politique d'apartheid, mais au contraire à encourager le réformisme officiel du président Pieter Botha. Les résultats de cette politique sont restés pendant longtemps décevants. Les changements intérieurs étaient loin de correspondre à l'attente de la majorité noire, et Prétoria refusait toujours d'accorder l'indépendance à la Namibie, l'un des objectifs majeurs de Crocker. La persévérance du sous-secrétaire d'État d'une part, mais surtout le changement de climat international, d'autre part, ont finalement eu raison des blocages.

22 décembre 1988, le tournant

C'est en effet le virage pris par la diplomatie soviétique de Mikhaïl Gorbatchev, cherchant à se désengager des conflits régionaux, qui a rendu possible l'accord signé le 22 décembre 1988 à New York, même si le nom de l'URSS n'apparaît pas au bas du document. Cet accord, un véritable compromis entre superpuissances, a constitué un tournant en Afrique australe, puisqu'il a permis le début du processus d'indépendance de la Namibie, et le retrait progressif des troupes cubaines d'Angola. La « désinternationalisation » progressive du conflit angolais a réduit considérablement les tensions régionales, même si elle n'a pas mis fin complètement aux hostilités.

Cet accord a également accéléré le processus interne en Afrique du Sud, à la faveur du changement de dirigeant à Prétoria, de Pieter Botha à Frederik De Klerk. Le gouvernement Reagan avait été contraint par le Congrès, lui-même sous intense pression de l'opinion publique, à imposer une série de sanctions économiques à Prétoria. Ce geste d'isolement, doublé du départ en masse des capitaux américains d'Afrique du Sud, a contribué à faire prendre conscience aux nouveaux dirigeants de Prétoria, plus pragmatiques, de la nécessité de modifier leur attitude.

La libération de Nelson Mandela, figure de proue du Congrès national africain (ANC), le principal mouvement d'opposition noire, et l'amorce de négociations en ont été le résultat. Dans l'évolution interne de l'Afrique du Sud, Herman Cohen, le successeur de Chester Crocker aux affaires africaines à Washington, se félicitait, fin 1989, de la coopération de l'URSS, qui, selon lui, encourageait l'ANC à abandonner la lutte armée. Washington s'est résolu à discuter directement avec l'opposition.

Ce reflux certain dans la rivalité entre grandes puissances s'applique également à la Corne de l'Afrique. On a même vu un ancien président américain, Jimmy Carter, se faire l'intermédiaire entre le régime marxiste-léniniste éthiopien et les mouvements séparatistes d'Érythrée, également d'inspiration marxiste. Là aussi, les troupes cubaines ont repris le chemin de La Havane et l'internationalisation du conflit s'est atténuée.

Trois décennies de politique africaine ont montré que la principale motivation des États-Unis est stratégique, destinée à contrer l'URSS ou la Libye du colonel Kadhafi. A l'aube des années quatre-vingt-dix, la réduction des tensions a donné le signal d'un reflux de l'intérêt politique américain pour un continent resté marginal dans les échanges économiques internationaux. Une nouvelle «éclipse» que les enjeux du développement ne suffiront sans doute pas à empêcher.

Pierre Haski

États-Unis - Proche-Orient.
Intérêt constant, diplomatie à éclipses

■ Ce n'est qu'au lendemain de la Seconde Guerre mondiale que les États-Unis sont arrivés au Proche-Orient. Devant l'incapacité du Royaume-Uni de poursuivre son rôle de grande puissance dans la région, la doctrine Truman (1947) est venue organiser la relève en tant que soutien financier et militaire contre la «subversion communiste» en Grèce, en Turquie et en Iran. Par ailleurs, l'activité des compagnies pétrolières américaines et les difficultés d'approvisionnement en pétrole pendant la guerre conduisirent le gouvernement américain à s'intéresser au pétrole de l'Arabie saoudite et de la région du golfe Arabo-Persique. Enfin, l'activisme de la communauté juive américaine et le sort des millions de réfugiés européens de l'après-guerre incitèrent Washington à soutenir la création de l'État d'Israël en 1948.

Une approche pragmatique

Ainsi sont définies les trois motivations principales de la politique américaine au Proche-Orient, reprises sans grand changement d'un gouvernement à l'autre : interdire l'accès de cette région à l'URSS, y assurer la stabilité politique indispensable au flux régulier du pétrole et soutenir l'existence de l'État d'Israël. C'est de la combinaison de ces trois facteurs, bien plus que de la mise en œuvre de quelque *grand design*, que les États-Unis se sont trouvés engagés dans cette région. Ce pragmatisme n'est d'ailleurs pas sans rappeler celui de Moscou qui a toujours considéré le Proche-Orient comme une région contiguë de l'URSS, et qui a défini ses intérêts en conséquence.

A partir de ces données de base, Washington a développé une politique de plus en plus engagée, et partant, de plus en plus contestée. Le gouvernement Eisenhower n'hésita pas, en 1953, à organiser un coup d'État pour renverser le nationaliste Mohamed Mossadegh en Iran et pour y ramener le chah. Le nationalisme arabe,

Bibliographie

Grose Peter, *Israel in the Mind of America*, Schoken Books, New York, 1984.

Kuniholm Bruce, *The Origins of the Cold War in the Near East*, Princeton University Press, Princeton (NJ), 1980.

Quandt William B., *Camp David : Peacemaking and Politics*, The Brookings Institution, Washington (DC), 1986.

Quandt William et al., *The Middle East, Ten Years After Camp David*, The Brookings Institution, Washington (DC), 1988.

incarné principalement dans l'Égypte nassérienne, fut de plus en plus perçu comme une forme de prosoviétisme incitant Washington à se ranger aux côtés des régimes les plus traditionalistes. La doctrine Eisenhower (1957) confirma ainsi que les États-Unis étaient prêts à secourir tout régime de la région «menacé de subversion»; le débarquement militaire au Liban en 1958 et l'assistance militaire accrue à Israël et aux autres pays pro-occidentaux de la région s'inscrivirent dans cette logique.

John Kennedy (1961-1963) essaya de corriger un peu cette orientation interventionniste et conservatrice : s'il renforça le soutien à Israël, il reconnut le régime républicain au Yémen (au grand dam des monarchies arabes pro-occidentales) et tenta une réconciliation avec Gamal Abdel Nasser. Mais Lyndon Johnson (1963-1968) remit en œuvre une politique résolument hostile au nationalisme arabe en coupant toute aide à l'Égypte et, surtout, en adoptant une attitude d'appui inconditionnel à Israël pendant et après la guerre israélo-arabe de 1967.

Du cynisme...

Les gouvernements républicains de Richard Nixon et Gerald Ford (1969-1976) furent dominés par la personnalité de Henry Kissinger comme conseiller présidentiel puis comme secrétaire d'État. On peut retenir trois aspects de la diplomatie kissingérienne. D'abord, dans le cadre de la «doctrine Nixon», armer massivement les amis de Washington pour en faire «des gendarmes régionaux», ce qui profita à l'Iran du chah et à Israël. Ensuite, une politique de «petits pas» visant à instaurer la paix entre Israël et ses voisins (accords sur le désengagement des forces entre Israël d'une part, l'Égypte et la Syrie de l'autre) bien différente de la solution globale souhaitée par William Rogers, premier secrétaire d'État de Nixon (et auteur d'un «plan» demeuré sans effet). Cette politique conduisit à deux résultats jugés alors primordiaux par Washington : l'exclusion progressive de Moscou comme partenaire dans «le processus de paix» et la division de plus en plus profonde dans les rangs arabes. Troisième volet de la diplomatie de H. Kissinger : tirer parti de la crise de l'énergie de 1973 pour consolider le *leadership* américain en matière pétrolière, ce qui fut durement ressenti par les alliés occidentaux de Washington.

Le gouvernement Carter tenta d'infléchir cette politique jugée «cynique» dans le sens d'un plus grand respect des droits de l'homme et d'un alignement moindre sur Israël. Mais, loin de parvenir à créer un «foyer national palestinien» et à rétablir une coopération diplomatique avec Moscou (comme il s'y était engagé en 1977), Jimmy Carter fut le parrain des accords de Camp David entre Israël et l'Égypte (septembre 1978). Cette opération, menée unilatéralement par les États-Unis, et qui fit reculer encore l'espoir de voir les aspirations palestiniennes prises en compte, fut condamnée par l'ensemble du monde arabe (hormis l'Égypte), par l'URSS, et fut fraîchement accueillie en Europe.

La chute du chah d'Iran, la prise des otages à l'ambassade américaine de Téhéran et l'invasion soviétique de l'Afghanistan déplacèrent l'attention de Washington vers la région du golfe Arabo-Persique. Début 1980, lors du second choc pétrolier, J. Carter formula une « doctrine » dans laquelle le Golfe était défini comme « une région vitale pour les intérêts américains » et qui pourrait justifier une intervention militaire. L'opération lancée en avril 1980 pour libérer les otages de Téhéran fut un désastre technique, alors que les pays de la région (à l'exception de l'Égypte et d'Oman) répondirent négativement aux requêtes américaines en matière de bases et de facilités.

Les « années Reagan » (1981-1988) furent marquées, au contraire, par une grande passivité. A aucun moment, Washington ne s'est vraiment lancé dans un nouveau « processus de paix » : comme par routine, les deux signataires des accords de Camp David ont continué à être soutenus financièrement : près de 3 milliards de dollars par an à Israël et 2 milliards à l'Égypte. R. Reagan n'a pas eu de « doctrine » pour le Proche-Orient, pas plus qu'il n'y a voyagé. Le soutien à Israël a évolué en « une alliance stratégique » soutenue dans l'opinion publique par les éléments les plus conservateurs. Un des meilleurs analystes américains, William B. Quandt, estime que les États-Unis ont, par leur passivité, gaspillé toute une décennie.

Au Liban, après avoir contribué, pendant près d'un an (1982-1983), au rétablissement de l'autorité de l'État, Washington a rappelé ses *marines* en février 1984, et s'en est désintéressé presque entièrement. « La lutte contre le terrorisme » s'est résumée à des mesures sécuritaires et des condamnations verbales alors que la Libye était la cible de gesticulations militaires sans effet réel sur l'ensemble de la région. Les otages américains dans les mains des groupes pro-iraniens au Liban n'ont guère suscité l'intérêt officiel ou populaire. Qui plus est, la chute brutale des prix pétroliers, à partir de 1982, a permis à Washington de faire l'économie d'une politique en la matière.

La relève de George Bush en janvier 1989 ne semblait pas devoir modifier cette relative indifférence. Mais le soulèvement dans les territoires occupés par Israël et la diplomatie plus imaginative de Mikhaïl Gorbatchev ont relancé l'intérêt américain pour l'affaire israélo-arabe. A plus long terme, le fait que les États-Unis soient redevenus de gros importateurs de pétrole (46 % de leurs besoins en 1990) les a poussés à rechercher une politique pétrolière et stratégique au Proche-Orient.

Les trois fondements de cette politique se sont donc réimposés avec force, et en des termes nouveaux, à des dirigeants qui auraient préféré les oublier. La dépendance pétrolière exigeait une attention plus soutenue à la stabilité politique des pays producteurs, la volonté d'exclure l'URSS devait tenir compte des nouvelles réalités européennes, le soutien à Israël devait passer, d'une manière ou d'une autre, par la prise en compte du soulèvement palestinien.

Le pragmatisme de la diplomatie américaine imposait que ces trois problèmes soient traités séparément. Tant que les États-Unis étaient capables d'imposer cette dissociation à leurs interlocuteurs régionaux et extra-régionaux, ils pouvaient éviter de douloureux compromis entre l'un et l'autre de leurs « intérêts ». Avec le reflux de la guerre froide et la réapparition de thèmes trans-étatiques (le pétrole, l'islamisme, la crise des régimes autoritaires), ils se voyaient désormais contraints de définir ce qu'ils avaient réussi à éviter : une véritable politique proche-orientale, régionale et non plus globaliste (déterminée par l'antagonisme Est-Ouest), intégrée et non plus ponctuelle.

La crise ouverte le 2 août 1990 par l'invasion irakienne de Koweït a ainsi trouvé une Amérique résolument engagée pour établir une position dominante dans la région aux dépens à la fois d'adversaires aventuriers et d'alliés récalcitrants.

Ghassan Salamé

422

Moyen-Orient.
La logique Est-Ouest

■ Deux événements quasiment concomitants ont déterminé la politique américaine par rapport à l'Iran, l'Afghanistan et le Pakistan pendant les années quatre-vingt : l'instauration de la République islamique d'Iran en février 1979 et l'invasion soviétique de l'Afghanistan en décembre de la même année. Perçus comme un recul stratégique sans précédent dans la région, ces deux événements ont suscité, de la part de Washington, une réponse qui peut paraître paradoxale. Bien que les intérêts américains aient été directement touchés par la révolution islamique, Washington a toujours recherché un *modus vivendi* avec Téhéran. Pour ce qui est de l'Afghanistan en revanche, alors que ce pays n'avait jamais été considéré par Washington comme un facteur stratégique important, les États-Unis ont poursuivi jusqu'en 1990 une politique visant à chasser les troupes soviétiques et à renverser le régime de Kaboul.

Cette apparente contradiction s'explique par le fait que la politique américaine concernant ces trois pays du Moyen-Orient a été exclusivement déterminée par des facteurs stratégiques relevant de la logique Est-Ouest et non pas par des facteurs régionaux. Le fondamentalisme islamique n'a jamais été perçu par Washington comme une menace stratégique. Il s'agissait avant tout d'empêcher une pénétration soviétique dans le golfe Persique, quelle que soit la nature des régimes en place.

Le tournant de 1980

Le coup d'État communiste d'avril 1978 en Afghanistan n'avait guère soulevé d'inquiétude à Washington, qui supprimait en revanche toute aide militaire et économique au Pakistan du général Zia

ul-Haq, accusé d'atteintes aux droits de l'homme. A cette époque, les Américains voyaient dans l'Iran du chah le gendarme du golfe Persique et le meilleur rempart à la pénétration soviétique. Le président Carter vint même délivrer un brevet de «droits de l'homme» au chah d'Iran.

En 1980, tout bascule : l'Iran de Khomeiny qui vient de prendre en otage les diplomates de l'ambassade américaine (novembre 1979) devient l'«ennemi public numéro un», tandis que l'invasion soviétique de l'Afghanistan marque pour le président Carter la fin de la détente. Les conséquences sont immédiates : c'est la doctrine Carter selon laquelle toute menace sur le golfe Persique sera considérée comme une atteinte directe aux intérêts vitaux des États-Unis et entraînera une riposte militaire immédiate. En même temps, Washington décide de lancer un programme secret d'assistance militaire aux *moudjahidin* afghans, qui passe bien sûr par le Pakistan du général Zia, lequel redevient un pivot de la sécurité américaine : on n'y parle plus de droits de l'homme ! Avec près d'un milliard de dollars d'aide annuelle, le Pakistan devient l'un des cinq plus importants bénéficiaires de l'aide américaine dans le monde, tandis que Washington ferme les yeux sur la poursuite du programme nucléaire. Le soutien au Pakistan, quel qu'en soit le dirigeant, a été une constante de la politique américaine des années quatre-vingt, entraînant une relative indifférence par rapport à l'Inde.

En Afghanistan, Washington est passé, durant le premier mandat de Ronald Reagan, d'une politique de *containment* (endiguement) à une politique de *roll-back*, visant au renversement du régime mis en place par les Soviétiques. L'aide aux *moudjahidin* est passée de 50 millions de dol-

Bibliographie

Cottam Richard, *Iran and the United States*, University of Pittsburgh Press, Pittsburgh (PA), 1988.

lars en 1980 à 650 millions en 1987. Cependant Washington, incrédule jusqu'en 1987 sur les chances de victoire de la résistance, s'est plus préoccupé d'enliser les Soviétiques que de préparer une véritable relève politique au sein des *moudjahidin*, laissant ainsi l'armée pakistanaise soutenir les éléments les plus radicaux de la résistance afghane. En 1988, après le retrait soviétique, les Américains ont au contraire adopté un optimisme excessif et poussé les *moudjahidin* à lancer l'opération contre la ville de Jellalabad, dont l'échec a permis au régime de Kaboul de se maintenir. Washington a ainsi perdu les fruits d'une politique réussie de soutien militaire à une guérilla faute d'alternative politique.

Empêcher le rapprochement Moscou-Téhéran

La politique américaine par rapport à l'Iran islamique a été déterminée par la peur d'un rapprochement entre Téhéran et Moscou. Aussi Washington s'est toujours efforcé de maintenir des contacts avec le régime islamique, en tentant de nouer le dialogue avec les « modérés » (Bazargan, Bani Sadr, Rafsandjani). L'affaire de l'*Irangate* (1986) a montré

qu'au plus haut niveau de l'exécutif américain (le Conseil national de sécurité), des tractations ont eu lieu pour vendre des armes à l'Iran en échange de la libération des otages. En fait, plutôt que d'un troc sordide, il s'agissait de jouer les « modérés » iraniens (Rafsandjani) pour obtenir un rapprochement entre les deux pays. Le scandale a gelé ces relations mais Américains et Iraniens ont toujours négocié discrètement par l'intermédiaire de leur délégation à la Cour internationale de justice de La Haye, où l'important contentieux financier entre les deux pays est discuté.

Le deuxième volet de la politique américaine par rapport à l'Iran a été de rassurer les pays arabes conservateurs qui se sentaient menacés par le fondamentalisme chiite et par une éventuelle victoire iranienne dans la guerre du Golfe. Le « repavillonnement » des pétroliers koweïtiens en juillet 1987 a été suivi d'une politique très contrôlée de confrontation avec l'Iran, sans perdre de vue l'objectif premier : empêcher un rapprochement entre Téhéran et Moscou sans entraîner de conflit ouvert entre les États-Unis et l'Iran. Cette politique a été un succès, sanctionné par la fin de la guerre du Golfe en juillet 1988.

En 1990, le retrait soviétique d'Afghanistan et les troubles dans le Caucase et l'Asie centrale soviétique ont changé la donne. L'Iran comme le Pakistan ont soudain perdu de leur intérêt stratégique pour les États-Unis.

Olivier Roy

L'ébauche d'un rôle nouveau dans le Pacifique

■ Le rôle des États-Unis dans le Pacifique est allé en croissant depuis le XIXᵉ siècle. En 1853, le commodore Perry forçait la réouverture du Japon ; en 1898, les États-Unis acquéraient Hawaii et les Philippines, renforçant l'année suivante

l'ouverture obligatoire au commerce des pays d'Extrême-Orient. A partir de la Première Guerre mondiale, les États-Unis prenaient progressivement le relais des anciennes puissances coloniales ; la conférence de Washington en 1921 leur

424

Bibliographie

Couteau-Bégarie Hervé, *Géostratégie du Pacifique*, Paris, IFRI-Économica, 1987.

Harisson Selig S., *The Widening Gulf : Asian Nationalism and American Policy*, The Free Press, New York, 1978.

accordait largement la suprématie navale, qu'ils négligèrent toutefois entre les deux guerres ; mais ils devenaient l'allié essentiel de la Chine républicaine. La guerre avec le Japon (décembre 1941-août 1945) fit véritablement du Pacifique un « lac américain ». Le partage d'influence résultant de la conférence de Yalta (février 1945) ne s'appliquait guère, en Extrême-Orient, qu'à la Corée et la Mandchourie, tout le reste de la région passant dans l'orbite américaine.

L'orbite américaine

Aussi les échecs ne vinrent-ils, jusqu'aux années quatre-vingt, que des révolutions nationales. Sur celles-ci, les États-Unis étaient d'ailleurs partagés, ayant conservé une doctrine libérale d'opposition au colonialisme classique. Ils ne s'opposèrent pas à l'indépendance des colonies néerlandaises ou anglaises, et limitèrent finalement leur soutien à la guerre française en Indochine. Éprouvant, le conflit coréen (1950-1953) confirma toutefois la suprématie américaine, appuyée sur un mandat des Nations unies dans la péninsule.

Mais les États-Unis ne créèrent jamais un réseau d'alliances multilatérales analogue à l'alliance Atlantique. Son équivalent asiatique, l'OTASE (South-East Asia Treaty Organization), resta mort-né. Quant à l'ANZUS, pacte de sécurité avec l'Australie et la Nouvelle-Zélande, il dépassa le cadre strictement bilatéral, jusqu'à sa dénonciation par le Premier ministre néo-zélandais David Lange en 1984. Seules l'Australie et la Corée du Sud

sont véritablement intervenues aux côtés des États-Unis dans les conflits de Corée et du Vietnam ; les autres pays se contentèrent de servir de base arrière, et les Philippines de l'ère Marcos refusèrent même de servir directement aux attaques aériennes contre le Vietnam. La supériorité écrasante des États-Unis se retournait contre eux, les obligeant à prendre en charge la plupart des affaires de sécurité de la région, et bien des gouvernements sous influence : de la chute de Diem (1963) jusqu'à celle du général Thieu (1975), le Vietnam allait illustrer cette dérive jusqu'à la caricature. Au passage, les illusions néo-coloniales de l'ère Camelot et du Peace Corps devenaient le bourbier d'une génération d'« *ugly Americans* ».

Ce fut Richard Nixon qui sonna la retraite avec son célèbre discours de Guam, en 1969. Désormais, les États-Unis devaient adopter dans le Pacifique un « profil bas », sur le plan militaire et politique. Ils n'interviendraient que pour soutenir une action effective d'un gouvernement régional, sans s'y substituer. C'était la fin de l'engagement terrestre des troupes américaines, que la suite des accords de Paris (1973) devait confirmer. Le désengagement d'Indochine allait avoir d'autres répercussions : départ de Thaïlande et de Guam, tentation en 1979-1980 d'un retrait des troupes américaines de Corée du Sud.

Renforcement des échanges transpacifiques

Toute cette évolution fut souvent vue comme un déclin américain à travers le Pacifique coïncidant, pour les plus pessimistes des observateurs, avec la montée de l'influence militaire soviétique en Asie. Sans doute était-ce une illusion d'optique. Au même moment, le miracle économique japonais, et celui des pays nouvellement industrialisés d'Asie, périmait largement la géopolitique au profit de la géo-économie. Avant 1939, quand les États-Unis étaient le propriétaire indolent du Pacifique, les pays asiatiques représentaient 5 % du commerce extérieur américain. En 1982, après le prétendu déclin des années soixante-dix, les échanges transpacifiques dépassèrent pour la première fois les échanges transatlantiques, une tendance confirmée depuis. La présidence Reagan (1980-1988) allait attester ce déplacement du centre de gravité américain et mondial vers l'Ouest.

Outre le très important réarmement mené à l'ère Reagan, qui a fait de l'Asie du Nord-Est un second front de confrontation stratégique avec l'URSS, la région a vu apparaître des structures internationales nouvelles, bien qu'informelles, avec le thème du bassin du Pacifique. En partie parce que le Japon craint d'apparaître comme le seul fédérateur de l'Asie, en partie parce que l'immense marché nord-américain est le débouché essentiel des produits asiatiques, les États-Unis sont associés à toutes ces ébauches, qui se sont orientées, à la fin des années quatre-vingt, à l'ambition, encore non réalisée, de constituer une OCDE d'Asie-Pacifique.

Avec le déclin des révolutions communistes, les États-Unis gardent ainsi une influence majeure. Ils peuvent être, dans le Pacifique sud, contestés durant quelques années par les micro-États en quête de souveraineté et de dignité ; mais les solutions pratiques existent. Les pays d'Asie du Sud-Est, et en particulier l'Indonésie, peuvent être tentés par un retour à une politique plus neutraliste, à l'abri des pressions américaines concernant les droits de l'homme ; mais les perspectives, à l'aube des années quatre-vingt-dix, d'un désarmement partiel qui s'étendrait à l'Asie-Pacifique les rejettent vers le giron américain. En effet, plus que l'Union soviétique, les pays asiatiques craignent la montée des rivalités et des puissances régionales dans le Pacifique : flottes chinoise et indienne, réarmement japonais, course aux missiles à laquelle participent la Corée et Taïwan. Dans ce domaine, après avoir échoué dans le rôle de shérif anti-subversif, les États-Unis conservent un avenir prometteur en tant que juge de paix. Mais, pour y réussir, il leur faut combattre leurs propres tendances au protectionnisme commercial, devant la montée des économies asiatiques.

François Godement

États-Unis - Japon
La raison et la passion

■ « Lorsque le coup de tonnerre éclate, il est trop tard pour se boucher les oreilles », disait le stratège chinois Sun Tzu, il y a vingt-trois siècles. Le rachat du Rockefeller Center par Mitsubishi et celui de la perle d'Hollywood, Columbia, par Sony ont fait sursauter les Américains.

Mais, rétorque-t-on au Japon, quel mal y a-t-il à acheter ce qui est à vendre ? C'est à la famille Rockefeller ou à Coca-Cola qu'il faudrait reprocher d'expatrier (au prix fort) les symboles de la puissance et du rêve américain. Si Sony s'est payé une superbe fabrique d'images, c'est pour alimenter la future télévision haute défini-tion dont il conçoit les matériels : ainsi se manifeste une stratégie à long terme de domination technologique de toute une filière d'avenir, englobant la caméra, le film et le téléviseur.

États-Unis et Japon sont passés de la relation stable du maître à l'élève à la relation instable de deux champions rivaux. Les rapports de force ont changé et les passions ont émergé.

Bienheureux équilibre défunt ! De l'est vers l'ouest du Pacifique affluaient la protection militaire et la ressource technologique. De l'ouest vers l'est accouraient les biens de consommation et les petits équi-

426

Bibliographie

Morita Akio, Ishihara Shintaro, *The Japan that Can Say No. The New US-Japan Relations Card*, Kabunsha - Kappa Holmes, Tokyo, 1989 (en japonais).

Mushashi Miyamoto, *Le Livre des cinq anneaux : L'art de vaincre*, Belfond, Paris, 1987.

Prestowitz Clyde, *Trading Places* (*How America allowed Japan to take the lead*), Charles Tuttle, Tokyo, 1988.

Sautter Christian, *Les Dents du géant : Le Japon à la conquête du monde*, Olivier Orban, 1987.

Sun Tzu, *L'Art de la guerre*, Flammarion, Paris, 1972.

pements. L'enracinement de la pratique parlementaire, l'expansion des médias, l'élévation du niveau de vie étaient autant de signes d'une démocratie à l'américaine : l'élève était surdoué et sa réussite honorait le maître.

L'harmonie se brouille au début des années soixante-dix : Richard Nixon se fâche en 1971 contre un partenaire commercial qui accumule un encore bien timide excédent commercial, et le choc pétrolier, en 1973, fait trébucher le jeune géant nippon. L'Amérique se met à douter d'elle-même, le Japon s'acharne à « survivre ».

Les excès des capitalismes

L'économie ne mène pas le monde, mais elle peut le malmener. Les capitalismes américain et japonais sont l'un et l'autre profondément déséquilibrés. Ici l'excès de consommation, là l'excès d'épargne.

Les États-Unis vivent au-dessus de leurs moyens et doivent emprunter à l'étranger bon an mal an 130 milliards de dollars pour payer les débordements des individus et les somptueuses dépenses militaires qui ont doublé entre 1980 et 1987.

Économie-casino, selon l'ex-Premier ministre Yasuhiro Nakasone, où l'argent court après l'argent, le *raider* après sa proie, le manager après son bénéfice trimestriel, le gestionnaire du fonds de retraite après le dernier cours de Bourse. Akio Morita, patron de Sony, accuse les Américains de réfléchir à dix minutes, alors que les Japonais conçoivent à dix ans, et en conclut que le déclin de l'industrie américaine est irréversible.

Le Japon, terre d'épargne, exporte chaque année 120 milliards de dollars de capitaux à long terme. Peut-on reprocher à un salarié de l'archipel de se saigner aux quatre veines pour acquérir un logement de cent mètres carrés, pour payer les études universitaires hors de prix de ses enfants et pour se ménager une retraite confortable ? Évidemment non : le travail et l'épargne sont des valeurs universelles, au Japon comme ailleurs. L'épargne excessive ne vient pas des particuliers mais des entreprises. Au nom de la survie, elles ont imposé aux salariés des rémunérations croissant très en deçà des gains de productivité. Dans l'industrie manufacturière, les bonus de l'hiver 1989 ont crû de 8 %, mais les investissements ont bondi de 23 % en un an, et Toyota a fini l'année avec un trésor de 12 milliards de dollars immédiatement disponible.

Oncle Sam emprunte 130 millions de dollars. Le samouraï Musashi en a autant à prêter : où est le problème ? La dette est une dépendance et l'heure de vérité finira par sonner. C'est ici que raison et passions risquent de diverger. Pour l'économiste raisonnable, il n'y a pas d'excès incurable.

En 1985, 17 milliards de dollars, soit 40 % du déficit commercial des États-Unis avec le Japon (39,5 milliards de dollars), provenaient des ventes réalisées aux États-Unis par des entreprises américaines établies au Japon – qui, cette même année, avaient réalisé des ventes de 53 milliards de dollars au Japon même. Toujours en 1985, les firmes japonaises établies aux États-Unis ont réalisé 15 milliards de dollars de ventes aux États-Unis même.
D'après Dialogue, *1989/1.*

« Y-a-qu'à »

Aux États-Unis, « il n'y-a-qu'à » taxer la consommation.

Tout oppose Akio Morita, qui accable les États-Unis, et Clyde Prestowitz qui les défend, après avoir durement négocié avec le Japon dans le gouvernement Reagan, sauf un remède-miracle ; mais ils sont d'accord sur un point : relever les taxes sur l'essence. Elles sont, en 1990, si faibles et la consommation si ample qu'une hausse minime pour un Européen ou un Japonais remplirait les caisses fédérales. Conjugué avec une réduction, sérieusement envisagée, des dépenses militaires, l'impôt sur l'essence redonnerait bonne santé aux finances publiques des États-Unis et meilleure couleur au commerce extérieur.

Au Japon, « il n'y-a-qu'à » taxer l'épargne. Le gouvernement l'a fait pour les particuliers en établissant la taxation des livrets d'épargne postale en 1987. Mais pour les entreprises ou pour les spéculateurs fonciers, c'est une autre affaire. De nouveaux impôts sur le capital pourraient financer tous les équipements « non rentables » qui font la qualité d'une vie urbaine : parcs, égouts et autres aménités où le Japon n'est pas à son rang.

Pour que le gouvernement Bush taxe la consommation américaine, il faudrait un choc comparable à l'humiliation ressentie en 1957, quand le premier *Spoutnik* soviétique a été mis sur orbite. Pour que le gouvernement japonais taxe l'épargne des entreprises, alors qu'il vit depuis quarante ans en symbiose avec les milieux d'affaires, il faudrait un miracle. Le scénario le plus probable n'est pas celui de la raison mais celui du choc passionnel de deux tempéraments antagonistes : optimistes impulsifs aux États-Unis, pessimistes actifs au Japon.

Les Américains n'imaginent pas leur déclin : 64 % d'entre eux croient que leur économie sera dominée par des compagnies étrangères et 59 % que leurs enfants vivront mieux qu'eux (*Business Week*, 25 septembre 1989). Si les industries de l'électronique grand public ou de l'automobile ont connu la déroute, c'était parce que l'adversaire était déloyal (*unfair*). Certes, les cas de *dumping* ont été nombreux et les pressions à l'ouverture du marché japonais répétées sans grand succès. Et comment ne pas être scandalisé en apprenant qu'il a fallu vingt-neuf ans pour que les fabricants nippons reconnaissent leur dette technologique à Texas Instruments qui a inventé le circuit intégré (*Japan Economic Journal*, 9 décembre 1989) ?

Mais ces tactiques sans scrupules s'inscrivent dans une stratégie de capitalisme « à l'ancienne » que pratiquaient la Grande-Bretagne au XIXᵉ siècle, puis ces Rockefeller dont les descendants dilapident aujourd'hui l'héritage.

La guerre économique permanente

La guerre économique est permanente et se fait à coups d'investissements dans l'équipement, la recherche et la formation. Sur ces trois fronts, le rythme du Japon est deux à trois fois plus rapide que celui des États-Unis et de l'Europe. « La victoire est certaine lorsque l'ennemi est pris dans un rythme qui trouble son esprit », écrivait maître Musashi, il y a quatre siècles.

A l'évidence, le rythme des firmes japonaises est troublant pour leurs concurrentes américaines et européennes, mais aussi pour certains esprits nippons auxquels le succès monte à la tête. A lire les pages de Shintaro Ishihara, dans *Le Japon doit dire non*, on retrouve l'exaltation démesurée des jeunes officiers des années trente. Héraut d'une race supérieure, il affirme que les deux superpuissances blanches, États-Unis et URSS, vont s'allier pour faire barrage au Japon ; il agite la supériorité technologique du Japon pour faire chanter les États-Unis en les menaçant de vendre des brevets sensibles à l'URSS ; il souhaite organiser le *leadership* technique et financier du Japon en Asie. Un capitalisme emballé dispute à un capitalisme essoufflé la suprématie technologique et commerciale. Un affrontement serait tra-

428

gique. Les États-Unis auraient les glucides lents de la victoire : le nombre et la créativité ; le Japon aurait l'énergie du désespoir. Alors que, des deux côtés du Pacifique, les citoyens n'aspirent qu'au mieux-être et à la sécurité.

Christian Sautter

États-Unis - Chine.
Lunes de miel et désillusions

■ Les relations des États-Unis avec la Chine ont un contenu émotionnel qui n'existe guère avec d'autres pays d'Asie, même le Japon. Au lendemain de la Pemière Guerre mondiale, les États-Unis étaient en passe d'incarner pour les Chinois une puissance moderne, anticoloniale, ouverte sur le plan éducatif et culturel : mais à la conférence de Versailles, Woodrow Wilson acceptait le transfert des concessions allemandes en Chine vers le Japon, provoquant manifestations et boycottages nationalistes (Mouvement du 4 mai 1919). Une génération d'intellectuels et d'étudiants chinois, pourtant, assimilait pêle-mêle Charles Darwin, Thomas Dewey et la sociologie américaine, pendant que les missionnaires protestants américains s'implantaient en nombre.

Avec le succès du général Chang Kaishek en 1925-1927, le soutien américain se précisa enfin. Un véritable lobby aux États-Unis allait susciter la sympathie pour la Chine. Pendant la Seconde Guerre mondiale, les lingots d'or du Trésor américain payèrent les troupes nationalistes de Chang Kaishek et un pont aérien au-dessus de la « bosse » himalayenne devint la source essentielle d'armements et de munitions. Fort actifs, diplomates et militaires américains ne négligèrent même pas la guérilla communiste. Zhou Enlai fut chargé d'approches directes auprès des Américains, jusqu'en 1946 : la mission Marshall, en décembre 1945, fut la dernière tentative américaine d'éviter la guerre civile en Chine.

Du soutien à Chang Kaishek...

Mais celle-ci marqua la fin d'une époque. L'aviation américaine transporta les troupes républicaines en Mandchourie, coupant les lignes communistes ; jusqu'au dernier moment, l'Amérique soutint son champion Chang Kaishek et, au lendemain de la défaite (1949), un *Libre blanc* du département d'État sur la « perte de la Chine » devint le cheval de bataille du sénateur Joseph MacCarthy et d'un jeune représentant au Congrès, Richard Nixon, contre les communistes, les libéraux et tous les traîtres. Pendant vingt ans, les communistes chinois incarnèrent, aux yeux des Américains, à la fois la « menace rouge », combattue à travers le monde, et la « perfidie jaune » qu'avaient représentée jusqu'alors les Japonais. Le lobby chinois devint un lobby taïwanais, la 7e flotte protégea l'île — où s'étaient réfugiés les dirigeants nationalistes — à partir d'août 1950, et l'aide américaine y jeta les bases de ce qui sera le miracle économique formosan.

Mao Zedong et son régime contribuèrent évidemment à cet affrontement : en intervenant massivement dans la guerre de Corée, ils s'opposèrent directement aux États-Unis, au prix de pertes immenses, pour faire alliance avec le grand frère soviétique. Et pourtant, dès 1953, un mémorandum interne à la CIA, publié deux décennies plus tard, émettait l'hypothèse d'un schisme sino-soviétique, lequel se réalisera au tournant des années soixante.

C'est bien de l'apparition d'un jeu mondial triangulaire, et de la nécessité de jouer une « carte chinoise », qu'est venue la normalisation sino-américaine. A partir d'août 1955, diplomates américains et chinois se rencontrèrent régulièrement à Varsovie. En janvier 1965, lors des incidents du golfe du Tonkin entre États-Unis et Vietnam, Mao Zedong s'opposa à ceux de ses généraux qui prônaient une intervention militaire directe de la Chine. Américains et Chinois apprirent à limiter leur conflit et Washington accentua son ouverture vers Pékin à partir des incidents frontaliers de l'Oussouri (avec l'URSS) de 1969.

Aux États-Unis, cette évolution fut le fait des deux partis. Des fonctionnaires démocrates l'avaient préparée depuis longtemps au Département d'État, mais Richard Nixon et Henry Kissinger l'officialisèrent en 1971-1972, avec la visite du président et le communiqué de Shanghaï, en février 1972. Tout le lobby anticommuniste des années cinquante s'est tourné alors vers la Chine. Et R. Nixon est resté, après sa chute, une figure appréciée des dirigeants chinois ; il fut encore le premier homme d'État occidental à leur rendre visite après le massacre de la place Tian An Men (juin 1989).

... à la reconnaissance de la Chine populaire

Mais ce sont Jimmy Carter et le secrétaire d'État Zbigniew Brzezinski, soucieux d'un vaste rassemblement politique contre l'« ours polaire » soviétique, qui ont mené le rapprochement à son apogée. La décision de reconnaître la Chine, et donc de rompre les relations diplomatiques officielles avec Taïwan, fut prise en décembre 1978. Deng Xiaoping effectua aux États-Unis une tournée triomphale, arborant même à l'occasion un chapeau texan, tandis qu'il annonçait l'imminence d'une « leçon » chinoise au Vietnam. La nouvelle lune de miel dura dix ans dans l'opinion publique américaine. En Chine, l'attrait de la libre entreprise, mais aussi le *Bill of Rights*, les émissions de *la Voix de l'Amérique* devinrent une source d'inspiration pour des dissidents et pour une génération de jeunes instruits. Des dizaines de milliers d'entre eux, dont nombre d'enfants de dirigeants, allèrent étudier aux États-Unis.

Stratégiquement, pourtant, la « quasi-alliance » rêvée par Z. Brzezinski et par de nombreux militaires était mort-née. Le Congrès exigea, pour adopter à l'unanimité le *Taiwan Relations Act* (printemps 1979), une clause garantissant la poursuite de livraisons d'armes à cet allié fidèle, tandis que le candidat Ronald Reagan prenait fait et cause pour la Chine nationaliste : les deux premières années de sa présidence furent marquées par une polémique avec Pékin à ce sujet, avant qu'un compromis ne s'installe en 1982. Le domaine essentiel de la coopération entre les deux pays a été l'installation d'une station de détection des tirs soviétiques de missiles en Asie centrale. En outre, malgré les sanctions prises en 1989 après le massacre de Pékin, les États-Unis ont autorisé en avril 1990 le lancement d'un satellite commercial américain sur un lanceur chinois.

Essor des relations commerciales

Commercialement, l'essor des relations a été indéniable. Les États-Unis sont, après les Chinois d'outre-mer, les premiers investisseurs étrangers, avec environ 3,5 milliards de dollars et nombre de multinationales implantées en 1989. Outre qu'ils ont permis à la Chine d'entrer dans tous les grands organismes internationaux (sauf le GATT), les États-Unis lui ont accordé en 1980 la clause de la nation la plus favorisée, ce qui a permis à Pékin de développer ses exportations : en 1989, si les États-Unis n'étaient que le troisième vendeur à la Chine, celle-ci dégageait un surplus de 6,2 milliards de dollars dans ses ventes aux États-Unis, qui compensait fort opportunément le déficit commercial de ces derniers avec le Japon.

Dans ces retrouvailles sino-américaines,

Bibliographie

Chang Gordon H., *Friends and Enemies : The United States, China and the Soviet Union, 1948-1972*, Stanford University Press, Stanford (CA), 1990.

Schaller Michael, *The US Crusade in China, 1928-1945*, Columbia University Press, New York, 1979.

Solomon Richard H, (sous la dir. de), *The China Factor : Sino-American Relations and the Global Scene*, Prentice Hall, Englewood Cliffs (NJ), 1981.

même atténuées par des arrière-pensées stratégiques ou commerciales, le mouvement démocratique chinois du printemps 1989 a sonné comme un coup de tonnerre. La Déesse de la démocratie construite par les étudiants fin mai était une réplique de la statue de la Liberté. Le massacre du 4-5 juin, accompagné sur les écrans par les témoignages horrifiés des étudiants chinois aux États-Unis, a sonné le glas d'une époque. Les dirigeants chinois redeve-naient des tyrans aux yeux de l'opinion américaine.

Le président Bush, quoique sans équivoque dans ses prises de position publiques, a intégré avec difficulté cette perspective nouvelle. Lui qui a été le premier ambassadeur américain à Pékin est resté attaché à cette ère fondatrice. En juillet 1989, des envoyés américains se sont rendus à Pékin en secret et y sont retournés publiquement en novembre 1989, au scandale du Congrès et de l'opinion publique. Washington, après avoir arrêté toute aide financière a lâché un peu de lest avec la Banque mondiale, mais est resté ferme sur l'essentiel. Le gouvernement américain obtint d'ailleurs en juin 1990 l'émigration de l'astrophysicien dissident Fang Lizhi.

Dans un contexte mondial bouleversé par l'indépendance des pays d'Europe de l'Est, les relations sino-américaines ont perdu leur éclat d'antan, et semblent suspendues à une relève du pouvoir politique à Pékin.

François Godement

Indochine : retour sur la pointe des pieds ?

■ Ce qu'on appelle le «syndrome du Vietnam» persiste depuis l'humiliante chute de Saïgon en avril 1975. Associations de *Vietnam vets* (les anciens combattants), réfugiés indochinois qui pèsent électoralement, éternelle recherche des MIA (*missing in action*, les soldats disparus qu'on a parfois cru prisonniers) : la question indochinoise est encore brûlante.

Sans doute cela explique, avec l'existence de la «carte chinoise» dans la diplomatie américaine, que les États-Unis soient longtemps restés très peu actifs en ce qui concerne la troisième guerre d'Indochine, qui a opposé à partir de 1979 le Vietnam et ses protégés à la résistance khmère et à la Chine. En 1978, le gouvernement Carter envisagea de reprendre les relations avec Hanoï : cette démarche échoua sur le refus vietnamien de rendre compte des restes des soldats américains tombés au Vietnam, et sur la revendication d'importantes réparations au titre des dommages de guerre. Très vite, la reconnaissance de la Chine prit les devants. Ronald Reagan, porté à la Maison Blanche par une vague conservatrice et nationaliste, ne devait prendre aucune initiative pendant ses huit ans de présidence, hormis un règlement de la question des MIA et l'adoption d'un programme de départs légaux de Ho Chi Minh-Ville, destiné à enrayer la fuite par la mer des réfugiés vietnamiens.

Bibliographie

Brown Frederick Z., *Second Chance : the United States and Indochina in the 1990s*, Council on Foreign Relations Press, New York, 1989.

Fitzgerald Frances, *Fire in the Lake*, Little Brown, Boston (MA), 1972.

Shawcross William, *Sideshow : Kissinger, Nixon and the Destruction of Cambodia*, Simon & Schuster, New York, 1979.

Soutien aux factions khmères non communistes

D'un autre côté, les États-Unis refusèrent d'aider directement les Khmers rouges, leur interdisant d'ailleurs l'entrée du territoire américain avec plus de constance que d'autres pays occidentaux. Le prince Norodom Sihanouk, monarque déchu avec l'aide des États-Unis en 1970, n'attirait guère la sympathie du gouvernement américain, même si celui-ci reconnut la légitimité de son gouvernement de coalition. La politique américaine a donc pris une voie étroite, celle du soutien direct et indirect aux factions non communistes de la résistance khmère, et surtout au Front national de libération du peuple khmer (FNLPK) de Son Sann. Les armes ont d'abord été livrées indirectement par des pays de l'ANSEA (Association des nations du Sud-Est asiatique), puis directement avec le vote d'une résolution par le Congrès. A compter de 1988, celui-ci a été très au-delà de l'attitude du gouvernement en matière d'assistance à la résistance khmère et plusieurs témoignages en 1989-1990 ont indiqué qu'il existe vraisemblablement, à côté du programme officiel, des fournitures militaires clandestines. A deux reprises, l'armée américaine a mené des exercices de débarquement amphibie en Thaïlande, marquant ainsi son soutien à un pays dont elle fournit 70 % de l'armement et qui est le camp arrière de la résistance khmère.

Sur le plan diplomatique, les États-Unis ont évolué pourtant, mais dans le contexte des rapports entre grandes puissances, plu-

tôt que par une négociation régionale. La Conférence de Paris sur le Cambodge (août 1989) a surtout été l'occasion pour le secrétaire d'État, James Baker, d'entrer en relations avec son homologue chinois, malgré l'interruption des contacts de haut niveau après le massacre de Pékin du mois de juin précédent. Plusieurs rencontres sur ce sujet avec Edouard Chevardnadze, le ministre des Affaires étrangères soviétique, ont coïncidé avec l'adoption de résolutions nouvelles par les cinq membres permanents du Conseil de sécurité, appelant à un rôle de l'ONU pour dénouer le conflit. Des parlementaires conservateurs ont visité le Vietnam et le Cambodge en 1990. D'anciens faucons de la guerre au Vietnam, comme William Colby, ont prôné eux-mêmes une politique plus ouverte vis-à-vis de Hanoï.

En juillet 1990 — tournant important dans l'histoire du conflit —, James Baker a annoncé que les États-Unis cessaient de reconnaître la coalition de la résistance khmère incluant les Khmers rouges, et qu'ils ouvraient des contacts directs avec le Vietnam pour résoudre la question cambodgienne.

Il est pourtant inconcevable, pour des raisons psychologiques et historiques, que les États-Unis reviennent en Indochine autrement que sur la pointe des pieds.

François Godement

432

Les relations États-Unis - URSS vues de Washington
La menace a disparu ?

■ En 1982, Ronald Reagan dénonçait la violation des engagements, la «tyrannie», «l'agression», et le surarmement de l'Union soviétique, qu'il qualifiait, l'année suivante, de «foyer du mal dans le monde moderne». En 1988, à Moscou, Mikhaïl Gorbatchev était devenu son «ami» à qui il fallait «faire confiance». Convaincu que sa politique d'affrontement avait forcé son adversaire à modérer son action extérieure et à se concentrer sur ses problèmes économiques, il signa, en 1987, le traité sur le contrôle des forces nucléaires intermédiaires (FNI) et quitta la Maison Blanche détenteur du record des rencontres au sommet avec un dirigeant soviétique. Au cœur de la politique étrangère des États-Unis depuis 1945, l'Union soviétique n'est plus perçue comme la menace principale envers leurs intérêts vitaux. La meilleure preuve en a été donnée par l'évolution de la situation au Moyen-Orient, à partir de l'été 1990.

Fluctuat...

Intensifiées par une triple compétition militaire, politique et idéologique, les relations américano-soviétiques ont toujours fluctué : de la reconnaissance tardive du régime soviétique en 1933 aux espoirs brisés par les suspicions et la répression staliniennes; de la grande alliance contre Hitler à la guerre froide; de la crise des missiles de Cuba de 1962 aux premières tentatives de contrôle des armements; de la politique de détente du gouvernement Nixon à la nouvelle guerre froide de 1981-1985.

Le débat politique face à l'URSS a reflété des interrogations diverses sur les fondements de la politique soviétique, les intentions des dirigeants soviétiques et leurs capacités à les mettre en œuvre, et

la gravité de leurs difficultés intérieures. Constante dans ses buts depuis 1947 (l'endiguement de la puissance soviétique, sinon de l'idéologie communiste), la politique américaine a souvent changé dans ses moyens. Mais les fluctuations des budgets militaires ou de l'opinion publique ne se retrouvent pas dans les échanges commerciaux, culturels et touristiques qui ont régulièrement progressé, même durant les années quatre-vingt.

Un par un, les obstacles à de meilleures relations ont disparu. Le programme de réarmement américain, commencé en 1979-1980, le traité sur les FNI de 1987, l'annonce d'une réduction des effectifs des troupes soviétiques, l'adoption du principe de réduction asymétrique des forces conventionnelles en Europe, et le ralentissement de la production d'armements soviétique ont amélioré la perception des futurs rapports de force et indiquent un souci de ralentir une course aux armements ruineuse. Ayant accepté des mesures de vérification poussées, élaboré une nouvelle doctrine militaire défensive, et admis avoir violé le traité sur les missiles anti-balistiques (ABM), les Soviétiques ont désarmé la droite américaine. Les troupes soviétiques ont quitté l'Afghanistan. L'URSS a encouragé la résolution des conflits au Cambodge, en Namibie et en Angola et modéré le comportement de ses alliés en Amérique centrale et dans le monde arabe. L'émigration juive a augmenté rapidement, passant de 1 140 en 1985 à 19 286 en 1988, pour dépasser en 1989 les 51 320 atteints en 1979. La libération de prisonniers politiques (dont Andreï Sakharov), les réformes politiques intérieures et une plus grande liberté de la presse ont également apaisé les critiques sur la situation des droits de l'homme dans ce pays.

Bibliographie

Fontaine André, *Histoire de la guerre froide*, 2 vol., Fayard, Paris, 1965.

Gaddis John L., *Strategies of Containment*, Oxford University Press, New York, 1982.

Nye Joseph S. (sous la dir. de), *The Making of America's Soviet Policy*, Yale University Press, New Haven (CT), 1984.

Tinguy Anne de, *USA-URSS, La détente*, Complexe, Bruxelles, 1985.

Mais l'URSS a réussi à capturer l'ordre du jour et à contrôler la dynamique des relations bilatérales. Son jeu apparaît souvent comme une bataille pour l'opinion publique occidentale, alors que Washington voudrait éviter des accords trop précipités. La politique soviétique a avivé les craintes sur la cohésion et l'avenir de l'OTAN, et compliqué le contrôle exécutif des politiques étrangère et de défense.

Arrivé au pouvoir en 1989, George Bush ne partage pas l'idéalisme de son prédécesseur. Mais, s'étant présenté comme son héritier, il a évité de répudier ouvertement ses positions. Tout en soutenant l'Initiative de défense stratégique (dont les crédits ont été réduits par le Congrès) et le principe de la réinterprétation du traité ABM, le nouveau gouvernement n'a pas procédé aux tests qui pourraient violer l'interprétation traditionnelle de ces accords. Plutôt que de privilégier le désarmement nucléaire, il a cherché à minimiser les occasions de crises et à faciliter leur résolution grâce à des accords techniques et à une meilleure communication.

Les relations économiques et culturelles n'ont jamais été rompues, Ronald Reagan a rapidement levé les restrictions imposées par Jimmy Carter après l'invasion de l'Afghanistan en 1980 ; la coopération spatiale s'est développée ; le gouvernement Bush a autorisé les subventions pour les ventes de blé à l'URSS, afin de maintenir la part de marché américaine, et subit les pressions tant alliées qu'internes afin de lui accorder le statut de nation la plus favorisée et de réduire les restrictions à l'exportation de technologies.

Désirant à la fois la fin de la guerre froide et la continuation de relations stables et prévisibles, George Bush n'a pas su initialement quelle stratégie adopter. La crainte d'un dérapage des réformes, du débordement des conflits et d'une perte de contrôle de l'évolution du système explique un attentisme mélangé au désir de rassurer Mikhaïl Gorbatchev. La préparation au pire qu'exige la prudence peut toutefois faire perdre de bonnes occasions de bâtir des relations pacifiques stables. Cette « prudence » a aussi masqué des conflits bureaucratiques et un souci de ne pas se laisser déborder par l'opinion publique. Une fois acceptée l'idée que la menace soviétique a disparu, de nouveaux intérêts se forment autour de la meilleure façon de dépenser les « dividendes de la paix ». Il devient alors plus difficile de se préparer à de nouvelles tensions sans dramatiser la menace et créer de nouveaux dangers.

L'opinion : Super Gorby

Depuis 1945, jamais l'URSS n'a eu meilleure image auprès du public américain, jamais un dirigeant soviétique n'a été aussi populaire que M. Gorbatchev. L'opinion se soucie plus de l'état de l'économie et du problème de la drogue que de l'URSS ou du danger nucléaire. Or, ce sont précisément les émotions populaires et la qualité des relations entre dirigeants, plus que les réalités internationales, qui ont souvent déterminé les grandes lignes de la politique américaine à l'égard de l'URSS.

L'apparente disparition de la rivalité idéologique et de la menace militaire a désarmé la droite et facilité un rapprochement. Les deux Grands veulent éviter une guerre nucléaire, réduire les dépenses d'armements, contrôler les capacités militaires des puissances régionales, limiter les zones de conflits, et se concentrer sur leurs problèmes intérieurs. Une coopération implicite (le contrôle des armements n'a pas besoin d'accords formels) et un dialogue permanent réduiraient les dangers liés aux nouvelles incertitudes, l'instabilité de l'opinion et les vicissitudes de la politique intérieure.

Philippe Le Prestre

Les relations États-Unis - URSS vues de Moscou
Le pari de Gorbatchev

■ Lorsque dans les mois qui suivirent son accession au pouvoir en mars 1985, Mikhaïl Gorbatchev entreprit de relancer la détente entre les États-Unis et l'URSS, il ne pouvait tomber à un pire moment avec Ronald Reagan au pouvoir à Washington. Plus que tout autre président depuis Harry Truman, il était, pour Moscou, le stéréotype même de l'adversaire implacable que tout aveu de faiblesse ne peut que rendre plus irréductible.

M. Gorbatchev se lança pourtant dans l'exercice difficile qui consistait à dégager l'URSS de la course aux armements et des conflits régionaux tout en cherchant autant que possible à préserver sa puissance internationale acquise. Il fallait, pour ce faire, passer par des accords restreignant tant soit peu l'action parallèle de Washington. A partir de l'été 1985, il mit en mouvement une avalanche contrôlée de propositions en matière de réduction des armements, même lorsqu'elle ne provoquait aucune concession en retour. Le calcul et le pari politique de M. Gorbatchev étaient que, à moyen terme, il deviendrait de plus en plus difficile au gouvernement Reagan de s'en tenir à la totalité de ses exigences, face au Congrès et à l'opinion européenne, sous peine d'apparaître comme un gouvernement incapable de saisir les occasions historiques.

Pendant longtemps, la nouvelle approche de M. Gorbatchev ne lui apporta rien de concret du côté de Washington, bien au contraire. Ainsi, lorsque, après quelques concessions infructueuses, il se résigna au début de 1986 à accepter l'« option zéro » proposée par Washington en 1983 pour les euromissiles, les États-Unis assortirent l'accord de conditions nouvelles : coupes des SS-20 basés en Asie, par exemple.

En mai 1986, la Maison Blanche annonça qu'elle cesserait de respecter les plafonds fixés par le traité SALT II, jamais ratifié mais néanmoins observé jusque-là. Et alors que l'URSS cherchait à se dégager d'Afghanistan, Washington accroissait son aide aux rebelles afghans.

Priorité aux réformes internes

M. Gorbatchev dissimula sa frustration tandis que ses adversaires en URSS faisaient valoir que sa politique alimentait l'intransigeance de R. Reagan et de son entourage, dans un processus qui affaiblissait constamment les positions soviétiques. Malgré cela, M. Gorbatchev, qui s'en tenait à sa priorité absolue de réforme du système économique et politique, considérait qu'il n'avait d'autre choix que de persister, estimant qu'il finirait bien par désarmer la droite américaine. Dans ces conditions, la presse et les commentateurs proches de M. Gorbatchev adoptaient un discours presque schizophrénique. D'une part, ils considéraient que les gestes soviétiques étaient mal payés de retour et se plaignaient de la rigidité des États-Unis.

Bibliographie

Bialer Seweryn, Mandelbaum Michael (sous la dir. de), *Gorbatchev's Russia and American Foreign Policy*, Westview Press, Boulder (CO), 1988.

Gaddis John L., *The United States and the Origins of the Cold War*, Columbia University Press, New York, 1972.

D'autre part, ils affirmaient que les relations soviéto-américaines s'amélioraient continuellement et que des signes encourageants apparaissaient à Washington : la multiplication des rencontres devenait en elle-même positive.

Certes, l'image de M. Gorbatchev était de plus en plus favorable dans l'opinion internationale, mais cela n'apportait pratiquement aucun résultat tangible du côté américain, sauf le traité sur les euromissiles (décembre 1987), « arraché » à force de concessions soviétiques. Reconnaissant que l'URSS avait fait, et de loin, les concessions les plus importantes, un analyste soviétique proche de M. Gorbatchev les justifiait en affirmant qu'il s'agissait là d'un « investissement » pour l'avenir : les principaux bénéfices attendus par le « numéro un » soviétique étaient la conclusion d'un traité START (réduction des armements nucléaires stratégiques) et un compromis minimal sur la « guerre des étoiles ». Ils se faisaient encore attendre à la fin de la décennie.

Il fallut l'effondrement du « camp socialiste » en Europe de l'Est, dans la seconde moitié de 1989, pour que le président Bush commence à envisager des réductions importantes du budget militaire et des forces américaines en Europe, allant ainsi dans le sens des « dividendes » que souhaitaient les Soviétiques.

Alors qu'en 1986 et 1987 M. Gorbatchev espérait, à travers des accords avec les États-Unis, gérer et stabiliser un déclin relatif de la puissance soviétique, les perspectives d'accord qui se sont dessinées au tournant de la décennie sont intervenues au moment où l'URSS, de plus en plus menacée d'éclatement à l'intérieur, a pratiquement cessé d'être une grande puissance. Les accords proposés par G. Bush ont pour but de freiner une chute dont la trop grande rapidité risquerait d'avoir de graves conséquences dans le système international. M. Gorbatchev s'en est déclaré satisfait, mais ses priorités et ses préoccupations étaient désormais ailleurs.

Jacques Lévesque

États-Unis - Europe
Les liens de famille

■ L'histoire des États-Unis d'Amérique est fondée sur une relation ambiguë avec le Vieux Continent. L'Europe est avant tout le lieu que l'on a quitté volontairement. D'abord pour échapper à l'intolérance religieuse, puis pour fuir la misère et une vie sans avenir. Dans les deux cas, avec la ferme intention de bâtir la « Cité sur la montagne » : une communauté craignant Dieu, régie par des valeurs morales, où justice, prospérité, égalité des chances sont assurées — du moins en théorie, et pour les Blancs.

Le continent européen est alors perçu comme le théâtre de la corruption du monde, menacé à chaque instant par les fanatismes religieux ou nationaux, et dont il faut se tenir à distance. Jusqu'à la Première Guerre mondiale — et même jusqu'en 1941 —, les États-Unis ont rejeté l'Europe.

L'optimisme volontariste des Améri-

Bibliographie

Calleo David P., *Beyond American Hegemony*, Basic Books, New York, 1987.

Debray Régis, *Les Empires contre l'Europe*, Gallimard, Paris, 1985.

Julien Claude, « L'amitié et la civilisation : les États-Unis et l'Europe », *L'Événement européen*, Paris, avr.-juin 1990.

Moreau Defarges Philippe, *La politique internationale d'aujourd'hui*, Hachette-Classiques, Paris, 1990.

cains n'a toutefois pas trouvé le moyen de faire l'impasse sur le problème de l'identité d'une nation sans racines. De fait, ces émigrants, en dépit d'une forte mobilité sociale, ont continué de s'assembler selon leurs communautés d'origine. Les nations européennes ont ainsi fait office, sinon de mères, du moins de grand-mères-patries. D'où l'attirance pour l'Europe et l'idée que les affaires du Vieux Continent concernent directement l'Amérique.

Des sentiments ambigus

Ce sentiment d'amour-haine vis-à-vis de l'Europe est également nourri par la tension entre les réflexes isolationnistes et la foi dans la « Destinée manifeste » des États-Unis. La « Cité sur la montagne » américaine est vécue comme la forme idéale d'organisation sociale qu'il faut protéger du monde extérieur. Mais, au fur et à mesure de leur réussite et de leur montée en puissance, les Américains se sont faits aussi les missionnaires de leur propre modèle de société. L'intervention à l'étranger — y compris militaire — a été justifiée par le devoir de faire partager au reste de la planète les bienfaits de l'*American way of life*.

L'arrivée des troupes américaines sur le Vieux Continent, en 1917, a marqué une rupture. Pour la première fois, Washington se décidait à intervenir dans les que-

relles européennes. Les États-Unis étaient, bien sûr, directement menacés par l'extension des hostilités navales décidée par l'Allemagne, mais dans l'esprit du président Woodrow Wilson, l'aspect messianique de l'intervention tenait une place centrale.

Avec ses fameux *Quatorze points*, le chef de l'État américain se faisait le prophète d'une « révolution mondiale démocratique ». Son but était d'établir un nouvel ordre de paix en Europe calqué sur le modèle américain : moralisation des relations diplomatiques, libertés économiques, condamnation de la surenchère coloniale, autodétermination des peuples. Cette vision éthico-politique du monde — servant par ailleurs les intérêts économiques des États-Unis — fut incarnée par la Société des nations (SDN) : la paix ne devait plus être le résultat du principe — trop « européen » — de l'équilibre des puissances, mais de l'union de tous les États de la planète qui déclarent la guerre hors la loi.

Cette première incursion sur le terrain de la vieille diplomatie européenne fut cependant de courte durée. La méfiance envers le Vieux Continent était telle que le Sénat refusa de ratifier l'entrée des États-Unis dans la SDN. Jusqu'à la fin des années trente une Maison Blanche moins fermée au monde extérieur dut ménager une opinion massivement isolationniste. Si le pacte Briand-Kellog de 1928 — où les signataires déclaraient renoncer à la guerre — était la poursuite de l'action « morale » des États-Unis en Europe et dans le monde, le *Neutrality Act* (1935) fut l'expression d'une claire volonté de rester en dehors du conflit qui se préparait sur le continent européen.

Le président Franklin D. Roosevelt dut vaincre une forte résistance intérieure pour que son pays accepte d'abandonner sa neutralité au profit de la Grande-

---

Le plan Marshall (1947-1951) a coûté 13,6 milliards de dollars, soit 80 milliards de dollars 1990 [PNB en 1947 : 235 milliards de dollars].

Bretagne. Il est vrai que la double menace japonaise et allemande avait permis de donner corps à son discours de Chicago, en 1937, proclamant la neutralité impossible face aux dictatures. Il fallut toutefois attendre Pearl Harbor (décembre 1941), pour que les États-Unis décident de s'engager dans le conflit.

Comme en 1917, le président américain, pour mobiliser ses compatriotes, fit appel à la mission de l'Amérique. En 1941, il baptisa les États-Unis « arsenal des démocraties » et reprit, avec la *charte de l'Atlantique*, l'esprit même des *Quatorze points* de W. Wilson — en y ajoutant une forte composante anticolonialiste. Les Américains allaient se battre à nouveau pour « leurs » valeurs : les libertés individuelles — et celle du commerce — ainsi que l'autodétermination des peuples occupés ou colonisés. Avec le secret espoir, à la Maison Blanche, de réduire les puissances du Vieux Continent et d'hériter leur influence dans le reste du monde.

Les engagements de la guerre froide

Les États-Unis sortirent grands vainqueurs de la Seconde Guerre mondiale. Mais cette fois, il n'était plus question de s'enfermer à nouveau dans un splendide isolement. L'URSS était promue au rang d'adversaire irréductible ; l'Amérique se posait en leader du « monde libre » dans le combat contre le communisme international. Les pays de l'Europe de l'Ouest étaient considérés à la fois comme les principaux alliés dont il fallait assurer la protection et la prospérité, et les bases avancées de l'« Occident » — une alliance des démocraties sous la direction de Washington.

La « guerre froide » a marqué ainsi une rupture avec la plus tenace des traditions américaines en matière de politique étrangère : le refus de s'engager dans des alliances permanentes (excepté en temps de guerre). Les États-Unis créèrent une série de pactes politico-militaires pour « contenir » la puissance soviétique, et dont le plus important était l'Organisation du traité de l'Atlantique nord (OTAN). Une démobilisation générale n'était plus de mise : les troupes américaines allaient camper durablement sur le sol européen.

Par ailleurs, dès 1947, la Maison Blanche lança le plan Marshall — un programme destiné à reconstruire les économies européennes au pas de charge. Crédits et dons furent répartis à travers l'Organisation européenne de coopération économique (OECE - future OCDE) placée sous la houlette des États-Unis. Washington s'érigea ainsi en protecteur de l'Europe démocratique dont il fallait piloter l'économie dans le sens d'une coopération étroite avec l'Amérique.

L'ambiguïté des sentiments américains envers le Vieux Continent n'était pas levée pour autant. Depuis les années cinquante, la politique de la Maison Blanche a oscillé entre la volonté de réduire ses responsabilités en Europe et la méfiance à l'égard de toute tentative d'autonomie européenne. Sans compter la persistance des idées isolationnistes au sein du Congrès, concrétisées au début des années soixante-dix, avec la campagne menée par le sénateur Mike Mansfield en faveur du rapatriement des GI stationnés en Europe. Le développement de la CEE, à partir des traités de Rome de 1957, a été perçu comme une menace contre le leadership politique et les intérêts économiques américains. Si le président John Kennedy voyait d'un bon œil le renforcement d'un « pilier européen » au sein de l'OTAN, il était par ailleurs intraitable concernant toute forme de protectionnisme économique de la part des Communautés européennes. Quant au retrait de la France du commandement intégré de l'OTAN (1966), il fut ressenti à Washington comme une trahison.

L'adoption en 1967 de la stratégie de la « riposte graduée » était, pour la Maison Blanche, une manière de réduire les risques d'être entraînés dans une guerre nucléaire en cas de conflit en Europe. Parallèlement, les Américains en ont voulu aux alliés européens pour leur man-

438

que de solidarité tout au long de guerre du Vietnam. Pendant la période dite de la « détente » (1972-1979), les États-Unis, soucieux de préserver leur prééminence, ont insisté pour que le dialogue avec l'Est s'organise autour des deux alliances rivales, l'OTAN et le pacte de Varsovie ; des négociations « bloc à bloc » permettant aux Américains de contrôler la démarche politique occidentale. Ainsi s'explique aussi leur défiance envers le « processus d'Helsinki », où leur leadership est dilué au sein d'un large forum essentiellement européen.

Les « dividendes de la paix »

Au début des années quatre-vingt-dix, les États-Unis peuvent prétendre au titre de vainqueur de la « guerre froide » et les vieux réflexes isolationnistes semblent reprendre le dessus : la guerre est finie, il faut rentrer à la maison et engranger les « dividendes de la paix ». Une partie chaque jour plus importante de l'opinion américaine estime avoir déjà trop payé pour garantir la sécurité d'alliés qui, en attendant, sont devenus des concurrents économiques redoutables. A eux

maintenant d'assurer l'essentiel de leur défense, d'autant que l'adversaire à l'Est est en pleine décomposition. Par ailleurs, il n'est pas question de tolérer une « forteresse Europe », marginalisant le rôle des États-Unis dans l'économie du Vieux Continent.

Les États-Unis, une nouvelle fois, sont contraints de redéfinir leurs liens avec les Européens. La rivalité commerciale avec le Japon, l'ampleur du déficit budgétaire (le plus important de leur histoire), la fixation sur les problèmes de l'Amérique centrale et des Caraïbes, le sentiment d'un « déclin » de l'Amérique favorisent un puissant courant néo-isolationniste. Les Américains semblent vouloir avant tout rebâtir leur « Cité sur la montagne ». L'élite gouvernementale à Washington, en dépit de ses efforts pour maintenir une présence en Europe, devra probablement se contenter de moins : un ordre européen qu'on espère assez solide pour que des jeunes Américains n'aient pas à revenir mourir sur les champs de bataille d'un trop vieux continent.

Alfredo G.A. Valladão

États-Unis - France
Une amitié ombrageuse

■ En général, les amis de longue date connaissent des moments d'intimité, des éloignements occasionnés par des disputes, des désaccords périodiques, mais ordinairement ils ne renoncent pas à leur amitié : les mauvais moments finiront bien par passer. Il en a été ainsi des deux cents ans de relations entre la France et les États-Unis, pendant lesquels, comme l'a noté Jean-Baptiste Duroselle, « deux peuples amis » ont connu une « longue suite de querelles, de revendications, d'exaspérations, de malentendus ».

Au cœur des relations entre la France et les États-Unis on trouve une certaine

conception de l'indépendance et de l'intérêt national, et c'est ce qui a souvent conduit à des désaccords et à des malentendus. André Siegfried a fort justement comparé les relations de la France et celles de la Grande-Bretagne avec les États-Unis : « La France occupe aux États-Unis une place à part : nul pays n'y est, à certaines heures, plus passionnément aimé ; nul n'y est par ailleurs plus déprécié, plus sévèrement jugé. Il semble qu'il y ait toujours un excès, dans un sens comme dans l'autre, et qu'alternativement domine soit une illusion, soit une déception. Avec l'Angleterre, pas de sentimentalité, mais la sécurité : la famille. Avec la France, on dirait des relations passionnelles, où l'antipathie, jamais complètement éliminée, prend parfois le dessus.»

La France et les États-Unis sont les deux pays qui ont eu le plus d'influence sur l'organisation politique des autres nations. Leurs révolutions respectives les ont amenés à assumer le rôle de porte-drapeau de la démocratie, de ses valeurs et de ses institutions. Ainsi s'explique la concurrence entre « civilisation française » et « démocratie américaine » qui a provoqué maintes frictions.

Après-guerre : des alliés inégaux

Aucune période n'illustre mieux les difficultés des relations franco-américaines que les années d'après-guerre où les deux alliés se sont affrontés bien qu'ils fussent constamment du même côté de la barricade. Les États-Unis étaient dès le départ la puissance dominante. Ils assumaient la responsabilité de reconstruire l'Europe. Leur pouvoir et leur richesse leur permettaient de poursuivre la politique qu'ils avaient seuls décidée. Il leur a manqué ce que Henry Kissinger a appelé, au début des années soixante, de la «compassion» pour leurs alliés. Leur armée, leurs touristes, leur culture ont donné l'impression d'envahir l'Europe — ou du moins d'y occuper beaucoup de place.

La politique américaine répondait au nouvel ordre mondial et à la perception qu'en avaient les États-Unis. Mais la France n'était pas un satellite. C'était une démocratie qui luttait pour s'affirmer face aux attaques des extrémistes de droite et de gauche. Elle cherchait également à mener une politique étrangère indépendante de ses relations avec les États-Unis. Aussi, la participation de la France au plan Marshall, à l'Organisation du traité d'Atlantique Nord (OTAN), et son appartenance au bloc démocratique de l'Ouest n'ont-elles pas empêché qu'elle veuille demeurer une puissance souveraine capable de livrer seule ses batailles, sans le soutien des États-Unis, voire souvent contre leur gré.

Il est certain que la France se trouvait extrêmement désavantagée par rapport aux États-Unis : une petite puissance menacée qui luttait pour préserver, en partie au moins, son identité, son indépendance et sa culture. Les États-Unis attendaient de leurs alliés, dont la France, qu'ils soutiennent totalement leur politique étrangère, alors même qu'ils étaient hostiles à la politique menée par la France en Indochine, au Proche-Orient et en Algérie. Cela ressemblait pour la France à une relation unilatérale où la grande puissance mondiale reconnaissait peu d'indépendance à ses alliés.

Quand s'affirma la bipolarité du monde, la France perdit sa liberté de choix. Comment pouvait-elle chercher à préserver un rôle individuel dans ce monde nouveau à l'équilibre dangereux ? Quelle garantie offrait le «parapluie nucléaire» des États-Unis ? Finalement, les États-Unis décideraient seuls, sur la base de leurs intérêts, d'ouvrir ou non ce parapluie au moment critique.

La contestation gaullienne

Pendant la période du gaullisme où l'hégémonie des États-Unis fut continuellement contestée — retrait de la France du commandement intégré de l'OTAN, création de la force de frappe —, la France a tenté de réaffirmer son autonomie. Si la souveraineté avait un sens, elle supposait un minimum de contrôle sur son destin. Or il ne pouvait en être question tant que les deux superpuissances s'arrogeaient le monopole de la formulation de la politique étrangère.

Pendant les années soixante, les divergences politiques entre les États-Unis et la France furent aggravées par l'hostilité des intellectuels français envers les États-Unis : ils récusaient les valeurs du capitalisme et de la culture américaine en même temps qu'ils manifestaient leurs affinités avec le monde socialiste.

Bibliographie

Duroselle Jean-Baptiste, *La France et les États-Unis des origines à nos jours*, Seuil, Paris, 1976.

Portes Jacques, *Une fascination réticente : les États-Unis dans l'opinion française 1870-1914*, Presses universitaires de Nancy, 1990.

Rémond René, *Les États-Unis devant l'opinion française 1815-1852*, 2 vols., Armand Colin, Paris, 1962.

Pourtant, pendant toute la période d'après-guerre, les États-Unis ont suscité l'admiration des élites économiques, scientifiques et industrielles. « Le défi américain » était celui de la modernité, de l'innovation et du dynamisme. Les élites françaises montantes qui commençaient à diriger le pays n'ont jamais partagé l'hostilité de la classe politique, qu'elle soit de gauche ou de droite, ni celle des gaullistes et des intellectuels.

L'indépendance de la France dans le monde est une question qui ne se pose plus, notamment depuis que le pays est devenu un ardent défenseur de la Communauté européenne. Désormais, les États-Unis, dans leurs initiatives, doivent rechercher le soutien de la France. Ils ne sont plus la puissance hégémonique de la période d'après-guerre. Ils ne sont plus assurés de contrôler leurs alliés. Qu'ils approuvent ou non la construction de l'Europe n'a guère d'influence sur cette évolution.

L'effondrement des régimes communistes en Europe de l'Est et l'évolution géopolitique de l'Europe amènera certainement la France à mener une politique étrangère plus autonome. Dans un monde nouveau d'États-nations qui s'affirment, la France et les États-Unis resteront liés par les valeurs qu'ils partagent, mais auront vraisemblablement des politiques divergentes. Comme de vieux amis, ils réussiront probablement toujours à se retrouver.

Ezra Suleiman

États-Unis - France
Marché américain. La France peut mieux faire

■ Pendant des années, l'ordre a été immuable. Les premiers investisseurs étrangers aux États-Unis ont été les Britanniques et les Hollandais, puis, loin derrière, les Allemands, les Suisses et les Français. A partir de 1984, sont arrivés les Japonais. En 1988, d'après le département du Commerce, sur 1 084 transactions « importantes », 46 % étaient liées au Japon, ce qui commençait à susciter des inquiétudes. Le Royaume-Uni arrivait troisième avec 19 % des transactions, suivi par le Canada, nettement derrière, et enfin la France.

En 1989, les investissements français sur le territoire américain ont progressé de 50 %, atteignant 17 milliards de dollars. Il s'agit de la progression la plus forte de tous les investissements étrangers aux États-Unis. Le mouvement était dû en partie à la réalisation de quelques très grosses opérations, comme la prise de contrôle de Rorer et GAF par Rhône-Poulenc, de Pennwalt par Elf-Aquitaine, de Zenith par Bull, de Cluett-Peabody par Bidermann, ou de J. and L. par Usinor-Sacilor.

En 1989, les compagnies françaises ont acheté 210 entreprises étrangères (seulement un peu plus de 100 en 1988) : 63 % en Europe ; 26 % aux États-Unis. Parmi ces opérations : Uniroyal par Michelin, 10 milliards FF (1,76 milliard de dollars) et Penwalt par Elf, 6 milliards FF.
D'après Wall Street Journal, 21.02.1990.

La France, sixième investisseur

Mais alors que la progression des investissements japonais force l'attention des Américains de manière croissante, il n'en va pas de même des investissements français. En réalité, en 1989, la France ne détenait encore que 4,4 % du total de la valeur des investissements étrangers aux États-Unis. Les groupes britanniques venaient en tête avec 122,8 milliards de dollars et 31,5 % du total, suivis par les Japonais que leur progression sur plusieurs années plaçait à la tête de 66 milliards et 17 % du total. Venaient ensuite les Néerlandais (14,3 %), les Canadiens (7,6 %) et les Allemands de l'Ouest (7,9 %), suivis par les Français. Les actifs américains détenus par des étrangers étaient proches de 2 000 milliards de dollars en 1989, supérieurs aux 1 380 milliards de dollars d'actifs détenus par les Américains hors des États-Unis.

Cette comparaison mérite néanmoins d'être nuancée. Comme le font remarquer de nombreux experts américains, les investissements des États-Unis, réalisés de longue date, sont souvent évalués à leur valeur ancienne, plus faible que leur valeur réelle, alors que les investissements étrangers sont calculés à leur valeur récente. Ceci appellerait normalement une réévaluation de plusieurs centaines de milliards de dollars des biens américains — ce que l'on se garde bien de faire pour des raisons fiscales. Il n'en reste pas moins qu'en 1989 les investissements étrangers aux États-Unis ont progressé deux fois plus vite que les investissements américains à l'étranger. Cela traduisait moins un affaiblissement de l'économie américaine que la persistance de la force d'attraction qu'elle exerce sur l'ensemble du monde. Les États-Unis restent le marché de référence.

Concluant une étude sur les problèmes économiques et commerciaux du gouvernement Bush après sa première année de présidence, Jean-Daniel Tordjman, responsable des services de l'expansion économique à l'ambassade de France aux États-Unis, a écrit en 1990 : « Les hommes d'affaires français doivent poursuivre dans ce pays le travail considérable qu'ils ont accompli dans les années quatre-vingt, notamment par le développement massif des investissements directs dont la valeur, en termes réels, dépasse aujourd'hui 40 milliards de dollars. Le marché américain, malgré le triplement des ventes accompli dans la décennie, est loin d'être saturé en produits français. Mais, eu égard à nos coûts de production, au niveau du dollar et à la vivacité de la concurrence, ont le plus de chance ici les produits bien individualisés, soutenus par une stratégie commerciale constante et durable et de préférence une implantation sur place. Pour les biens d'équipement, les produits de technologie avancée et les biens de consommation, des places sont toujours à prendre avec des taux de profit qui peuvent être très positifs. »

Le contrôle de l'économie américaine par des entreprises étrangères reste globalement limité : environ 4 % de l'ensemble de l'économie, 10 % du secteur industriel, et 20 % du secteur bancaire seraient sous « tutelle » étrangère. Ce phénomène d'internationalisation de l'économie américaine la rapproche de la situation des grands pays européens, une fois exclus les investissements intracommunautaires.

Cinquième client de la France

Si les performances françaises aux États-Unis se sont améliorées, elles sont encore loin d'être satisfaisantes. Les années quatre-vingt ont été marquées par une croissance des exportations vers les États-Unis qui sont passées de 4,2 % des ventes françaises à l'étranger en 1980 à 6,3 % en 1989, soit 72 milliards de francs. Les États-Unis sont devenus le cinquième client de la France, après l'Allemagne fédérale, l'Italie, le Royaume-Uni et le Bénélux. Parmi les fournisseurs des États-Unis, la position de la France n'a cessé de s'améliorer. Même si la part de marché français ne

442

Bibliographie

Blasco Bernard, «Les investissements directs américains à l'étranger», *Problèmes économiques*, n° 2148, Paris, 8 nov. 1989.

Lanteri Marc, «Les investissements directs États-Unis-Europe : analyse des évolutions récentes», *Revue d'économie industrielle*, n° 48, Paris, 2e trim., 1989.

Tordjman Jean-Daniel, *L'Administration Bush face aux problèmes économiques et commerciaux après un an de présidence*, Ambassade de France aux États-Unis, Washington (DC), janv. 1990.

s'accroît que modestement, l'hexagone est passé en une décennie du douzième au huitième rang des fournisseurs américains. Il se situe désormais après le Japon, le Canada, la RFA, Taïwan, le Mexique, la Corée du Sud et le Royaume-Uni, précédant l'Italie.

La répartition sectorielle des ventes françaises aux États-Unis est très différente de celle des exportations françaises en général : moins de produits agro-alimentaires (9 % contre 18 %), moins d'automobiles (9 % contre 13 %) et plus de biens d'équipement professionnel (40 % contre 23 %). D'après les études de l'ambassade de France, alors que la moitié des exportations agro-alimentaires françaises sont composées de céréales, de fruits, de légumes, de fro-mage et de viande, les produits vendus aux États-Unis sont composés à 60 % de vins et de boissons alcoolisées. La part de l'aéronautique dans les exportations à destination des États-Unis a doublé en quatre ans pour atteindre 21 % du total des exportations françaises. En revanche, les exportations du secteur automobile ont vu leur part dans le total des ventes françaises vers les États-Unis tomber de 12 % en 1984 à 9 % en 1988 et 6,5 % en 1989.

Par comparaison avec la France, l'Allemagne fédérale a écoulé, en 1989, 8 % de ses exportations aux États-Unis (soit plus du double des ventes françaises) avec une prépondérance des automobiles (27 %) et des biens d'équipement (40 %, essentiellement des machines industrielles). Les exportations britanniques vers les États-Unis sont supérieures de 50 % aux ventes françaises. Elles se distinguent par le faible poids de l'agro-alimentaire (4 %) et l'importance de l'énergie. Enfin, les exportations italiennes, proches en valeur des exportations françaises, diffèrent totalement par leur nature et sont caractérisées par la prédominance des biens de consommation (38 %). Au total, si la France fait preuve de vigueur, et joue de plus en plus gros aux États-Unis, il lui reste encore d'importants efforts à faire avant de travailler sur ce marché de référence en proportion du rôle international auquel elle aspire.

Jacqueline Grapin

Man drinking Pernod and smoking a Schimmelpenninck
(*Homme buvant un Pernod et fumant un Schimmelpenninck*)

États-Unis - France
La présence française aux États-Unis

■ Le fait français aux États-Unis résulte de quatre siècles d'échanges entre ce pays et la France, le Canada, les Antilles et l'Afrique (auxquels il faudrait d'ailleurs ajouter la Belgique, le Luxembourg, la Suisse valaisane et le Val d'Aoste). Démographie, langue et culture témoignent de la complexité de cette présence.

On comptait, en 1980, treize millions de descendants d'immigrants français. Ils constituaient un peu moins de 7 % de la population totale des États-Unis et la quatrième des minorités d'origine européenne, bien après les Anglais, les Allemands et les Irlandais, mais avant les Italiens (6,47 %) et les Polonais (4,37 %). Ce chiffre a plus de valeur statistique que de réalité sociologique : beaucoup de ceux qui se réclament d'un ancêtre originaire de France n'en ont gardé qu'un vague souvenir. Pourtant, cette donnée cache une étonnante variété d'origines.

Les « Franco-Américains », originaires du Québec (5 millions) sont le premier foyer français. Concentrés en Nouvelle-Angleterre (2,5 millions) mais aussi en Floride et même en Californie, ils occupent aujourd'hui tous les niveaux socio-économiques.

Autre foyer, les Cajuns (environ 1 million) qui vivent essentiellement dans l'Acadiana, en Louisiane.

En 1980, le gouvernement américain a recensé 120 000 immigrants originaires de France dont 77 000 sont devenus citoyens américains. Un quart de cette population était établie au pays avant 1959 ; presque un tiers l'avait rejointe au cours de la décennie suivante ; depuis, les arrivées ont varié en fonction de la conjoncture. Ce groupe représente un pourcentage infime de l'immigration aux États-Unis : 0,9 % en 1980, soit 0,53 pour mille de la population globale. Néanmoins il place les

États-Unis au cinquième rang des pays d'accueil des ressortissants de nationalité française résidant à l'étranger. Ils se répartissent essentiellement dans le Nord-Est et l'Ouest : les États de New York et de New Jersey totalisent 27 000 personnes ; la Californie, 23 000. Viennent, loin derrière, la Floride, le Texas, l'Illinois et le Massachusetts. La Louisiane a perdu son pouvoir d'attraction.

Cinquième groupe linguistique

Qui sont-ils ? Du passé subsistent tant bien que mal des communautés, notamment à New York, au New Jersey et en Californie, mais aussi en Arizona ou en Floride. Au recensement de 1970, 33 000 individus déclaraient avoir appris le breton au berceau ; à celui de 1980, 43 000 se disaient de souche alsacienne. Les Basques ont même été représentés par un sénateur au Congrès fédéral.

Quant aux citoyens français — les consulats de France en ont immatriculé près de 61 000 —, ils participent aux élections métropolitaines lorsqu'ils remplissent les conditions prévues par la loi. Ils élisent également deux sénateurs au Conseil supérieur des Français de l'étranger.

Aujourd'hui, plus de Françaises que de Français émigrent vers les États-Unis. En principe, cette population, composée en partie de fonctionnaires et de cadres de multinationales, espère revenir dans sa mère-patrie. Mais qu'en est-il des nombreux commerçants, notamment dans la restauration, l'hôtellerie, la couture, la coiffure, la décoration ? Un nombre croissant de personnes, dans les professions libérales, travaillent à temps partiel, tandis que de plus en plus d'étudiants et de professeurs s'engagent dans le monde universitaire américain. Car si la « fuite des cerveaux » a épargné la France, des intellectuels et des artistes parmi les plus renommés ont fait des États-Unis leur seconde patrie : 11 % des Français d'origine qui ont reçu le prix Nobel ont choisi ce pays.

D'autres groupes existent, ultimes témoins de l'époque coloniale : créoles blancs de Louisiane, dont les familles furent souvent alliées aux Espagnols ; créoles noirs, nés de l'union de « Blancs » avec des femmes « de couleur », souvent originaires des Antilles et qui n'étaient pas toujours des esclaves ; métis, petits-enfants de Canadiens français et d'Amérindiennes, constituent un groupe qui revendique son identité...

Plus de 1,5 million d'individus parlent français à la maison. En Louisiane, qui vient en tête (suivie de près par la Nouvelle-Angleterre), le français est une des langues officielles de l'État. A côté des efforts des associations (notamment du Conseil pour le développement du français en Louisiane)

pour développer la francophonie, on constate un regain d'intérêt pour cette langue chez les enfants d'immigrants latino-américains et dans les universités, et un recul considérable du « français standard », au profit d'autres parlers propres aux communautés « françaises de cœur », auxquelles s'ajoutent les groupes originaires de Haïti et d'Afrique francophone.

Les communautés françaises se distinguent par une extraordinaire vitalité culinaire et linguistique, le goût de la fête et le sens de la famille. Une quinzaine de journaux, notamment *France-Amérique* (New York), *France Today* (San Francisco), *Le Journal de Lowell* (Massachusetts), et la savante *Revue de Louisiane*, quelques émissions de radio dans divers États soutiennent une culture aux développements prometteurs à condition que les télévisions francophones manifestent la même vitalité.

Ronald Creagh

États-Unis - France

L'Amérique dans les têtes françaises

■ Les Français n'ayant jamais été férus de questions internationales, tout était plus simple au début des années quatre-vingt. On vivait alors sur des images fortes : l'impérialisme américain faisait face à l'expansionnisme soviétique, l'Armée rouge occupait Kaboul et les GI la Grenade. N'étant pas non plus des acharnés de théorie économique, ils assistaient pourtant avec curiosité à un spectacle épique : la révolution libérale reaganienne qui devait redonner confiance à l'Amérique et résoudre la crise en terrassant un État parasite pour libérer les forces créatrices du marché. Ces théâtralisations structuraient d'autant mieux le champ des représentations qu'à l'intérieur de l'hexagone les contempteurs de l'« empire du mal » et les hérauts du libéralisme économique internationalisaient ces enjeux

internationaux. En 1984, R. Reagan est plus populaire en France qu'aux États-Unis.

Les spécialistes des relations internationales se sont interrogés sur l'anti-américanisme des Français comparé à celui des autres peuples européens : les cultures communiste et gaulliste déclinant, l'*intelligentsia* et l'opinion seraient passées dans les années quatre-vingt de *US go home* à *Welcome America*.

Rétrospectivement, la décennie quatre-vingt a été rythmée par quatre temps dans la représentation de la puissance américaine dont l'intensité va décroissant.

L'opinion a d'abord été hostile aux États-Unis (1980-1982). Les initiatives stratégiques de son nouveau président, face à ce qui était perçu comme une suprématie militaire soviétique, étaient jugées tapageuses et, en l'absence d'une reprise

Américains à Paris...

♦ « *Paris est une fête changeante et mobile. Si vous avez eu la chance d'y habiter, où que vous alliez par la suite, elle sera avec vous pour le restant de vos jours.* » Ainsi s'exprimait Ernest Hemingway dans son livre The Moveable Feast, *qui évoque ses années parisiennes (1921-1926), leur climat d'effervescence intellectuelle et d'hospitalité qui, selon lui, expliquait l'attirance longtemps exercée par la France sur les Américains.*

Hemingway était l'un des nombreux écrivains qui, dans les années vingt et trente, passaient le plus clair de leur temps dans les cafés de Montparnasse et du quartier Latin : Gertrude Stein, Ezra Pound, Sherwood Anderson, Scott Fitzgerald, Anaïs Nin, Henry Miller, James Baldwin firent de longs séjours parisiens, de même que le peintre Man Ray et plus tard, les musiciens de jazz. Déjà au XIXᵉ siècle, la France avait été une terre d'asile pour ceux que le racisme faisait fuir leur pays, comme l'artiste noir Henry Tanner. Depuis que Benjamin Franklin, premier ambassadeur de la toute jeune République des États-Unis, ouvrit les relations diplomatiques avec la France, les artistes et les intellectuels ont constitué le « noyau dur », ou du moins le plus visible, des Américains résidant à Paris. Rien d'étonnant, pour les Français, à les voir aujourd'hui ouvrir des galeries d'art, des écoles d'« art culinaire », et se faire un nom dans la haute couture comme Patrick Kelly, mort en 1990.

Selon les chiffres officiels, on comptait 51 000 résidents américains en France en 1989, outre les milliers de personnes qui y passent moins de six mois, évitant ainsi l'obligation du permis de séjour et de la déclaration d'impôts. 3 214 étudiants suivaient des cours dans les universités françaises et 243 journalistes d'outre-Atlantique étaient accrédités en France.

Chaque année, environ 150 Américains meurent en France, alors que 600 à 700 nouveau-nés sont enregistrés à l'ambassade des États-Unis à Paris et 200 autres dans les consulats de Marseille, Lyon et Bordeaux. En matière de tourisme, la France attire moins les Américains que d'autres pays européens, comme le Royaume-Uni ou la RFA, mais l'année 1989 — Bicentenaire oblige — a enregistré un chiffre record de 2 millions de visiteurs.

Pas de communauté américaine à l'étranger sans ses institutions : outre la Chambre de commerce et l'Institut culturel américain ouvert en 1990 grâce à des fonds privés, les Américains à Paris ont leur hôpital, leur cathédrale, leur église, leur école, leur université, leur bibliothèque, leurs nombreuses associations (anciens combattants, femmes diplômées de l'université, etc.), sans compter Reid Hall, regroupant quinze colleges américains qui offrent à leurs étudiants la possibilité d'une année d'études à Paris. S'ils ne sont pas sûrs de trouver le Boston Globe *ou le* Los Angeles Times *dans les kiosques à journaux, ils peuvent acheter l'excellent* International Herald Tribune *dont l'édition européenne a son siège à Neuilly, ou le* Wall Street Journal. *Pour les livres et les revues, ils vont au* Village Voice *ou à* Shakespeare and Co.

Que la nostalgie du pays les prenne, ils peuvent se joindre à la multitude des Français gagnés par les charmes des MacDonald's, *des* Burger Kings *et autres* Tex Mex *ou, s'ils sont à Paris, retrouver leur T-bone steak servi par des compatriotes chez* Marshal's, Sam Kearney *ou* Chicago Meat Packers... *à moins qu'ils ne préfèrent acheter le sirop d'érable et les* chocolate chip cookies *au* General Store. *Et si rien n'y fait, il leur reste la possibilité d'aller flâner dans l'île des Cygnes où se trouve, depuis 1885, la réplique de la statue de la Liberté.*

Aline Mosby

446

Bibliographie

Fabre Michel, *La Rive noire, de Harlem à la Seine*, Lieu Commun, Paris, 1985.

Lacorne Denis, Rupnik Jacques, Toinet Marie-France (sous la dir. de), *L'Amérique dans les têtes*, Hachette, Paris, 1986.

L'opinion française face aux États-Unis, Journées d'études de l'Association française de science politique : «Politique extérieure et opinion» (7-8 déc. 1989), FNSP, Paris, 1989.

économique, l'attentisme américain était considéré comme irresponsable.

La période suivante (1983-1987) s'est caractérisée par une adhésion mesurée à la politique américaine. La fermeté militaire et l'idéologie libérale ont trouvé à l'intérieur de l'hexagone des relais puissants. En outre, les initiatives de désarmement soviétiques et le contexte économique (reprises de la concurrence japonaise et allemande) ont été autant de signes qui profitaient à l'image des États-Unis tout en la relativisant.

En 1988, l'opinion dressait un bilan sceptique sur le reaganisme. Le krach de Wall Street d'octobre 1987 avait laissé des traces. Le président était affaibli par le scandale de l'*Irangate* et son image était brouillée par le dynamisme de Mikhaïl Gorbatchev. En 1988, comme en 1982, une majorité de Français n'avaient pas confiance dans la politique américaine.

Confiance détachée

La dernière période est celle de la confiance détachée. Les initiatives du président Bush sur l'environnement, la drogue et la dette des pays les plus pauvres ne peuvent susciter d'opposition. Mais ce qui est notable, c'est surtout l'éloignement des Français à l'égard des États-Unis. Au plan militaire, l'opinion réclame le départ des troupes de l'oncle Sam de l'Europe de l'Ouest et dans le domaine économique, les Américains ne sont plus considérés que comme le troisième concurrent le plus dangereux de la France, après le Japon et l'Allemagne de l'Ouest.

Prégnant depuis plusieurs décennies, c'est le modèle culturel américain qui reste séduisant. Certes, lorsqu'il s'agit des États-Unis, le culturel a partie liée avec l'économique. Le dollar est aux yeux des Français le meilleur symbole des États-Unis. Puissance, dynamisme, richesse et liberté, tels sont les premiers traits de son image. Les aspects négatifs concernent plus des dysfonctionnements internes (violence, racisme, inégalités) que des critiques sur la politique extérieure, telle que celle d'impérialisme. L'influence de la culture américaine se renforce même au point de paraître excessive en matière audiovisuelle.

Durant les années quatre-vingt, la relativisation par l'opinion de la puissance américaine est liée à la nature de plus en plus complexe des relations internationales. Seule l'attraction culturelle semble se maintenir. Quant aux registres de la puissance, les États-Unis n'en conserveraient, pour les Français, que les attributs politiques et il est permis de s'interroger sur sa pérennité si ses assises économiques et militaires devaient effectivement rétrécir.

Ainsi, l'analyse de l'évolution de l'opinion pousserait moins à diagnostiquer la fin de l'histoire consacrant la victoire du libéralisme américain, telle que l'imagine Francis Fukuyama (ancien conseiller du Département d'État), que le déclin d'un empire provisoirement masqué, comme le suggère l'historien Paul Kennedy, par la seule attraction culturelle.

Stéphane Rozès

États-Unis - Canada
Un couple unique

■ Un simple coup d'œil sur l'Amérique du Nord et ses données démographiques et économiques permet de comprendre que les États-Unis soient naturellement portés à considérer le Canada comme leur arrière-cour. Mais le couple Canada-États-Unis est à nul autre pareil. On y parle la même langue sauf au Québec, où se trouvent cinq millions et demi de francophones, et on y partage souvent les mêmes origines. Les liens d'amitié entre les deux peuples l'emportent d'emblée sur les conflits qui opposent les deux capitales. Ne partagent-ils pas plus de cinq mille kilomètres de frontière, d'est en ouest, sans patrouille militaire et souvent sans surveillance ? Au nord de cette frontière, vingt-six millions d'habitants occupent le territoire le plus vaste du monde après celui de l'URSS, comme se plaisent à le répéter les Canadiens, même si le Canada habité ressemble plutôt à un ruban de deux cents kilomètres de large et de six mille kilomètres de long, collé à la frontière américaine.

Ce sont deux pays neufs qui se sont construits en même temps, à force d'immigration, et de la même manière, c'est-à-dire d'est en ouest. Cependant, l'émancipation politique définitive du Canada à l'égard de la mère patrie britannique ne remonte qu'aux années trente. Après l'étroite collaboration canado-américaine du temps de guerre, les États-Unis ont pris le relais de la Grande-Bretagne comme puissance tutélaire. Les débuts de la guerre froide ont accéléré ce processus : seule la glace polaire sépare le Canada de l'URSS.

Intégration nord-sud

Si les États-Unis ne sont jamais allés au bout de leurs tentations annexionnistes, c'est qu'ils ont longtemps cru inéluctable l'intégration politique du Canada à la moitié sud du continent. Encore aujourd'hui, le Canada représente un triomphe de la politique sur la géographie, triomphe auquel a contribué son caractère binational, et les Canadiens jugent leur cadre sociopolitique plus amène que celui de leurs amis américains. Mais les flux économiques et culturels sont davantage orientés dans le sens sud-nord et le libre-échange naissant devrait encore les intensifier. Montréal n'est qu'à une heure d'avion de New York, Toronto est presque collée sur les hauts fourneaux du cœur industriel de l'Amérique (ou ce qui en reste) et Vancouver est nettement plus proche de la Californie que de l'Ontario. Quant à la télévision, au cinéma, aux journaux et magazines américains, ils sont omniprésents au Canada. L'inverse serait impensable. Les grands distributeurs de films vont même jusqu'à considérer le Canada comme partie intégrante de leur territoire.

La souris ne voit que l'éléphant qui, lui, ne peut voir la souris. Cette comparaison est certes excessive (le Canada constitue la huitième puissance économique du monde), mais elle décrit bien l'attitude américaine à l'égard de son voisin du Nord. Lorsque les Américains pensent géopolitique, ils ne pensent jamais « Canada », même si les deux pays sont chacun pour l'autre le premier fournisseur étranger.

Les poids relatifs de ces échanges sont cependant très inégaux : les exportations canadiennes vers les États-Unis représentent près de 20 % du produit national alors que les exportations américaines vers le Canada en représentent moins de 3 %. Aucune économie occidentale n'est dépendante à ce point d'un seul partenaire. Hor-

448

Bibliographie

Agnew John, *The United States in the World-Economy, a Regional Geography*, Cambridge University Press, New York, 1987.

Clarkson Stephen, *Canada and the Reagan Challenge*, Lorimer, Toronto, 1985.

Doran Charles, Sigler John H. (sous la dir. de), *Canada and the United States : Enduring Friendship, Persistent Stress*, Prentice Hall, Englewood Cliffs (NJ), 1985.

Gwyn Richard, *The 49th Paradox : Canada in North America*, McClelland and Stewart, Toronto, 1985.

mis le secteur de l'automobile, pour lequel il existe un accord spécifique, les exportations canadiennes sont fortement axées sur les ressources naturelles et l'industrie légère, en échange de produits industriels à plus haute intensité de capital. Concernant l'énergie, les États-Unis ont longtemps prôné une stratégie continentale et cet objectif a été atteint avec l'accord canado-américain de libre-échange entré en vigueur le 1er janvier 1989.

A travers les échanges commerciaux et financiers, à travers les investissements américains au Canada, qui ont permis la mise en valeur des ressources naturelles canadiennes et longtemps assuré aux entreprises américaines un contrôle majoritaire sur l'industrie canadienne (ce n'est plus le cas depuis la fin des années soixante-dix), l'intégration économique du Canada à l'univers américain est très poussée. Une récession aux États-Unis signifie presque toujours une récession au Canada, et la politique monétaire d'Ottawa doit largement tenir compte des clignotants économiques outre-frontière. D'aucuns qualifient cette dépendance de coloniale, mais il n'en reste pas moins que les Canadiens jouissent d'un niveau de vie qui se situe au deuxième rang mondial (selon les critères de l'OCDE), juste derrière leur puissant voisin.

Difficile indépendance

Cela ne signifie pas pour autant un alignement inconditionnel des positions canadiennes sur celles de Washington en matière de défense et de politique étrangère. Mais la marge est étroite. Les deux pays sont « conjointement » responsables de la défense face à l'URSS dans le Nord canadien (NORAD) et dans l'Atlantique nord, et le Canada sert de terrain d'exercice pour des missiles américains. Malgré (ou à cause de) cette symbiose, le Canada ne contribue que modestement à l'OTAN (Organisation du traité de l'Atlantique nord) et, dans les années quatre-vingt, Ronald Reagan n'a pas réussi à l'embrigader dans sa croisade contre « l'empire du mal », même après l'arrivée du conservateur Brian Mulroney aux commandes.

Mais, dans la première année du mandat de George Bush à la Maison Blanche (1989), le Canada n'a presque pas élevé la voix. Il a intégré les rangs de l'Organisation des États américains (OEA), satisfaisant ainsi une vieille demande américaine. Il a suivi la position américaine à l'égard de l'URSS, et donc beaucoup tardé à reconnaître la profondeur des changements dans ce pays. L'époque où Pierre Elliott Trudeau voulait démarquer le Canada des États-Unis semble bien lointaine !

Ainsi, concernant le passage du Nord-Ouest dans l'Arctique, l'accord de janvier 1988 stipule que la circulation des brise-glace américains est soumise au consentement préalable d'Ottawa. En échange de quoi Washington continue de ne pas reconnaître la souveraineté canadienne sur ces eaux, souveraineté qui restera longtemps théorique puisque le déficit budgétaire canadien a fait sombrer toute ambition en matière de défense nationale.

Au milieu de l'année 1990, un source possible de conflit à court terme semblait demeurer. Les premiers mois de l'accord de libre-échange n'avaient pas éliminé les tensions commerciales qui en étaient à l'origine, ce qui posait un problème plus grave pour le Canada que pour les États-Unis, particulièrement en période de ralentissement économique. Cet accord ne met pas le Canada à l'abri d'un accès de fièvre protectionniste au Congrès américain. En revanche, le dossier des pluies acides, que les États-Unis « exportent » au Canada, évoluait d'une manière plus satisfaisante pour le Canada. L'adoption, en 1990, du *Clean Air Act* par le Congrès américain permettait d'espérer une réduction sensible, d'ici l'an 2000, des émissions industrielles responsables des pluies acides.

A plus long terme, un rapprochement sensible entre l'URSS et le Canada viendrait brouiller quelque peu les cartes géostratégiques. La fin de la guerre froide devrait en principe permettre à Ottawa de s'affirmer vis-à-vis de Washington.

Georges Mathews

États-Unis - Canada
Le débat sur l'intégration

■ Même si 85 % des Canadiens s'opposent à l'intégration politique du Canada aux États-Unis, la question de la destinée ultime du Canada est débattue avec passion. Ce débat, récurrent dans l'histoire canadienne, a rebondi avec la signature de l'accord canado-américain de libre-échange en 1988, pour être ensuite introduit dans le débat constitutionnel canadien. Partisans et adversaires du projet de nouvelle constitution (l'accord du lac Meech) se sont accusés mutuellement de mener le pays à une éventuelle fracture, qui faciliterait, selon certaines observateurs, l'absorption du Canada, en pièces détachées, par le géant américain. C'est ainsi que le Canada manifeste sa différence — les Américains ne connaissant pas, ou si peu, sa crise d'identité — et son insécurité congénitale.

Pour l'observateur pressé, le Canada et les États-Unis, c'est la même chose : même langue, sauf au Québec, mêmes produits de consommation, même télévision, même cinéma... De plus, la situation géographique du Canada et le caractère complémentaire de son économie pour celle du voisin du Sud sont tels que les États-Unis auraient beaucoup à gagner de l'intégration politique : ce serait une manière de freiner le déclin qui menace.

Mais il faut être deux pour valser et les Canadiens veulent préserver certaines valeurs.

Des valeurs différentes

Car sur le plan des institutions, du système social, de la conception du monde, des valeurs religieuses, les États-Unis et le Canada sont en fait très différents. Les Américains demeurent profondément attachés au libéralisme économique et social et refusent majoritairement l'État-Providence. Les Canadiens, en matière de sécurité sociale, n'ont presque rien à envier aux Scandinaves, sauf la politique familiale. Ainsi, l'assurance-chômage et l'assurance-maladie universelles et publiques représentent pour eux de précieux acquis, sans équivalent au sud de la frontière. Un Ronald Reagan n'aurait jamais pu devenir Premier ministre de ce pays où la solidarité sociale n'est pas une expression vaine. Les progressistes américains citent d'ailleurs le Canada comme exemple et les mérites de son régime d'assurance-maladie ont fait l'objet d'un âpre débat aux États-Unis.

Le droit au port d'armes est inscrit dans la Constitution américaine alors qu'il est considéré comme une hérésie au Canada,

Vers un grand marché nord-américain ?

♦ *En 1989, l'entrée en vigueur d'un accord de libre-échange — le plus important jamais signé entre deux pays — est venue sceller le mariage du géant américain avec le quasi-nain canadien. Le Canada et les États-Unis sont depuis longtemps les plus importants partenaires économiques au monde. En 1988, leurs échanges bilatéraux ont dépassé 160 milliards de dollars US, ce qui a représenté la très grande majorité des exportations (73,7 %) et des importations (66 %) canadiennes et une part importante (environ 20 %) du commerce extérieur américain.*

L'entrée en vigueur de l'accord de libre-échange rendra encore plus poreuse la frontière canado-américaine. Il prévoit, entre autres, une libéralisation de tous les secteurs de l'économie — y compris l'agriculture — et l'abolition de tous les droits de douane d'ici 1998. Il contient également des dispositions concernant les investissements et les voyages d'affaires. Pour régler les différends commerciaux survenant dans le cadre de cet accord, une commission mixte dotée de pouvoirs décisionnels a été créée.

Cependant, au moment de la signature de l'accord, un des points les plus litigieux n'a pu être réglé : celui des subventions « injustes ». Cette négociation a débuté très discrètement en novembre 1989 et devrait se terminer en décembre 1995. Tant que cette question reste en suspens, la guérilla commerciale continuera avec l'imposition des droits compensatoires sur certains produits.

Les relations commerciales des États-Unis avec leur voisin du Sud, le Mexique, sont relativement moins importantes, bien qu'en 1988 les échanges bilatéraux entre ces deux pays aient atteint 44 milliards de dollars US, faisant du Mexique le troisième partenaire commercial des États-Unis. Cependant, il est encore trop tôt pour parler d'un mariage à trois en Amérique du Nord. Malgré l'entente de principe de juin 1990 et l'ouverture des pourparlers préliminaires, un accord de libre-échange entre les deux pays est loin d'être chose faite. Les États-Unis s'accommodent fort bien d'une situation qui leur donne accès à une main-d'œuvre bon marché par le biais des entreprises en sous-traitance de la zone franche mexicaine (les maquiladoras*) dont ils sont les principaux utilisateurs (de 85 à 90 %). Or, ce secteur connaît une croissance rapide : en 1988, des biens d'une valeur de 10,1 milliards de dollars US ont été produits dans des* maquiladoras*, soit une hausse de près de 40 % par rapport à 1987.*

Par ailleurs, l'entrée du Mexique dans le GATT (Accord général sur les tarifs douaniers et le commerce) a entraîné une réduction importante des barrières tarifaires qui limitaient l'accès des produits américains sur le marché mexicain. En 1988, 66,7 % des importations mexicaines provenaient des États-Unis. Enfin, en octobre 1989, Mexico et Washington ont signé une entente pour amorcer des négociations qui s'échelonneront sur deux ans, afin de favoriser le commerce entre les deux pays. La frontière sud des États-Unis devient donc elle aussi de plus en plus perméable. L'Amérique du Nord se transforme peu à peu en un vaste marché de 355 millions d'habitants dont 75 % sont, selon les critères de l'OCDE, parmi les plus riches au monde.

Gisèle Lalande

où le taux d'homicide est plus de trois fois inférieur au taux américain. Tous les indices de criminalité soulignent le caractère plus pacifique de la société canadienne.

Sur le plan international, les Américains sont conscients de leur rang, bien qu'ils aient été échaudés par le désastre vietnamien. Les Canadiens aiment se voir comme une puissance moyenne contribuant à la mesure de ses modestes moyens à la paix dans le monde. L'absence d'un puissant complexe militaro-industriel n'est

Bibliographie

Brimelow Peter, *The Patriot Game : Canada and the Canadian Question Revisited*, Hoover Institution Press, Stanford (CA), 1986.

Lipset Seymour Martin, *Continental Divide : The Values and Institutions of the United States and Canada*, Canadian-American Committee, Washington (DC), 1989.

Valaskakis Kimon, *Le Canada des années 90 : effondrement ou renaissance ?*, Publications Transcontinental, Montréal, 1990.

pas perçue comme un inconvénient : le budget militaire américain est proportionnellement trois fois plus élevé que celui du Canada. Et, dans le monde de l'après-guerre froide, l'absence d'idéologie rigide constitue pour Ottawa un atout potentiel.

Friedrich Engels, qui visita brièvement l'Amérique du Nord en 1888, conclut que l'incorporation du Canada aux États-Unis était inévitable. Époussetée régulièrement depuis un siècle, cette thèse sous-estime la force des sentiments nationaux. L'exemple européen montre bien d'ailleurs qu'une plus grande intégration économique n'entraîne ni le déclin du sentiment national ni le passage automatique à une fédération plurinationale. Et dans la mesure où le libre-échange réduit encore les différences de niveaux de vie, l'intérêt économique de l'intégration politique disparaît. Enfin, les liens d'amitié entre les deux pays excluent évidemment tout recours à la canonnière ; le Canada n'est pas le Panama.

Selon le sociologue américain Seymour M. Lipset, les États-Unis et le Canada ressemblent à deux trains qui ont franchi des milliers de kilomètres sur des voies parallèles : ils sont très éloignés de leur point de départ, mais sont toujours séparés. Il est possible que le train canadien voie se détacher un wagon important (le Québec) ; il pourrait alors avancer plus rapidement, sans être freiné dans sa course. Le Québec choisira peut-être une troisième voie, mais ce n'est pas lui qui maintient, par sa seule présence, le Canada sur des rails différents. L'histoire peut se montrer un puissant antidote à la géographie...

Georges Mathews

États-Unis - Canada
Investissements sans frontières

■ Le caractère pacifique de la frontière canado-américaine s'applique non seulement aux mouvements démographiques mais aussi aux flux financiers. Il n'y a jamais eu, en temps de paix, de contrôle des changes entre les deux pays. Le Canada a toujours eu besoin des investissements étrangers, que ce soit sous forme d'investissements de portefeuille (obligations d'entreprises ou d'État) ou d'investissements directs (rachats ou créations d'entreprise). Quant aux États-Unis, ils sont devenus créanciers du reste du monde après la Seconde Guerre mondiale, et c'est au Canada que leurs investissements directs ont pris le plus d'ampleur.

Ces investissements se sont concentrés dans l'exploitation des richesses naturelles (pétrole, gaz, fer, nickel, amiante, forêts) et dans le secteur manufacturier. Le Canada produit, par exemple, beaucoup d'automobiles relativement à sa population, mais ne compte *aucune* entreprise canadienne dans ce secteur. La législation canadienne a mis le secteur financier à l'abri des prises de contrôle étrangères.

Bibliographie

Richards C.F.J., « Tendances récentes dans la position de l'investissement direct au Canada », *L'Observateur économique canadien*, Ottawa, févr. 1988.

Rohatyn Felix, « America's Economic Dependence », *Foreign Affairs*, vol. 68, n° 1, New York, 1989.

En revanche, les Canadiens ont vu le contrôle du secteur manufacturier leur glisser peu à peu des mains : en 1970, les étrangers, des Américains pour l'essentiel, contrôlaient 58 % des actifs ; à la même date, les investissements directs canadiens au sud de la frontière ne représentaient annuellement que 20 % des flux dans le sens opposé.

Cette situation a conduit Ottawa à créer, en 1973, une agence de tamisage des investissements étrangers, abolie par le gouvernement conservateur en 1985. En fait, les tendances avaient déjà commencé à s'inverser. De 1970 à 1988, la croissance économique du Canada fut supérieure à celle des États-Unis et bon nombre d'entreprises canadiennes avaient, par ailleurs, atteint la capacité nécessaire au rachat d'entreprises étrangères. Dans le secteur énergétique également, Ottawa s'est fixé comme objectif, en 1980, de réduire significativement le contrôle étranger, ce qui fut réalisé grâce à une politique agressive de subventions qui lui valut les foudres de Washington.

En 1983, le contrôle étranger du secteur manufacturier canadien ne s'élevait plus qu'à 41 %, et la part américaine décroissait encore plus rapidement. Parallèlement, les investissements directs canadiens aux États-Unis prenaient leur envol et leur flux annuel équivalait, à la fin des années quatre-vingt, au flux américain. Ce retournement a été d'autant plus remarquable que la masse des investissements américains au Canada génère sa propre croissance par le réinvestissement des profits réalisés sur place, alors que les Canadiens comptent encore beaucoup sur leurs propres capitaux.

Dissymétrie

A la fin des années quatre-vingt, l'importance des investissements directs américains a cessé d'être une préoccupation pour les Canadiens, tandis que les investissements directs étrangers en sont devenus une pour les Américains. Mais il faut replacer les choses dans leur juste perspective.

D'une part, le contrôle étranger sur l'économie américaine (12 % des actifs dans le secteur manufacturier à la fin de 1988) demeure limité au regard de la situation canadienne. D'autre part, ce contrôle se répartit entre plusieurs pays : Royaume-Uni, Canada, Japon, Suisse, Pays-Bas (en ordre décroissant). Les investissements directs canadiens aux États-Unis ne représentent que 16 % du volume global des investissements étrangers, alors qu'au Canada les investissements américains comptent pour plus de 70 % du total. De plus, la présence canadienne est éparpillée, englobant notamment l'immobilier et le commerce de détail, deux secteurs qui n'ont rien de crucial pour l'avenir économique des États-Unis. On peut cependant y laisser sa chemise, comme l'a montré la malheureuse aventure de l'entrepreneur canadien Robert Campeau dans le commerce de détail américain.

La continuité de la présence américaine dans les secteurs les plus importants de l'économie canadienne explique en partie le moindre effort de cette dernière en matière de recherche et développement : 1,4 % du PNB contre 2,8 % aux États-Unis. Les laboratoires et centres de recherche des entreprises américaines sont évidemment situés au sud de la frontière.

Cette dissymétrie entre les présences canadienne et américaine outre-frontière saute aux yeux lorsqu'on consulte la liste des plus importantes entreprises dans chacun des deux pays. Aucune entreprise canadienne ne figure parmi les cent plus importantes situées sur le sol américain, tandis que les américaines figurent en bonne place au classement des plus grandes entreprises situées au Canada.

Il y a cependant, sur le plan des investissements, un point commun entre ces deux partenaires inégaux. Leur laxisme budgétaire au cours des années quatre-vingt les a rendus dépendants des investissements de portefeuille étrangers, et les Japonais sont devenus les premiers créanciers étrangers des gouvernements canadien et américain. Le Canada a en fait cédé à l'ami américain, en 1987, son titre de premier débiteur mondial. Les États-Unis et le Canada se sont retrouvés, au début des années quatre-vingt-dix, dans le même bateau financier.

Georges Mathews

États-Unis - Canada
L'attirance et l'indifférence

■ Aucun pays de la Communauté économique européenne n'entretient avec un de ses voisins des relations aussi étroites que celles qui existent entre Canada et États-Unis. La proximité géographique et culturelle l'explique : la majorité des Canadiens habitent à moins d'une heure d'automobile de la frontière américaine, que l'on peut franchir sans papier aucun. Le prix moins élevé des produits de consommation courante aux États-Unis est un facteur de déplacement supplémentaire. Chaque année les séjours inférieurs à une journée au sud de la frontière dépassent le chiffre de 26 millions, celui de la population canadienne ! Et il y a les plages de la côte atlantique, du Maine à la Floride, cette dernière abritant les quartiers d'hiver de quelques centaines de milliers de retraités canadiens. Et New York, et la Californie...

Depuis 1960, le niveau de vie des Canadiens s'est sensiblement rapproché de celui de leurs voisins. Il n'y a donc pas d'incitation majeure à quitter définitivement le Canada, comme ce fut le cas au XIXᵉ siècle, qui vit de véritables vagues d'émigration vers les États-Unis, particulièrement à partir du Québec. Ces communautés franco-américaines se sont enracinées dans les villes ouvrières de la Nouvelle-Angleterre et se sont intégrées avec le temps à l'Amérique, perdant leur langue au passage.

Mais le pouvoir d'attraction des États-Unis reste très fort dans de nombreux domaines. Aucune université canadienne ne peut rivaliser avec les ressources énormes des grandes universités américaines et de certains centres de recherche prestigieux. Si un Canadien (anglophone) veut faire carrière dans le cinéma, Hollywood est une référence obligée. Le cinéma américain ne domine-t-il pas de manière absolue les écrans et les centres de location de vidéocassettes du Canada anglais ? Il n'est donc pas étonnant qu'une importante colonie canadienne soit installée à Los Angeles.

Comme les Canadiens se fondent facilement dans le décor américain et qu'ils n'affichent pas leur origine, on a tendance à sous-estimer le nombre de ceux qui ont laissé leur marque après avoir opté pour une carrière américaine. Parmi les plus connus, on trouve la comédienne Geneviève Bujold, l'économiste John Kenneth Galbraith, l'écrivain Saul Bellow, prix Nobel de littérature, Zbigniew Brzezinski, le conseiller aux affaires internationales du président Carter, le chanteur Paul Anka, Peter Jennings, que les Américains (et les Canadiens) peuvent voir tous les soirs animer le grand bulletin d'informa-

454

Bibliographie

Harvey David, «Américains», *in L'Encyclopédie du Canada*, tome 1, Stanké, Montréal, 1987.

«Special Report : Portrait of Two Nations», *Macleans's*, vol. 102, n° 27, Toronto, 3 juil. 1987.

tions du réseau ABC. Le meilleur joueur de hockey des années quatre-vingt était un Canadien, Wayne Gretzky, qui a opté en 1988 pour les États-Unis. Et les Canadiens (francophones, surtout) ont appris que Will James, l'auteur de romans de *cowboys* le plus lu de l'histoire américaine, était en fait un Canadien français du début du siècle qui avait succombé à la tentation du *Far West*... et fait le silence sur son origine !

Les Canadiens sont-ils payés de retour de cet incontestable enthousiasme pour l'Amérique ? L'insularité américaine, bien connue, touche même les rapports avec le voisin du Nord, qui parle pourtant la même langue. Les Canadiens, dix fois moins nombreux que les Américains, voyagent un peu plus aux États-Unis que ceux-ci au Canada. Il y a effectivement moins de raisons climatiques d'aller au Canada, mais ce n'est pas le climat qui entraîne les Montréalais ou les Torontois à New York... Depuis la fin de la Première Guerre mondiale, en dehors d'expositions spectaculaires qui attirent les Américains, seule la période de la guerre du Vietnam a provoqué un regain d'intérêt pour le Canada, qui devint le refuge de tous les jeunes fuyant la conscription.

On ne trouve plus au Canada de véritables colonies américaines : 1 % de la population canadienne est d'origine américaine, et ce nombre décline. Ceux-ci sont relativement concentrés dans les milieux universitaires et les échelons supérieurs des entreprises. L'immigration annuelle provenant des États-Unis, numériquement marginale depuis 1914, compense à peine les mouvements de retour.

Une donnée toute simple atteste de manière éloquente l'indifférence de l'Américain moyen : alors que 35 % des Canadiens pouvaient nommer, à l'été 1989, le vice-président américain (Dan Quayle), seulement 11 % des Américains pouvaient nommer le Premier ministre du Canada, Brian Mulroney, pourtant en poste depuis près de cinq ans ! Par ailleurs, une majorité d'entre eux se déclarait tout à fait prête à intégrer le Canada dans leur pays, signe que la moitié nordique du continent est perçue comme une extension des États-Unis d'Amérique.

Georges Mathews

GUIDE PRATIQUE

Bibliographie générale

Ahlstrom Sidney E., *A Religious History of the American People*, Yale University Press, New Haven (CT), 1972.

Ambrose Steven E., *Rise to Globalism, American Foreign Policy since 1938*, Penguin Books, New York, 5ᵉ éd., 1988.

Bancroft George, *A History of the United States of America*, 6 vol., Kennykat Press, Port Washington (NY), 1967 (1ʳᵉ éd. : 1883-1885).

Beard Charles A., Beard Mary R., *The Rise of American Civilization*, 4 vol., Macmillan, New York, 1927-1948.

Beaujeu-Garnier Jacqueline, *Les Régions des États-Unis*, Armand Colin, Paris, 4ᵉ éd., 1976.

Blum John *et al.*, *The National Experience : a History of the United States*, Harcourt, Brace & Jovanovich, New York, 6ᵉ éd., 1985.

Bureau of the Census, *Historical Statistics of the United States, Colonial Times to 1970*, Government Printing Office, Washington (DC), 2 vol., 1975.

Chafe William H., *The Unfinished Journey. America since World War Two*, Oxford University Press, New York, 1985.

Chénetier Marc, *Au-delà du soupçon : la nouvelle fiction américaine de 1960 à nos jours*, Seuil, Paris, 1989.

Debouzy Marianne, *Le Capitalisme « sauvage » aux États-Unis*, Seuil, Paris, 1972.

Dommergues Pierre, *Les Écrivains américains d'aujourd'hui*, PUF, « Que sais-je ? », Paris, 1973.

Encyclopaedia universalis, voir « Les États-Unis d'Amérique », Ed. Encyclopaedia Universalis, Paris, 1984.

Ertel Rachel, Fabre Geneviève, Marienstras Élise, *En marge : les minorités aux États-Unis*, Maspero, Paris, 1971.

Fabre Geneviève, *Le Théâtre noir aux États-Unis*, CNRS, Paris, 1982.

Faulkner Harold U., *Histoire économique des États-Unis d'Amérique des origines à nos jours*, 2 vol., PUF, Paris, 1958 (trad. de l'américain).

Fohlen Claude, *L'Amérique anglo-saxonne de 1815 à nos jours*, PUF, Paris, 2ᵉ éd., 1969.

Fohlen Claude, *Les États-Unis au xxᵉ siècle*, Aubier, Paris, 1988.

Fouet Monique, *L'Économie des États-Unis*, La Découverte, « Repères », Paris, 1989.

Franklin John H., *De l'Esclavage à la liberté*, Éditions Caribéennes, Paris, 1984 (trad. de l'américain).

Gans Herbert, *Deciding What's News : A Study of CBS Evening News, NBC Nightly News, Newsweek and Time*, Pantheon Books, New York, 1979.

Granjon Marie-Christine, *L'Amérique de la contestation*, Presses de la FNSP, Paris, 1985.

Heffer Jean, *La Grande dépression : les États-Unis en crise*, 1929-1933, Gallimard, Paris, 1985.

Heffer Jean, *Les États-Unis de Truman à Bush*, Armand Colin, Paris 1990.

Hoffmann Stanley, *Gulliver empêtré : essai sur la politique étrangère des États-Unis*, Seuil, Paris, 1971.

Kaspi André, Bertrand Claude-Jean, Heffer Jean, *La Civilisation américaine*, PUF, Paris, 2ᵉ éd., 1985.

Kaspi André, *Les Américains*, 2 vol., Seuil, Paris, 1988.

Lacorne Denis, *Le Modèle américain. La République des fondateurs*, Hachette, Paris, 1990 (à paraître).

Lambert Jacques, *Histoire constitutionnelle de l'union américaine*, 4 vol., Sirey, Paris, 1930-1937.

Lefèvre Christian *et al.*, *Les Iles des États-Unis*, Masson, Paris, 1988.

Levy Leonard W., *Original Intent and the Framer's Constitution*, Macmillan, New York, 1988.

Lippy Charles H., **Williams Peter W.**, *Encyclopedia of the American Religious Experience*, 2 vol., Scribner, New York, 1988.

Lowi Theodore J., **Ginsberg Benjamin**, *American Government : Freedom and Power*, W.W. Norton, New York, 1990.

Marienstras Élise, *Les Mythes fondateurs de la nation américaine*, Paris, Maspero, 1976.

Mélandri Pierre, *Une Incertaine alliance : les États-Unis et l'Europe*, Publ. de la Sorbonne, Paris, 1988.

Merton Robert K., **Nisbet Robert** (sous la dir. de), *Contemporary Social Problems*, Harcourt, Brace & Jovanovich, New York, 4e éd., 1976.

Mills C. Wright, *L'Élite au pouvoir*, Maspero, Paris, 1969 (trad. de l'américain).

Morison Samuel E., *The Oxford History of the American People*, Oxford University Press, New York, 1965.

Morison Samuel E., **Commager Henry S.**, *The Growth of the American Republic*, 2 vol., Oxford University Press, New York, 7e éd., 1980.

Pasquet Désiré, *Histoire politique et sociale du peuple américain*, 3 vol., A. Picard, Paris, 1924-1931.

Polenberg Richard, *One Nation Divisible : Class, Race, Ethnicity in the US since 1938*, Penguin Books, New York, 1980.

Portes Jacques, *Une Fascination réticente : les États-Unis dans l'opinion française, 1870-1914*, Presses universitaires de Nancy, 1990.

Poulson Barry W., *Economic History of the United States*, Macmillan, New York, 1981.

Reclus Elisée, *Nouvelle géographie universelle. Tome 16. Les États-Unis*, Hachette, Paris, 1892.

Rivière Jean, *Le Système économique américain : empire et entreprise*, Presses universitaires de Nancy, 1988.

Schlesinger Arthur Jr., *L'Ère de Roosevelt*, 3 vol., Denoël, Paris, 1971 (trad. de l'américain).

Soppelsa Jacques, *L'Économie des États-Unis*, Masson, Paris, 1981.

Sorauf Frank, *Party Politics in America*, Little Brown, Boston (MA), 5e éd., 1984.

Terkel Studs, *American Dreams : Lost and Found*, Ballantine Books, New York, 1981.

Thernstrom Stephen (sous la dir. de), *The Harvard Encyclopedia of American Ethnic Groups*, Harvard University Press, Boston (MA), 1980.

Tissot Roland, *L'Amérique et ses peintres*, Presses universitaires de Lyon, 1983.

Tocqueville Alexis de, *De la démocratie en Amérique*, 2 vol., Gallimard, Paris, 1961.

Toinet Marie-France, *Le Système politique des États-Unis*, PUF, Paris, 2e éd., 1990.

Trocmé Hélène, *Les Américains et leur architecture*, Aubier-Montaigne, Paris, 1981.

Tunc André, **Tunc Suzanne**, *Le Système constitutionnel des États-Unis*, Domad-Monchrestien, Paris, 1954.

Williams A. William, *The Roots of the Modern American Empire*, Random House, New York, 1969.

Zieger Robert, *American Workers, American Unions, 1920-1985*, Johns Hopkins University Press, Baltimore (MD), 1986.

♦ Revues et annuaires

Congressional Quarterly Weekly Report, Washington (DC).

L'état du monde, annuaire économique et géopolitique mondial, La Découverte, Paris.

Foreign Affairs, Washington (DC).

National Journal, Washington (DC).

Revue française d'études américaines, Nancy.

Revue Tocqueville, Charlottesville (VA).

Statistical Abstract of the United States, Government Printing Office, Washington (DC).

Universalia, Encyclopaedia Universalis, Paris.

♦ Numéros spéciaux consacrés aux États-Unis

« L'Amérique de Bush, le poids de l'héritage », *Politique étrangère*, n° 1, Paris, print. 1989.

« La Cour suprême des États-Unis 1789-1989 », *Americana*, n° 6, Paris, 1989.

Économie prospective internationale, n° 36, Paris, 3ᵉ trim. 1988.

« Les États-Unis », *Historiens et géographes*, n° 312 et 314, Paris, 1987.

« Les États-Unis entre défi et déclin », *Le Journal des élections*, n° 4, Paris, sept.-oct. 1988.

« Les États-Unis. La peur du changement », *Le Journal des élections*, n° 5, Paris, nov.-déc. 1988.

« Le reaganisme à l'œuvre », *Revue française de science politique*, vol. XXXIX, n° 4, Paris, août 1989.

♦ Collection

Histoire documentaire des États-Unis (8 vol. parus) et *Histoire thématique des États-Unis* (5 vol. parus), Presses universitaires de Nancy.

Polar-graphie

Burnett William Riley, *Quand la ville dort*, Gallimard, Paris, 1989.

Caspary Vera, *Laura*, Christian Bourgois, Paris, 1981.

Chandler Raymond, *Adieu ma jolie*, Gallimard, Paris, 1973.

Charyn Jerome, *Marilyn la dingue*, Gallimard, Paris, 1984.

Clarke Donald Henderson, *Un nommé Louis Beretti*, Gallimard, Paris, 1976.

Constantine K.C., *L'Homme qui aimait les tomates tardives*, Actes Sud, Arles, 1989.

Crumley James, *La Danse de l'ours*, Albin Michel, Paris, 1985.

Ellroy James, *Le Dahlia noir*, Rivages, Marseille, 1988.

Goodis David, *Vendredi 13*, Gallimard, Paris, 1979.

Hammet Dashiell, *La Moisson rouge*, Gallimard, Paris, 1984.

Hansen Joseph, *Obédience*, Rivages, Marseille, 1989.

Hillerman Tony, *Le Voleur de temps*, Rivages, Marseille, 1989.

Himes Chester, *La Reine des pommes*, Gallimard, Paris, 1987.

Keene Day, *Le Diable et ses pompes*, Gallimard, Paris, 1955.

Liberman Herbert, *Necropolis*, Seuil, Paris, 1981.

Mc Coy Horace, *Un Linceul n'a pas de poches*, Gallimard, Paris, 1979.

Mc Givern William Peter, *Le Coup de l'escalier*, Gallimard, Paris, 1958.

Thompson Jim, *1 275 âmes*, Gallimard, Paris, 1988.

Westlake Donald Edwin, *Un Loup chasse l'autre*, Gallimard, Paris, 1988.

Whittington Harry, *Frénésie pastorale*, Gallimard, Paris, 1957.

Williams Charles, *Fantasia chez les ploucs*, Gallimard, Paris, 1972.

Jean-Paul Edin

Filmographie « ethnique »

Indiens
Le grand passage, *King Vidor* (1940)
La flèche brisée, *Delmer Daves* (1950)
Bronco Apache, *Robert Aldrich* (1952)
La dernière chasse, *Richard Brooks* (1956)
Le jugement des flèches, *Samuel Fuller* (1957)
Willie Boy, *Abraham Polonsky* (1969)
Little Big Man, *Arthur Penn* (1970)
Buffalo Bill et les Indiens, *Robert Altman* (1976)

Noirs
Naissance d'une nation, *C.W. Griffith* (1915)
Hallelujah, *King Vidor* (1929)
La chaîne, *Stanley Kramer* (1958)
Le sergent noir, *John Ford* (1960)
Cool world, *Shirley Clarke*
Dans la chaleur de la nuit, *Norman Jewison* (1967)
Devine qui vient dîner ce soir ?, *Stanley Kramer* (1967)
Slaves, *Herbert Biberman* (1969)
Un fauteuil pour deux, *John Landis* (1984)
48 heures, *Walter Hill* (1986)
La couleur pourpre, *Steven Spielberg* (1986)
Bird, *Clint Eastwood* (1988)
Mississipi burning, *Alan Parker* (1989)
Do the right thing, *Spike Lee* (1989)

Chicanos
Le sel de la terre, *Herbert Biberman* (1953)
Boulevard nights, *Michael Pressman* (1979)

Portoricains
West Side Story, *Robert Wise* (1961)

Mexicains
Milagro, *Robert Redford* (1988)

Juifs
L'Emigrant, *Charlie Chaplin* (1917)
Le Dictateur, *Charlie Chaplin* (1940)
Feux Croisés, *Edward Dmytryk* (1947)
Prends l'oseille et tire-toi, *Woody Allen* (1969)
Hester Street, *Joan Micklin Silver* (1975)
Annie Hall, *Woody Allen* (1977)
Broadway Dany Rose, *Woody Allen* (1984)
Ennemies, *Paul Mazursky* (1989)
Izzy and Sam, *Joan Micklin Silver* (1989)

Irlandais
Gentleman Jil, *Raoul Walsh* (1942)
L'homme tranquille, *John Ford* (1952)
La dernière fanfare, *John Ford* (1958)

Italiens
Le petit César, *Mervyn Le Roy* (1930)
Scarface, *Howard Hawks* (1932)
La Mafia, *Richard Wilson* (1960)
Mean Streets, *Martin Scorcese* (1973)
Le Parrain I et II, *Francis F. Coppola* (1972 et 1974)
Un mariage, *Robert Altman* (1978)

Scarface, *Brian de Palma* (1984)
L'honneur des Prizzi, *John Huston* (1985)
Les incorruptibles, *Brian de Palma* (1987)
Down by law, *Jim Jarmush* (1986)
Parrain d'un jour, *David Mamet* (1988)
Veuve mais pas trop, *Jonathan Demme* (1988)

Grecs
America, America, *Elia Kazan* (1969)
L'arrangement, *Elia Kazan* (1969)
Le facteur sonne toujours deux fois, *Bob Rafelson* (1981)

Suédois
Joe Hill, *Bo Widerberg* (1971)
Les émigrants, *Jan Troëll* (1971)
Le Nouveau Monde, *Jan Troëll* (1972)

Hollandais
Hardcore, *Paul Schrader* (1978)

Russes, Baltes, Tchèques...
Voyage au bout de l'enfer, *Michael Cimino* (1978)
Maria's lovers, *Andreï Korchalovsky* (1984)

Yougoslaves
Georgia, *Arthur Penn* (1981)

Gitans
Angelo, my love, *Robert Duvall* (1983)

Chinois
L'année du dragon, *Michael Cimino* (1985)

Japonais
Mistery train, *Jim Jarmush* (1988)
Bienvenue au paradis, *Alan Parker* (1990)

Jean-Paul et Julie Edin

Filmographie « sociale »

♦ **Fiction**
Le sel de la terre, *Herbert Biberman* (1953)
Sur les quais, *Elia Kazan* (1954)
Blue Collar, *Paul Schrader* (1977)
F.I.S.T., *Norman Jemison* (1978)
Norma Rae, *Martin Ritt* (1979)
Les moissons de la colère, *Richard Pearce* (1984)
Roger et moi, *Mickaël Moore* (1989)

♦ **Documentaires**
Babies and banners ; Rosy the riveter ;
Union made ; Harlan Country.

Julie Edin

Adresses utiles

BELGIQUE

- **Ambassade des États-Unis**
  Boulevard du Régent 25-27, 1000 Bruxelles.
  Tél. : 513 38 30.

- **American-Belgian Association**
  Venusstraat 17, 2000 Anvers.
  Tél. : 232 92 16.

- **Centre culturel américain (American Library)**
  Square du Bastion 1c, 1050 Bruxelles.
  Tél. : 512 21 29.

- **Centre d'études américaines**
  Bibliothèque royale Albert I
  Boulevard de l'Empereur 4, 1000 Bruxelles.
  Tél. : 512 61 80 ext. 423.

- **Chambre de Commerce des États-Unis**
  Avenue des Arts 50, 1040 Bruxelles.
  Tél. : 513 67 70.

- **Commission for Educational Exchanges between Belgium, Luxembourg and the United States**
  Avenue de la Toison d'Or 79, 1060 Bruxelles.
  Tél. : 537 08 59.

- **Office du Tourisme des États-Unis**
  Rue Cardinal Mercier 35, 1000 Bruxelles.
  Tél. : 511 51 82.

FRANCE

Pour une liste complète des organisations franco-américaines en France, consulter Organisations franco-américaines, *le répertoire publié par la Fondation Franco-américaine (adresse ci-dessous).*

- **Ambassade des États-Unis**
  2, avenue Gabriel, 75382 Paris Cedex 08.
  Tél. : 42 96 12 02.

- **Consulats des États-Unis**
  (les consulats hors de Paris ont un service d'information et de relations culturelles).

- **Bordeaux : Consulat Général**
  22, cours du maréchal Foch, 33080 Bordeaux Cedex
  Tél. : 56 52 65 95.

- **Lyon : Consulat Général**
  7, quai du général Sarrail, 69007 Lyon.
  Tél. : 78 24 68 49.

- **Marseille : Consulat Général**
  12, boulevard Paul Peytral, 13286 Marseille Cédex 6.
  Tél. : 91 54 92 00.

- **Nice : Agence Consulaire**
  31, rue du maréchal Joffre, 06000 Nice
  Tél. : 93 88 89 55.

- **Paris : Ambassade des États-Unis**
  2, rue Saint-Florentin, 75042 Paris Cédex 01
  Tél. : 42 96 12 02.

- **Strasbourg : Consulat Général**
  15, avenue d'Alsace, 67082 Strasbourg Cédex.
  Tél. : 88 35 31 04.

- **Outre-Mer : Consulat Général des États-Unis**
  14, rue Blénac B.P. 561, 97200 Fort de France, Martinique
  Tél. : (19*596) 63 13 03.

AMITIÉS FRANCO-AMÉRICAINES

- **Fondation franco-américaine**
  38, avenue Hoche, 75008 Paris
  Tél. : 45 63 28 30.

- **France - États-Unis**
  6, boulevard de Grenelle, 75015 Paris
  Tél. : 45 77 48 84 / 45 77 48 92.

BIBLIOTHÈQUES

- **American Library in Paris**
  10, rue du général-Camou, 75007 Paris
  Tél. : 45 51 46 82.

- **Centre de documentation Benjamin Franklin**
  c/o Ambassade des États-Unis, 2, rue Saint-Florentin, 75001 Paris
  Té. : 42 96 33 10.

- **The English Language Library for the Blind**
  35, rue Lemercier, 75017 Paris
  Tél. : 42 93 47 57.

ÉCHANGES ÉDUCATIFS

• **Commission franco-américaine d'échanges universitaires et culturels**
9, rue Chardin, 75016 Paris
Tél. : 45 20 46 54.

• **Council on International Educational Exchange (CIEE)**
Siège :
48, rue Pierre Charron, 75008 Paris
Tél. : 43 59 23 69.

Service de documentation :
1, place de l'Odéon, 75006 Paris
Tél. : 46 34 16 10.

RELATIONS COMMERCIALES

• **American Chamber of Commerce in France, Inc.**
21, avenue Georges V, 75008 Paris
Tél. : 47 23 70 28 / 47 23 80 26.

• **Chambre de commerce franco-américaine (É.-U.)**
Bureau de Paris
7, rue Jean-Goujon, 75008 Paris
Tél. : 42 56 05 00.

Service commercial
Ambassade des États-Unis
2, avenue Gabriel, 75382 Paris Cédex 08.
Tél. : 42 96 12 02.

TOURISME

• **Council Travel**
51, rue Dauphine, 75006 Paris
Tél. : 43 25 09 86.

2, rue Victor Leydet, 13100 Aix-en-Provence.
Tél. : 42 38 58 82.

37, bis rue d'Angleterre, 06000 Nice
Tél. : 93 82 23 33.

• **Office du tourisme des États-Unis**
c/o Ambassade des États-Unis, 75382 Paris
Cédex 08
Tél. : 42 60 57 15.

(Renseignements au public exclusivement par courrier, par téléphone et par minitel 3615 code USA).

QUÉBEC

• **Association canado-américaine**
1345, 1e rue, Trois rivières,
Québec G8Y 2T3
Tél. : (819) 376 2111.

• **Consulat général des États-Unis**
2, place Terrasse Dufferin,
Québec G1R 4N2
Tél. : (418) 692 2095.

• **Consulat général des États-Unis**
BP 65, Succursale Desjardins, 1155 Saint-Alexandre, Montréal H5B 1G1
Tél. : (514) 398 9695.

(Les consulats de ces deux villes regroupent un centre de documentation, une bibliothèque, des services d'informations touristique, commerciale et d'échanges universitaires).

SUISSE

• **Ambassade des États-Unis**
Jubiläumstrasse 93, 3005 Berne
Tél. : 31 437 011.

• **US Information Service**
c/o Ambassade des États-Unis, Postfach 3001
3005 Berne
Tél. : 31 437 238.

• **Consulat général des États-Unis**
Zollikerstrasse 141, 8008 Zurich
Tél. : 1. 552 566.

• **Nord Amerika Bibliothek**
Zentral Bibliothek Zurich, Zachringerplatz 6,
8023 Zurich
Tél. : 1.261 72 72.

• **Swiss-American Chamber of Commerce**
Talacker 41, 8001 Zurich
Tél. : 1.211 24 54.

• **Swiss-American Student Exchange**
ETH. Zentrum Rektorat, 8092 Zurich
Tél. : 1.256 20 86.

Statistiques générales

COMPARAISONS INTERNATIONALES					
	États-Unis	Belgique	Canada	France	Suisse
Population 1989 (en millions)	248,8	9,9	26,3	56,2	6,5
Superficie (en milliers de km²)	9371	30,6	9972	550	41,2
Taux de mortalité infantile 1988	11	8	7	9	6
Dépenses militaires 1989 en % du PNB	5,6	1,7	1,7	3,0	1,8
Dépenses de santé 1986 (en % PIB)	9,2	6,6	7,4	7,4	7,2
% sur crédits publics	41	77	76	77	68
Dépenses publiques d'éducation (% PIB)	6,7 [a]	5,1 [c]	7,2 [c]	5,7 [b]	4,8 [c]
PNB par tête (1989) en dollars	21037	16385	19633	17693 [d]	28965 [d]
PNB 1989 (en milliards de dollars)	5234	162,7	516,4	994,3 [d]	188,5 [d]
Balance commerciale 1989 (en milliards de dollars)	− 128,9	+3,4	+0,4	− 13,6	− 6,6
Impôts 1986 par tête en dollars (y compris sécurité sociale)	4944	5302	4820	5820	6707
Mode de prélèvement (en % du total)					
— Sécurité sociale	29,8		13,7	42,7	
— Entreprises	7,0		8,1	5,1	
— Personnes phys.	35,4		37,0	13,0	
— Biens et services	17,5		29,7	29,4	
Production blé (1989) (en millions de tonnes)	55,4	1,3 [b]	24,4	32,0	
Production d'acier (1988) (en millions de tonnes)	90,0	11,2	15,2	19,0	
Consommation d'énergie 1987 (en tonnes équivalent charbon par hab.)	9,4	5,6	9,8	3,7	3,8

a. 1985 ; b. 1986 ; c. 1987 ; d. PIB.
Source : Statistical Abstract 1989 et 1990 et L'état du monde 1991.

RÉPARTITION DE LA POPULATION PAR SEXE ET ORIGINE RACIALE (en millions)					
	1790	1850	1900	1950	1987
Total	3,9	23,2	76,0	150,7	243,4
Hommes		11,8	38,8	74,8	118,5
Femmes		11,4	37,2	75,9	124,9
% des femmes		49,1	48,9	50,4	51,3
Blancs	3,2	19,6	66,8	134,9	205,8
Noirs	0,7	3,6	8,8	15,1	29,7
Autres			0,4	0,7	7,9
% de Noirs	19,3	15,7	11,6	10,0	12,2

Source : Statistical Abstract 1989.

464

RÉSULTATS ÉLECTORAUX (aux divers niveaux de la pyramide fédérale)					
	1980	1982	1984	1986	1988
Vote républicain					
Présidence (% des exprimés)	51		59		54
Sénat (sièges)	53 [a]	54	53	45	45
Chambre des représentants (sièges)	192	166	182	177	175
Gouverneurs (sièges)	19	23	15	16	23
Assemblées locales (sièges)	2 932	2 712	3 057	2 924	2 929
Nombre de législatures d'État contrôlées [b]	34	26	32	29	28
Vote démocrate					
Présidence (% des exprimés)	41		41		46
Sénat (sièges)	46 [b]	46	47	55	55
Chambre des représentants (sièges)	243	269	253	258	260
Gouverneurs (sièges)	31	27	35	34	27
Assemblées locales (sièges)	4 471	4 660	4 404	4 474	4 469
Nombre de législatures d'État contrôlées [b]	64	72	66	66	69

a. Un sénateur était indépendant en 1980 ;
b. Le Nebraska n'a qu'une Chambre, officiellement non partisane, en réalité républicaine. Plusieurs États ont l'une de leurs Chambres également divisée en 1986 : Montana, Nouveau-Mexique et Vermont.

PRODUCTION MANUFACTURIÈRE (en milliards de dollars constants valeur 1982)			
	1970	1980	1987
Biens durables (total) dont :	304,8	401,5	525,2
Bois et dérivés	14,7	20,4	23,5
Poterie, céramique et verrerie	17,7	21,1	23,1
Métaux	90,9	98,9	92,8
Machines	57,0	84,6	160,7
Équipement électrique et électronique	34,4	62,7	82,5
Transports et équipement	60,8	71,8	90,5
Instruments et autres	12,3	21,8	25,3
Biens de consommation (total) dont :	202,0	263,9	314,3
Agro-alimentaire	43,8	56,7	63,7
Textiles	14,0	20,1	21,4
Papier...	18,8	24,6	33,0
Impression et édition	29,9	36,9	42,6
Produits chimiques	34,4	50,1	68,8
Pétrole, charbon et dérivés	23,8	26,7	26,6
Caoutchouc et plastique	12,7	18,9	29,8
Total général	**506,8**	**665,4**	**839,5**
(en % du PNB)	(24,8)	(21,2)	(18,9)

Source : Statistical Abstract, 1989.

PRODUCTIVITÉ COMPARÉE DANS L'INDUSTRIE MANUFACTURIÈRE					
Variations moyennes par an en %	1960-1970	1970-1976	1976-1982	1982-1988	1960-1988
États-Unis					
Productivité horaire [a]	2,7	3,1	1,4	4,3	2,8
Heures travaillées [b]	1,4	− 0,2	− 0,5	1,5	0,7
Coût salarial unitaire [cd]	1,9	5,1	7,9	− 0,8	3,2
France					
Productivité horaire [a]	6,7	4,7	4,4	2,8	4,9
Heures travaillées [b]	0,8	− 0,7	− 2,8	− 2,5	− 1,0
Coût salarial unitaire [cd]	1,2	13,3	4,5	5,6	5,3
RFA					
Productivité horaire [a]	5,8	5,2	2,6	3,2	4,4
Heures travaillées [b]	− 0,2	− 3,0	− 1,8	− 1,0	− 1,3
Coût salarial unitaire [cd]	5,2	12,6	5,4	7,1	7,2
Royaume-Uni					
Productivité horaire [a]	3,6	3,6	2,3	5,3	3,7
Heures travaillées [b]	− 0,7	− 2,9	− 4,3	− 1,5	− 2,1
Coût salarial unitaire [cd]	2,1	9,4	12,5	2,0	5,8
Italie					
Productivité horaire	6,5	5,8	4,6	4,5	5,5
Heures travaillées	1,1	− 0,1	− 1,1	− 1,0	− 0,1
Coût salarial unitaire	4,5	9,0	4,3	6,1	5,8

a. Rapport du volume de la production manufacturière au nombre d'heures travaillées ;
b. Emplois x durée du travail ;
c. Rapport du salaire horaire à la productivité, converti en dollars pour les pays européens ; d. En dollars.
Source : US Department of Labor.

Table des tableaux statistiques et des graphiques

466

INDEX

Index général et thématique

LÉGENDE

• **402** : référence du *mot clé*.

• **326** : référence d'un *article* ou d'un *paragraphe* relatif au mot clé.

• **124 et suiv.** : référence d'une *série d'articles* ou d'un *chapitre* relatif au mot clé.

A

Abbot Academy, 262.
ABC, 163, 294, 297, 299, 302, 303, 454.
ABM (missiles antibalistiques), 432.
Abolitionnisme, 75, 240.
Abominations, 43.
Abrams, Richard, 204.
Abstentionnisme, **240**, 245.
Acadiens, 97.
Acconci, Vito, 208.
Accord canado-américain de libre-échange, **448, 449**.
Accords de Paris, 47, 424.
Accords du Louvre, 398, 399.
Acker, Kathy, 187.
ACTUP (AIDS Coalition to Unleash Power), 156.
Adams, Abigail Smith, 142.
Adams, Ansel, 210.
Adams, Henry, 58.
Adams, John, 45, 142, 285.
Adams, John Quincy, 45, 142.
Adena (culture), 48.
Adirondaks, 22.
Administration, **231**.
Adolescents, **137**, 273.
Adventistes, 76.
Advice and consent, 232.
Aéronautique : voir Industrie aéronautique.
Aéroports, 27, 330.
Aérospatiale, 354.
Affirmative Action, 374.
Afghanistan, 383, 385, 408, 421, 432, 433, 434, 444.
AFL (American Federation of Labor), 44, 46.
AFL-CIO, 246, 247, 369.
Afrique, 96, 204, 413, **417**. Voir aussi ci-dessous.
Afrique australe, 385, 410, 417, 418.
Afrique du Sud, 411, 417, 419.
Afrique noire, 417.
Afro-Américains, 86, 102.
Agnew, Spiro, 47.
Agriculture, 119, 346, 312, 341, **344 et suiv.**, 401.
Agro-industrie, **344 et suiv.**

AID (Agence internationale du développement), 411.
Aide publique au développement (APD), 392.
Ailey, Alvin, 200.
Air Force, 237.
Airbus, 354.
Alabama, 22, 343.
Alaska, 24, 36, 40, 48, 87, 90, 114, 342.
Alcool, 137.
Aldrich, Robert, 194.
Alger, Horatio, 78.
Algérie, 439.
Alimentation, 118, 119, 103.
Alleghanys, 22.
Allemagne, 378, 385, 436.
Allemagne de l'Ouest : voir RFA.
Allemands, 86, 88, 393.
Allen, Richard, 389.
Allen, Woody, 133, 170, 191, 192, 193, 194.
Alliance des fermiers, 59.
Alliances, 378, 385, 406, 439.
Alliés, 439.
Allston, Washington, 206.
Altman, Robert, 191, 193.
Alzheimer (maladie d'), 150.
Amazonie, 34.
Amendements à la Constitution : **226**. Voir aussi **Index constitutionnel, p. 483**.
America, 42.
Américain (langue), 81.
American Arbitration Association, 374.
American Bar Association (ABA), 234, 235.
American Civil Liberties Union, 71.
American Entreprise Institute, 174.
American Federation of Labor (AFL), 245.
American Legion, 142.
American Medical Association, 247.
American Movie Classics, 298.
American Tobacco, 324.
American way of life, 189, 256, 266, 267.
America's Technology Highway, 359.
Amérindiens : voir Indiens.
Amérique centrale, 252, 382, 391, **414**, 415, 416, 432.
Amérique du Nord, 447, **450**, 451.
Amérique française, 43.
Amérique latine, 69, 86, 252, 286, 385, 402, **414**.
Amish, 289.
Amour : **127 et suiv.**
Amtrak, 330.
Anaya, Rudolfo, 189.
ANC (Congrès national africain, Afrique du Sud), 419.
Anciens combattants, 237.
Anderson, Laurie, 197.
Anderson, Martin, 64.
Anderson, Sherwood, 445.
Anglais, 43, 49, 51, 82, **86**, 88, 97, 312.

Angleterre, 43, 49, 50, 51, 52, 82, 283, 318, 381, 382 ; voir aussi Royaume-Uni.
Anglicans, 282.
Anglo-Saxons, 97.
Angola, 417, 418, 432.
Anka, Paul, 453.
ANSEA (Association des nations du Sud-Est asiatique), 431.
Anticommunisme, 380, 382.
Antifédéralistes, 54.
Antillais, 97.
Antilles, 444.
Antimoniens, 74.
Antisémitisme, **101**.
ANZUS (Pacte Australie-Nouvelle-Zélande, États-Unis), 406, 424.
Apaches, 44.
Apartheid, 418.
Apollo XI, 47.
Appalaches, 19, **22**, 26, 43, 87, 247, 330, 341.
Appareils ménagers : voir Équipement ménager.
Apple, 352, 359.
Appomatox, 44, 56.
Arabes, 86.
Arabie saoudite, 405, 419.
Arbus, Diane, 209, 210.
Architecture, **211**.
Arctique, 448.
Argent, 160.
Argentine, 416.
Arias (plan), 416.
Arizona, 19, 26, 27, 35, 36, 48, 83, 90, 341, 343, 414.
Arkansas, 286, 343.
Armée, 223, 380, 384, 386, **404**.
Armée du Salut, 76.
Armée rouge, 384.
Armement, **404**, 405.
Armes à feu, 111, **124**.
Armitage, Karole, 201.
Armstrong, Louis, 204.
Armstrong, Neil, 47.
Arrêts de la Cour suprême : voir Index constitutionnel, p. 483.
Arts, **169 et suiv.**, **184 et suiv.**
Arthur, Chester A., 45.
Arthur D. Little Institute, 373.
Articles de la Confédération, 53.
Arts plastiques, **206**.
Ashby, Al, 195.
Ashkénazes, 76.
Ashley, Robert, 197.
Asiatiques, 95, **98**, **99**, 276, 277.
Asie, 69, 84, 201, 402, 407, 408, 434.
Asie du Sud-Est, 86, 195, 425.
Assimilation, 257.
Associate Degree, 273.
Association américaine pour les droits civiques, 75.
Associations, 72, **238**, 247, 265, 444.
Associations de consommateurs, **125**.
Assurance-chômage, 337.
Assurance-maladie, 151, **154**, 265, 317, 368.
Astaire, Fred, 171.

475

N

477

479

480

T.

Table des cartes

Index constitutionnel

DÉCISIONS
DE LA COUR SUPRÊME

TRAITÉS INTERNATIONAUX

AUTRES TEXTES

à paraître

L'ÉTAT DU
MAGHREB

**sous la direction
de Yves et Camille Lacoste**

LA DÉCOUVERTE

Mauritanie, Maroc, Algérie, Tunisie, Libye...
Ces cinq pays appartiennent à la fois au monde
musulman, au continent africain et au bassin
méditerranéen. Leurs liens culturels, économiques et politiques avec l'Europe sont multiples
et contradictoires. *L'état du Maghreb* offre un
panorama complet de la région à un moment-
clé de son histoire.

LA COLLECTION DE POCHE «REPÈRES»
PRÈS DE 90 TITRES DISPONIBLES
Des synthèses rigoureuses et accessibles

128 pages - 42 francs
ÉDITIONS LA DÉCOUVERTE

LA DÉCOUVERTE

Répondre aux attentes de ceux — les jeunes en particulier — qui veulent comprendre le monde et son histoire, qui refusent les injustices et les violences que recouvrent trop souvent les ordres établis au Nord comme au Sud ; aider à découvrir des auteurs — français et étrangers — qui réfléchissent, travaillent et créent hors des sentiers battus des idées à la mode : tels sont les objectifs des Éditions La Découverte.

● Ouvrages didactiques

Apporter à un large public une information à la fois accessible et rigoureuse sur les grands problèmes du monde contemporain (économie, société, religion, histoire,...) : telle est l'ambition des titres publiés dans les collections « L'état du monde » et « Repères ».

● Essais et documents

Il s'agit là de livres de réflexion et d'intervention sur les évolutions politiques, économiques et sociales en France et dans le monde (collection « Cahiers libres », collection « Enquêtes ») ; d'ouvrages de vulgarisation scientifique et de livres qui « interrogent » la science dans ses rapports avec la société.

● Sciences humaines et sociales

L'histoire, la philosophie, la géographie et la géopolitique, l'économie, l'anthropologie, sont présentes dans notre catalogue avec les collections « Textes à l'appui », « Fondations », « Armillaire », « Agalma ».

● Littérature et poésie

Notre collection « Romans » privilégie désormais les romans étrangers. La collection « Voix » accueille la poésie française et surtout étrangère. La collection « La Découverte » présente les écrits des grands voyageurs du XVIᵉ siècle à nos jours.

● Guides pratiques

Les guides de la Confédération syndicale du cadre de vie (CSCV) apportent aux consommateurs des conseils pratiques dans des domaines très divers. Ceux du GISTI présentent différents aspects des droits des étrangers en France.

● Dessins de presse

Le dessin de presse est une autre façon de découvrir le monde, souvent plus efficace — et à coup sûr plus drôle ! — que de longs discours : les recueils de Batellier, Cabu, Cardon, Loup, Plantu, Siné, Wiaz en témoignent.

Si vous désirez être tenu régulièrement au courant de nos parutions, il vous suffit d'envoyer vos nom et adresse aux Éditions La Découverte, 1, place Paul-Painlevé, 75005 Paris. Vous recevrez gratuitement notre bulletin trimestriel À La Découverte.

Composition Charente-Photogravure
à l'Isle-d'Espagnac.
Achevé d'imprimer sur les presses
de Mame Imprimeurs à Tours
Dépôt légal : octobre 1990
ISBN 2-7071-1973-3